Regional elites in Soviet foreign policy

Documentary history of 1929 USSR-China military conflict around Chinese Eastern Railway

(Russian language edition)

by Marina Fuchs

South Eastern Publishers Inc
New York 2020

Региональная элита Дальнего Востока в механизме советской внешней политики

Документальная история военного конфликта на КВЖД между СССР и Китаем, 1929

Марина Фукс/ Marina Fuchs

Издательство «Юго-Восток»
Нью-Йорк 2020

Content Copyright © 2020 Marina Fuchs
Design Copyright © 2020 South Eastern Publishers Inc

All rights reserved.
Except as permitted under the US Copyright Act, no part of this publication may be reproduced, distributed, or transmitted in any form or by any means, or stored in a database or retrieval system, without the prior written permission of the publisher.

South Eastern Publishers Inc.
228 Park Ave South,
New York, NY 10003-1502 USA

For more information e-mail info@sepublishers.com
or visit our website www.SEpublishers.com

Book design by B.B.Opastny

Printed in United States of America

First Edition: January 2020

ISBN 978-1-936531-19-6 (Paperback Edition)
ISBN 978-1-936531-20-2 (Ebook Edition)
Library of Congress Control Number: 2019954173

Содержание

English Language Summary 8
Введение 63
Большевики на Дальнем Востоке и проблема КВЖД, 1920-1928 гг. 78
    ДВР и «Желтороссия» 78
    «Экспериментальное поле» и особые функции элит 88
    Соблазн «военной прогулки» 97
    «Одомашнивание» дальневосточной периферии 105
Советско-китайские экономические противоречия
на КВЖД, 1928 год 114
    Харбинский даян против золотого рубля 114
    Управленческий паритет и кадровые противоречия на КВЖД 133
Маньчжурия в японской внешней политике 142
Тучи сгустились: конец 1928-первая половина 1929 гг. 198
    Китайский «рождественский сюрприз» на КВЖД и шаги
    советской дипломатии 198
    Казнь в Тигровом зале 211
    Столкновение интересов и задачи военной работы СССР в
    Маньчжурии 214
    Экономическая эффективность КВЖД и советское
    политическое влияние 226
    Советско-китайские переговоры, весна 1929 г. 230
    «Владивостокский провал» и северо-маньчжурские
    просоветские организации 239
    Налёт на генконсульство: «инстанция» в поисках ответа 241
    Закрытое совещание у Ворошилова по Маньчжурии 246
    Китайские планы национализации КВЖД, 1928-1929 254
    Харбинские свидетели: перекрёстный пеленг 257
«Горячее лето» 1929 года 291
    «Московская» перспектива, июль–август 1929 года 292
        Кремлёвские стратеги в замешательстве 292
        Американский фактор в советско-китайском конфликте и
        державы 304

  Военные и ситуация пата 322
  Нанкинский гоминьдан: война или переговоры 325
  Сталин твёрд, но согласен на переговоры 330
  Разведупр и китайские военные планы 334
  Посредничество Германии и Японии 336
 «Харбинский рубеж»: горячее лето 1929 года 337
  «Борьба за портфели»: Генконсульство против СМК 337
  Информационный хаос: СМК и Далькрайком 347
  «Харбинские заложники» советско-китайского конфликта .. 351

Советская дипломатия канонерок, сентябрь - ноябрь 1929 360
 «Взгляд из Москвы»: накануне удара 360
  Кремль начинает терять терпение 360
  Кем принималось решение о вводе советских войск в Маньчжурию? 365
  ОДВА и подготовка к «военной прогулке» на Харбин 369
  Комиссия Бубнова и план китайского восстания 373
 «Антисистемное восстание» в Северной Маньчжурии и элиты Далькрая 379
  Иван Перепечко и «китайский фактор» 380
  ОДВА и программа «китайского повстанческого движения» 387
  Письма Маньчжурского Окружного комитета КПК руководству Далькрая 389
 ОДВА определилось с датой военного удара 392
 Державы не предвидели военного удара 395
 «Московский ракурс»: завершающие операции 399
 Державы и неудачи китайской дипломатии 405

Далькрайком и Северо-Маньчжурский Комитет, сентябрь-декабрь 1929 года 410

От Никольско-Уссурийского до Хабаровского протокола, декабрь 1929 года 431

Заключение 450

Ссылки и примечания 464

English Language Summary

MARINA FUCHS
REGIONAL ELITES IN SOVIET FOREIGN POLICY: DOCUMENTARY HISTORY OF 1929 USSR-CHINA MILITARY CONFLICT AROUND CHINESE EASTERN RAILWAY

Introduction pp.63-77

The spread of Soviet influence in the Russian Far East and in East Asia, its ups and downs, is inextricably linked with a whole set of complex factors. The bizarre combination of different historical factors — regional and global, random and regular, institutional and extremely personalized created a unique pattern of the canvas of historical events that predetermined the development of the whole region for a long time.

The monograph of Marina Fuchs is devoted to the 1929 Soviet-Chinese military conflict on the Chinese Eastern Railway (CER) in Manchuria. History books about this event have been written either by specialists in Russian history, by regional Asian history specialists or by historians of international relations. Marina Fuchs simultaneously united the initial qualification of PhD sinologist with a core competence for Kuomintang history in 1920s—1930s together with a more than a decade's proficiency as an East European historian. Moreover, the data and conclusions of her own scholarly research of Soviet-Chinese relations in Russian central and regional archives in Moscow, Saint-Petersburg, Khabarovsk, Vladivostok are enriched in the monograph with the facts extracted from the publications of American archives. The author has managed to reconstruct the all-round canvas of historical events, devoted to the 1929 Soviet-Chinese military conflict, as she also compares and coincides the interpretations, provided by the historians, making their archival research in Taiwan and Japan. It is a new documentary survey of the conflict, with a special core interest of the author to the "broker"-role of the regional elites of the Russian Far East in the mechanism of the Soviet foreign policy towards China.

The monograph analyses the archival documents that have not been researched by historians before and show on the example of events at the Chinese Eastern Railroad in 1928—1929, how the participation of regional elites in the mechanism of Soviet foreign policy could constructively influence the occurrence, course and methods of resolving the military conflict. The course of the conflict shows also the overwhelming influence of professional groups, especially of militaries and representatives of coercive structures, in the decision-making in comparison with the party officials.

As archival documents testify, the final timing of the decision for crossing the Chinese border by the Red Army has been adopted in the absence of Stalin, who according to his own wish, during the time of 8th till 13th October 1929, was outside government communication on the way back to Moscow from vacation. Defence Commissar Marshal Klim Voroshilov and the Commander of the Special Far Eastern Army Vasily Blykher were the key decision-makers of Soviet intervention in Manchuria in the fall of 1929. Soviet military intervention did not mean for Stalin the occupation of Manchuria, it was supposed to act as an impetus for unleashing an intra-Chinese uprising of the labour masses.

The "broker" role of regional elites in the conflict occurred not only because of the personality of the regional army commander Vassily Blykher, but also in connection with another institutional structure — the so-called North-Manchurian Committee (NMC), whose role has never been analyzed by the historians in an appropriate manner because of the lack of information.

The so-called North-Manchurian Committee (NMC) of the CPSU, stationed in Harbin, was an underground committee of Russian Bolshevik party abroad cells at the CER, functioning in Manchuria since July 1917. NMC was de-jure subordinated to the Moscow Central Committee's Bureau of Abroad Party Cells.

Operational management of this underground organization was handled on behalf of Moscow by the Far Eastern Party Committee (Dal'buro) in Khabarovsk. The North-Manchurian Committee was a deeply conspiratorial structure, only regional top party management and representatives of central and regional security agencies, which were directly related to its maintenance, should have been informed about its existence. The role of the NMC in the mechanism of Soviet foreign policy has never been studied by historians. However, it was the meeting of the underground NMC in the Soviet consulate on May 27, 1929, which became known to the Chinese police as the "meeting of representatives of the Third International", that triggered the unleashing of the Soviet-Chinese confrontation on the CER. The NMC collaborated very seldom with representatives of the Chinese revolutionary movement and the Comintern. Moscow categorically forbade Harbin Russian Bolsheviks to enter contacts with the Chinese Communists, fearing the decomposition of the underground Russian Bolshevik committee.

The 1929 Soviet-Chinese conflict on the Chinese Eastern Railway (CER) is seen in the monograph not just as a private episode in the diplomatic history of the two countries. It is estimated as an important point of bifurcation, one of the key events of the first third of the 20th century. The circumstances of the conflict's emergence, the severity of escalation, options to resolve the contradictions, the composition of the international "support group" for the USSR and China, and finally — the tough and unexpected outcome of the confrontation on the CER, accelerated the crystallization rate of the strategic concepts for the command of the Japanese Kwantung Army and predetermined the direction of the Japanese expansion in Manchuria for the next two years. Asian historians often qualify the 1931 Manchurian incident, used by Japan as a pretext for the military occupation of China, as a trigger for the Second World War. The monograph suggests that the count down for the "domino effect" in Manchuria should be fixed, as a minimum, two years earlier, in 1929.

Manchuria is the Chinese north-east, which after the formation of the Chinese Republic was divided into three provinces: Heilongjiang, Fengtian (Liaoning) and Jilin (Jilin).

Soviet Russia succeeded in regaining the rights to control the CER in May 1924, having signed the so-called Peking Treaty with the central government of China. The intra-Chinese political disagreements between Kuomintang-Party in Nanking and Marshal Zhang Zuolin on the issue of the CER, which lay in the territory under the jurisdiction of the Marshal, led to additional negotiations between the USSR and the ruler of Manchuria and the signing of the Mukden Treaty in September of the same year. These two agreements — Peking and Mukden — were the legal basis for the conditions of the joint Soviet-Chinese railway administration in 1925-1935, up to the decision to sell the road to Japan. In summer 1928, after the assassination of Zhang Zuolin, which some Russian historians connect with the activity of Soviet military intelligence, his son — Young Marshal Zhang Xueliang inherited the power in Manchuria. Though Young Marshal managed to achieve an agreement with Kuomintang under Chiang Kai-shek, he still possessed certain autonomy from Nanking in managing the territory of his domain province and in solving the problems of the CER.

Soviet-Chinese conflict on the CER in 1929, which led to Moscow's military intervention and the invasion of the Red Army in Northern Manchuria, unfolded around the interpretation of these treaties and was caused by the desire of a Young Marshal to remove the USSR from the management of the joint enterprise.

English Language Summary

The 1929 Soviet-Chinese military conflict on the CER became for the parties involved - China and the USSR — a final rehearsal, running out different options for a possible scenario to achieve their long-term strategic goals in Manchuria. This rehearsal was more than closely watched by the interested spectators - Japan, the United States, Great Britain and other "great powers" who were not averse, to become themselves active participants in the action at a favorable moment.

Chapter I.

The establishment of Soviet power in the Far East and the problem of the CER, 1920-1928 pp. 78-113

— *Far Eastern Republic and "Yellow Russia" pp. 78-88*

— *Far East as "experimental field" and broker's functions of regional elites pp. 88-97*

— *The temptation of a "military strike" pp. 97-105*

— *"Domestication" of Far Eastern periphery pp. 106-113*

The Establishment of Soviet Power in the Far East and the Problem of the Chinese Eastern Railway on the Eve of Conflict, 1920–1928. Exceptions, that confirm the rules- peculiarities of central-regional relations in the USSR.

The political integration of Far Eastern region into the USSR has occurred earlier than Bolsheviks in Moscow could achieve real economic, financial and social integration.

With the fact of the political integration of the Far Eastern region in the USSR, the problem of the former economic enclave of the Tsarist empire in the adjacent Manchuria — the Exclusion Zone of the CER — has received an absolutely new significance for Soviet Russia.

First, the CER was the shortest railway route connecting Primorye — sea-side province of the Far East Region — with Siberia and Central Russia. Secondly, what was even more important, the economy of Primorye, especially food commodity movement, historically possessed close ties with adjacent Manchuria. Thirdly, even in cultural and ideological terms, the Exclusion (or Special) zone of the CER has been estimated by the Far Eastern elites since the building of Chinese-Eastern Railway by the Russian Empire as enlarged Russian territory, as "domestic abroad".

Far Eastern Bolsheviks began very soon to perceive the mission of the cultural and ideological expansion of the adjacent border area as their most important task. For them, with the establishment and consolidation of Soviet power in the Far East, the bordering Manchuria becomes a zone of promising Russian influence, a potential Soviet "Zheltorossija" — "Yellow Russia". The elites of the Soviet Far East measured their all-Russian significance and determined the proximity to the Kremlin's core of power with the degree of success they could achieve in realization of this task.

Local Soviet and Party administration in the Far East region were playing a functionally "broker role" to the Center (both Politburo or Comintern structures) as authority's and communication' s transmission-point either in domestic or in foreign policy. They estimated the increase of Soviet unfluence in Manchuria, which was essential for regional domestic economy and security issues as their most urgent task. A similar "broker role" of regional elites of Soviet border regions could be observed in the mechanism of Soviet foreign policy towards Mongolia and Sinkiang in the 1920-1940-s.

The broker function of the regional Bolshevik elites in the management of Soviet foreign policy and trade in neighbouring countries with the USSR was caused by several factors. The most important were: First — vast Russian territory, which made it difficult to transfer the communication and power authority over long distances without an intermediate transmission core. Second — insufficient political integration of the Soviet Far East with Central Russia along with close economic integration of the Russian border areas with adjacent Manchuria. Third — the overwhelming importance of cross-institutional personal networks in the political mechanism of Soviet Russia, which gave participating regional emissaries a sustainable set of independent prerogatives in their domains. The regional elites of the Siberia and Far Eastern regions acted as a "middle link" in managing the process of Soviet foreign policy towards East Asian countries.

Chapter II.

Soviet-Chinese Economic Contradictions on the CER on the Eve of Conflict in 1928 pp. 114-141

— Financial standoff: Harbin dollar (dayang) versus gold ruble pp. 114-133

— Managerial parity and personnel disputes on the CER pp. 133-141

From the end of 1927 onwards, the Mukden government attempted to oust the Soviet influence. According to the Peking and Mukden Treaty of 1924 the gold rouble should be used on the railroad as the official currency for accounting purposes and calculation of tariffs. In Manchuria itself circulated the Chinese silver dollar, commonly named as silver dayang, and Harbin paper dayang, the value of the latter was constantly decreasing. The Harbin paper yuan (dollar), called in common language Harbin dayang, was a currency of the so called Special Region of Eastern Provinces. In February 1928 100 golden roubles were equivalent to 165 Harbin dayang and 110 silver dayang. After the Russian revolution gold roubles were used at CER merely as a "virtual standard" only for accounting purposes, all the prices were in reality counted in silver dayang. With time the Chinese side tried to crowd out the foreign capital from the Chinese Eastern Railroad business. In 1928 the steps in this direction were connected with the demands of Chinese top management to exclude the gold rouble as calculation currency at the CER and to replace it with Harbin paper dayang.

The Head of the Special Region of Eastern Provinces — Duban — plenipotentiary Chinese official in Harbin, insisted that the practice of using such "fictitious" currency as the gold rouble unit in the calculations weakened the local monetary system. As Chinese side should constantly determine the settlement rate in relation to the gold rouble, it should keep large amounts of cash in another foreign currency. This led, as the Chinese argued, to an artificial over-valuation of the foreign currency against the local Harbin dayang. In addition, the most important reason for the refusal of the gold rouble for Duban, was the fact that the CER was a Soviet-Chinese joint venture operating in the Republic of China. Under these conditions, according to the Chinese point of view, the use of a foreign currency, the gold rouble, as a unit of account violated China's sovereignty. The Chinese side did not mention, that the official course between the golden rouble and silver dayang at CER was artificially understated in comparison with market course. Even in this case the CER constantly, from 1923, suffered from income losses.

The Soviet side considered the demands of the Chinese as "political demagogy" and argued for its refusal by the sharp fluctuations in the course of the Harbin paper dayang. The Soviet management predicted that in the event of a transition to a new unit of calculation, the railroad would be on the verge of loss. The economic situation of CER was more precarious. The railroad had long been already balanced on the verge of loss. The author clearly shows the truth of these arguments on the figures, presented in a special study concerning the profitability degree of CER, prepared by the Red Army General Headquarter in September 1929.

According to it, already at the end of 1928 the losses of the CER from the understated, fixed rate of the silver dayang, coupled with an ill-conceived tariff policy and credit payments to local Chinese authorities, led the way to the borderline of self-sufficiency. The losses from the fixed rate of the silver dayang increased by 1928, compared with 1926, by 4.3 times. So, already before switching the calculations to the Harbin paper dayang, the real economic situation of the CER, in the sense of its profitability, was absolutely catastrophic in 1928. But on the eve of the Soviet-Chinese conflict neither Moscow nor the CER Soviet management has yet been aware of this.

As all the economic arguments were in vain, the Soviet side tried to bargain. The concessions to the Chinese were assumed in two directions — through the issuance of additional loans to the Mukden government from the profits of the CER and through the acceptance of the possibility to switch officially to the silver dayang in tariff calculations.

In 1928, the USSR offered an early subsidy to Mukden government to the amount of 70% of the estimated net income of the CER. Later it turned out that the railroad profit for the year was much smaller amount than that calculated by the Soviet specialists. And out of 6 million gold roubles in profits for 1928, the USSR received less than million.

The desire of the Chinese side to abandon the "gold rouble" on the territory of the Special Region of Three Eastern Provinces (TEP) was a serious stumbling block in Soviet-Chinese relations until mid-1929. Chinese officials were not at all embarrassed that their claims went beyond the generally accepted economic conditions. In 1928, not only all the own Chinese-possessed roads of the Northeastern Provinces, but also their economic, and even administrative institutions, were settled through the silver, and not paper non-silver Harbin dayang.

In addition to the requirement to transfer all accounting and tariff operations of the CER to the Harbin dayang from the middle of 1928, the Chinese turned to the USSR with a number of ultimatum statements about the restructuring of the division of managerial responsibility on the board of the railroad. From their point of view, the rights of the Chinese side were seriously undermined by the insufficient representation of the Chinese in the highest management structures.

Telegrams and orders, concerning CER, would have not to be sent without a signature of the Chinese Governor in addition to a Russian, by which means they insisted to introduce the position of second Governor.

All entry into and departure from employment would have to be agreed with the Chinese side; the expenditure of the Governor of the CER, who was a Soviet representative, could be vetoed by the Chinese side; the parity of employment for Russians and Chinese laid down by Peking and Mukden agreements would have to be enforced; all the administrative records would have to be translated into Chinese.

Soviet reaction to these demands was grudging, even though Russian archival sources point out, that the Chinese side had to a great extent enough reasons to express dissatisfaction with the unilateral advantages of Soviet management.

The Soviet side sought to maintain parity in relations with the Chinese part of the board only verbally, the CER could be hardly considered as a real joint venture. As for equal access to management there was persistent violation of the principles of Mukden Treaty by the Soviet side. The autocracy of the Soviet representatives and abuses in the matter of spending undermined the financial well-being of the CER. That's why the Chinese side perceived as a demagogic device the Soviet appeal to economic feasibility by maintaining the status of standard currency for the gold rouble on the railroad.

Even without considering the military aspect, the Soviet-Chinese contradictions on the CER in 1928 became less and less resolvable. Each side had its own, explainable logic. However, both logics were in a different coordinate system, with different value settings, nobody wanted voluntarily to give up. For the USSR — to concede on the CER — meant to leave Manchuria, which in the prevailing international situation fraught with war seemed unacceptable.

The undecidability of the controversies on the CER through peaceful means strengthened the position of supporters of a forceful solution, both from the Soviet and from the Chinese side.

The situation was worsened after the assassination of Marshall Zhang Zuolin on 4 June 1928. For a long time, contemporaries believed that this train explosion was organized by the officers of Japanese Kwantung Army, dissatisfied with the strengthening of autonomous trends in the domestic policy of the Manchurian leader. Russian publications of military historians in the time of Perestroika argued that the attempt on Zhang was in fact organized with the participation of Soviet military intelligence, since the top leadership of the USSR considered the Chinese general as a Japanese puppet. In reality, Japan had experienced dissatisfaction with Zhang's independent domestic policy, especially in the railway construction, already for many years.

Chapter III

Manchuria and Japanese Foreign Policy pp. 142-197

This chapter examines the transformation of Japan's policy towards Manchuria and the problem of the CER from Japan's victory in the Russian-Japanese war until December 29, 1928, the date of the official entry of the Three Eastern Provinces to the regime of the Nanking Kuomintang.

The expansionist experience of Japan in Manchuria, acquired by it during a quarter of a century after the stunning victory in the Russian-Japanese war, had a decisive influence on the formation of empire political institutions, the national character and the specific perception of the outside world by the Japanese.

According to the Portsmouth Peace, Japan received from the Russian Empire the Southern Line of the Chinese Eastern Railway, which was then transformed by the Japanese into the South Manchurian Railway Company (SMR). With it, Japan acquired a piece of the economic heritage of the Russian Empire in Manchuria, which included all lease and extraterritoriality rights in Northeast China. For a long time, Japan did not abandon plans to add also the rest - the CER and the Far Eastern part of the territory of the Russian Empire- Primorye Province to its new possessions. In these drafts, the South Manchuria was considered by the Japanese as a mobilization and supply base for the future Russian-Japanese war. In contrast to the CER, its South Manchurian counterpart- SMR was not a subsidy project and worked from the very beginning on the principles of self-sufficiency.

The "new diplomacy" of President Woodrow Wilson camouflaged the US desire to block the Japanese imperial machine in the ideological clothes of modernizing the entire system of international relations and international law.

It was gradually becoming clear to the Japanese government that a time for partial modification of the methods of direct military pressure as the main means of achieving political goals in China should be now on the agenda. The methods of financial clientelism have replaced for some time the gunboat diplomacy in China.

Manchuria, which was the site of the Kwantung Army, the core of the Japanese ground forces, played the role of „frontier", "bastion", "pantry" of minerals and agricultural raw materials, and also "living space" for the resettlement of the excess Japanese population. The obsession of the Japanese army on Manchuria was caused first by the strategic importance of this region as a bastion against the colonial aspirations of the Russian Empire, and subsequently the

English Language Summary

waves of revolutionary chaos that rolled from the north and south of China. This territory was an ideal base for offensive actions in China, Mongolia, and Siberia, which the Kwantung Army did not intend to give up in the long term.

In the traditional imperial thought of Japan, Manchuria had previously played the role of a buffer zone, a defensive frontier against the undesirable influence of Russia and China. Now, this territory was conceived as a substantial economic part of the empire, as a base, without which opposition to any enemy in a future war would be unthinkable, regardless who they could be - the United States or Russia weakened by revolutionary chaos. This concept also predetermined the special role of the Japanese army, whose task was to protect the defence perimeter on the continent. Even in a possible war with the United States, the Japanese fleet would form only the first line of defense; in the long run, success depended on how long the army could keep the second line of defense — the resource base in China.

By the end of 1920, Japan had a new possible ally in Manchuria, with the help of which the empire could easily get around from the rear the obstacles built by the powers to prevent Japanese influence in China. General Zhang Zuolin, who held the position of "Inspector-General of the Three Eastern Provinces", offered Japan on his own initiative a program of mutual cooperation.

In May 1920, the so-called First Eastern Conference was held in Tokyo, where representatives of all key ministries and agencies discussed the Japanese strategy regarding China and Siberia.

It was noted that the help of the empire to General Zhang has been not extended to him personally, as an individual, but as a "subject of power" in Manchuria in order to protect Japanese interests. From this point of view, the empire was ready, in the present and in the future, to provide assistance, determined by Japanese priorities and "joint benefit" in this territory, to any Chinese politician who would take Zhang's place.

It was precisely the cessation of Japanese intervention in Siberia that put on the agenda the task of providing "friendly assistance" to Zhang Zuolin to increase the legitimacy of the latter in Manchuria and so strengthen the territory of the Three Eastern Provinces (TEP) as a bastion against the forces of revolutionary chaos and foreign influence.

An important outcome of the First Eastern Conference was the formulation of the "dualistic" Japanese policy towards China, which remained the core of the empire's strategy until 1928. To the south of the Great Wall of China, outside of TEP, Japan agreed to play by the rules of the "open door" policy, formulated by

Americans and supported by the powers and to respect the legitimacy of Chinese nationalist aspirations.

Another algorithm was set on the territory of China to the north of the Great Wall, where Japan planned, using Zhang Zuolin as the "client" of its influence, to settle down seriously and for a long time. Under the guise of mutually beneficial economic cooperation, empire strategists had an aim to turn Manchuria, in addition to its protectorate in Korea, not just only into the base of mining and agricultural resources for the empire, but into its outpost on the southern tip of the Russian Far East. Looking ahead, it can be noted that the Bolsheviks did not understand this dualism of Japanese politics in China, and therefore, they "filled" with it many bumps on their forehead.

The position of the world community on the question of the management of CER, manifested at the Washington Conference in November 1921 proved to be an unexpected blow to the Japanese empire. The powers proposed to Japan to say goodbye to the hopes of attaching any sections of the CER to the South Manchuria Railway by contractual means.

In 1921, the most important reason for the consent of the Japanese to cooperate with Zhang Zuolin was the desire to capture the CER. In 1922, the military governor of the TEP, General Zhang Zuolin proclaimed the independence of the Three Eastern Provinces from Peking. By the beginning of 1924, influenced by the decisions of the Washington Conference, the task of CER seizure was reformulated in a more general form, namely, Japan's creation of a compact but effective defense perimeter in Northeast Asia. With Zhang Zuolin the Japanese could act on the CER with Chinese hands and in this sense an alliance with Manchurian Marshal could be very useful.

General Zhang turned out to be an uncomfortable ally for the Japanese. He proclaimed a program for the development of national industry and railway construction in his patrimony. As a result of the implementation of these ambitious plans, Manchuria could be served by two important rail trunk lines of its own, stretching on both sides of the South Manchurian Railway and deeply invading the CER's influence zone. Moreover, Zhang Zuolin revived the plan for the construction of the non-freezing port of Huludao, connected to the Peking-Manchurian Railroad, which would have become a competitor to the Japanese South-Manchurian port of Dairen.

The Japanese did not assume at all that Manchurian clientele elite would ever question the legitimacy of the special position of Japanese on the South-Manchurian Railway and in the areas leased by the empire on the Liaodong Peninsula. These rights were a priori to be respected by the Chinese, they could not be ever included in the negotiating content.

The more the economic welfare of the Chinese Marshal improved and the more confident in his forces Zhang Zuolin became, the greater political and military ambitions he gained with respect to the territories outside his power domain provinces. As his Japanese "allies" were urging the Manchurian leader to concentrate all his forces on the internal development of the TEP, this was inevitably the source of future conflicts. In addition, Zhang Zuolin was not at all disposed to give the Japanese sole positions in the management of his own fiefdom, especially when it came to railways, an important source of money and power. The Marshal was confident that in the long run he would still outplay the Japanese in the economic field. What he needed from Japan was only military support and weapons to strengthen his position outside of his fiefdom- to the south of the Great Wall of China.

Zhang turned to the methods of pressure on the CER, hoping at least in this to enlist the support of the Japanese. But the hope of the Manchurian Marshal did not come true. There was no unity about the methods of ousting the USSR from the CER within the Japanese political and military establishment.

In 1926, the conflict between the Japanese and Zhang Zuolin became aggravated on two points — firstly, in the field of tax and economic policy, and secondly — in the field of railway construction. Zhang announced the introduction of a 2.5% tax on customs duties to finance his army and imposed a provincial government monopoly on all operations with soy. The peak of the exacerbation of relations between Japan and Zhang Zuolin occurred in May 1927 during an incident in the border area between China and Korea in eastern Manchuria. In June 1927, at the Second Eastern Conference in Tokyo supporters of continuing cooperation with Zhang Zuolin in its previous form were in a clear minority.

The Japanese also tried to weaken Zhang Zuolin with someone else's hands through attempts to teach Moscow the need for a more decisive and offensive policy on the CER. Japan created in the Bolsheviks the illusion that the empire could agree to fix the spheres of influence in northern Manchuria.

The hardening of the Japanese position in relation to Zhang Zuolin was caused because the Manchurian Marshal made a statement declaring an uncompromising struggle against communism and Bolshevism in northern China, while simultaneously criticizing foreign intervention in Chinese matters. The form in which this statement was made did not leave any doubt that Zhang, disappointed with the results of his cooperation with Japan, was trying to interest the US in a new partnership. The Japanese had every reason to suspect

Zhang Zuolin of a double dealing game. In March 1928, Zhang Zuolin patronized an American expedition led by Roy Chapman Andrews in Inner Mongolia. Japan was worried that the USA — a dangerous competitor — had strengthened its position in the region and was capable of negating all the long-term military-strategic efforts of the empire. In addition, America was an adversary operating within a separate ideological niche. Unlike the USSR, it was difficult to slow down the USA with the promise of dividing China into spheres of influence.

It is still not clear who exactly was behind the assassination of Zhang Zuolin on June 4, 1928 — Japan or the USSR — but his death radically changed the alignment of forces in the TEP. Already on July 1, 1928, Zhang Zuolin's son-Young Marshal Zhang Xueliang, wrote to Chiang Kai-shek about his desire to unite the Three Eastern Provinces under the rule of the Nanking Kuomintang. A month later, America announced the support of the US government for the new Manchu leader's decision to reconcile with Nanking. The support of the central Kuomintang government by Zhang Xueliang contributed to the successful advancement of the negotiations on the international recognition of Nanking by the powers — first by USA and then by UK. On December 29, 1928, in the provinces of Fengtian, Jilin, and Heilongjiang, Kuomintang flags were solemnly raised to demonstrate the fiasco of Japanese policy in Northern Manchuria.

Chapter IV

"Gathered thunder clouds": end of 1928–first half of 1929 pp. 198-290

The author reconstructed in the chapter in the chronological order the events concerning the conflict in the first half of 1929. There are ten topics in this reconstruction:

— *Chinese "Christmas gift" and retaliatory steps of Soviet Diplomacy on the CER pp. 198-210*

— *Execution in the Tiger Hall pp. 211-214*

— *Clash of interests and military underground work of the USSR in Manchuria pp. 214-225*

— *Economic efficiency of the CER and Soviet political influence pp. 226-230*

— *Sino-Soviet negotiations, spring 1929 pp. 230-239*

— *"Vladivostok Failure" and North-Manchurian Pro-Soviet Orga-*

English Language Summary

nizations pp. 239-240

— *Chinese military raid against the Soviet General Consulate: Politburo is searching for answers pp. 241-246*

— *Voroshilov's Secret Meeting on Manchurian Question pp. 246-253*

— *Chinese plans for the nationalization of the CER, 1928—1929 pp.254-257*

— *Harbin Witnesses. What actually happened in the Soviet consulate during a police raid: eyewitness accounts pp. 257-290*

The political and military situation on the CER after death of Zhang Zuolin became even more complicated for the USSR. The new Manchurian leader Zhang Xueliang and the Nanking Kuomintang were unanimous in their intentions to return China the rights to the CER.

Zhang Xueliang's unification with Chiang Kai-shek under the flag of the Kuomintang forces prompted the Kremlin to increase seriously its attention to military operations in northern Manchuria. In December 1928—January 1929, Moscow and the Comintern structures in Harbin launched an active communication about the possibility to use acts of infrastructure and personal terror against the Chinese authorities on the CER. The communication was marked as urgent and was provided through military telegraph lines in Vladivostok. There were several different overlapping lines of Soviet intelligence in Northern Manchuria, even institutionally there were three — Red Army military intelligence, Foreign Department of OGPU and Department of International Communication of Comintern. All these institutions had their regional offices. Even in Moscow they did not obligatory adjust their operations with each other.

Moscow and Vladivostok asked the Comintern emissary in Harbin, if it was possible to create an underground Chinese organization with an anti-Kuomintang orientation. Harbin requested funding and supplied Moscow with unrealistic figures about the possibility to recruit 120,000 members of Chinese nationality within the framework of such an organization. Moscow endorsed the proposal to form an active secret front to combat the growing influence of Nanking in Manchuria and agrees to allocate a large financial sum of 350,000 gold roubles for this — three time more money, than as Harbin emissary originally asked for.

To fulfill the intention, however, was not possible. Japanese intelligence intervened in active Soviet preparations for terrorist operations. In early January 1929, the Japanese intelligence service arrested Nikolai Lebedev, a resident of the Soviet military intelligence in Jilin, who after the interrogation agreed to share with the Japanese all the information he had. The Chinese police, informed by the Japanese, started since the end of January, a large-scale wave of arrests in Harbin and its neighbouring districts. The North-Manchurian Committee in Harbin, weakly associated with the Chinese Communists and Comintern structures, was not strongly affected by this so called "Vladivostok failure" and the wave of repression.

No matter how high Soviet intelligence activity in Manchuria was, it could have long-term significance only if there was a reliable "fifth column" directly inside the Special Zone of the Three Eastern Provinces. The stability of the "fifth column" sympathy towards the USSR depended not only on the political mood among the local Russian-speaking and Chinese population, but also on its level of economic well-being.

The influence of the Communist Party of China in Manchuria in 1928-1929 was very weak. Ultimately, the USSR could only count on the support of a part of the Russian-speaking population in the CER region, whose well-being was depending on the prosperity of the road. However, the cost-effectiveness of the CER was steadily declining from year to year. Since 1928, the need to reduce the net cost of transportation to improve the economic position of the road, which was in a tough competition for the market with the Japanese South Manchurian Railway, had become an urgent task for the board of the CER. The struggle to improve the economic performance of the railroad through personnel cuts turned into a time bomb for social freedom among Russian emigration.

In January 1929, by order of Moscow, the leadership of the CER was forced to declare restructuring and massive personnel reductions. The reduction of staff, in the official interpretation, should also solve the problem of "purging" the CER team from "alien" elements. But pro-Soviet-minded circles were inevitably also victims of the axe of economic efficiency. Moreover, the reforms predetermined the deterioration of the welfare of the entire economy of the CER. The authors of the reorganization program planned to transfer most of the savings to Moscow, and not to reinvest them in the Special Zone or to increase the effectiveness of the railroad.

In addition, during the period of staff cuts, the Soviet side showed readiness to make concessions to the Chinese in exchange for reducing the political

English Language Summary

pressure and severity of the confrontation on the issue of CER. This policy also did not add sympathy to the USSR in the emigration environment.

The policy of compromise, which Moscow adopted, turned out to be impotent, the new Mukden leader now wanted to dictate the conditions of Soviet participation in the management of the railroad and the stay of the USSR citizens in Manchuria. In this case, the Bolsheviks were forced to "step on their own rake." Zhang threatened Moscow with a "national liberation revolution" on the CER, which meant publishing secret protocols to treaties and demanding the nationalization of property in Manchuria.

This tactic of "revolutionary diplomacy" tied the hands of Moscow, which in this matter could only rely on calls for compliance with international law and seek allies in the camp of its enemies and detractors, among the powers. The situation on the CER was steadily exacerbated and demanded changes in the emphasis of Soviet policy in Northeast China.

The need to justify the policy of harsh staff cuts on the CER put the North-Manchurian Committee at a disadvantage. On the one hand, the situation of the "Vladivostok failure" demanded increased conspiracy, on the other hand, the Harbin Bolshevik committee had to demonstrate to the Russian employees and trade unions on the CER its abilities to fight for the rights of workers. In contrast to the trade unions, the Harbin Bolsheviks were not able purposefully carry out their own decisions on the issue of conspiracy. Though there was a combination of unsuccessful circumstances, subsequently, it is laxity, indiscipline and the personal ambitions of the NMC leadership that could make it possible to provoke an attack by the Chinese police on the Soviet consulate in Harbin on 27. May 1929. This date is considered to be the beginning of the Soviet-Chinese military conflict.

In the first weeks of the conflict, all decisions aimed to neutralize its consequences were made by Kremlin in the situation of a severe lack of information.

On May 31—June 6, 1929, the Politburo held a series of discussions that examined the situation around the CER. The response by means of a "military demonstration" was first considered to be "inexpedient". The Commissariat of Foreign Affairs (NKID) was ordered to work out by the next Politburo meeting a number of specific measures to overcome the crisis. Politburo decided to send a stern letter to the Soviet general consul in Harbin Boris Melnikov, in which the diplomat was subjected to scathing criticism. Moscow was in such a discontent that the NKID initially attempted to resort to the mediation of third forces to regulate the relations of the USSR with Zhang Xueliang. Melnikov tried to apply first to representatives of foreign states not interested in the escalation of military tensions in the region. Politburo and the top militaries did not agree with this line and came out with its sharp criticism. However, apparently, the Politburo did not succeed in stopping the flywheel which was independently launched by the NKID through a diplomatic settlement, until the end.

Despite the unambiguously formulated refusal by the Politburo to use force in the Manchurian conflict in a resolution of June 6, in 10 days, on June 16, 1929, the military, led by Klim Voroshilov, discussed the USSR strategy and tactics in Northern Manchuria at their closed meeting. The analysis of the participants' list and their biographies, some comments in the discussion and attached archival documents add arguments to the author's view that in the spring and autumn of 1929, the "Turkestan-Afghan direction" of Soviet foreign policy largely determined the nature of the reaction of the Soviet leadership in the Kremlin to the actions of Zhang Xueliang in Northern Manchuria.

The author could reconstruct the positions of the participants — the military establishment attended the meeting — based on handwritten notes of Klim Voroshilov, which the Commissar of Military affairs (Narkomvoenmor) prepared during the discussion.

The main controversy unfolded on several issues. Did the USSR need to use military force and if yes, then to what extent? How much use of sabotage measures, conducting sabotage operations and deploying partisan movement could be efficient? What other measures besides the military ones could oblige the Chinese to restore the status quo on CER?

All participants of the meeting agreed that diplomatic efforts in northern Manchuria could not be the only way to solve the problem of CER. Recall, by this time, the Politburo had already unambiguously voted against the use of military force in Manchuria.

V.P. Rogachev (in 1926–1927 — Assistant of Military Attaché in the USSR Embassy in China) and N.V. Korneev (in 1926–1927 — Soviet military adviser in China) proposed an immediate military offensive by the Red Army. Rogachev insisted on delivering a "blitz stroke".

The former headquarter chief of Soviet military advisers in South China, now — assistant of the Chief of the Military Intelligence Service — Red Army's Fourth Bureau — Razvedupr, chief of Second Agent Department Tairov suggested, however, first of all to decide in principle the question of whether the Soviet Union should declare a war to China. In his opinion, the USSR could not fight with China for political reasons. Tairov did not doubt the military superiority of the Red Army, which would have achieved a military victory in Northern China by the forces of only two divisions without a bigger effort. Tairov was the only one participant at this meeting who did not propose to intimidate Zhang Xueliang with military force or sabotage. In his opinion, the Chinese were to be influenced, first of all, by the methods of economic pressure, for example, by declaring a boycott on Chinese goods and not issuing transit visas for Chinese merchants.

Fedor Matseilik, working in 1924–1927 for military intelligence in China, agreed with Korneev that it was necessary to act quickly in China and with the use of military force. However, these actions, in his opinion, should have a hidden character, "without any publicity". A similar position on the need for immediate action, primarily in the area of sabotage operations, without an official declaration of war, was expressed by one of the founders of the Cheka, the Deputy Commissar of Military Affairs and the Chairman of the Revolutionary Military Council I.S. Unshlikht.

A.S. Bubnov, a member of the Bolshevik Party Central Committee, a member of the Organizing Bureau and the head of the Political Department of the Red Army, as well as Unshlikht, preferred the use of sabotage on the CER. Bubnov also did not highly appreciate the military power of the Chinese army. However, in his opinion, the situation being poorly understood and with falling into euphoria, speaking of a "blitz stroke", would be a strong simplification. Bubnov was convinced that the Chinese side would not use the help of the White Guard military emigration. The former military advisor in China, now chief of the First Army Intelligence Department of Soviet Razvedupr Vladimir Polyak spoke at a meeting about the harmfulness of underestimating the Chinese army and stressed the necessity to have a superiority of military strength.

A.I. Cherepanov, also former military adviser in China, did not share the euphoria of his colleagues about the weakness of Chinese army. He believed that USSR has a serious opponent, "the Chinese know how to fight." It was Cherepanov who became the author of the idea, which later materialized in the creation of the Special Far Eastern Army (ODVA) in the Soviet Far East.

The meeting raised the question of the use of partisan activities in the Soviet-Chinese conflict on the CER. It was planned to neutralize the White Guard military units with its help, if the latter would side with Zhang Xueliang. A. Polyak, who had witnessed the sad finale of the recent undercover Soviet military operation in Afghanistan, was convinced that "guerrilla groups cannot do anything, in any case, the effect will be minimal". J.Berzin, head of the Red Army's Fourth Bureau (military intelligence), Cherepanov, Zenek (former military advisor in China), on the contrary, spoke in favor of the active use of partisan detachments established in the USSR, as well as in Mongolian Barga and China itself, emphasizing the involvement of the national minorities — the Mongols and Dungans. Berzin and Unshlikcht also offered to use the help of the Chinese Bandits — Hunhuzes. The idea of using Korean partisans was not pronounced in any form. Initially, this proposal was considered unacceptable because of its strong anti-Japanese orientation. Moscow was afraid to provoke Japan in Manchuria.

Voroshilov himself was a staunch supporter of the use of military force. The repeated discussion of the possibility of a "military demonstration" in China, despite the Politburo's negative decision, reflected the specificity of the internal party struggle in the summer of 1929, which was characterized by the standoff of Stalin and the "right" opposition. It is unlikely, that Voroshilov, loyal to Party general secretary, would once again raise the question of the nature of the Soviet response in Northern Manchuria in such a specific area in his department for discussion, if he did not assume, that Stalin had a similar attitude. The concept of a "peaceful" solution to the conflict by diplomatic measures could not be the only alternative for Stalin in summer of 1929, simply because his opponent Bukharin so zealously advocated this option.

To understand the adequacy of the reaction of the Soviet leadership to the events in Manchuria is impossible without analyzing the Chinese position on the question of the Soviet joint management on the CER in 1928-1929. The Russian historian Vasily Kryukov, who worked in Taiwan for many years and had access to the documents of the Kuomintang Ministry of Foreign Affairs, the personal archives of Chiang Kai-shek and general Yang Xishan, provided the evidence for Chinese views in his publications. V. Kryukov also used documents from the American and British archives in his research. If we look at the problem of the CER from the Chinese perspective, it turns out that the Soviet leadership underestimated the seriousness of Chinese aspirations to return the CER to China.

For the Chinese side, the question was only concerning the methods of returning the railroad. The entourage of Zhang Xueliang was divided into two camps, one of which was in favour of confiscating the road, while the second insisted on legitimate actions in the framework of the resolutions of the Washington Conference. According to Vasily Kryukov, the attack on the Soviet consulate testified that the Young Marshal eventually took the side of supporters of a military solution of the issue.

The adviser to the Young Marshal William Henry Donald was convinced that the joint ownership of the CER was a historical misconception and suggested that Zhang Xueliang should nationalize the road. But Donald preferred first to find and make public the facts of the USSR financial abuses on the CER.

China had to determine them publicly and, appealing to the resolutions of the Washington Conference of 1922, nationalize the railroad. Donald enlisted the support of the influential diplomat Gu Weijun, a veteran of the Chinese Ministry of Foreign Affairs who was in Mukden at that time. The latter was a close friend of Zhang Xueliang and also advised the marshal to refrain from any actions contrary to the norms of international law.

Three possible versions of a plan, how to return the road to China, were published in the Kuomintang press.

The first option suggested that Chinese government should estimate the USSR's debt to China in connection with the exploitation of the CER and unilaterally annul both the Peking and Mukden agreements. After that, the railroad was to pass under the jurisdiction of China.

Under the second option, the nationalization of the CER could be carried out after the shares transfer of the Asian Chinese Bank to the Chinese government.

The third option was to withdraw the CER from the Soviet control as a result of negotiations with Moscow, which were to follow the restoration of official diplomatic relations with the USSR.

The Chinese Kuomintang Railways Minister Sun Fo (Sun Ke) believed that the first option — the debt of the USSR — made it possible to solve the problem of the CER radically. The second option — the transfer of shares — although it postponed the nationalization of the railroad, but did not expect payment of compensation after the expiration of the agreement, as was implied under the third option.

In the background of Chinese discontent against the Soviet influence at CER, the observers could perceive the constantly emerging shadow of the United States: the Chinese did not trust the USSR, but they also did not want to follow obediently the lines of Japanese politics. America seemed to China to be the most attractive ally in those conditions. However, the Chinese underestimated the unpreparedness of the American diplomatic elite to consider the precedent of the violation of international treaties with the powers as a positive development.

As for the Soviet side, it seems that for a quite long time it was unaware that the Chines military violations at CER were based on Zhang Xueliang's strategic attitude to capture the CER, where there could hardly be a place for a long-term compromise. The wishes of Nanking and Mukden to single-handedly dispose of the railroad, were perceived by Moscow as the personal attitudes of several unfriendly Chinese officials, and not as a national long-term strategy. Moscow so far believed that the source of the conflict on the CER was bungling local Harbin Bolsheviks, neglecting the rules of conspiracy and underground work.

Due to the lack of access to archival documents, it was not possible for a long time to answer the question whether the Chinese side really had reason to assume that a catalogue of subversive sabotage activities against the Chinese government was discussed at a meeting on May 27 1929 in the USSR Consulate building in Harbin. The documents, which were discovered by Marina Fuchs in Russian regional archives, that were not previously used by historians, provide a unique opportunity to reconstruct events around the capture of the Soviet consulate in the spring and summer of 1929 from several angles, through the testimonies of their direct participants.

There are at least four of them.

The news of the raid on the Soviet consulate in Harbin was received by the Vladivostok telegraph at 15.10 p.m. on May 27, 1929. The incident was reported in the dispatch, which came from the Deputy Chairman of the CER Board Chirkin, addressed to the First Secretary of Far Eastern Regional Party Committee (Dal'kraikom) Ivan Perepechko and to the Head of Far Eastern Regional Secret Police OGPU Filipp Medved'.

Another — second version of events, concerning the circumstances of the Chinese police's attack on the Soviet consulate general on May 27, 1929, can be reconstructed on the basis of a note, prepared by the senior secretary of the Soviet community in Harbin Krutov. This evidence report was compiled by him in Moscow on June 25, 1929 for the Central Committee's Bureau of Abroad Cells.

Krutov draws the attention of higher party bodies that, from his point of view, the causes of the CER conflict escalation, in addition to the foreign policy component, should also be looked for in the plane of the party work's organizing shortcomings in Northern Manchuria, in the relations between the party officials of NMC and the Soviet Consulate in Harbin, as well as between NMC and the Far Eastern Regional Party Committee in Khabarovsk.

In addition to performing a purely informational task the note by N. Krutov on the Chinese police raid on the Soviet consulate on May 27, 1929, contained a strong accusatory potential. Krutov was convinced that the culprit in the aggravation of the Soviet-Chinese conflict should, first of all, be sought among the leaders of the North-Manchurian Committee and in Dal'kraikom, and not in the Harbin Consulate. Krutov insisted, that the guilt of Consul General Boris Melnikov, whom Politburo threatened to bring to military court, in fact, was not so obvious.

English Language Summary

N. Krutov describes in detail the raid by the Chinese police on the consulate general, stressing that the events of May 27 were a complete "surprise — like a bolt from the blue". From his point of view, consular officers didn't even know that a plenum of North-Manchurian Committee was held in the basement at that time. The plenary session was organized in an expanded format, not only the members of NMC, but even several Bolshevik party activists of CER were invited to it. Fortunately, the staff of the Soviet diplomatic mission managed to lock some rooms and burn all documents of a particularly secret nature as they understood that the Chinese police entered the building. 39 people — most active CER Bolsheviks, including the Chairman of the CER Council of Trade Unions and several consulate officers — were arrested, but the secretary of the NMC Jan Kulpe, alias "Yuri"/"Max" managed to escape.

The third piece of evidence — a note, compiled by the Rail Union leader in Harbin I. Stepanenko which he sent to the Moscow Bureau of Abroad Cells (BZN). This note leaves no doubt that the accusations made by the Chinese side to the Soviet consulate about encouraging subversive work on the CER were, in fact, true, and that they were not a mere propaganda invention of the Chinese police. In addition, it becomes clear that the scale of the failures of the Soviet underground party network and trade union leadership in Northern Manchuria could not be less. The members of NMC who remained in freedom did not think about fulfilling their direct functional obligations, rather tried to raise their personal status in the party structure faced with occurred power vacuum.

From this point of view, the impression is further strengthened that the constant power clashes within the Soviet Harbin elite were one of the important factors that adversely affected the stability of the Soviet positions in Manchuria. In a note of Stepanenko, the focus of attention is shifted to the plane of the internal problems of NMC. I. Stepanenko leaves aside any comments on the actions of the Chinese during the raid.

Mutual mistrust and personal antipathies led to the fact that within a few days after the arrest of the entire NMC staff at the consulate, the institutions of pro-Soviet influence in northern Manchuria were completely paralyzed and could not proceed to localize the failure on the spot.

This devastating situation could be reconstructed with a fifth piece of evidence — a letter of escaped "Yuri"/ "Max" (Jan Kulpe) to Dal'kraikom in Khabarovsk with "information about the situation". After the getaway from the Chinese police "Max" hid in a safe place in Harbin, where he was then temporarily selected by several remaining party activists as a new Secretary of NMC.

In the first weeks after the incident Khabarovsk did not even understand the seriousness of the situation. Only on June 10, 1929, that is, more than two weeks after the Chinese police raided the consulate general, Dal'kraikom Bureau adopted a detailed resolution on the events in Northern Manchuria. The resolution was drafted in the same spirit as the decisions of the Politburo.

Khabarovsk strongly condemned the practice of convening party meetings of the underground party organization in the consulate general's premises. The blame for the failure was laid on the leadership of NMC and Consul General Boris Melnikov. According to the Dal'kraikom Party Bureau, were the initiators of the party meeting, despite repeated decisions about the inadmissibility of this situation on the part of the Central Committee, Dal'kraikom and NMC itself.

In the conditions of rampant police terror by the Chinese authorities, Dal'kraikom had to transfer the entire management and supervision structure of NMC to non-formal control and "personalized" it. This process was promoted by the fact of the former personal acquaintance between "Yuri" (Jan Kulpe) who headed the Harbin committee and the secretary of Dal'kraykom Ivan Perepechko.

Kulpe addressed Ivan Perepechko directly with encryption. Soon, from the end of June until the first decade of November 1929, their encrypted telegrams and letters to each other became Dal'krai's main channel of communication with the leadership of the underground Harbin committee. The letters and telegrams were first forwarded through the consulate general in Harbin, however, the further exacerbation of the contradictions between the NMC and the general consul led to the fact that later the connection was made in a circuitous way — through the Soviet consulate in the South Manchurian Dairen. These encryptions between both are unique historical sources for the reconstruction of the Soviet-Chinese military conflict, never possible before on this scale.

On July 9, 1929, a closed meeting of the Dal'kraikom Bureau was devoted to the analyses of the activity of North Manchurian Bolshevik Party organization during the conflict. The Bureau was not satisfied with the information submitted for discussion and concluded that it was necessary to form a special commission for the "investigation and examination" of the current situation in Northern Manchuria.

Events on the CER began, however, to develop rapidly in a new direction. The ink of the signature of the Dal'kraikom secretary Verkhovykh at this resolution has not yet dried, as at the very next morning, on July 10, the situation on the CER changed radically — the peaceful stage of the conflict was over.

English Language Summary

Chapter V

Hot Summer of 1929 pp. 291-359

In this chapter the author reconstructs the events from two perspectives: from the point of view of the Moscow Centre and in the reception of Harbin political actors.

— *Moscow perspective, July— August 1929 pp. 292-337*

There are seven parts in this sub-chapter:

— *Kremlin strategists are confused pp. 292-304*

— *American factor in the Sino-Soviet conflict and powers pp. 304-321*

— *Red Army Commandment and stalemate situation pp. 322-325*

— *Nanjing Kuomintang: war or negotiations pp. 325-330*

— *Stalin has resolute position, but agrees to negotiations pp. 330-334*

— *Soviet Military Intelligence and the war plans of Zhang Xueliang pp. 334-335*

— *German and Japanese Mediation support pp. 336-337*

The conflict entered the hot phase in the first ten days of July 1929. On July 10, the Politburo received a telegram from Consul General Melnikov and the Governor of CER A. I. Emshanov, that the Chinese authorities had seized the CER's central telegraph in the morning. Mukden decided also to close the offices of Soviet organizations in Manchuria. The Chairman of the Board of the Chinese Eastern Railway Lü Ronghuang dismissed the Russian CER Governor A.I. Emshanov and his assistant. Also, Soviet employees — chiefs of the main services of the railroad — were fired, and former members of the staff of B. V. Ostroumov from the Russian white emigrants were appointed to their posts. More than 200 employees of the CER were arrested; on the same day, the Chinese deported 35 managers of the railroad to the USSR. The police searched and arrested workers with Soviet passports throughout the CER; closed railway trade union and cooperative organizations. Deportations were continued the also during the next days.

The deliberate exacerbation of the situation was not an incidental step, this decision was taken at a joint meeting with Chiang Kai-shek, Zhang Xueliang and Shanxi militarist Yang Xishan, held in Peking on July 8-10, 1929. Both Moscow and Khabarovsk had to adjust their positions and look for new solutions urgently. However, since the situation was unclear for Moscow and for Khabarovsk, they both took first the position of "active waiting."

Kremlin announced the severance of diplomatic relations with the Nanking government. All Soviet diplomatic, consular and trade representatives, employees of the CER administration were recalled from China, and Chinese diplomats were asked to leave Soviet Russia immediately. It was also decided to terminate all railway connections between China and the USSR. At the same time, Moscow declared that it reserves all the rights to act, arising from the Peking and Mukden agreements of 1924.

Using the documents of the Russian archives, the author reconstructs in detail the decision-making process of the Politburo and Bolshevik Foreign Ministry — the NKID — at the stage as the conflict was constantly worsening. At the same time, as far as possible, the facts and evidences concerning the same events and decisions are being compared, how they are depicted in different archival sources- in the Russian federal and regional archives, Chinese Kuomintang Archives on Taiwan and American foreign policy materials. The actions of foreign policy adversaries — the USSR and China (Nanking Kuomintang, Mukden) — are being correlated, the author determines the most crucial points of the conflict, where competing parties had completely different goal-setting. It is stated, that the opposite sides often did not even understand the aims of each other.

The chapter also analyses the actions of the powers, for instance of Germany and Japan, which became later mediators in the conflict between the USSR and China, and of the USA, whose position decisively impacted on the foreign activities of Nanking and Mukden.

As American diplomatic documents show, the USA tried to keep a close hand on the pulse of events in Manchuria, which their main military and political rival in the region — Japan — considered to be the core of its vital national interests in China. However, the effectiveness of US foreign policy in China was reduced on the eve of full-scale Japanese aggression in 1931 by multidirectional actions within the American diplomatic establishment, which was engaged in Chinese service.

The Secretary of State Henry L. Stimson and Minister to China John van Antwerp MacMurray interpreted the goals of American foreign policy in Northern Manchuria differently. There was no unity among American diplomats also in assessing the degree of guilt of the CER conflict participants, both suggested also different methods for resolving it. For Stimson, the best option was to establish international control over the CER, with formal recognition of the fact that China and the USSR owned the railroad. It was obvious for him that America should have to play the first violin in the system of such a "neutral" control.

McMurray, a recognized expert on China and profound specialist in international relations, had a different vision of American tasks. He proceeded from the fact of the immutable recognition of the 1924 treaties, signed between the USSR and China in Peking and Mukden, and believed that violation of the treaty rights of the Soviet side on the CER in any form created a precedent for the Chinese to question the future agreements with foreign powers. McMurray was convinced that direct, regulatory intervention by a third party, as Stimson suggested, is unnecessary. The guilt of the Chinese in worsening Soviet-Chinese relations was not in doubt for the American ambassador, and from his point of view the prospects for a military escalation of the conflict had not yet been observed. McMurray was a supporter of the position that Mukden should make concessions and agree to eliminate contradictions in a bilateral contractual manner.

McMurray, however, clearly underestimated the degree of involvement of the USSR, as a state, in anti-system activities on the territory of Northern Manchuria. Moreover, the US ambassador held the position that the responsibility for communist propaganda and the actions of Soviet representatives on the CER should be personal, not collective. In the case of the indisputable involvement of Soviet diplomats in such activities on the territory of the TEP, the Chinese side had to extend the criminal legislation to the perpetrators. According to McMurray, the personal guilt of specific functionaries could not question the ownership of the USSR at the CER. However, McMurray was cunning, the reason for his soft attitude towards the Soviet violations was on a different plane. The American diplomat could not fail to see that the presence of the USSR as the owner of the CER in Northern Manchuria, to one degree or another, bound and inhibited the expansionist aspirations of Japan in the region.

US naval intelligence was also actively involved in active scanning of Sino-Soviet relations during the conflict. Its representative was in Harbin and, as needed, he moved around Manchuria, meeting with high-ranking Chinese and Japanese representatives. McMurray long had close and trusting relations with representatives of naval intelligence, which allowed the American minister to China to have additional sources of strategic information. As the history of the Far Eastern Republic on the territory of the Russian Far East in the early 1920s showed, for representatives of the US Navy the potential anti-Japanese orientation of USSR foreign policy was more important than its ideological Bolshevik component.

Both the USSR and China were not yet interested in involving third-party mediators in the conflict resolution process. However, US pressure, no doubt, shaped the direction and nature of the actions of the Chinese side. In the summer of 1929, if one of the powers had the opportunity to influence Chinese politics, then, without a doubt, it was America. The USA managed to weaken the recklessly offensive nature of the actions of the Mukden government partially. Both Zhang Xueliang and the Nanking Kuomintang did not venture to anger America.

The author stated, that now available archival documents could not tell us without doubt, how accurately Kremlin was aware of the opinions' nuances in the USA diplomacy in 1929. Information about the Stimson memorandum and the secret negotiations of the powers reached Moscow rather quickly. It seems that the leak did not occur through Japan, but directly in Washington through the contacts of Boris Skvirskii in the higher strata of the American establishment. Moscow reacted very seriously to the attempts to internationalize the conflict under the auspices of the United States, but the Kremlin diplomats did not immediately begin to take action to neutralize them.

The dissatisfaction of the Soviet party leadership with the Chinese side's delays in restoring the status quo on the railroad added arguments to the Red Army military, who from the very beginning were convinced of the urgency of using force to resolve the conflict.

Nevertheless, the main emphasis, as before, was placed by the Politburo on the negotiation process. It demonstrated with the tough dictating tone in the telegrams to the Consul General in Harbin, that in this case Melnikov's main task was strict observance of the directives of the Center, and not the manifestation of any personal initiative. But through this position the Politburo was held hostage by its own situation. Communication systems make distinct adjustments — the Politburo did not have time to issue one resolution, as, practically, the very next moment the real situation in China required its revision and the adoption of a new decision. By the beginning of August 1929, the negotiation process came to a standstill.

On August 6, 1929, "at the suggestion of Stalin and Voroshilov," the Politburo decided to form a "Special Far Eastern Army" (ODVA) under of command of V. Blykher.

The Politburo, however, was not yet ready to support the military's constant proposals for demonstrating force on the border with Manchuria. On August 12, 1929, a brief entry was added to the protocol of the "special folders" of the Politburo: "A proposal for armed intervention at the Railway station "Manchuria" should be rejected". The Politburo consistently held a more reserved position on the issue of conflict resolution methods than the coercive structures in Moscow and Khabarovsk.

Moscow also understood this, however, and it could not fully control the actions of its emissaries in Northern Manchuria and Soviet Far East. The crisis on the CER had gained its own dynamics.

The author analyzes this dynamic in the second sub-chapter, titled

Harbin Frontier: Hot Summer of 1929 pp. 337-359

Three topics are being discussed in this sub-chapter:

— *"Struggle for portfolios": Consulate General against the North-Manchurian Committee pp. 337-347*

— *Information chaos: North-Manchurian Committee and Dal'kraikom pp. 347-350*

— *«Red Hostages» of the Sino-Soviet Conflict pp. 351-359*

In the long term, such constant showdowns reduced the effectiveness of the Soviet presence in Manchuria, both economically and politically.

Firstly, this struggle consumed and dispersed a large amount of energy and resources. Secondly, channels of political communication between the Soviet bodies of Manchurian policy in the center, Far Eastern region and in Manchuria itself were not clearly articulated, who reported to whom, when and how, so these circumstances led to the disruption of information chains and introduced elements of chaos into the management hierarchy. Thirdly, constant personal clashes among Soviet policy actors in Manchuria and Far East (Dal'krai) nullified efforts to increase conspiracy. Under the conditions of repression by the Chinese authorities and the vigorous activity of anti-Bolshevik émigré organizations, the absence of conspiracy led to disastrous consequences for the entire structure of the institutions of Soviet influence in Northern Manchuria.

During July 1929 the relationship between the NMC and the Consul General was aggravated to the limit. Melnikov did not want to put up with the loss of control over the "territorial organization", as Dal'kraikom's instructions required from him. The situation that arose in the relationship between the consulate general and the NMC Bureau after the break in diplomatic relations between the USSR and China on July 17 added more fuel to the fire. Despite the almost confirmed decision from Moscow that Melnikov should soon leave Harbin, he wanted to show his opponents till the last days, who was the boss.

From the beginning of August 1929 strong discrepancies in orders began to appear in the ranks of the North-Manchurian party organization, especially outside of Harbin. They were caused by failures and discontinuities in previously existing information chains. The situation of utter confusion and chaos, inconsistency of orders of Dal'kraikom and absence of directives from Khabarovsk to the Bolshevik party organization of CER continued until at least the end of summer. The violation of the information exchange between Dal'kraikom and the NMC actually contributed to create complete disorientation among the pro-Soviet-minded personnel of the CER during the conflict. This was especially clearly manifested in the example of the "self-quit-work-campaign" (kampanija samouvol'nenii).

This astonishing and not very prudent recommendation to the Bolshevik sympathizers at CER to start the campaign of self-quitting the work, had been sent from Khabarovsk with an aim to paralyze the functioning of the railroad. But, it made the work of Chinese police easier to detect the personal pro-Soviet sympathies and political orientation. The Chinese side dismissed the first thousand suspects of active underground work in the USSR immediately with the onset of the escalation of the conflict. About another four thousand people quitted their work at the railroad voluntarily as the NMC started to fulfil the order of Dal'kraikom. It appeared to be a great mistake in the situation of Chinese atrocities, because such employees "pinned" a red bow of a participant in the action of disobedience on their chest, fulfilling the directive on self-dismissal. When they really did this, it turned out, that Khabarovsk had already decided to replay the situation in the opposite direction and ordered the action to be stopped.

Dal'kraikom's bid to strengthen subversive work in Northern Manchuria turned these people into a mass of political and even economical hostages. For most workers their CER wages were the only income to cover the living costs. The situation became even more aggravated when the Soviet side, intending to increase the degree of Chinese compliance in the CER negotiations, began to put pressure on the Chinese population living in the USSR, primarily in Maritime Province- Primorye. Zhang Xueliang didn't even have to search for a target for a retaliatory strike — after all, the "red" Russians on the CER separated themselves on their own initiative from the "whites". And Zhang Xueliang took advantage of this situation.

From the first ten days of August, after the start of the "self-quit-work-campaign, the Chinese police arrested and captured the "self-quitted" themselves and their family members throughout Northern Manchuria. Most of those arrested were deported to the Sumbei concentration camp, which had been built 7 kilometers from the eponymous pier on the Songhua River near the city of Sunpu. According to approximate data, about 2 thousand people were imprisoned in the Sumbei barracks. Documents of Russian regional archives show that Sumbei was not merely a symmetric answer of Mukden to the hard line of the OGPU towards Chinese citizens in the Soviet Far East, it had emerged from Mukden's own logic of capturing the CER. In order to oust the USSR from the CER Zhang Xueliang had been actively using physical measures against representatives of the Soviet diaspora in Northern Manchuria since mid-August 1929. Moscow, in response, also proposed to resort to an additional set of force measures. The pendulum of violence and unfriendliness was swinging with ever increasing amplitude.

Chapter VI

Soviet gunboat diplomacy, September—November 1929 pp. 360-409

In this chapter, reconstructing the events from September to November 1929 on the base of previously absolutely unknown archival sources, the author searches the answers to several important questions, besides them— who personally in Moscow and in Khabarovsk was responsible for the decision to cross the Chinese border and attack Zhang Xueliang's troops by the Red Army. What were the purposes of the Soviet military raid in Manchuria, why were the powers, first of all—USA—unable to foresee such development? There are six sub-chapters:

"View from Moscow": on the eve of military strike pp. 360-379

— *Kremlin begins to lose patience pp. 360-365*

— *Who made the decision to send Soviet troops to Manchuria? pp. 365-369*

— *Special Far Eastern Army prepares for a "military trip" to Harbin pp. 369-373*

— *Bubnov's Commission and the plan of the Chinese uprising pp. 373-379*

"Anti-system rebellion" in Northern Manchuria and elite of the Soviet Far East pp. 379-392

— *First Party Secretary Ivan Perepechko and the "Chinese factor"* pp. 380-387

— *Special Far Eastern Army and the Program of the "Chinese rebel movement"* pp. 387-389

— *Letters from the CCP Manchurian District Committee to the Dal'krai Party leadership* pp. 389-392

Special Far Eastern Army determined the date for the military strike pp. 392-395

Powers did not foresee aggravation pp. 395-399

Moscow View: final operations pp. 399-405

Powers and Failures of Chinese Diplomacy pp. 405-409

From September to 12 October 1929, as the Sungari military operation began, the position the of Politburo has changed to the absolutely opposite, it first neglected the use military force in the conflict with Zhang Xueliang, then ordered the Far Eastern Army to cross the border. The support group for the use of military force consisted not only of professional military men in Moscow (Voroshilov) and in Khabarovsk (Blykher). Some diplomats, for example, the USSR Ambassador to Japan Troyanovsky, were also inclined towards such a forceful decision.

As early as in summer 1929, the Politburo started to work out a plan for the revitalization of the Chinese communist movement in Manchuria. Moscow sent its plenipotentiary Andrei Bubnov to the Soviet Far East to clarify all the details. Considering that Bubnov was also to prepare the conditions for the possibility of creating a Special Far Eastern Army in the Far East, it becomes clear that initially these two components — strengthening the Soviet military power in the region and activating the Chinese insurgency, directly in Manchuria — were parts of the same plan. During the August 1929, together with Dal'kraikom's leader Ivan Perepechko, Andrei Bubnov was working on the second part of the plan, that should determine, how to support and to stimulate the Chinese uprising. By September 6, Bubnov and Perepechko prepared for the Politburo's meeting a detailed set of different materials. On September 9, the Politburo reviewed a draft resolution on measures to be taken in connection with the Soviet-Chinese conflict on the CER, which had been prepared by Bubnov's commission. The book analyses the inquiry materials and recommendations of Bubnov's commission and the process of the concept transformation from the first discussion in the Politburo to the final directive under the heading "On strengthening the work of the Chinese CP in Manchuria" by the commission of the Komintern's ECCI Secretariat.

The final text of the directive, adopted by the Political Commission of the Executive Committee of the Comintern, did not contain any references to the controlling and planning role of Dal'kraikom. The subject of the implementation and all the recommendations in this document was the Communist Party of China.

Even though the ECCI directive on enhancing the work of the CCP in Manchuria did not mention a single word about the role and tasks of the Dal'krai authorities, an analysis of the practical documents from the archives suggests that the main activity of the Bolsheviks developed further precisely along the "regional" Far Eastern vector. The key figures in the implementation of this part of the plan were "de facto" Dal'kraikom Party Secretary Ivan Perepechko and Special Far Eastern Army Commander Vasily Blykher in Khabarovsk.

From August to the first half of October 1929, Dal'kraikom once again had to solve for itself the problem of the nature and forms of interaction between the party organization of the Russian Bolsheviks in Northern Manchuria, accountable to Khabarovsk and the Manchurian cells of the Chinese Communist Party.

On the eve of the meeting with the participation of regional Bolshevik party cadres of Chinese nationality planned by Dal'kraikom in early October, the latter were instructed to submit their views on the possibility of using the "Chinese potential" in the CPSU (B.) to enhance the work of the USSR in the Soviet-Chinese conflict in Northern Manchuria.

The Chinese members of the CPSU (B.) had drawn up a number of documents, including the "Tentative Work Plan for the Territory of Manchuria". The plan was processed at least twice. The author of the book analyses both drafts, what allows her to assess the difference in positions about the possible use of "Chinese potential" between the middle and senior level of the party leadership, between the "Russian" and "Chinese" functionaries.

As the drafts shows, its Chinese compilers had only a very rough idea of the scope of underground activity of Dal'kraikom in managing the underground work of the North-Manchurian Bolshevik Party Committee (NMC) in Harbin. The transition to the strictest conspiracy in the relationship between Dal'kraikom and the NMC, as all information about the activities of the Manchurian organization of the CPSU (B.) was available only to the top regional officials, gave rise to such a situation that Russian middle- and lower-level party leaders and mainly all cadres of Chinese nationality were completely uninformed about the Bolshevik Russian cells in Northern Manchuria.

In the first ten days of October 1929, when Khabarovsk was engaged in the conceptualization of the initiative of the regional Chinese — members of the CPSU (B.), representatives of the Chinese Communist Party proper sought the contact with the party leadership of Dal'krai.

On October 9. Ivan Perepechko received a letter from the CPC Manchurian District Committee addressed to the Vladivostok District Committee of the CPSU (B.). In the letter Chinese Communists expressed their interest in establishing contacts with the Russian Bolsheviks on the CER to withstand together the consequences of military conflict. The letter arrived in Khabarovsk through the staff of the Regional office of Razvedupr — Military Intelligence, who also informed about its content the representatives of the Comintern's Intelligence (OMS Komintern) in Dal'krai. The letter reported that the Manchurian party Province bureau long ago had ordered the Harbin City Committee of the Chinese Communist Party to deploy secret work on the CER more actively, as well as to strengthen the work with the communists in legal railway trade unions. Chinese Communists in Harbin should proclaim a gradual transition from economic to political slogans. The Chinese Communists complained that their Russian comrades in Harbin were often chauvinistic towards the Chinese workers. The letter was discussed among the Russian regional party top management, but however, the Chinese Communists had waited in vain for a liaison from the Russian party organization in Manchuria. For Dal'krai's leadership, the question of the Soviet military intervention in northern Manchuria was already on the day's agenda — Sungari military operation was to be launched three days later.

The two initially consistent parts of the same plan — the strengthening of Soviet military power in the Far East and the insurgent Chinese movement — failed to be united in the framework of one organic concept. There were several main reasons for this situation. One of them is the already mentioned distrust of the regional Far Eastern elites towards the Chinese. And the even more pronounced xenophobia towards the Chinese directly from the NMC leadership in Harbin. In addition, the positions of the Chinese Communist Party in the Three Eastern Provinces were weak. However, the most important reason that Moscow was unable to start play effectively the anti-system Chinese card in Manchuria was the presence of rivalry directly within the Soviet elite. The plan of the Chinese insurgent detachments in Moscow was supported by Andrei Bubnov, who had rather tense relations with the People's Commissar of Military Affairs,

Klim Voroshilov, and the Commander of the Special Far Eastern Army, Vasily Blykher.

It is interesting to recall how Bubnov had behaved himself at a meeting led by Voroshilov on June 16, 1929, discussing the possibility of military intervention by the Red Army in Manchuria. When the idea of creating a separate regional army in the Far East first arose at the meeting, Bubnov categorically opposed the appointment of Blykher to the post of its commander. Bubnov conflicted with Voroshilov on this issue, and Voroshilov then insisted in August 1929 on the approval of the candidacy of Blykher because of the profound experience of the latter as military advisor in China. Informing the commander of the Siberian Military District N.V. Kuybyshev about this appointment, Voroshilov wrote in cipher: "Considering the significance of the name Blykher for China, we found it necessary to appoint Comrade Blykher to the newly formed Special Far Eastern Army."

There were tough battles around this appointment. It is no secret that the commander of the Siberian Military District, the brother of Valerian Kuibyshev, Nikolai Kuibyshev, like Voroshilov, could hardly have warm feelings for Andrei Bubnov. Dislike had long roots. From February 1926, Andrei Bubnov headed a special commission of the Politburo (the so called Ivanovsky Commission) in China, sent to examine the activities of Soviet military advisers in the Kuomintang army and clarify the question of the feasibility of the Northern Expedition. During the work of the commission, N. Kuibyshev was sharply criticized for interfering in the work of political adviser M. Borodin by Bubnov and was then recalled to Moscow. Obviously, the tangle of personal sympathies and antipathies between the key figures of the military establishment must have influenced the substantial preferences of Soviet military policy in the Far East.

For Stalin, the two parts of this plan were one. Moreover, the plan of the anti-systemic Chinese uprising had been a first-level preference. It was not by chance, almost on the eve of the Sungari military operation, while on vacation in Sochi, that he wrote a letter to Molotov on October 7 in response to the cipher message of the latter. This letter contained his important quotation.

"There will be a trouble with China. By the way, it seems to me that it is time for us to switch to the point of view that we should start the organization of the insurgent revolutionary movement in Manchuria. The separate detachments that we send to Manchuria to carry out individual separate tasks are, of course, a good thing, but this is not what I mean. Now we must go for more. We need to organize two regiments of two-brigades each, mainly from the Chinese, supply them with everything necessary (artillery, machine guns, etc.), put the Chinese commanders at the head and let them go to Manchuria, while giving them a task: to provoke revolt in the Manchu troops, attach to themselves reliable soldiers from these troops (the rest should be disbanded, removing the commanders beforehand), organize military division, capture Harbin and, gathering strength, announce Zhang Xueliang deposed, establish revolutionary power (plunder landlords, persuade peasants to establish Soviets in towns and villages, etc.). "

And not a word about any full-scale own military operations at the river mouth of the Sungari, with any prospect of crossing the border by the Red Army. Moreover, the secretary general manifested his preference for solving the problem of the CER by actively supporting the Chinese partisan movement in Manchuria. The border crossing by the Red Army was an undesirable thing for him, and, above all, because of international resonance. Of the two alternatives to solve the problems of the Soviet-Chinese confrontation on the CER, Stalin was still inclined to the option that the overthrow of Zhang Xueliang would be implemented as an act of internal Chinese revolutionary struggle.

How did it happen that the "defense measures" then were so quickly transformed on October 12 into the Sungari military operation?

The author of the book analyses the communication of the General Secretary with his colleagues in the Politburo about Manchuria on the basis of archival documents immediately before the Sungari operation. Stalin was preparing to return to Moscow and asked Tovstukha, head of his Secretariat, not to "disturb" him on the way back by sending papers. The first meeting of Stalin on the way with the courier took place only on October 13th, one day after the start of the Sungari military operation.

All till now available to historians archival documents show that from October 8 to 13, Stalin did not read any government correspondence. So, Voroshilov did not have the opportunity to "persuade" the leader on the question of Soviet military intervention in Northern Manchuria before the outbreak of hostilities in the Sungari estuary on October 12. Nor was there any activity on Stalin from October 8 to 11 on this or any other issue. Stalin appeared in Moscow only on October 14. Archival documents do not contain any evidence that the order of the Secretary General to stop sending correspondence to him on his way back to Moscow had been cancelled.

Now available documents show that Stalin could give his approval for the Sungari operation in Northern Manchuria, which began on October 12, 1929, only post factum. The initiators of the Sungari operation was the headquarter of the Special Far Eastern Army, and, above all, its commander Vasily Blykher.

English Language Summary

For the military, the plan, which had been put forward by party functionaries and whose aim was to strengthen Soviet influence on the CER through the development of anti-system internal forces (communists, guerrillas, bandits) was undoubtedly supplemented by the second element — the desire to "speed up" the revolutionary situation in Manchuria with a military attack of the Red Army on Zhang Xueliang's troops. Blykher testified that the plan of military strike in Manchuria began to be prepared at least 5—6 months before its practical implementation.

The army command apparently calculated a military strike in Manchuria, whose aim as a minimum program was to improve the negotiating position of the USSR on the CER, and as maximum program — successfully provoke an intra-Chinese anti-system uprising against Zhang Xueliang's regime under the slogans of Soviets and agrarian reforms.

The military could not fail to consider that it was precisely the "anti-system uprising" that Stalin mentioned in his letter to Molotov of October 7 in 1929, as the most favorable way for solving the issue of Soviet influence in Manchuria and on the CER. The immediate large-scale military actions of the Red Army on Chinese territory were perceived by secretary general without enthusiasm. First, from the point of view of the practically inevitable aggravation of relations with the powers in this case.

Archival documents suggest that, apparently in the middle — final days of September 1929, the leadership of the Special Far Eastern Army in Khabarovsk not only set the proposed date for the Soviet military operation on the bordering Chinese territories, but also tried to optimize the cooperation of the troops and the Soviet "fifth column" in Manchuria through the structure of the NMC.

It is also evident that the need for them to hurry with the use of military force in the conflict was also caused by certain circumstances of international politics.

On October 7, 1929, the political adviser of the Mukden government, William Donald, visited the British consul and, on behalf of Zhang Xueliang, conveyed the request to act as an intermediary in the decision of the CER to the British government. London was asked to notify the Kremlin about the possibility of holding talks on the CER between the USSR and Mukden, without the participation of the central Chinese government. Donald explained that Chiang Kai-shek had telegraphed Zhang Xueliang and gave him the right to resolve the conflict independently, since Nanjing was unable to do so. Chiang Kai-shek stressed that he addressed Zhang Xueliang directly, bypassing the Chinese Foreign Minister Wang Zhengting. Chiang Kai-shek said he was ready to bear personal responsibility for any actions of Zhang Xueliang.

The leadership of the Red Army decided to cut the Gordian knot with a pre-emptive military strike.

The long occupation of northern Manchuria was not part of the plans of the Soviet political leadership and military command. Soviet troops stayed in the Manchurian town Lahasusu at the junction of the Sungari and Amur rivers for only a little more than a day.

The military operation near Lahasusu did not bring the USSR the expected definite break in the conflict around the CER. The Chinese did not abandon attempts to enlist the support of the powers to resolve the conflict on the CER in their favour.

However, the diplomatic corps of the powers was in a quandary. As evidenced by the documents on US foreign policy, even in the American diplomatic corps there was no unity in the approach to the Soviet-Chinese conflict. The American consul in Harbin proposed to turn to Japanese mediation to convene an urgent joint Soviet-Chinese conference, the American ambassador opposed the involvement of Japan. In a correspondence with Secretary of State Stimson, the American ambassador McMurray considered that the USA should not ease the pressure on China to let Nanking hold direct talks with the USSR. The Red Army military operation in Manchuria was not a reason for him to somehow change his position on the ways of solutions in Soviet-Chinese conflict.

The Soviet Union, nevertheless, exhilarated by the neutral-benevolent stance of Japan and Germany in the Sino-Soviet conflict and its own military successes, insisted on the immediate satisfaction of Kremlin demands on the CER. Moscow was tired of bickering over small things with Nanking and Mukden. Peace diplomacy finally gave way to gunboat diplomacy.

The second successful military strike during the Sungari operation was conducted by the Red Army on October 30 in the area of Fugdin (Fujin), a small town located on the Sungari River, 70 km north of Lahasusu. This operation led to the destruction of the Chinese coastal fortifications and remnants of the river Sungari flotilla.

On November 14, 1929, Nanjing again tried to draw the attention of international public opinion to Soviet military action in northern Manchuria.

Though the Chinese appeal to investigate the actions of Soviet troops in China meant a call for international arbitration, it did not go far enough in line with the American proposals. The latter insisted on introducing elements of international management on the CER. China, in fact, asked for help from the

English Language Summary

powers in defending the rights to control the railroad taken from the USSR, with which the powers were categorically not ready to agree. Regardless of the real balance of power in Manchuria, Nanjing and Mukden did not want to share the management of the railroad with anyone, so the events took a tragic turn. The conflict was destined to develop into a force scenario that was unfavourable for China.

The USSR continued a decisive course towards the earliest possible resolution of the conflict by implementing military methods. Despite the first military losses from the Red Army, the Chinese started additional imprisonment measures against the pro-Soviet Russian workers in Manchuria. The Soviet "fifth column" on the CER suffered disastrous losses at the end of October — beginning of November 1929.

On November 11th 1929 the command of the Red Army enlisted the full support of the Politburo. Stalin trusted his generals. As Voroshilov asked the Politburo to approve two military operations, named as the Mishanfu (November 17–18) and Manchu-Zhalainor (November 17–20) operations, which had been prepared by Vasily Blykher, Stalin said, that he knew nothing about the second one. Nevertheless the secretary general expressed full support to Voroshilov.

As the documents from the Russian archives show, both the Manchu-Zhalainor and Mishanfu operations were carried out under conditions when the Chinese side was completely demoralized and not able to withstand the Red Army. Nanjing Kuomintang actively bargained in the diplomatic arena, trying to win international support. Mukden took an ambiguous position. On the one hand, Manchurian officials disseminated information through diplomatic channels that they were ready to begin negotiations about the settlement of the conflict over CER by peaceful means. On the other hand, in the first two weeks of November, the police of Three Eastern Provinces launched an unprecedented cruelty campaign to suppress and intimidate the Soviet diaspora.

The party and military leadership in the Far East, and through them Voroshilov in Moscow, were already good informed about the peaceful attempts of Zhang Xueliang at the very beginning of the operations. Moscow and Khabarovsk did not trust Mukden authorities and were not ready to give one more respite to Zhang Xueliang. The Politburo and Stalin completely shifted the task of military planning to Voroshilov and the leadership of the Special Far Eastern Army, primarily Blykher. The November military operations demonstrated that the Red Army command chose to give a decisive blow, hoping not only to solve the problem of strengthening Soviet influence on the CER, but also if possible to provoke an anti-system upsurge in Manchuria.

The military escalation of the conflict and disastrous defeat of Zhang Xueliang army in the second half of November reflected also a fiasco of American diplomacy in Manchuria. Important personal changes were undergone — on November 21 1929 the American ambassador and minister to China, McMurray, sent a telegram to State Secretary Stimson from Peking for the last time. Already on November 22, there followed his resignation from diplomatic service and the subsequent departure from China.

Mukden authorities, faced with the complete inability and unwillingness of their troops to resist the advance of the Red Army, were interested to sit down at the negotiating table as soon as possible. Each extra day meant for them additional military and territorial losses, the burden of which would have affected not only the clarification of relations regarding the CER with the USSR, but also the degree of independence from the central government in Nanjing. The Nanking government was in no hurry to make concessions to the USSR.

On November 25, one day before Soviet troops entered the city of Hailar, Nanjing appealed to the League of Nations. The representative of the Nanking government in the League of Nations tried to raise the question to qualify the actions of the USSR against China as aggression. However, the proposal to submit this issue to the meeting of the League of Nations was not supported by other states.

On November 30, Zhang Xueliang sent a telegram to Soviet foreign minister Maxim Litvinov and confirmed his readiness to agree with earlier Soviet proposals. The Young Marshal said that he had ordered the representatives of the Mukden government to go to Khabarovsk for diplomatic discussions.

Mukden failed to confiscate the CER and push the USSR out of Manchuria. However, Moscow expected from its actions a much greater effect than the one it received. The USSR did not manage to provoke a revolutionary upsurge in Northern Manchuria. The problems of Soviet-Chinese relations in connection with the CER should be solved now at the negotiation table.

The external reaction of other powers largely predetermined the course of Soviet actions in the short and medium term. The neutral position of Japan and Germany in the conflict made it easier for the military and party establishment in Moscow and Khabarovsk to make a final decision in favour of the military intervention in Manchuria. Attempts of other powers, primarily of the United States, to use the Soviet-Chinese conflict as an occasion to introduce external control on the railroad, served as a deterrent in enjoying the fruits of victory. Moscow did not plan the occupation of Manchuria and explained its actions only by a desire to restore the status quo on CER. Without a doubt, in the previous military conflict in 1926 and in the second one in 1929, the scale of Soviet activity in Manchuria was determined by the way the Kremlin interpreted the location of the sphere of Japanese interests in China.

Chapter VII

Dal'kraikom and North-Manchurian Committee, September—December 1929 pp. 410-430

In this chapter, the author analyses how the situation of the military confrontation between the USSR and China in September—December 1929 affected the position of the North-Manchurian Committee (NMC). The events of this period clearly showed Moscow the weakness of the Chinese revolutionary movement in neighbouring North China. Even under the conditions of complete shackling and defeat of Zhang Xueliang's troops by the Red Army, the Chinese Communists were unable to fulfil the purpose that was determined for them by the Kremlin. The NMC then remained the sole agent of Soviet influence in Manchuria for a long time.

Based on a unique unknown collection of letters from the correspondence between the first secretary of Dal'kraikom Ivan Perepechko and the secretary of the underground NMC Jan Kulpe in the hot phase of conflict in September—November 1929, the author analyses the communication system between Khabarovsk and Harbin. Much attention is paid to the study of the questions, raised in the ciphered letters exchange between both counterparts. The NMC informed Khabarovsk about the cruelest wave of repression by the Chinese authorities against Soviet citizens after the successful Sungari operation of the Red Army, pointed out the possibility of using the factor of Russian chauvinism in conflict with Zhang, showed preferences to contact the White emigration military groups in organizing sabotage events on the Chinese. In this regard, the author compares Sino- Soviet military conflicts over CER in 1926 and in 1929. In 1926 the question of the possible cooperation between "Red" and "White" emigration against the Chinese authorities in Manchuria was also actively discussed. Jan Kulpe, alias "Max", was convinced, that Khabarovsk's ban to the NMC on contacts with white emigration and Chinese communists greatly reduced the effectiveness of the struggle for Soviet interests on the CER. The author concludes that various institutional elements of the Soviet influence in Manchuria acted more or less autonomously during the conflict. Regarding contacts of the NMC with the Chinese Communists in Manchuria, Khabarovsk made a conscious intention to ensure that these organizations communicate with each other to a minimum. Dal'kraikom preferred to play the role of "transmission centre". The concept of Dal'kraikom, how the two potential supporters of the Soviet influence in northern Manchuria — the Chinese Communists and the NMC — could interact with each other, was full of contradiction. The awareness of the need for interaction and coordination between both on the ideological level, was blocked in practice by considerations of conspiracy. In addition, the regional political establishment in Khabarovsk demonstrated a distinct xenophobia towards the "Asian element". In this sense, Moscow was more prepared to cooperate and synchronize efforts to weaken Zhang Xueliang's regime with the CPC at the practical level than the leadership of the Soviet Far East.

Chapter VIII

From Nikolsk-Ussuriysky to the Khabarovsk Protocol, December 1929 pp. 431-449

This chapter reconstructs and analyses the events of December 1929, when two protocols marking the end of the military conflict were signed. On December 3, a preliminary protocol was signed in Nikolsk-Ussuriysk on the restoration of the status quo on the CER. On December 22, in Khabarovsk, the representative of the Chinese Republic, Cai Yuanshen, and the representative of the USSR, the NKID agent in Khabarovsk, Simanovsky, signed the so called Khabarovsk Protocol. The Soviet control over he CER was restored to the status quo in accordance with the Peking and Mukden agreements. This event ended the conflict on the CER.

Discussing the events, surrounding the signing of the Nikolsk-Ussuriysk and Khabarovsk Protocols, the author shows the differences in the positions of Stalin, who was cautious, and Red Army commanders, overwhelmed by euphoria of victory. At the first stage of negotiations in Nikolsk-Ussuriysk, the command of Special Far Eastern Army (ODVA) was involved in their organization and solution of issues.

Despite the complete military weakening of Zhang Xueliang, Moscow could not discount international public opinion on the question of the CER, which was unfavorable to the USSR. In addition, Moscow received information about the possible intervention of Japan in Manchuria, if Red Army would not withdraw from China.

The US President Hoover stepped up efforts to mobilize the international community against the violation of Kellogg pact by the Soviet Union. The US government proposed to all signatory states to support the American statement, but out of 42 countries only 10 agreed to do it. The rest took either indefinite or neutral positions. The US attempt to intervene in the resolution of the Sovi-

English Language Summary

et-Chinese conflict as in the case of Stimson's memorandum on July 25. 1929 was unsuccessful. President Hoover immediately identified the perpetrators and called it "Stimson's failure." This failure, in addition to subsequent personnel changes in the US diplomatic apparatus and resetting of American foreign policy, had far-reaching consequences. Japan received a confirmation on a concrete example that America is not able to mobilize the powers for joint action in China. This knowledge will play its role in a year and a half, when the leadership of the Kwantung Army will decide on the issue of Japanese intervention in Manchuria.

Stalin and his diplomats (NKID) were afraid to alienate Japan and the powers. The author compares the influence of the Japanese factor on the decision-making of the Politburo and diplomats during the conflicts of 1926 and 1929.

This retrospective shows that a situation, arising in Northern Manchuria at the end of November 1929, resembled the balance of events that had occurred in the previous conflict with Zhang Zuolin on the CER in 1926. In both conflicts, the final decision to back down was made after the Politburo received a message about the possible intervention of Japan in Manchuria. It is difficult to say whether the information about the possibility of Japanese intervention in 1929 was a bluff or not. It could finally be not only a conscious disinformation on the part of Chinese negotiators, but also a deliberate change of emphasis for the Kremlin on the part of NKID representative in Khabarovsk Simanovsky and Commissar for Foreign Affairs Litvinov. Litvinov and his supporters, diplomats Kopp in 1926 and Simanovsky in 1929, had a sharply negative attitude to the idea of an active Soviet policy in China either in 1926 or in 1929. Litvinov was considered that the USSR simply did not have any basic economic opportunities for such expansion in the Far East. He reasonably assumed that further activity in the Manchurian question would annoy Japan and force it to give up its neutral status. In addition, by that time it had already become clear that the Kremlin's hopes for an internal Chinese uprising had absolutely failed.

Moscow, in fact, abandoned the victory and screw down the goals of Soviet influence in Manchuria. If we imagine the situation: on December 1, 1929, the Red Army occupied several important settlements in TEP, Zhang Xueliang's troops were actually defeated, several thousand enemy soldiers and officers with a large amount of weapons were captured. And at that moment the Kremlin simply spoke about its adherence to the articles of the Mukden and Peking Protocols of 1924, including the clause on non-support of communist propaganda. Soviet Government agreed to open-ended negotiations with the Chinese about the restoration of the status quo. Moscow was so seriously concerned about the potential possibility for the Kwantung Army to intervene in China, that in a short period of time Stalin completely abandoned his previous arrangements for provoking an internal upsurge in Northern Manchuria through the support of Chinese communists and partisans.

The decision to curtail military activities was made in Moscow at a very high level and not without emotional pain. We are almost certain that somewhere in the archives repositories there are still unclassified documents about the discussion with the participation of Voroshilov, Blykher and Stalin on further strategy and tactics in Northern Manchuria, held in late November 1929. Under the conditions of vast international discontent towards the offensive USSR policy on CER, in a situation when the military leadership of Soviet Far East repeatedly stated that the army was operating in Northern Manchuria within its organizational and technical abilities, the Kremlin was very sensitive to the potential Japanese threat. Moscow was afraid to provoke a new foreign intervention on the Soviet Eastern border. That is why the victory of the USSR in the 1929 conflict on the CER, in fact, turned out to be Pyrrhic.

Conclusions pp. 450-463

From a formal point of view, after the signing of the Khabarovsk Protocol, the USSR regained the rights to the CER, guaranteed to it by the Peking and Mukden treaties of 1924. However, a considerable price was paid for such a restoration of the status quo. The victory was "Pyrrhic" for many reasons.

Having started to use military force to solve Soviet-Chinese contradictions, Moscow hoped to intensify the intra-Chinese anti-system movement inside Manchuria. Kremlin wanted to eliminate Zhang Xueliang from the political arena and to establish friendly or at least neutral regime for Russian Bolsheviks on the Soviet borders.

Young marshal was perceived by Moscow as a threat to the economic and political interests of the USSR. All three options for the possible development of the political ambitions of the young marshal — cooperation with the Nanking Kuomintang, client relations with Japan, and finally, the establishment of the autochthonous development of the TEP — contained the potential for deepening clashes with Moscow. Zhang Xueliang chose, from the Kremlin's point of view, the path of "double contradiction" — he entered a political alliance with the Nanking Kuomintang and made an effort to strengthen the economic position of the provincial authorities in Manchuria.

English Language Summary

Once in power, the young marshal continued the implementation of the Manchurian Reconstruction Program, which was started by his father, Zhang Zuolin. The main objective of the program of Zhang Zuolin was to return the most profitable branches of the local economy to the provincial treasury in order to strengthen their own financial independence and increase their military potential for successfully confronting the central Chinese government.

Driven by anti-Japanese sentiment, convinced that it was the Japanese who organized the assassination of his father, realizing that he needed allies, Zhang Xueliang recognized the highest authority of the Nanking government and raised the Kuomintang flag over the TEP. The burden of expenditure on the intra-Chinese confrontation was removed from the local budget. Now the young marshal was able to focus on the fight against foreign influence. There were two opponents — Japan and the USSR, but ousting Moscow from the CER seemed to Mukden the easier task.

The historically established special rights of the USSR in the Special Zone of the CER were aggravated both by its own propaganda activities through the local Bolshevik party organization and by the support of internal Chinese anti-government forces. Coupled with claims of joint operation of the CER, all these factors turned Moscow into a direct competitor to the Mukden authorities in their struggle to expand sphere of influence. This rejection was purely pragmatic, not ideological. Railways were the core of the TEP economy. In the Chinese tradition, customs fees for the movement of goods from one political locus to another, the so-called "lijin" tax, for many centuries constituted an important item of the revenues of local bureaucracy. It was not by chance that the level of influence of the provincial authorities on the economic life of Northern Manchuria, both historically and economically was determined and made dependent on the degree of control over the railway communications system.

Zhang Xueliang hoped that international public opinion would be on his side if the authorities of the TEP succeeded in presenting evidence of Moscow's indisputable violation of contractual obligations to manage the CER as stated in the Peking and Mukden treaties of 1924. The key points of violation were the accusations against the USSR for the communist propaganda on the territory of Northern Manchuria, the failure to fulfil the principles of bilateral parity in the management of the road and the distribution of income.

However, for several reasons, great powers did not support Mukden's attempts to confiscate the CER. Coercive methods of pressure against the Soviet diplomatic representation in Harbin and the Soviet diaspora were subjected to the greatest criticism by international public opinion. In the policy of Zhang

Xueliang, the program settings for revising the entire system of agreements with the powers were clearly visible, for which the two largest and most interested players in the region — the United States and Japan were not ready.

In the US, the Chinese policy regarding the Soviet-Chinese conflict was marked by the rivalry of views between the Minister to China, Ambassador John Van Antwerp McMurray and Secretary of State Henry Lewis Stimson. McMurray, a profound expert on China, considered it inadmissible to encourage the use of force by Zhang Xueliang at the CER. He foresaw the future abuse of nationalistic rhetoric by the Chinese side against contractual obligations not only to the USSR but to the powers as well. Stimson adhered to the line on the internationalization of the conflict, which would allow to introduce international management on the road. Although Stimson's proposals weakened the position of the USSR, they did not give Mukden any advantages on the CER and went against the interests of Japan, which did not want international control structures to appear in Manchuria. The differences in the positions of McMurray and Stimson created a stalemate in the ability of the United States to intervene in the conflict seriously. The benevolent neutrality of Japan and Germany in relation to the requirements of the USSR to restore the status quo on the CER, finally nullified China's hopes to isolate the Kremlin. All international actors involved in the conflict were convinced of the inability and unwillingness of Moscow to use military force to solve problems.

At first glance, the impression was created that the USSR was able to beat everyone. A decision to use military force, which was taken at the request of the military and was associated in the Soviet establishment, primarily with the names of the Commander of the Special Far Eastern Army Vasily Blykher and Commissar of Military Affairs Klim Voroshilov, seemed to be a Joker. In addressing such a sensitive and important issue, Stalin provided the military with carte blanche. Moreover, as evidenced by the documents, it seems that this carte blanche was given in advance. At the time of the decision to cross the border of China by the Red Army and to begin the military operation, the secretary general himself was on his way back to Moscow from vacation. He did not receive any correspondence from his colleagues and had no opportunity to discuss the decision with them.

Maintenance of strong Soviet positions in Northern Manchuria was for Bolsheviks not only a matter of international prestige, it was also a demand of internal security. While participating in the geopolitical game, the USSR remained in the "major league" of the powers. Manchuria, with its traditional numerous Russian-speaking diaspora, was perceived as a buffer region between

Dal'krai and the sphere of influence of Japan in East Asia, which could help to gain time in the event of military aggravation. Considering its border status, Manchuria was also seen as a potential springboard to strengthen support for the anti-Kuomintang revolutionary forces in China.

Moscow's interest in the Three Eastern Provinces (TEP) was also determined by several economic factors. Until the end of the 1920s, the economy of the eastern outskirts of the USSR was completely tied to adjacent Chinese territories and depended on commodity flows in East Asia. Till early 1930s, as Kremlin analysts argued, it seemed extremely difficult to keep the Soviet Far Eastern outskirts socially and economically in the sphere of influence of Moscow without the existence of "Zheltorossiya" — "Yellow Russia" in Manchuria.

In addition, the Kremlin was still in the grip of illusions about the economic profitability of the CER and the possibility of its use as a source of foreign exchange earnings for the choking Soviet economy. However, all these factors were overshadowed by one crucial issue, namely, how Japan could react to the expansion of Soviet influence in Northern China. Moscow was intimidated by the danger of a new intervention in the Far East, so the Kremlin tried to keep track of all the nuances of Japanese preferences in Chinese politics and, above all, in Manchuria bordering on Dal'krai.

The military victory of Red Army in Sino-Soviet conflict over CER in 1929 was in the medium term a geopolitical fiasco for Soviet influence in the TEP.

Following the exacerbation of the Soviet-Chinese contradictions, the Manchurian police intensified the terror over pro-Soviet structures of the Russian diaspora on the CER. It highly influenced the activity of North-Manchurian Committee of the CPSU(B.) in Harbin, which was nearly paralyzed.

To some extent, Moscow itself unwittingly provoked Zhang Xueliang's tough actions already at the initial stage of the conflict, reducing the aggressiveness of Soviet diplomacy towards the CER.

The Kremlin's slow response and the weakening of the traditional offensive of Soviet policy in Northern Manchuria in April—May 1929 were caused, oddly enough, by the temporary shift of the Kremlin's foreign policy priorities in favour of the "Turkestan—Afghan direction".

The idea of activating the "Turkestan-Afghan direction" to weaken British influence in Asia periodically arose on the agenda of the Bolshevik foreign policy, although it was clear to Moscow how dangerous it could be to tease the British lion. Japan had a long history of allied relations with Great Britain in

China at the beginning of the century, and the prospect of the resumption of this cooperation worried the Kremlin.

Already in 1920—1921 the Bolshevik leadership was actively working on plans to turn Afghanistan into a springboard for fighting against British influence in India. At that time the USSR planned to support one of the prominent leaders of the Young Turk movement, Ahmed Jemal Pasha, who was trying to interest Moscow in the prospects of a military expedition through Afghanistan. On November 3, 1921, the Politburo decided to allocate Jemal Pasha 200 thousand roubles in gold to finance his activities in Afghanistan. However, the Young Turk leader did not have time to use this gold, since on July 21, 1922, he was killed by Dashnaks in Tbilisi.

In April—May 1929, the scenario was repeated — Moscow carried out a military operation in Afghanistan in order to restore the power of Amanullah Khan in Kabul. Since these actions were fraught with the obvious danger of a serious conflict with Great Britain, the operation was carried out in compliance with the strictest secrecy measures. Even the regional representative offices of the NKID (Soviet Foreign Ministry) in Soviet Central Asia were not informed about it.

The Afghan action was accompanied by a temporary parallel decline in the offensiveness of Soviet policy on the CER. Moscow was persuaded that in this a way it could weaken the intensity of the Soviet-Japanese contradictions in northern Manchuria and prevent a new Anglo-Japanese rapprochement.

Caution in the actions of the USSR in Northern Manchuria enabled Zhang Xueliang, who did not meet active resistance at the inital stage of the conflict, to conduct several "anti-communist" measures in Special Zone of CER area. Within a few months, Zhang had managed to neutralize, undermine, and strike a serious blow to the structure of the Soviet, more precisely, even the Russian, political and cultural influence in Northern Manchuria, which had been created for decades.

The sudden transition of Moscow from verbal fencing to military operations could not compensate for these losses. The military victory did not bring the expected results: the Chinese uprising in Manchuria did not happen, Mukden reluctantly and with delays restored the pre-conflict status quo, and all further events around the CER began to develop in an unfavourable scenario.

Japan had become a clear beneficiary of the Soviet "military walk" in Northern Manchuria, both economically and politically.

The appearance of the Kuomintang banners over the territory of the TEP and the addition of Zhang Xueliang's territories to the Nanking Kuomintang in 1928 marked the fiasco of the clientelist methods of Japanese foreign policy in China. With the hands of Moscow and the Far Eastern Special Army, Japan punished the offender — as a result of successful Soviet military operations, the army of the young marshal was on the verge of total defeat.

A hall was put to the programs of Chinese railway construction, bypassing the Japanese South-Manchurian Railway, military actions led to the transfer of a significant part of the commodity flow from the CER and the provincial Chinese railroads to Japanese rails.

The repressions against Chinese workers engaged in loading and unloading operations in the port of Vladivostok, contributed to the shortage of cheap labor in the Soviet Dal'krai, increased logistics rates and further weakened the position of the CER. The CER, which had become unprofitable even before the conflict, ceased to fulfil its intended role as a source of foreign exchange earnings for the Soviet economy.

The military victory of the USSR demonstrated to the Japanese empire the vulnerable points of the Mukden regime.

The complete incapacity of the troops of Zhang Xueliang was now obviously showed to the command of the Japanese Kwantung Army.

The outcome of the conflict on the CER added trumps to the opponents of the clientelist approach in the Japanese foreign policy and military establishment. It was not surprising that very soon the Japanese military took the advantage of the confusion of Mukden after the defeat of the Chinese army and tried to fill the vacuum of military power that arose after the withdrawal of Soviet troops from northern Manchuria.

1929 brought to the surface serious problems in US foreign policy towards China. The negative attitude of Americans to the "revolutionary diplomacy" of Nanking and Mukden, as the Chinese side attempted to redress the system of contractual relations on the CER, on the one hand, and the absence of official diplomatic relations between the USA and the USSR on the other, made it difficult to create effective reconciliation mechanisms.

Moscow was afraid of active international intervention. Any serious examination of the activities of the USSR in Northern Manchuria would reveal that Moscow aimed at forcibly changing and weakening the Kuomintang regimes in Nanking and Mukden. Formally, in making claims to the USSR, that Moscow violated Peking and Mukden treaties in terms of supporting the communist movement, Zhang Xueliang was right. Moreover, he didn't even guess how big the scale of the underground "military work" of the USSR against his regime was. Discontent of the Chinese about the lack of parity in the management of the road, envisaged by contractual agreements, was legitimate. The documents of the Russian archives clearly fix a shifted balance in the mechanism for making management decisions on the CER in favour of the USSR. The using of a force response to these violations by the Young Marshal Zhang Xueliang and his generals, which provoked then Moscow's military strike, proved to be a disaster for China.

The Soviet military intervention in Manchuria caused a strong resonance in the United States, Great Britain and France, but the positions of neutrality and non-interference in the conflict on the part of Japan and Germany nullified the prospects for a possible coordinated joint effort of the powers.

Although Moscow expected the greatest support from Germany, in fact, it was Japan's benevolent neutrality that opposed the internationalization of the bilateral conflict and the introduction of international regulation mechanisms on the CER, which would have meant the elimination of the USSR from the management of the road already in 1929. As the events of 1930—1931 show, the same slow reaction of Moscow and ostentatious neutrality to the widening of the Japanese expansion, as if repaying a debt-broke the fuse of international agreements and enabled the Japanese Kwantung Army to get quick success in Manchuria. For a decade and a half Moscow and Tokyo have been sentenced to constant reading of each other's strengths and weaknesses every minute. And then it turned out that the only positive outcome of the 1929 conflict on the CER for the Soviet side was the creation of the Special Far Eastern Army and associated mobilization programs for the development of the military-economic potential of the Far Eastern enclave, knowledge of which would stop Japanese expansion towards the USSR at the start of the Second World War.

Above all the Soviet-Chinese conflict of 1929, its form of resolution by military means, gave a countdown to a complete reload of the entire system of international relations in the region.

The United States failed to cope with the foreign policy challenges in East Asia and, as a result, faced a completely new, unfavourable balance of power. It is not by chance that one of the best American diplomats, the Minister to China, John Van Antwerp McMurray resigned from the diplomatic service in November 1929 — at a time when the Red Army crossed the border of China and launched an offensive against the troops of Zhang Xueliang. The powers and China expected that under no circumstances would the USSR start a military intervention.

English Language Summary

The USSR squandered the entire deck of potential trumps and having won a military victory, in fact, was forced to begin to curtail its presence in Northern Manchuria adjacent to the Far Eastern borders.

Even Japan's acquisitions remained only in the short and medium term. The empire lost the opportunity to realize its influence through a hidden distance expansion, acting through mediated clientelist structures and intra-Chinese groups. In the long run, this situation meant a clash with the largest world power — the United States and the depletion of a significant part of the resources of the Land of the Rising Sun in the Japanese-American confrontation during the Pacific War.

Without a doubt, the resolution of the conflict with the means of military power and the outcome of the 1929 Soviet-Chinese confrontation laid the groundwork for the aggravation of contradictions in East Asia, which led to the start of the Second World War. However, this would clearly appear only on September 19, 1931, when the Japanese flag was raised in Mukden.

In addition to the international component of the Soviet-Chinese conflict of 1929, there was, in fact, the Soviet, domestic political aspect.

The attack of the Chinese police on the Soviet consulate, which became the beginning of the conflict, was provoked by the situation, that the work of the underground North-Manchurian Committee of the CPSU(B.) was closely linked with the activities of the Soviet representative structures in the Three Eastern Provinces. Not by chance, the North-Manchurian Committee was often called in the Soviet consulate itself as "our organization of the third floor." Meetings of the leadership of the NMC were held in the premises of the diplomatic mission, the archive of the organization was also kept there. At the same time, the committee itself, despite all calls for enhancing conspiracy, claimed that not only the Bolsheviks of the Russian diaspora in Manchuria, but also party members who had arrived from the USSR for representational work in various TEP institutions, should be registered in its cells. The Central Committee unsuccessfully tried to resolve the issue of the parallelism of the subordination of the NMC to Dal'kraikom in Khabarovsk and the Bureau of Abroad Cells in Moscow.

The system of direct subordination of the NMC to the party leadership of Dal'krai was formed under conditions when the Bolshevik emissaries Nikolai Kubyak and Jan Gamarnik, who were especially trusted by Kremlin, worked in the Far East. Kubyak, Molotov's personal friend, was transferred to Moscow at the end of 1926, following the end of the confrontation with Zhang Zuolin over the CER, which almost put Soviet Russia on the brink of war in Northern China.

Jan Gamarnik, a confidant of Nikolai Kubyak, replaced the latter as the First Secretary of the Far Eastern Regional Committee in Khabarovsk. In this position, he worked until August 1928, when it was decided to create a Special Far Eastern Army. Gamarnik was seconded to lead the party organization of Belarus, and Ivan Perepechko, who had previously been the head of the Belarusian trade unions, was appointed to Khabarovsk as First Secretary of Dal'kraikom. The personnel rotation of Gamarnik-Perepechko was caused by the fact that Kremlin wanted to clear the power field for the new commander Vasily Blykher, who, in contrast to Perepechko, already had serious experience in China and the Far East.

By the time of the Sino-Soviet conflict, the first secretary of Dal'kraikom, Ivan Perepechko, who was a figure of a less significant level of influence in Moscow than his eminent predecessors Kubyak and Gamarnik, held "ex officio" reins of government and coordination for the underground North-Manchurian Committee in Harbin. Of course, the Ukrainian Perepechko, who had worked for a long time in Kiev and Odessa and had military experience as a member of the Revolutionary Military Council in Siberia in 1923-1924, had points of contact with the local Far Eastern elite. Many ethnic Ukrainians lived in the Far East. Jan Gamarnik, although he himself was not a Ukrainian, not only took a longterm course on the policy of "Ukrainization", but also contributed to the rotation of many his former Ukrainian comrades to Dal'krai. The leaders pulled their former friends and subordinates behind them, which contributed to the emergence of informal fraternities and "military brotherhoods". Sociometry of the Bolshevik government is a separate research topic, but for us, in the context of studying the history of the 1929 Soviet-Chinese conflict, it is interesting that compatriot and corporate relations helped Jan Gamarnik and Ivan Perepechko in the process of working in the Far East.

In the late 1920s — the first half of the 1930s the representation of the Bolsheviks, to one degree or another connected with Ukraine, was most noticeable in the organs of the regional Far Eastern Permanent Representation of the OGPU. It is not by chance that when Gamarnik subsequently left for Moscow and took the position of the Deputy Commissar of Military Affairs, he became responsible for coordinating the activities between the military and the Chekists.

The subordination of the NMC, directly to the first secretary of Dal'kraikom, played a cruel joke during the escalation of the 1929 Soviet-Chinese conflict. The Harbin Bolsheviks, leaders of the NMC, did not want to coordinate with the Soviet consul general Boris Melnikov, not realizing that Melnikov was a figure of a fairly high level of prerogatives and competencies on the diplomatic and intelligence front. Melnikov himself was forced to use actively the assistance of the Far Eastern authorities, especially of the Dal'krai Party Committee under the leadership of Ivan Perepechko, from which there were strings to the Regional Permanent Representation of the OGPU and the leadership of Special Far Eastern Army.

In conditions of incredible remoteness from Moscow, the consulate general in Harbin, already for reasons of the technical impossibility to transfer large blocks of information, especially if it was urgently and covertly required, was forced to apply for the support from the authorities of Dal'krai. The issue of personnel and material assistance, which came through the border regions of the Soviet Far East, also played a significant role. The interdependencies between Harbin and Khabarovsk created many grey areas. Their elimination and constant coordination were complicated by the rapid development of events in Northern Manchuria, when the centralized decision-making mechanism was constantly lagging and therefore showed its lack of effectiveness.

Anyway, the carelessness of the NMC leadership made it easy for Young Marshal Zhang Xueliang to provoke the seizure of the "Third International Meeting" in the Soviet Consulate in Harbin. Without knowing it, the Chinese undermined the Russian underground Bolshevik organization in the Three Eastern Provinces, and only Jan Kulpe, alias "Comrade Yuri" and "Max", managed to escape. The ill-conceived decision on the "self-work-quitting" of employees on the CER, proposed by the Khabarovsk Dal'kraikom at the very beginning of the conflict, allowed the Chinese police to find out and isolate active supporters of the USSR, representatives of the Russian diaspora. The idea of "self-work-quitting" was absolutely destructive in the face of the hard coercive confrontation of the parties.

Though during the conflict the NMC lost the threads of the situation management, it played mostly informative role, reporting in the letters from Kulpe to Ivan Perepechko about the situation in Harbin.

As a result of the 1929 Soviet-Chinese conflict, the Soviet system of influence in the Russian emigration community, which had been created for years, was completely undermined. The cultural field of the Russian diaspora was seriously damaged. The correspondence between Kulpe and Perepechko shows how superficial in Khabarovsk was the knowledge of the level of Soviet failure in the TEP, which in scope was a real catastrophe. An even less profound was the understanding of the conflict issues and conditions of the Soviet-Chinese confrontation in Moscow.

Undoubtedly, the information of Jan Kulpe for regional party structures in the person of Ivan Perepechko, from where it was passed on to Red Army and OGPU Command, was extremely valuable. These messages proposed an alternative view to the sources of Consul General Boris Melnikov, who held different opinions in comparison with Dal'krai's leadership on ways to resolve the conflict with the Chinese. Melnikov hoped to strangle the conflict in the bud and prevent it from breaking out.

The commander of Special Far Easter Army Vasily Blykher, supported by Klim Voroshilov in Moscow, was, on the contrary, ready to "teach the Chinese a lesson" and advocated for the forceful restoration of the status quo on the CER.

The author was able to analyze a unique collection of letters from Kulpe and Perepechko, as well as to find out the details of the personal opinions of the highest military authorities in Moscow on the events of the 1929 Soviet-Chinese conflict, previously unknown to historians. The author restores important parts of factual chain and shows the multilevel nature of the mechanism of Soviet foreign policy in the Far East.

It became obvious that it is wrong to say that on the question of how to estimate and to solve the Soviet-Chinese conflict of 1929 there was in Moscow only one and distinctive line. The difference in the understanding of the problem across the professional spectrum — diplomats against the military, seems to become especially clear. Melnikov, Karakhan, Litvinov — relied on the opportunity to negotiate with Mukden without the use of military force. Blykher and Voroshilov, and in this they were supported by the first secretary of Dal'kraikom, Ivan Perepechko, believed that only a military strike would cool the hot Chinese heads in Northern Manchuria. Although even here everything was not so unequivocall — the ambassador of the USSR in Japan, Troyanovsky, supported the military and shared the view that a hard response to the CER was needed.

The factor of Japan played an important role in the Soviet-Chinese confrontation of 1929. Despite victorious military operations, the fear of Japan's intervention in China forced Kremlin to suspend the advancement of its troops in Northern Manchuria.

Archival documents gave the author the opportunity to investigate more deeply the question of where Stalin and Molotov got confidence in the possibility of a revolutionary explosion in Manchuria in 1929. The source of this idea is to be found in Dal'krai. A significant role in promoting the idea of the Chinese uprising in Manchuria, voiced later by Stalin, was played by the first secretary of Dal'kraikom Ivan Perepechko and authorized by the Politburo's Emissary in the Far East

English Language Summary

Andrei Bubnov. As the establishment of Special Far Eastern Army had been proclaimed, before the anew new Army Commander Vasily Blykher could arrive to Khabarovsk, Politburo sent Andrei Bubnov, Head of the Political Directorate of the Red Army, to Dal'krai. As the documents show, the original authors of the idea were Dal'krai Communists of Chinese origin, who were trying to establish cooperation between Far Eastern and the Manchurian CCP's Party structures.

The analysis of the documents on the elaboration of the plan for the use of the Chinese factor in Khabarovsk demonstrated that the first secretary of Dal'kraikom Ivan Perepechko, who personally adjusted the resolution, had little understanding of the specifics of social contradictions in China. His ideas about critical points in the adjacent Manchuria did not correspond to reality and were unlikely to be able to lead to success even with a favorable scenario. Moreover, when the problem itself and the task of planning the Chinese social explosion in Northern China was transferred to Moscow to the Comintern structures, the implementation of the measures outlined in the Dal'kraikom draft was practically halted.

With the rise of Vasily Blykher's star, Special Far Eastern Army more and more get the supervision power over the planning and implementation of Soviet core tasks in the Northern Manchuria. The organization of the Chinese partisan and rebel movement was one of them. Blykher concentrated conceptual and organizational competences of this topic in his Special Far Eastern Army. The institutional structures of Comintern was completely not mentioned in the army drafts, though Chinese Communist Huang Ping, alias Vorovsky, representative of CCP in ECCI, seemed to participate in the development of the concept. The Commander Blykher himself was mainly concerned about the upcoming military operations in Northern Manchuria, army plans of "Chinese uprising" was designed with procrastination. The budget draft for the organization of the Chinese rebel units had been barely prepared a few days before the Red Army launched the military offensive. The decision on the use of military force was made by the command of the Special Far Eastern Army with insufficient attention to the further possibility of an intra-Chinese social explosion.

Irreconcilable political rivalry between Andrei Bubnov, Head of the Political Directorate of the Red Army and Klim Voroshilov, People's Commissar of Military Affairs, also contributed to the failure. It was not by chance that already at the first stage of the military intervention in Manchuria, Bubnov, who had questioned the appointment of Blykher as Commander of the Special Far Eastern Army, was suddenly dismissed and transferred to the post of Commissar of Education.

Moscow and Khabarovsk also failed to combine the cooperation of the Chinese Communist Party and the Russian underground Bolshevik cells on the CER. Dal'krai's party leadership did not trust enough the Chinese Communists and was afraid to establish cooperation between the underground North-Manchurian Committee of the CPSU (B.) in Harbin and the CPC structures.

The low efficiency of the structures of the Harbin NMC during the conflict was also caused by internal causes. The squabbles among the Harbin Bolsheviks and the power clashes between the Consul General Boris Melnikov and the head of the NMC Jan Kulpe ("Max") created a situation of uncontrollability and took away from Moscow and Khabarovsk the latest opportunities to keep abreast of events on the CER. The implementation of the military operation of the Red Army in Manchuria took place practically in conditions of "zero visibility". Both Moscow and Khabarovsk had little idea what exactly was happening in Three Eastern Provinces. The tragedy of the situation would become clear to the Politburo only in the first half of 1930, which would cause a re-evaluation and a complete reload of the entire system of Soviet influence in Manchuria and on the CER.

An analysis of this important stage, which chronologically will cover the period from the Khabarovsk Protocol of 1929 to the occupation by the Kwantung Army of Manchuria in September 1931, is the subject of our next monograph.

Sources references pp. 464-513

Введение

История распространения советского влияния на российском Дальнем Востоке и в Восточной Азии, его взлеты и падения, неразрывно связаны с целым набором комплексных факторов. Причудливое сочетание регионального и глобального, случайного и закономерного, институционального и чрезвычайно персонифицированного создало уникальный орнамент канвы исторических событий, предопределивших на долгое время развитие целого региона.

Советско-китайский конфликт 1929 года на Китайско-Восточной железной дороге (КВЖД), реконструкции которого на базе неизвестных ранее архивных документов посвящена данная монография, это не просто частный эпизод дипломатической истории двух стран. Это важная точка бифуркации, одно из ключевых событий первой трети 20-го века. Обстоятельства возникновения и острота эскалации, способы разрешения противоречий, наполнение международной «группы поддержки» СССР и Китая, и, наконец,— сам жесткий и неожиданный исход противостояния на КВЖД ускорили темп кристаллизации стратегических концепций командования японской Квантунской армии и задали вектор японской экспансии в Маньчжурии в последующие два года. Азиатские историки часто квалифицируют «маньчжурский инцидент» 1931 года, использованный Японией как предлог для военной оккупации Китая, в качестве спускового крючка второй мировой войны. Исследованные нами архивные документы показывают, что точку отсчета «эффекта домино» нужно перенести, как минимум, на два года раньше, в 1929 год.

Напомним, что Маньчжурией принято называть китайский северо-восток, который после образования Китайской республики был разделен на три провинции: Хэйлунцзян, Фэнтянь (Ляонин) и Гирин (Цзилинь).

Военный конфликт 1929 на КВЖД года стал для участвующих сторон — Китая и СССР — генеральной репетицией, прогоном вариантов возможного сценария для достижения своих долгосрочных стратегических целей в Маньчжурии.

За этой репетицией более чем внимательно следили ангажированные зрители — Япония, США, Великобритания и другие «великие державы», бывшие, не прочь, в благоприятный момент сами стать активными участниками действа.

Китайско-Восточная железная дорога с самого первого момента своего существования являлась объектом соперничества и вожделения для иностранных государств, вовлеченных в процесс экономического и политического освоения территории Китая в условиях общей слабости центральной китайской государственной власти.

Решение о сооружении КВЖД было принято в 1896 г. в ходе секретных переговоров о союзе царской России и Китая, обеспокоенных укреплением Японии в Восточной Азии и одержанной ею победой в японо-китайской войне 1894-1895 гг. С первого дня своего исторического отсчета КВЖД была связана с целым клубком нерешенных международных противоречий. Попытки их решения различными способами, включая силовые, каким была, например, русско-японская война 1904-1905 годов, только осложняли общую расстановку сил. В результате поражения России в войне, по итогам Портсмутского мира, Япония получила безвозмездно Южно-Маньчжурскую железную дорогу (ЮМЖД). Так стал называться бывший участок КВЖД, протянувшийся между Порт-Артуром и станцией Куанченцзы (ныне Чанчунь). Япония стала хозяйкой ЮМЖД со всеми её ответвлениями и наследовала привилегии России на этом отрезке территории Китая. Секретный российско-японский союзный договор 1916 года ушел в небытие после победы большевистской революции в России. КВЖД, как бывшее, теперь временно бесхозное имущество царской империи, разбудила аппетиты США, самого Китая и, наконец, все той же Японии. Именно на этом куске пространства начинают выковываться и созревать американо-японские противоречия, задавшие в последующем одну из главных партий в логике развития международных отношений в межвоенный период.

Вплоть до 1924 года различные силы безуспешно пытались поставить дорогу под свой единоличный контроль, вспоминая иногда для равновесия про правопреемников Российской империи. Неспособность США и Японии настоять на своем варианте решения проблемы КВЖД, дала возможность китайскому правительству потихоньку расширить свои прерогативы в отношении дороги и начать создавать юридическую основу для её постепенного перехода в руки Пекина. В 1920 году пекинское правительство образовало Особый Район Восточных Провинций (ОРВП), включавший территорию полосы отчуждения, бывшую ранее зоной экстерриториальности. Были утверждены права проживающих в Китае русских, в ОРВП стали создаваться китайские административные, полицейские и судебные учреждения. В 1923 году вся администрация ОРВП была подчинена Главноначальствующему, резиденция которого находилась в Харбине. Тот, в свою очередь, подчинялся правительству Трех Восточных Провинций (Хэйлунцзян, Фэнтянь, Гирин — далее в тексте сокращенно ТВП) в Мукдене (ныне - Шэньян), во главе которого стоял маршал Чжан Цзолинь. Степень влияния центрального правительства в Пекине на лидера фэнтяньской милитаристской группировки Чжан Цзолиня была довольно условной. Не изменилась ситуация и позже — после успешного Северного похода Гоминьдана и формирования нанкинского правительства под руководством Чан Кайши в 1927 году.

Хотя сын Чжан Цзолиня, генерал Чжан Сюэлян, пришедший к власти в Маньчжурии после гибели своего отца в 1928 году, пошел на соглашение с Чан Кайши, он, по-прежнему, обладал определенной автономией от Нанкина в управлении территорией ТВП и в решении проблем КВЖД.

Советской России удалось вернуть права на управление дорогой в мае 1924 года, подписав с центральным правительством Китая, так называемое, Пекинское соглашение. Внутрикитайские политические разногласия между Нанкином и Чжан Цзолинем по вопросу КВЖД, находившейся на территории, подотчетной маршалу, привели к дополнительным переговорам СССР с хозяином Маньчжурии и подписанию Мукденского соглашения в сентябре этого же года. Эти два соглашения — Пекинское и Мукденское — являлись правовой базой условий совместного советско-китайского управления КВЖД в 1925-1935 гг., вплоть до решения о продажи дороги Японии.

Именно вокруг условий соблюдения этих договоров и развернулся советско-китайский конфликт на КВЖД в 1929 году, приведший к военному вмешательству Москвы и вторжению войск Красной Армии в Северную Маньчжурию.

История создания и удержания КВЖД сначала под российским, а потом под советским влиянием, как нельзя лучше отразила специфику освоения пространства имперской властью. Модель российской власти характеризовалась стремлением к поверхностному маркированию территорий влияния. Важнейшим показателем такого метода являлась не органическая структурная интеграция в систему политического и экономического управления империи, которая откладывалась на будущее и растягивалась на десятилетия, а символическое «поднятие флага». Большевики унаследовали эти характеристики и в ходе «триумфального шествия советской власти» маркировали красным флагом чуждые по цивилизационному коду и территориально-отдаленные от Центральной России территории. Распространение советской власти на российском Дальнем Востоке сопровождалось прагматичностью и инструментализацией большевистских идеологических установок. «Знамена имеют свойство чернеть», — эта строчка из песни современного российского барда Александра Дёмина отразила специфику большевистской политики в Северной Маньчжурии по отношению к проблеме КВЖД в 1920-1935 гг. Москва не зря была вынуждена периодически выслушивать в свой адрес упреки в «красном империализме». Вступление большевиков в качестве преемника в наследство царской России на КВЖД, институционально определяло коридор потенциальных возможностей влияния. Желание превратить дорогу в источник валютных поступлений для СССР, недоверие к зрелости китайского освободительного и коммунистического движения питали искушение забыть про первоначальные советские декларации 1919-1920-х годов и неоднократно задавали для Кремля вектор действия в стиле «красного империализма». Наконец, наличие многочисленной русской эмиграции в Маньчжурии, зачастую становившейся единственным возможным союзником в условиях противостояния культурно-инаковому японскому и китайскому наступлению на российские права на КВЖД, разнообразило выбор вариантов противодействия для большевистских эмиссаров.

В письме от 18 марта 1926 года Наркоминдел Г. В. Чичерин так охарактеризовал методы проведения советской восточной политики:

«Главная причина наших неудач повсюду на Востоке - есть противоречие между нашей исторической сущностью и нашими фактическими империалистическими методами. В экономической области эти империалистические методы проявляются в работе хозорганов и в Маньчжурии, и в Монголии, эти же экономические методы совершенно испортили наше положение в Персии, и они же повели к нашей экономической борьбе с Турцией до введения так называемого статуса 1924 года. Нигде это противоречие не проявляется так ярко, как на КВЖД, и нигде поэтому наша политика не подвергается такой опасности. Но и вся наша китайская политика подвергается опасности в результате этого глубокого противоречия, проникающего в нашу работу на КВЖД.... С одной стороны, мы выступаем с заявлениями, вытекающими из нашей исторической сущности, о солидарности с угнетенными народами, а с другой стороны, на практике проводим линию в духе царских сатрапов».[1]

Непоследовательность советской политики накладывалась на противоречивость и метания маньчжурских лидеров, стремящихся найти для себя наиболее удобную констелляцию из внутренних и внешних союзников для упрочения политической и экономической власти в Северной Маньчжурии. Эта взаимная пульсация, в условиях относительного пата в борьбе за влияние в Китае между Японией и США в 1920-е годы, усиливали в геометрической прогрессии непредсказуемость развития и взрывоопасность ситуации на КВЖД.

История советско-китайского конфликта на КВЖД в 1929 году помогает обратить внимание, поставить и обсудить целый пласт проблем не только международной, но и собственно советской истории. Среди них - особенности освоения советской властью периферийного пространства в условиях недостаточной развитости коммуникаций, а также — специфика и разнообразие моделей центрально-региональных взаимоотношений, взаимодействие институциональных «де юре» структур и персонифицированных «де факто» цепочек управления в механизме реализации власти в Советской России. И все это — в условиях полупрозрачности дальневосточных границ, сильной экономической зависимости советского Дальнего Востока от потоков товарооборота с Маньчжурией и при наличии на территории сопредельной Маньчжурии мощной российской диаспоры с сильными антисистемными настроениями.

Для историка советского периода, имеющего преимущество китаеведческого образования, изучение на архивных материалах проблем истории КВЖД, в целом, и советско-китайского конфликта на КВЖД в 1929 году, в частности, превращается в уникальную возможность обратить внимание на не выявлявшиеся ранее структурные закономерности большевистского режима.

Так, бросается в глаза, что, в условиях недостаточного властного и коммуникативного освоения пространства, особенностью управления внешнеполитическими процессами СССР в Восточной Азии, стало наличие удивительного феномена. Обычно в исторической литературе, когда речь идет об анализе советской внешней политики в период сталинизма, исследователи исходят из преамбулы сильной централизованности процесса принятия решений.

На примере анализа политики большевистского государства в Северной Маньчжурии совершенно отчетливо выделяется не исследовавшийся ранее институциональный феномен, а именно - региональный уровень управления внешней политикой. Местные власти советского Дальнего Востока — Дальневосточного Края (ДВК) — выступали активными стратегами и действующими лицами практической внешней политики СССР в Китае, как минимум, вплоть до 1935 года.

Впервые мы столкнулись с этой закономерностью изучая коллекцию документов пятитомного сборника «Коминтерн и Китай».[2] Впоследствии, региональный уровень управления внешней политикой СССР был эмпирически обнаружен нами при анализе под данным углом архивных источников, касающихся истории советской экспансии в Синьцзяне и Монголии в 1920-1948-х гг. в российских архивах. Этот феномен до настоящего времени не упоминался и не привлекал внимания историков, не был ими изучен на архивных материалах или, тем более, систематизированно описан.

На примере событий на КВЖД 1928-1929 гг. мы досконально проанализируем не использовавшиеся ранее архивные документы и станем свидетелями того, как региональное звено советской внешней политики смогло конструктивным образом повлиять на формирование, ход и методы разрешения военного конфликта. Особого интереса заслуживает также влияние профессиональных групп, прежде всего, военных и представителей силовых структур.

Произведенный нами анализ новых архивных источников демонстрирует, что Сталин лично не принимал участия в окончательном решении вопроса о выборе военной силы в качестве метода урегулирования советско-китайского конфликта на КВЖД 1929 года. Авторами силового проекта были наркомвоенмор Клим Ворошилов и командующий Особой Дальневосточной Армией (ОДВА) Василий Блюхер. Силовое решение конфликта силами ОДВА, по замыслу его авторов, ни в коей мере не означало советской военной интервенции и оккупации Маньчжурии, оно должно было стать толчком для развязывания внутрикитайского антисистемного восстания.

Долгое время тайной за семью печатями оставались функции и роль в советской внешней политике в Маньчжурии, так называемого, Северо-Маньчжурского комитета ВКП(б) (СМК, 1926-1935), дислоцированного в Харбине. Предшественником СМК до 1926 года был Харбинский Губком ВКП(б).

СМК — под этой аббревиатурой скрывалось руководство подпольной организации российских большевиков, функционировавшей на территории Маньчжурии, в той или иной форме, с июля 1917 года и объединившей под своим началом большевистские организации КВЖД. СМК подчинялся Бюро Заграничных Ячеек (БЗЯ) при ЦК в Москве, оператив-

Введение

ным управлением этой организации занимался Далькрайком ВКП(б) в Хабаровске. Северо-Маньчжурский Комитет являлся глубоко законспирированной структурой, о его существовании должно были знать только высшее руководство Далькрая и непосредственно связанные с его обслуживанием представители центральных и региональных силовых ведомств. Роль СМК в механизме советской внешней политики подробно не исследовалась историками из-за отсутствия достаточного количества доступных архивных источников.[3] Однако именно совещание СМК в советском консульстве в 27 мая 1929 года, о котором стало известно китайской полиции, как о «заседании представителей Третьего Интернационала», послужило поводом и спусковым крючком развязывания советско-китайского противостояния на КВЖД. СМК только в очень слабой степени сотрудничал с представителями китайского революционного движения и Коминтерном. На многих этапах его деятельности Москва категорически запрещала харбинским большевикам вступать в контакты с китайцами, опасаясь расконспирации подпольного большевистского комитета. Отсутствие вовлеченности китайских коммунистов в деятельность СМК оправдывалась также общей слабостью китайского коммунистического движения в Маньчжурии в 1920–1930-е годы, на что закономерно указывают многие исследователи.[4] Эта слабость КПК в Маньчжурии, фиксируемая на материалах доступных архивных источников, как правило, из архивов Великобритании, США, приводила историков, пишущих о событиях 1929 года, к ряду ошибочных заключений, касавшихся причин эскалации советско-китайского конфликта.

Помимо внешней — традиционно партийной стороны деятельности СМК по обслуживанию партийной работы ВКП(б) на линии КВЖД, эта структура выполняла также разведывательные и подрывные функции. С усилением противостояния по поводу КВЖД в Китае, военно-разведывательная специализация начинает все больше выходить на первый план.

Несмотря на расширение границ советского влияния до берегов Тихого океана с включением Дальневосточной Республики в состав СССР в 1922 году, Политбюро вплоть до окончания второй мировой войны продолжало рассматривать свою дальневосточную окраину, а до 1935 года - и зону своего влияния на КВЖД, как «обменную массу». Это и не удивительно - до середины 1930-х годов Далькрай был экономически слабо привязан к центральной России. Кремль исходил из предположения о скором и неминуемом начале войны на своих дальневосточных рубежах и даже не исключал возможной сдачи Далькрая противнику.

Главным участником военной интервенции против СССР виделась Япония, в эту же связку потенциальных противников в 1920-е гг. включался сначала лидер фэнтяньской милитаристской группировки маршал Чжан Цзолинь, а после гибели китайского маршала в 1928 году - его сын, генерал Чжан Сюэлян. У Москвы были некоторые краткосрочные, исчислявшиеся несколькими месяцами, периоды потепления отношений, как с Чжан Цзолинем, так и с Чжан Сюэляном. Последнее, однако, не меняло сути отношения Кремля к маньчжурским правителям. Вне зависимости от того, собирались ли маньчжурские лидеры действительно нападать на СССР или нет, советское правительство заносило их на программном уровне в список потенциальных противников и агрессоров.

Кремль недооценивал уровень противоречий между японским истеблишментом, представителями японской Квантунской Армии и китайскими властями Маньчжурии по поводу программы железнодорожного строительства и степени влияния Японии в вотчине фэнтяньских милитаристов. Москва рассматривала Японию и маньчжурских правителей как единое целое в их стремлении отстранить СССР от управления КВЖД.

В условиях перманентного ожидания агрессии СМК использовался Москвой и Хабаровском в качестве разведывательной структуры и организационной базы для планирования и проведения диверсий и саботажа в тылу противника. Кроме того, СМК должен был вести агитационную работу в среде российской эмиграции, поддерживать сменовеховцев и способствовать скрытой советизации русской диаспоры. Как показало развитие событий, последняя функция удавалась северо-маньчжурским большевикам с наименьшим успехом.

В монографии мы впервые проанализируем весь спектр взаимоотношений подпольного СМК с внешним миром на примере советско-китайского противостояния по поводу КВЖД в 1928-1929 гг. В изобилии цитируя архивные документы, мы покажем отдельными главами соотношение центрального и регионального уровня управления советской внешней политики в Северной Маньчжурии.

Важным аспектом исследования монографии стала также международная составляющая конфликта. Анализируя документы из американских архивов, мы попытались показать, каким образом усилившийся интерес США к активизации своей политики в регионе с середины 1920-х годов провоцировал ответные действия Японии, считавшей этот регион ядром экономических и военных интересов в Китае. До настоящего времени в мировой историографии нет ни одной работы, характеризующейся

Введение

подобным комплексным подходом и содержащей настолько детальную реконструкцию событий советско-китайского конфликта 1929 года.

Остановимся теперь на архивной базе нашей монографии.

По истории Китайско-Восточной Железной Дороги и связанным с ней событиям советско-китайских и советско-японских отношений написано немало книг и статей. Без сомнения, открытие советских архивов в начале 1990-х годов позволило русскоязычной науке вернуть себе исследовательские приоритеты в изучении тематики КВЖД, утраченные в советский период в пользу, прежде всего, англоязычных публикаций, опиравшихся на материалы зарубежных архивов. Среди наиболее интересных публикаций постсоветского периода надо назвать книгу белорусского историка Надежды Абловой[5], неопубликованную кандидатскую диссертацию южнокорейского исследователя Сон До Чжина[6], докторскую диссертацию М.В. Кротовой «СССР и российская эмиграция в Маньчжурии (1920-е -1950-е гг.)»[7], книгу Василия Молодякова «Россия и Япония: Рельсы гудят»[8] и монографию синологов В.М. Крюкова и М.В. Крюкова «КВЖД 1929. Взрыв и эхо»[9], изданную в 2017 году. Серия интересных статей написана также историками М.В. Кротовой[10], В.Г. Дацышэном, уже упоминавшимися китаеведами-историками В.М. Крюковым, М.В. Крюковым, а также — А.А. Писаревым. Во всех этих работах представлен также исчерпывающий анализ историографической базы проблематики истории КВЖД и советско-китайского конфликта 1929 г.

Тем не менее, как нам кажется, есть целый ряд обстоятельств источниковедческого и аналитического плана, который позволяет сделать вывод, что эти публикации можно считать только открытием дискуссии по проблематике КВЖД, а не её финалом. Более того, длительное господство «централизованного» подхода к выбору используемых источников определило ситуацию, когда нынешний этап исследования проблем КВЖД, в контексте советской истории и истории международных отношений в Восточной Азии, по-прежнему, ставит задачу реконструкции фактологической ткани событий. Поэтому, несмотря на собственный аналитический потенциал нашей монографии, она представляется нам новым и, надеюсь, богатым «конструктором» неизвестных ранее фактов, трактовка и анализ которых в будущем другими исследователями специалистами по КВЖД, позволит нам усилить глубину нашего восприятия этой проблематики.

Причиной фиксации историков на привычном, «централизованном подходе», который мы пытаемся поставить под сомнение, является, прежде всего, фактор географического распределения архивных источников.

Разделение архивного материала между центральными и региональными архивами в России не всегда носит систематический характер. Передвижения и локализация фондов внутри СССР были вызваны условиями войны, пограничных конфликтов и связанными с ними соображениями лучшего обеспечения физической сохранности документов и сохранения тайны их содержания. В качестве примеров здесь можно привести перевоз фондов по истории Дальнего Востока в Томск, потом обратно во Владивосток; фондов ОГПУ-НКВД по Дальнему Востоку в Омск, историю перемещений фондов подпольного Северо-Маньчжурского комитета с середины 1930-х годов из Хабаровска-Владивостока сначала в центр, а потом и совсем на «очень отдалённую периферию» РФ. Эта ситуация оказала большое влияние на исторические исследования.

Давайте представим отдельные факты, точнее, исторические документы об этих фактах, кусочками нарезной картинки — головоломки. А теперь посмотрим, что происходит с этими кусочками исторического пазла во время их распределения по архивам на хранение. Эти документы перемешиваются, делятся на несколько частей, потом распределяются по разным ящичкам (центральные — региональные архивы) и из каждого ящичка ещё в отдельный пакетик складываются особо секретные (как мы полагаем, ключевые) части картинки. Так, например, в Архиве президента РФ в Москве, по-прежнему, вне досягаемости для большинства историков, хранятся тематические подборки «секретных» документов.

В результате, историческая реальность, на воссоздание которой, мы историки претендуем в своих работах, реконструируется в зависимости не только от того, материал каких хранилищ мы используем для своей работы, но и, в значительной степени, от того, что остаётся вне поля нашего зрения. Добавляя с течением времени в имеющийся набор кусочков паззла новые факты, мы рискуем обнаружить совершенно иную фигуру. В нашем историческом паззле-картинке, в процессе реконструкции канвы событий, «дракон» может оказаться «тигром», а потом вдруг, по мере обработки дальнейших документов, неожиданно превратиться в «феникса».

Кроме того, добавляется и еще один личностный момент. У каждого историка есть свой «домашний регион», преимущественное место дислокации. Особенно очевидно это прослеживается на примере изучения истории Сибири и Дальнего Востока. Как правило, историки, занимающиеся этой тематикой, длительное время работают, преимущественно, либо в центральных, либо исключительно в региональных архивах. Финансовые проблемы делают практически невозможной систематическую работу одновременно в центре, и в регионе. Стоимость копирования документов в архиве часто зашкаливает, и уже изначально ставит исследователя, не проживающего в данном городе в заведомо невыгодные условия. Под этим углом зрения, автору данной монографии несказанно повезло.

Архивные документы для написания этой книги собирались более 10 лет. Сначала во время работы в Университете им. Гумбольдта в Берлине на кафедре Истории стран Восточной Европы под руководством профессора Людмилы Томас в 1995-2000 гг.

Потом — в ходе работы над проектом «Роль региональных элит российского Дальнего Востока в процессе принятия и реализации решений советской внешней политики в Восточной Азии, 1920-1938», осуществлявшегося в Университете Констанц (Германия) под руководством профессора Бианки Пиетров-Энкер.

Данный проект в 2002-2005 гг. финансировался Немецким научно-исследовательским сообществом (DFG). Без сомнения, финансовая поддержка DFG оказала прорывное воздействие на улучшение документальной базы исследования. Неоспорим, однако, и тот факт, что сначала труднодоступность нужных источников, а потом и обилие полученного документального материала, взрывавшего своей новизной первоначально отведенные на эту научную работу временные рамки, были невозможны без использования частных финансовых средств. За их предоставление на протяжении многих лет автор данной книги безмерно благодарен своей семье и близким людям, не пожелавшим быть упомянутыми в связи с финансовой поддержкой монографии поименно.

На заключительном, редакционном, этапе работы над монографией неоценимую помощь автору своими советами и рекомендациями оказали ученые из Великобритании- известный специалист по проблемам истории России, профессор-эмеритус Университета Абердина Пол Дьюкс (University of Aberdeen, Prof. Paul Dukes) и известный японист, исследователь истории Маньчжурии, профессор-эмеритус Лондонской школы экономики и политических наук Ян Ниш (London School of economics and political science, Prof. Ian Nish). Автор данной монографии также искренне благодарен за консультации и поддержку профессору славистики Университета им. Гумбольдта в Берлине, специалисту по Сибири, Сюзанне Франк (Susanne Frank).

За десять лет нам удалось совершить немало долгосрочных исследовательских поездок в российские архивы. Эти поездки осуществлялись, преимущественно, в период, так называемой, «архивной революции» в России в 1995-2005 гг., что и предопределило возможность получения доступа к исключительно интересным и редким материалам.

В Москве это были такие архивы, как Архив Внешней Политики России (АВПР), Российско-государственный архив социально-политической истории (РГАСПИ), Государственный Архив Российской Федерации (ГАРФ), Российский Военный Архив (РГВА). В Санкт-Петербурге — Российский Государственный исторический архив (РГИА), Российский Государственный архив Военно-Морского флота (РГАВМФ). Несколько месяцев автору удалось поработать в Государственном Архиве Хабаровского Края (ГАХК) в Хабаровске и в Российском Государственном историческом Архиве Дальнего Востока (РГИА ДВ) во Владивостоке.

В течение двух лет, перед началом работы над исследовательским проектом в рамках финансирования DFG непосредственно по теме книги, автору посчастливилось участвовать в программе Фонда Фольксвагена «Архивы Москвы и Санкт-Петербурга: Совершенствование инфраструктуры и развитие российско-германского научного сотрудничества» в качестве сотрудника Университета Ганновера, под руководством профессора Манфреда Хайнеманна. В это время у автора возникла уникальная возможность познакомиться изнутри с работой российских архивов и завязать прекрасные рабочие контакты с архивистами.

Автор данной книги защитила в 1988 году кандидатскую диссертацию по политической истории партии Гоминьдан под руководством известного российского китаеведа профессора А.М. Григорьева, одного из создателей многотомного сборника документов «ВКП(б), Коминтерн и национально-революционное движение в Китае: документы». Благодаря рекомендации А.М. Григорьева, автору удалось заручиться поддержкой Ю.Н. Амиантова, зам. директора архива РГАСПИ, экспертные знания и консультации которого в 2001- 2010 гг. по фондам архива оказали неоценимую помощь при наполнении архивной базы личного исследовательского проекта, частью которого является данная книга.

Также хотелось бы отметить консультационное содействие автору заведующей фондами Государственного Архива Хабаровского края Н.Н. Бендик во время научной командировки в 2003 году.

Поездки в Гуверовский архив в Стэнфорде и Public Record Office в Лондоне продемонстрировали, что в нем по интересующей нас тематике содержатся, преимущественно, материалы «второго уровня приближения», которые по своему информационному потенциалу заметно уступают российским архивам. Но эти материалы сыграли важную роль для конкретизации задачи поиска тематических документов в России.

Новые важные выводы о роли американской внешней политики в международной составляющей урегулирования советско-китайского конфликта нам удалось почерпнуть из сборника с документами дипломатической переписки Госдепартамента США по Китаю в 1928-1929 гг. (FRUS, Foreign relations of the United States: diplomatic papers. China, 1928-1929, vol. 2.- Washington: Departement of State, 1948-) Это позволило значительно расширить фактологическую базу данной работы и рассмотреть конфликт с точки зрения противостояния интересов СССР, Японии и США в Северной Маньчжурии в указанный период. Для материалов американской коллекции «мыслительным мостиком» стали публикации рано ушедшего от нас китаеведа Василия Крюкова по истории советско-китайского конфликта 1929 года из сборника «Неумолимый червь познанья», подаренные мне его отцом, известным китаеведом и историком, Михаилом Васильевичем Крюковым. Несмотря на то, что сам М. В. Крюков в соавторстве с сыном В.М. Крюковым, издал в 2017 году объемную книгу по теме советско-китайского конфликта на КВЖД в 1929 году — «КВЖД 1929. Взрыв и эхо» — знакомство с текстом книги Крюковых еще больше убедили автора данной монографии в уникальности собственной архивной базы. Василий Крюков, без сомнения, собрал очень интересный архивный материал в зарубежных архивах, прежде всего на Тайване, проливающий свет на китайскую позицию в её центрально-региональном расширении. В книге синологов Крюковых представлены и проанализированы все оттенки позиций нанкинского Гоминьдана и непосредственно Мукдена. Кроме того, В. Крюков имел возможность поработать с некоторыми материалами Отдела Дальнего Востока НКИД из Архива внешней политики России в Москве, к которым у нас не было доступа. Тем не менее, несмотря на привлечение новых документов, анализ советской внешней политики в отношении КВЖД в книге Крюковых страдает сильным упрощением:

- среди важнейших акторов советско-китайского конфликта полностью отсутствуют дальневосточные региональные власти (Дальбюро);
- сама история возникновения конфликта 1929 года без подробного анализа роли Северо-Маньчжурского комитета ВКП(б) в Харбине становится абсолютно непонятной и превращается в «китайскую провокацию»;

- механизм принятия решений в Политбюро раскрывается поверхностно- авторы ограничиваются сплошным цитированием текстов машинописных постановлений Политбюро из 162 описи фонда 17 архива РГАСПИ, в подавляющем большинстве уже публиковавшихся. Синологи Крюковы не информируют читателя, что в том же архиве стали доступны исследователям документы 166 описи, содержащие оригинальные рукописные тексты постановлений Политбюро. В этих рукописных текстах содержатся пометки о ходе и нюансах поименного голосования, персонифицированные правки текстов постановлений и подготовительные авторские материалы, которые легли в их основу;

- слишком узко понимается роль профессиональной группы военных, которые деградируются с уровня важнейших стратегов конфликта до уровня исполнителей;

- советско-китайские отношения анализируются по институциональной линии, не просматривается роль персонально-личностных цепочек, дополнявших институциональную структуру и игравших важное значение в системе партийно-государственного управления в СССР;

- при хронологической реконструкции фактологической ткани событий не учитывается длительность оборота информации в условиях удаленных расстояний, технической отсталости средств коммуникации и задержек, вызванных требованиями конспирации в условиях конфликта.

Кроме того, как нам кажется, использование архивных документов третьих стран для обогащения фактологической ткани советской истории, требует дополнительных усилий по обязательной параллельной верификации упоминаемых в них событий на документах российских архивов.

Детализация отдельных моментов разрешения конфликта в книге Крюковых на основе ряда ранее не публиковавшихся дипломатических документов из Архива Внешней политики России, использование документов китайских архивов и периодики не приводят к прорыву в аналитическом плане, хотя и является несомненным плюсом монографии. Слабо прописана «японская линия», несмотря на хороший задел в этом направлении, сделанный в публикациях таких историков, как В.Э. Молодяков [11], К.В. Черепанов [12], В.Г. Дацышэн [13], Йошихиса Так Мацусака [14].

Введение

Еще до публикации монографии Крюковых, мы показывали М.В. Крюкову некоторое количество копий документов из нашей коллекции, сделанных в центральных российских архивах, а также поделились с ним отдельными выводами. Однако, по понятным причинам, мы не смогли ознакомить его с копиями и назвать ссылки на фонды выявленного комплекса документов по центрально-региональному аспекту советско-китайского конфликта ввиду того, что много лет сами работали над этой темой и уже имели готовую рукопись монографии. Автор выражает благодарность Михаилу Васильевичу Крюкову за интерес к её архивным изысканиям и за ободряющие слова поддержки.

Собранный нами архивный материал относится к периоду истории КВЖД в 1920-1935 гг. Ввиду его обширности и многоплановости мы решили начать публикацию отдельных монографий, которые в итоге должны будут сформировать серию. Данная книга была написана в рукописи в 2003-2005 годах, дополнена отдельными ссылками и замечаниями, а также отредактирована в ныне предлагаемом виде в 2015-2019 гг.

Это первая часть более объёмной монографии, целью которой явился анализ периода, начавшегося советско-китайским конфликтом на КВЖД в 1929 году и закончившегося оккупацией Маньчжурии японской Квантунской армией в сентябре 1931 года. Вторая часть уже написана в черновом варианте и будет опубликована вскоре, вслед за первой, после завершения этапа стилистической и справочной работы.

Большевики на Дальнем Востоке и проблема КВЖД, 1920-1928

Перед тем, как мы подробно остановимся на анализе событий советско-китайского конфликта 1929 года, вспомним предысторию восстановления советского влияния на российском Дальнем Востоке и КВЖД.

На Дальнем Востоке, ещё со времён железнодорожного подвижничества графа Витте, зона отчуждения КВЖД традиционно воспринималась в качестве фактического анклава России в Китае — «Желтороссии», который, лишь из-за какой-то «административной несуразности», политически полноценно не являлся территорией империи. После революции Временное правительство выделило зону отчуждения в ходе выборов в Учредительное собрание в отдельный избирательный район. В 1920-1922 гг., в период существования буферной Дальневосточной Республики местные элиты также неоднократно обсуждали идею создания системы политического самоуправления российского населения на территории зоны отчуждения КВЖД с подчинением административным структурам республики. Чтобы избежать предполагаемой критики международного общественного мнения, авторы делали оговорку, что этот шаг ни в коем случае не должен был умалять национального суверенитета Китая. Однако эти дискуссии носили, прежде всего, визионерский характер — само существование Дальневосточной республики неоднократно было под вопросом из-за давления груза внешних и внутренних проблем.[15]

ДВР и «Желтороссия»

Присоединение ДВР к Советской России поставило вопрос о ситуации на КВЖД, являвшейся главной коммуникационной артерией, соединявшей Приморье с Сибирью и Центральной Россией, в абсолютно новой плоскости. До 1922 года дорога рассматривалась Москвой, в первую очередь, используя более позднее выражение Николая Бухарина, как «революционный палец, запущенный в Китай». С распространением государственной власти большевиков до берегов Тихого океана в 1922 году КВЖД становится фактором внутренней безопасности и стабильности целого российского региона.

Дальний Восток только в 1930-е годы начинает массировано подаваться советской пропагандистской риторикой, как неотъемлемая часть «великой страны». В действительности, по крайней мере, до второй половины 1920-х годов московские стратеги часто повторяли тезис об «окраинном» характере и «неинтегрированности» территорий к востоку от озера Байкал. Первоначально у большевиков вообще не было чёткого представления о возможных контурах нового советского государства на Дальнем Востоке.

Большевики осуществляли реконкисту пространства по «анклавно-ризомному»[16] варианту. За приходом к власти их сторонников в слабо связанных между собой ареалах пространства на Дальнем Востоке и в Сибири, следовал «рапорт об успехах» к Центру с предложением признать те или иные новые властные структуры опорными пунктами власти, коллективным «большевистским наместником» в регионе. Однако политически маркируя Дальний Восток как зону влияния, эти элиты всегда ставили в качестве своей цели задачу «спасти край для России». Для избежания военного столкновения с участвующей в интервенции против большевиков на Дальнем Востоке Японией, в 1920-1922 гг. на пространстве к востоку от Байкала происходит концептуализация и практическая реализация властных технологий, имитировавших демократические государственные формы. Так, в качестве «буферного государства», формально автономного от Москвы, была образована Дальневосточная республика.[17] Образование республики происходило с разной степенью успешности, практически одновременно, с помощью двух, практически не связанных между собой, большевистских групп, одна из которых территориально концентрировалась в районе Верхнеудинск-Чита, властным центром другой был Владивосток.

Главной внешнеполитической задачей прокламированной Дальневосточной республики явилось сохранение под своим политическим управлением бывших территорий Российской империи к востоку от Байкала, на освоение которых у Кремля не было ни сил, ни средств. Кроме того, дипломаты ДВР приняли активное участие в установлении контактов между Советской Россией и восточноазиатскими соседями Российской империи, в первую очередь, Японией и Китаем. Без сомнения, ассоциированность ДВР с Москвой была для сопредельных государств «секретом Полишинеля», и такое буферное государство могло поддерживаться на плаву только благодаря существованию серьёзных геополитических противоречий между Японией и США. Дальновидный расчёт большевистских дипломатов использовать стремление США и других европейских держав не допустить расширения влияния Японии в дальневосточном регионе за счёт территорий агонизировавшей Российской империи определили успех проекта под вывеской ДВР.

Внешнеполитическая задача ДВР по «реконкисте пространства» могла реализовываться по двум направлениям: во-первых, через вытеснение Японии с российской территории, используя для этого противоречия последней с США и Китаем, во-вторых, через разграничение сфер влияния с Японией, в том числе, и посредством «политики экономического умиротворения» (например, через предоставление концессий).

Фактическое наличие двух центров ДВР в Верхнеудинске-Чите и во Владивостоке, различным образом тематизировавших проблему японской угрозы, возможность использования японско-американских противоречий и обладавших различной интенсивностью контактов с США, Японией, Китаем, предопределяли многообразие точек зрения о путях реализации главной внешнеполитической задачи.

Проект буферного государства ДВР был изначально рассчитан на длительную перспективу. Однако антияпонская направленность дальневосточной политики США сильно облегчила задачу большевиков. Кроме того, «анклавно-ризомные» региональные большевистские элиты оказывали постоянное давление на Москву с предложениями об окончательной политической интеграции.

Ситуация с присоединением Дальнего Востока к РСФСР в ноябре 1922 года отчётливо демонстрирует, что именно «региональные актёры», причём до недавнего времени абсолютно малоизвестные, сыграли в этом процессе важную роль. Однако было бы непродуктивным противопоставлять в этой связи «центр» и «периферию». Региональные деятели, как правило, задавали импульс центру. Если аналитически упрощённо оценивать степень воздействия «центра» или «периферии» на весь комплекс социальных, политических и экономических процессов на Дальнем Востоке (по аналогии, которую исследовал историк Ремнёв[18] на примере сибирских регионов для имперской России), то конечный результат, являлся сухим остатком комплексного взаимодействия региональных и центральных актёров. Причём, концентрация «центрального» и «регионального» компонента была каждый раз индивидуальной для конкретных событий.

На примере ДВР мы можем особо подчеркнуть роль дипломатических ведомств ДВР и РСФСР в процессе советизации на дальневосточной окраине Советской России. Дипломаты Я. Янсон в ДВР, Г. Чичерин, Л. Карахан в НКИД, в прямом смысле, с боем пробили осуществление такой стратификации пространства большевистского государства на востоке, когда формальные границы большевистской власти должны были проводиться, по меньшей мере, по территориям, входившим в состав Российской империи по Портсмутскому договору.[19]

Однако вывешивая флаг Советской России на берегах Тихого океана и политически маркируя эту территорию, дипломаты предостерегали от ускоренного осуществления содержательной «советизации». И тут уже дипломаты сталкивались с партократами — Сталиным, Молотовым в Москве и главой Дальбюро, Николаем Кубяком, в Чите. Последние выдвигали внутриполитические приоритеты на первый план и были готовы с места в карьер начать идеологическую, социальную и политическую унификацию вновь обретённого пространства. Кроме этих групп влияния, была и третья, её олицетворяли «центральные» экономисты и хозяйственники, работавшие в ВСНХ и Госплане. Они указывали на слабую экономическую привязку хозяйства Дальнего Востока к Советской России и интеграцию его товарно-сырьевых потоков в экономику Восточной Азии, прежде всего сопредельной Маньчжурии, предостерегая от поспешной интеграции. С точки зрения экономистов, «островная» позиция всего восточного региона СССР к востоку от Байкала должна была сохраняться ещё очень длительное время, поэтому финансирование новых промышленных объектов на этих территориях не являлось приоритетной задачей для Москвы.

В первой половине 1920-х годов большевики пока ещё в очень ограниченных масштабах ставили задачу обустройства и охраны границы. Территория, находившаяся под их контролем, была для них чем-то вроде «шагреневой кожи», постоянно менявшей свои размеры. Как и в имперской России, в большевистском государстве регионы в различной степени и неоднородным образом интегрировались в состав единого государства. Как свидетельствуют архивные документы о выработке концепции нового СССР, большевиками постоянно предпринимались попытки концептуальной унификации управления пространством. Однако, как правило, эти проекты оставались преимущественно на бумаге. Реальность оказывалась сложнее любых концептуальных расчётов: более-менее случайное присутствие конкретных людей, с определёнными полномочиями, в нужное время и в конкретном месте, то есть, прежде всего, «личный фактор», в большей степени, чем прописанные концепции определяли «наполнение» большевистского государства. Но, как ни странно, именно такая импровизация способствовала успеху «собирания земель» большевиками в относительно короткий срок в условиях недостатка ресурсов. Различные регионы, с различными национальными, культурными, политико-экономическими условиями и предпосылками для интеграции в единое государство, как цветные бусинки нанизывались на нитку ожерелья политической ассоциированности с лозунгами большевиков.

Первоначально Москва планировала осуществлять политическую привязку структур Дальневосточной Республики к РСФСР поэтапно и постепенно. Об этом свидетельствуют многочисленные архивные документы. Большевики, вообще, очень любили детально прописывать на бумаге всевозможные «гранд-проекты».

Их скрупулёзность, многословность, размах часто оставляют ощущение «бумажной архитектуры», когда одним росчерком пера, одним взмахом ножниц меняется весь замысел.

Такие словесные проекты многоэтапной привязки и притирки структур ДВР к Советской России в большом количестве встречаются в фондах РГАСПИ и Архива МИДа России — АВПР. Ещё в сентябре - октябре 1922 года большевистские стратеги планировали начать процесс постепенной интеграции с объединения дипломатических ведомств и финансово-денежной системы. Задача же политической и экономической интеграции должна была затянуться на долгие годы. Однако история рассудила по-своему. Усиление противостояния иностранному военному вмешательству на российском Дальнем Востоке, растущая непопулярность планов углубления интервенции в России среди высших элит внутри самой Японии, давление США и европейских держав на Страну восходящего солнца, а также желание собственно большевистских региональных лидеров «прижаться» плотнее к Советской России, способствовали иному развитию событий.

Ситуация с присоединением Дальнего Востока к большевистской РСФСР в ноябре 1922 года отчётливо демонстрирует нам, что именно «региональные актёры», причём недостаточно малоизвестные до недавнего времени, сыграли важную роль в процессе ускоренной интеграции. Мы, однако, не противопоставляем, в этой связи, «центр» и «периферию», как это, например, делает С. Королёв[20] в своих теоретических разработках.

Региональные деятели задавали импульс центру. Но сам конечный результат являлся сухим остатком комплексного взаимодействия региональных и центральных актёров. Концентрация степени решающего воздействия «центрального» и «регионального» компонентов была индивидуальной для конкретных событий и территорий. Эту особенность подробно исследовал в своих многочисленных работах историк Анатолий Ремнёв на примере Сибири и Дальнего Востока в 19 веке.[21]

История интеграции ДВР в состав СССР в ноябре 1922 года дает нам хорошую возможность на конкретном примере проиллюстрировать воздействие «центральных» и «региональных компонентов» в процессе государственного строительства и управления в ранний советский период. Как мы уже отмечали, важную роль сыграла и профессиональная принадлежность задействованных актеров — дипломатов Я. Янсона, Г. Чичерина, Л. Карахана. Специфика центрально-регионального взаимодействия, сформированная в период ДВР, окажет в дальнейшем важное воздействие на становление механизма советской внешней политики в Северной Маньчжурии и на КВЖД. Именно поэтому нам хотелось бы подробно остановиться на этом вопросе.

Роль Карахана и Чичерина подробно анализировалась в исторических публикациях. Немного по-другому обошлась историческая наука с Я. Янсоном. Обычно факт вступления ДВР в состав РСФСР представляется как заслуга скоординированных усилий Москвы и главы Дальбюро партократа Николая Кубяка. Несомненно, Николай Кубяк, имевший большое влияние в высших партийных кругах в Москве, оказал неоценимую поддержку реализации этого плана, однако главным идеологом советизации ДВР, все-таки, стал Я. Янсон.

В Архиве внешней политики России хранится серия писем министра иностранных дел ДВР Я. Янсона, адресованных Сталину, Молотову, замнаркома Карахану и начальнику Отдела Дальнего Востока Наркоминдела Духовскому, написанных весной-осенью 1922 года. В одном из них, от 7 августа 1922 года Янсон практически проговаривает план, который потом с небольшими вариациями был реализован при советизации ДВР. В отличие от Л. Карахана и Г. Чичерина, Янсон был уверен в необходимости немедленного присоединения ДВР к РСФСР.

Янсон писал: «*Отсутствие гласно оформленного союза ДВР с Россией — в форме ли вхождения ДВР в Федерацию, в форме ли унии — начинает приносить больше вреда, чем пользы. Японцы, да и китайцы, стараются использовать нашу самостоятельность, хотят полу-*

чить благодаря ей разрешение необходимых им международных вопросов без России. Нам же оперировать этой самостоятельностью против них они не дают, ссылаясь на нашу связь с Москвой и наши заявления об этой связи. Полагаю, что в ближайшем будущем нужно оформить союз ДВР с Россией. Нужно это сделать, как только закончатся предстоящие переговоры с Японией. Во время же этих переговоров, нужно вести их так, чтобы они и достигаемые на них соглашения не помешали осуществлению Союза о федерации в самом же близком будущем. Желательно было бы знать Ваше мнение по этому вопросу, с тем чтобы принять подготовительные меры. Заключение соответствующего договора и проведение вытекающих отсюда актов — постановлений ВЦИК и нашего Народного собрания, считал ли бы целесообразным провести ещё зимой этого года: в предстоящей сессии нашего Нарсоба».

Далее, комментируя выборы в Народное собрание ДВР, которые начались 25 июня, Янсон отмечал, что по предварительным данным в составе собрания, коммунисты должны получить половину мест, а вместе с сочувствующей им фракцией революционного крестьянства количество большевиков и их сторонников должно было составить две трети голосов законодательного органа. Эта квота в две трети голосов по конституции ДВР могла бы обеспечить принятие важных решений, в том числе, и по изменению самой конституции. Первая сессия Нарсоба, как сообщал Янсон, должна была открыться в ноябре 1922 года. Именно эту сессию, считал дипломат, «нужно использовать для принятия ряда решений, касающихся строя ДВР и её отношения к РСФСР». Отмечая тот факт, что строй ДВР отличается от советского «политически», прежде всего свободой частной собственности, Янсон комментировал обеспокоенность Москвы, как к советизации ДВР могут отнестись США и Япония. И успокаивал: «Иностранцев — Японию и Америку — меньше всего интересует вопрос о том, какой будет наш внутренний строй, чем вопрос о том, насколько ДВР независима от РСФСР... Полагаю, что в случае применения в ДВР тех ограничений частной торговли и промышленности, которые существуют в России — иностранцы «пострадают» очень мало, тем более, что приравнение нашего экономического строя к советскому можно провести с некоторым переходом, не сразу».

Янсон подробно проговаривает в письме, как поэтапно мог бы выглядеть процесс советизации ДВР.

«*ДВР устанавливает сначала союз с РСФСР с тем, чтобы впоследствии превратить этот союз в Федерацию. Провозглашение союза и подписание соответствующего соглашения можно приурочить к предстоящей сессии Нарсоба (зимой 1922-1923 года). Предстоящие переговоры с Японией должны вестись так, чтобы устанавливаемые с Японией соглашения не могли бы помешать заключению этого союза, которое должно произойти по окончанию переговоров с Японией. Ещё до провозглашения Союза, Народное собрание проводит ряд законов, приравнивающих, или по крайней мере приближающих политический и экономический строй ДВР к строю РСФСР: закон об ограничении избирательного права буржуазии; о перестройке парламента ДВР в форму приближающуюся к съезду Советов, о введении частично, а впоследствии и полностью кодекса РСФСР. К этому же времени должны быть разработаны и подписаны дополнительные соглашения к договору об экономическом союзе между ДВР и РСФСР, сводящиеся к установлению преимущественных экономических прав РСФСР в ДВР. В дополнении к этим соглашениям, в Нарсобе должны быть проведены законы об ограничении частной торговли и промышленности, частной собственности. Таким образом, можно было бы провести безболезненно конституционным порядком приравнение строя ДВР к советскому. Некоторые предприятия в этом направлении нами уже предпринимаются. Нами приняты законы о печати, о союзах, об усиленной охране. Эти законы весьма умеренные, но дают нам возможность пресекать зловредные явления нашего чрезмерного демократизма. Намечаем ряд дальнейших мероприятий: репрессии против эсеров и меньшевиков и вообще более твёрдый курс нашей внутренней политики. Намереваемся и в ДВР создать нечто вроде Московского процесса эсеров, присоединив к ним и более правые группировки. Прошу Вас сообщить мне, одобрит ли ЦК намеченную политику ДВР и проведение через будущую сессию Нарсоба если не окончательной, то хотя бы половинчатой советизации ДВР. Если Вы выскажетесь в утвердительном смысле, то будем продолжать подготовительные мероприятия*».

Текст письма, как мы можем судить, звучит абсолютно уверенно. После его прочтения не возникает ассоциаций, что Янсон излагает этот план «от лица группы товарищей». По поводу Николая Кубяка - всего одна приписка: «*О нашей партийной жизни Вас информирует вернувшийся в Москву т. Кубяк.*»

Интересное замечание Янсона содержится в письме и относительно продолжавшейся оккупацией японцами Северного Сахалина и последствий этого факта для безопасности ДВР. Комментируя масштабы японской эвакуации с Дальнего Востока, Янсон отмечал: «...*японцы уйдут пока из Южного Приморья и устьев Амура, останутся на Сахалине и в районе бухты Де-Кастри (на материке против Сахалина). Занятие Сахалина и бухты Де-Кастри даёт им возможность запереть нас в Японском море и отрезать от Охотского края и Океана. Эти позиции они сохраняют, чтобы иметь возможность без труда оказывать дальнейшее давление на нас, если это потребуется*».

В отличие от позиций дипломатов, идея быстрой советизации ДВР наталкивалась на определённый скепсис в Политбюро.

Партократы — Сталин, Молотов и подавляющая часть Политбюро, до самого последнего момента были уверены, что «советизация» ДВР — это внешнеполитическая авантюра и склонялись к выдвижению внутриполитических и экономических приоритетов на первый план. Согласно этим точкам зрения, Дальний Восток в хозяйственном отношении был ещё очень слабо интегрирован в экономическую систему Советской России. Они считали, что, несмотря на потенциальную возможность и актуальность советизации ДВР, этап завершения политической интеграции Дальнего Востока в состав СССР должен был предваряться длительным периодом внутриполитической и экономической интеграции. В этой связи интересно процитировать директиву о политике РКП(б) в ДВР, утверждённую 19 сентября 1922 года, то есть за два месяца об объявлении о вхождении Дальневосточной республики в состав РСФСР.

В документе в долгосрочной перспективе отмечалась неотложная необходимость советизации ДВР, определявшаяся «укреплением экономических и политических связей с РСФСР и дипломатическим поражением Японии на ДВ (например, в Китае)».

Директива подчёркивала, что у партии есть возможность «взять процесс советизации в свои руки» уже сейчас, однако называла при этом ряд предварительных условий окончательной политической интеграции Дальнего Востока в состав РСФСР.

Первым условием являлось «объединение финансовой политики РСФСР и ДВР и переход от звонкой монеты к бумажным денежным знакам».

Вторым условием директива определяла необходимость создания ревкомов в освободившихся районах и деревнях, чтобы «в порядке усиленной предварительной работы было обеспечено преобладание пролетарских и революционно-крестьянских элементов города и деревни над кулачеством и мелкой буржуазией».

Третьей задачей называлась борьба против антисоветских партий, в том числе меньшевиков и эсеров. Эта борьба должна была развертываться таким образом, чтобы лишить последних *«судебными процессами и административными мерами свободы печати и собраний, отнимая возможность получения антисоветской печати из-за границы, изгоняя их из кооперативов за растрату кооперативных денег на нужды своих партийных организаций, высылая их за границу за содействие и сочувствие интервенции и экономической разрухе страны...»*

Директива обязывала Дальбюро ЦК «присылкой ежемесячных отчётных писем» сообщать о результатах «проведения в жизнь» вышеназванных задач.

Характер связи ДВР с РСФСР в преддверии создания СССР в декабре 1922 года также постоянно и подробно обсуждался в партийных документах. Во всех из них речь шла о долгосрочном процессе постепенной интеграции.

Таким образом, идея тихоокеанских границ будущего большевистского государства имела своих конкретных авторов, только этими авторами была вовсе не партия, Политбюро, какие-то другие высшие большевистские органы власти или лидеры высшей иерархии. Этими «визионерами» была небольшая группа практических региональных политиков. Удачное сочетание различных внешних и внутренних факторов позволило им добиться на практике реализации своих конкретных идей.

Одним из таких удачных факторов являлась внешнеполитическая составляющая. А именно — определённый расклад сил между США и Японией, соперничавших в начале 1920-х годов за влияние в Восточной Азии и тихоокеанском регионе.

Растущее американо-японское соперничество вызвало к жизни совершенно неожиданный факт — информационное сотрудничество между военной разведкой американского флота и ДВР. Американский ВМФ передавал большевикам перехваченные японские шифровки о планах высшего японского военного командования в отношении Дальнего Востока, тем самым обеспечив ДВР великолепную возможность «переиграть» Японию в ходе дипломатических переговоров в Дайрене. Информационная поддержка такого рода со стороны военной разведки американского флота в значительной степени предопределила жёсткую линию российской дипломатии на дайренских переговорах.

Рост давления держав-союзников на Японию и падение популярности белогвардейских группировок на Дальнем Востоке способствовали тому, что уже летом—осенью 1922 года у Советской России появились шансы расширить границы своего влияния вплоть до берегов Тихого океана. Что и свершилось 14 ноября 1922 года после того, как Народное собрание ДВР объявило о своём вступлении в состав РСФСР.

«Экспериментальное поле» и особые функции элит

С фактом политической интеграции дальневосточного региона проблема бывшего экономического анклава царской империи в сопредельной Маньчжурии — зоны отчуждения КВЖД — получила для Советской России абсолютно новое наполнение.

Во-первых, КВЖД являлась кратчайшим железнодорожным путём, соединявшим Приморье с Сибирью и Центральной Россией. Во-вторых, что было ещё более важно, экономика Приморья, особенно продовольственные товарные потоки, исторически замыкались на сопредельную Маньчжурию. В-третьих, даже в культурно-идеологическом плане, зона отчуждения КВЖД исторически была для дальневосточных элит «одомашненной заграницей», это была «игра на своём поле».

Дальневосточные большевики довольно скоро начинают воспринимать миссию культурно-идеологической экспансии сопредельного приграничья в качестве своей важнейшей задачи. Для них, с установлением и укреплением советской власти на ДВ, приграничная Маньчжурия становится зоной перспективного российского влияния, потенциальной советской «Желтороссией». Степенью успешности реализации этой задачи, элиты советского Дальнего Востока мерили свою общероссийскую значимость и определяли приближённость к кремлёвскому ядру власти.

Вряд ли стоит искать в стремлении к превращению Северной Маньчжурии в подконтрольный Советской России анклав исключительно имперские настроения. Дальневосточные большевики были, прежде всего, прагматиками. С их точки зрения, без установления дружественного режима на сопредельной китайской территории, Северная Маньчжурия оставалась для Приморья и всей Дальневосточной Области регионом, источавшим потенциальную опасность военной интервенции. Кроме того, эффективность КВЖД в переманивании на свои рельсы грузовых потоков с находившейся под контролем Японии ЮМЖД решала вопрос о том, какой из двух портов - русский Владивосток или лежавший на оконечности Ляодунского полуострова японский Дайрен (Дальний) станет основным перевалочным пунктом сухопутно-морской торговли северо-восточной Азии. И если у Японии были иные варианты доступа к Тихому океану и дополнительные возможности торгово-коммуникационных диспозиций, например, на территории Кореи или в провинции Шаньдун, то у Советской России каких-либо других адекватных альтернатив не было.

Значительная удалённость Дальнего Востока от центра власти большевиков, сложные внешнеполитические условия предопределили тот факт, что с самого начала исполнительные органы власти на ДВ, в лице Дальревкома, получили широкую самостоятельность в вопросе о степени применения законов РСФСР на подведомственной территории. Они обладали также правом самостоятельного выхода на внешние рынки в области торговли, приобрели широкие возможности законотворчества в области национальной политики, вплоть до права предоставления гражданства иностранным подданным исполнительными органами власти уже на уровне губерний. Им были предоставлены важные бюджетные и планово-экономические полномочия. Значительными правами наделялся Дальревком (позже-Далькрайисполком), например, и в судебно-пенитенциарной политике: вопрос об административной высылке «социально-опасных» лиц в другие районы области-края решался без консультаций с центром. С расширением степени включения Дальнего Востока в систему управления советского государства эти права постепенно урезались, хотя, например, в соответствии с постановлением ВЦИК РСФСР от 4.01.1926 действие «Положения о Дальревкоме» было в целом продлено.

Пометив формально-политически Дальний Восток как свою территорию, на концептуальном уровне, Москва продолжала считать регион в экономическом плане «чужой периферией», связанной системой товарных потоков преимущественно с сопредельным маньчжурским и тихоокеанскими рынками. Такая «открытость» на Восток являлась для дальневосточной окраины вопросом выживания и имела длительную историю.

Важность маньчжурского транзита для продовольственного снабжения Приморья и Дальнего Востока сформировалась вслед за окончательной отменой царским правительством режима свободной экономической зоны в виде беспошлинной торговли на границе («порто-франко») в 1913 году. В результате, как русским, так и иностранным предпринимателям стало выгоднее доставлять свои товары на территорию Дальнего Востока и Забайкалья не через российские порты, где нужно было платить пошлину, а через порты Северной Маньчжурии, в которых режим «порто-франко» продолжал действовать.

Кроме того, Маньчжурия являлась главным поставщиком продовольствия для русского Дальнего Востока. Сельскохозяйственные продукты, ввозимые из Северо-Восточного Китая, были намного дешевле, чем продовольствие, прибывшее морским путём из центральных и южных губерний России. Перевозка одного пуда хлеба из Одессы во Владивосток стоила в четыре раза больше, чем закупленного в Маньчжурии. В 1908 году на русский Дальний Восток было ввезено приблизительно 7 млн. пудов зерна, в 1909 — 14,5; в 1910 — 29,1 млн. пудов. Перемещение вектора перевозок зерна в сторону Маньчжурии объяснялся также мощным давлением перенасыщенного рынка продуктов в Северо-Восточном Китае в противовес слабо освоенным в сельскохозяйственном отношении районам русского «приграничья». В 1912 году на российском Дальнем Востоке жило около полумиллиона человек. При обрабатываемой площади земель в 230 тысяч десятин земли, валовой доход в аграрной сфере не превышал при этом 10 млн. рублей. Для сравнения — ежегодно в Маньчжурии закупалось аграрной продукции для русского Дальнего Востока на сумму в 14-15 млн. рублей. В самой Маньчжурии в этом же 1912 году население составляло 6 млн. человек, а размер использовавшихся сельскохозяйственных угодий — 4 млн. десятин.

Факт экономической «инаковости» Дальнего Востока вплоть до 1926-1927 гг. тормозит готовность центра вкладывать деньги в экономическое развитие региона, особенно после того, как вслед за эвакуацией японских войск отпала непосредственная военная угроза со стороны Японии.

Влиятельные большевистские эмиссары Николай Кубяк и Ян Гамарник, командированные центром с «наместническими функциями» на Дальний Восток, убеждают Москву в возможности региона стать поставщиком валюты для большевистского государства именно за счёт завязанности региона на внешние восточноазиатские и тихоокеанские рынки. Проницаемость сухопутных дальневосточных границ и существование полосы спонтанного экономического межстранового взаимодействия концептуализируются ими не как проявление слабой степени интеграции региона внутри маркированных большевистской властью пространств, а, наоборот, восхваляются, как, своего рода, «специальная экономическая зона».

В 1924-1925 гг. наступает, наконец, перелом во взаимоотношениях с Японией и Китаем. СССР не только постепенно восстанавливает свои права на КВЖД, но и возвращается, по крайней мере, на ментально-концептуальном уровне в ряд государств, заинтересованных во внешней экспансии. В 1924 году Политбюро создало специальную комиссию, которая должна была изучить вопрос о возможности усиления «наступательности» советской политики в Маньчжурии. Военные и разведывательные структуры СССР разрабатывали перспективные планы возможной «советизации» зоны отчуждения КВЖД, со смущенной оговоркой - «не нарушая суверенных прав Китая». В вопросе о направлении развития советской внешней политики в Маньчжурии в середине 1920-х гг. большевики стали своего рода идейными наследниками Временного правительства, которые выделяли зону отчуждения КВЖД в качестве специального района по выборам в российское Учредительное собрание.

23 мая 1925 года в комиссию председателя СНК Рыкова были переданы на рассмотрение тезисы об экономических интересах СССР в Маньчжурии. Главное внимание предлагалось обратить на Северную Маньчжурию и полосу отчуждения КВЖД как на «базис для дальнейшего распространения экономического влияния в Китае». Целью экономической политики в Китае объявлялось внедрение золотого червонца в Северной Маньчжурии и полосе отчуждения КВЖД. Ведущая роль в реализации плана расширения своего влияния экономическими средствами, откровенно «небольшевистского» по своему содержанию, отводилась региональным властям Дальневосточной Области.

В 1925 году система организации внешней торговли Советской России на ДВ была построена таким образом, что Дальгосторг действовал на внешних рынках Китая и Японии параллельно с отделениями Торгпредства СССР, зачастую подминая их под себя. Региональные партийные власти Дальнего Востока вплоть до 1937 года являлись одним из важнейших адресатов корреспонденции дипломатических и внешнеторговых представительств СССР в Маньчжурии, Китае и Японии. По собственной инициативе их снабжали информацией послы, консулы и торгпреды; командированные из Москвы в сопредельные страны эмиссары просили у них помощи в своих начинаниях и консультировались с ними по вопросам восточной политики, Москва предлагала им поддержать аппарат советских представительств дальневосточными кадрами и ресурсами.

Брокерская функция региональных большевистских властей в системе управления советской внешней политики и торговли в сопредельных странах с СССР была вызвана целым рядом факторов. Во-первых, включенностью их лидеров в систему неформальных персональных связей. С конца 1990-х годов на волне «архивной революции» в целом ряде исторических работ исследовалось значение этих связей для становления новых государственных структур Советской России.

Авторы данных публикаций пытались преодолеть ощутимое несоответствие между институциональными механизмами власти, кодифицированными на бумаге в форме различных инструкций и законоположений, и их реальной реализацией на практике, фиксируемое на примере истории СССР.

Система неформальных персональных связей определялась как закономерный катализатор процесса возникновения и консолидации новой элиты в условиях изменения принципов социальной мобильности с победой революции 1917 года. На примере становления советской власти на Урале и в Закавказье, американские ученые Джеральд Истер[22] и Джон Хэррис[23] показали, как система неформальных персональных связей, а точнее система «личностных цепочек», превратилась в механизм повышения эффективности государственного управления в условиях неразвитости административной структуры на периферии и затруднённости коммуникативного обмена с центром.

В этой связи интересно остановиться подробнее на исследовании Джеральда Истера, выполненного на архивных материалах РГАСПИ и посвящённого анализу роли системы неформальных связей в процессе государственного строительства в Советском Закавказье в 1919 — начале 1930-х гг. Истер использует термин personal networks, дословно-персональные цепочки. Мы обозначим их в нашем повествовании, как <u>неформально-структурированные группы</u> — НСГ. Истер опирается в своих изысканиях о роли НСГ на теоретические разработки В. Вернера и П. Ланта о «кликах». Под НСГ историк понимает неформальное, не клановое (в смысле кровного родства) объединение, связанное определёнными групповыми нормами поведения. По мнению Истера, НСГ отличаются от харизматических отношений тем, что это не отношения типа «руководитель—подчинённый». Эта форма отношений отличается также и от патримониализма, в их основу не заложены взаимные обязательства. НСГ, по определению, не фиксируют изначально структурное неравенство между своими членами, как это предполагают отношения харизматического и патримониального типа. Истер отходит от принципов генерализации, когда он изначально закладывает в свое определение следующее положение, характерное лишь для частного «закавказского случая». А именно- по мнению Истера, на первом этапе формирования НСГ можно говорить об узах товарищества, как принципе объединения соратников по подпольной борьбе и гражданской войне в неформальную ассоциацию. Лишь на этапе слияния системы неформальных отношений с формальной организационной структурой нового государства происходила иерархизация этих отношений.[24] В отличие от Дэвида Ноука, который проводит различия между неформальными группами «влияния» (информацией обмениваются между собой относительно равноправные члены), и неформальными группами «доминирования» (дефицитные ресурсы контролируются посредством иерархических отношений), Истер подчёркивает, что НСГ в Советской России демонстрировали элементы обеих этих групп.

Выводы Истера представляются нам чрезвычайно плодотворными для изучения большевистского режима.

Большой объяснительный потенциал подхода Истера становится еще более очевидным, если дополнить размышления американского историка анализом архивного материала по другим регионам и хронологическим периодам, а также уточнить постановку вопроса. На наш взгляд, при анализе истории СССР первостепенной задачей является необходимость проследить взаимодействие между собой трех конгломератов - квазиинституциональных структур, институтов, наконец, самих НСГ.

Логика революции как акта насилия и стихийность развертывания революционных действий предопределили тот факт, что ядром власти первоначально становились квазиинституциональные структуры (Советы), получавшие «де факто» право контроля над обществом в результате волеизъявления вооруженных масс маргинального населения[25]. Вслед за этим наступал этап «юридической самокодификации», однако отсутствие надёжных механизмов реализации решений вынуждало большевиков прибегать к использованию НСГ, становившихся «личностными (персональными) властными цепочками» — ЛВЦ, которые заполняли намеченный в общих чертах институциональный каркас. Следующим шагом, особенно во взаимоотношениях «центр-периферия», являлся процесс достройки институциональной структуры в соответствии с системой взаимоотношений, складывавшейся как внутри конкретных личностных цепочек, так и между ними. Во всяком случае, юридическая кодификация тех или иных институциональных структур всегда с запаздыванием реагировала на уже реально сложившиеся отношения власти.

В этой связи можно привести много примеров. Например, роль генерального секретаря Иосифа Сталина в Политбюро. Полномочия главы Отдела Международных Связей Осипа Пятницкого в Коминтерне, которыми он обладал «де факто» в начале 20-х годов, были кодифицированы юридически лишь в 1924 г. Совещание замов СНК, являющееся фактически органом оперативного руководства народным хозяйством с января 1926 года получило подтверждение Политбюро на это право только в мае 1926 года.

Архивные документы фиксируют практику «делегирования» прав Политбюро различным узким группам. Эта практика была узаконена только в 1937 году, когда в ПБ были созданы две комиссии, получившие право решать все первостепенные вопросы от его имени. Во-первых, в целях подготовки для ПБ, при особой срочности и для вопросов секретного характера (в том числе вопросов внешней политики), была создана комиссия в составе Сталина, Молотова, Ворошилова, Кагановича и Ежова. Для решения вопросов хозяйственного характера была создана постоянная комиссия в составе Сталина, Молотова, Чубаря, Микояна и Кагановича.[26]

Одновременно с этим, примат исполнительной власти, вызванный как традиционно слаборазвитым правовым самосознанием в России, так и необходимостью принятия быстрых решений в условиях внутренней и внешней опасности, создавал благоприятные возможности для «обходного манёвра» по отношению к юридически кодифицированным структурам. В конце концов, и рост роли Политбюро, который вовсе не был изначально задан логикой государственного строительства большевиков[27] является явлением этого же порядка.

Определённая асинхронность развития уровней «де факто» и «де юре» в системе государственного строительства не в последнюю очередь стимулировалась «фактором пространства».

Фактор пространства предопределял ситуацию, когда контроль центра над провинцией затруднялся увеличенной протяжённостью, по сравнению со средними характеристиками, цикла полного обмена информацией (протяженность цикла определяется временем, необходимым для получения ответа на тот или иной запрос от контрагента коммуникации). Попытки центра преодолеть эти узкие места выражались, прежде всего, в активизации деятельности персональных властных цепочек, когда лакуны в информационном (а соответственно, и во властном) контроле должны были восполняться уверенностью в личной преданности назначаемого на периферию лица.

Проблема анализа таких механизмов власти — не простая задача. Сложность заключается, во-первых, в их многослойности. Во-вторых — в ярко выраженной нелинейности. Описание процесса на каком-то одном конкретном отрезке не обязательно может привести к расшифровке всего механизма. Чисто статистический подход к выявлению частотности тех или иных явлений или механизмов, в случае неадекватно выбранного объекта анализа, зафиксирует лишь частные характеристики одной уникальной ситуации. Особенно, если принять во внимание различные модусы выстраивания центрально-региональных отношений в большевистском государстве. Их описание в полном объёме в условиях закрытости значительного числа архивных коллекций — непосильная задача. Речь пока может идти о скрупулёзном восстановлении региональных, хронологически-ограниченных паттернов, которое можно осуществить только через анализ архивных документов проливающих свет на особенности практического функционирования исполнительного уровня управления в большевистских структурах. Обобщения высшего порядка можно будет сделать лишь при наличии достаточного количества детально описанных паттернов, выдвигая и проверяя рабочие гипотезы по мере обработки архивного материала. Нам кажется, что прорывную роль в этом процессе сможет сыграть использование систем компьютерной обработки больших массивов данных. И здесь, если абстрагироваться от существующих идеологем, а машина, скорее всего, не будет им подвержена без целенаправленного специального вмешательства, нас ждет много удивительных открытий.

Сибирь и Дальний Восток представляют под этим углом зрения благодатное поле для исследований. На примере этого региона отчетливо фиксируется такой удивительный феномен, как участие региональных лидеров в практической внешней политике Советской России.

Мы можем говорить о том, что региональная элита этого региона, как минимум в 1920-1937 гг., выполняла роль «среднего звена» в управлении процессом советской внешней политики по отношению к странам Восточной Азии. В отличие от внешней политики СССР по отношению к западным странам, практика управления межгосударственными взаимоотношениями со странами Азии была связана с постоянным преодолением коммуникационно-технических и политико-административных «серых зон», непроницаемых в достаточной степени для властного контроля из

Москвы, уже непосредственно в границах своей собственной территории. Под коммуникационно-техническими «серыми зонами» мы понимаем недостаточную развитость или полное отсутствие систем коммуникации (радиосвязь, телефон, телеграф, железные дороги, авиасообщения), которые растягивали по времени завершение коммуникационного цикла и препятствовали эффективному управлению процессами. Передача информации была возможна на такие расстояния лишь этапами; её объем был ограничен, а, значит — подвержен искажению и изменению трактовки. Технически-обусловленная поэтапная передача информации предполагала создание в региональных центрах организационно-распределительных пунктов, находящихся под контролем региональных властей. Помимо технической отсталости создание промежуточных ступеней управления стимулировалось также культурно-ментальными и системными факторами. К первым мы относим предпочтение личностных прямых взаимоотношений не персонифицированным и технически-опосредованным контактам. Ко вторым — системную настройку большевистского режима на исключительную подозрительность и конспиративность. Конфиденциальность информации и ее «ручная обработка», особенно при необходимости чрезвычайной срочности, предполагала особый характер взаимоотношений региональных властей — внешнеполитических брокеров с Центром и дипломатическими структурами. Эти «особые взаимоотношения» уже давно отмечались исследователями истории Дальнего Востока, например, американским исследователем Джоном Штефаном[28], упоминавшим о существовании когорты «Гамарник — Блюхер». В нашей монографии мы сможем показать, что подобные цепочки имели разветвленную и сложную структуру в пространственном наполнении и на всех уровнях иерархии. Зачастую институциональные структуры выстраивались вдоль уже имеющихся личностных цепочек. Каналы управления, создававшиеся вдоль личностных цепочек, могли играть также роль редундантных, то есть параллельных — дублирующих, для институциональной структуры. Особое значение, при этом, имела степень личной близости к силовым структурам или включенность в выполнение приоритетных военно-политических задач. Силовые структуры (армия, ОГПУ) обладали, например, в 1920—1930-е годы явными коммуникационными преимуществами в общении с Москвой, такими, например, как доступ к «прямому военному проводу». Структуры Коминтерна, напротив, имели, как правило, лишь второстепенный статус. Профессиональная институциональность, однако, не давала сама по себе неоспоримых преимуществ, поскольку региональные партийные лидеры, включенные в кросс-региональные и кросс-институциональные персональные цепочки, могли в определенном хронологическом и региональном срезе обладать наместническими функциями, дававшими особые полномочия.

На основании ранее не использовавшихся исследователями архивных документов относительно событий советско-китайского конфликта 1929 года, мы проанализируем особенности феномена участия дальневосточной региональной элиты в качестве «среднего, промежуточного звена» в механизме советской внешней политики. Также нами будет исследован характер включенности основных партийных и военных лидеров советского Дальнего Востока в неформальные личностные цепочки и роль таких кросс- институциональных и кросс-региональных «персональных цепочек» в процессе развертывания конфликта 1929 года в Северной Маньчжурии.

Соблазн «военной прогулки»

Мы не случайно выбрали для первоначального анализа именно советско-китайский конфликт 1929 года, который стал апофеозом целого этапа латентной наступательности большевистской политики в Маньчжурии.

Начиная с 1922 года большевики на разных уровнях власти — в Центре, и в регионах, периодически обсуждали вопрос о возможном применении военной силы для подкрепления российских прав на управление КВЖД.

Ещё накануне полного освобождения Приморья и включения ДВР в состав РСФСР отдельное заседание Дальбюро 16 октября 1922 г. было посвящено анализу отношения будущего режима к КВЖД. На нем были приняты тезисы по военной и партийной работе в полосе отчуждения дороги.

Тезисы по военной работе были подготовлены дипломатом Я.Д. Янсоном. Задачи партийной работы разрабатывались Николаем Кубяком. Уже изначально среди дальневосточных большевиков существовали определённые разногласия о возможности перехода границы с Китаем в ходе боёв за освобождение Приморья и о характере отношения к имперскому наследию в полосе отчуждения КВЖД.

Янсон предлагал действовать по более спокойному, неконфликтному с Китаем сценарию.

В предложенном им варианте тезисов подчёркивалось:

«*С занятием нами Приморья, КВЖД приобретает для нас особый интерес, как единственный путь нашей связи с Приморьем и выхода в море для Дальвостока и Сибири. <u>Поэтому следует добиваться всеми мерами очистки КВЖД от белых, создания на дороге благоприятного для нас положения, дающего нам возможность свободного пользования дорогой</u>... Не дожидаясь переговоров России с Китправительством о КВЖД должна быть проведена кампания дипломатических протестов и нажима на китайское правительство в Пекине для очистки КВЖД от белых... Наряду с этим такая же кампания должна быть проведена и по отношению к маньчжурским властям, в том числе Чжан Цзолину... Немедленно по освобождению Приморья использовать КВЖД для сообщения с Приморьем с тем, чтобы наше сообщение через КВЖД стало фактически признаваемым и осуществляемым... В целях сохранения экономического значения Владивостока и Уссурийской железной дороги как выгодного транзитного пути для маньчжурского экспорта и в целях заинтересования китайских промышленников, торговых и административных кругов в нормальном функционировании этого пути, (обеспечить) по возможности быстрое установление транзитов грузов и товаров через (станцию) Пограничную (на) Эгершельд в противовес Дайрену, однако со строгим контролем и регламентацией провозимых грузов... <u>Считать невозможным хотя бы временное занятие нашими войсками КВЖД</u>. Однако в целях давления на китвласти считать допустимыми организацию на киттерритории партизанских отрядов из русских и китайцев для непосредственного уничтожения белых. В случаях крупного вооружённого столкновения наших частей с белыми в пограничных районах признать допустимым для наших частей преследование белых в пограничной полосе китайской территории, однако без глубокого захода на киттерриторию и с быстрым возвращением из неё.*»[29]

По мнению Янсона, советское влияние на сопредельной китайской территории следовало бы начать с усиления пропагандистской работы и через создание общественных организаций, как среди русского, так и китайского населения, лояльных к Советской России. Кроме того, в целях нейтрализации белогвардейского давления с территории КВЖД, Янсон предлагал развернуть активную кампанию для привлечения бывших белогвардейцев, лояльных России в Красную и Народно-Революционную армию ДВР.

Николай Кубяк высказался в более решительной манере:

«Партработа в полосе отчуждения должна иметь революционный и боевой характер и меньше всего мирно-созидательный.»[30]

С его точки зрения, большевики должны были немедленно приступить к завоеванию профорганизаций, прежде всего железнодорожных, и организовать кампанию по созданию Советов рабочих депутатов в полосе отчуждения КВЖД. Советы рабочих депутатов, по мнению Кубяка, должны были обратиться с призывом о поддержке к пролетариату Китая, Кореи и Японии. Предполагалось также, что Советы выступят против концентрации белогвардейских сил в полосе отчуждения и перехода ими границы ДВР, а также заявят протест против «хищения имущества, принадлежащего всему русскому народу» на КВЖД. Советы рабочих депутатов, по мнению Кубяка, должны будут призвать местное население приграничных районов «к решительному отпору белым бандам, вплоть до захвата пунктов территории Полосы отчуждения». Для разложения белых сил предлагалось также осуществлять упор на «национальную ориентацию».

Кроме того, Кубяк сформулировал задачу о начале печатной кампании «за отход полосы отчуждения КВЖД под охрану Советской России и Дальбюро». С его точки зрения, для руководства революционной борьбой в полосе отчуждения необходимо было назначить специальное партийное бюро. По мнению Кубяка, важной задачей являлось также создание китайских партизанских отрядов для борьбы против белогвардейских и японских формирований под лозунгом объединения Китая вокруг генерала У Пэйфу, против Чжан Цзолиня.[31]

Трудно сказать, как в деталях развивалась дискуссия по вопросу о политике в полосе отчуждения КВЖД, и кто именно присутствовал на заседании по обсуждению этого вопроса. При более внимательном знакомстве с позициями других видных большевиков, имевших прямое отношение к советской политике в Маньчжурии, получается, что Николай Кубяк ещё в довольно ограниченной форме призывал продемонстрировать военную силу Красной Армии на КВЖД. Всего лишь в случае угрозы со стороны белогвардейских соединений, он на короткий период предлагал занять отдельные населённые пункты дороги. Развёрнутая программа возможного военного вмешательства Советской России на КВЖД в 1922–1923 гг., известная нам по архивным материалам, связана с именем видного советского дипломата, чрезвычайного и полномочного представителя РСФСР в Китае Альфреда Иоффе. Иоффе был довольно противоречивой фигурой, в течение короткого срока он часто менял своё мнение по вопросам китайской политики. Хотя, может быть, за этим крылась вынужденная гибкость дипломата, помещенного при отсутствии удовлетворительной связи с Москвой в быстро меняющиеся внешнеполитические условия. Именно Иоффе стал инициатором подробного обсуждения большевиками возможности применения военной силы на КВЖД и в Северной Маньчжурии.

В июле—сентябре 1922 года дипломаты ДВР в сотрудничестве с делегацией Советской России, которую возглавлял Альфред Иоффе, принимали участие в подготовке и переговорах с японцами в китайском Чанчуне. В третьем письме из Чанчуня в Москву Чичерину 27 сентября 1922 года Иоффе информировал НКИД, что с его подачи пекинскому правительству было передано неформальное предупреждение, не испытывать терпение Москвы в деле установления официальных дипломатических отношений.

«Если Россия потеряет терпение и изменит свою политику в отношении Китая, то она может принести ему более вреда, чем кто бы то ни был (и тут намёк на возможность советизации Восточного Туркестана и Маньчжурии)»[32], — цитировал Иоффе в письме для НКИД свою угрозу Пекину.

Тем не менее, Иоффе рассматривал возможность советизации приграничных китайских территорий всего лишь как тактическую уловку. С его точки зрения, советское вмешательство, например, в Монголии принесло большевикам больше вреда, чем пользы. Для Иоффе не просматривались какие-либо особые интересы Советской России в этой стране. Он пишет далее:

«...классовая дифференциация и в Монголии, и в Китае ещё не так сильна, чтобы победить чувства национальной солидарности. Пока Китай ещё бесспорно находится в стадии национально-, но не классово-освободительной борьбы. И если наше поведение объективно, до мелочей (включительно до требования тройственных переговоров) будет совпадать с поведением английского и покойного русского империализма, то никто в китайском народе не поверит нашей искренности, и все будут считать нас такими же империалистами, как и всех других. Если бы мы в глубине души преследовали какие-нибудь специальные цели в Монголии, то такую политику

можно было бы оправдать и должно было бы по возможности ловко и незаметно всё же проводить.

Но, поскольку, я понимаю, советизация Монголии не явилась результатом последовательного продуманного и организованного плана. Если бы в Монголии не было Унгерна и наши товарищи там не поспешили бы — мы также бы не советизировали бы Монголии, как не советизировали Восточного Туркестана несмотря на то, что там тоже был Бакич, и несмотря также на то, что местные товарищи также упорно требовали советизации Кашгарии, как и Монголии. Всё дело, следовательно, сводится к тому, что в монгольские времена тов. Чичерин меньше обращал внимание на Восток, нежели на Туркестанские (дела), и не оказал отпора местному головотяпству. Но разве одна старая ошибка вынуждает десять новых более опасных?

Я понимаю, что нельзя просто аннулировать наш договор с Советской Монголией и прямо говорю всем об этом. Но надо найти такой выход из положения, который не рассорит нас с нашими друзьями в Китае, не испортит всей нашей работы в Китае и не явит нас перед всем миром самыми обыкновенными империалистами. Последнее самое важное, ибо, по моему глубокому убеждению, нас ныне, как и всегда спасает не НЭП, а мировая революция, и сильнейшим элементом её развития именно является последовательная, абсолютно безукоризненная демонстрация Рабоче-Крестьянской власти, как глубоко разнящейся от всех других, защитницы всех угнетённых классов и народов. По-моему, можно отказываться от немедленного вывода наших войск из Монголии, можно даже в силу необходимости ввести наши войска в Северную Маньчжурию (о чём ниже), но нельзя защищать автономию Монголии, и ни в коем случае *нельзя требовать участия монгольского правительства при разрешении монгольского вопроса».*[33]

Что касается КВЖД и Северной Маньчжурии, то Иоффе считал, что здесь, по сравнению с Монголией сложилась иная ситуация.

«С другой стороны, хоть я и полагаю, что мы должны быть одинаково последовательны в политике уступчивости угнетаемому Китаю, как и в политике неуступчивости угнетательнице Японии, — я никогда не говорил и не думал, что мы должны жертвовать всеми нашими интересами в Китае. Заваленный работой, я не успел ещё ознакомиться со всеми директивами, которые в своё время были преподаны тов. Пайкесу по вопросу о КВЖД и потому не могу выска-

заться по их существу. Но я во всех своих интервью и выступлениях открыто подчёркивал, что Китай должен понять специфические наши интересы в КВЖД и должен их удовлетворить. За это никто нас в империализме не упрекнёт, конечно, если мы будем защищать наши интересы безо всякого империалистического привкуса».[34]

Иоффе был, однако, не согласен с инструкцией Москвы, что при нынешнем состоянии дел Советская Россия не могла позволить себе выводить основные принципы своей политики в Китае из деклараций Льва Карахана 1919—1920 гг. В письме от 27 сентября Чичерину, в отличие от своей более ранней позиции, Иоффе не делает больше упор на необходимость возвращения КВЖД Китаю. Он понимает преемственность с декларациями Карахана в том смысле, что Советская Россия должна списать Китаю российскую часть внешнего долга, прежде всего, так называемой, «боксёрской контрибуции».

Так же, как и Николай Кубяк, и здесь можно проследить общую линию, Иоффе предлагает осенью 1922 года поддержать У Пэйфу в его борьбе с Чжан Цзолинем. Иоффе подчёркивал, что эта поддержка может быть лишь временным решением, учитывая слабость Сунь Ятсена и желание последнего сохранить возможность контакта с Чжан Цзолинем для противодействия диктаторским устремлениям У Пэйфу. Иоффе указывал на нестабильность и недолговечность политических союзов между китайскими милитаристами и Сунь Ятсеном. И как прагматический политик предлагал Советской России в краткосрочной перспективе использовать аналогичную политику тактических союзов и обещаний, как по отношению к У Пэйфу, так и к Чжан Цзолиню.

«...У Пэйфу перегруппировывает свои силы и готовится к бою с Чжан Цзолином. Не имея возможности бить Чана за Великой китайской стеной, ибо тут он натыкается на японцев, У, по-видимому, готовится к походу в сторону Внутренней Монголии. Это последнее обстоятельство, во-первых, придаёт ещё большее значение нашему Монгольскому вопросу, то есть вопросу о Внешней Монголии. Во-вторых, отталкивает от нас Чжан Цзолина. Ибо, конечно, последний понимает, что У не решился бы на такой стратегический план, не имея уверенности, что ему никто не угрожает с тыла, со стороны Внешней Монголии, то есть от нас. Чжан, вероятно, понимает дело так, что у нас состоялось соглашение с У. В связи с этим, возможно, он перестал подсылать ко мне своих агентов. А когда я пригласил местные власти (официально правительственные, фак-

тически Чжановские), к себе на обед, то под разными предлогами никто не явился. Тем не менее, я полагаю, Чжан слишком заинтересован в нас, не упустит случая повидаться со мной в Мукдене, и кого-нибудь подошлёт ещё. И тогда я ему всё выложу. А выложить ему надо многое. Ибо японско-белогвардейский план — создать плацдарм в Северной Маньчжурии — очевиден. Чжан за последнее время получил от Дитерихса (т. е. от японцев) не менее 25 вагонов оружия. Белогвардейцы из эвакуируемых японцами территорий стекаются в Маньчжурию. В своих письмах к Сунь Ятсену и У Пэйфу, я, как видите, намекаю на возможность перехода нами границ Маньчжурии в целях уничтожения белогвардейского плацдарма. Когда положение более выяснится, быть может надо будет написать китпра(вительству) ноту с перечислением всех фактов и даже угрозой занять Северную Маньчжурию».[35]

Параллели между предложениями Кубяка и Иоффе видны невооружённым глазом. Мнение Иоффе, напрямую ли или с «подачи» московского НКИД, учитывалось дальневосточными большевиками при обсуждении вопроса о КВЖД на Дальбюро 16 октября 1922 года.

Как бы то ни было, водораздел мнений по вопросу о применении военной силы в Маньчжурии проходил не по оси «центр» — «периферия». Для детальной проработки проблемы Дальбюро образовало специальную комиссию, в которую вошли Янсон, Буйко и Погодин[36]. Хотя и тезисы Янсона, и тезисы Кубяка «были приняты за основу», их окончательной доработкой должна была заняться комиссия, в которую, как мы видим, Николай Кубяк включён не был. По-видимому, перспектива создания Совета рабочих депутатов на КВЖД и идея её охраны Советской Россией показалась Дальбюро и Москве несвоевременной.

Однако план «военной прогулки» в Северной Маньчжурии, прежде всего как способ борьбы с белогвардейскими соединениями в приграничных районах, не был окончательно снят с повестки дня.

В конце октября—ноябре 1922 года Дальбюро предпринимает ряд мер в духе предложений, содержавшихся в тезисах Янсона о поисках путей возвращения Советской России на дорогу «договорным путём». Приморскому губревкому и Дальбанку даются поручения о розыске документов, касавшихся судебного разбирательства между КВЖД и Русско-Азиатским Банком, о выплате ДВР трёхмиллионной задолженности «за рельсы и другие материалы». Представители ДВР предупредили Управление

КВЖД в Харбине о необходимости прекращения выплаты текущих таможенных сборов «белогвардейцам», не ассоциированным с республикой.

Вопрос о военной демонстрации в Северной Маньчжурии для предотвращения использования её территории в качестве базы для белогвардейских частей, противостоящих Красной армии и Народно-Революционной Армии ДВР тоже время от времени обсуждается большевиками.

10 ноября 1922 года Дальбюро поручило Янсону обратиться через Озорнина[37] к китайскому правительству с протестом против помощи в транспортировке белогвардейцев на КВЖД к границе на ст. Маньчжурия и потребовать приостановления подвозки белых к границам или их выдачи ДВР.

Дальбюро постановляло: *«Поручить Военсовету принять решительные меры к защите нашей границы у Нерчинского завода и ст. Маньчжурия, допуская возможность перехода наших частей на территорию полосы отчуждения не заходя глубоко... В случае неполучения приказания от тов. Уборевича — товарищу Погодину произвести самостоятельное распоряжение о переходе нашими частями Киттерритории в сторону Маньчжурии».*[38]

16 ноября 1922 года Дальбюро отправляет военному командованию НРА ДВР выписку из секретного протокола своего заседания, на котором в очередной раз рассматривался вопрос о возможном переходе китайской границы в ходе боёв с белогвардейскими частями и с целью их окончательной ликвидации. Дальбюро на этот раз настроено более решительно, чем 6 дней назад.

В документе отмечалось:

«Подтверждая прежнее постановление Дальбюро поручить Военсовету произвести сделать проход пунктов по территории Маньчжурии, заселёнными белыми, но ни в коем случае при преследовании белых не трогать китнаселение и не вступать в бои с китсолдатами. По совершении операции официально довести до сведения китвластей о причинах вторжения наших частей».[39]

Как мы видим, подоплекой военного решения являлось наличие вооруженной антибольшевистской оппозиции на сопредельной СССР территории.

Успехи советской дипломатии по восстановлению прав СССР как наследника Российской империи на КВЖД, выразившиеся в подписании Пекинского (31 мая 1924 г.) и Мукденского (20 сентября 1924 г.) договоров и передачи дороги в совместное китайско-российское управление сняли вопрос о возможном применении силы на КВЖД вплоть до весны 1925 года.

В мае—апреле 1925 года неожиданно для Политбюро консул в Харбине Грандт, одновременно занимавший пост зам. товарища председателя КВЖД, вместе с управляющим дороги Ивановым, при поддержке посла в Китае Карахана и первого секретаря Далькрайкома Николая Кубяка, издали приказ об увольнении всех работников КВЖД, не принявших советское или китайское гражданство. Фактически этот приказ был направлен на вытеснение с дороги русских эмигрантов, не желавших принять советское гражданство.

Москва была обеспокоена таким самоуправством и даже планировала отозвать Грандта из Харбина. Однако снятие Грандта не состоялось, за него заступились Лев Карахан и Николай Кубяк.[40] Более того, к лету воинственная троица смогла переубедить Кремль в правильности жесткой политики на КВЖД. В конце июня — сентябре 1925 года Политбюро приняло ряд постановлений по разложению армии Чжан Цзолиня и усилению революционной работы в Маньчжурии. С более мягкой позиции выступали консул СССР в Мукдене Краковецкий, зам. Председателя правления КВЖД Саврасов и представитель НКПС Серебряков.[41]

Теперь уже маршал Чжан Цзолинь, лидер фэнтяньской милитаристской группировки, а не белые генералы и их отряды становятся причиной и объектом потенциальной советской «военной прогулки» до Харбина.

Столкнувшись со стремлением маньчжурского генерала Чжан Цзолиня при поддержке Японии «выдавить» СССР с дороги и из Северной Маньчжурии, Москва обсуждает вопрос о возможном вводе войск в Северную Маньчжурию для утверждения своих прав во время очередного обострения отношений на КВЖД в ходе тарифного конфликта в 1926 году.

В январе 1926 года управляющий КВЖД Иванов по поручению Льва Карахана вновь спровоцировал конфликт на КВЖД, который едва не перешёл в вооружённый. Наркоминдел Чичерин, сообщая 19 января 1926 года Сталину о состоянии дел на КВЖД, ещё раз упомянул о необходимости «в будущем совершить военную прогулку до Харбина». Лишь преувеличенные опасения Политбюро о возможном военном вмешательстве Японии в конфликт на стороне Чжан Цзолиня остановили Москву от этого шага, за который, кроме председателя НКИДа Чичерина, также ратовал секретарь Далькрайкома Николай Кубяк.

«Одомашнивание» дальневосточной периферии

Правый поворот внутри партии Гоминьдан под руководством Чан Кайши в марте 1926 года, поражение поддерживавшегося большевиками революционного движения в Китае к июлю 1927 года, вынуждает Политбюро снизить уровень наступательности внешней политики в Китае, в целом, и в граничащей с Далькраем Маньчжурии, в частности.

Как мы упоминали, в первой половине 20-х годов, признание Дальнего Востока «двойной периферией» и его преимущественная хозяйственная ориентация на азиатско-тихоокеанские рынки предопределяли установку Центра на ограниченные инвестиции в экономику региона. С лета 1927 года те же самые соображения об «оторванности» Далькрая от центральной России привели к осознанию Москвой неотложной необходимости дополнительных денежных вливаний для развития дальневосточной экономической базы.

28 августа 1927 года Совет труда и обороны предлагает ряду ведомств СССР разработать комплекс мероприятий «по подъему экономического положения на Дальнем Востоке».[42]. 11 ноября 1927 года СТО обязал Госплан СССР взять под свой контроль всю проблематику экономического развития Дальнего Востока.

По-видимому, усиление внимания Центра к проблемам дальневосточной окраины было вызвано резким ухудшением международной обстановки для СССР и опасением новой войны.

Факты, вокруг которых большевики раздули мощную агитационную шумиху, хорошо известны.

23 февраля 1927 года министр иностранных дел Великобритании Остин Чемберлен обвинил СССР в своей ноте в проведении антибританской кампании. 6 апреля 1927 года китайские власти в Пекине провели обыск советского полпредства. В конце мая 1927 года Великобритания разорвала с СССР дипломатические отношения. 7 июня в Варшаве был убит советский посол в Польше П.Л. Войков. В этом же году советские разведчики перехватили план вторжения китайских, японских и белоэмигрантских воинских формирований на территорию советского Дальнего Востока и Забайкалья. Составил этот план бывший начальник Академии Генштаба царской армии генерал-лейтенант А.И. Андогский. В конце 1927 года советская разведка получила фотокопию знаменитого меморандума Танаки, в котором излагались наступательные планы Японии в отноше-

нии Далькрая.⁴³ Большинство историков признают этот документ фальшивкой.

В феврале 1928 года Госплан СССР разработал соответствующий пакет стратегических программ по развитию экономики Дальнего Востока и передал его на рассмотрение СТО. Программы фиксировали экономическую заинтересованность Японии в хозяйственных ресурсах Дальнего Востока и предсказывали в будущем неизбежное стремление Японии захватить продовольственные, промышленные, металлургические и энергетические сырьевые базы. Опасения Госплана СССР вызывал также миграционный людской потенциал сопредельной с Далькраем Северной Маньчжурии.

В тезисах к докладу «О мерах по подъёму экономического положения на Дальнем Востоке» от 1.02.1928 г. за подписью Председателя Госплана СССР Г. Кржижановского и Зам. Председателя секции районирования Н. Колосовского отмечалось:

«Расстояние по железной дороге в 9000 км является громадным и почти непреодолимым для установления прочного хозяйственного обмена между дальним Востоком и европейскими частями Союза. Морской путь и порты Чёрного моря также представляют в этом отношении ограниченные возможности и не является политически обеспеченным. В силу этих причин не предоставляется возможным развивать вывоз с Дальнего Востока сырьевых грузах в достаточно существенных размерах. Имеющееся предположение о вывозе леса в порты Чёрного моря и о вывозе сельди для снабжения европейских частей в дополнение к вывозам кеты и кетовой икры не могут иметь решающего значения в деле развития Дальневосточной лесо и рыбо-промышленности. Что касается снабжения Дальнего Востока нашими промышленными товарами, то дальность и дороговизна транспорта и недостаток промтоваров в Центре не позволяют пока удовлетворительно снабжать Дальний Восток нашими промтоварами. В настоящее время снабжение Дальнего Востока ухудшилось по сравнению с довоенным временем. По данным Далькрайкома средняя продолжительность нахождения в пути товаров сейчас 70 дней, уровень тарифов возрос на 300% [неотчётливо пропечатано в тексте, первая цифра м.б. и 8]; стоимость перевозок составляет 40% от торговых наценок на товары. Создались «ножницы» между товарами отчуждёнными краем и товарами, получаемыми им извне. В то время как краевые товары возросли на 39% против довоенного,

товарные ценности, поступающие в хозяйство, возросли на 72%. Товарная масса внутрикраевого происхождения составляет 95% к довоенной, товарная масса внекраевого происхождения составляет только 30%. Край получает за свой труд меньшую плату, чем в довоенной время. При этих условиях совершенно меркнут те внешние формальные достижения в виде уменьшения отрицательного баланса по внешней торговле. Отрицательное сальдо по внешнеторговому балансу в 1913 году составляло 79 млн. рублей, а в послереволюционные годы оно составляло лишь 1/7 от довоенного. Сальдо экспорта в 1913 году было минус 35 730 тысяч довоенных золотых рублей. То же в 1926–1927 году плюс 5 800 тысяч червонных рублей. Но одновременно с этим импортная контрабанда составляет минимально 22 миллиона рублей, а экспортная 10 миллионов рублей. Вывод может быть один: Центр, удалённый на расстоянии в 9000 км с пока недостаточно развитой для громадной страны промышленностью не в состоянии удовлетворять своей промышленной продукцией рынки Дальнего Востока. В ближайшее время надо проектировать дальнейшее усиление снабжения Дальнего Востока извне при параллельной организации снабжения Дальнего Востока центральными товарами по сниженным ценам и со снижением железно-дорожных тарифов. Это означает усиление хозяйственного обособления Дальнего Востока, но к сожалению объективная обстановка такова, что на это неизбежно придётся идти впредь до того момента, когда окажется возможным развить общесоюзную промышленность и организовать новые промышленные центры в соседних частях Сибири. По работам генерального плана намечается два промышленных центра в Сибири — Кузнецко-Алтайский и Ленско-Байкальский. Эти центры занимают командное положение в Азии, ввиду исключительного изобилия и дешевизны энергии и неблагополучия по энергетике Японии и отчасти Китая. Безусловно есть шансы в перспективе реализовать потенциальные возможности этих центров и в конечном счёте не только преодолеть обособление хозяйства нашего Дальнего Востока, но и создать на этих ресурсах промышленность для снабжения Японии и Китая металлами и металлоизделиями, химией и, в частности удобрениями. До создания этих центров поневоле приходится идти рядом компромиссных решений, лавируя между возникающими трудностями, используя экономические и политические затруднения и взаимные противоречия наших противников. Ближайшей задачей на дальнем Востоке может быть поставлено превращение Дальнего Востока из коммерческо-убыточной страны для Союза в безубыточную... Для достижения безубыточности следует: 1. Развить валютные отрасли хозяйства Дальнего Востока: лес, золото, пушнина, топливо, производство экспортных средств питания и технических культур в сельском хозяйстве, т.е. колонизовать край с вложением в край средств и приливом населения. 2. Для возможности развить экспорт и колонизовать край следует удешевить стоимость жизни, стоимость орудий производства, усовершенствовать технику производства с организацией крупных предприятий, усовершенствовать и облегчить аппарат внешней торговли, снабдить его морским тоннажем, улучшить транспорт внутри края. 3. Ввести особый счёт по особому балансу края в постоянную практику НКФ и НКТорга с предоставлением им права балансировать внутри него при завозе товаров заграничного и внутреннего происхождения. При этом НКТорг должен постепенно осуществлять снижение индекса стоимости жизни на дальнем Востоке, в общей перспективе постепенно приближая её к стоимости жизни в сопредельных странах. Величина индекса директивно должна предлагаться НКТоргу. 4. Орудия производства для экспортных отраслей хозяйства ДВК должны ввозиться из-за границы, беспошлинно в тех случаях, когда нельзя получить их внутри страны.»[44]

Для нейтрализации японской и китайской экономической интрузии Москва предлагала региональным органам власти, самим более активно встать на путь эффективного освоения собственных хозяйственных ресурсов, в «безопасной и контролируемой форме» привлекая для освоения региона японский капитал.[45]

В пояснительной записке к докладу «О мероприятиях по подъёму экономического положения на Дальнем Востоке» Госплана СССР в разделе «Международное положение на Дальнем Востоке» по поводу условий для реализаций намеченных задач отмечалось: «Основной предпосылкой является последовательная политика на всемерное поддержание мирных отношений по отношению к Японии. Растущий экономический напор со стороны Японии на наше дальневосточное хозяйство должен и может быть обезврежен умелым лавированием с использованием органических уязвимых мест японской экономики и вытекающих отсюда затруднений Японии: а) перенаселённостью; б) растущим дефицитом по средствам питания населения; в) предвидимым дефицитом по энергетике; г) дефицитом по металлу. Неизбежно предоставление Японии возможности дальнейшего использования наших природных богатств. Но это надо делать БЕЗ СДАЧИ НАШИХ ЭКОНОМИЧЕСКИХ ПОЗИЦИЙ. Ныне уже достигнут предел безопасного внедрения японского капитала в производство. Уже требуется создание и развитие параллельных госпредприятий с обслуживанием продукцией и японского рынка, но избегая монопольной зависимости от него. После укрепления наших предприятий количество концессионных объектов для Японии может быть расширено. Общая политика в отношении Северной Маньчжурии и Кит. Вост. Железной дороги должна быть направлена на дальнейшее удержание наших позиций. Борьба с японской экспансией должна вестись не только путём проектируемых торговых и коммерческих мер, но для нейтрализаций вредных последствий нового японского железнодорожного строительства должно быть подготовлено введение начал СВЕРХМАГИСТРАЛИЗАЦИИ КВЖД И СООТВЕТ. ЧАСТИ УССУРИЙСКОЙ Ж(елезной) Д(ороги) с удешевлением перевозок и направлении на Владивосток, с введением электрической тяги и соответствующими хозяйственными выгодами для китайского населения, получающего дешёвый транспорт. Наконец, должны быть разработаны проекты создания крупных АМЕРИКАНСКИХ концессий и в первую очередь в Ленско-Байкальском районе (металлургия, цветная, чёрная, гидроэнергия, уголь,..жел.дор. строительство) и усилены непосредственные коммерческие отношения с С.А.С.Ш. (например, поставка на Дальний Восток сельско-хозяйственных машин, сделки по рыбе, лесу, закупки предметов широкого потребления)».

В пункте «Внутренняя организация хозяйства Дальнего Востока» подчёркивалось: «Край должен специализироваться на производстве валютных, в частности экспортных товаров. Предпосылкой для этого служит понижение стоимости жизни и прилив нового населения. Необходимо временно отказаться от идей всеобъемлющего снабжения Дальнего Востока предметами широкого потребления и орудиями производства союзного происхождения, завозя на Дальний Восток товары заграничного происхождения в необходимых количествах. Этим путём мы при умелом лавировании можем приобрести такое новое оружие для борьбы на Дальнем Востоке, предоставляя новые рынки и выгоды для Японии и С.А.С.Ш. Это же обстоятельство удешевит нам заселение Дальнего Востока, так как увеличит коли-

чество самотечного переселения с сокращением расходов государства на переселение, а также сократит убытки государства по контрабандной утечке валютных ценностей и контрабандному завозу заграничных товаров... Тезисы об экономическом положении Дальнего Востока указывают, с какой сложностью и ответственностью связана вся дальнейшая работа хозяйственного строительства на Дальнем Востоке».[46]

В текстах докладов Госплана СССР обращает на себя внимание тот факт, что Дальний Восток называется «страной», как будто бы, по-прежнему, как в 1920—1922, продолжает существовать ДВР в статусе формально самостоятельного государства. Территория Дальнего Востока априори признаётся экономически зоной усиленного интереса Японии и, соответственно, политически квалифицируется принадлежащей СССР лишь по «вывеске». Убеждённости в том, что эта территория и в будущем может быть сохранена для СССР нет тоже, она де факто признаётся своего рода свободной экономической зоной, в которой Москва выдвигает задачу переиграть своих конкурентов на экономическом поле. Фактически, речь идёт о Дальнем Востоке не как о пограничной, а как о «заграничной» территории. И что удивительно, в текстах докладов и записок полностью отсутствует какая-либо идеологическая нагруженность большевистской фразеологией, и, как показывают архивные источники, этот тон в отношении дальневосточной окраины преобладает статистически в центральных экономических документах. Это почти концептуализация «а ля Сергей Витте», но на каком-то более высоком, осовремененном и глобальном уровне. Интересно, что о Камчатке и Сахалине в документах Госплана СССР о Далькрае практически не упоминается. Эти регионы воспринимаются как ещё более дальняя, по сравнению с Далькраем, «заграница», проблемы которых требовали ещё более специфических способов решения.

И такие способы скоро были найдены.

В 1927 году для комплексного решения проблем Камчатки организуется так называемое Акционерное Камчатское Общество (АКО), масштабы прерогатив которого вызывают ассоциацию с пионером освоения Аляски Россией Русско-Американской Компанией.

Тем не менее, реализация всех этих решений пробуксовывает.[47] И тогда Москва прибегает в 1928 г. к испытанному «персонализированному» способу: проблемами ДВК, с подачи Сталина, начинают всё больше заниматься такие влиятельные большевики, как Клим Ворошилов и Ян Гамарник.

Из текста документов Госплана СССР видно, что внешнеэкономические амбиции большевиков в Северной Маньчжурии, по-прежнему, не снимались с повестки дня. Предпринимаются на практике меры по перетягиванию товарных потоков из Северной Маньчжурии в пользу контролируемой СССР транспортной связки КВЖД — порт Владивосток. Эта связка рассматривается как альтернатива, в противовес к эксплуатируемому Японией отрезка пути по ЮМЖД — порт Дайрен (Дальний).

Однако политическая ситуация на КВЖД вносит свои коррективы в планы большевиков.

В течение 1928 года постепенно обостряется конфликт между советской и китайской частью правления КВЖД в связи с взятой китайцами установкой на экономическое и политическое вытеснение СССР с КВЖД и из Северной Маньчжурии.

В исторической литературе ключевой датой советско-китайского пограничного конфликта считается 22 декабря 1928 года — день, когда маньчжурские власти захватили телефонную станцию на КВЖД.[48] Новые документы дают нам возможность детально восстановить события вокруг этой критической даты советско-китайских отношений.

Только через 5 дней после захвата станции, а именно 27 декабря, Политбюро в Москве приняло решение заявить Китаю протест со стороны НКИД.[49]

До сих пор у историков вызывает недоумение тот факт, почему советское руководство реагировало на агрессивные действия китайских властей в Маньчжурии с несвойственной ему медлительностью.

3 января 1929 года, ещё через неделю, Политбюро ЦК рассмотрело на своём заседании ситуацию, сложившуюся на КВЖД. Консулу СССР в Шэньяне (Мукдене) Кузнецову была дана установка на самое решительное противодействие китайской политике. В постановлении со всей однозначностью подчёркивалось: *«При нынешних методах со стороны китайцев, советское правительство* будет вынуждено отстаивать силой *свои права и договора, заключённые в Пекине и Мукдене в 1924 году».*[50]

Политбюро брало в расчёт возможность развития событий по самому неблагоприятному для СССР сценарию. Поэтому, уже предугадывая это направление, Политбюро предлагало советскому управляющему дороги Емшанову, в случае захвата китайцами КВЖД, принять все меры для защиты имущественных прав СССР, вплоть до *«угона максимально большего количества имущества и подвижного состава».*[51]

Было ли обострение конфликта на КВЖД в конце декабря 1928 года для Москвы полной неожиданностью? Конечно же, нет. С фактом нарастания постоянного экономического давления со стороны мукденского правительства Москве приходилось сталкиваться уже более года. Остановимся на анализе советско-китайских экономических противоречий в следующей главе, без которых трудно до конца понять обстоятельства захвата телефонной станции в декабре 1928 года и особенности последующей советской реакции на это событие[52].

Советско-китайские экономические противоречия на КВЖД, 1928

Уже с конца 1927 года мукденское правительство целенаправленно выстраивает и осуществляет на практике программу вытеснения СССР с КВЖД, окрашенную в тона борьбы с иностранным влиянием. Первоначально противостояние развивалось в области финансовой и кадровой политики.

Харбинский даян против золотого рубля

Конец 1927 года на КВЖД ознаменовался новым витком экономического противостояния между советской и китайской частью правления дороги, в котором только самый неискушённый наблюдатель не замечал ярко выраженной политической подоплёки. Суть противоречий касалась, вроде бы, не связанной напрямую с политикой финансовой сферы. Китайская сторона начала предпринимать попытки закрепления за местным харбинским даяном функции расчётной единицы на КВЖД.

Согласно Пекинскому и Мукденскому договору 1924 г. для бухгалтерского учёта и исчисления тарифов на дороге изначально использовался золотой рубль. Иногда для привязки затрат к местным условиям применялась связка золотой рубль — общекитайский серебряный доллар. Однако с усилением позиций Чжан Цзолиня всё более чёткие контуры приобретает его экономическая политика, направленная на вытеснение иностранного капитала из Трёх Восточных Провинций. В зоне первоочередного внимания маньчжурского маршала, не случайно, оказываются железные дороги. Их роль в Китае трудно переоценить. Они являлись, с одной стороны, артериями транспортировки властного ресурса в самые отдалённые районы страны, а с другой — важным источником поступлений наличной валюты. Поэтому железные дороги заняли одно из первых мест в приоритетном списке экономических объектов, которые Чжан Цзолинь планировал поставить под свой контроль. И тут Москва оказывалась в исключительно сложной ситуации.

Советская Россия, пытавшаяся отстоять в полемике с маньчжурской стороной свои преимущественные права на КВЖД, наступала на свои же собственные «идеологические грабли». Ещё со времени сотрудничества с Сунь Ятсеном СССР провозглашал приверженность идеям поддержки национально-освободительной борьбы Китая против империалистических государств.

Теперь же получалось, что и сам Советский Союз, как совладелец КВЖД, противился единоличному распоряжению Китаем своими собственными национальными ресурсами и становился объектом этой борьбы.

В китайских аргументах упор делался на том, что хождение иностранной валюты на территории КВЖД, пусть даже только в качестве расчётной единицы, нарушает суверенитет Китая. Китайцы требовали устранить расчеты в золотых рублях и перевести их на местный харбинский доллар (даян).

Кроме того, дубань дороги дал понять советской стороне, что правительство Особого района Восточных провинций (ОРВП) ожидает от КВЖД крупного финансового вливания в экономику региона для стабилизации денежной системы Северной Маньчжурии.

24 февраля 1928 г. из Харбина председателю Далькрайкома Яну Гамарнику было отправлено письмо по поводу противоречий с китайской стороной на КВЖД.

Отправитель — не кто иной, как руководитель Главного политического управления Красной Армии, знаток Китая и доверенное лицо Сталина и Гамарника Андрей Бубнов.[53] Как известно, с 14 января по 6 февраля состоялась командировка Сталина в Сибирь, в ходе которой генсек посетил Новосибирск, Барнаул, Рубцовск, Омск и Красноярск. На фотографии, сделанной на встрече генсека с партийным активом Барнаула 22 января, мы видим Бубнова, практически, рядом, через одного, по левую руку от Сталина. Вождь народов вернулся в Москву, а Андрей Бубнов проследовал сначала в Хабаровск и Владивосток, а потом через КВЖД в Харбин.

Это были последние месяцы пребывания Гамарника, адресата письма, в должности первого секретаря Дальбюро. Скоро на этот пост будет назначен Иван Перепечко, а сам Гамарник отправится на новое место назначения — на западную границу — в Белоруссию. Показательно, что сменивший Гамарника Иван Перепечко, до переезда на Дальний Восток, руководил Советом профессиональных союзов именно в Белоруссии. Во время поездки Андрея Бубнова самого Гамарника не было в Далькрае, он находился в это время в Москве. Появление Бубнова в Маньчжурии и на Дальнем Востоке демонстрировало, что проблемы, связанные с КВЖД и обороной дальневосточной окраины, занимали важное место в приоритетном списке советского руководства. Просмотренные нами письма Бубнова из Харбина свидетельствуют о том, что последний оставался на КВЖД, как минимум до начала лета 1928 года.

По штампу Далькрайкома на письме мы можем определить, что отправленное в конце февраля из Харбина письмо добралось до Хабаровска только через месяц, к 30 марта, его доставляли доверенные лица этапами через Владивосток. Бубнов сообщал:

«*Лично тов. Яну:*

На днях дал вам телеграмму о положении дел связанных с местной валютой. После этого была официальная беседа Лашевича[54] *с Дубанем*[55]*.*

Основные вопросы — перевод КВЖД всех денежных операций на Харбинский бумажный доллар и превращение инвалюты КВЖД (иены и Амдоллары) хранящейся как запасной фонд в банках в те же бумажные доллары. Тут надо сказать, что речь идёт о тех суммах, которые хранятся (в) Дальбанке, (и) которые приблизительно равняются 16 млн. долларов, оставшихся после раздела.

Лашевич тогда заявил, что такая постановка равносильна полному разорению дороги и что мы на это пойти не можем, что спасать местную валюту нельзя путём разорения прибыльного предприятия.

На все возражения получался один ответ, что всё будет обеспечено банковским консорциумом, причём, кроме этого, будет сделан заем (в) Дальбанке (на) несколько милл(ионов) руб(лей) хранящихся в том же Дальбанке (этот заем, как он должен произойти, Дубаня нельзя было понять).

В общем, положение такое, что маршалу нужны деньги — валюта. Эту валюту решено взять из дороги — место валюты Харбинский бум(ажный) доллар, высокий курс которого может продержаться лишь несколько месяцев. По нашей оценке все ведёт к тому, чтобы получить оставшиеся деньги, разорить дорогу и впоследствии захват самой дороги. Возможность захвата комментируется почти всеми китайскими газетами, даже больше, подготовляется общественное мнение.

У нас есть сведения, что во время обсуждения консульским корпусом земельного вопроса, было заявлено кит(айской) стороной, что это делается с целью ущемления КВЖД.

Интервью Дубаня газете «Заря» имеет своё основание как выражение мнения существующего в Пекине.

(По) Вопросу о долге ждём ответ «инстанций». Наше решение, на уступки идти нельзя. Предвидим, что это может иметь серьезные последствия. Приказ Дубаня Эйсмонту[56], неисполнение—арест, затем Калина[57] — неисполнение — арест и То (китаец)[58] [назначается.— М.Ф.] как управляющий дорогой. Потребывание Дальбанку выдачи денег и пр., все же следует возражать. Этим вопросом сейчас занята вся общественность. Рабочие несколько дней почти не работали, в мастерских шло сплошное митингование, ждут каким будет решение нашей стороны... Все изменения будут сообщаться вам телеграфом».[59]

Бубнов рассматривал историю с займом и отказом от хождения золотого рубля как прелюдию к захвату КВЖД Мукденом, при однозначной поддержке центральных китайских властей. По его мнению, советская сторона должна была придерживаться жесткого курса по этому вопросу, хотя начальнику ПУРа уже была ясна ближайшая последовательность китайских действий.

Через три дня после отправки письма, 27 февраля 1928 года, состоялось первое неофициальное совещание, на котором советская и китайская стороны в Правлении обменялись своими взглядами по финансовым проблемам.

В ходе совещания советская часть правления пыталась оспорить позицию, что хождение золотого рубля противоречит китайскому суверенитету. Большевики были уверены, что китайцы всего лишь используют аргумент борьбы с иностранной зависимостью для укрепления позиций собственной валюты. Нестабильность местной финансовой системы была вызвана, по их мнению, бесконтрольной денежной эмиссией.

Дубань дороги категорически не соглашался с такой позицией. Он познакомил собравшихся с направлениями будущей деятельности местной администрации, способными содействовать оздоровлению денежной системы в ОРТВП. Среди этих мер называлось создание фонда поддержки эмиссии банков; изъятие излишнего количества банкнот, которые давят на денежный рынок и дестабилизируют его, а также усиление местными властями контроля над эмиссией банков. Дубань призвал правление КВЖД принять участие в процессе оздоровления денежной системы ОРТВП. Он потребовал, чтобы правление КВЖД отчислило крупную сумму для поддержания финансовой стабильности в пользу китайских региональных властей.

Советская сторона, в принципе, не возражала против своего участия в мерах по оздоровлению даяна. Однако у советских представителей были совсем другие представления о размерах и характере финансовых подарков местной денежной системе со стороны КВЖД. Единства между советской и китайской частями правления в этом вопросе достичь не удалось. Советские представители считали, что КВЖД, как коммерческое предприятие, не должно становиться заложником политических разногласий и рассматриваться дубанем, как свой собственный кошелёк, в который, в случае необходимости, всегда можно запустить руку. Назревал очередной советско-китайский конфликт.

28 февраля 1928 в Далькрайкоме, наконец, поступила подробная телеграмма, содержавшая анализ советско-китайских финансовых противоречий на КВЖД.[60] Как мы помним из цитируемого выше письма Андрея Бубнова, он непосредственно участвовал в создании его текста и использовал своё высокое положение для отправки депеши в ускоренном режиме. В отличие от письма, содержание телеграммы стало известно в Хабаровске примерно через неделю после отправления.

Анализ текста телеграммы показывает, что, сознавая всю серьёзность момента, советские эксперты всё же недооценили программного и долгосрочного характера китайских финансовых требований и предлагали относиться к ним, как к неприкрытой политической демагогии.

Советская часть правления КВЖД и Бубнов информировали партийное руководство в Хабаровске, что в последние месяцы в Северной Маньчжурии происходило резкое обесценивание местной валюты. Харбинский доллар (даян) потерял в цене 26%, а местный мукденский — все 88%. Причиной сложившейся ситуации называлась бесконтрольная эмиссия банкнот местными банками, обеспеченная серебром лишь на 3–4% и их участие в спекуляциях с закупками экспортного зерна. В результате стоимость харбинского даяна по отношению к серебряному доллару постоянно падала.

В телеграмме из Харбина подчёркивалось, что бесконтрольный запуск печатного денежного станка имел и политическую причину, ведь вся вновь выпускаемая денежная масса служила одновременно для обеспечения постоянно возраставших расходов маршала Чжан Цзолиня на военные нужды. Напомним, что Чжан постоянно конфликтовал с гоминьдановским режимом Чан Кайши с центром в Нанкине, не желая признать юрисдикцию новой власти в своей северокитайской вотчине. По мнению харбинских большевиков, за советско-китайским противостоянием по финансовым вопросам, на самом деле, скрывалось желание превратить КВЖД в дойную корову для реализации военно-политических амбиций Мукдена.

Исчерпав собственные финансовые ресурсы, Чжан Цзолинь решил просто-напросто воспользоваться накоплениями и доходами КВЖД для стабилизации ситуации, понимая, что бесконтрольное увеличение денежной массы может привести к полному коллапсу экономики Маньчжурии. До тех пор, пока СССР являлся совладельцем КВЖД, и её деятельность регулировалась Мукденским и Пекинским соглашением, Чжан Цзолинь не имел прямого доступа к капиталам дороги. Стремление получить доступ к казне КВЖД, вынуждало Мукден, по мнению советской части правления, предпринять шаги по экономическому вытеснению СССР из Маньчжурии. Советская сторона рассматривала политику Чжан Цзолиня как «финансовое рейдерство», игнорируя её программную национально-освободительную риторику.

В телеграмме Далькрайкому советские представители на КВЖД информировали Хабаровск, что в Харбине со дня на день ожидается получение директивы Чжан Цзолиня к Главноначальствующему ОРТВП Чжан Хуаньсяну о необходимости перехода КВЖД «при производстве всех денежных операций, как по получению, так и выдаче денег с золотого рубля на харбинский даян». То есть, речь шла даже не о серебряном, а о постоянно терявшем свою стоимость бумажном даяне.

Чжан Цзолинь возлагал на дорогу часть вины за падение курса бумажного даяна на территории ОРТВП, эквивалентного, по мнению маршала, на самом деле, полноценному серебряному доллару.

Главноначальствующему ОРТВП Чжан Хуансяну, кроме того, уже было предписано ограничить эмиссию бумажных банкнот банками, расположенными на подотчётной ему территории.

По мнению советских членов правления, Чжан Цзолинь делал попытку обеспечить этими мерами эмиссию новых бумажных даянов за счёт накоплений дороги, хранившихся в твёрдой валюте. Ведь речь шла о переводе наличных средств дороги в размере 30 миллионов иен в слабый харбинский даян.

В телеграмме в Далькрайком советские представители на КВЖД обращали внимание Хабаровска, что любая «китаизация» валютных операций чревата большими убытками для дороги. В обоих случаях, как при переходе на бумажный харбинский доллар, так и на серебряный китайский доллар, имевший хождение на территории Южной Маньчжурии и в Китае в целом, возникала большая вероятность превращения КВЖД в убыточное предприятие. Тарифная политика дороги становилась бы, в таком случае, заложницей эмиссионных банков.

В случае перехода на бумажный харбинский доллар — даян, курс которого постоянно падал, КВЖД столкнулась бы с огромным недобором финансовых средств, необходимых для её эксплуатации. Авторы телеграммы в Далькрайком приводили для сравнения следующие цифры: 100 даянов были равноценны в 1919 году 190, в 1921 — 105, в 1926 — 93, в 1927 — 77, в январе 1928 — 67 японским иенам. Получалось, что с 1919 по 1928 гг. даян потерял в цене 65%.

Ничуть не лучше была бы ситуация, и в том случае, если бы пересчёт капиталов дороги был осуществлён с привязкой к серебряному китайскому доллару. Неуклонное падение цен серебра на мировом рынке по отношению к золоту также бы увеличило убытки дороги. Кроме того, недостаточная эмиссионная масса серебряных долларов, имевших хождение на территории ОРТВП, всё равно вынудила бы КВЖД производить все выплаты харбинскими даянами.

Также нужно было исключить возможность манипулирования китайской администрацией обменного курса между валютами в ОРТВП в невыгодную для дороги сторону в случае отказа от золотого рубля.

Советские специалисты указывали, что в феврале 1928 рыночное соотношение между даяном, серебряным долларом и золотым рублём на КВЖД реально составляло 165 даянов или 110 серебряных доллара за 100 золотых тарифных рублей.[61] Китайская администрация предложила при переходе на даян пересчитать тарифы не по рыночному, а по фиксированному, явно заниженному в пользу даяна, курсу — 122 даяна за 100 серебряных долларов вместо рыночных 150-ти. Простые арифметические действия демонстрировали, что даже на момент пересчёта, не беря во внимание постоянное падение курса даяна к серебряному доллару, тарифные поступления дороги должны были значительно сократиться.

Советские представители на КВЖД в своей телеграмме обращали внимание Хабаровска на уже имевшиеся прецеденты подобного перевода тарифов на китайскую валюту. По настоянию китайских властей, с 1923 года при расчётах за местные перевозки стал допускаться приём серебряного китайского доллара. Уже тогда при перерасчете был установлен заниженный фиксированный курс в 107 серебряных доллара за 100 тарифных золотых рублей, остававшийся с тех пор без изменений. И даже при таком невыгодном для рубля курсе, постепенно, вместо серебряного доллара, стал вынужденно использоваться тот же харбинский даян. Это фактически снизило тарифы на перевозку на 35—40%. КВЖД недополучила из-за этого в 1928 году 8 миллионов золотых рублей, а в 1929 потери по предварительным расчётам должны были составить уже 12 миллионов. Поэтому, имея перед глазами такой печальный опыт, советские представители на КВЖД категорически выступали против расширения практики замены золотого рубля какой-либо валютой в других тарифных группах и в системе расчёта в целом. В случае перехода при расчётах на иную валюту, дорога неизбежно превратилась бы, по их мнению, в «безнадёжно дефицитное предприятие». Апеллируя к опыту китайских правительственных железных дорог, телеграмма отмечала, что даже на них расчёт тарифов производится на основе китайского серебряного доллара. А сами китайцы допускали при этом приём бумажных харбинских даянов только по сильно заниженному, не в пользу даяна, курсу.

Однако, на самом деле, была ещё и другая, исторически-обусловленная причина, делавшая отказ от золотого рубля в качестве расчётной единицы на КВЖД для СССР сильно нежелательным. Задолженность китайской стороны Российской империи и её правопреемнику СССР по строительной стоимости дороги и возможная выкупная цена КВЖД были зафиксированы в Мукденском соглашении в золотых рублях и переоценка этой суммы в другой валюте, без согласия правительства СССР, не предусматривалась никакими двусторонними договорами.

Поэтому советские эксперты КВЖД настаивали на необходимости твёрдой позиции по финансовым вопросам и предлагали Хабаровску и Москве варианты возможных методов решения советско-китайских тарифных противоречий, при которых СССР не потерпел бы серьёзных убытков.

Телеграмма в Далькрайком предполагала, что вопрос о расчётной валюте на КВЖД — эта проблема финансово-сметного характера, поэтому решение по данному комплексу вопросов должно приниматься на совместном заседании Правления и Ревизионного Комитета. Если бы события стали развиваться в этом направлении, то беспокойство за устойчивость позиции СССР на дороге, по мнению экспертов, было бы беспочвенным.

Советская сторона была в состоянии гарантировать себе большинство голосов в этих органах управления КВЖД. Вопрос не считался бы тогда спорным и не поступил бы на обсуждение мукденского правительства, вмешательство которого означало, с точки зрения экспертов, политизацию противоречий.

Эксперты КВЖД считали, что советское правительство должно было в переговорах с китайцами парировать лишь одно обвинение — а именно, что использование иностранной валюты в полосе отчуждения КВЖД нарушает суверенитет Китая. Это обвинение, как подчёркивали авторы телеграммы, является беспочвенным. Везде на КВЖД в качестве оплаты принимались харбинские бумажные даяны по актуальным биржевым котировкам. Понимая, однако, сложность финансового положения мукденского правительства, искавшего средства для дальнейшего укрепления даяна, эксперты КВЖД предлагали советской стороне пойти на некоторые уступки. СССР мог бы, например, согласиться с приёмом харбинского даяна при расчётах между КВЖД и ЮМЖД, осуществлявшихся до последнего времени в японских иенах. Объём этих взаимных расчётов достигал 15 миллионов иен в год. Кроме того, если бы ЮМЖД согласилась принимать даяны также при зачётах по открытым счетам экспортёров, составлявшим около 20 миллионов иен в год, эти две вышеназванные меры, в сумме, создали бы значительный резерв для эмиссии бумажных даянов.[62]

3 марта 1928 года состоялось заседание Политбюро, принявшее постановление по вопросу о КВЖД. В постановлении говорилось:

«Предложить Лашевичу[63] дать китайцам следующий ответ:

Укрепление даяна в условиях войны и при наличии в Маньчжурии твердой иностранной валюты считаем сомнительным. Во всяком случае лишь при потере инвалютой её господствующего положения можно было бы рассчитывать на серьёзное укрепление даяна. Не считая возможным менять основы существующего тарифного исчисления на дороге (по курсу на золото), совпра, однако, готово оказать помощь китайской стороне в укреплении даяна следующими мерами:

Во-первых, советская часть правления КВЖД изъявляет согласие на то, чтобы имеющиеся на счетах правления КВЖД 17 миллионов иен были распределены поровну между обеими сторонами в качестве аванса в счет расчетов по прибылям;

во-вторых, советская часть правления изъявляет согласие на то, чтобы на тех же основаниях китайской стороне была немед-

ленно выдана сумма в 4 миллиона иен, представляющая прибыль КВЖД за первый квартал с тем, чтобы прибыль за второй квартал была в равной сумме передана в свое время советской стороне;

в-третьих, для осуществления вышеперечисленных распределений правление дороги передает китайской стороне чеки на соответствующие китбанки и советской стороне на Дальбанк.

Еще раз подчеркивая готовность советской стороны идти навстречу китайской стороне, поскольку дело касается упорядочения взаимных отношений на КВЖД, а равно и курса даяна, совпра, однако, обращает внимание китайской стороны на недопустимость нарушающую нормальную работу на КВЖД угроз, а также репрессии против рабочих и служащих. Совпра категорически требует, чтобы китайская сторона должным образом учла это заявление, направленное к обеспечению правильной и успешной работы дороги, охранять которую совпра будет со всей твердостью».[64]

Политбюро также утвердило инструкцию лично для Михаила Лашевича:

«Из сказанного видно, что мы отрицаем начисто идею займа во всех её формах как политически одиозную меру, отменяя тем самым все наши предыдущие шифровки о допустимости займа через Дальбанк или КВЖД. В случае повторного предъявления китайцами требования о переходе КВЖД на даянное исчисление, Вам разрешается заявить, что при неприменном условии сохранения на дороге золотого тарифного исчисления и свободы хранения дорогой своих средств в любой твердой валюте, советская часть правления согласна на уменьшение имеющейся в настоящее время разницы между платежным и приемным курсом даяна, устанавливаемым управлением КВЖД.

ЦеКа считает ошибкой харбинских товарищей невыполнение данной еще в марте прошлого года директивы о проведении принципа равенства сторон в деле распределения прибыли и немедленном авансировании половины наличной прибыли. Об этой ошибке, искажающей политическую линию ЦеКа стало известно только теперь. Ввиду того, что китайцы держат у границ на востоке и западе по броневику, о чем нам стало известно только теперь, считаем целесообразным поставить и нам на своих границах по броневику. Сообщите свое мнение об этом последнем мероприятии. Инстанция».[65]

Как и предполагали эксперты КВЖД, в марте 1928 года китайская сторона официально поставила на повестку дня вопрос об отказе от использования золотого рубля в расчётной практике КВЖД. Дубань КВЖД попросил Правление КВЖД рассмотреть этот вопрос, а Правление дороги делегировало поиск приемлемого для обеих сторон решения специальной комиссии.

В конце марта 1928 года в Харбине состоялось специальное советско-китайское совещание по вопросу об использовании харбинского даяна на КВЖД.

С китайской стороны в нём принял участие председатель Ревизионного Комитета Лю Цзэжун[66], с советской — члены правления КВЖД С.И. Данилевский[67] и С.М. Измайлов [68].

Видимо, советским представителям пришлось непросто в дискуссиях с китайцами. Как и ожидалось, китайская сторона, мнение которой озвучивал на совещании Лю Цзэжун, потребовала отмены использования золотого рубля в расчётной практике КВЖД, мотивируя это предложение рядом соображений. Уже сама биография Лю Цзэжуна свидетельствовала о глубоком знакомстве с Советской Россией и коммунистической риторикой. Бывший председатель «Союза китайских рабочих в России», бывший делегат двух конгрессов Коминтерна, оказался способным учеником. После Второго конгресса Лю Цзэжун предполагался к отправке на работу в Китай по линии Коминтерна, однако партийное руководство Сибири, курировавшее это направление, воспротивилось назначению, посчитав, что он «не обладает достаточной политической подготовкой». В конце 1920 года Лю самостоятельно покинул Россию, вернулся в Китай, устроился на работу в аппарат КВЖД и продвинулся до председателя Ревизионного комитета.

Китайские возражения в его исполнении сводились к следующим аргументам.

Во-первых, золотой рубль, являвшийся в период существования Российской империи полноценной денежной единицей, к текущему 1928 году превратился, по мнению китайцев, в «фиктивную», реально не существующую валюту. Практика использования в расчётах такой «фиктивной» единицы вынуждала китайскую сторону постоянно определять расчётный курс по отношению к золотому рублю и держать большие запасы денежных средств в другой иностранной валюте. Это приводило, как аргументировали китайцы, к искусственному завышению курса иностранной валюты по отношению к местному харбинскому даяну и ослабляло его.

Кроме того, самой важной причиной необходимости отказа от золотого рубля Лю Цзэжуну виделся тот факт, что КВЖД являлась совместным советско-китайским предприятием, функционировавшим на территории Китайской Республики. В этих условиях, по мнению китайцев, использование в качестве расчётной единицы иностранной валюты — золотого рубля — нарушало суверенитет Китая.[69]

Советская сторона, по-прежнему, не отдавала себе отчёт, что требование отказа от золотого рубля для китайской стороны носило принципиальный, политический характер. И не понимала, что вопрос о том, какой удар эта мера может нанести хозяйственному положению дороги, был для Мукдена второстепенным. Советские представители совершенно напрасно аргументировали к экономической нецелесообразности перехода к даяну, обратив внимание китайской стороны, что дорога не должна стать заложником политических амбиций.

Советский представитель Измайлов не соглашался с упрёками китайцев, что правление КВЖД не только не способствует оздоровлению денежной системы в крае, но и дестабилизирует её. Недооценивая программный характер китайской позиции, считая китайское заявление о нарушении суверенитета посредством использования золотого рубля непрекрытой демагогией, Измайлов обратил внимание участников на меры, которые были предприняты КВЖД для стабилизации даяна. Так, КВЖД передала мукденскому правительству из своей валютной наличности для поддержания региональной денежной системы огромную, с точки зрения советской стороны, сумму — 14 миллионов иен. Это было эквивалентно 20 миллионам харбинских даянов. Для сравнения, вся эмиссия местных китайских банков на период конференции, по подсчётам Измайлова, составляла 28 миллионов даянов.

Дорога, как подчеркнул Измайлов, *«предоставив в распоряжение правительства эти 20 миллионов даянов, которые были вырваны с кровью из потребных для её собственной работы средств,... тем самым дала возможность обеспечить больше, чем на 66% всю эмиссию в крае».*[70] Кроме того, некоторая часть этой суммы была ввезена в Северную Маньчжурию из Владивостока в виде 4 000 пудов полноценного серебра, что само по себе имело очень важный психологический эффект для стабилизации денежной системы ОРТВП.

Обратившись к анализу того, как КВЖД за последние месяцы способствовала расширению сферы применения даяна в ОРТВП, Измайлов отметил, что и с этой стороны, также нет оснований упрекать руководство дороги в безразличном отношении к экономическим проблемам края. КВЖД пошла на создание условий, которые в будущем закладывали предпосылки для расширения сферы обращения местного харбинского бумажного доллара на целых 60 миллионов даянов.

Кроме того, КВЖД провела переговоры с ЮМЖД о выплате взаимозачётов в харбинских даянах, что могло дополнительно дать в год сумму равную приблизительно 20—25 миллионам даянов. Одновременно с этим, было принято решение о переводе текущих счетов по экспортным перевозкам на даян, что в будущем должно было стимулировать спрос на денежном рынке на более чем 30 миллионов даянов только в одном 1928 году. Осуществляя все эти мероприятия, дорога, по мнению Измайлова, пошла на ряд убытков. Отдавая твёрдую валюту, собственная потребность в которой не перекрывалась остатками средств, КВЖД была вынуждена докупать её на свободном рынке, теряя на курсе. Эти потери в курсе КВЖД приходилось иметь в виду и когда осуществлялся регулярный перевод в твёрдую валюту средств с текущих счетов, например по экспорту. По техническим причинам такой перевод происходил с неизбежным запозданием в несколько дней, по сравнению с днём расчёта. Кроме уже названных мер, КВЖД усовершенствовала систему расчёта текущих валютных курсов по отношению к даяну при определении тарифов перевозок.

По мнению Измайлова, всё вышеперечисленное свидетельствовало о том, что КВЖД приняла самое непосредственное и активное участие в процессе выработки мер по оздоровлению денежной системы ОРТВП. Более того, дорога *«исчерпала все средства, находившиеся в её распоряжении, для содействия администрации в деле укрепления местного доллара»*. Советский представитель высказал мнение, что вопрос о необходимости перехода КВЖД в своих расчётах на харбинский даян, в связи с будто бы имеющим место ущемлением национального суверенитета Китая, *«не имеет ничего общего с мерами по укреплению местной валюты»*.

Измайлов подчёркивал:

«Этот вопрос является скорее вопросом исключительно внутренним для КВЖД и касается внутреннего порядка учёта оборотов и капиталов дороги, как обыкновенного коммерческого предприятия, действующего на территории данного края. И с правовой стороны, и со стороны интересов, как предприятия, так и его владельцев, представляется совершенно недопустимым, на наш взгляд, переводить

все обороты дороги на местный доллар, оторванный от своего серебряного основания.»

Как указывала советская сторона, харбинский даян не являлся государственной валютой Китая и даже валютой территории Трёх Восточных провинций, где пролегала дорога. Харбинский даян был *«чисто местной валютой Особого Района»*, то есть только полосы отчуждения КВЖД. На территории Цицикарской, Гиринской провинции, а также Мукдена имели хождение свои собственные бумажные деньги, отличные от харбинского даяна, и также не являвшиеся общекитайскими денежными знаками. Поэтому, подчёркивал Измайлов, было бы натяжкой говорить, что переход на местную харбинскую валюту, каким-либо образом, связан с китайским суверенитетом.

Советский представитель привёл также факты, свидетельствовавшие о том, что уже предпринятые меры полностью перекрывают требования, выдвинутые в телеграмме Чжан Цзолиня к КВЖД. Измайлов отмечал:

«В том основном правительственном акте, коим в своё время предполагалось дороге перейти на даян, было совершенно определённо и категорически сказано, что «основной единицей при произведении денежных операций по получению и выдаче денег должен являться харбинский даян». Этот текст телеграммы Маршала был в своё время опубликован в местной официальной прессе. Но ведь так именно в действительности и обстоит дело на КВЖД. В настоящее время, в особенности после принятия двух последних постановлений Правления относительно расширения сферы хождения местного даяна — ЕДИНСТВЕННОЙ ОСНОВНОЙ ЕДИНИЦЕЙ «при производстве всех операций по получению и выдаче денег на дороге» является исключительно только харбинский бумажный даян. Этот же правительственный акт говорил о «недопустимости хождения на дороге другой валюты, кроме даяна». Но это так и есть, и я могу с полной категоричностью утверждать, что на дороге нет хождения никакой другой валюты, кроме харбинского местного доллара».[71]

Далее Измайлов подчеркнул, что использование золотого рубля «в виде твёрдой неколеблющейся единицы» в качестве базы для исчисления доходов и расходов, тарифов, а также других расчётов, не связанных с хождением местного харбинского даяна, ни в коей мере не может рассматриваться под углом зрения *«нарушения суверенных прав Китая»*. Прежде всего, потому, что КВЖД является коммерческим предприятием, которое вправе самостоятельно решать вопросы, связанные с «внутренним хозяйством дороги». Как отметил советский представитель, КВЖД охотно пошла навстречу местной администрации ОРТВП и предложила, со своей стороны, ряд исчерпывающих мер, которые могли бы способствовать стабилизации денежной системы края. Дополнительное участие дороги в укреплении даяна в будущем, по мнению Измайлова, было бы возможно только в том случае, если бы оно не отразилось на финансовом и коммерческом благосостоянии дороги, как предприятия находившегося в совместном управлении двух правительств.

Советская сторона попыталась развить аргументацию и в том направлении, что отказ КВЖД от расчётов в золотых рублях противоречит букве Мукденского и Пекинского соглашений 1924 года.

Измайлов настаивал: *«... У нас для суждения по этому вопросу имеются совершенно точные и ясные положения, вытекающие из анализа текстов обоих Соглашений. По одной из статей этих соглашений, КВЖД, являющаяся собственностью СССР, перешла в совместное управление правительств обоих сторон. Но ведь к моменту перехода в совместное управление дорога представляла известную хозяйственную единицу с определённым построением её хозяйства, с определёнными методами исчисления тех или других статей этого хозяйства — баланса, тарифов, расчётов и т.д. Акционерный и облигационный капиталы и всё хозяйство дороги на точном основании устава были выражены в золотом рубле. Все денежные взаимоотношения с акционерами и облигационерами, то есть с правительством СССР, выражены также в золотой валюте. Предусмотренный статьёй 15 Мукденского Соглашения выкуп Дороги на основании контракта 1896 года должен заключаться в возмещении всех затраченных капиталов, затраченных как указано выше в золотой валюте».*[72]

Кроме того, Измайлов указал, что соглашения дают КВЖД «исключительное право эксплуатации за свой счёт и риск», и этот пассаж предполагает без сомнения и право самостоятельного принятия решения о порядке учёта капиталов и оборотов в золотой валюте.

Измайлов отмечал:

«Все перечисленные правовые основания служили и служат обеспечением насущных реальных интересов Советского правительства, с которым Китайское правительство заключило Мукденское и Пекинское соглашение. Эти правовые основания признаны этими соглашениями и являются обеспечением тех крупнейших в золотой

валюте затрат, которые сделало русское правительство при сооружении линии и по целому ряду других, связанных с эксплуатацией дороги расходов. Совершенно очевидно, что поскольку Пекинское и Мукденское Соглашения именно на основании этого статус-кво передали КВЖД в совместное управление обоих правительств (поскольку ни Мукденским, ни Пекинским Соглашением не оговорено изменение этого порядка), постольку этот вопрос в той плоскости, в которой он сейчас ставится, есть ничто иное, как грубейшее нарушение того договора, который был заключен с точным учётом суверенных прав обоих правительств, положенным в основу этих соглашений. Заменить исчисление капиталов и оборотов дороги в золоте исчислением в чисто местных банкнотах, совершенно не являющихся государственной валютой Китая, значило бы нарушить и исказить обязательства Дороги, полностью признанные Мукденским и Пекинским Соглашениями, связать судьбу дороги с падающей и колеблющейся валютой и подвергнуть коммерческое предприятие, находящееся в совместном управлении двух правительств, риску обесценения и потери правительством СССР всех крупных вложений, которые в своё время были им сделаны в это предприятие. Совершенно очевидно, что на это мы члены Правления, действующие на основе той инструкции, которая с нашей точки зрения является главным и основным методом при подходе ко всем решительно вопросам, действующие на основании существующих договоров, — не может пойти. Утверждение уважаемого Председателя Ревизионного Комитета, что в данном случае мы имеем дело с фактически случайной «самовольно установленной» фиктивной единицей, как золотой рубль, глубоко неправильно. Никто самостоятельно её не устанавливал, а Мукденское Соглашение в момент его заключения имело дело с этой, не самовольно установленной, а фигурирующей на основании контракта на постройку и Устава дороги единицей. Поэтому в данном случае это не является новеллой, а лишь та база, которая была на Дороге в момент перехода Дороги в совместное управление правительств обеих сторон. Далее, допустим даже, что можно было бы пойти на предлагаемую меру, если бы второе положение, выдвинутое уважаемым Председателем Комиссии о том, что дорога от перехода на даян не пострадает,— было бы правильно, но в том то и несчастье, что одними голословными утверждениями в таких серьёзных вопросах не приходится руководствоваться: нам нужен детальный анализ всех решительно *моментов, связанных с переходом, для того, чтобы с цифрами в руках придти к тому или иному заключению.»*[73]

Измайлов обратил внимание китайской стороны, что меры по укреплению даяна, предложенные местным китайским правительством, так и остались на бумаге. Не была полностью обеспечена серебряным запасом эмиссия банков. Не было выполнено обещание о доставке из Пекина 30 миллионов китайских серебряных долларов для укрепления местной валюты. Не сбылись надежды на расширение сферы хождения даяна вплоть до Тяньцзиня и на возможность перехода других дорог в своих операциях на эту валюту. Более того, устанавливаемые другими дорогами курсы на харбинский даян способствовали ещё большему его обесцениванию. Для иллюстрации своей мысли о том, что переход КВЖД на харбинский даян сделал бы из дороги дефицитное предприятие, Измайлов привёл следующие примеры.

Доход дороги в 1927 году составил при расчёте по среднемесячному курсу 86 миллионов 800 тысяч даянов. Если бы КВЖД уже в начале 1927 года перешла на даян, то учитывая его обесценивание, доход составил бы всего 51 миллион 700 тысяч даянов к концу года. То есть дорога потерпела бы убытки в 25 миллионов даянов. Учитывая же, что чистая прибыль дороги могла быть максимально не более 7—8 миллионов золотых рублей в год, а КВЖД уже потеряла от существования заниженного курса на даян в местных перевозках в 1927 г. более 6 миллионов, то уже к 1928 году дорога представляла бы собой дефицитное предприятие.

На самом деле, ситуация была еще более драматичной, чем представлялось Измайлову. Дорога уже давно балансировала на грани убыточности.

Это со всей очевидностью показало впоследствии специальное изучение вопроса о степени прибыльности КВЖД, подготовленное Штабом РККА в сентябре 1929 года. Потери КВЖД от заниженного, фиксированного курса серебряного даяна, вкупе с непродуманной тарифной политикой и кредитными выплатами местным китайским властям, уже в конце 1928 года в реальности привели дорогу к порогу самоокупаемости. Убытки от фиксированного курса серебряного даяна, по данным этого исследования, выросли к 1928 году, по сравнению с 1926 годом, в 4,3 раза. С 1,9 миллиона золотых рублей в 1926 году — до 8,2 миллионов в 1928. Валовой доход дороги в реальном золотом исчислении составил в 1928 году, если принять уровень дохода в 1926 году за 100%, всего лишь 103,5%. Чистый же эксплуатационный доход КВЖД в 1928 году составил в золотых рублях лишь 60,3% от уровня 1926 года.⁷⁴ То есть, реальная экономическая ситуация КВЖД, и без перехода на исчисление в бумажных даянах, была в 1928 году, в смысле прибыльности дороги, абсолютно катастрофической. Но ни Москва, ни руководство КВЖД накануне советско-китайского конфликта об этом пока и не догадывались.

Советский представитель С.И. Данилевский на конференции также поддержал аргументацию Измайлова, подчеркнув, что СССР подходит к вопросу о переходе на даян «практически». Данилевский упрекнул китайских членов комиссии, связывавших вопрос финансовой политики с суверенными правами Китая, в том, что они видят проблему в «академической плоскости». Советская сторона не могла, однако, закрывать глаза на громадные убытки и потери, которые принесла бы СССР реализация китайского предложения.

Тем не менее, аргументация Измайлова и Данилевского китайских представителей не убедила. Советская и китайская стороны так и не смогли выработать на конференции общую позицию. Китайцы, по-прежнему, настаивали на том, что Пекинское и Мукденское соглашения не фиксировали золотой рубль как обязательную единицу исчисления на КВЖД навечно. По их мнению, не проговаривался в соглашениях и тот факт, что при выкупе дороги за основу должна быть взята её стоимость в золотых рублях. В соглашениях шла лишь речь о возможности выкупа дороги исключительно китайским капиталом. Более того, настаивали китайцы, в договорных документах специально отмечалось, что существующие на КВЖД правила и внутренний распорядок должны были оставаться в силе только в тех объёмах, в каких они не противоречили суверенитету Китая. Поэтому, с точки зрения китайской стороны, раз правило использования золотого рубля в качестве расчётной единицы на КВЖД нарушает суверенные права Китая, оно должно быть отменено.⁷⁵

Советская сторона пыталась торговаться. Уступки китайцам предполагались по двум направлениям — через выдачу дополнительных займов мукденскому правительству из прибылей КВЖД и признание возможности перехода в расчетах на серебряный харбинский доллар.

В 1928 году СССР выдало досрочную дотацию Мукдену в размере 70% от предполагаемого чистого дохода КВЖД. Впоследствии оказалось, что прибыль дороги за год составила гораздо меньшую сумму, чем та, которая была рассчитана советскими специалистами. И из 6 миллионов золотых рублей прибыли за 1928 год СССР реально получил только один неполный миллион. Уже упоминавшаяся нами аналитическая записка

Штаба РККА о состоянии КВЖД назовет такую политику непростительным «культуртреггерством», наносящим ущерб интересам СССР. [76]

Стремление маньчжурских лидеров к отказу от «золотого рубля» на территории ОРТВП являлось серьёзным камнем преткновения в советско-китайских отношениях вплоть до середины 1929 года. Китайских должностных лиц нисколько не смущало, что их претензии выходили за рамки общепринятых экономических условий. Не только все собственные дороги Северо-Восточных провинций, но и их хозяйственные, и даже административные учреждения, вели в 1928 году расчеты через серебряный, а не бумажный, не обеспеченный серебром, доллар.

Тем не менее, советские меры по ослаблению противостояния на КВЖД дали некоторые результаты. 20 апреля 1928 года эмиссар Политбюро в Харбине Андрей Бубнов сообщал в письме Турушаеву во Владивосток: *«После получения китайцами денег, отношения на дороге сравнительно хорошие. Дубань же почти прямо любезничает с Лашевичем. Но, с другой стороны, разрастается вражда между дубанем и Чжан Хуансяном.*[77] *За этой борьбой мы следим с большим вниманием. Вопрос стоит — кто полетит — дубань или Чжан».*[78]

Попытки китайцев вывести КВЖД за пределы сферы обращения золотого рубля объяснялись не только политическими соображениями. От китайской стороны не укрылись сложности, возникшие с 1928 года на внутреннем финансовом рынке СССР.

Советская сторона явно лукавила, когда противопоставляла высоким темпам развития инфляции в Маньчжурии прочный, стабильный, по утверждениям советских дипломатов, золотой рубль. Конечно, в сравнении с харбинским даяном, золотой рубль находился в более выигрышной ситуации. Тем не менее ситуация была далеко не безоблачной.

1928 год ознаменовался ослаблением рубля в СССР, золотой рубль (червонец) перестал быть свободно конвертируемым. В обращении остались только бумажные деньги и мелкая разменная монета. Реальная стоимость рубля быстро падала. За первую пятилетку она снизилась более чем на 60%. Денег на реализацию планов индустриализации катастрофически не хватало, их пытались искать, где только возможно. 17 мая 1928 года Политбюро ЦК ВКП(б) поручило наркомфину Николаю Брюханову в 2-х недельный срок представить свои соображения о возможном изъятии из музеев, церквей и пр. серебряных драгоценностей с целью их переплавки на деньги. Соответствующая записка была составлена и послужила основой для последующего разграбления музейных фондов. Народный комиссариат финансов докладывал в Политбюро 15 мая 1929 года, что начиная с 1926—1927 гг. банковская серебряная монета стала исчезать из оборота. Причиной того являлось, с одной стороны, падение покупательной силы рубля на внутреннем рынке и, с другой, низкий курс червонца за рубежом, способствующий контрабандному вывозу серебра особенно по азиатской границе. Вслед за этим сообщением, через несколько дней, последовало решение специальной комиссии Политбюро о необходимости массового изъятия серебра у населения.

Без сомнения, нервозность на финансовом рынке в СССР не могла оставаться тайной за семью печатями для китайской стороны уже хотя бы потому, что трудовая миграция китайцев на территорию советского Дальнего Востока являлась существенным фактором для экономики Маньчжурии.

Управленческий паритет и кадровые противоречия на КВЖД

Вторым серьезным пунктом советско-китайского противостояния на КВЖД в 1928 году стал кадровый вопрос.

Помимо требований о переводе расчётных операций КВЖД на харбинский даян, китайцы обратились к СССР с рядом ультимативных заявлений о перестройке системы разделения управленческой ответственности в правлении дороги. С их точки зрения, права китайской стороны серьезно ущемлялись недостаточной представленностью китайцев в высших структурах управления.

Развертывание противоречий по этой линии хорошо прослеживается в документах, например в материалах записки Члена Ревизионного Комитета КВЖД Ивана Славецкого, направленных им в Москву в Бюро Заграничных Ячеек (БЗЯ) 17 июня 1929 года.

Славецкий вспоминал, что в середине 1928 года китайская сторона потребовала реализации действительного, а не фиктивного кадрового советско-китайского паритета в системе управления КВЖД.

Суть требований сводилась к набору организационных новшеств, которые должны были бы расширить возможности китайской стороны реально влиять на процесс управления дорогой. Формально, в соответствии с Пекинским и Мукденским соглашениями, кадровый состав всех служб КВЖД должен был формироваться по принципу паритета. Предполагалось, что стоящий во главе каждого управленческого звена советский руководитель работает в тандеме с китайским заместителем или помощником. Реально же, с точки зрения китайской стороны, возможность китайского персонала участвовать в процессе управления была явно недостаточной.

Китайцы выдвинули ряд требований для восстановления управленческого паритета на КВЖД. Изменения должны были касаться следующих пунктов:

- Впредь ни один циркуляр или телеграмма, связанные с деятельностью дороги, не должны была считаться действительными без второй подписи китайского помощника. Это, фактически, означало введение должности второго, китайского Управляющего дорогой.

- Все увольнения и приём на работу впредь должны были в обязательном порядке согласовываться с китайской стороной.

- Предлагалось лишить Управляющего дорогой, представителя СССР, права осуществлять расходы, на которые наложена запретительная виза китайского Начальника контроля КВЖД.

- Правлению предлагалось на деле выполнить положения Пекинского и Мукденского соглашений о кадровом паритете и поставить китайских начальников во главе ряда управленческих служб дороги. В первую очередь, изменения касались постов Главного бухгалтера и подразделений Коммерческой службы КВЖД. Кадровый паритет должен был коснуться и системы управления линейных участков и Отделений.

- Вносилось требование перевести всё делопроизводство КВЖД на китайский язык.

Реакция советской стороны на эти далеко идущие предложения была более чем сдержанной. Хотя СССР заявлял о своей приверженности духу Пекинского и Мукденского соглашений, тем не менее, передавать китайцам дополнительные управленческие прерогативы на КВЖД советская сторона не торопилась.

Советские представители *«не возражали против введения такого порядка, при котором бы все бумаги, поступающие в Управ-*

ление дороги, после наложения на них резолюции, поступали бы для ознакомления к китайскому помощнику».[79] В противовес китайскому требованию о необходимости для советского Управляющего согласовывать свои действия с китайским помощником, СССР предлагал последнему предоставить лишь право обжалования тех или иных решений и действий Управляющего в Правлении. Предложения о введении должности китайского Управляющего и о возможности контролёров накладывать вето на финансовые операции советского Управляющего были категорически опротестованы советской стороной, как выходящие за рамки Мукденского соглашения. Кроме того, мукденскому правительству было указано, что последние два новшества серьёзным образом подорвали бы «нормальное функционирование дороги». Советская часть Правления обратила также внимание китайской стороны, что, при рассмотрении разного рода вопросов в Совете Управления дороги, существующий порядок обязывал советского Управляющего, в случае разногласий с Главным контролёром и китайским помощником, передавать вопрос на обсуждение соединённого заседания Правления и Ревизионного Комитета.

Выдвинутые китайскими представителями на КВЖД претензии к СССР не являлись, как могло бы показаться, частной инициативой, а представляли собой часть концепции мукденского правительства, направленной на ослабление позиций СССР в Северной Маньчжурии. И музыку тоже заказывал Мукден. После того, как заместитель председателя Правления КВЖД Чиркин[80] изложил дубаню — китайскому председателю Правления и Главноначальствующему ОРТВП — советскую аргументацию о причинах невозможности принятия китайских предложений, китайские представители отправились для консультаций в столицу провинции.

После возвращения из Мукдена они обратились к советской части Правления с новым вариантом плана реорганизации системы управления на КВЖД.

Новый вариант, в противовес более ранним предложениям, предусматривал, что в ведении советского управляющего должна была остаться оперативная деятельность по технической эксплуатации дороги в пределах утверждённых смет, существующих положений и постановлений. Китайский помощник управляющего, тем не менее, получал бы возможность «решающего участия» в финансовых, кадровых и коммерческих вопросах КВЖД. Китайцы потребовали также, чтобы чеки на выписку денег из банков со счетов КВЖД в обязательном порядке выходили не за одной подписью советского управляющего, как раньше, а содержали бы разрешительный гриф Главного контролёра—китайца. Одновременно с этим, китайская сторона предлагала лишить советского управляющего права проведения самостоятельных расходных операций, требуя в каждом отдельном случае визу Правления.

Из уже упоминавшейся записки в Москву Ивана Славецкого, нам известно, что советско-китайские переговоры по этому вопросу вели заместитель председателя Правления КВЖД Чиркин, а с китайской стороны — дубань, китайский председатель Правления. Ссылаясь на свидетельства Чиркина, Славецкий вспоминал, что переговоры были интенсивными, но чрезмерно запутанными. Из-за их напряжённости стало постепенно трудно уяснить, что конкретно требуют китайцы и в какой редакции, а также, какие их предложения в ходе обсуждения снимались, а какие всё ещё оставались в силе. Чиркин специально попросил китайскую сторону сформулировать свои требования в письменной форме, чтобы потом созвать специальную комиссию для определения пунктов разногласий и выявления путей их разрешения.

Китайцы отказались представить эти окончательные формулировки, заявив, что их требования ясно сформулированы, что они «понятны и ребёнку» и предлагали советской стороне с ними согласиться. Китайцы, как вспоминал Славецкий, считали, что советская часть правления, «надеясь, надо полагать, на военные силы», не желала идти навстречу китайским предложениям и решить вопрос по справедливости.

Дубань, по отзывам Славецкого, жаловался Чиркину, что надежды на мирное разрешение разногласий на уровне Правления КВЖД не оправдались. И теперь дубань, по его словам, должен был выехать для новых консультаций к Чжан Цзолиню в Мукден с «пустыми руками». Славецкий цитировал слова дубаня: *«Он, дубань, боится, что вопросы эти будут разрешаться другими людьми и другими методами. Иными словами их всех выгонят и их места займут люди агрессивного направления, (которые) пойдут другими путями.»*[81]

Славецкий вспоминал, что советская часть правления довольно спокойно отреагировала на угрозу дубаня о возможной отставке «умеренных». По мнению Чиркина, у СССР не было необходимости идти на серьёзные уступки. Советская часть правления была убеждена, что даже в случае отставки дубаня и приходу к власти на КВЖД «агрессивной» фракции, китайцы всё равно будут вынуждены в итоге согласиться на советские предложения. Славецкий не разделял этой позиции Чиркина в полном объёме и, не без основания, выражал беспокойство, что патовая ситуация в конфликте с дубанем действительно сможет в перспективе ослабить позиции СССР в Северной Маньчжурии. По мнению Славецкого, не было полной уверенности в том, что «агрессивная» фракция не пойдёт «по линии захватов и насилий». Комментируя для Бюро Заграничных Ячеек направления возможных антисоветских действий китайской стороны, Славецкий указывал, что, как следствие, могут быть закрыты профсоюзы, кооперативы, земельный отдел, отняты у СССР лесные концессии, Чжалайнорские копи. И при совсем пессимистичном варианте развития событий — китайская сторона сможет выдвинуть требование о немедленном отзыве Управляющего дорогой Емшанова[82] за «превышение власти», заключавшееся в массовом перерасходе денег без кредитной поддержки и за пределами сумм, утверждённых Сметной комиссией КВЖД. Славецкий не исключал также вариант ареста Емшанова в случае эскалации советско-китайского противостояния.

Иван Славецкий явно не разделял оптимизма советской части правления и фактически призывал Москву произвести некоторые корректировки своей экономической политики в Северной Маньчжурии.

Ссылаясь на китайскую прессу, он доводил до сведения БЗЯ, что в газетах советские методы управления на КВЖД называются «красным империализмом», поскольку экономическая практика советского управленческого персонала ущемляет национальные чувства китайцев и попирает их права по совместному управлению дорогой. Славецкий озвучивал для Москвы мнение китайской стороны, что управляющий КВЖД Емшанов в своей финансовой деятельности не считается с существующими положениями и распоряжениями Правления и Сметной комиссии. А именно — осуществляет перерасход средств, самовольно перераспределяет средства между расходными статьями, производит оплаты работ не предусмотренные сметой и не согласованные с Правлением, произвольно выделяет большие суммы для улучшения бытовых условий рабочих и служащих КВЖД (8-ми часовой рабочий день, отпуска, оплата лечения на курортах, улучшение бытовой инфраструктуры).[83]

«*Справедливы ли упрёки китайцев?*» — спрашивает себя Славецкий. И отвечает: «*К сожалению, да!*» И далее: «*Конечно, много есть таких вопросов и действий со стороны управляющего дорогой, которые он, как коммунист, разрешал, допуская некоторое отступление от буквы закона, превышая власть. К таким вопросам относятся вопросы труда и т.н. бытовые. Но есть такие вопросы, разрешение которых без ведома Правления для меня, как коммуниста, непонятны. Пример: Зачем было нужно в 1928 году безкредитно и без ведома Правления израсходовать на постройку второго этажа Русско—китайского приюта в Харбине 50 000 рублей золотом? Зачем было нужно в 1928 году безкредитно и ведома Правления строить зерносушилку в Имяньпо с расходом до 35 000 рублей? Зачем нужно было без разрешения Правления в 1928 году начать постройку клуба на ст. Ханьдаохедзы, истратить из общей стоимости постройки в 136 000 рублей — 20 000 рублей на постройку фундамента, получить отказ в кредите на покрытие израсходованных денег и разрешения постройки вообще... Управляющий дороги на общем собрании комячейки в консульстве заявил, что у него в Управлении имеется 600 чел. служащих китайцев, они в носах ковыряют, для дела бесполезны, поэтому у него большой штат. Достаточно проверить цифры денег ежегодно отпускаемых Управлению на разного рода курсы, чтобы уяснить ошибочность точки зрения Управляющего на китайцев. В Советско-Мукденском соглашении нет пункта обязывающего делить службы Управления дороги, зато там есть пункт обязывающий проводить паритет в должностях, а мы издеваемся до некоторой степени над китайским национальным чувством, говоря им, что паритет проведён, применяя общий подсчёт, то есть (суммируя) всех начальников и подённых рабочих (первых — наших больше, а последних- китайцев больше). А пункт (соглашения) говорит ясно: «если начальник русский, то помощник-китаец» и т.д. У нас же на деле так: в большинстве начальник — русский, помощник — русский, и второй помощник—китаец. Отсюда требование китайцев— «в каждой службе иметь одного начальника и одного, а не двух помощников». Почти все профсоюзники числятся на должностях в Управлении дороги и его аппарата на линии, получают жалованье от дороги, работают в профсоюзах. Китайцы это знают, приписывают союзам коммунистическую пропаганду и при рассмотрении смет должности эти требуют сократить.. Актуальнейшим является вопрос такой — многие товарищи получают жалованье и квартиры от Правления, Ревизионного Комитета, Управления, а работают в профсоюзах, Военведе, ГПУ, консульстве, парторганизациях — провалы их бьют по ж(елезной) д(ороге), бьют по взаимоотношениям Китая с СССР.»*[84]

По мнению Славецкого, советская сторона только на словах стремилась к соблюдению паритета во взаимоотношениях с китайской частью правления, КВЖД только формально могла считаться совместным предприятием. На деле же, наблюдалось постоянное несоблюдение договорных основ Мукденского договора в вопросе о равноправном доступе к управлению. Более того, самочинство советских представителей в вопросах расходования средств подрывало финансовое благополучие КВЖД, поэтому и апелляция к экономической целесообразности сохранения за золотым рублём статуса нормативной расчётной денежной единицы на дороге воспринималась китайцами как демагогический приём.

Мнение Славецкого было недалеко от истины. СССР никогда не интересовала «чистая идеология».

Даже не принимая во внимания военный аспект, советско-китайские противоречия на КВЖД в 1928 году становились всё менее разрешимыми. У каждой из сторон была своя, объяснимая логика. Однако обе этих логики находились в разной системе координат, с разными ценностными установками, уступать по доброй воле не хотелось ни одной из сторон. Для СССР — уступить на КВЖД — означало уйти из Маньчжурии, что в сложившейся, чреватой войной, международной обстановке представлялось недопустимым.

Неразрешимость противоречий на КВЖД мирными путями усиливала позиции сторонников силового решения, как с советской, так и с китайской стороны. Ситуация развивалась, как в плохой пьесе: «Если в первом акте на стене висит ружьё, то во втором акте оно должно обязательно выстрелить»!

4 июня 1928 года, полноправный хозяин Маньчжурии, маршал Чжан Цзолинь стал жертвой покушения (Хуангутуньский инцидент).

Спецпоезд Чжан Цзолиня находился на пути из Пекина в Мукден. Когда состав с вагоном маршала приблизился к одному из мостов на линии японской ЮМЖД в пригороде Мукдена, под вагоном Чжан Цзолиня раздался мощный взрыв. В результате покушения Чжан был смертельно ранен в грудь и через несколько часов скончался. Кроме него, во время взрыва погибли еще 17 человек. Поскольку мина была заложена в виадуке на стыке Пекин-Мукденской и Южно-Маньчжурской железных дорог, который охранялся не китайскими, а японскими солдатами, считалось, что покушение было организовано японцами.

Долгое время версия о ликвидации Чжан Цзолиня японцами никем не оспаривалась. В 1946—1948 гг. на Международном военном трибунале над японскими военными преступниками в Токио эта версия даже получила подтверждение в показаниях свидетеля генерала Рюкити Танака, который возглавлял во время войны Бюро военной службы и дисциплины военного министерства. Рассказывая о гибели Чжан Цзолиня, японский генерал утверждал: «*Убийство Чжан Цзолиня планировалось старшим штабным офицером Квантунской армии полковником Кавамото... Целью являлось избавиться от Чжан Цзолиня и установить новое государство... во главе с Чжан Сюэляном... В результате 4 июня 1928 г. поезд, шедший из Пекина, был взорван... В этом покушении, в котором использовался динамит, участвовали часть офицеров и неофицерский состав из 20-го саперного полка, прибывшего в Мукден из Кореи, и среди них капитан Одзаки*».[85]

Российские учёные Д. Прохоров и А. Колпакиди, опираясь на информацию генерала Д. Волкогонова, имевшего доступ к закрытым советским архивам, в 2003 году объявили о причастности к убийству Чжан Цзолиня советских спецслужб. По их мнению, уже с конца 40-х гг. японцы стали подвергать сомнению своё авторство в организации покушения на Чжан Цзолиня. Они подчёркивали, что для ликвидации маршала у них не было веских причин. Кроме того, выяснилось, что генерал Рюкити Танака, находясь в советском плену, был завербован в качестве осведомителя МГБ СССР, и на токийском процессе давал показания, продиктованные советской стороной, за что был переведен из обвиняемых в свидетели.[86] Тем не менее, в публикациях Прохорова и Колпакиди на эту тему никаких очевидных архивных доказательств предъявлено не было. Поэтому большинство историков, писавших о Чжан Цзолине и КВЖД после 2003 года, включая В. Крюкова, М. Крюкова, В. Молодякова, считают версию о советском следе в организации покушения на Чжан Цзолиня не соответствующей действительности. Без сомнения, в научный оборот не введены внушающие доверия документы, подтверждающие информацию о связи группы Салныня-Винарова с убийством китайского маршала. Однако, автор данной монографии предполагает, что наличие целого пласта закрытых документов по проблемам советско-китайского конфликта на КВЖД в 1929 году в Архиве президента РФ, не доступных исследователям, не дает нам однозначно поставить точку в этом вопросе. Кроме того, есть несколько исторических фактов, о смысловом сочетании которых еще стоит подумать в этом контексте.

В нашей монографии, в последующих главах, на основании новых архивных документов, будет подробно раскрыта роль этнического латыша Яна Кульпе, работавшего в составе Северо-Маньчжурского Комитета в Харбине в 1926—1929 гг. В статье российского историка С.Ю. Яхимовича[87], крупными мазками рисующего структуру большевистской партийной организации в Маньчжурии в 1924—1931 гг., содержится информация о том, что Кульпе возглавлял СМК в качестве секретаря с 5 февраля 1926 года до октября 1928 года. Имеющиеся в нашем распоряжении документы свидетельствуют о том, что Кульпе, хотя и уехал осенью 1928 года в СССР, но довольно быстро опять вернулся в Харбин и сыграл важную роль в советско-китайском конфликте 1929 года. В публикациях советского периода содержались свидетельства о дружбе Яна Кульпе и Христофора (Григория) Салныньша (Салнынь), нелегального резидента советской военной разведки в Китае в течение многих лет, специалиста по взрывным операциям, описывались детали их встреч в 1926—1928 гг. в Маньчжурии. Историки Прохоров и Колпакиди называли именно Христофора Салныньша одним из организаторов покушения на Чжан Цзолиня.

Кульпе и Салнынь были знакомы с дореволюционных времен по совместным операциям с применением взрывчатых средств в составе боевой группы латышских социал-демократов. Как нам кажется, анализ взаимодействия этих двух ярких советских нелегалов в Маньчжурии, если бы для такого нашлись архивные документы, позволил бы с большей достоверностью опровергнуть или подтвердить информацию о возможном вмешательстве СССР в организацию покушения на Чжан Цзолиня.

Чтобы разобраться во всех перипетиях отношений между Японией и Чжан Цзолинем, остановимся подробно на анализе политике Японии в Маньчжурии. Без этого, невозможно понять и правильно оценить историю формирования советско-китайских противоречий на КВЖД.

Маньчжурия в японской внешней политике

Экспансионистский опыт Японии в Маньчжурии, собранный ею за четверть века после ошеломительной победы в русско-японской войне, оказал решающее воздействие на формирование японских политических институтов, национальный характер и специфику восприятия японцами внешнего мира. По Портсмутскому миру Япония получила от Российской империи Южную ветку КВЖД — отрезок железной дороги между городами Чанчунь, к югу от Харбина, и Порт-Артуром (Люйшунь) на оконечности Ляодунского (Квантунского) полуострова.

В руках японцев оказался не просто отрезок железнодорожного полотна со всеми прилагающимися к нему постройками и подвижным составом — Япония, неожиданно для себя, приобрела лакомый кусок экономического наследия Российской империи в Маньчжурии, включавший все права аренды и экстерриториальности в Северо-Восточном Китае.

7 июня 1906 года в Японии была зарегистрирована компания Южно-Маньчжурская железная дорога (ЮМЖД — сокращённо по-японски, Мантэцу). 50% акций находились во владении казны, а один процент — непосредственно в руках японской императорской семьи. Несмотря на статус акционерной компании, ЮМЖД, по сути, являлась правительственным подразделением, ранг начальника которого лишь на одну ступень был ниже министерского. Японское правительство назначало руководящий персонал ЮМЖД, утверждало состав совета директоров, определяло бюджет компании и санкционировало размещение займов за границей.

Основные аспекты деятельности ЮМЖД контролировались правительственными министерствами: долгосрочные капиталовложения и аудиторские проверки ЮМЖД — Министерством финансов, вопросы безопасности — Военным министерством, технические вопросы железнодорожного строительства и эксплуатации — Министерством путей сообщения. Главный офис ЮМЖД располагался в Токио, а оперативное управление дорогой осуществлялось из её головного отделения в Дайрене (Дальний).

1 августа 1906 года император издал указ о создании Квантунского генерал-губернаторства, которое включало арендованную территорию и полосу отчуждения дороги. Это решение фактически превратило ЮМЖД

в отдельный территориальный анклав японского государства в Маньчжурии. В апреле 1907 года управление ЮМЖД было официально передано гражданским лицам, однако военное командование Квантунской армии в течение всей истории дороги продолжало оказывать ощутимое влияние на процесс принятия решений. Первым президентом ЮМЖД стал Гото Симпэй, до этого 8 лет прослуживший гражданским губернатором Тайваня.[88]

К концу 1907 года на ЮМЖД было занято 9000 японцев и 4000 китайцев, к 1910 году количество работающих на Мантэцу выросло, соответственно, до 35 000 и 25 000 человек.[89]

Центром «японской Маньчжурии» стал город Дайрен, в котором располагался головной региональный офис ЮМЖД и штаб Квантунской армии.

Японцы завершили строительство Дайрена, используя более совершенные строительные технологии, но, в целом, не отказавшись от идей, заложенных в проект города ещё русскими архитекторами. Японцы строились в Южной Маньчжурии с размахом, предполагая остаться здесь надолго, быть может, навсегда. Никакая мелочь, связанная с улучшением инфраструктуры, не ускользала от взгляда новых колонизаторов.

Для борьбы с эрозией почвы, защиты водных источников и расширения топливной базы Квантунская армия начала реализацию программ по восстановлению лесных массивов, повреждённых в ходе военных действий. Японцы не забыли, как в зимние месяцы русско-японской войны, русские солдаты захватывали китайские деревянные суда, чтобы использовать их в качестве дров для обогрева. С целью выращивания саженцев на месте, непосредственно в южной Маньчжурии, уже в конце войны в Ляояне был создан лесной питомник. Особое внимание уделялось развитию сельскохозяйственных проектов, особенно мясного животноводства. Японцы усовершенствовали также системы автономного медицинского и школьного образования в зоне отчуждения дороги, структуры и материальная база которых досталась ЮМЖД от прежних российских владельцев.

У этих, вроде бы, гуманитарных по своей сути задач, имелась неприкрытая мобилизационная составляющая, поэтому все проекты реализовывались в кратчайшие сроки и с высокой степенью эффективности. Командование японской армии исходило из того, что Портсмутский мир предоставил лишь некоторую временную передышку в войне с Россией. Поэтому Южная Маньчжурия рассматривалась японцами как мобилизационная база для будущей русско-японской войны.

Без сомнения, японцы оказались экономически более эффективными колонизаторами, чем их российские предшественники. Немаловажно, что на управляемых японцами территориях практически отсутствовало казнокрадство, от которого так страдала «русская Маньчжурия».[90]

ЮМЖД, в отличие от КВЖД, не являлась дотационным проектом и работала с самого начала на принципах самоокупаемости. Конечно же, Маньчжурия была для Японии более близкой окраиной империи, чем даже Сибирь или Дальний Восток для России. Более того, зажатая на узкой полоске Японских островов, столкнувшаяся для подпитки своего индустриального развития с нехваткой земельных, сельскохозяйственных и сырьевых ресурсов, «страна восходящего солнца» уже давно возвела задачу освоения прилегающего континентального пространства в ранг государственного приоритета.

Без сомнения, нельзя сбрасывать со счетов и тот факт, что бывшая южная ветка КВЖД — ныне называвшаяся ЮМЖД — проходила через более урбанизированные, развитые в промышленном отношении районы, чем её северный отрезок. Даже доставшиеся японцам порты Порт-Артур (Люйшунь) и Дальний (Далянь) имели неоспоримое преимущество перед Владивостоком — они не замерзали в зимний период.

Однако японцы не просто получили в наследство лакомый кусок российских колониальных владений в Маньчжурии. Важное значение для создания Японией новых структур ЮМЖД, без сомнения, имел также заимствованный у русских опыт управления КВЖД и территорией отчуждения дороги, во главу угла которого была поставлена установка на экономическую, культурную и властную автохтонность российского железнодорожного анклава в Китае. При реализации своих экономических проектов в Маньчжурии русские, как субъекты опосредованных, дистанционных колониальных практик, не имели возможности опираться на собственную колониальную администрацию, характерные, например, для японцев во время колонизации Тайваня. Но это не помешало появлению и функционированию российского форпоста в Северо-Восточном Китае, названного кем-то с лёгкой руки «Желтороссией».

После 1907 года, Россия, ослабленная в русско-японской войне, проявляла, как казалось, мало интереса к возвращению потерянных владений в Южной Маньчжурии. Тем не менее, Квантунская армия, разочарованная «сухим остатком» японских приобретений в результате Портсмутского мира, не собиралась отказываться в среднесрочной перспективе от достижения своих наступательных целей во всей Маньчжурии. И это предполагало захваты российских сфер влияния. Ежегодно обновлявшиеся японским Генштабом планы развёртывания новых боевых действий против России в 1907—1911 гг. с настойчивостью формулировали главную задачу — внезапный удар по Харбину, захват КВЖД на этом участке, и как следствие — изоляция Владивостока. На втором этапе операции, который планировалось начать наступлением сухопутных сил из северо-восточной Кореи, японская армия должна была осуществить окончательный захват Приморского края.

С точки зрения японских стратегов, Россия, после потери Харбина и блокирования КВЖД, лишалась возможности использовать короткий подъездной путь из западной Сибири для военных транспортировок и снабжения войск и не смогла бы эффективно противостоять японским планам отторжения Приморского края.

Главным условием японского успеха должен был стать упреждающий массированный удар по Харбину — столице русской Маньчжурии. Внезапная концентрация японской военной силы к северу от Мукдена предполагала возможность ежедневной переброски военного контингента в размере 12 тысяч человек, а также необходимого для их жизнедеятельности провианта и военной техники из Дайрена и Кореи в центральные районы Маньчжурии.

Роль главной транспортной артерии в японских стратегических планах отводилась ЮМЖД. Именно поэтому Южная Маньчжурия становится анклавом интенсивной японской модернизации.

Для выполнения мобилизационных задач в условиях новой ожидаемой русско-японской войны ЮМЖД должна была пропускать в сутки на участке от Дайрена до Чанчуня не менее сорока восьми 400-тонных составов, тогда как, по изначальным российским техническим характеристикам, дневная нагрузка на полотно не могла превышать сорока составов. Для модернизации дороги японские инженеры запланировали заново переложить более тяжелые по весу рельсы и осуществить переход на «английскую»[91] ширину полотна, применявшуюся в остальном Китае и Корее. Японцы предприняли перепроектировку узлов поворота на более широкий радиус, уменьшили степень наклона полотна. К 1912 году ЮМЖД превратилась в железную дорогу с наибольшей затратностью инвестиций на одну милю пути во всей Японской империи, хотя к этому времени была осуществлена лишь часть намеченных инженерных реконструкций.[92]

Кроме того, в 1909 — 1911 гг. в кратчайшие сроки была построена «лёгкая» железная дорога, соединившая приграничный Аньдун с Мукденом, по которой планировалось осуществлять переброску войск из Кореи в Маньчжурию. Этот шаг должен был ослабить транспортно-мобилизационную зависимость Квантунской армии от флота, закрепляя за последним только функцию охраны Цусимского пролива. В 1912 году также начала частично функционировать ещё одна железнодорожная линия на границе с Кореей — линия Чанчунь—Цзилинь, которая на предполагаемом втором этапе войны с Россией должна была обеспечить передислокацию японских войск из Маньчжурии в Приморский край через Корею.[93]

Первая мировая война была воспринята японскими военными стратегами как удачная возможность для захвата приморских районов Китая и обеспечения контроля над северной частью Тихого океана. Наиболее очевидной возможностью для реализации этой цели Японии представлялось вступление в военные действия против Германии на стороне Антанты. Между союзниками по дальневосточной коалиции — Великобританией и Японией — развернулась дискуссия об интенсивности и характере возможного участия Японии в войне, поскольку каждый из двух партнёров был заинтересован в присвоении германского колониального наследия. 6 августа 1914 года Китай заявил о своём нейтралитете и обратился к правительствам воюющих государств с просьбой не переносить военные действия на китайскую территорию, арендованную Германией, Россией, Великобританией и Японией, а также в китайские территориальные воды.

США, которые рассматривали Тихий океан и омываемые им земли как сферу американских жизненных интересов, выступили с частичной поддержкой китайского предложения. Америка ещё в 1899 г. провозгласила доктрину «открытых дверей» в Китае, рассчитывая за счёт своего мощного экономического потенциала мирным путём решить вопрос о преобладающем политическом влиянии в регионе.

11 августа 1914 года США обратились к правительствам Японии и Великобритании с призывом не расширять военные действия на германские владения в Китае и поддерживать статус-кво на Дальнем Востоке по этому вопросу до конца войны.

Однако Япония не захотела последовать этому призыву. 23 августа 1914 года японское правительство обнародовало манифест об объявлении войны Германии и высадило свой десант в районе контролировавшейся немцами крепости Циндао. К атаке поспешили присоединиться английские и китайские войска. Попытки союзников также привлечь к захвату крепости военные силы Франции и России, японцы отклонили, не желая ни с кем делить свои военные трофеи.

7 ноября 1914 года немецкий комендант крепости Циндао объявил о капитуляции. После падения Циндао японские войска оккупировали принадлежавшую Германии железную дорогу, соединявшую порт Циндао с городом Цзинань, центром провинции Шаньдун. Япония поставила под свой контроль горные и некоторые другие германские концессионные предприятия в провинции Шаньдун, став фактически распорядительницей германского колониального наследия в этом регионе. К ноябрю 1914 года японский флот захватил также принадлежавшие Германии острова в южной части Тихого океана.

18 января 1915 года японское правительство попыталось легализовать свои претензии не только на захваченные в ходе войны бывшие германские территориальные владения в Китае, но и выбить из пекинского правительства Юань Шикая согласие признать «особые права» Японии во всей Срединной империи. Пекину был вручён документ, вошедший в историю, как «21 требование».

Документ представлял собой набор разрозненных, не всегда логически связанных между собой требований, вызвавших бурю негодования китайской общественности, прежде всего своей ультимативностью и вербальной безоговорочностью.

Первая группа требований предусматривала признание Китаем всех будущих соглашений, которые могли быть заключены между Германией и Японией относительно Шаньдуна, и отказ от отчуждения частей провинции другими державами. Предусматривались также передача Японии прав на постройку железных дорог в Шаньдуне.

Вторая группа требований касалась Южной Маньчжурии и восточной части Внутренней Монголии. Япония предлагала Китаю продлить срок аренды Порт-Артура, Дайрена, Южно-Маньчжурской и Аньдун-Мукденской железных дорог на 99 лет. Китай должен был предоставить японцам права приобретения и аренды земель, права проживать, передвигаться и заниматься любым видом деятельности на данной территории. Япония также потребовала от Китая передать в аренду на 99 лет железную дорогу, связывавшую города Цзилинь (Гирин) и Чанчунь.

Третья группа требований предполагала превратить Ханьепинский промышленный комбинат, объединявший рудники и сталелитейные заводы, в смешанное японо-китайское предприятие.

Четвёртая группа требований предлагала Китаю отказаться от предоставления третьим странам прав на аренду гаваней, бухт, портов и островных владений, а также передать строительство их коммуникаций и транспортной инфраструктуры в руки японских концернов.

Самая скандальная, так называемая, «пятая группа» требований провозглашала особые права японцев в политической, экономической и военной сферах в Китае. Японцы настаивали на передаче полицейских учреждений в важнейших пунктах Китая в совместное управление, требовали создать в Китае японо-китайский военный арсенал. По этой группе требований китайское правительство должно было взять на себя обязательство о приглашении японских военных, финансовых и политических советников.[94]

Фактически, Япония не просто предлагала Китаю смириться с японскими приобретениями в Южной Маньчжурии, Внутренней Монголии и, наконец, в Шаньдуне, а ставила вопрос о принятии Китаем статуса японского протектората.

По Китаю прокатилась волна патриотических антияпонских наступлений.

На фоне этих волнений китайская правительственная верхушка с начала февраля до середины апреля 1915 года пыталась снизить уровень японских претензий на двусторонних японо-китайских переговорах.

Китайское правительство надеялось на вмешательство США, Великобритании, Франции, которого, однако, на тот момент не произошло. Державы, занятые войной в Европе, не желали обострять отношения с Японией. Видя, что её расчёты на бездеятельность держав в китайском вопросе оправдываются, Япония усилила давление и ввела дополнительный 7-тысячный войсковой контингент в Южную Маньчжурию и провинцию Шаньдун. В начале мая 1915 года японское правительство подписало приказ о мобилизации своих сухопутных и морских сил и 7 мая предъявило ультиматум китайскому правительству.

Эти действия Японии наконец-то стали причиной озабоченности для США. 7 мая 1915 года американским правительством были отправлены ноты обеим странам с предупреждением о непризнании любых японо-китайских соглашений, нарушающих политическую и территориальную целостность Китая, права США и американских граждан. США в очередной раз призвали к соблюдению провозглашенного американцами в 1899 г. принципа «открытых дверей и равных возможностей» держав в Китае.

Тем не менее, 9 мая 1915 года правительство Юань Шикая, опасаясь прямой военной интервенции Квантунской армии, согласилось принять японские требования. 25 мая Китаем было подписано японо-китайское соглашение о принятие большинства условий японского ультиматума. Однако Юань Шикаю удалось одержать небольшую дипломатическую победу и вывести «пятую группу» требований, принятие которых грозило обернуться превращением Китая в японский протекторат, за пределы переговорной массы.

Тем не менее, Япония не собиралась останавливаться на достигнутом. С июня 1916 года Японии удалось усилить своё влияние на китайское правительство через «личностный фактор» — после смерти Юань Шикая власть в Пекине захватил известный японофил — генерал Дуань Цижуй, занявший пост премьер-министра.

В октябре 1916 года в политической жизни Японии произошли важные изменения, у власти оказался кабинет Тераучи (октябрь 1916—сентябрь 1918).

Япония начинает вести переговоры с Российской империей о возможной продаже южной части КВЖД, участка дороги, соединявшего Чанчунь и Харбин. Такая сделка, если бы она была совершена, одним махом низводила бы бывшую КВЖД до уровня дополнительного подъездного пути к японской ЮМЖД. Практически весь соевый трафик Маньчжурии переместился бы тогда на японские рельсы. Кроме того, для японской армии отпала бы необходимость проведения первого этапа антирусской операции в Северной Маньчжурии — японские войска, не совершив ни единого выстрела, смогли бы дислоцироваться в предместьях Харбина. Выкупив за небольшую сумму денег этот участок КВЖД, Япония без военных усилий и без эпатажа международной общественности фактически смогла бы «выбить» Россию из Китая. Однако в ходе переговоров российская сторона согласилась на продажу только половины участка Чанчунь—Харбин, не допустив японцев далее станции Таолайчжао на реке Сунгари. Для японцев этот отказ имел символическое значение — река Сунгари к югу от Харбина в районе этой станции, согласно договору 1907 года, маркировала южную границу российской сферы влияния в Маньчжурии. Тот участок КВЖД, который Россия вроде бы теперь соглашалась продать Японии, японцы и так, по всем договорам, уже давно считали своим. Поэтому, с точки зрения японцев, получалось, что Россия, даже поглощённая проблемами на Западном фронте, в перспективе не отказывалась целиком от возможной экспансии в Китае и дальнейшего противостояния Стране восходящего солнца.

Не удивительно, что вступление Российской империи в полосу революционного хаоса, а самое главное — подписание большевиками Брестского мира с Германией, предоставили Японии уникальный шанс. Используя союзническую риторику, в июле 1918 года Страна восходящего солнца присоединилась к вооружённой интервенции в Сибири. Как и в истории с германскими колониальными владениями в Шаньдуне, Япония рассчитывала под прикрытием союзнической миссии, не только занять российские зоны влияния в Маньчжурии, но и укрепиться в Приморье. Японию интересовали только территориальные приобретения за счёт России, антикоммунистическая и антигерманская риторика были лишь вербальным украшением, ведь не зря союзникам так и не удалось убедить Японию послать свои войска на западный фронт. Для оккупации Восточной Сибири Токио предоставил в состав союзных экспедиционных сил Франции, Великобритании, США и Японии сначала 12, а потом ещё 73 тысячи солдат. Это явилось самой большой мобилизационной акцией японской армии со времён русско-японской войны. Япония спешила заполнить вакуум, образовавшийся в Восточной Азии после революции в России. Все договорённости 1907 года о границах зон влияния аннулировались сами собой, казалось, что настал звёздный час стратегов японского империализма.

Однако японцы не учли самого главного, а именно — роста озабоченности США растущими аппетитами своего островного тихоокеанского соседа. «Новая дипломатия» президента Вудро Вильсона закамуфлировала стремление США заблокировать японскую машину имперских захватов в идеологические одежды модернизации всей системы международных отношений и международного права. В Китае американцы продолжали делать упор на концепцию «открытых дверей», равных экономических возможностей и размывание старых колониальных, территориально зафиксированных зон влияния. Как показало время, «антияпонская» составляющая американской внешней политики со временем оказалась сильнее «антикоммунистической».

Японскому правительству постепенно становится ясно, что настало время частичной модификации методов прямого военного давления в качестве основного средства достижения политических целей в Китае. Перспектива кардинальной трансформации всего международного порядка накануне окончания кровавой войны в Европе, усиление политической роли США, и как результат — изменение акцентов в системе международного права, стали ощутимыми даже в кругах самых непримиримых японских империалистов. На смену дипломатии канонерок в Китае на некоторое время пришли методы финансового клиентелизма, получившие отражение в, так называемых, «займах Нисихара». Переход к методам опосредованного контроля со стороны Японии был вызван также улучшением общей финансово-экономической ситуации в Азии во второй половине Первой мировой войны. Отсутствие западноевропейских конкурентов на азиатских рынках предоставило возможность японским предприятиям, изначально производившим продукцию более низкого качества, занять освободившиеся ниши в Китае, модернизироваться и захватить новые рынки сбыта. Доходы японского правительства выросли с 705 миллионов иен в 1915 году до 1,4 миллиардов иен в 1918.[95]

С января 1917 по сентябрь 1918 года Япония оказала Дуань Цижую[96] крупную финансовую помощь на сумму в 140 миллионов иен. Эта сумма, которую представитель премьер-министра Тераучи в Китае Камедзо Нисихара передал генералу Дуаню, согласно японским планам, должна была обеспечить широкомасштабные реформы инфраструктуры в Китае и укрепить японское присутствие. По 20 миллионов иен (итого 60) отпускалось на военные реформы, на реорганизацию Банка коммуникаций, на модернизацию почтовой и телеграфной системы. 30 миллионов предназначалось на развитие лесного хозяйства и горнорудной промышленности в Северном Китае. 50 миллионов должны были пойти на расширение железнодорожной сети в Северном Китае и в пров. Шаньдун.[97]

Последняя сумма была, своего рода, взяткой китайской стороне с целью создать условия для подписания контрактов на строительство новых железнодорожных линий в Маньчжурии.

Прежде всего, речь шла о строительстве железнодорожных линий, которые бы соединили Северо-Восточный Китай и Корею. В июле 1918 года японцам удалось достичь с китайцами предварительного соглашения о строительстве железной дороги от Гирина (Цзилинь) до корейского Хверёна (Hverjong/Hoyerong) с перспективой продления её до порта Чхонджин (Chongjin). Япония один раз уже подписывала с Китаем соглашение об этом участке в 1909 году, однако договор 1909 года оставлял за китайской стороной право определения времени начала строительства. По большому счёту, строительство этой дороги на территории с преимущественно корейским населением, негативно относящегося как к китайской, так и японской интрузии, не вызывало большого восторга у Пекина. Этот путь должен был прокладываться по гористой местности, что в глазах китайцев делало затраты на его строительство очень высокими и несопоставимыми с возможными выгодами.

Согласно оценкам ЮМЖД, произведённым в начале 1918 года, на строительство железной дороги протяжённостью в 262 мили от Цзилиня до Хверёна требовалось затратить 50 миллионов иен, соответственно, в среднем — 190 тысяч иен на милю. Получалось, что этот путь становился самым капиталоёмким по строительным затратам в Маньчжурии и Корее.

По подсчётам ЮМЖД, в первые годы эксплуатации, размер выплаты процентов по сумме займа Японии ежегодно на четверть миллиона иен перекрывал бы все прибыли от эксплуатации дороги за аналогичный период.

Кроме того, эта дорога превратилась бы в анклав японского влияния в Маньчжурии и Корее. Она давала возможность японцам, в зависимости от ситуации, оперативно перебрасывать войска между северо-восточным Китаем и Кореей. Это еще больше ослабило бы китайский суверенитет, поскольку увеличило возможности Японии для экономической, военной и политической эксплуатации такого важного стратегического района. В строительстве дороги, невзирая на затраты, была заинтересована прежде всего Квантунская армия, строительство этого отрезка пути решало, в первую очередь, её мобилизационные задачи.[98]

Тем не менее, Нисихара удалось убедить Дуань Цижуя поставить подпись под соглашением о займе на строительство дороги в Корею. Японцы практически «купили» согласие генерала, заплатив Дуаню авансом 10 миллионов иен и пообещав предоставить займ ещё на 50 миллионов. Аналогичным же образом, только уже за 20 миллионов иен уплаченных вперёд, Токио «выбил» из китайцев соглашение о двух железнодорожных концессиях в провинции Шаньдун. Ещё в 20 миллионов иен задатка обошлось Японии согласие Дуаня ускорить строительство железных дорог в Маньчжурии по подписанному в 1913 году соглашению.

Все «нежелезнодорожные» инфраструктурные займы Японии Китаю, упоминавшиеся выше, средства от которых формально предполагалось использовать для развития китайцами Банка коммуникаций, телеграфа, лесного хозяйства и прочих хозяйственных проектов, на самом деле, представляли собой завуалированную финансовую помощь правительству Дуань Цижуя. Форма «индустриальных займов» была выбрана японцами для того, чтобы поддержать Пекин в обход, так называемого, «Консорциума шести держав».

Консорциум был создан сначала при участии США, Великобритании, Франции, Германии ещё в 1911 году для обслуживания международного займа правительству Юань Шикая, с формальной целью проведения реформы денежной системы в Китае. Впоследствии к ним присоединились Россия и Япония, увеличив число стран-участниц до шести, поэтому и сам консорциум стал называться «Консорциумом шести держав».

Согласно решениям консорциума, любые «административные займы» Китаю, не могли осуществляться какой-либо державой в одиночку. Такой мерой консорциум пытался не допустить односторонних преимуществ и клиентелистских отношений отдельных держав с китайскими политическими силами.

Сложные конструкции, применявшиеся японцами для маскировки финансовой подпитки режима Дуань Цижуя, были вызваны боязнью Японии спровоцировать недовольство США. Америка к 1917 году всё больше расширяет сферу своих внешнеполитических интересов, отходя от политики изоляционизма. «Консорциум шести держав» являлся на практике одним из каналов укрепления американского влияния в Восточной Азии.

Благодаря поддержке американского правительства, банки США активно участвовали в работе новой организации.

Фриландер Нокс, государственный секретарь в администрации президента Уильяма Тафта, попытался посредством консорциума применить «долларовую дипломатию», чтобы стимулировать экспорт американского капитала в Маньчжурию, прежде всего в железнодорожное строительство.

«Долларовая дипломатия» явилась продолжением «политики открытых дверей», разработанной в 1899—1900 гг. государственным секретарём США Джоном Хейем. Эта политика отразила обеспокоенность Америки нестабильностью ситуации в Восточной Азии, вызванной ослаблением китайского влияния и стремительным превращением Японии в сильную современную державу.

«Политика открытых дверей» стала попыткой обеспечить свободный доступ к китайским рынкам и предотвратить посягательства на суверенитет Китая со стороны России, Японии, Великобритании и Франции. Неожиданная победа Японии в русско-японской войне 1904—1905 гг. породила угрозу расширения японского господства в Восточной Азии. Предшественник Тафта американский президент Теодор Рузвельт выступил с инициативой переговоров между двумя странами, завершившихся подписанием в Нью-Гэмпшире Портсмутского мира. Договор восстанавливал дальневосточный баланс сил и отводил Японии гораздо более важную роль в регионе, чем прежде. Отдавая себе отчет в слабости «политики открытых дверей», Рузвельт заключил в 1905 и 1908 гг. дополнительные соглашения с Японией. Соглашение 1908 г., подписанное между американским госсекретарём Рутом и японским посланником в США Такахирой, было нацелено на смягчение напряженности, возникшей вследствие дискриминации японских иммигрантов на западном побережье США и провозглашало взаимное уважение интересов в Тихоокеанском регионе.

В связи с принятием в Калифорнии расового законодательства, направленного на сокращение японской иммиграции в США, ушедший с поста президента Теодор Рузвельт, настойчиво предупреждал о возможности обострения отношений с Японией. Но его преемник президент Тафт и государственный секретарь Нокс не были готовы и дальше терпеть расширение японской экспансии в Восточной Азии.

В рамках стратегии «долларовой дипломатии» американский капитал должен был содействовать экономическому развитию Китая. По замыслу Нокса и Тафта, это восстановило бы политическую стабильность Китая и привело к усилению американского влияния в Восточной Азии. Оба политика были убеждены, что ничто не сможет эффективнее нивелировать «японскую опасность» для Дальнего Востока, чем укрепление позиций американских банков и концернов в Китае. Американская стратегия была направлена также на то, чтобы положить конец устремлениям колониальных держав разделить Срединную империю на сферы влияния. Миф о неисчерпаемых возможностях сбыта на китайском рынке являлся важной посылкой всей идеологии кабинета Уильяма Тафта.

Однако стратегия «долларовой дипломатии» с помощью «Консорциума шести держав» осуществлялась США недолго. В марте 1913 года преемник Тафта президент Вудро Вильсон отказался от дальнейших государственных гарантий американскому капиталу в Китае, и американские банки на некоторое время отозвали свои средства из международного финансового консорциума.[99] Тем не менее, отход от изоляционизма и вступление США в Первую мировую войну продемонстрировали японским политическим кругам возрастающую роль «американского фактора» в международной политике.

Подтверждение не заставило себя долго ждать. 8 января 1918 года президент США Вудро Вильсон провозгласил свои знаменитые «Четырнадцать пунктов» ведущей линией в борьбе за прогрессивное послевоенное переустройство мира. Как заявил Вильсон перед собравшимся американским Конгрессом, будущий мир должен покоиться на принципах открытой дипломатии, мировой свободной торговле, всеобщем разоружении и образовании государств по национальному признаку. Несомненно, что столкновение США и Японии по вопросу о характере будущих международных отношений в Восточной Азии и на Тихом океане, при таком идеологическом оформлении американской внешней политики, было лишь вопросом времени.

Япония сначала довольно умело обходила препятствия, возведённые для неё в Китае американской дипломатией, державами и поднимающим голову антиколониальным национально-освободительным движением.

Начиная с 1913 года, новая японская конструкция отношений с Китаем, построенная на финансовой поддержке режима Дуань Цижуя, частично нейтрализовала сразу несколько нежелательных факторов.

Возможность реализации японских планов руками китайского генерала снижала непосредственное давление растущего китайского национализма.

Кроме того, при использовании Дуань Цижуя у Японии отпадала необходимость заручаться согласием Великобритании и Франции при осуществлении тех или иных действий в Шаньдуне и Маньчжурии. И, наконец, китайско-японские клиентельные отношения затрудняли возможность непосредственного и быстрого вмешательства США в политико-экономическую ситуацию на территории Китая, подконтрольной генералу Дуаню.

Займы Нисихара ознаменовали робкое начало нового институционального этапа в японской внешней политике в Китае, начавшегося в 1913 году и закончившегося в сентябре 1931 года, когда генералы Квантунской армии, без консультаций с правительством империи и, невзирая на все его запреты, начали операцию по оккупации Маньчжурии. Институциональным новшеством этого этапа явилось, прежде всего, многообразие политических сил, участвовавших в японской колониальной практике в Китае — генералы, адмиралы, гражданские менеджеры концессионных предприятий, часто меняющиеся политические кабинеты.

Почти целую декаду, вплоть до конца 20-х годов, генералы Квантунской армии пытаются, в противовес усилению адмиралов императорского флота, противостоять тенденции падения своего влияния в японском обществе и, как следствие, на процесс принятия решений во взаимоотношениях с внешним миром. После окончания Первой мировой войны, в качестве ответа на вызовы «новой дипломатии» США определяющую роль в идеологии японской внешней политики начинает играть концепция «стратегической самодостаточности». Эта трансформация позволила японской армии избежать драконовских сокращений численности своего личного состава, осуществить которое ранее предлагал японский политический истеблишмент.

Маньчжурия, являвшаяся местом дислокации Квантунской армии — ядра японских сухопутных сил, играла в этой концепции роль «фронтира», «бастиона», «кладовой» полезных ископаемых и сельскохозяйственного сырья, а также «жизненного пространства» для переселения избыточного японского населения. Зацикленность японской армии на Маньчжурии была вызвана сначала стратегической важностью этого региона как бастиона против колониальных устремлений Российской империи, а впоследствии и волн революционного хаоса, накатывавших с севера и юга Поднебесной. Эта территория была идеальным плацдармом для наступательных действий в Китае, Монголии, Сибири, от которых Квантунская армия вовсе не собиралась отказываться в долгосрочной перспективе.

В первое послевоенное десятилетие в творческий процесс по формировании идеологии и практики японского колониализма впервые активно включаются и гражданские политики, по роду деятельности связанные с аппаратом японских промышленных и железнодорожных концессий. Это время характеризовалось, прежде всего, апробированием финансово-договорных клиентелистских схем взаимоотношений с китайскими политическими силами, от северокитайского милитариста Дуань Цижуя до маньчжурского генерала Чжан Цзолиня. Однако разница между «генералами» и «адмиралами», «военными» и «гражданскими» заключалась не в задачах предлагавшейся ими колониальной политики Японии, а всего лишь в методах и сроках осуществления этих целей. Тем не менее, зачастую именно отличия в методах, как это впоследствии показали события 30-х годов, предопределяли выбор между войной и миром.

Уже при подготовке соглашения по поводу «индустриальных» займов Нисихара в 1917 году стало ясно, что во внешнеполитической мысли Японии зародились новые тенденции. Представитель кабинета Тэраути Масатакэ на переговорах с китайцами — Нисихара и министр финансов Сёда Кадзуэ, несмотря на противодействие МИД Японии, выдвинули идею экономической паназиатской кооперации на основах взаимной выгоды. Несмотря на большой заряд демагогии — в японских концепциях Китай оставался «младшим», а не равноправным партнёром — предложения Нисихара-Сёда Кадзуэ, все-таки, были для японской внешнеполитической мысли, без преувеличения, революционными.

План банкира Нисихара Камэдзо, изложенный им японскому правительству, включал программу содействия китайской национализации железно-рудной, сталелитейной промышленности и железных дорог.

Если вспомнить, что в 1914 году державы не согласились одобрить попытки президента Юань Шикая поставить под китайский государственный контроль добычу железа, станет очевидным, какие сентенции и аналогии Нисихара намеревался вызвать у китайцев.

В его плане речь шла о том, чтобы, при содействии японского персонала советников, поддержать передачу управления предприятиями этих отраслей, находившихся преимущественно в руках иностранного капитала, китайцам. Платой за такую внешнеполитическую поддержку должно было стать первоначальное исключение японских концессий из массы национализируемых предприятий. Нисихара, чувствовавший веяния времени, пытался подвигнуть японское правительство к отходу от установки на задачу прямого территориального контроля, пропагандируя большую эффективность дистанционного метода влияния в Срединной империи. Силе американского капитала Нисихара собирался противопоставить в Китае идею цивилизационной близости и экономической взаимодополняемости. По его мнению, будущее экономическое развитие Японии напрямую зависело от возможности создания зоны промышленной автаркии в Восточной Азии.

Однако планам Нисихара было суждено остаться только на бумаге, кабинет Тераучи оказался не в состоянии осуществить революционные подвижки в области внешней политики. Скептики нового внешнеполитического курса не были уверены в возможности полномасштабного контроля над джином китайского национализма и, тем более, не желали сами выпускать его из бутылки. Кроме того, займы Нисихара фактически предлагали Дуань Цижую финансовую помощь авансом, получая в ответ только обещания китайцев подписать в будущем интересующие Японию соглашения. Ну а обещанного, как гласит пословица, «три года ждут»...

Тем не менее, через несколько лет вопрос о создании, так называемого, «самодостаточного оборонного периметра» вокруг японских островов постепенно становится стержнем внешнеполитического курса. Теоретической основой этой концепции стало закрытое исследование офицера Генштаба майора Коисо Куниаки[100] (1880—1950) «Ресурсы национальной обороны империи», выпущенное в августе 1917 года. Главным выводом монографии являлся постулат о том, что в будущей войне вопрос поражения или победы предопределят результаты экономического соперничества.

Война в Европе, по мнению Коисо, показала преимущества частно-государственных корпораций и особых форм взаимоотношений между государством и бизнесом для быстрой и эффективной мобилизации людских и промышленных ресурсов в военных условиях. Противопоставляя позитивный мобилизационный опыт Германии и негативный Великобритании, Коисо делал вывод, что установка на самодостаточность промышленных, геологических, сельскохозяйственных и людских ресурсов определит успех ведения войны. Япония, имевшая возможность к 1917 году использовать ресурсы Тайваня, Кореи и южной части Сахалина, не демонстрировала экономической самодостаточности. Японский флот был значительно слабее флота Великобритании, в то время, когда и последний оказался бессилен осуществить блокаду Германии в период Первой мировой войны. Поэтому, подчёркивал майор Коисо, ключ к решению японских проблем лежит в Китае. Япония должна решить вопрос самодостаточности своих ресурсов во время возможной войны за счёт кооперации с китайским населением или даже оккупации части территории Срединной Империи.

Вопрос о кардинальном пересмотре китайской политики, о взаимоотношениях с политическим истеблишментом Китая должен стать приоритетом Японии в период текущей мирной передышки. Китай богат всевозможными полезными ископаемыми, не исключена и возможность наличия богатых нефтяных ресурсов, которые, по мнению Коисо, располагались в Северо-Восточном Китае. Однако правители Китая не в состоянии эффективно распорядиться этими ресурсами для благосостояния своей страны и разбазаривают их чужеземцам. Япония, естественно, в разряд «плохих иностранцев», по оценкам японского майора, не входила. Япония должна была помочь Китаю разведать залежи новых полезных ископаемых, прежде всего железной руды и нефти, и организовать эффективное использование уже имеющихся. Первым важным шагом по пути реализации этой программы Коисо называл улучшение транспортной инфраструктуры, а именно — строительство железных дорог. Но это должно было стать только началом. Для удовлетворения нужд промышленности в военное время японский капитал в Китае планировал усилить внимание к расширению добычи олова и угля, а в сельскохозяйственном секторе — к увеличению производства риса, пшеницы, мяса, хлопка и шерсти.

Взаимовыгодность сотрудничества между Китаем и Японией, по мнению майора Коисо, определялась взаимодополняемостью экономик двух стран. Китай мог предоставить свои ресурсы, территорию и рабочую силу, а Япония — технологии и необходимый финансовый капитал. Кроме того, должен был произойти постепенный переход к совместной китайско-японской форме владения предприятиями. Специальное соглашение о совместных таможенных тарифах явилось бы, как намечал Коисо, первым шагом по пути создания объединённого восточноазиатского рынка. Становление собственно-китайских предприятий и их внедрение на рынок хотя и должно было усилить конкуренцию и уменьшить доходы японских фирм, тем не менее, перспектива использования китайского потенциала Японией в период возможной войны с лихвой должна была перекрыть эти негативные моменты. По мнению Коисо, борьба за концессии, которая являлась стержнем актуальной китайской политики, уже не могла в существующем виде отвечать потребностям Японии. Речь должна была идти о масштабном вытеснении иностранного капитала и об использовании ресурсов всего восточноазиатского региона.

Конечно, концепция майора Коисо в некоторых моментах повторяла план руководства сухопутных сил Японии по использованию Маньчжурии в 1905 году, однако эта концепция ознаменовала радикальный отход японского империализма от идейных конструкций прошлых лет. В традиционной имперской мысли Японии Маньчжурия прежде играла роль буферной зоны, защитного фронтира от нежелательного влияния России и Китая. Теперь же, эта территория осмысливалась как субстанциональная экономическая часть империи, как база, без которой было немыслимо противостояние любому противнику в будущей войне. Вне зависимости, кто бы им мог стать — США или ослабленная революционным хаосом Россия. Эта концепция предопределяла также особую роль японской армии, в задачу которой должна была входить защита оборонного периметра на континенте. Даже в возможной войне с США японский флот формировал бы лишь первую линию обороны, в долгосрочной перспективе успех зависел от того, насколько долго армия смогла бы удержать вторую линию защиты — базу ресурсов в Китае.

Без сомнения, концепция Коисо ознаменовала попытку армейского генералитета переосмыслить свои стратегические задачи в условиях устранения России в качестве континентальной угрозы интересам японской империи. Ведь по мере роста конфликтного потенциала со стороны океана — во взаимоотношениях с Америкой — получалось, что не японская армия, а флот становился оплотом военной мощи империи. Концепция Коисо добавляла аргументов высшему армейскому руководству Японии, отстаивавшему первостепенные позиции сухопутных сил и требовавшему в новых условиях перенесения центра тяжести континентальной военной активности с России на Китай.

Ещё до российской революции подобные китайско-центричные проармейские концептуальные подходы стали формироваться в японском Генштабе. Так, генерал-лейтенант Танака Гиити, назначенный в 1915 году заместителем начальника Генштаба, инициировал с этих позиций пересмотр «Плана обороны империи». Генерал настаивал на увеличении роли армии по защите интересов Японии в Китае и предсказывал снижение значимости российского театра действий. Танака, впоследствии ставший в 1927 году премьер-министром Японии, еще не раз отметится в истории советско-японских отношений.

Однако не все элементы концепции майора Коисо разделялись высшим армейским истеблишментом. Скепсис военных вызывал упор Коисо на мобилизационно-экономическую составляющую.

Глава японского Генштаба, давний советник главы кабинета Тераучи, Юсаку Уэхара противопоставил идее укрепления японской мобилизационной базы в Маньчжурии с помощью внешнеполитических инициатив, заложенной в концепции Коисо, своё, чисто тактическое решение. С точки зрения Уэхара, опыт русско-японской войны отчётливо продемонстрировал, что Япония в состоянии выиграть войну у более мощного, с точки зрения экономического потенциала, противника, если сумеет осуществить неожиданный, внезапный удар и будет использовать тактику молниеносной войны.

В период правления кабинета Тераучи, ни идеям Нисихара, ни концепции Коисо не суждено было увидеть своего воплощения. В сентябре 1918 года под воздействием внутриполитических факторов Тераучи ушёл в отставку. В этом же месяце китайский генерал Дуань Цижуй, сохранив пост командующего финансируемой Японией армии, оставил пост премьер-министра Китайской республики. Соглашения по строительству железных дорог, в которых были заинтересованы японцы, и за которые генерал получил такой щедрый аванс от японцев к этому времени так и не были подписаны. «Займы Нисихара» стали в Японии синонимом банкротства надежд на взаимовыгодное сотрудничество с Китаем на принципах новой политики. Однако этот опыт явился важным вкладом в разработку японскими имперскими стратегами методологии «клиентелистской» дипломатии, ставшей основой японской внешней политики в последующее десятилетие.

В рамках стратагемы клиентелистской дипломатии идеи майора Коисо получили дальнейшее развитие. Если его концепция была первоначально лишь одной из многих вариантов видения будущего империи армейским руководством, то к 1919—1921 гг. она становится идеологической основой Квантунской армии. Опираясь на принципы политики в отношении Китая, сформулированные Коисо, японский Генштаб стал разрабатывать подробные мобилизационные планы для будущих военных конфликтов.

Армейские планы фиксировали несколько уровней самодостаточности экономики Японии, необходимой на случай войны, определяющих размеры экономического оборонного периметра. Существовало несколько вариантов расширения этого периметра — на север в Сибирь, на запад в Монголию и на юг в долину Янцзы. Однако сфера автаркии всегда включала Маньчжурию в качестве центрального элемента. Оккупация китайской территории от юга Маньчжурии до долины реки Янцзы для обеспечения гарантированного доступа к запасам минерального сырья, продовольствия, промышленной инфраструктуре, рассматривалась как самый очевидный сценарий в армейских планах расширения империи.

Руководство армии, вынужденное в послевоенных условиях активно противостоять программам сокращения своей численности, настаивало на том, что выполнение вышеназванной задачи требует сохранения мобилизационной силы 40 пехотных дивизий, первоначально предназначавшихся для противодействия угрозе на континенте со стороны Российской империи.

В начале 1920-х гг. значение «сибирского театра» военных действий для японской армии определялось как побочное и пунктирно прописывалось лишь в некоторых планах. Интервенция японской армии в Сибири не принесла тех дивидендов и результатов, на которые рассчитывали японские военные. Два внешнеполитических аспекта в равной степени способствовали принятию решения Японией о выводе своих войск из России. Во-первых, российским большевикам и симпатизирующим им силам в Сибири и на Дальнем Востоке удалось мобилизовать цивилизационный аспект, изначально популярный у населения восточных регионов, когда противостояние захватчикам рассматривалась в рамках борьбы с «жёлтой опасностью». Во-вторых, несмотря на вербальные заявления о необходимости борьбы с коммунизмом, Америка не хотела допустить укрепления Японии на территории бывшей Российской империи.

Военные США, серьёзно обеспокоенные масштабами японской экспансии на российском Дальнем Востоке, оказывали ощутимую поддержку Дальневосточной Республике путём передачи ей важной разведывательной информации о Японии. Хотя пришедший к власти в 1921 году президент США Уоррен Гардинг негативно относился к возможности сотрудничества с большевистской Россией, тем не менее, именно поддержка США Дальневосточной Республике на созванной в ноябре 1921 года Вашингтонской конференции, помогла буферному государству добиться окончательного решения вопроса о выводе японских войск с Дальнего Востока. Допущенная в Вашингтон в качестве неофициальной, читинская делегация была принята государственным секретарем Хьюзом и смогла провести довольно успешную пропагандистскую компанию. Мнение США было поддержано другими государствами, и Япония, оказавшись в изоляции, была вынуждена заявить о готовности вывести свои войска из Приморья и с Северного Сахалина. Сроки окончательной эвакуации японских сил, тем не менее, оговорены не были.

На гребне вильсоновской риторики и антияпонского синдрома американских политиков большевикам удалось также возвратить КВЖД в сферу влияния Советской России.

Вопрос надо ставить, однако, не КАК БОЛЬШЕВИКАМ удалось вернуться в Северную Маньчжурию, а ПОЧЕМУ ЯПОНИЯ не сумела аннексировать КВЖД? Ведь удалось же ей прибрать к рукам колониальное наследие Германии после захвата пров. Шаньдун, несмотря на сопротивление Великобритании! А КВЖД Япония уже давно считала своей собственностью. После начала революции в России, японское правительство было уверено, что теперь никто и ничто не сможет помешать ему присвоить КВЖД, частичное согласие на покупку которой было получено от Керенского. Однако США, Великобритания и Франция уже усвоили уроки японского экспансионизма, полученные на примере захвата японцами германского колониального наследия в Китае. Поэтому с самого начала интервенции в Сибири союзники попытались поставить действия японцев в строго очерченные договорные рамки.

Как это ни парадоксально, но именно интервенция союзных держав в Сибирь сохранила КВЖД для Советской России. В период гражданской войны Япония попыталась договориться с белогвардейской дирекцией

КВЖД, чтобы та не препятствовала занятию дороги Армией обороны границы Дуань Цижуя. Союзные державы отвергли японское требование о юрисдикции над КВЖД и предписали Японии ограничиться контролем над Амурской и Уссурийской железными дорогами.

С 1919 года КВЖД контролировалась, так называемым, Межсоюзным техническим Советом, которым руководил американский инженер Джон Стивенс (John Stevens). Советское правительство сначала отказалось от претензий на КВЖД. Однако деятельность Русско-Азиатского банка, который, собственно, и получил в 1896 году право концессии на строительство КВЖД от Китая, реорганизовавшегося теперь в эмиграции и требовавшего через свои бюро в Париже и Пекине возврата КВЖД, вкупе с некоторыми военно-стратегическими причинами, способствовали пересмотру позиции Москвы.

Япония не смогла выбрать оптимальную тактику в своей борьбе за дорогу с союзными державами. Вплоть до конца 1920 года переговоры Японии с державами в поисках оптимального для Японии компромисса не принесли никаких результатов. Япония в этих переговорах признавала для себя наиболее приемлемыми две опции. Во-первых, это могла быть возможность предоставления КВЖД масштабных займов, которые бы дали Японии право впоследствии настаивать на своих управленческих правах. И, во-вторых, как программа-минимум, — разрешение перевести отрезок участка Харбин—Чанчунь с «русской», более широкой колеи, на узкую, «стефенсоновскую». Такая перекладка полотна позволила бы унифицировать часть КВЖД к югу от Харбина с техническими характеристиками японской ЮМЖД, а также более тесно привязать этот участок к японской сфере влияния.[101]

Однако к концу 1920 года у Японии появился новый возможный союзник в Маньчжурии, с помощью которого империя смогла бы без проблем обойти «с заднего хода» часть тех рогаток, которые выстроили державы японскому влиянию в Китае. Представитель фэнтяньской милитаристской клики[102], генерал Чжан Цзолинь[103], занимавший к этому времени должность, так называемого, «генерала-инспектора Трёх Восточных Провинций» по собственной инициативе предложил Японии программу сотрудничества. Японский генштаб сначала настороженно отнёсся к этому предложению.

У этой настороженности были основания.

Во-первых, летом 1920 года Чжан Цзолинь внёс немалый вклад в совместную победу фэнтянцев и чжилийцев[104] над, так называемой, «аньхуйской»[105] группировкой, одним из лидеров которой был поддерживавшийся Японией генерал Дуань Цижуй. Во-вторых, было известно, что Чжан Цзолинь выступал за усиление контроля над японскими предпринимателями, занимавшимися добычей полезных ископаемых, и за ограничение прав японцев на владение землёй в Маньчжурии. Сомнения вызывали также претензии Чжана на расширение сферы своего господства к югу от Китайской стены, за пределы Маньчжурии. Однако Японии, вряд ли, был нужен новый, прояпонский, связанный с империей клиентелистскими связями общекитайский президент или премьер-министр. Имперским стратегам к 1920 году стало постепенно ясно, что державы не допустят расширения влияния Японии на весь Китай, и даже, защищая свои сферы интересов в Маньчжурии, Токио был вынужден действовать чрезвычайно осмотрительно.

И тут сказал своё веское слово уже известный нам армейский министр Танака Гиити, знавший Чжан Цзолиня ещё со времён русско-японской войны. Он обратил внимание скептиков на то, что Япония уже не может воспользоваться услугами пекинского правительства, поскольку интересующие Токио вопросы, такие, например, как подавление корейского партизанского движения или строительство железной дороги на участке Цзилинь-Хверён (Hoeryong) относятся к сфере компетенции генерала Чжана. Танака был убеждён в возможности уговорить Чжан Цзолиня сосредоточиться на усилении своей власти в Трёх Восточных Провинциях — районе, по отношению к которому Чжану не надо было доказывать свою легитимность.

В мае 1920 года в Токио состоялась, так называемая, «Восточная конференция», на которой представители всех ключевых министерств и агентств обсудили японскую стратегию в отношении Китая и Сибири.

Кабинет Хара (Хара Такаси/ Hara Takashi) собирался наметить на конференции конкретный поэтапный план вывода японских войск из Сибири, определиться с японскими приоритетами в провинции Шаньдун, и, наконец, обсудить вопрос о характере сотрудничества Японии с Чжан Цзолинем. Самое главное — на конференции Хара хотел добиться от имперских «ястребов» формального закрепления политики частичного отступления в Китае, на которое Япония была вынуждена пойти под давлением держав.

В ходе работы конференции на ней была выработана резолюция из пяти обширных пунктов, которая регламентировала условия сотрудничества Японии с Чжан Цзолинем в Маньчжурии.

В первом пункте отмечалось, что помощь империи генералу Чжану распространяется не на него персонально, как индивидуума, а как на «субъект власти» в Маньчжурии с целью защиты японских интересов. Под этим углом зрения империя была готова в настоящем и будущем оказывать помощь, определяемую японскими приоритетами и «совместной выгодой» на этой территории, любому китайскому политическому деятелю, который бы занял место Чжана.

Второй пункт связывал предстоящий вывод японских войск из Сибири и намечавшиеся изменения в характере японских приоритетов в Маньчжурии, приграничных с нею областях, и в Китае, в целом. Именно прекращение японской интервенции в Сибири ставило на повестку дня задачу оказания Японией «дружественной помощи» Чжан Цзолиню для повышения уровня легитимности последнего в Маньчжурии и укрепления территории Трёх Восточных Провинций (ТВП) как бастиона против сил революционного хаоса и иностранного влияния.

Борьба с иностранным влиянием должна была вестись, однако, с соблюдением мер осторожности, чтобы не вызвать активного противодействия держав.

В третьем пункте резолюции намечались формы «помощи» Чжан Цзолиню. Оговаривалось, что пока державы не сняли эмбарго на поставку оружия в Китай, Япония могла лишь помочь Чжану создать свой собственный арсенал вооружений и базу снабжения его войск.

Имперское правительство, как отмечалось в четвёртом пункте, предполагало предоставить Чжан Цзолиню помощь в форме целевых экономических займов на возведение и улучшение эффективности уже существующих совместных предприятий в области горнорудной, лесной промышленности и сельского хозяйства. Совместный принцип управления и владения предприятиями также должен был уменьшить возможность противодействия держав внедрению японского капитала в Маньчжурию.

Отдельно, в пятом пункте, оговаривалась задача «желательности» перевода южного участка КВЖД между Харбином и Мукденом (Шэньяном) под контроль Чжан Цзолиня и последующей перекладки колеи этого участка с «российского» стандарта на «стефенсоновский» для более эффективной технической и экономической привязки к японской ЮМЖД. Для реализации последней цели Япония была готова предложить Чжан Цзолиню специальный экономический заем.[106]

Важным итогом Первой Восточной конференции в Токио в мае 1920 г. явилась формулировка «дуалистичной» политики Японии по отношению к Китаю, которая сохранялась как основа стратегии империи вплоть до 1928 года. К югу от Великой Китайской стены, южнее города Шаньхайгуань, за пределами ТВП, Япония соглашалась играть по правилам сформулированной американцами и поддерживавшейся державами концепции «открытых дверей» и уважения легитимности китайских националистических устремлений.

Другой алгоритм задавался на территории Китая к северу от стены, где Япония планировала, используя Чжан Цзолиня как «клиента» своего влияния, обосноваться всерьёз и надолго. Под прикрытием взаимовыгодного экономического сотрудничества стратеги империи планировали превратить Маньчжурию, в добавление к своему протекторату в Корее, не просто в базу горнорудных и сельскохозяйственных ресурсов для империи, а в её форпост на южной оконечности российского Дальнего Востока. Забегая вперёд, можно отметить, что большевики так и не поняли этого дуализма японской политики в Китае и поэтому «набили» себе немало шишек. Кроме того, японская стратегия в отношении Китая не была бесспорной внутри самого высшего истеблишмента империи.

Важность контроля над территорией Маньчжурии в качестве центрального условия самодостаточности экономики империи была очевидной, как для «умеренного» крыла японской дипломатии, так и для «квантунских ястребов». Тем не менее, в Японии периодически разгорались жаркие дискуссии о методах достижения этой цели. «Умеренные» призывали не эпатировать международное сообщество и настаивали на предпочтительности обходного пути через переговорные компромиссы с державами и установление клиентелистских отношений с Чжан Цзолинем. Однако зачастую и «умеренным» начинало казаться, что державы, и особенно США, пытаются вырвать у Японии слишком много уступок. Таким неожиданным ударом для империи оказалась позиция мирового сообщества по вопросу об управлении КВЖД, проявившаяся на Вашингтонской конференции в ноябре 1921 года. Фактически, речь шла о том, что державы предлагали Японии распрощаться с надеждами на присоединении каких-либо отрезков КВЖД к ЮМЖД договорным путём.

Вопрос о дороге стоял отдельным пунктом обсуждения на конференции.

США предложили поставить КВЖД под международный контроль таким образом, чтобы ею руководил многосторонний финансовый консорциум, ведущую роль в котором играли бы американские банки. Подобный поворот дела, однако, не устраивал не только Японию. «Общекитайское» пекинское правительство также высказало резкое несогласие по поводу американского предложения, поскольку надеялось в оплату своих союзнических заслуг получить все права на дорогу.

Уже за год до Вашингтонской конференции пекинское правительство попыталось «де факто» завладеть КВЖД. 2 октября 1920 г. китайский министр путей сообщения Е Гунчжо подписал с Русско-Азиатским банком специальное соглашение «О совместном управлении Китайско-Восточной железной дорогой». Соглашение определяло, что до появления стабильного русского правительства, с целью предотвращения ситуации хаоса и беспорядков, контроль над дорогой временно переходит к Китаю. Документ предусматривал регулярные выплаты Общества КВЖД пекинскому правительству, оговаривал введение в Правление дороги новых китайских директоров и замену русской полиции китайской. В начале 1921 г. на собрании акционеров Русско-Азиатского банка и представителей администрации КВЖД было подписано соглашение о новой структуре правления дороги. Управляющим КВЖД был назначен инженер Б.В. Остроумов. Пекинское правительство осуществило также ряд мер по изменению правового положения российского населения и административного управления полосой отчуждения. 23 сентября 1920 г. президент Китайской Республики Сюй Шичан издал декрет, согласно которому проживающие в Маньчжурии подданные бывшей Российской империи были лишены прав экстерриториальности. Кроме этого, пекинское правительство образовало на месте полосы отчуждения КВЖД, так называемый, «Особый Район Восточных Провинций» (ОРВП). С конца октября 1920 г. в ОРВП стали создаваться китайские административные, полицейские и судебные учреждения.

Пекинское правительство было уверено, что Вашингтонская конференция подтвердит права Китая на КВЖД, и поэтому оно заявило решительный протест по поводу предлагаемой американской резолюции.

О своём протесте заявили также правительства ДВР и РСФСР. Разногласия по американскому проекту возникли и среди западных держав. Несмотря на риторику «новой дипломатии», США не зря считали, что китайское правительство ввиду своей слабости легко может превратиться в японскую политическую марионетку, а передача дороги Китаю будет скрытым вариантом японского владения КВЖД.[107] К этому времени фэнтяньская группировка Чжан Цзолиня вместе с чжилийскими милитаристами контролировали «общекитайское» пекинское правительство, контакты генерала Чжана с японцами о сотрудничестве также не являлись секретом для США. Тем не менее, на Вашингтонской конференции американское предложение в его первоначальном виде всё же не было принято. По-видимому, американцам показалось возможным использовать в качестве своего агента влияния созданную незадолго до этого на территории российского Дальнего Востока, так называемую, Дальневосточную Республику (ДВР). Развитие событий на востоке России пока не предвещало перспективы объединения ДВР с Советской Россией, хотя тесные связи «буферного государства» с Москвой ни для кого не были секретом. США рассматривали ДВР преемником царской России по вопросу КВЖД.

В одобренной на конференции резолюции подтверждалась необходимость возвращения КВЖД России как ее законному владельцу и содержалось предостережение против передачи прав собственности России на КВЖД какому-либо другому государству.[108]

В конце 1921 года формальное возвращение правопреемникам Российской империи прав на КВЖД пока не сильно беспокоило державы и Китай. Им казалось, будто у Москвы и Владивостока ещё не было сил и ресурсов, чтобы воспользоваться своим маньчжурским наследством.

Давление со стороны держав, с которым столкнулись японцы на Вашингтонской конференции, привело к пересмотру японского плана обороны в 1923 году. Этот документ впервые провозгласил США, а не Россию, главным гипотетическим противником японской империи. План обозначил противоречия с Америкой в западной части Тихого океана в качестве приоритетных. По логике японских стратегов, именно эти противоречия предопределяли теперь направление развития вооружённых сил империи. Ревизия плана была предпринята в связи с потерей России статуса великой державы и минимизацией континентальной угрозы интересам Японии в Северо-Восточной Азии.

Стратегические подвижки, сопровождавшиеся выводом японской армии из Сибири, привели к сокращению её численности на 4 пехотные дивизии и к усилению позиций флота в структуре имперских вооружённых сил. К 1925 году японская армия растратила все свои дивиденды, заработанные в русско-японской войне 1905 года. Однако «умеренные» смогли выкупить возможность модернизации внешней политики Японии и придания ей внешнего лоска только за счёт уступок армейским генералам по поводу имперского стоительства в Маньчжурии. Квантунский генералитет с удвоенным рвением взялся теперь за Маньчжурию для компенсации своих потерь.

В 1921 году важнейшей причиной согласия японцев на сотрудничество с Чжан Цзолинем явились стремления захвата КВЖД. К началу 1924 года, под влиянием решений Вашингтонской конференции, эта задача была переформулирована в более общей форме, а именно, создание Японией компактного, но эффективного оборонного периметра в Северо-Восточной Азии. Под этим, в первую очередь, понималась самодостаточность в сырье и минеральных ресурсах за счёт эксплуатации Маньчжурии и Северо-Восточного Китая.[109] Однако, теперь японцы могли действовать на КВЖД только китайскими руками, именно здесь, учитывая общий националистический подъём в Китае, мог бы пригодиться союз с Чжан Цзолинем.

В марте 1923 года Пекин разорвал все китайско-японские договоры, основанные на 21 требовании и потребовал вывода японских войск с территории Ляодунского полуострова, а также с Аньтун-Мукденской железной дороги, аренду которой японцы сумели продлить незадолго до всплеска антияпонских настроений. Отказ Токио выполнить требование Пекина привёл к бойкоту японских товаров в Китае и обострению взаимоотношений вплоть до сентября 1923г. Эти события опять вывели политику в Маньчжурии на первые полосы японских газет и поставили перед японской общественностью вопрос о цене уступок империи в её желании приобщиться к мировому сообществу. В этом же году японскому национальному самосознанию был нанесён ещё один удар — Конгресс США начал совещания по вопросу о запрете японской иммиграции в Америку. Вспомните, в фильме Александра Сокурова «Солнце» именно этот акт американского правительства японский император Хирохито называет точкой бифуркации, определившей поворот Японии в сторону войны. Как бы там ни было, дискуссия о поисках «жизненного пространства» и направлении переселенческих потоков, в которых Маньчжурии отводилась важная роль, вновь завладела японским общественным мнением.

Квантунская армия попыталась использовать благоприятную ситуацию для решения своих задач в отношении КВЖД, в политическом истеблишменте Японии появилось понимание того, что генералам стоит поторопиться. В большевистской России начинал просыпаться интерес к своим дальневосточным границам и возвращение русских на КВЖД, скорее всего, становилось лишь вопросом времени.[110] И здесь Чжан Цзолинь оказывался незаменимой фигурой.

Под прикрытием права на «временное управление» дорогой, китайцы и после завершения Вашингтонской конференции продолжили выстраивать свою вертикаль управления КВЖД. К 1923 году весь китайский административный аппарат был подчинён Главноначальствующему ОРВП, резиденция которого находилась в Харбине. Главноначальствующий, в свою очередь, был подчинён местному правительству Трёх Восточных Провинций (ТВП)[111], а через него, формально, — центральному правительству в Пекине. В 1922 году, после поражения в войне с генералом У Пэйфу, возглавлявшим войска столичной провинции Чжили, военный губернатор ТВП генерал Чжан Цзолинь провозгласил независимость Трёх Восточных Провинций от Пекина. Казалось, что это военное поражение заставит генерала Чжана сосредоточиться на планах возрождения Маньчжурии и забыть об амбициозных желаниях распространить своё военно-политическое влияние на весь Китай. Кроме того, японцы ожидали благодарности от маньчжурского диктатора — хотя Япония и отказалась предоставить Чжану прямую военную помощь в борьбе с У Пэйфу, однако присутствие японских военных на территории Маньчжурии косвенно помешало чжилийцам преследовать фэнтяньцев к северу от Великой Китайской стены. С точки зрения японцев, такая благодарность могла бы выразиться в предоставлении японской ЮМЖД разрешений на строительство сети железных дорог, о которых в своё время шли переговоры ещё с Дуань Цижуем. Кроме того, Япония надеялась посредством целевых займов для КВЖД, если не полностью взять под свой контроль эту дорогу, то, по крайней мере, переложить колею на участке Харбин—Мукден и, таким образом, привязать этот важный отрезок к ЮМЖД.

Однако у фэнтяньцев оказалось своё, несходное с японским, видение железнодорожной проблематики. Отступая в пределы своей вотчины под напором чжилийцев, Чжан Цзолинь захватил участок бывшей Пекинско-Маньчжурской железной дороги (ПМЖД) от Шаньхайгуаня до Мукдена, вместе с большей частью принадлежавшего к ней подвижного состава. И теперь Чжан собирался по максимуму использовать этот военный трофей для укрепления своей экономической базы в ТВП.

В начале 1923 года гражданский губернатор провинции Фэнтянь и главный экономический советник Чжан Цзолиня Ван Юнцзян изложил правлению ЮМЖД план ряда локальных китайских инвесторов и провинциального правительства о строительстве железной дороги из Мукдена в Хайлун с перспективой возможного её продления до Цзилиня. Ван Юнцзян предложил, чтобы японцы отказались от своих требований на концессию строительства отрезка Кайюань—Хайлун, поскольку эта железная дорога была бы дубликатом китайского проекта. Китайцы заверили ЮМЖД, что собираются строить участок Мукден—Хайлун без привлечения иностранных займов, опираясь только на собственно-китайский капитал. Чтобы хоть как-то подсластить пилюлю, Ван Юнцзян объявил о согласии китайской стороны дать разрешение на строительство японцами железной дороги из Таонаня до Цицикара. Этот отрезок мог бы тогда явиться продолжением сданной в эксплуатацию соединительной ветки КВЖД Супинкай—Таонань.

В ноябре 1923 года правительство провинции Цзилинь предложило построить ещё две линии. Одна — из Цзилиня на восток до Тунхуа, другая — из Чанчуня на запад в Фуюй на реке Сунгари. Цзилиньские власти отдавали себе отчёт, что эти предложения представляли собой, соответственно, часть японского плана строительства отрезков Цзилинь—Хверён и Чанчунь—Таонань. Поэтому Японии было предложено «смириться» с выходом китайцев из всех предыдущих финансовых и дипломатических обязательств по этим проектам, которые были получены империей в ходе переговоров по займам Нисихара. Однако у ЮМЖД оставалась возможность финансового участия в этом проекте.

Два китайских предложения о строительстве новых железных дорог стали частью масштабной экономической программы, о которой Чжан Цзолинь заявил вскоре после объявления независимости ТВП. В результате реализации этих амбициозных планов китайская Маньчжурия смогла бы обслуживаться двумя важными собственными «стволовыми» линиями, тянущимися по обе стороны от ЮМЖД и глубоко вторгающимися в зону влияния КВЖД. Более того, Чжан Цзолинь возродил план строительства незамерзающего порта Хулудао, соединённого с Пекино-Маньчжурской дорогой, идея которого была высказана провинциальным правительством Маньчжурии ещё в 1910 году. Построенный порт Хулудао становился прямой угрозой экономическим позициям японского Дайрена. Для реализации всех этих проектов Чжан Цзолинь создал в 1924 году специальную Транспортную Комиссию Трёх Восточных Провинций (Тунсаньшэн цзяотун вэйюаньхуй).[112] Тем не менее, эти визионерские планы, вряд ли, серьезно рассматривались в качестве угрозы японским интересам при первом приближении, особенно в условиях мгновенно сменявшихся политических и военных приоритетов китайских лидеров.

Обращаясь к ЮМЖД за финансовой помощью и обосновывая необходимость строительства дорог сиюминутными экономическими нуждами, китайцы, вроде бы, демонстрировали отсутствие враждебных интересов по отношению к Японии. Разрешение на строительство отрезка Таонань—Цицикар, о котором японские военные раньше и не могли мечтать, представляло собой достойную материальную компенсацию японской ЮМЖД за возможные конкурентные неудобства. Действительно, совокупные доходы провинциальной администрации, особенно в связи с расходами на войну с чжилийцами в 1922 году, были невелики. Обустройство и расширение ПМЖД давало Чжан Цзолиню возможность расширить свою экономическую базу, и хотя строительство требовало времени, уже сейчас продажа земли вдоль намечавшихся линий могла начать приносить отдачу. Японцы, без сомнения, были в состоянии успешно противостоять китайцам в чисто экономической конкуренции, направленной, прежде всего, на борьбу за питавший ЮМЖД местный соевый трафик. Однако рост экономического национализма в ТВП начинает постепенно омрачать сотрудничество и девальвировать для Японии те дивиденды, которые японцы планировали заработать на поддержке Чжан Цзолиня.

Не удивительно, что реакция Японии на предложения Чжана была амбивалентной.

С одной стороны, китайцы предлагали японцам конкретные преимущества в области, где, несмотря на громадные расходы уже десятилетие не было сколько-нибудь заметных подвижек. Из пяти линий, о которых велись переговоры в 1913 году, только одна — Супинкай—Таонань- была завершена. Это скромное достижение потребовало девятилетнего строительства и выплаты огромных сумм на подкуп местных властей. В 1918 году Нисихара заплатил авансом 20 миллионов йен за строительство четырёх железнодорожных линий и ещё 10 миллионов за отрезок Цзилинь - Хверён, но, несмотря на неоднократное возобновление переговоров, до подписания контрактов дело так и не дошло.

Армия нашла привлекательным предложение китайцев о строительстве участка Таонань—Цицикар, который предоставлял Японии дополнительные возможности для борьбы с российским влиянием в Маньчжурии, поскольку открывал для империи регионы к западу от Харбина. Обладание Цицикаром позволяло контролировать возможность проникновения вражеских войск на севере маньчжурской равнины и вынуждало бы потенциального противника предпринимать путь в обход, через неуютную гряду Хинганских хребтов. В ноябре 1921 года при поддержке российских большевиков на территории Внешней Монголии была провозглашена Монгольская Народная Республика, поэтому перед японскими военными уже давно стояла задача адекватного ответа новому российскому вызову с севера. Руководство ЮМЖД, соперничавшей с КВЖД за соевый трафик, также было заинтересовано в проникновении в сферу влияния конкурента вплоть до Цицикара, хотя и предпочитало решать спорные вопросы переговорным путём. Это были позитивные стороны китайского предложения.

Негативных же сторон, помимо свидетельств о просыпавшемся китайском экономическом национализме в Маньчжурии, было две. Во-первых, строительство отрезка Таонань–Цицикар облегчило бы доступ в труднодоступную западную Маньчжурию не только японцам, но и международному консорциуму, прежде всего США. Во-вторых, проекты, о которых теперь шла речь, были в своё время уже один раз оплачены японцами через займы Нисихара. Однако Чжан Цзолинь категорически отказывался отвечать за долги Дуань Цижуя Японии и настаивал, что речь идёт об абсолютно новых договорённостях «с чистого листа». Это создавало опасный прецедент, поскольку ставило под сомнение преемственность японской политики в Маньчжурии. Кто мог гарантировать, что в случае потери Чжан Цзолинем господствующего положения в ТВП, японцам удалось бы договориться с его наследниками!

Без сомнения, планы провинциального правительства ТВП являлись вызовом монопольному положению ЮМЖД и её роли как инструмента железнодорожного империализма.

Несмотря на все сомнения, японцы всё-таки верили в свою экономическую и военную мощь, считая, что новые линии можно будет инструментализировать, как каналы для наполнения трафика ЮМЖД. Они не сомневались в магнетизме Дайрена, даже при наличии китайской альтернативы в виде незамерзающего порта Хулудао.

Важную роль в ходе принятия окончательного решения японским истеблишментом по китайским железнодорожным предложениям сыграл молодой директор ЮМЖД Мацуока Ёсукэ, более известный впоследствии в истории как министр иностранных дел, подписавший со стороны Японии Тройственное соглашение с фашистской Германией и Италией в 1940 году. Однако именно деятельность Мацуока на посту директора ЮМЖД в 1920-е годы, во время которой он сумел заручиться поддержкой в армии и имперских кругах, предопределила его дальнейший карьерный взлёт. При нём Япония делает попытку перейти от прямого контроля над территорией, являющейся источником природных ресурсов, необходимых для жизнедеятельности империи, к варианту контроля посредством клиентелистских отношений с национальными военно-политическими элитами этих территорий.

С подачи Мацуока, в рамках политики «daikansho», Япония провозгласила своей целью создание в ТВП дружественного империи режима протекторатного типа, получающего от неё финансовую, экономическую и военную помощь. Чтобы нейтрализовать возможные протесты международного сообщества, в качестве ширмы для идеи протектората, Мацуока выдвинул концепцию «азиатской доктрины Монро», которая должна была подчеркнуть внешнему миру заинтересованность Японии в экономическом процветании обрамлявших империю азиатских территорий.

Однако более внимательный анализ содержания новой японской политики свидетельствует лишь о мимикрии старых имперских концепций. Согласно представлениям Мацуока, Япония не могла допустить в Маньчжурии и сопредельной с ней Корее не только хаоса, спровоцированного возможной иностранной интервенцией или восстанием, но и смириться с административной неэффективностью и экономической нестабильностью внутри этих стран. Любое действие, не совпадающее с японскими интересами, например, даже бесконтрольная денежная эмиссия местными элитами, должно было спровоцировать, по мнению Мацуока, вмешательство Японии, вплоть до военной интервенции. Мацуока поставил знак равенства между стремлением местных элит к стабильности и процветанию и их обязательной проявонской ориентацией. Но и даже такие установки на «скрытый протекторат» явились для японской имперской мысли значительным шагом вперёд. Концепция Мацуока не предполагала полного японского контроля над собственностью в качестве условия инвестиций и финансовой поддержки и давала возможность либерализовать прежнюю японскую железнодорожную политику. Мацуока предложил девиз «Маньмо но тамэ но Маньмо» — «Маньчжурия ради Маньчжурии». Эти слова означали, что процветание китайской Маньчжурии предоставляло Японии большие дивиденды в будущем, будь то улучшение доступа к природным ресурсам или расширение экономического рынка для сбыта японских товаров. Несмотря на то, что Мацуока фактически выступал за создание «протекторатов» на территории Маньчжурии и Кореи, сам автор концепции подчёркивал её альтернативность по сравнению с прежними стратегиями колонизации, присущими железнодорожному империализму.

Мацуока критиковал стремление японских дипломатов попытаться вновь разделить сферы влияния в Китае с США, Великобританией или Россией. С его точки зрения, позиции империи в Маньчжурии были настолько прочными, что ни одна держава уже не смогла бы выдавить Японию из этого региона. Кроме того, директор ЮМЖД считал ненужной политику «охоты за концессионными правами», он был полностью уверен в способности империи осуществлять жёсткий контроль над местными элитами. Его концепция отделяла проблему территориального контроля от задачи экономического развития.

Однако Мацуока вовсе не предполагал, что клиентелистские элиты хоть в какой-то степени поставят под вопрос правомерность особого положения японцев на ЮМЖД и в зоне арендованных империей территорий на Ляодунском полуострове. Эти права китайцы должны были уважать априори, они не могли входить в переговорную массу. В новых условиях «сотрудничества» ЮМЖД должна была выступить в качестве главного экономического агента японской стороны. «Синтетический подход» Мацуока, в чистом виде, не выражал ни интересов армейских «хардлайнеров», ни «умеренных» в японском МИДе, что и предопределило трудности в его реализации в 1920-е годы. Но, как бы то ни было, без всякого сомнения, его концепция предоставила Японии неоспоримые тактические преимущества в ходе переговорного процесса с китайцами.

В начале 1924 года Мацуока, несмотря на противодействие японского МИДа, добился поддержки армии и сумел начать переговоры с Ван Юнцзяном о строительстве новых железнодорожных линий. Эти переговоры проходили под покровительством мукденского генерального консула Фунадзу Тацуихиро (Funatsu Tatsuihiro), выступавшего за сотрудничество с генералом Чжан Цзолинем. Так, уже к весне 1924 года Мацуока добился соглашения китайской стороны на строительство линий Таонань—Цицикар, Цзилинь—Тунхуа, Чанчунь—Фуюй и Мукден—Хайлун.[113] Однако «медового» периода во взаимоотношениях с китайцами не наступило. Чем богаче и увереннее в своих силах становился Чжан Цзолинь, тем большие политические и военные амбиции возникали у него по отношению к территориям за пределами ТВП. Но именно от таких шагов японские «союзники» пытались удержать Чжана, убеждая генерала сосредоточить все силы на внутреннем развитии ТВП. Уже в этом скрывался источник будущих конфликтов. Кроме того, Чжан Цзолинь вовсе не был расположен отдавать японцам солирующие позиции в управлении своей собственной вотчиной, особенно если речь шла о железных дорогах — важном источнике денег и власти. Генерал был уверен, что в долгосрочной перспективе он всё равно переиграет японцев на экономическом поле. Сейчас ему была нужна только военная поддержка Японии и оружие для укрепления своих позиций к югу от Великой Китайской стены. Если уж японцы предлагали союзнические отношения, то, по мнению Чжан Цзолиня, они должны были оказать ему поддержку тогда и там, когда и где генерал в этом нуждался. А его целью, как показала вторая чжилийско-фэнтяньская война осенью 1924 года, по-прежнему оставался Пекин. Первоначально удача была не на стороне Чжан Цзолиня, армия фэнтяньцев оказалась запертой в районе Шаньхайгуаня. Несмотря на желание японской армии и директора ЮМЖД Мацуока выполнить союзнические обязательства и прийти на помощь Чжан Цзолиню, кабинет Сидэхара в Токио не соглашался авторизовать интервенцию до тех пор, пока отсутствовала прямая угроза японской собственности и жизни японских граждан. Армия и Мацуока были вынуждены искать обходные пути помощи союзнику. Они убедили одного из главных союзников чжилийцев генерала Фэн Юйсяна порвать с У Пэйфу, увести свои войска от Шаньхайгуаня и оккупировать Пекин. Эти действия создали угрозу тылу чжилийцев и вынудили их войска отступить от Шаньхайгуаня.[114]

Чжан Цзолинь был спасён, однако сильной благодарности к своим спасителям он не испытывал, официальная позиция невмешательства и сведение союзнических отношений к экономическим проектам выхолащивали суть концепции daikansho. Кроме того, вторая чжилийско-фэнтяньская война продемонстрировала противоречия между японскими трактовками союза с Чжан Цзолинем и установками на различное содержание японской политики к югу и северу от Великой Китайской стены, сформулированными на Восточной конференции. Более того, единства о нюансах японской политики не было даже внутри группы, объединившей Мацуока с армейскими генералами, выступавшими единым фронтом в поддержку Чжан Цзолиня. Так, например, Мацуока был несогласен с позицией армейских генералов, фаворизировавших первоочередное строительство линии Таонань — Цицикар. Он опасался, что фиксация такого направления японских интересов будет воспринята за пределами Японии в качестве необъявленной войны против КВЖД и Советской России. Однако и аналитики руководимой Мацуока ЮМЖД не разделяли мнение своего шефа. Они считали, что это строительство сможет привлечь дополнительный трафик грузов на ЮМЖД с севера, а также усилит конкурентный контроль над КВЖД, которая с 1924 года находилась под советским влиянием.

В 1924 году Советская Россия вновь заявила о своих интересах в Китае и на КВЖД, подписав сначала в мае договор о дипломатических отношениях с пекинским правительством, а затем 24 сентября того же года — соглашение с Чжан Цзолинем о совместном управлении на КВЖД. Возвращение СССР на КВЖД только на первый взгляд повысило возможности манёвра для Чжан Цзолиня в отношениях с японцами. От первоначальной миролюбивости Чжан Цзолиня к восстановлению советских позиций на КВЖД, вызванной задачей обеспечить себе надёжный тыл в период второй чжилийско-фэнтяньской войны, после окончания боевых действий не осталось и следа. Чжан перешёл к методам давления на КВЖД, надеясь, хотя бы в этом, заручиться поддержкой японцев.

Надеждам китайского генерала не суждено было сбыться. Внутри японского политического и военного истеблишмента не было единства о методах вытеснения СССР с КВЖД. Начальник штаба Квантунского гарнизона генерал-майор Сайто Хисаси попытался призвать Чжан Цзолиня к вооружённому захвату дороги. Однако кабинет министров, в том числе и довольно умеренный армейский министр Угаки Кадзунари предостерегали военных от необдуманных действий. По мнению Угаки, Япония должна была вовлечь СССР в «невидимую войну» за железные дороги в Маньчжурии, а не прибегать к прямой военной конфронтации. Поддержка военно-политических амбиций Чжан Цзолиня могла бы привести к срыву японской железнодорожной программы, которая представлялась министру более адекватным ответом на советский вызов в Северном Китае. Понятно, что Чжан Цзолинь, в очередной раз, был сильно раздосадован японской позицией. Однако японцы явно не понимали, чем может быть недоволен китайский союзник.

После второй фэнтяньско-чжилийской войны началось строительство отрезка Таонань—Цицикар. Японские военные постепенно входят во вкус новых экономических возможностей, которые, как им казалось, открывает союз с Чжан Цзолинем в Маньчжурии. В ноябре 1925, уповая на антисоветские настроения Чжан Цзолиня, японский Генштаб разработал программу железнодорожной экспансии в Северном Китае, которая по масштабам далеко превосходила планы Мацуока. Армия предложила разделить программу на две фазы.

Во время первой фазы головным проектом становилось строительство отрезка от станции Таонань до местечка Солунь во Внутренней Монголии. Впоследствии, часть этой дороги планировалось продолжить до станции Маньчжурия (Маньчжоули). Станция Маньчжурия являлась конечным пунктом КВЖД на западе, где КВЖД переходила в Читинскую ветку Транссиба. Это означало бы строительство параллельной к КВЖД дороги. Более того, отрезок Таонань—Маньчжурия стал бы западным сегментом основного ствола, соединявшего отрезки Чанчунь—Таонань, Чанчунь—Цзилинь и Цзилинь—Хверён. Последний сегмент — Цзилинь—Хверён замыкался на корейский порт Чхонджин. Посредством строительства этой железнодорожной системы и сопутствующих ей сельскохозяйственных баз, армия надеялась, во-первых, получить доступ к экономическим ресурсам Внутренней Монголии и центру Внешней Монголии, находившейся под контролем Советской России. Во-вторых, этот путь вклинивался также в традиционную сеть дорог, соединявшую Монголию с рынком в Тяньцзине, и давал возможность не только открыть новые зоны экономического трафика, но и встроиться в систему эксплуатации старых.

Второе место в списке проектов первой фазы занимал отрезок, располагавшийся перпендикулярно к линии Чанчунь—Таонань, который должен был начинаться от станции Далай и идти на север к станции Аньда на западном ответвлении КВЖД. Получалось, что этот отрезок возводился параллельно КВЖД и вторгался на севере в высокопродуктивный сельскохозяйственный район Маньчжурии. Японцы не могли тогда знать, что в районе к западу от станции Аньда будет найдено одно из самых мощных по запасам нефти месторождений в Восточной Азии.

Третье место в списке приоритетов первой фазы японской железнодорожной программы занимало строительство отрезка из Хверёна на корейско-китайской границе на север через Наньцзи к городу Ниньгута на левом берегу реки Муданьцзян. Эта линия к востоку от КВЖД могла бы дать японцам возможность перерезать сообщение между Маньчжурией и Приморским краем.

Во время второй строительной фазы японские военные планировали построить сразу несколько дорог к северу от КВЖД, например от Цицикара на север — в регионы, граничившие с советским Приамурьем в районе Благовещенска.

Японский план строительства был рассчитан на 20 лет и должен был завершиться в 1944 году. За это время планировалось возвести 11 тысяч километров железнодорожного полотна. В случае успешной реализации этого проекта, Япония получила бы возможность легко оккупировать Северную Маньчжурию и ликвидировать влияние СССР в регионе. Более того, такое масштабное строительство дорог предоставило бы возможность полной экономической инкорпорации ресурсов Маньчжурии для стратегических нужд японской империи в рамках концепции создания «оборонного периметра». Японские военные предлагали предоставить всем сооружаемым дорогам статус «китайской госсобственности» и поместить их под полный «китайский управленческий контроль», используя идеи Мацуока о развитии железных дорог на основе «кооперации». Такой подход позволил бы избежать протестов СССР и западных держав относительно агрессивной японской политики. ЮМЖД должна была выступить всего лишь как строительный «субподрядчик». Планы армии по широкомасштабному строительству предопределили её давление на правительство и ЮМЖД с требованием не соглашаться на созыв или торпедировать работу каких-либо конференций или переговоров с участием СССР, Китая и Японии по железнодорожной проблематике. Военные призывали к срыву любых договорённостей о возможных квотах между ЮМЖД и КВЖД. Антисоветская направленность строительных программ должна была скрываться под лозунгами укрепления китайского суверенитета.

Интересно, что некоторые представители менеджмента ЮМЖД не поддержали планов военных и своего директора Мацуока, подчёркивая ошибочность «северной кампании». По их мнению, сокращение власти русских в Северной Маньчжурии неминуемо приведёт к усилению китайцев на КВЖД, которые выдвинут Японии аналогичные требования. Поэтому более предпочтительным им представлялся вариант договора о квотах и разграничении сфер бизнеса с КВЖД.[115]

Подъём революционного движения в Южном и Восточном Китае в 1925 году повлиял и на политическую ситуацию на севере страны. «Национальная армия» Фэн Юйсяна, поддержавшая лозунги гоминьдана о борьбе с милитаризмом, выступила против Чжан Цзолиня, и 26 ноября 1925 г. войска Фэн Юйсяна вошли в Пекин. О солидарности с Фэн Юйсяном заявил фэнтяньский генерал Го Сунлин, поднявший 27 ноября восстание против Чжана в Южной Маньчжурии. Положение Чжан Цзолиня стало критическим. И здесь опять на помощь своему союзнику пришли японцы. Несмотря на то, что Го Сунлин предусмотрительно оповестил Японию о желании уважать их интересы в Маньчжурии, японцы запретили мятежному генералу пересекать линию ЮМЖД и отказали в возможности использовать железную дорогу для транспортировки своих войск. Вмешательство Японии определило судьбу мятежного генерала, восстание было подавлено, а сам Го Сунлин вероломно убит в японском консульстве. Даже в отсутствии поддержки Го Сунлина войскам 1-й «национальной армии» Фэн Юйсяна удалось в декабре 1925 года захватить Тяньцзинь. В феврале 1926 г. Чжан Цзолинь и У Пэйфу смогли временно договориться о военном союзе. Некоторое время спустя, дипломатический корпус западных держав уговорил Фэн Юйсяна уйти в отставку. Фэн оставил свою армию и уехал в СССР. Части 1-й «национальной армии» были вынуждены отступить из района Пекина и Тяньцзиня в пров. Чахар. Трагически сложилась и судьба 2-й «национальной армии» Фэн Юйсяна в пров. Хэнань. В январе 1926 г. против 2-й «национальной армии» вспыхнуло восстание местных крестьян, организованное традиционным тайным обществом «Красные пики». Непосредственной причиной восстания стало введение командованием 2-й «национальной армии» новых налогов для обеспечения подготовки дальнейшей войны с фэнтяньцами. Этим выступлением воспользовался генерал У Пэйфу, который довершил разгром 2-й «национальной армии» Фэн Юйсяна. Чжан Цзолиню опять удалось сохранить свои позиции в ТВП.[116]

Японцы считали, что Чжан Цзолинь обязан им своим спасением. Однако маньчжурский диктатор был, напротив, обижен недостаточным, с его точки зрения, масштабом поддержки японских союзников. Как это ни парадоксально, Мацуока сожалел, что Японии приходится пользоваться на севере Китая услугами Чжан Цзолиня, а не, скажем, известного просоветской ориентацией Фэн Юйсяна, которого директор ЮМЖД уважал и ценил. В конце 1925 года армейский министр Угаки также описывал маньчжурского диктатора как жадного и бесчестного человека, сожалея, что Япония вынуждена была предпочесть Чжан Цзолиня его сопернику Го Сунлину. Чжан, по-видимому, знал о том, что Япония инструментализирует его и старался ответить той же монетой.

В 1926—1928 гг. сторонников кооперации с Чжан Цзолинем в Маньчжурии в японском политическом истеблишменте ещё больше поубавилось.

В марте 1926 года вместо Мацуока директором ЮМЖД стал Окура Кинмоти (Okura Kinmochi). В это время интерес ЮМЖД к китайским проблемам сужается до узко железнодорожных задач, связанных с повышением экономической эффективности дороги и активизацией трафика. Отсутствие влиятельного Мацуока в Маньчжурии дополнялось общим «антиманьчжурским» настроем нового кабинета министров, в котором заправляли менеджеры—технократы. Министр иностранных дел Кидзюро Сидэхара считал, например, что приоритеты экономических интересов Японии лежали не к северу, а к югу от Великой Китайской стены. Как подчёркивал Сидэхара, в 1926 году из японского экспорта хлопка в Китай на ТВП приходилось менее 7%. Такой же незначительной осталась доля Маньчжурии в общем японском экспорте (чуть более 7,5%) и импорте (7,7%) вплоть до 1928 года. У Сидэхара были и внутриполитические причины для того, чтобы настаивать на смене приоритетов в Китае с середины 1926 года. Общественное мнение Японии, озабоченное возможным влиянием на японские экономические позиции «Северной экспедиции», которую начал гоминьдан против войск китайских милитаристов, всё больше критиковало правительство за мягкотелую политику в Китае и требовало защитить интересы японских граждан.

В 1926 году конфликт между японцами и Чжан Цзолинем обостряется по двум пунктам — во-первых, в области налоговой и экономической политики, во-вторых — в области железнодорожного строительства.

В 1926 году Чжан объявил о введении 2,5% налога на таможенные сборы для финансирования своей армии и ввёл монополию провинциального правительства на все операции с соей. Провинциальные китайские банки и китайские торговые дома получали от правительства теперь специальные лицензии на скупку всего урожая сои в регионах, которую потом продавали только за валюту. Японские торговые компании, не связанные с Чжан Цзолинем, терпели большие убытки. ЮМЖД и аффилированные с ней фирмы сумели за некоторую мзду договориться с нужными чиновниками о том, чтобы соевый трафик шёл не в сторону Владивостока, а в Дайрен и оказались, как бы, в совместном «антисоевом» альянсе против частных японских торговцев. Позиции частных японских компаний подрывались также сильной инфляцией в ТВП. Так, фэнтяньский бумажный юань обменивался в 1920 году к йене по курсу 1:1. В 1925 году за один бумажный фэнтяньский юань давали уже только 0,59 ; в 1926 — 0,27; в 1927 — 0,10 йен. Серебряный юань обесценился чуть меньше, в 1921 — 1925 гг. за него давали 0,74 — 0,71 йены.[117]

Недовольство японского истеблишмента, прежде всего в армии, усугублялось также проволочками со стороны китайцев в области железнодорожного строительства. Несмотря на достигнутые в августе 1924 года договорённости, японцы к 1926 году так и не получили еще контракта на строительство линии Чанчунь–Далай. Темпы строительства на сооружаемых объектах тоже оставляли желать лучшего, а стоимость работ безбожно завышалась китайской стороной. За строительство участка Цзилинь–Хверён китайцы потребовали бонус в размере 20% стоимости объекта. Отрезок пути Таонань–Солунь во Внутренней Монголии они, вообще, соглашались строить только за трёхкратную сумму — 20–40 миллионов йен вместо 8–10, необходимых для проекта по оценкам аналитиков ЮМЖД.

В 1926 году ЮМЖД опубликовала исследование о воздействии программы строительства параллельных китайских железных дорог на японские интересы в Маньчжурии, выводы которого стали достоянием общественности Японии. Согласно этому исследованию, завершение китайцами строительства отрезков Цзилинь—Хайлун и Мукден—Цзилинь, а также введение в эксплуатацию незамерзающего порта Хулудао, окончательно лишили бы трафик ЮМЖД крупных поставок сои с севера. Более того, со временем возникла бы опасность, что китайцы смогут превратить находившиеся под японским контролем дороги по линиям Чанчунь—Цзилинь и Цзилинь—Тунхуа в подпитывающие магистрали для своей параллельной системы.

Пик обострения отношений между Японией и Чжан Цзолинем пришёлся на май 1927 года во время инцидента в пограничном районе между Китаем и Кореей в восточной Маньчжурии. Японцы потребовали от китайских властей разрешить им создать отделение японского консульства в местечке Маоэршань на китайской стороне реки Ялу, в районе плотно заселённом этническими корейцами. Китайцы, которых всегда беспокоила корейская интрузия в приграничных районах, отклонили просьбу Японии. Тогда японцы в одностороннем порядке самостоятельно выбрали место для своего консульского отделения, построили временный барак и откомандировали туда консульского чиновника с канцелярией. При поддержке китайской полиции, местные корейцы подожгли строение и заставили японцев спасаться бегством. Японский МИД потребовал извинений, однако китайская сторона никак не отреагировала на инцидент. Чжан Цзолинь был вплотную занят «Южной экспедицией», и японские консульские проблемы не представляли для него сколько-нибудь значимого события.

Инцидент на корейской границе переполнил чашу терпения японцев. К тому же, в апреле 1927 года к власти в Токио пришла партия Сэйюкай, которая сформировала новый кабинет министров под руководством премьер-министра Танака. Хотя Танака практически сразу же после образования кабинета отдал приказ о вооружённой экспедиции в китайскую провинцию Шаньдун для защиты японских интересов, у его правительства не было чётко обозначенной концепции китайской политики. Для исправления этого недочёта в июне 1927 года была созвана Вторая Восточная конференция с участием всех заинтересованных ведомств. К этому времени Чжан Цзолинь в союзе с У Пэйфу потерпел поражение от руководимых гоминьданом войск, и у японского генералитета снова возникли надежды на возможность приструнить несговорчивого маньчжурского маршала.[118]

На Второй Восточной конференции приверженцы продолжения сотрудничества с Чжан Цзолинем в прежней форме пребывали в явном меньшинстве.

Сторонники решительных действий группировались, в основном, вокруг трёх опций, каждая из которых требовала ревизий в отношениях с маршалом Чжаном.

Первая точка зрения, которую озвучил начальник штаба Квантунской армии генерал-майор Сайто Хисаси (Saito Hisashi), сводилась к немедленному решению «северной проблемы». Сайто предложил заставить Чжан Цзолиня захватить КВЖД и создать на территории Маньчжурии режим протекторатного типа. Начальник Генштаба считал необходимым учредить в ТВП пост «главного администратора», который должен был объявить регион автономным от остального Китая. Для реорганизации фискальной и финансовой систем предполагалось командировать специальных советников. Военные японские советники должны были войти также в центральный аппарат управления региона и каждой отдельной провинции. Япония должна была потребовать от Чжан Цзолиня, чтобы землеустройство, добыча полезных ископаемых и поиски новых источников дохода в промышленности и торговле осуществлялись впредь в интересах «китайско-японского процветания». Большое внимание Сайто уделил заключению договоров о принципах управления существующими железными дорогами и строительстве новых линий с правительством ТВП, в которых бы проговаривалось усиление влияния Квантунской армии и руководства ЮМЖД. По мнению Сайто, Япония не должна была терпеть в будущем «неблагодарности» Чжан Цзолиня, его предполагалось сменить на более покладистую политическую фигуру при малейших признаках неповиновения.

Вторую опцию изложил руководитель, так называемого, Азиатского Бюро Кимура Эйити (Kimura Eiichi), ставший после отставки Сидэхара рупором новой японской дипломатии. По мнению Кимура, настоящая угроза интересам Японии в Маньчжурии исходила не от гоминьдана, китайских коммунистов или советских агентов, а непосредственно от Чжан Цзолиня. Руководитель Азиатского Бюро считал, что именно Чжан спровоцировал своими действиями ухудшение отношений Японии с СССР и втянул империю в конфликт с гоминьданом. По мнению Кимура, урегулирование отношений Чжан Цзолиня с гоминьданом и их примирение на севере Китая отвечает интересам Японии. Японский дипломат был также убеждён, что политика «двух Китаев» полностью себя исчерпала.

Третий вариант концепции китайской стратегии изложил присутствовавшим на конференции генеральный консул в Мукдене Йошида Сигэру (Yoshida Shigeru), который также считал, что настало время полной ревизии политики сотрудничества с Чжан Цзолинем. Йошида настаивал на безоговорочном выполнении японских договорных прав китайской стороной. Япония, по его мнению, должна была перейти к открытому саботажу китайского железнодорожного строительства. Среди предлагаемых им мер — отказ от перевозок строительных материалов для строительства отрезка Цзилинь—Хайлун, а также запрет поездам Пекинско—Маньчжурской железной дороги пересекать железнодорожную зону ЮМЖД в районе Мукдена (Шэньян). Последняя мера отрезала бы китайские поезда от сообщения с главным китайским терминалом на востоке от станции ЮМЖД Шэньян. Йошида потребовал занять мукденский военный арсенал японскими войсками. По мнению Йошида, Япония совершила ошибку, выдвинув лозунг «Маньчжурия для Маньчжурии». И, вообще, японским интересам, с точки зрения генконсула, больше отвечало строительство железных дорог в сторону Кореи, а не во Внутренней Монголии и Северной Маньчжурии.

Генконсул в Харбине Амо Эйдзи (Amau Eiji, 1887—1968), в основном, поддержал своего коллегу. Он также связывал все трудности Японии в Северном Китае с идеей кооперации с Чжан Цзолинем. Он добавлял, однако, что ЮМЖД имеет общие интересы в Маньчжурии с КВЖД, также страдающей от китайского давления. Япония, по мнению Амо, нашла себе союзника «не на той стороне», более разумным для империи было бы договариваться с русскими, а не с Чжан Цзолинем.

Взгляды двух генконсулов поддержал также лидер партии Сейюкай, зам. министра по внешним сношениям в японском парламенте Мори Каку.[119]

Сторонники продолжения сотрудничества с Чжан Цзолинем, которые оказались на конференции в меньшинстве, настаивали на том, что кроме Чжан Цзолиня в ТВП нет других лидеров, способных сохранить политическое единство Северного Китая. Как мы помним, такие же причины кооперации с маньчжурским диктатором для Японии называли в 1925 году Угаки и Мацуока.

Нынешний глава правительственного кабинета Танака в период Первой Восточной конференции поддерживал идею сотрудничества с

Чжаном. Однако теперь, под влиянием успехом гоминьдана в общекитайском масштабе, он считал, что для Японии самой важной задачей является оценка отношений между южнокитайским правительством и фэнтяньской группировкой. Танака нарисовал три возможных сценария этих взаимоотношений и зафиксировал позицию Японии в каждом из этих вариантов.

В случае первой опции — поражения Чжан Цзолиня, Япония должна была наладить отношения с гоминьданом, если последний не будет возражать против автономии Маньчжурии. Однако Танака опасался, что внутри самой Маньчжурии, вряд ли, найдётся другой подходящий харизматичный лидер, который сумел бы объединить руководство военными и гражданскими делами в одних руках. Получалось, что при таком развитии событий Чжан Цзолинь оставался безальтернативным кандидатом.

Во втором случае, рассматривалась гипотетическая ситуация, когда Чжан Цзолиню удалось бы отойти в Маньчжурию и организовать сопротивление гоминьдану, чтобы заблокировать вторжение национально-революционных армий. При таком развороте событий Япония должна была повести себя так же, как в 1922 и 1924 гг., во время борьбы Чжана с фракцией Чжили, и поддержать его. Однако, эта ситуация могла бы спровоцировать хаос в ТВП, и поэтому рассматривалась Японией как нежелательная.

На конференции рассматривался и третий, потенциально возможный вариант. О нем заявил Танака. Чжан Цзолинь сначала мог бы продолжить сопротивление гоминьдану в районе Пекин—Тяньцзинь, а потом, пытаясь избежать окончательного поражения, вернуться сильно ослабленным в пределы ТВП. Что должна предпринять Япония, если гоминьдан вдруг принял бы решение распространить гражданскую войну на Маньчжурию? Как должен был повести себя Токио в условиях брожения внутри самой фэнтяньской группировке в связи с ослаблением Чжан Цзолиня, как это было когда-то во время восстания Го Сунлина?

Танака согласился с мнением большинства выступавших, что Маньчжурия имеет особое значение для национальной обороны империи. Отвечая на поставленные вопросы, он подчеркнул, что Япония, несмотря на все претензии к Чжан Цзолиню, скорее всего не может желать его смещения. Однако дело вовсе не в приверженности конкретной персоне маршала. Япония была готова поддержать любого китайского национального лидера, который смог бы сохранить порядок в ТВП, не забывая при этом о японских интересах. Подтверждая приверженность своего кабинета политике «открытых дверей» в Китае, Танака особо оговорил, что империя будет защищать свои позиции в Маньчжурии, от какого бы противника не исходила опасность хаоса и дестабилизации региона. По мнению премьер-министра, власть империи в Маньчжурии зиждилась на её политическом и военном авторитете, а не на собственническом контроле территории или каких-то ресурсов. Танака решительно заявил, что Япония будет готова без промедления осуществить военную интервенцию в ТВП в нескольких случаях — в условиях восстания внутри фэнтяньской группировки, при усилении советской интрузии или попытках гоминьдана установить своё влияние к северу от Великой Китайской стены.

Возникала конфузная ситуация. Получалось, что премьер-министр, ратуя за независимую политику Японии в Маньчжурии, не обозначил однозначных ориентиров — он не призвал напрямую ни к сотрудничеству с Чжан Цзолинем, ни к его устранению. В его позиции было, всё-таки, больше позитивного настроя по отношению к маньчжурскому диктатору, ведь Танака соглашался использовать методы нажима на Чжан Цзолиня только в качестве самой крайней меры. Тем не менее, подход — «ни войны, ни мира» — вызвал непонимание, как у «умеренных», так и у «ястребов». Ситуация была явно патовая и, без сомнения, аккумулировала новый взрыв недовольства.[120]

Определяя свою позицию в отношении железнодорожных проектов, Танака предлагал сосредоточить усилия Японии на линиях Цзилинь—Хверён, Чанчунь—Далай, отказавшись пока от строительства проблематичного отрезка в сторону Солунь—Маньчжурия. Премьер-министр посчитал необходимым расширить периметр аренды договорных портов, не требуя, однако, от китайцев признания прав экстерриториальности на этих территориях. Такой подход должен был, по мнению Танака, убедить последних, что опасность предоставления японской стороне земель в аренду явно преувеличена.

На протяжении последовавших за конференцией 9 месяцев Танака проявлял к Чжан Цзолиню чудеса терпения. Он полагал, что дни маршала в Северном Китае сочтены и не торопился с санкциями, надеясь, что тот, под угрозой военного поражения от гоминьдана, сам обратится к Японии за помощью. Танака был уверен, что гоминьдан побоится тогда идти на конфликт с маршалом и предоставит ему определённую автономию в Маньчжурии. Хотя японский премьер-министр периодически пытался открыть неформальные переговоры при посредничестве ЮМЖД, Чжан, сидя в Пекине, не проявлял никакого стремления примириться с японцами. Танака вновь назначил Мацуока вице-президентом дороги, надеясь использовать прошлые дружественные отношения Мацуока с китайским маршалом и его приближёнными.

В октябре 1927 года японские переговорщики, Мацуока и видный политический деятель партии Сейюкай, президент ЮМЖД Ямамото Дзётаро (Yamamoto Jotaro, 1886–1935), радостно отрапортовали в Токио, что они добились прорыва. Им, будто бы, удалось выторговать не только согласие маршала на строительство 5 железных дорог, но и заручиться его предварительной поддержкой на подписание соглашения о китайско-японском сотрудничестве и пакта о совместной обороне. Согласно этому пакту, территория ТВП помещалась под «незримую» японскую защиту. Вскоре оказалось, что переговорщики выдавали желаемое за действительное. Непонятно, из-за чего произошло такое непонимание между сторонами, однако посланный в Пекин с миссией официальных переговоров Йосидзава Кэнкити (Yoshizawa Kenkichi) не смог получить подтверждения этим намерениям китайской стороны ни по одному из пунктов. Неформальная дипломатия Ямамото и Мацуока серьёзно повредила репутации премьер-министра Танака и настроила против него японский МИД.

В начале 1928 года Танака под давлением «ястребов» дал согласие на подтверждение санкций против китайцев, которые заключались в ограничении движения поездов Пекинско-Маньчжурской железной дороги через зону ЮМЖД. Однако эта мер не принесла заметных результатов. Танака был вынужден также согласиться отдать всю инициативу в переговорах по железнодорожной проблематике в руки МИДа и Йосидзава. Но и они не смог добиться от Чжан Цзолиня никаких подвижек в течение всего 1928 года.

Пытаясь решить проблемы в Маньчжурии с «другого конца», в конце 1927 – начале 1928 года Танака начал переговоры с нанкинским гоминьдановским режимом по поводу Северного Китая. Ему удалось добиться согласия гоминьдана на невмешательство в дела Маньчжурии, если Япония, в свою очередь, не будет противиться установлению власти Нанкина в Пекине и прилегающем к нему районе. Получалось, что гоминьдан был готов терпеть Чжан Цзолиня в качестве «клиента» Японии, и Токио оставалось лишь дожидаться, как будет складываться соотношение военных сил к югу от стены. Однако весной 1928 года, когда гоминьдан отправил свои войска в провинцию Шаньдун, политика выжидания Танака дала небольшой сбой. В апреле Танака отправил вторую военную экспедицию для защиты японской собственности в Шаньдуне.

Японцы также пытались ослабить Чжан Цзолиня чужими руками — через попытки преподнести Москве мысль о необходимости более решительной и наступательной политики на КВЖД. Позиция части японских государственных и общественных деятелей создала у большевиков иллюзию, что империя согласна на фиксацию сфер влияния в Северной Маньчжурии.

Историк Василий Молодяков отмечает в своих публикациях, что идея налаживания доброжелательных отношений между Японией и Кремлем в 1925—1929 гг. неразрывно связана с именами уже известного нам генерала Танака Гиити и видного государственного и общественного деятеля Гото Симпэя. В. Молодяков, опираясь на архивные документы и монографию японского историка Хаттори Рюдзи (2010), доказывает, что Танака, которому традиционная историография приписывала авторство одноименного меморандума — секретного документа с программой японской экспансии на континенте, совершенно необоснованно стал «антигероем» советско-японских отношений.[121]

В. Молодяков подчеркивает, что Танака, знавший русский язык, был сторонником налаживания отношений с Россией уже с начала 1900-х годов. Став в 1925 году лидером оппозиционной партии Сэйюкай, одной из двух крупнейших партий Японии, а затем в 1927 г. премьером страны, Танака, в партнерстве с Гото Симпэем, взял курс на расширения сотрудничества с Советской Россией. Среди ряда мер, направленных на углубление советско-японского взаимодействия, историк называет, например, идею создания русско-японского банка для ведения операций на Дальнем Востоке, поддержанную Львом Караханом. Кроме того, весной—летом 1925 года Гото пытался убедить Москву в пользе совместных проектов освоения Дальнего Востока, предусматривавших привлечение японских компаний для освоения естественных богатств окраинных земель Советской России. Он также ставил перед Кремлем вопрос о возможности разрешения японской крестьянской колонизации в Сибири и Приморье. Иммиграционный план Гото подробно обсуждался в Наркоминделе в январе 1926 года. Председатель Дальревкома, влиятельный большевик Ян Гамарник оценивал этот план как «политически вредный» и был готов согласиться лишь на строго урегулированную локализацию японских переселенцев в районах, не представляющих стратегической значимости для СССР. Реализация программы Гото предполагала переселение в СССР до 65 тысяч японских семей, занимавшихся сельским хозяйством. Помимо Яна Гамарника, сомнения в целесообразности японской колонизации, высказывали также советские дипломаты Виктор Копп и Лев Карахан.

Выход Гото на более высокий уровень контактов с Москвой произошел вслед за приходом к власти генерала Танака. Как подчеркивает В. Молодяков, Танака делал ставку на форсирование экономической и политической экспансии в Китае, не останавливаясь перед возможностью применения силы. Для такой политики Танака был нужен, как минимум, благожелательный нейтралитет Кремля.[122] В расширении контактов с СССР активное участие принял Гото. Москва, по сути, торпедируя принятие японских соглашений о возможном экономическом сотрудничестве на территории Сибири и Дальнего Востока, пожелала перейти к новому уровню политического сотрудничества и поставила на повестку дня вопрос о заключении с Японией пакта о ненападении. Разговоры об этом пакте велись с августа 1926 года. Вопрос о возможности пакта безуспешно поднимался Григорием Беседовским, новый зондаж возобновился после прихода Танака к власти. В мае 1927 года этот вопрос вновь ставился Довгалевским, но японский премьер не был готов углублять дискуссию о пакте в условиях отсутствия торгового договора и соглашения по рыболовной конвенции между Японией и СССР. В ноябре 1927 года в Москву прибыла японская миссия во главе с Кухара Фусаносукэ, японским горнопромышленником и спонсором партии Сэйюкай. Хотя японцы и принимались на самом высоком уровне, с ними встречались руководители советского государства, включая Сталина и Микояна, но прорыва в советско-японских отношениях так и не произошло.[123]

В конце 1927—начале 1928 года в Японии активно обсуждался вопрос о возможности поездки с новой миссией в Москву виконта Гото. Несмотря на болезнь, а виконт перенес в 1926—1927 гг. два кровоизлияния в мозг, вызвавших частичную потери речи, Гото был готов взять на себя груз такого дальнего путешествия. Он активно сотрудничал с советским полпредством и информировал о своих идеях и планах в ходе предстоящей миссии. Гото заявил Беседовскому и Довгалевскому, что желает обсудить вопрос о «совместной борьбе Японии и СССР против проникновения в Маньчжурию американцев и англичан», о заключении пакта о ненападении и торгового договора, о проблемах рыболовства и КВЖД.[124] 5 декабря 1927 г. Гото выехал из Токио в СССР. По прибытию в Москву одной из важных тем, которую виконт затрагивал в переговорах с советскими руководителями и дипломатами, была проблема Китая и КВЖД. Гото выступал за сотрудничество с Кремлем, но он был противником советизации

Китая, считая что это путь к анархии и хаосу в регионе. В Москве виконт подчеркивал, что вести о советско-японском сближении умерят амбиции Чжан Цзолиня, сделают его послушнее.[125]

7 января 1928 года состоялась первая беседа виконта Гото со Сталиным. Сталин отметил, что решение китайской проблемы осложняется тремя причинами. В качестве первой причины генсек назвал отсутствие центральной власти в Китае. Вторым препятствием, по мнению Сталина, являлось вмешательство иностранных государств в китайские дела без должных знаний и понимания местных особенностей. И третьей сложностью советский вождь назвал возможность усиления в Китае ксенофобских и изоляционистских настроений, возникающих в качестве реакции на сильное внешнее давление. Гото заметил, что поддержание мира в Азии напрямую зависит от сотрудничества СССР и Японии, а в перспективе и Китая. По мнению Гото, возможная «большевизация» Китая противодействует развитию партнерства Японии с этими странами. Собеседники поговорили о Чжан Цзолине, при этом Гото подчеркнул непрочность режима китайского маршала. Вторая встреча между Гото и Сталиным состоялась 14 января 1928 года. Хотя она была, практически, вся посвящена вопросам рыболовной конвенции, Сталин еще раз вернулся к обсуждению вопроса о Чжан Цзолине. И тут, явно, было что обсудить.[126]

В своем стремлении усилить контроль над Чжан Цзолинем Япония пыталась активно использовать фактор КВЖД. В феврале 1928 года японский дипломат Мори Кодзо, встретившись с Г.В. Чичериным, заявил: «*Для ЮМЖД и для интересов японцев необходимо, чтобы КВЖД функционировала правильно, а это может быть сделано лишь при том условии, что русские там останутся в таком же положении, как теперь, ибо только один Чжан Цзолинь только разрушит ж.д. и больше ничего, чем принесет величайший вред японским интересам. Надо поэтому связать интересы СССР и интересы Японии для того, чтобы в случае посягательств Чжан Цзолиня на КВЖД Япония сказала «нет». (В) таком случае, Чжан Цзолинь не посмеет этого сделать».*[127]

3 мая 1928 г. произошло военное столкновение между японцами и гоминьдановскими войсками около столицы провинции Шаньдун г. Цзинань, которое серьёзным образом осложнило отношения Японии и Нанкина. Командующий японскими войсками генерал Фукуда, встретившись с китайскими войсками в Цзинани в ультимативной форме потребовал от китайцев в течение 24 часов покинуть город и отойти на юг. Когда китайцы

отказались подчиниться, японские войска открыли огонь, в результате которого погибло 3600 человек. Японцы оккупировали Цзинань и заявили, что эти меры были осуществлены ими с целью охраны граждан империи и их собственности. Фукуда действовал по собственной инициативе, не имея приказа на начало боевых действий из Токио. Тем не менее, никаких штрафных санкций со стороны правительства не последовало, и генерал вернулся в Японию, как герой.[128]

Отсутствием реакции на самоуправство своих военных в Китае, Токио, похоже, провоцировал Квантунскую армию на самостоятельные действия для защиты японских интересов.

В конфликт попытались вмешаться США, госсекретарь Франк Кэллог предложил обеим сторонам американское посредничество для урегулирования всех споров в Шаньдуне. Тем не менее, и Япония, и гоминьдан, ответили отказом на это предложение.

16 мая 1928 года Танака отправил предупреждение Чжан Цзолиню и гоминьдану, что Япония не потерпит никаких военных действий к северу от Великой Китайской стены, а японская армия будет разоружать любой боевой отряд, который обнаружит к северу от Шаньхайгуаня. Несмотря на напряжённые отношения между Японией и Нанкином после кризиса в Цзинани, Чан Кайши заявил, что его войска не будут преследовать Чжан Цзолиня, если тот отступит в Маньчжурию.

В свою очередь, после цзинаньского столкновения между японцами и гоминьданом, Чжан Цзолинь решил, что Япония готова поддержать его войска в борьбе за Пекин. Маршал поспешил вновь открыть переговоры с Ямамото и пообещал последнему своё согласие на строительство железной дороги Чанчунь—Далай, а также на завершение участка Цзилинь—Хверён.[129] Президент ЮМЖД дал, однако, понять Чжан Цзолиню во время переговоров, что японская операция в Шаньдуне велась не с целью поддержки маршала. Более того, маньчжурскому диктатору было заявлено, что он добровольно должен покинуть Пекин. Иначе, если Чжан не уйдёт с войсками к северу от Шанхайгуаня, а будет дожидаться, пока гоминьдан вынудит его это сделать, японская армия получит приказ о немедленном разоружении маршала.

Ожесточение японской позиции по отношению к Чжан Цзолиню было вызвано недавним заявлением маршала. Объявляя бескомпромиссную борьбу коммунизму и большевизму в Северном Китае, Чжан выступил с одновременной критикой в адрес иностранного вмешательства в Китае. Форма, в которой было сделано это заявление, не оставляла сомнения, что маньчжурский маршал, разочарованный результатами своего сотрудничества с Японией, пытается заинтересовать США новым партнёрством.

У японцев были все основания подозревать Чжана в двойной игре. В марте 1928 года Чжан Цзолинь патронировал проведению американской экспедиции под руководством Роя Чэпмэна Эндрюса (Roy Chapman Andrews) во Внутренней Монголии. О помощи в обеспечении безопасности экспедиции маньчжурского маршала попросил Джон ван Антверп МакМюррей, блестящий американский дипломат, посол и министр по проблемам Китая. МакМюррей лично участвовал в отправке экспедиции из Калгана, состоявшей из 37 человек. Груз экспедиции размещался на 150 верблюдах и 8 джипах, которые эскортировала китайская кавалерия. Размах предприятия и уровень политического патронажа экспедиции свидетельствовали о том, что США всерьёз задумывались над усилением присутствия в регионе, который японцы традиционно воспринимали в качестве своей вотчины.[130]

Япония забеспокоилась появлению опасного конкурента, способного свести на нет все многолетние военно-стратегические усилия империи. К тому же, это был противник, действовавший в рамках отдельной идеологической ниши. США, в отличие от СССР, трудно было зачаровать обещанием раздела Китая на сферы влияния. МакМюррей, похоже, действовал в Китае часто на свой страх и риск, не всегда поддерживаемый своим прямым начальником — госсекретарём Кэллогом. «Недальновидную» позицию Кэллога в китайском вопросе американский посол впоследствии назовёт одной из причин японской оккупации Маньчжурии в 1931 году. МакМюррей безуспешно требовал от Вашингтона перейти к более жёсткому противостоянию Японии в Китае.

У действий МакМюррея в данном контексте может быть и другой вариант трактовки. Рой Чэпмэн Эндрюс, руководитель экспедиции во Внутреннюю Монголию, с 1918 года работал на разведку американского ВМФ. Во времена существования ДВР в начале 1920-х годов именно разведка флота США, недовольная официальной политикой Вашингтона по отношению к Советской России, оказывала информационную помощь большевикам во время переговоров с японцами в Дайрене. Уже в те годы руководство американского флота было убеждено, что Япония является серьезной военной угрозой для интересов США и поэтому поддерживало антияпонские силы, невзирая на их идеологическую раскраску. Разведка американского флота хотела держать руку на пульсе происходящих событий в Китае, особенно, если речь шла о Квантунской армии и перспективах укрепления японского влияния в Маньчжурии.

Сохраняя надежды на американское посредничество и вражду Токио к гоминьдану, Чжан Цзолинь сначала отказался выполнить требование японцев об отходе за Шаньхайгуань. Но через некоторое время, поняв бесполезность сопротивления, он всё же согласился. 3 июня 1928 года Чжан погрузился вместе со своим штабом в специальный поезд Пекинско-Маньчжурской железной дороги, который должен был доставить его из Пекина в Мукден. У Японии появились основания для оптимизма, надежды на то, что империи удастся «дожать» несговорчивого маршала. Этим надеждам не суждено было сбыться.

В ночь на 4 июня 1928 года на пекинском вокзале в своем личном поезде Чжан Цзолинь провел переговоры с японским военным советником генералом Нанао и его адъютантом Кэндзи Доихарой. Последний станет в будущем известным и высокопоставленным разведчиком. Содержание этих переговоров так и осталось неизвестным. Через несколько часов после их окончания, когда отправившийся в Маньчжурию поезд Чжан Цзолиня приблизился к станции Шэньян и проходил под одним из мостов ЮМЖД за Мукденом, прогремел взрыв.[131]

Вплоть до середины 1990-х годов считалось, что взрыв поезда Чжан Цзолиня — дело рук японской разведки. Вот что писал о смерти Чжан Цзолиня итальянец Антонио Веспа:

«Чжан Цзо-лин во время русско-японской войны 1904—1905 гг. поступил на службу к японцам и совершал нападения на коммуникации русских. Его действия пришлись по вкусу японцам; это видно из того, что после войны они добились у пекинского двора полного прощения для Чжан Цзо-лина и назначения его губернатором провинции Фынтянь. С той поры начинается возвышение Чжан Цзо-лина. В 1922 году он впервые оставил пределы Маньчжурии, чтобы участвовать в одном из походов на Пекин. Однако его армия была разбита войсками У Пей-фу. Он отступил в Маньчжурию и там провозгласил независимость Трёх Восточных Провинций, ныне известных под названием Маньчжоу-Го. В течение ряда лет Чжан Цзо-лин, помогал японцам и не раз сам пользовался их помощью. В 1926 году Чжан Цзо-лин, поощряемый японцами, совершил поход на Пекин. Он продержался там два года. Тем временем гоминдановские армии прошли через весь Китай к Цзинани. В этом пункте силы Чан Кай-ши встретили значитель-

ное сопротивление японцев, владевших тогда Цзинаньской железной дорогой.

Чжан Цзо-лин понял, куда ветер дует, и решил вернуться в Маньчжурию. Его ближайший друг, генерал У Сю-чен, которому он временно вручил власть в Трёх Восточных Провинциях тоже требовал возвращения Чжан Цзо-лина. Однако 19 мая 1928 года японский посол в Пекине предупредил Чжан Цзо-лина, чтобы он в Маньчжурию не возвращался. По-видимому, это и побудило Чжан Цзо-лина принять 26 мая решение немедленно вернуться в Мукден. Суайнхарт, токийский агент Чжан Цзо-лина, настоятельно отговаривал его от путешествия в Мукден поездом, основываясь на достоверной информации о том, что во время этой поездки будет сделана попытка убить маршала. Хотя Чжан Цзо-лин и не поверил этому слуху, он всё же сообщил о нём одному полковнику из японского штаба. Тот улыбнулся и в доказательство отсутствия какой-либо опасности вызвался отправиться в Мукден в одном купе с Чжан Цзо-лином. Я тоже был в этом поезде, отбывшем из Пекина в полночь 2 июня и повёзшем Чжан Цзо-лина навстречу его судьбе. Но мне пришлось сойти с поезда в Тяньцзине в связи с необходимостью расследовать одно дело. 4 июня японские военные власти посоветовали генералу У Сю-чену встретить маршала на одной станции, в двадцати километрах от Мукдена. Генерал У Сю-чен так и сделал, выехав туда с частью своего штаба. От пункта встречи он вместе с Чжан Цзо-лином продолжал путь на Мукден. За десять минут до прибытия в Мукден японский полковник, который всё время находился с маршалом в одном купе, поднялся с места, заявив, что отправляется за саблей и фуражкой. Как впоследствии выяснилось, он перебрался в хвостовой вагон, и, когда через несколько минут при прохождении поезда под виадуком произошел таинственный взрыв, полковник оказался в сравнительной безопасности. Вагон с Чжан Цзо-лином, У Сю-ченом и ещё семнадцатью людьми взлетел на воздух. Все, кроме маршала, были убиты на месте. Чжан Цзо-лин был тяжело ранен и умер через несколько часов. Нет никакого сомнения в том, что организаторами убийства Чжан Цзо-лина были японцы. Это они минировали пути и заменили китайских часовых японскими.»[132]

Штаб Квантунской армии сначала заявил о том, что незадолго до взрыва японские войска, патрулировавшие железнодорожное полотно, будто бы, натолкнулись на трёх подозрительных китайцев. На приказ остановиться, один из китайцев бросил в сторону японских военных гранату. Ответным огнём японских солдат, двое подозрительных были убиты на месте, а третьему из них удалось скрыться.[133] Премьер-министр Танака узнал о причастности высших офицеров Квантунской армии, и, прежде всего, офицера Генштаба полковника Комото Дайсаку (1883—1955) и его друга Исогаи Рэнсуке (1886—1967), только через несколько месяцев. Как утверждалось, именно Комото в апреле 1928 года в своем письме к Исогаи сформулировал задачу организации покушения на маньчжурского маршала. Полковник резко критиковал недостаточно решительную политику кабинета Танака в Китае и предлагал положить ей конец с помощью жестких мер.[134]

Китайцы официально сообщили о смерти Чжан Цзолиня только 21 июня 1928 года, через день после инаугурации сына маньчжурского маршала Чжан Сюэляна, опасаясь японского вторжения в Мукден. В это время для внешнего мира всеми правдами и неправдами поддерживалась версия о том, что Чжан Цзолинь серьезно ранен, но не погиб. Китайские историки ссылаются на завещание маршала, в котором Чжан Цзолинь, в случае своей возможной кончины насильственным путем, заранее взваливал всю ответственность на японцев. Чжан призывал своих соратников не информировать китайскую и мировую общественность о ключевой роли Японии в его преждевременной смерти и направить все силы на поддержание порядка и спокойствия в Маньчжурии. Согласно завещанию, маршал передавал бразды правления своему сыну Чжан Сюэляну и просил соратников поддержать молодого лидера. Все эти наставления Чжан Цзолиня были выполнены. 20 июня 1928 года Чжан Сюэлян стал дубанем провинции Фэнтянь и главнокомандующим войск Трех провинций.

Опасения китайцев не подтвердились, никаких действий со стороны японцев не последовало. Впоследствии такую пассивность Японии историки объясняли тем, что покушение явилось результатом спонтанных действий нескольких человек, а не централизованной запланированной акцией Токио. Кроме того, японцы не переставали надеяться, что с новым маньчжурским лидером им, наконец, удастся договориться.

Танака доложил японскому императору об участии офицеров Квантунской армии в покушении на Чжан Цзолиня только 26 июня 1929 года, практически через год(!) после самого события. Этот доклад состоялся на фоне обострения советско-китайского противостояния на КВЖД, приведшего к полномасштабному военному конфликту. Император и премьер-министр публично потребовали предать виновных Военному трибуналу и строго наказать их за нарушение дисциплины. Однако позиция Генштаба и генералитета Квантунской армии, мысленно аплодировавших самоуправству Комото, предопределили исключительную мягкость последовавшего наказания. Командующий Квантунской Армии был переведён «в резерв», двум старшим офицерам Генштаба объявили порицание, а полковника Комото просто уволили с военной службы. Император выразил своё недоверие премьер-министру и его кабинет был вынужден уйти в отставку на следующий же день, 2 июля 1929 года.[135]

4 июня 1928 года был сделан серьезный шаг в сторону окончательного демонтажа схемы премьер-министра Танака, при которой Япония пыталась добиться выполнения своих требований в Маньчжурии, не прибегая к прямой военной агрессии. Чжан Сюэлян повел себя в отношении японцев как хитрый и осторожный политик, еще несколько месяцев Токио находился в заблуждении и надеялся на возможность достичь компромисса в Северо-Восточном Китае.

На самом деле, уже 1 июля 1928 года Чжан Сюэлян написал Чан Кайши о своем желании объединить Три Восточных Провинции под властью Гоминьдана. В ответ молодой маршал был назначен руководителем оборонительного района Северо-Востока и заместителем министра сухопутных, морских и авиационных сил Китая. Более того, 13 августа в Мукдене МакМюррей встретился с эмиссаром Чжан Сюэляна генералом Ян Юйтином в Мукдене, где американский посол сообщил о поддержке правительством США курса нового маньчжурского лидера на сближение с гоминьданом. Нанкин был всеми силами заинтересован в маньчжурском анклаве. Поддержка центрального гоминьдановского правительства Чжан Сюэляном способствовала успешному продвижению переговоров о международном признании Нанкина со стороны держав.

3 ноября 1928 года о его признании объявили США, 20 декабря нанкинское правительство установило официальные дипломатические отношения с Великобританией.

В ноябре 1928 года Япония, наконец, осознавшая глубину возникающих для неё проблем, попыталась остановить процесс интеграции ТВП и Нанкина. Премьер-министр Японии Танака, выполнявший одновременно функции министра иностранных дел, попросил Чжан Сюэляна отправить бывшего губернатора провинции Фэнтянь Мо Дэхуя на коронацию императора Хирохито в Киото. Во время покушения на Чжан Цзолиня Мо Дэхуй находился в одном поезде с маршалом, однако сумел выжить после взрыва, получив только травму ноги. Через Мо Дэхуя японцы предложили молодому маршалу взятку — 60 миллионов юаней материальной помощи на экономическое строительство в Маньчжурии, с условием, что ТВП останутся автономными и не подчинятся Гоминьдану.

Япония и США наперебой предлагают молодому маршалу свою поддержку. В этом же месяце — в ноябре 1928 года — США, по согласованию с Нанкином, отправляют американского посла Джон ван Антверп МакМюррея в Корею, будто бы в отпуск, чтобы проездом, во время остановки в Мукдене, тот сумел переговорить с приближенными нового маньчжурского лидера. Во время беседы МакМюррей еще раз подтвердил заинтересованность Америки в «смене знамен» и объединении ТВП с Нанкином.

29 декабря 1928 года в провинциях Фэнтянь, Цзилинь и Хэйлунцзян торжественно были подняты гоминьдановские флаги, продемонстрировавшие фиаско японской политики в Северной Маньчжурии.

Тучи сгустились: конец 1928-первая половина 1929 гг.

Гибель Чжан Цзолиня не принесла ни Японии, ни СССР значимых преимуществ в Маньчжурии. Мало того, политическая и военная ситуация на КВЖД после смерти маршала для СССР еще больше осложнилась.

Китайский «рождественский сюрприз» на КВЖД и шаги советской дипломатии

Во второй половине 1928 года новым камнем преткновения советско-китайских отношений на КВЖД становится вопрос о контроле над принадлежавшей железной дороге телефонной станцией. Не удивительно, что новый правитель Маньчжурии Чжан Сюэлян заинтересовался контролем над коммуникационными сетями. Контроль над ними усиливал его позиции и ослаблял тех, кого маршал считал врагами.

Как мы уже упоминали во второй главе, 22 декабря 1928 года местные китайские власти проинформировали управляющего КВЖД Емшанова о подчинении своему контролю «городского телефона коммерческой эксплуатации», созданного КВЖД и о прекращении коммерческого использования междугородней телефонной связи. Без сомнения, возможность независимой междугородней телефонной коммуникации под эгидой КВЖД использовалась СССР для внешнеполитических целей, предоставляя канал быстрой передачи для собственной информации дипломатического, военного и экономического характера. Кроме того, управление КВЖД имело доступ к контролю за информационными потоками других абонентов, которым оно предоставляло эти сети на коммерческой основе. К сожалению, нам пока не представляется возможным ответить на вопрос, какого рода информация транслировалась через междугородний телефон КВЖД на коммерческой основе и могло ли управление КВЖД, с подачи советских спецслужб, иметь доступ к чужим экономическим и военным секретам.

Однако очевидно, что участие СССР в управлении дорогой предполагало, по крайней мере, значительные скидки на стоимость передачи своей собственной информации. Наши исследования по особенностям коммуникационных сетей Коминтерна на Дальнем Востоке, даже в первом приближении, свидетельствовали о том, насколько сильно на эффективность управления влияли недостаточные бюджеты, отпускавшиеся центром на телеграфную и телефонную связь своим эмиссарам на периферии. Внутри СССР нехватка бюджета на связь могла компенсироваться близостью к властным и силовым структурам и использованием их потенциала. За пределами большевистского государства таких возможностей не было. Отсутствие быстрой собственной связи или достаточных средств на её оплату увеличивало сроки информационного оборота и могло привести к провалам в периоды конфликтных ситуаций. И сейчас, в условиях нарастающей конфронтации в приграничной Маньчжурии, КВЖД, вдруг, лишалась такого важного конкурентного преимущества.

Кроме того, захват телефонной станции стал отправной точкой для проявлений все более отчетливых разногласий между сторонниками различных методов урегулирования советско-китайских противоречий на КВЖД внутри советского истеблишмента в конце 1928—первой половине 1929 гг.

Сторонники переговоров и уступок концентрировались, в основном, в структурах дипломатического ведомства большевистского государства. Вторая точка зрения предполагала военные и диверсионные методы воздействия на китайскую сторону. Её последователями, что не удивительно, становятся, прежде всего, представители РККА, разведывательных структур Коминтерна и ОГПУ.

О позициях первой группы, концентрировавшейся в НКИД, ясное представление дает комплекс документов из Архива Внешней Политики РФ в Москве, использованный синологами В.М. и М.В. Крюковыми в монографии «КВЖД 1929. Взрыв и эхо». Однако ведомственная и региональная ограниченность архивной базы Крюковых по исследуемой тематике приводят авторов к сильным упрощениям в описании и трактовке практического механизма управления советской внешней политикой. Дипломатическая линия советско-китайского конфликта на КВЖД, которая, зачастую, была не самой важной, а часто — и производной, в их интерпретации становится центральной и единственной. Сам же конфликт, как мы уже неоднократно повторяли, продемонстрировал основополагающее значение профессиональной когорты представителей силовых структур и региональных властей советского Дальнего Востока в механизме советской внешней политики в приграничной Маньчжурии. Недостаток архивной информации по теме КВЖД, например из архивов РГАСПИ и РГВА, региональных архивов РФ, обуславливает также и тот недостаток монографии Крюковых, что они сводят смысловыми и причинными связями события, хронологически далеко отстоявшие друг от друга.

Похоже, что ситуация с доступом к архивам по советско-китайским отношениям, еще на долгое время будет создавать ситуацию, когда каждая последующая монография, какой бы многостраничной она не была, будет выявлять историкам больше белых пятен, чем претендовать на закрытие темы.

Повторим, в общих чертах, содержание документов о захвате телефонной станции на КВЖД, впервые опубликованных в монографии Крюковых, которые проясняют позицию ведущих советских дипломатов (Борис Мельников, Лев Карахан).

Итак, Управляющий КВЖД Емшанов был извещен о решении китайской стороны взять под свой контроль управление телефонной станции КВЖД 22 декабря 1928 года. Курьер принес на имя Емшанова пакеты с документами, подписанные исполняющим обязанности дубаня по электрическим устройствам ТВП Цзян Бинем. Законодательным основанием отъёма станции, противоречившим Мукденскому договору 1924 года, назывались документы, подписанные президентом Китайской республики в 1915 году. В «Положении о сношениях при помощи электричества» и «Положении о частных телефонных предприятиях» говорилось о том, что устройство телефонной линии относится к правам государства и местных правительств, а помещенный в их обустройство капитал может принадлежать только китайским гражданам. Кроме того, эти законоположения 1915 года отмечали, что частные телефоны не допускаются к осуществлению междугороднего телефонного сообщения без специального разрешения соответствующего Министерства, а у лиц, открывающих такое телефонное предприятие самовольно, и капитал, и оборудование, могут быть конфискованы.

Поскольку самого Емшанова не было в Управлении, его заместитель Эйсмонт направил протест в правление КВЖД и главноначальствующему Чжан Цзинхую. Руководство дороги было возмущено, управляющий Емшанов предложил незамедлительно объявить всеобщую забастовку служащих дороги.

Реакция НКИД в Москве сначала идет «по шаблону»: Лев Карахан пишет 23 декабря 1928 года Сталину письмо, в котором сообщает, что китайцы уже в 1926 году «подбирались» к телефонной станции как к доходному предприятию.

Карахан подчеркивал:

«Нам стоило больших усилий предотвратить захват телефонной и телеграфной связи дороги, предполагавшийся в 1926 году одновременно с захватом судоходства и управления школьного отдела дороги... Заключение после длительных переговоров «телефонного соглашения» в 1927 году имело ввиду не только установление хороших отношений с «телефонным генералом» Чжан Сюанем, ставленником Ян Юйтина и, по сведениям китайской прессы, являющимся и сейчас непосредственным начальником Цзян Биня, но и обеспечение прав КВЖД на её средства связи. Нам удалось добиться включения в соглашение специальной статьи 11, в которой говорится: «Настоящее соглашение ни в какой степени не должно создавать препятствий КВЖД в владение и пользовании её телефонными сообщениями и станциями, так как последние находятся в её полной собственности. В отношении существующего общественного пользования этими телефонными сообщениями между КВЖД и органом, указанным правительством ТВП, должен быть выработан точный порядок этого пользования в полном соответствии с Мукдено-Советским соглашением, заключенным сторонами в отношении КВЖД 20 сентября 1924 года». Мы имеем, таким образом, полное право протестовать против захвата телефонной станции не только как недопустимого лишения дороги ее законной собственности, но и как нарушения последнего соглашения 1927 года».[136]

Несмотря на обильное цитирование ранее неизвестных документов из Архива внешней политики России, что является большим плюсом, в монографии Крюковых при изложении содержания документов заметна хронологическая и логическая путаница. Исправим эту оплошность и скорректируем выводы Крюковых. При сверке дат документов по ссылкам, цитируемые Крюковыми документы можно выстроить в следующую хронологическую цепочку: письмо Льва Карахана Сталину (23 декабря), телеграмма генконсула Бориса Мельникова Зав. Отделом Дальнего Востока НКИД Б.И. Козловского 24 декабря, а только потом — подробное письмо Мельникова, отправленное с курьером. Очевидно, что коммуникационные реалии того времени предполагали, что рукописное, не зашифрованное, а значит перевозимое диппочтой письмо, отправленное не ранее 24 декабря 1928 года, по маршруту Харбин—Москва могло быть доставлено в столицу не раньше, чем через 10—15 дней. Даже в настоящее время пассажиру поезду Москва— Пекин требуется 145 часов для завершения поездки!

В монографии Крюковых мы видим временные нестыковки — в тексте монографии Карахан в письме Сталину от 23 декабря, по мнению авторов книги, соглашается с позицией, изложенной в письме генконсула Мельникова, которое, судя по ссылкам, было написано после 24 декабря, и могло дойти в Москву никак не раньше Нового года! Лев Карахан теоретически мог согласиться впоследствии с доводами генконсула, но произошло это на другом временном отрезке. Мы еще вернемся к содержанию письма Мельникова и отметим коренные различия между позициями генконсула и Карахана, на которые не обратили внимания Крюковы.

Мельников являлся одним из ключевых актеров советско-китайских отношений на КВЖД. Поскольку полный цикл коммуникации с Москвой от передачи сообщения до получения ответа, по причине дальних расстояний и несовершенства технических средств связи, требовал значительного времени, первая реакция на конфликты актеров местного уровня, каким являлся генконсул в Харбине Борис Мельников, часто не совпадала с последующими инструкциями из Москвы и могла серьезно трансформировать ситуацию. Другое дело, что роль Мельникова в урегулировании спорных вопросов на КВЖД тоже не была постоянной величиной.

Из цитировавшихся Крюковыми документов ясно видно, что Карахан, отправивший Сталину письмо о захвате станции, упоминает в контексте решения конфликта, прежде всего, товарища председателя Правления КВЖД Василия Чиркина и советского генконсула в Мукдене Кузнецова. Кузнецов, как мы прочтем в письме Карахана Сталину, оказался в Харбине случайно, приехав туда из Мукдена на лечение. Чем же они были занимательны?

Николай Кириллович Кузнецов, так же, как и Мельников, помимо работы в НКИД, был давним сотрудником ИНО ОГПУ и имел богатый послужной список работы в Китае. Родился 26 апреля 1890 года в г. Вильна (Вильнюс). Отец Кузнецова был ревизором движения железных дорог, мать- домашняя учительница. Николай Кузнецов свободно владел немецким языком, поскольку окончил реформатское немецкое училище в Петербурге в 1907 году. С января 1916 по август 1917 года Кузнецов находился в Японии в командировке от Петроградского трубочного завода в должности браковщика. СВ декабре 1917 года он начинает работать переводчиком в НКИД, в 1919—1920 гг. его призывают на службу в 7 Армию РККА, откуда его вскоре возвращают обратно в НКИД по просьбе Льва Карахана. В сентябре 1922 года Кузнецов командируется в Китай, где принимает участие в переговорах ДВР—РСФСР с японцами, состоявшимися в Чанчуне. Он был участником миссии Адольфа Иоффе в Пекине в 1922 году в качестве второго секретаря, участвовал в подписании Мукденского договора в 1924 году. Кузнецов находился в особо доверительных отношениях с отцом Чжан Сюэляна — Чжан Цзолинем. Последний неоднократно предлагал советскому дипломату оставить службу у большевиков и стать его советником. Вплоть до марта 1925 года Кузнецов работал первым секретарем в полпредстве СССР в Китае, выполняя различные поручения в Чанчуне, Пекине, Мукдене. С марта 1925 по август 1926 Кузнецов находился на аналогичной должности в Полпредстве СССР в Японии в Токио. В сентябре 1926 года НКИД назначил его генконсулом СССР в Мукден в Маньчжурию. У Кузнецова было незаконченное экономическое образование, он был отозван по партмобилизации с 4 курса экономического отделения Петроградского Политехнического института. Некоторое время он обучался в Академии Генштаба РККА «по вакансии НКИД» в качестве слушателя Восточного отделения, специализируясь по Японии. Как отмечал Николай Кузнецов в своей партийной анкете в 1922 году: «говорю и пишу по-немецки, говорю по-английски, французски, японски».[137]

Что касается Василия Чиркина, то именно он, как мы помним, вел переговоры с китайским председателем Правления и главноначальствующим на КВЖД в 1928 г. о кадровом паритете на дороге.

Василий Гаврилович Чиркин родился в 1879 году в Тамбовской губернии. Позже семья переселилась в Екатеринослав (ныне Днепр), где Василий увлекся революционной работой и распространял газету «Искра». Переехав в конце 1904 года в Петроград, Чиркин стал членом группы меньшевиков, в которой состоял до 1918 года. Называл себя профессиональным революционером, с 1918 г. активно участвовал в профсоюзном движении, в 1920 г. вступил в РКП(б). С 1922 года Чиркин начинает работу в системе железнодорожного транспорта, с 1922 по 1926 гг. был на должности сначала заместителя управляющего, а потом — управляющего на Северной железной дороге. В марте 1926 — июле 1928 гг. являлся представителем Наркомпути в Германии, в Берлине. Уверенно говорил по-немецки. В сентябре 1928 года Чиркин был назначен заместителем (товарищем) Председателем правления на КВЖД и оставался на этой должности вплоть до февраля 1930 г.[138]

Почему же Карахан упоминает поименно Чиркина и Кузнецова в письме Сталину от 23 декабря 1928 года?

По-видимому, Карахан рассматривал вопрос о захвате телефонной станции 22 декабря, как раз, в русле переговоров Чиркина с китайцами о реорганизации управления на КВЖД. Генконсул в Харбине Борис Мельников пока играет в этом контексте явно второстепенную роль. Что не удивительно, достаточно посмотреть послужной список Николая Кузнецова. Мельников выйдет на первые роли на харбинской сцене позже, в связи с болезнью последнего. Из текста цитируемых Крюковыми документов следует также, что о ситуации с захватом телефонной станции на КВЖД Чиркин проинформировал Карахана в Москве телеграммой раньше Мельникова. Цепочки передачи информации в системе большевистской внешней политики были строго кодифицированы лишь на бумаге, в реальности же — они зачастую определялись ситуативно, в зависимости от уровня личных знакомств, связей и симпатий, а также от конкретного доступа к «коммуникативным оказиям».

В письме Сталину от 23 декабря Карахан предлагает возможные шаги для решения вопроса о конфискации телефонной станции. Он пытается сначала перевести советско-китайские разногласия из области программных идеологических противоречий (вмешательство иностранного капитала в инфраструктурные проблемы китайских национальных средств связи) на уровень мелкого несогласия по частному вопросу между двумя коммерческими субъектами. Карахан пишет:

«*А) Следует попытаться решить этот конфликт в Правлении или при посредстве Правления. Следует добиться постановки этого вопроса на Правление, которому предложить опротестовать насильственное и незаконное отчуждение имущества дороги. В случае возражений китайцев* **вопрос подлежит передаче на рассмотрение правительства.**

Б) В порядке частных совещаний с китайцами следует убедить их в провокационности и вредности подобных односторонних акций, срывающих возможность совместной работы на дороге, и добиваться их нажима на Мукден в сторону изменения взятого курса. Следует намекнуть на возможность компромисса — передачу станции мукденским властям при условии официального обращения в согласии со статьей 11 телефонного соглашения к КВЖД на основе выкупа по действительной стоимости.

В) В таком же духе предложить начать переговоры с Чжан Сюэляном Кузнецову, которому дается распоряжение немедленно выехать в Мукден (Кузнецов последнее время лечился в Харбине).

Г) Следует указать китайцам на полную нашу готовность приступить к переговорам по всем вопросам, перечисленным в телеграмме Чиркина.

Д) Отклонить предложение Емшанова об устройстве забастовки служащих станций, так как это привело бы к разгону всех советских граждан и замене их белогвардейцами.

Е) Вопрос о нарушении телефонного соглашения и возможные мероприятия в этом направлении поручить разработать в НКПС и НКИД. Лично я опасаюсь, что предложение прервать телефонную связь с Владивостоком может ударить по нашим же интересам, так как это создает затруднения для экспортеров. Ввиду срочности прошу обсудить вопрос еще в понедельник 24.12.»[139]

Реакция советской стороны пошла первоначально по сценарию, предложенному Караханом. 26 декабря Чиркин составил и на следующий день вручил Люй Жунхуаню официальный протест. Политбюро в Москве завизировало решение о подаче протеста постфактум — 27 декабря, по-видимому, Сталин услышал доводы Карахана и его предложения были обсуждены в экстренном режиме. Если не держать в уме, что консул в Маньчжурии Кузнецов был также многолетним сотрудником ИНО ОГПУ и совмещал несколько функций, можно сказать, что до первой декады января 1929 года дипломаты играли первую скрипку в определении советской позиции по вопросу о КВЖД.

В поданном китайцам протесте отмечалось, что право КВЖД иметь в своем распоряжении средства коммуникаций основывается на Мукденском договоре 1924 года. Кроме того, разрешение иметь собственную телефонную станцию на дороге подтверждалось двусторонним соглашением от 20 июня 1927 года. Чиркин указывал на то, что эксплуатация телефонной связи относится к внутренним деловым операциям дороги. Никогда ранее, ни председатель, ни китайские члены Правления КВЖД не ставили это право под сомнение и не поднимали вопроса о станции на заседаниях. Чиркин обращал внимание Люй Жунхуаня, что вопрос о конфискации телефонной станции, по-видимому, возник абсолютно спонтанно. Иначе, как объяснить тот факт, что данная тема ни в какой форме не затрагивалась на последних консультациях с китайской стороной, состоявшихся 20 декабря 1928 года.[140]

31 декабря 1928 года, невзирая на наступающий Новый год, Лев Карахан пишет еще одно срочное письмо Сталину.

«29 декабря по всей Маньчжурии подняты гоминьдановские флаги, а Мукден официально заявил о своем подчинении Национальному правительству. События, таким образом, подтвердили наше предположение о состоявшемся соглашении между Мукденом и Нанкином.

Тем больше имеется оснований полагать, что захват телефонной станции является не случайным, изолированным фактом, и что мы можем оказаться перед лицом новой серьезной агрессии китайцев в Маньчжурии. Указанные обстоятельства с неотложностью требуют от нас исключительного внимания к проблеме наших отношений с Китаем и в первую очередь к Маньчжурии, выработке целой системы мероприятий, направленных к локализации и разрешению конфликта, создавшегося в связи с захватом телефонной станции, с одной стороны, предупреждению новых захватов и разрешению всех спорных вопросов на КВЖД — с другой...

Если нам не удастся договориться с мукденцами немедленно, то за телефонной станцией последует захват телеграфа и ряд односторонних китайских выступлений, направленных к насильственному изменению существующего порядка управления дорогой и, может (быть), даже захвату дороги, о чем мы имеем информацию из Маньчжурии».[141]

Обратим внимание, Карахан предлагал Сталину занять соглашательскую линию с целью «локализации конфликта», он призывает «договариваться немедленно», его, по-видимому, сильно беспокоила возможность вмешательства иностранных держав и, прежде всего, Японии на стороне теперь уже объединенных сил Нанкина и Мукдена.

Состоявшееся уже после Нового года 3 января 1929 года заседание Политбюро внесло, однако, заметные коррективы в предложения Карахана. На сцену выходят сторонники силового решения вопроса по отношению к КВЖД, и именно они начинают теперь определять реакцию Кремля в Маньчжурии.

Политбюро приняло следующее постановление по докладу Карахана:

«А) *Послать телеграмму за подписью Литвинова на имя Кузнецова о том, чтобы Кузнецов заявил от имени советского правительства Чжан Сюэляну: «Мы не можем ни в коем случае мириться с теми методами, которые применяются китайцами (захват телефонной станции); если есть вопросы, требования и желания у китайской стороны, то Советское правительство предлагает немедленно начать переговоры по всем вопросам, интересующим китайцев, для чего Советское правительство, в случае согласия Чжан Сюэляна, пошлет немедленно своего полномочного представителя. В противном случае, при продолжении нынешних методов со стороны китайцев* **Советское правительство будет вынуждено отстаивать силой свои права и договоры** *[выделено нами. — М.Ф.], заключенные в Пекине и Мукдене в 1924 году.*

Б) Емшанову сообщить, что если китайцы захватят КВЖД, принять все зависящие меры сопротивления, вплоть до угона максимально большого количества имущества и подвижного состава.

В) Поручить комиссии в составе Рудзутака, Сталина, Ворошилова, Кубяка и Карахана, на основе состоявшегося обмена мнениями, выработать условия на случай, если будут открыты переговоры в Мукдене или с мукденским и нанкинским правительством вместе. Созыв комиссии за Рудзутаком.

Г) Принять это решение абсолютно конспиративным».[142]

Бросается в глаза явный диссонанс с предложениями Карахана о необходимости «договариваться», советское правительство манифестирует возможность применения силы для отстаивания своих «прав и договоров». Примечателен не только состав комиссии, но и союз «И» в словосочетании «прав и договоров». Ворошилов и Кубяк не раз выступали с предложением использовать самые жесткие меры при решении спорных проблем с китайской стороной. Николай Кубяк был сторонником «военной прогулки» до Харбина еще во времена конфликта на КВЖД в 1926 году.[143]

Вполне возможно, что к моменту своего доклада на Политбюро Карахан имел, наконец, в своем распоряжении письмо генконсула Бориса Мельникова, отправившего его в Отдел Дальнего Востока НКИД с курьером 24 декабря 1928 года. Мельников писал по поводу захвата телефонной станции:

«*Могу только подтвердить изложенное в моей телеграмме, что очевидно это начало. Продолжение (захват международного* телефона, центрального телеграфа) будет не менее неприятно. Станция находится в руках китайцев, и обратно её они не отдадут. Никто из них даже не помышляет об этом, даже те, кто был против захвата. Придется искать компромисса, причем китайцы очевидно в этом отношении нам будут помогать. Компромиссы могут намечаться в таком порядке:

1. Станция передается обратно КВЖД, признается её собственностью, китайская администрация убирается, восстанавливается прежняя администрация. Одновременно в Правлении ведутся переговоры о переходе станции в ведение китайцев с уплатой полной стоимости и с обязательством новой администрации, что телефоны, принадлежащие КВЖД, оплачиваются по льготному тарифу, не превышающему существующий.

2. КВЖД признается собственницей станции, но Правление одновременно соглашается на передачу станции китайцам. Полная стоимость станции оплачивается КВЖД.

3. КВЖД признается собственницей станции, стоимость станции засчитывается за счет льготного тарифа для телефонов КВЖД.

4. КВЖД признается собственницей станции. Вырученная чистая прибыль за время с 1924 года засчитывается в счет стоимости станции в половинном размере, остальная часть погашается льготным тарифом для телефонов КВЖД.

5. КВЖД признается собственницей станции. Станция передается китайцам. Об уплате полной стоимости договариваются в дальнейшем. Приблизительно в этом духе могут идти поиски компромисса...

Я думаю, что такой компромисс неизбежно будет иметь место, т. к. добиться безоговорочной обратной передачи станции вряд ли удастся. Мы по опыту знаем, что то, что попадет в руки китайцев, если это доходная статья, обратно получить нельзя. Поэтому **голый протест, зафиксировав нашу точку зрения, практических результатов, если мы протест не подкрепим силой, не даст.** [здесь и ниже выделено нами — М.Ф.] А так как это подкрепление категорически исключается, то получается по басне «А Васька слушает, да ест». Конечно, такая **опасность в таком компромиссном решении есть в том смысле, что мы этим как бы приучаем китайцев к захватному методу разрешения вопросов, относящихся к КВЖД**. Но и без этого китайцы встали уже на этот путь и нам волей-неволей с этим приходится считаться....

Вообще, **полоса мирного жития на КВЖД прошла, и мы вступили в полосу конфликтов.** Помимо очевидного влияния в этом обострении крайне правых элементов из Гоминьдана, которые очевидно в Маньчжурии будут иметь все больший и больший вес, некоторые китайские круги объясняют постановку, например, вопроса о паритете и некоторыми привходящими обстоятельствами. С реорганизацией и уменьшением армии остается без работы масса сановников. Все административные посты Мукденской и Цицихарской провинции уже ими заполнены. В Гирин Чжан Цзосян их пока не пускает, административные посты Особого района также заполнены, остается КВЖД — очень доходное учреждение, которое может создать сколько угодно синекур, во-первых, и, во-вторых, вышибая советских работников, можно посадить на их место оставшихся не у дел китайских сановников. Это обстоятельство, конечно, играет значительную роль и, окрашенное в националистический цвет, подкрепленное суверенитетом, может дать значительный отрицательный для нас эффект, обуславливая силу нажима, в котором будет заинтересована масса влиятельных лиц.

В преддверии этих конфликтов я просил Управление дороги подготовить материалы по этим вопросам. К сожалению, более саботажного в этом отношении учреждения я еще не видел. Каждый листок приходится вырывать настойчиво и кропотливо».[144]

Как нам кажется, и в этом мы не согласны с трактовкой этого документа в монографии Крюковых, Борис Мельников совершенно отчетливо сообщал, что, с его точки зрения, обыкновенные переговоры, как предлагал Сталину Карахан, не произведут должного эффекта на китайцев, если они не будут подкреплены силой. Позиция Карахана, как мы помним из его письма Сталину 23 декабря 1928 года, была противоположной. Мельников понимает, что «есть мнение», согласно которому «подкрепление» силой категорически исключается. Генконсул, однако, транслирует Москве свой скепсис по отношению к этой позиции и выражает сомнения в возможности добиться от китайцев выполнения договоров в этом случае в краткосрочной и долгосрочной перспективе. Более того, Мельников отмечает, что претензии и агрессивность китайцев по отношению к советским правам на КВЖД в будущем будет только возрастать. Решение Политбюро от 3 января 1929 года отобразило разворот Кремля к возможности применения силовых методов для восстановления договорных прав на КВЖД.

Исполняя решение Политбюро, советский генконсул в Мукдене Кузнецов встретился с маршалом Чжан Сюэляном и 7 января 1929 года он отправил наркому Максиму Литвинову в НКИД следующее сообщение:

«Маршал принял меня в присутствии начальника Центрального дипломатического управления. Директивы были все заявлены. Он оправдывал захват телефонной станции принадлежностью её городу. После моих категорических возражений Чжан Сюэлян сказал, что он намерен придерживаться Мукденского соглашения и что им поручено начальнику ЦДУ и генералу, ведающему телефонной связью, ведение дальнейших переговоров на основании закона и справедливости».

Молодой маршал, похоже, решил пока приостановить эскалацию. Вопрос, однако, состоял в том, как именно китайская сторона понимала «закон и справедливость».

В этой связи интересно привести еще одну цитату, которая содержится в письме Мельникова Карахану, написанному и отправленному в Москву после встречи Чиркина с Люй Жунхуанем 27 декабря 1928 года. К сожалению, нам неизвестна точная датировка документа, который мы цитируем со слов монографии Крюковых. Как бы то ни было, этот документ, скорее всего, дошел до адресата — Льва Карахана не раньше середины января 1929 года.

Генконсул в Харбине Борис Мельников передавал в письме в Москву на имя Льва Карахана обстоятельства общения Чиркина с дубанем 27 декабря. Чиркин сообщал следующее:

«При передаче моего протеста дубаню, сообщенного Вам, состоялся разговор, который в краткой передаче со стороны дубаня сводится к следующему. **Взаимное оперирование документами юридического порядка бесполезно. Конфликт надо рассматривать в плоскости сложившихся взаимоотношений с советской частью, которые крайне неудовлетворительны для китайцев».*[145]

Из этой цитаты следовало, что «справедливость» в китайском понимании перевешивала «закон». И отступать от этой позиции они не собирались.

Казнь в Тигровом зале

Новый лидер Чжан Сюэлян и нанкинский Гоминьдан были солидарны в своих намерениях о необходимости возвращения Китаю прав на КВЖД. Надежды советского руководства на то, что смерть генерала Чжан Цзолиня укрепит советские позиции в Маньчжурии и подорвёт японское влияние, не оправдались.

Молодой маршал вступил в союз с Нанкином и взял жесткий курс на консолидацию власти. В начале января 1929 года в Мукдене происходит внутриполитическое событие, которое отчетливо продемонстрировало, что Чжан Сюэлян сделал свой окончательный выбор и готов для его реализации к самым жестким мерам.

10 января 1929 года в Тигровом зале резиденции семьи Чжанов в Мукдене по распоряжению Чжан Сюэляна были убиты ближайшие сторонники его отца Ян Юйтин и Чан Иньхуй. Генерал Ян Юйтин считался одним из самых видных военачальников ТВП, его называли «мозговым центром» Дунбэя. Ян являлся командующим 3-й и 4-й фэнтяньскими армиями, был начальником мукденского арсенала. При Чжан Цзолине генерал исполнял обязанности начальник штаба армии, прославился как создатель флота ТВП и организатор оборонной промышленности. Он активно участвовал в реформе налоговой системы Северо-Востока Китая, являлся инициатором передачи пустующих государственных земель для культивации арендаторам. Будучи «правой рукой» Чжан Цзолиня, Ян Юйтин сыграл важную роль в выработке стратегии железнодорожного строительства в ТВП.

Чан Иньхуй[146] исполнял обязанности гражданского губернатора провинции Хэйлунцзян. Одновременно он возглавлял Комиссию по коммуникациям ТВП, контролируя все средства связи в Дунбэе — железные дороги, телеграф, радио, телефон.

Конфликт назревал давно. Несмотря на обвинения в государственной измене и в злоупотреблении служебным положением, противоречия носили, прежде всего, характер личной ссоры. Чжан Сюэлян был взбешен, что бывшие соратники отца оказывали ему недостаточно уважения и считали его несозревшим для новой должности.

Ян Юйтин открыто выражал недовольство пристрастием молодого маршала Чжан Сюэляна к курению опиума и часто критиковал его за неподобающее поведение. Бывший ближайший соратник Чжан Цзолиня с трудом воспринимал необходимость играть второстепенные роли при младшем по возрасту и пока ничем особенно себя не проявившем сыне погибшего фэнтяньского диктатора. Китайские историки, исследовавшие все аспекты внутриполитического конфликта в Мукдене, называют ключевым моментом не политические разногласия, а мелкую личную обиду Чжан Сюэляна. После смерти Чжан Цзолиня, договариваясь с видными военачальниками и соратниками отца о поддержке, Чжан Сюэлян пообещал Яну пост губернатора провинции Фэнтянь. В нелестной для молодого лидера форме, подчеркнув достоинства погибшего Чжан Цзолиня и уничижительно отозвавшись о личных качествах наследника, Ян Юйтин не пожелал принять новое назначение. Второй крупной обидой, о которой пишут китайские историки, явилось желание жены Чжан Сюэляна обменяться, так называемыми, «орхидейными списками» — генеалогической историей своих предков — с любимой наложницей Ян Юйтина. Этот символический акт означал бы согласие на степень родственной близости, после обмена свитками женщины становились названными сестрами. Наложница Яна, вначале, вроде бы, согласившаяся признать жену Чжана младшей сестрой, в конце концов, отказалась от символического сближения, сославшись на то, что женщины принадлежат к разным поколениям. Чжан Сюэлян почувствовал себя глубоко уязвленным и затаил сильную обиду. Ян Юйтин не скрывал снисходительного отношения к молодому лидеру и открыто его демонстрировал при всяком возможном случае. Последней каплей явилось противостояние Ян Юйтина процессу объединения Мукдена с Нанкином. Ян был ярым сторонником автономии ТВП и во время праздничной церемонии поднятия гоминьдановского флага категорически отказался фотографироваться на его фоне.

Утром, накануне убийства двух крупных представителей старой гвардии, Ян, сопровождаемый гражданским губернатором провинции Хэйлунцзян Чан Иньхуем, еще раз в резкой форме выразил свое несогласие с прогоминьдановской политикой и потребовал от Чжан Сюэляна создать канцелярию военного губернатора железных дорог Северо-Востока Китая. Ян и Чан предложили назначить ее руководителем Мо Дэхуя, отличившегося своим участием в переговорах с японцами в Киото на инаугурации императора Хирохито. Чжан Сюэлян был взбешен и отказался выполнить требование. Молодой маршал решил избавиться от строптивцев, однако понимал всю рискованность затеи и необходимость тщательной подготовки. Чжан предложил соратникам продолжить разговор вечером в непринужденной обстановке. Когда ничего не подозревавшие Ян

Юйтин и Чан Иньхуй приехали повторно в резиденцию Чжанов, у молодого маршала все уже было готово для их устранения. По распоряжению Чжан Сюэляна, начальник охраны и 6 гвардейцев в упор расстреляли бывших соратников Чжан Цзолиня в Тигровом зале.

На следующее утро, на рассвете, Чжан Сюэлян собрал членов Совета безопасности Дунбэя — Чжан Цзосяна, Сунь Чуаньфана, Ван Шуханя, Чжай Вэнсюаня — и сообщил им постфактум о казни «предателей» Ян Юйтина и Чан Иньхуя. Никто из присутствующих не предвидел такого кровавого и неожиданного поворота событий. Новый лидер ТВП продемонстрировал, что он не готов мириться с неповиновением своих подчиненных и его не смягчат прошлые заслуги. Пришедшие узнали, что причиной казни стал, будто бы, имевшийся место заговор против государственной власти в Дунбэе и нецелевое использование 200 миллионов китайских долларов в личных интересах. 11 января были арестованы ближайшие соратники казненных, в том числе, замначальника Мукденского арсенала и управляющий Пекинско-Мукденской железной дороги.[147]

Происшедшая расправа, без сомнения, имевшая антияпонскую направленность, резко усилила позиции генерала Чжан Цзосяна, который стал теперь ближайшим советником молодого маршала. Чжан Цзосян, гражданский и военный губернатор провинции Цзилинь (Гирин), заместитель командующего армий Северо-Востока Китая, владевший русским языком, превратится впоследствии в одну из ключевых фигур и окажется инициатором грядущего советско-китайского конфликта на КВЖД в 1929 году.[148]

Устранение двух ведущих и влиятельных членов фэнтяньской клики укрепило личные позиции Чжан Сюэляна, заручившегося поддержкой лидера нанкинского Гоминьдана Чан Кайши. Эта казнь породила серьезный раскол внутри военной элиты ТВП и внесло серьезный диссонанс в маньчжурскую внутриполитическую ситуацию.

Личные ссоры маньчжурских политиков, замешанные на крови, вызвали смятение в американских дипломатических кругах. Консул США в Мукдене Майерс, с детальной скрупулезностью мониторил происходящее. Практически, каждый второй день, он отправлял американскому послу МакМюррею в Пекин подробные телеграммы об изменении внутриполитических расстановок на северо-востоке Китая. Майерс настаивал в своих сообщениях на том, что казненный Ян Юйтин был сторонником прояпонской ориентации ТВП и мог быть замешан в покушении на Чжан Цзолиня, и именно в этой плоскости стоит искать истоки его конфликта с Чжан Сюэляном. МакМюррей, встречавшийся ранее лично с Ян Юйтином, считал, что для серьезного обвинения генерала в симпатиях к японцам нет никаких оснований. Американская дипломатия была в замешательстве.

Что касается советской дипломатии, то, как показали письма Карахана Сталину в январе 1929 года, он однозначно связывал Ян Юйтина с прояпонской ориентацией внутри мукденской элиты и надеялся на улучшение переговорных позиций СССР в результате устранения последнего.[149]

Карахан сообщал Сталину о получении китайского ответа на ноту протеста по поводу захвата телефонной станции, отправленной в НКИД 12 января. Китайская сторона соглашалась перенести обсуждение спорных вопросов, связанных с дорогой на заседание правления КВЖД. Сообщая об этом Сталину, Карахан подчеркивал, что в результате расстрела Ян Юйтина произошло некоторое улучшение отношений с Мукденом. Замнаркома предлагал пойти навстречу предложениям дубаня, высказанным в беседе с Чиркиным, и рассматривать проблему захвата телефонной станции в общем контексте претензий со стороны китайской части правления.

Однако влияние Карахана на формирование курса советского правительства о методах разрешения конфликта на КВЖД с середины января 1929 года начинает падать — внутри советского силового истеблишмента уже с декабря 1928 года набирает силу другая точка зрения. Её сторонники считали, что переговоры не приносят нужных большевикам результатов.

Объединение Чжан Сюэляна с Чан Кайши под флагом Гоминьдана заставляет Кремль серьезно усилить внимание к военной работе в Северной Маньчжурии.

Столкновение интересов и задачи военной работы СССР в Маньчжурии

В декабре 1928—январе 1929 г. между Москвой и советскими структурами в Харбине разворачивается активная переписка по вопросу о применении актов террора против китайских властей на КВЖД. Выяснение возможностей противостояния политике Чжан Сюэляна приобретало для Центра важное значение. Общение происходит в приоритетном коммуникационном модусе. На первом этапе Харбин—Владивосток донесение передавалось в зашифрованном виде по телеграфу. Во Владивостоке сообщение сначала расшифровывалось, затем перешифровывалось другим шифром и отправлялось далее в Москву телеграфом, по «прямому проводу». Право «прямого телеграфного провода» не означало, однако, что донесение доходило «в один приём» к адресату в Москве. Это было технически невозможно. Информация могла передаваться по телеграфу только поэтапно. Таких этапов передачи или приёма на отрезке Владивосток— Москва, или в обратном направлении, было несколько. В случае использования «прямого провода», получение и последующая передача следовали непосредственно друг за другом. В этом случае цикл «оборота информации» был наименее продолжительным. Различные институциональные структуры большевистского государства имели строго определенный временной распорядок и фиксированный объём пользования «прямыми проводами». Поскольку количество передаваемой информации было ограничено, как правило, вслед за телеграммой отправлялось подробное письмо, доставляемое курьерами. На этих расстояниях письмо находилось в пути не менее 10-15 дней, иногда значительно дольше.

До занятия китайцами телефонной станции КВЖД советские эмиссары имели возможность передавать информацию доверенному лицу на первом этапе быстрее— по телефонной линии, соединявшей Харбин с внешним миром, например, с Владивостоком. В этом случае телефонное сообщение из Харбина зашифровывалось уже во Владивостоке специальным шифром для последующей передачи в Центр. С занятием телефонной станции КВЖД советские эмиссары в Маньчжурии теряли важный канал быстрой передачи и приема информации. Использование радиостанций для связи Харбина с СССР было редкой роскошью. Видимо, к тому же, небезопасной с точки зрения конспирации.

Как бы то ни было, использование «прямого телеграфного провода» для передачи информации между Центром и «представителем Коминтерна» свидетельствовало о высоком приоритете маньчжурских новостей для Москвы. Как показали наши более ранние архивные исследования, эмиссары Коминтерна редко удостаивались таких преференций.

Факты налицо: 16 января представитель Коминтерна в Харбине, имя которого, к сожалению, установить не удалось, отправил телеграмму для Центра во Владивосток, а уже 18 января Владивосток передал с местного телеграфа ответ из Москвы для Харбина. В данном случае трудно выявить, являлась ли Москва инициатором переписки, действительно ли конечным адресатом был Коминтерн, а не какие-то собирательные, созданные на базе Отдела международной связи КИ, институциональные образования, включавшие, прежде всего, представителей силовых ведомств армии и разведки. Не совсем ясно, какие институты отвечали за приём и переброску информации во Владивостоке. Учитывая последующий опыт организации большевиками с середины 1930 года, так называемой, «Базы Североманьчжурского комитета» (База СМК) во Владивостоке, есть основания считать, что это были, скорее всего, структуры ОГПУ. Именно ОГПУ обеспечивало кадровое и материальное наполнение Базы СМК.

Как бы то ни было, вопросам военной работы в Маньчжурии Москва присвоила высшую степень приоритетности. О чем конкретно шла речь?

16 января 1929 года невыясненный *представитель Коминтерна*»[150], отправляет во Владивосток из Харбина донесение под заголовком *Взрывчатые вещества. Террор Нанкин — Мукден*». Как следует из текста, донесение являлось дополнением к более раннему докладу, посланному 27 декабря.[151] Донесение информировало Центр о возможном обращении генерала Фэн Юйсяна за военной помощью в Москву.

В это время армия Фэн Юйсяна к тому времени являлась самой большой по численности и фактически независимой военной силой в северных провинциях Китая, сопредельных с Маньчжурией. В декабре 1928 года, на военном совещании по упорядочению военных сил Китая, нанкинское правительство Чан Кайши приняло решение сократить численность войск под командованием Фэна более чем в три раза.[152] Понятно, что Фэна не могло обрадовать это решение, выполнение которого повлекло бы за собой сокращение сферы его военно-политического влияния.

«Представитель Коминтерна» обращал внимание Москвы на процесс идущей консолидации «Юга» и «Севера» Китая, под которым понималось сближение Нанкина (Чан Кайши) и Мукдена (Чжан Сюэлян). Он отмечал похвальное, с его точки зрения, желание Фэн Юйсяна воспрепятствовать примирению своих противников. Большевистский эмиссар докладывал, что Япония тайно предложила материальную помощь двум другим несговорчивым генералам — Чжан Цзунчану и У Пэйфу, которые, как и Фэн Юйсян, были недовольны усилением нанкинского гоминьдана. Автор донесения предлагал Москве последовать примеру Японии и разыграть «антигоминьдановскую карту». Оказание «крупной поддержки» Фэн Юйсяну могло бы укрепить позиции СССР в регионе. Возобновление Фэном военных действий против Чжан Сюэляна с весны 1929 года, обеспечило бы восстановление статуса-кво на КВЖД для СССР через несколько месяцев.

Отвечая на поставленный Москвой вопрос о возможности организации террористических мероприятий на КВЖД против Чжан Сюэляна и нанкинского правительства, «представитель КИ» возражал, что организация террора в данный момент преждевременна.

Большевистский эмиссар в Харбине был готов предложить свою, среднесрочную, программу действий в Китае.

И она виделась так: «Мы полагаем организовать крупную и широкую подготовку, для чего требуются: усиление денежных средств, доставить взрывчатые вещества и все необходимые для этой цели материалы для Нанкина, Мукдена в район КВЖД, где по виду событий будет вводиться террор».[153]

Москва потребовала уточнений. 18 января 1929 года, по поручению центрального аппарата Коминтерна, Владивосток вновь запрашивает Харбин о возможности немедленной реализации террористических мероприятий на КВЖД и на территории, контролируемой нанкинским правительством. Москву интересуют следующие вопросы:

- На помощь каких китайских организаций можно рассчитывать в проведении террора, Харбину предлагалось указать «с большой осторожностью всех активных работников китайской национальности».

- Какова численность таких антиправительственных китайских организаций в районе «трёх восточных провинций»?

- Какие для этого потребуются средства и материалы?

- Когда именно можно надеяться «на полное снабжение Нанкина», согласно предложенному Харбином плану?

- В каких пунктах Харбин предполагает сосредоточить денежные средства, «не включая район КВЖД»?

И, наконец, довольно «неординарный» вопрос: *Какой план применения может быть использован газами?*. Москва, как мы видим, не чуралась планирования террористических операций не только против материальных объектов, но и конкретных людей. «Представителю Коминтерна» предлагалось составить таблицу *«всех начальствующих лиц китайской национальности, проявляющих активную работу против коммунизма».*[154]

Харбину приказывалось *«перегруппировать»* и *«перенести»* все документы коммунистической организации в *«недоступные места».* Деятельность профсоюзных организаций предлагалось приостановить, в случае, *«если будет заметна неизбежность осложнения».* Активисты должны были *«проявить полное спокойствие и тактичность,... полное подчинение властям».*

19 января 1929 года «представитель Коминтерна» передал ответ на этот запрос по прямому телеграфному проводу во Владивосток. Комментируя последствия занятия китайскими властями телефонной станции на КВЖД для работы советских представителей в Маньчжурии, автор телеграммы успокаивал Москву:

«Вся телеграфная сеть находится в наших руках. Служащим вменено в обязанность оставаться на местах. По мере возможности активным работникам допускается брать китайское подданство, если это будет представляться необходимым для пользы дела удержания сети в своих руках. Подготовка служащих со стороны китайцев для обслуживания автоматов в скором времени не может быть осуществлена, ввиду сложности приборов и негласного препятствия с нашей стороны».[155]

Что же касается сроков начала террористических акций против Нанкина, «представитель Коминтерна» продолжал призывать к осторожности. Он предлагал «воздержаться от активного террора» до полного выяснения особенностей политики нанкинского правительства в отношении полосы отчуждения на КВЖД и сосредоточиться на активной подготовке. Однако Москва должна была продолжить финансовые вливания. И тут, автор донесения не скупился на обещания. Количество сторонников, выражаясь словами документа, «тайной оппозиции» оценивалось им на порядок завышенной цифрой в 120 тысяч человек.

В телеграмме указывалось: *«При разговорах в Харбине с представителями коммунистических организаций китайской национальности, выясняется полная возможность осуществления тайной оппозиции в Мукдене, при необходимом и срочном ассигновании денежных сумм в сумме 120.000 золотых рублей, а для дополнительной выдачи средства в моём распоряжении имеются. Подробная информация выслана с курьером».*[156]

Выполнить намеченное в долгосрочной перспективе, однако, не представилось возможным. За активными приготовлениями советских эмиссаров к террористическим операциям в Маньчжурии следила японская разведка. Уже с середины 1928 года японцы взяли под наблюдение резидента советской военной разведки в Гирине, бывшего поручика царской армии Николая Лебедева. В начале января 1929 года Лебедев был откомандирован на новое место назначения — в Сеул. Японцы приняли решение перевербовать советского агента. Когда поезд, в котором находился Лебедев, прибыл в Харбин, китайские полицейские, действовавшие по наводке японцев, арестовали советского резидента. Лебедеву был предложен выбор — сотрудничество с японской разведкой и крупное вознаграждение или долгосрочное тюремное заключение. Лебедев согласился с предложением японцев и передал начальнику отдела японской контрразведки Кубота данные о лицах, работавших в Маньчжурии на советскую военную разведку.

17 января 1929 года китайская полиция провела массовые задержания по списку Лебедева в Гирине, Харбине и даже в Сеуле.[157]

На фоне начавшихся репрессий, Москва усилила интерес к военным формам борьбы в Маньчжурии и попыталась сработать на опережение.

20 января 1929 года, все тот же «представитель Коминтерна», сообщил в Москву в телеграмме об успешной реорганизации просоветских организаций в Маньчжурии, ставшей неотложной на фоне усиления репрессий со стороны режима Чжан Сюэляна. Вся агитационная литература, также, «в спешном порядке», была «перемещена в недосягаемые места».

«*В случае обыска, бояться не следует*», — заверял автор телеграммы. И продолжал: «*/Для/ восстановления тесной связи с вновь назначенным начальством нами предпринимаются широкие шаги, но пока мало успешно, что требу/ет/ некоторого замедления во времени*».[158]

В Москву шли победные реляции об успешном функционировании тайных организаций на КВЖД, которые, по сообщениям эмиссара, были усилены присланными из Советской России специалистами-нелегалами. По линии Коминтерна на КВЖД удалось заново внедрить 183 агента китайской национальности и 47 человек — граждан СССР. При этом, для работы в Харбин было направлено 10 китайцев, 4 русских; в Мукден — 25 китайцев, 7 русских, в Цицикарский район — 10 китайцев, 5 русских, в Гиринский район — также 10 китайцев, 5 русских. Остальные — то есть около двух третей командированных Коминтерном китайцев, и чуть больше половины русских — приступили к работе в Нанкине и в прилегающих к нему районах.

Эмиссар Коминтерна не хотел сбавлять обороты и просил Москву дополнительно подготовить и прислать ещё 600 китайцев, 250 русских и 200 корейцев.

Документ сообщал о внесении корректировок в прежнюю, сдержанную позицию о преждевременности террористических операций: *«При вторичном обсуждении вопроса о применении террора (мы) пришли к следующему заключению: мерой борьбы с империализмом является хорошо подготовленный террор, поэтому постановили в срочном порядке произвести полную подготовку во всех областях, округах Китая. Приглашённые для обсуждения этого вопроса лица китайской национальности — организационной подготовительной школы[159] выразили полное своё согласие в принятии личного участия в подготовке и в проведении этого мероприятия для пользы мировой революции».*[160]

«От имени совещания тайной интернациональной организации», представитель Коминтерна настойчиво убеждал Москву ускорить ассигнование озвученных в донесениях денежных сумм и командировать дополнительный агентурный персонал.[161]

Роль японской разведки в репрессиях в Маньчжурии остается для советских агентов пока за кадром. Главным врагом называется Нанкин, всё внимание большевиков направлено на противодействие усилению позиций гоминьдана на севере Китая.

Оценивая перспективы беспокоившего Москву единства взглядов между Чжан Сюэляном и Чан Кайши, автор донесения делал вывод: *«По данным мукденской тайной организации видно, что китайские верхи в Мукдене действуют нерешительно и также боятся осложнения. Япония для них является ненадёжной. Это обстоятельство и порождает у китайцев свойственную им нерешительность. Следя зорко за событиями, полагаем в недалёком будущем должен быть разрыв Мукдена с нанкинским правительством <u>при энергичной нашей подготовке</u>».*[162]

Ответ Москвы на эту телеграмму поступает 23 января. Действия эмиссара в Харбине, автора донесения, были одобрены. Коминтерн принял решение *«образовать интенсивный тайный фронт против совмест-*

ной работы Мукдена с Нанкином». Москва понимала, что переход к конфронтационной политике повлечёт за собой усиление повсеместного преследования просоветских организаций в Китае. Но московское руководство было готово идти ва-банк. Харбин получал в свое распоряжение значительные финансовые средства. Телеграмма сообщала: <u>*«Коминтерн в согласии с ЦК ассигнует 350.000 золотых рублей дополнительно к Вашему проекту проведения террористической борьбы в центральных пунктах Китая, согласно вашего плана, для чего необходимо строго придерживаться аккуратности»*</u>.[163]

Выполнению грандиозных планов Коминтерна в Китае помешали многочисленные аресты, инициированные китайской полицией уже в конце января 1929 года. Скорее всего, именно желание Москвы раскошелиться на террористические мероприятия вынудило Мукден поспешить с ответным ударом. Как мы помним, в начале января Николай Лебедев сдал японской разведке в Маньчжурии советскую агентурную сеть. Японцы «держали под колпаком» действия большевистских эмиссаров и не преминули поделиться информацией с Мукденом, тут их цели совпадали.

24 января 1929 года местные газеты «Заря» и «Русское слово», издававшиеся в Маньчжурии, сообщили своим читателям о разоблачении деятельности тайной коммунистической организации в Харбине и ее филиалов в других городах. Последовали многочисленные аресты. Китайской полиции, действительно, удалось на время нарушить цепочку управления советской военной работой в ОРТВП, подборка цитировавшихся нами выше телеграмм о возможности применения мер террора в отношении Нанкина и Мукдена, в архиве на этих датах внезапно обрывается.

Что же можно ещё сказать на основе анализа имеющихся текстов?

Создаётся впечатление, что представитель Коминтерна, отсылавший депеши во Владивосток для Коминтерна, был не связан напрямую с руководством Северо-Маньчжурского Комитета ВКП(б), поскольку эта организация ни разу не упоминается в его сообщениях.

В переписке не называется и партийное руководство Далькрая, которое практически невозможно было бы обойти, если бы в структурно-управленческую цепочку упоминавшейся в телеграммах «тайной интернациональной организации» в той или иной форме был включен СМК. Скорее всего, в декабре 1928—январе 1929 гг. Москва была на пути создания в Китае сверхсекретной военизированной структуры, редундантной к СМК и имевшей коммуникационную привязку к Отделу Международной Связи Коминтерна. Любопытно, что уже сама формулировка вопроса Москвой харбинскому эмиссару КИ о возможной «помощи китайских организаций в проведении террора», без дежурных в таких случаях ссылок на классовую борьбу и мировой империализм, свидетельствует о высокой рациональности и ориентации московских большевиков «на результат» в решении маньчжурской проблемы.

Как свидетельствуют архивные документы, установка на проведение широких террористических мероприятий против гоминьдановского режима была очень популярна в рядах китайских коммунистов уже с середины 1927 года. В мае—июне 1928 года о необходимости террора, убийстве предателей и о задаче внедрения верных КПК людей в полицию для предупреждения арестов говорилось на самом высоком уровне. Об этом неоднократно высказывался один из организаторов 6 съезда КПК, руководитель Отдела по специальной работе ЦК китайской компартии, а до этого глава её Военного комитета Чжоу Эньлай.

Позицию китайских коммунистов критиковал шанхайский представитель ОМС в Китае О. Е. Альбрехт (он же Абрамович, Арно) в письме Осипу Пятницкому от 1 мая 1928 года. Альбрехт отмечал, что информировал Китайскую Компартию о принятом ИККИ постановлении по поводу террора в Польше. Надеясь переубедить китайцев, он предложил Чжоу Эньлаю обсудить вопрос о терроре, как о методе борьбы, с Берзиным, Бухариным и Сталиным во время работы 6 съезда КПК, проходившем под Москвой в июле 1928 года.[164]

Военные вопросы, в том числе, и конкретная проблема террористических операций обсуждались на встрече Чжоу Эньлая с советскими военными деятелями 7 июня в Москве. 9 июня 1928 года Чжоу Эньлай побеседовал на эту тему со Сталиным. Со ссылкой на данные С.Л. Тихвинского, российский историк В. Усов обратил внимание, что на 6 съезде КПК был создан Комитет по контрразведке по аналогии с советским ОГПУ. Кроме того, в период работы съезда Чжоу Эньлаю было поручено возглавить Особый отдел, занимавшийся разведоперациями в Китае, отделения которого были сформированы и в провинциях.[165] Однако каких-либо более развёрнутых архивных данных о разведдеятельности китайских коммунистов в Маньчжурии у исследователей пока нет. В российских архивных документах часто повторяются пассажи, что на территории ОРТВП китайское коммунистическое движение было развито слабо. Эти факты дают основание предположить, что сообщения русских большевиков о создании «интернациональной тайной организации» были лишь первыми шагами в этом направлении.

Еще одна попытка создания просоветской секретной организации с участием китайских коммунистов в Маньчжурии, в более развёрнутой, зрелой форме будет предпринята позже — в первой половине 1931 года.

Имеющаяся в нашем распоряжении информация не даёт нам возможности однозначно идентифицировать представителя Коминтерна в Харбине, отвечавшего за организацию террористических мероприятий в Китае. Очевидно, это был представитель советских силовых структур, пользовавший высоким авторитетом в ЦК. Иначе, вряд ли, возможен вариант, что вместо запрашиваемых 120 тысяч золотых рублей, Москва, в течение такого короткого времени, всего за три дня, приняла решение пожертвовать на подрывные мероприятия в Китае в три раза большую сумму.

Усиление советской разведывательной работы в Маньчжурии в 1928−1929 гг. происходит, как по линии военной разведки, так и ИНО ОГПУ. Руководящий центр разведывательной деятельностью в Китае по линии ИНО ОГПУ перемещается в это время из Пекина в Харбин. В 1929 году из 13 легальных резидентур — 5 находились на территории Маньчжурии.[166] Постоянное, по восходящей, ухудшение отношений между СССР и нанкинским правительством в 1927−1929 годах приводит к тому, что вся сопредельная с Далькраем территория Северной Маньчжурии превращается в опорную базу советской военно-подрывной работы в Китае. В анклаве советского политического и экономического влияния — зоне КВЖД — были созданы для этого идеальные предпосылки.

Строительство телефонной линии Хабаровск−Владивосток−Харбин[167] привело к тому, что дальневосточное ОГПУ и отделения военной разведки Сибирского Военного округа смогли создать опорные пункты для ведения оперативной работы в Маньчжурии на базе Владивостока. Один из таких пунктов и являлся коммуникационно-передаточным звеном в цепочке Харбин−Москва по вопросу об организации террористических мероприятий против гоминьдана в Северном Китае.

Инициалы «Л.Р.», встречающиеся в донесениях о планах организации террористических мероприятий, как нам кажется, скорее всего, принадлежали Роману Войцеховичу Лонгве.

С 1925 г. Лонгва выполнял обязанности секретаря Китайской комиссии Политбюро ЦК. В 1926 году он был назначен секретарём комиссии А. Бубнова (Ивановского), отправленной из Москвы в Китай для проверки деятельности аппарата советских военных советников. С сентября 1926 по апрель 1927 гг. — Роман Лонгва выполнял обязанности военного атташе в Китае. По возвращению из заграничной командировки, Лонгва служил в Генштабе и являлся начальником Управления связи РККА.[168] Долгое время Лонгва работал бок о бок вместе с такими «китами» советской дальневосточной политики, как Лев Карахан, Андрей Бубнов, Николай Кубяк, Борис Мельников. Эти персонажи, знавшие друг друга очень давно по совместной работе, занимали в 1929 году ключевые позиции в структуре советской политики в Маньчжурии. Андрей Бубнов станет с 15 июля 1929 года уполномоченным ЦК в Дальневосточном крае. Борис Мельников в 1928—1931 гг. занимал пост генерального консула СССР в Харбине.

Отрывочность доступных исследователям архивных документов не дает нам возможности досконально реконструировать все властные цепочки в структуре принятия и исполнения решений в Северном Китае. Мы можем лишь в общих чертах представить себе их контуры.

До настоящего времени нет ясности, насколько деятельность «представителя Коминтерна», подписавшегося инициалами «Л.Р.», была связана с агентурной группой Разведупра, состоявшей из Х. Салныньша, И. Винарова, Л. Этингона. Именно этим советским военным разведчикам приписывается в статье Д. Прохорова, как считает большинство историков — необоснованно, операция по устранению отца Чжан Сюэляна — маршала Чжан Цзолиня, осуществленная в июне 1928 года.[169] Группа Салныньша—Винарова—Этингона спешно покинула Китай в середине 1929 года, незадолго до апогея обострения советско-китайского конфликта.

Даже если эта группа не имела отношение к устранению маршала Чжан Цзолиня, вряд ли она посещала Китай с туристическими целями. Линии проведения подрывных операций в Северной Маньчжурии под эгидой различных центральных и региональных ведомств организационно сообщались, скорее всего, лишь в отдельных случаях. Однако, поскольку советские эмиссары в Китае были знакомы по прежней работе, действовали в рамках очерченного микрокосмоса русскоязычной диаспоры и нередко использовали информационно-коммуникационные оказии друг друга, пересечений было не избежать. Ввиду недоступности документальной информации по этой теме из ведомственных архивов, мы не можем в рамках этой книги всесторонне проанализировать характер такого взаимодействия.

Как бы не была высока советская активность по линии спецслужб в Маньчжурии, она могла иметь долгосрочное значение только в случае наличия надежной «пятой колонны» непосредственно внутри Особого района Трёх Восточных провинций. Устойчивость симпатий «пятой колонны» к СССР зависела не только от политических настроений в среде местного русскоязычного и китайского населения, но и от уровня её экономического благосостояния.

Влияние Компартии Китая в Маньчжурии в 1928—1929 гг. было недостаточным. В конечном счёте, СССР мог реально рассчитывать только на поддержку части русскоязычного населения, благосостояние которого поддерживалось процветанием КВЖД. Однако экономическая эффективность дороги год от года неуклонно снижалась. С 1928 года необходимость снижения себестоимости перевозок для улучшения финансовых показателей КВЖД, находившейся в жесткой конкурентной борьбе за рынок с японской ЮМЖД, становится неотложной задачей для правления. Борьба за повышение эффективности КВЖД превращается в бомбу замедленного действия для социального мира в полосе отчуждения.

В январе 1929 года, по распоряжению Москвы, руководство КВЖД заявило о реструктурализации аппарата и массовых кадровых сокращениях. Сокращение штата, в официальной интерпретации, должно было также решить проблему «чистки» коллектива КВЖД от «чуждых» элементов. Но жертвой молоха экономической эффективности становятся, в том числе, и просоветски-настроенные круги. Более того, реформы предопределяли ухудшение благосостояния всего хозяйства КВЖД в будущем. Авторы программы реорганизации планировали перечислить большую часть сэкономленных средств в Москву, а не реинвестировать их в ОРТВП или пустить на повышение эффективности дороги.

Москва была вынуждена решать в Северном Китае сразу несколько противоречивших друг другу задач. С одной стороны, КВЖД рассматривалась в качестве источника валютных средств для разрушенной советской экономики. С другой — через русскоязычный анклав на КВЖД, СССР пытался оказывать политическое и культурное воздействие на сопредельные с границей китайские регионы. Финансовое и социальное благополучие советской диаспоры в Северной Маньчжурии могло достигаться только активными инвестициями в само железнодорожное предприятие, находившееся, к тому же, в жесткой конкурентной борьбе за привлечение грузов с контролируемой японцами ЮМЖД. Инвестициям мешали низкая рентабельность КВЖД, постоянные попытки китайских генералов запустить руку в кубышку дороги и, наконец, стремление самой Москвы откачивать валютные ресурсы в распоряжение Центра.

Экономическая эффективность КВЖД и советское политическое влияние

Правление КВЖД приступило к разработке комплекса мер, направленных на сокращение затрат на персонал и повышение эффективности летом 1928 года. Как отмечают документы, половину от суммы сэкономленных средств планировалось вывезти в СССР.[170] За счет ужимания бюджета КВЖД, Москва намеревалась вернуть в СССР недополученную ранее валюту, вынужденно отданную в виде займа мукденскому правительству. Хотя реорганизация на КВЖД назрела сама по себе, ни для кого в Харбине не было секретом, что эффективность кадровой структуры дороги уже давно оставляла желать лучшего.

Руководство Северо-Маньчжурского Комитета с самого начала не смогло в полной мере осознать возможных последствий реформ и приготовиться к ним.

24 января 1929 года на заседании Бюро СМК ВКП(б) была заслушана информация правления КВЖД о предстоящем сокращении штатов управленческого аппарата. Эти меры, по мнению, северо-маньчжурских большевиков, были вызваны стремлением не только повысить эффективность дороги, но и укрепить позиции просоветски настроенной прослойки рабочих и служащих на КВЖД. СМК постановил: *«Признать необходимым, одновременно с сокращением штата временных служащих, произвести чистку всего аппарата путём увольнения враждебного элемента, независимо, является ли он временным или штатным служащим дороги».*[171] В ходе реформ предполагалось также усилить аппарат Управления дороги партийцами, комсомольцами, лояльными СССР членами профсоюза. Чистку и сокращение штата планировалось провести «в ускоренном порядке». СМК зафиксировал необходимость сокращения не только личного состава служащих КВЖД, но и пересмотр перечня других расходов. Комитет предложил управляющему дорогой подготовить специальный доклад по этому пункту к следующему заседанию СМК.

В середине января 1929 года в Харбин приехал представитель и член Правления Госбанка СССР Б.М. Берлацкий (1889–1937). Он передал правлению КВЖД инструкции центральных органов по программе сокращения расходов и режиму экономии средств. С 20 января по 9 февраля советская часть правления дороги обсуждала эти вопросы на специальном совещании под председательством Берлацкого. Для участия в дискуссии были приглашены представители Ревизионного комитета КВЖД, Дальбанка и секретарь Бюро СМК. Руководство Дорпрофсожа к обсуждению не привлекалось, представители профсоюза участвовали только в заключительном совещании, на котором были просто оглашены решения, принятые без какого-либо обсуждения с профсоюзными лидерами. Согласно предварительным договорённостям между Дорпрофсожем и правлением дороги, достигнутым в июне—декабре 1928 года, первоначально планировалось лишь сократить рост расходов на культурно-бытовую сферу, систему школьного образования, медпомощи и жилстроительства на 1929 год, путём их замораживания на уровне предыдущего года. Более того, эти предварительные договорённости предусматривали некоторое повышение зарплаты штатным и подённым рабочим. Однако на заключительном совещании Дорпрофсож был проинформирован о том, что комиссия сделала упор в сокращении расходов по фонду зарплаты и по выплатам разного рода трудовых пособий и субсидий. При этом, в процентном отношении, красный карандаш в меньшей степени затронул сумму расходов на содержание китайских учреждений дороги и представительские выплаты правлению. В тексте постановления комиссии отдельно отмечалось, что предварительно достигнутые соглашения об улучшении быта рабочих и служащих невозможно будет реализовать по причине «противодействия китайской стороны».[172] Комиссия заявила о невозможности повышения минимума зарплаты в 1929 году и отказывалась от ранее оговоренных с профсоюзом планов по сокращению норм рабочего времени на КВЖД.

Руководство Дорпрофсожа заявило решительный протест в связи со своим неучастием в процессе обсуждения и пригрозило оспорить содержание принятых комиссией постановлений.

Протест профсоюза привел к скромным результатам. Стороны сумели договориться лишь о некоторых временных послаблениях в плане экономии касательно достройки уже начатого жилья для рабочих. Однако и в этой части сметы, из-за последующего противодействия китайской части правления КВЖД, достигнутые на совещании договорённости были скорректированы в сторону уменьшения затрат почти в десять раз. Если комиссия Берлацкого соглашалась выделить для этих целей 345 тысяч рублей, то после консультаций с китайской стороной эта сумма сократилась до 40 тысяч.[173]

Как показывают архивные документы, негодование руководства профсоюзов на КВЖД вызывали, в первую очередь, вовсе не китайцы. Лидеры профсоюза были возмущены позицией советских членов правления, именно их инициативы имели следствием ухудшение положения простых рабочих. И это при том, что меры экономии были, по сути, односторонними, они практически не затрагивали бюджет расходов самого правления. Об этом перекосе реформ сообщал в докладной записке[174] в Бюро заграничных ячеек ЦК (БЗЯ) один из руководителей Дорпрофсожа И. Степаненко.

Степаненко не мог скрыть своего возмущения: *«Комиссией Берлацкого на зимние сады при квартирах членов Правления и ревизионного комитета ни копейки предусмотрено не было, наши же члены Правления согласились на отпуск 50 тысяч рублей».*[175]

Проект сокращения расходов на КВЖД был принят с опозданием, по истечении двух месяцев сметного года. Управление дороги, подгонявшееся Правлением, без тщательной предварительной подготовки, уже с февраля 1929 года приступило к сокращению штатов. Как отмечал в своей докладной записке И. Степаненко, с февраля по май 1929 года рабочих мест на КВЖД лишились сразу около 3 тысяч человек. В одних только Главных механических мастерских, рабочие и служащие которого составляли базу профсоюза, было уволено 700 мастеровых.[176] Степаненко рисует следующую картину: «Увольнения, *начавшись с конца февраля, продолжались всё время вплоть до конфликта, группами по 10—15—20 человек, буквально терроризируя работников дороги, так как никто из них, даже член партии, не был уверен, будет ли он завтра служить или перед 3-мя часами дня ему объявят, чтобы завтра на службу не выходил».*

По словам Степаненко, ситуация шла более-менее «гладко» и не вызывала заметных протестов, пока на паритетных началах с китайцами сокращались рабочие и мастеровые в Главных механических мастерских. Однако вскоре паритет был нарушен в пользу китайцев. Когда была сделана попытка приступить к сокращению штатов служащих Управления дороги, коммерческих агентств и линейных контор также по паритетной схеме, китайские члены правления заявили протест. Мукден пригрозил арестовать представителей СССР в правлении, если те санкционируют увольнение китайских подданных. Товарищ управляющего дорогой[177] Чиркин, не желая идти на обострение отношений с китайцами, принял «компромиссное» решение, приказав увольнять пока только советских подданных. Русскоязычную диаспору Чиркин попытался успокоить тем, что пообещал добиться в будущем согласия китайских членов правления на сокращение штатов подданных Китайской республики. Через управляющего дорогой Дорпрофсожу с большим трудом удалось убедить Чиркина во вредности курса на фактическую «китаизацию КВЖД» для позиций СССР в Маньчжурии. Тем не менее, паритета при сокращении штатов профсоюзу добиться не удалось. Степаненко с возмущением вспоминал: *«Между прочим, штат сотрудников Правления дороги, раздутый до безобразия и в большинстве состоящий из враждебных нам элементов, сокращением затронут не был, несмотря на наши требования».*[178]

Помимо изменения штатного расписания, администрация дороги сократила расценки на некоторые виды работ по обслуживанию передвижного состава. Было уменьшено количество врачебных пунктов на линии КВЖД, введена оплата за пользование Центральной Библиотекой. По поводу библиотеки, Иван Степаненко замечал, что такого безобразия, «даже при царизме не было».[179]

Несмотря на то, что управляющий дорогой находился под сильным влиянием Дорпрофсожа, его лидерам не удалось изменить позиции большинства советских членов Правления КВЖД в свою пользу. Правление, недовольное сопротивлением профсоюза, указало его руководству на необходимость подчинения партийной дисциплине, апеллируя к тому, что мероприятия по сокращению расходов и персонала утверждены ЦК в Москве.

Комментируя эффект мер администрации КВЖД по сокращению штатов и введения режима экономии для русской колонии в полосе отчуждения, И. Степаненко обращал внимание Москвы на следующие важные моменты.

Прежде всего, у некоторых групп рабочих и служащих существенно снизился уровень жизни: произошла «урезка содержания», отказ в отпусках, сокращение медпомощи, возникла «перспектива оставить детей без учёбы». Значительная часть сотрудников КВЖД оказалась застигнута нововведениями врасплох. Широкая информация профсоюзной «членской массы» была затруднена. Правление не успело подготовиться, большие собрания с разъяснением смысла планируемых мер так и не были созваны. Даже конференции и совещания с участием узкого круга лиц из числа руководящего персонала, и те проводились с большим трудом.

Воспользовавшись ситуацией и встав на защиту интересов рабочих и служащих дороги, активизировалась белогвардейская пресса. Она обвинила Дорпрофсож и советскую часть правления в ухудшении материального положения железнодорожников и пыталась спровоцировать акции неповиновения на КВЖД.

Степаненко, однако, не рискует искать виноватых и подводит в своей записке оптимистичный итог[180]:

«Только при помощи партийной массы и актива союза, под руководством Бюро СМК и СПС, регулярно информируемых нами, союзу удалось предупредить целый ряд нежелательных моментов и справиться в основном с этой работой».

Как мы видим, с начала 1929 года ситуация на КВЖД оставалась сложной и слабопредсказуемой по многим аспектам.

Советско-китайские переговоры, весна 1929 г.

Москва боялась резкого обострения и старалась, по мере возможности, сгладить противоречия с китайцами, ослабляя этим советские позиции и вызывая эйфорию Мукдена.

Политика некоторых уступок китайской стороне в качестве одного из методов снижения напряжённости на КВЖД была документально зафиксирована на заседании Политбюро ЦК ВКП(б) 21 февраля 1929 года[181]. Постановление предлагало следующий комплекс мер:

1. *«Приступить к переговорам в Правлении КВЖД, по существу выдвинутых китайской стороной предложений о правах управляющего дорогой, о паритете и введении в систему делопроизводства на дороге китайского языка параллельно с русским.*

2. *Не допускать никакого ограничения фактических прав управляющего дорогой. Пойти на внешнюю уступку в том смысле, что распоряжения управляющего должны даваться за подписью управляющего и одного из его помощников, китайца или русского. При этом помощник остается в подчинении управляющего дорогой и не обладает правом вето.*

3. *Принять предложение советской части правления по вопросу о паритете, однако провести его без ущерба для работы дороги и с тем условием, что замещение китайских должно-*

стей не может производиться принявшими китайское подданство русскими белогвардейцами.

4. *Признать необходимым введение китайского языка на дороге как в делопроизводстве, так и в счетоводстве.*

5. *Считать необходимым обусловить договоренности по указанным выше вопросам одновременным заключением соглашения по вопросу о телефонной станции. Китайская сторона должна согласиться на выкуп телефонной станции и на включение в соглашение специального пункта о недопустимости тех приёмов, которые были допущены в декабре 1928 года при установлении китайского контроля над станцией, а также о том, что эти приёмы не будут применяться в дальнейшем.*

6. *Вопрос о займе для постройки дороги Харбин—Тайюань связать со всеми вопросами о КВЖД.*

7. *Считать возможным согласиться на предоставление китайцам займа из кассы КВЖД в размере 7 миллионов рублей в счёт будущих прибылей китайской стороны. Предоставление займа оговорить следующими условиями: а) при выдаче кредита китайцам, равная сумма одновременно будет трансферирована на счет советского представительства; б) переведение на серебряный доллар исчисления местных тарифов».*

В отличии от мнения, высказанного южнокорейским историком Сон До Чжином, нам кажется, что данная резолюция отчётливо продемонстрировала готовность советской стороны пойти на уступки китайцам в обмен на снижение политического давления и жёсткости противостояния по вопросу о КВЖД. Январские проколы в области нелегальной и диверсионной работы в Маньчжурии, ухудшение экономического положения дороги, вынудили Москву прислушаться к китайским предложениям.

Сон До Чжин, кстати, цитируя этот источник в своей диссертации, выбросил части некоторых предложений документа, что привело к искажению смысла и смене акцентов на противоположные. Южнокорейский историк подвёл итог позиции Политбюро одним словосочетанием из второго пункта постановления — «пойти на внешнюю уступку», обозначив действия Кремля как обманный маневр. Однако это словосочетание лишь фиксировало рекомендацию в отношении прав управляющего, а не служило лейтмотивом для позиции Москвы в целом. Бросается в глаза целый комплекс мер, касавшихся расширения сферы применения китайского языка и паритета в замещении должностей на КВЖД, предложенного именно советской частью правления.[182]

Москва, фактически, высказала готовность терпимо отнестись к программе железнодорожного строительства региональных властей ОРТВ. Строительство новых дорог китайцами создавало сильную конкуренцию КВЖД, отвлекая от неё товарные потоки на новые направления. Но Кремль предпочёл договориться с китайцами о возможном разделе сфер влияния в области железнодорожной экономики в Северной Маньчжурии. Москва соглашалась на выдачу займа из фонда КВЖД для постройки новых китайских дорог и была готова смириться с потерей телефонной станции, хотя и на условиях выкупа. О стремлении смягчить противоречия свидетельствовали также пункты постановления, касавшиеся кадрового и языкового равноправия в системе управления. В свою очередь, Москва требовала финансового паритета при выдаче займов из фонда КВЖД. Если китайская сторона получала некую сумму из кассы КВЖД в виде займа в счёт будущих прибылей, аналогичная сумма должна была поступить впоследствии и советскому правительству.[183] Речь шла, не много ни мало, о двусторонней договорённости в будущем эксплуатировать для государственных нужд накопления КВЖД. Без сомнения, этот подход ослаблял дорогу экономически и не оставлял финансовых резервов для улучшения условий труда и повышения зарплаты её обслуживающего персонала. Ни у Далькрайкома, ни у Политбюро в то время не было понимания, что подобная политика подрывает базу советского влияния в Северной Маньчжурии.

Компромиссная политика Москвы в отношении прав китайцев на КВЖД была воспринята местным русскоязычным населением как свидетельство слабости СССР. Односторонние увольнения русского персонала, растущие политические репрессии в отношении просоветских организаций, атаки белой прессы — лишь усиливали это впечатление.

Весомой уступкой китайской стороне со стороны Москвы являлось предложение о переходе на серебряный доллар в местных расчётах. Первоначально, как в Мукденском, так и в Пекинском договоре в качестве расчётной единицы на КВЖД фигурировал «золотой рубль». Китайская сторона неоднократно поднимала вопрос о переводе всех расчётов на бумажный харбинский доллар — «даян», мотивируя свою позицию тем, что использование на территории ОРТВП иностранной валюты подрывает суверенитет Китая. Особенно интенсивно, как мы уже писали ранее, этот вопрос обсуждался в первой половине 1928 года. Тогда советская сторона аргументировала своё нежелание отказаться от «золотого рубля» экономической целесообразностью, не принимая всерьёз упрёки в нарушении китайского суверенитета. Согласие Политбюро перейти на серебряный доллар в местных расчётах на КВЖД, зафиксированное на февральском заседании 1929 года, демонстрировало готовность Москвы к поиску компромиссных решений в экономической области на КВЖД. Столкнувшись с ситуацией массовых арестов в Маньчжурии в январе 1929 года, Москва надеялась с помощью экономических уступок снизить политическое давление китайских властей на просоветские организации.

Готовность к компромиссу, однако, не привела к ослаблению противостояния с китайской стороной на КВЖД. Более того, как впоследствии показала аналитическая записка Штаба РККА от сентября 1929 года, данное решение значительно ухудшило и без того плачевное финансовое положение дороги.

Советская сторона начинает осознавать, что Чжан Сюэлян поставил перед собой задачу вытеснения СССР из Северной Маньчжурии в экономической и в политической сферах. Москва пытается договориться, Кремль стремится вбить клин между гоминьданом и Северо-Востоком Китая, чтобы сыграть на противоречиях и снизить накал противостояния на КВЖД.

Комментируя задачи, стоящие на повестке дня советско-китайских переговоров, генконсул в Харбине Борис Мельников отмечал:

*«Во всяком случае на удовлетворение части вопросов, поставленных китайцами, очевидно придется пойти, так как **обстановка явно для нас неблагоприятная**. По вопросу о правах Управляющего по примеру прошлых лет, очевидно будет большой конфликт и спор; некоторые дальнейшие уступки неизбежны. Во всяком случае буду стараться смягчить конфликт, **так как считаю, что сейчас не время конфликтовать**».*[184]

Январские провалы советской военной разведки в Маньчжурии и последующий вынужденный спад активности в области подрывных мероприятий на КВЖД, ознаменовал ситуацию временного «пата» в Кремле между сторонниками военного давления и «переговорщиками» в отношении КВЖД.

В феврале—марте 1929 года советская (Чиркин) и китайская (Люй Жунхуань) сторона ведут на КВЖД долгие и утомительные переговоры, направленные на формирование структурного и кадрового паритета в механизме управления КВЖД.[185] Коммуникационная цепочка принятия решений выглядела в эти месяцы следующим образом: Чиркин информировал Мельникова о ходе переговоров. Мельников отправлял телеграммы и письма в Отдел Дальнего Востока НКИД на имя Козловского. Коллегия НКИД с подачи Козловского и Карахана обсуждала информацию и принимала решения и передавала свои рекомендации и доклад на заседание Политбюро. Политбюро принимало окончательное решение. В экстренных случаях, как мы видели на примере ситуации с захватом телефонной станции в декабре 1928 года, для ускорения процесса прохождения решения в Политбюро, Карахан писал напрямую письма Сталину. Для НКИД и Политбюро в эти месяцы большим экспертным весом обладал генконсул в Мукдене Кузнецов, однако его серьезная болезнь все явственнее выдвигала на первые позиции генконсула в Харбине Бориса Мельникова.

Отдел Дальнего Востока и Коллегия НКИД пытались воздействовать на Политбюро с целью пересмотра категорического запрета на дальнейшие уступки китайцам по вопросу об полномочиях советского управляющего на КВЖД. Однако Политбюро не согласилось с доводами дипломатов, считая, что смягчение советской позиции по этому вопросу недопустимо. Тем не менее, необходимость быстрых и моментальных реакций со стороны советских представителей в Харбине, при отсутствии своевременных указаний из Москвы, создавала для последних определенные возможности маневра. Поскольку оборот корреспонденции просто не успевал за ходом развития, Мельников действовал на свой страх и риск, смягчая зачастую на практике непримиримую позицию Москвы.

Похоже, однако, что Мельников не обладал для китайцев, и, прежде всего, для Чжан Сюэляна, той харизмой, которую излучал генконсул в Мукдене Николай Кузнецов. Это создавало препятствия успехам СССР на переговорах с китайцами.

Так, 6 марта 1929 года коллегия НКИД приняла решение, что переговоры Чиркина и Люй Жунхуаня в Харбине должны быть подкреплены беседами советского дипломатического представителя в Мукдене. Из-за болезни Кузнецова, политическое зондирование в столице ТВП было возложено на плечи Бориса Мельникова.

Яркую иллюстрацию уровня недоверия между советской и китайской сторонами в Северной Маньчжурии мы находим в документах американских архивов.

27 марта 1929 года генконсул США в Мукдене Майерс сообщает американскому послу, министру по Китаю, МакМюррею о приезде в город советского генконсула Бориса Мельникова из Харбина со специальной миссией. Американская дипломатия держала руку на пульсе советской политики на КВЖД, источники Майерса подробно проинформировали последнего о содержании беседы советского генконсула и Чжан Сюэляна.

Во время встречи с китайским маршалом Мельников сообщил о наличии у себя исключительных полномочий для обсуждения нового соглашения по КВЖД с Мукденом. Москва, как и в 1924 году, попыталась сыграть на возможных противоречиях между Нанкином и Мукденом. Однако Кремль неверно оценил ситуацию. Чжан Сюэлян ответил советскому генконсулу, что не видит никакой необходимости в новом договоре с СССР. Маршал обратил внимание Мельникова, что в отличие от своего отца, он является членом партии Гоминьдан и не волен совершать какие-либо сепаратные действия без предварительного согласия Нанкина. Мельников выразил протест захватом телефонной станции на КВЖД и уведомил маршала, что подобное самоуправство нарушает имеющиеся двусторонние соглашения. Чжан Сюэлян саркастически ответил, что соглашения касаются лишь железнодорожного сообщения и не затрагивают вопрос телефонной связи. По мнению маршала, власти Маньчжурии уже три раза обращались к КВЖД с требованием возврата пункта связи и только, не получив ответа, попытались военными методами восстановить нарушение своих суверенных прав. Чжан Сюэлян заявил Мельникову, что в ближайшем будущем он готов добиваться исполнения своих требований силой. На жалобу Мельникова о самоуправстве Чжан Гочэна, Чжан Сюэлян посоветовал обратиться с этими претензиями к региональным харбинским властям, заметив, однако, что лично знает Чжан Гочэна, доверяет ему и одобряет все его действия. Мельников озвучил Чжан Сюэляну обеспокоенность Москвы репрессивными мерами со стороны китайской полиции по отношению к советским гражданам в Северной Маньчжурии. Молодой маршал возразил, что отношение советской власти к китайцам на территории СССР куда более жесткое, чем к русским со стороны китайской полиции в Трех Восточных провинциях. Разговор не складывался....

Незадолго до этой встречи китайская сторона назначила бывшего управляющего КВЖД, противника СССР, семидесятилетнего Бориса Остроумова, советником Комитета по коммуникациям. Мельников озвучил протест по поводу предоставления «белым русским» работы на дороге. Советский генконсул упомянул, что запрет о предоставлении рабочих мест представителям белой эмиграции содержится в Мукденском договоре. Чжан парировал замечания генконсула и сообщил о своем желании решить гуманитарные проблемы белой эмиграции. Как бы насмехаясь над советским генконсулом, молодой маршал отметил, что не знал о существовании такого секретного пункта в двустороннем соглашении, и пообещал изучить вопрос, а также опубликовать текст секретного приложения к Мукденскому договору в печати. По сообщениям информаторов американского консула, Чжан Сюэлян вел беседу в холодной, недоброжелательной и высокомерной манере, что, однако, нисколько не удивляло присутствовавших советских дипломатов.[186]

В изложении самого Мельникова атмосфера переговоров изображалась в менее критических тонах. В отчете в Москву сообщалось:

«Когда маршал спросил меня, доволен ли я своей работой в Харбине, я решил несколько более подробно развить вопрос о тяжелом положении советских хозяйственных организаций в Харбине и вообще на линии КВЖД, указав в частности на недавнее ничем не обоснованное запрещение советским организациям торговать лесом...

В ответ на мои слова о неблагоприятном положении советских торговых организаций Чжан Сюэлян разразился целой филиппикой о тяжелом положении китайских резидентов на Дальнем Востоке, о бедствиях, которые они претерпевают от притеснения местных советских властей и т.д.

На это я указал маршалу, что наши власти действуют на основании наших законов и нигде и никогда китайские граждане на нашей территории не ставятся в положение худшее, чем советские граждане или другие иностранцы, делать же исключение для китайских граждан из наших законов мы не можем, точно также как мы не требуем исключений для наших торговых организаций и из китайских законов. Мы только хотели бы, чтобы по отношению к нашим организациям не вводили бы специальных ограничений, как это имеет подчас место в Северной Маньчжурии, а также чтобы вопросы, касающиеся обеих сторон, разрешались бы не в порядке односторонних действий китайских властей, а путем договоренностей, как это точно указано в советско-мукденском соглашении.

Маршал на это указал, что действия китайских властей не являются односторонними. Китайцы были вынуждены прибегать к такого рода действиям, как захват телефонной станции лишь после того, как много раз ставили на заседаниях Правления КВЖД вопрос о передаче китайским властям станции.

В ответ на это я указал, что в советско-мукденском соглашении указан совершенно точный порядок разрешения спорных вопросов, по которым в Правлении дороги не пришли к соглашению. Этот порядок был китайскими властями грубо нарушен, и поэтому обвинения в нарушении советско-мукденского соглашения, конечно, нужно отнести исключительно за счет китайской стороны.

Чжан Сюэлян на это сказал, что китайцы сейчас берут то, что им принадлежит, что СССР многократно в своих декларациях заявлял о передаче Китаю всех прав, которые раньше принадлежали царскому правительству, что теперешняя политика СССР ничем не отличается от политики империалистов, в частности, указал опять на притеснения китайцев в Приморье....»[187]

Как отмечал Мельников в своем донесении в Москву, после разговора с ним, Чжан Сюэлян отправил директиву в Харбин в адрес дубаня КВЖД, главноначальствующего, начальника штаба охранных войск и Чжан Гочэня, в которой выразил неудовольствие проволочками со стороны своих подопечных в достижении поставленных целей. Маршал установил срок, по истечению которого, в случае отказа Чиркина принять китайские предложения, Мукден будет не предлагать, а предписывать.[188]

Холодный прием Мельникова в резиденции Чжан Сюэляна в конце марта 1929 года в очередной раз продемонстрировал Кремлю, что всплеск антисоветских настроений на КВЖД — программная установка молодого маршала. Чжан открытым текстом пообещал продолжить действия по «восстановлению справедливой ситуации». Политика компромиссов, на которую настроилась Москва, оказывалась бессильной. Мукденский лидер хотел теперь сам диктовать условия советского участия в деятельности совместных предприятий и пребывания граждан СССР в Маньчжурии. Большевики «наступили на собственные грабли». Словно насмехаясь над ними, Чжан грозил Москве национально-освободительной революцией на КВЖД, подразумевавшей публикацию тайных протоколов к договорам и требование национализации собственности на территории

Маньчжурии. При этом большевики были вынуждены «наступать на собственные грабли». Чжан грозил Москве «национально-освободительной революцией» на КВЖД, подразумевавшей публикацию тайных протоколов к договорам и требование национализации собственности на территории Маньчжурии.

Эта тактика «революционной дипломатии» связывала руки Москве, которая в данном вопросе могла уповать только на призывы к соблюдению международного права и искать союзников в стане своих врагов и недоброжелателей — среди держав. Ситуация на КВЖД неуклонно обострялась и требовала изменений акцентов советской политики в Северо-Восточном Китае.

Что же касается официальных советско-китайских переговоров по вопросу о КВЖД, то они вяло тянулись вплоть до конца мая 1929 года и не только не уменьшили имевшиеся противоречия между сторонами, а еще больше углубили их. Историки ломают копья, кто же виноват в срыве переговоров и существовала ли возможность достичь прорыва и избежать военного конфликта.

Анализируя историографию по этому вопросу, Крюковы в своей монографии отмечают, что негибкость китайской стороны способствовала нагнетанию противоречий и загнала ситуацию в тупик военного конфликта. Как нам кажется, проблема лежит в другой плоскости. Позиция Чжан Сюэляна определялась его жесткой установкой на пересмотр в долгосрочной перспективе всей системы международных договоров, которые отнимали у Китая право единолично распоряжаться своими ресурсами. СССР должен был стать лишь первой жертвой. Чжан Сюэлян считал Москву слабым противником, маршал активно задействовал антикоммунистическую риторику, надеясь на поддержку других держав. Не случайно, как мы увидим в дальнейшем, один из лучших американских дипломатов, министр по Китаю Джон ван Антверп МакМюррей посчитал прецедент нарушения совместных советско-китайских договоров опасным предвестником будущих потрясений и не поддержал действия китайцев в противостоянии СССР. На наш взгляд, масла в огонь подливали обе стороны, и китайская, и советская. Китайцы действовали с революционным напором, предвосхищая реалии конкретного исторического времени и отвергая рамки подписанных договоров. Советская же сторона эпатировала своих китайских партнеров неэффективностью управления совместным предприятием, выводом финансовых средств на территорию СССР и поддержкой политических сил, конкурентных правящему режиму в Мукдене и Нанкине.

«Владивостокский провал» и северо-маньчжурские просоветские организации

Аресты агентов советской разведки и просоветских элементов в Маньчжурии, последовавшие за предательством Лебедева, поставили северомаьчжурские просоветские организации перед необходимостью усиления внимания к конспиративности своей деятельности в ОРТВП. Это становится вопросом физического выживания. В служебной переписке советской военной разведки события января 1929 года назывались «владивостокским провалом».

24 января 1929 года бюро СМК постановило: *«Принимая во внимание усиливающуюся деятельность полиции и репрессии к советским организациям, созыв пленума СМК отменить, вопросы, подлежащие разрешению на пленуме, разрешить на бюро СМК КСМ[189]. В целях сокращения организации от возможных провалов временно свернуть массовую работу по линии КСМ, женотдела профсоюзов».*[190]

30 января 1929 года, СМК осуществил директиву Далькрайкома о сокращении численности руководящего звена. Значительное число партийных работников было переведено на работу в хозяйственные учреждения ОРТВП.

Однако требования конспирации неуклонно вступали в противоречие с задачами пропагандистской работы. Усиление недовольства в советской диаспоре в связи с массовыми сокращениями персонала на КВЖД, вынуждало СМК не только активно присутствовать в политической повестке, но и переходить время от времени к наступательным действиям.

23 марта 1929 года СМК, невзирая на неблагоприятную политическую обстановку и своё же собственное постановление от 24 января, ставит на повестку дня вопрос о проведении перевыборов в партийной,

комсомольской, профсоюзной и женотдельской организации. Новая резолюция подчеркивала: «*Считать необходимым, чтобы в отчётных перевыборных кампаниях приняли активное участие возможно более широкие массы, что и должно быть положено в основу при построении планов проведения кампаний*».[191] В условиях повсеместной перетряски штатного расписания на КВЖД, руководство СМК стремилось заработать дополнительный политический капитал для укрепления своих личных позиций. Им тоже приходилось беспокоиться о сохранении своего рабочего места. Вспомним, как И. Степаненко сетовал на социальную незащищённость работников КВЖД среднего и нижнего уровней. В относительной безопасности могли себя ощущать только сотрудники высшего аппарата управления.

Нелогичность этого шага СМК становится очевидной на фоне действий дрйгих просоветских организаций. В апреле 1929 года, практически, вслед за постановлением СМК о проведении широкой перевыборной кампании, профсоюзы на КВЖД свернули свою активность перешли к реалзации широкого комплекса мер по переходу в режим подполья. Так, например, крупнейший профсоюз дороги Дорпрофсож осуществил, употребляя формулировку документа того времени, «двойную дублировку работников» на всех уровнях профсоюзной работы. Кроме того, были «*установлены явки и техника работы в нелегальных условиях*», а финансы профсоюза железнодорожников в сумме 120 тысячи иен, по согласованию с Бюро СМК, переведены из Дальбанка в Харбине в японский город Кобе. Протоколы заседаний, финансовая отчётность, важная переписка и ценный инвентарь из союзных помещений были «*унесены в более надёжные места*».[192]

В отличие от профсоюзов, харбинские большевики не сумели целенаправленно выполнить свои же решения по вопросу конспирации. Это будет иметь непоправимые последствия. Говоря словами московской инстанции, «расхлябанность, недисциплинированность и личные амбиции руководства СМК» дадут возможность спровоцировать нападение китайской полиции на советское консульство в Харбине.

Налёт на генконсульство: «инстанция» в поисках ответа

Начало советско-китайского конфликта на КВЖД, переросшего впоследствии в вооружённое противостояние, датируется 27-м мая 1929 года. В этот день китайская полиция совершила налёт на советское консульство в Харбине и арестовало 39 находившихся там советских граждан.[193] В официальном заявлении китайская сторона обвинила СССР, что в здании консульства проходило нелегальное собрание Коминтерна, участники которого обсуждали план подрывной работы против законного правительства. В ответной ноте заместителя наркома по иностранным делам Л. Карахана, направленной на имя поверенного в делах Китайской республики в Москве Ся Вэйсуна, «домыслы» китайской полиции были опровергнуты советской стороной и названы *«исключительными по бесстыдству и глупости»*.[194]

Москва не сразу смогла получить объективные сообщения о ситуации в Харбине. Полные развёрнутые донесения о произошедшем дошли до Москвы только через месяц.

Так, о событиях 27 мая в советском консульстве харбинский резидент Разведуправления докладывал начальнику военной разведки Берзину в Москву следующее[195]:

«Сообщаю подробности происшедшего в Харбине налета. Сейчас уже ясно, что Чжан Гочен, узнав за четыре дня о предстоящем совещании партработников Северо-Маньчжурской организации ВКП(б), решил на этом сделать себе карьеру. Он сообщил местным китайским властям о предстоящей конференции и представил её как подготовку к перевороту. Главноначальствующий получил указание принять решительные меры против усиливающегося коммунистического движения. Чжан Гочен сговорился со своим ставленником приставом 3-го участка и силами этого полицейского участка произвел налет, поставив власти перед совершившимся фактом.

Сначала полиция действовала нерешительно, чем дала возможность членам конференции разбежаться по консульству, а консульским работникам — начать сжигание документов.

Затем полиция спохватилась и бросилась на все этажи, сгоняя всех находившихся на верхних этажах вниз (чем сделала еще один промах), и тушила сжигаемые документы.

Все, что сохранилось, было увезено. В консульстве была захвачена вся секретная переписка. Совершенно секретные документы удалось сжечь. Уничтожены шифры, московская почта и архив. На верхнем этаже взяли много секретных документов соседей.[196] Но они успели сжечь все совершенно секретное.

У нас не успели сжечь один пакет с материалами, но нам удалось в суматохе забросить его в щель в полу, и он остался незамеченным. Уже после ухода полиции мы достали и сожгли его. Обыск длился шесть часов. Консульство пограбили основательно. Из кассы было изъято 45 тысяч американских долларов. Полицейские возвратили только 12 тысяч. Консульство было полностью изолировано и лишено связи с Владивостоком. В Пограничной консульство тоже было окружено полицией и блокировано. Общее впечатление о погроме, устроенном полицией — все действия были согласованы с японцами..»

Эта информация стала известна Москве только в июле. В конце мая— начале июня 1929 года Москва пока не знала подробностей происшедшего и могла предполагать только худшее. В первые недели конфликта все решения о нейтрализации его последствий принимались Кремлем в условиях жёсткой нехватки информации.

Подробное письмо в НКИД о событиях налета Борис Мельников написал Карахану только 1 июня 1929 года. Это письмо из Архива внешней политики синологи Крюковы цитируют в своей монографии, однако, опять же, не обращают внимание на дату его доставки в Москву. Скорее всего, это могло произойти не раньше окончания первой декады месяца.

Мельников сообщил подробности налета:

«*Взята секретная папка уполномоченного торгпредства, касающаяся деловой работы, папка уссурийского коммерческого агентства, некоторые материалы торговых учреждений (тоже делового порядка), часть циркуляров НКИД и Экправа, запасные коды, только что полученные, известные Безухову, блокноты. Указать, что еще взято, трудно, так как обыск начался во время и часть переписки была на руках у служащих, тем более, что от присутствия при обыске мы категорически отказались. Ведомство утверждает, что у них все уничтожено, у арестованных посетителей удостоверения не взяты. Сегодня опубликованы в газетах планы летней работы АППО СМК, якобы отобранные у одного из посетителей. Более подробно, что взято, сообщено вчера через Хайлар. Арестованные сотрудники советских хозяйственных организаций показали, что* пришли по делам своих учреждений, посетители за получением виз, что понятно, т. к. обыск начался во время занятий в консульстве.

*В числе арестованных: заместитель уполномоченного Дальгосторга Цымбаревич, сотрудник Нефтесиндиката Петров, инспектор Торгпредства Какарельд, сотрудник Торгпредства Куклин, сотрудник Совторгфлота Таранов, Председатель Союззолото Кандер, агент для поручений при Правлении КВЖД Туловский, агент коммерческой части КВЖД Станкевич и несколько других работников КВЖД. Большинство арестованных взято в приемной паспортного отдела, трое в полуподвальном помещении, где помещается столовая консульских сотрудников, Кандер и Туровский у меня в кабинете, 5 человек — на третьем этаже. Кроме того, в числе арестованных есть трое временных работников консульства, работавших в паспортном отделе, не числившихся в штатах. Всех арестованных согнали в одну комнату, куда привели и консула в Мукдене Кузнецова, находившегося в кабинете секретаря Тимофеева и других сотрудников консульства. По окончании обыска сотрудников консульства отделили от остальных, которых увезли на автобусах в полицейское управление. Не исключается возможность подброса фальшивок, фабрику которых мы только на днях обнаружили в Харбине и Чанчуне. **Известным подтверждением этому служат намеки газет на на какую-то якобы найденную переписку с агентами Фэн Юйсяна о помощи последнему и подготовку к вооруженному вмешательству СССР в Маньчжурии. Совершенно категорически могу утверждать, что ничего подобного не могло быть у нас и не было».** [подчеркнуто нами. — М.Ф.]*

Оставив пока в стороне вопрос о дате поступления данного письма в НКИД в Москву, которое бы дало ответ на вопрос, с какого времени информация генконсула стала доступна его начальникам, обратим внимание на последний абзац о возможной помощи СССР Фэн Юйсяну. Как мы помним из прежних глав, предложение о поддержке Фэн Юйсяна «эмиссар Коминтерна» передал Москве 16 января 1929 года через Владивосток из Харбина в докладе под заголовком «Взрывчатые вещества. Террор Нанкин—Мукден». Именно к этому пассажу о переписке с Фэном относится замечание Мельникова об отсутствии документов с таким содержанием в консульстве. А вовсе не к тому, что никакого совещания Северо-Маньчжурского комитета ВКП(б) (СМК) в стенах консульства быть не могло, как об этом делают выводы в своей книге Крюковы, цитируя Мельникова.[197]

Генконсул бы серьезно слукавил, если бы утверждал, что СМК не проводил своих заседаний в стенах дипломатического учреждения. Мы еще вернемся к этому, пока лишь отметив в этом контексте, что в советском консульстве в Харбине СМК называли *«наша осведомительная организация третьего этажа»*. Не случайно Мельников отмечает в письме, что на третьем этаже полиция захватила пятерых. Ситуация вырисовывалась для Москвы и возможных дипломатических демаршей слишком серьезная.

Не обладая сразу достаточной информацией, НКИД реагирует на произошедшее в состоянии полного аффекта.

5 июня на заседании коллегии НКИД было принято решение произвести более решительную демонстрацию на советско-китайской границе с Маньчжурией, а также *«считать необходимым начать сворачивать ..консульский аппарат в Китае и начать это сворачивание с ликвидации наших консульств в Пекине и Тяньцзине»*.[198] Карахан выступил против идеи закрытия еще на коллегии, но оба этих решения НКИД так и не были поддержаны в Политбюро.

31 мая—6 июня 1929 года Политбюро проводит ряд обсуждений[199], на которых рассматривается ситуация вокруг КВЖД. Ответ посредством «военной демонстрации» было сначала решено считать «нецелесообразным». НКИД получил распоряжение разработать к следующему заседанию Политбюро ряд конкретных мероприятий для выхода из кризиса. Политбюро приняло решение отправить советскому консулу в Харбине Мельникову жесткое письмо, в котором дипломат был подвергнут уничтожающей критике. В протоколе отмечалось: *«Мы считаем преступлением против рабочего класса и советской власти то, что он допустил нелегальное собрание в здании консульства и что впредь, если что-либо подобное будет допущено, мы предадим его военному суду»*.[200] Более того, копию письма Мельникову с этими словами предлагалось разослать во все консульства СССР в Китае. На Льва Карахана была возложена персональная ответственность за соблюдение полнейшей секретности при передаче письма Мельникову в Харбин.

Несмотря на принятое Политбюро постановление об отказе от военной силы в маньчжурском конфликте, на высших уровнях власти не было однозначного мнения, как должен вести себя СССР в сложившейся ситуации.

За решение вопроса путём «военной демонстрации» ратовали военные. В письме к Серго Орджоникидзе от 8 июня 1929 года наркомвоенмор Ворошилов писал: «*На последнем заседании Политбюро²⁰¹ у меня с Бухариным разыгралась довольно скверная история. Обсуждался вопрос о Китайских делах. Были высказаны мысли о необходимости военной демонстрации на границе Маньчжурии. Бухарин резко выступил против этого. Я в своём слове упомянул о том, что в своё время Бухарин отождествлял китайскую революцию с нашей настолько, что гибель первой мыслил только с нашей гибелью. Бухашка отвечая заявил, что все мы кое-что говорили, но вот только мол ты Ворошилов один стоял за поддержку Фына и Чан Кайши, которые в то время резали рабочих. Эта беспардонная чепуха меня так взорвала, что я потерял самообладание и выпалил в лицо Николашке — лжец, сволочь, дам в рожу и прочую чепуху и всё это при большом количестве народа. Что Бухарин дрянь человек и способен в глаза говорить подлейшие вымыслы, делая при этом особенно-невинную и свято-подлую мину на своём всегда иезуитском лице, это для меня теперь стало ясно, всё же я поступил неправильно. Но беда с нервами. Они проклятые подводят. Бухарин после этой сцены покинул заседание Политбюро и не вернулся на заседание. Томский никак не реагировал. Председательствующий Рудзутак, по-моему, должен был призвать меня к порядку, но отделался каким-то мычанием*».²⁰²

Горячие дискуссии по вопросу о характере советской реакции в Северной Маньчжурии были продолжены на заседании Политбюро 13 июня.

Политбюро решительно отвергло предложения по урегулированию конфликта, разработанные Коллегией НКИД и вынесла дипломатам, уже приступившим к реализации своих планов на практике, серьёзное предупреждение.

В протоколе отмечалось: «*Указать коллегии НКИД, что она не имела права рассылать и проводить директивы без санкции Политбюро, поскольку было решение, что эти предложения НКИД должны были рассматриваться Политбюро... Указать Карахану на необходимость более аккуратного отношения к своим обязанностям и установления корректных отношений с иностранными представителями*».²⁰³

На основании источников и свидетелей очевидцев создаётся впечатление, что НКИД инициативно предпринял попытку прибегнуть к посредничеству третьих сил для урегулирования отношений СССР с Чжан Сюэляном. В их числе были, например, представители иностранных государств, не заинтересованных в эскалации военной напряжённости в регионе. Политбюро и военные были не согласны с этой линией и выступили с её резкой критикой. Однако до конца остановить маховик, самостоятельно запущенный НКИД по линии дипломатического урегулирования, решением от 13 июня Политбюро не удалось.

Уже 20 июня 1929 года, через Льва Карахана, Политбюро вынуждено ещё раз со всей отчётливостью приструнить генконсула в Северной Маньчжурии Бориса Мельникова: *«Запретить консулу вмешиваться в какие-либо внутренние дела Китая. Запретить ему вести какие бы то ни было переговоры с китайскими генералами и их представителями».*[204]

Во главу угла было поставлено требование, что только Политбюро уполномочено санкционировать решения и характер действий по урегулированию советско-китайских противоречий. Кремль однозначно попробовал запретить структурам госвласти, даже таким, которые «ex officio» искали выход из сложившегося советско-китайского кризиса, проявлять излишнюю самостоятельность. Архивные документы свидетельствуют, однако, о том, что Политбюро было либо не в состоянии провести это требование в жизнь. Несоблюдение требования партийного единоначалия не всегда влекло за собой жесткие меры наказания, являясь персонально-ситуативным. Проиллюстрируем эту мысль на примере анализа роли военных в обсуждении вопроса о способах выхода из конфликта. Нам помогут в этом ранее не публиковавшиеся и не использовавшиеся историками архивные документы — рукописные заметки Наркомвоенмора Климента Ворошилова.

Закрытое совещание у Ворошилова по Маньчжурии

Несмотря на однозначно сформулированный отказ Политбюро от применения силы в маньчжурском конфликте в постановлении 6 июня, уже через 10 дней — 16 июня 1929 года — военные, во главе с Климом Ворошиловым, обсуждают на своём закрытом совещании вопрос о стратегии и тактике СССР в Северной Маньчжурии.

Рукописные заметки Клима Ворошилова о мнениях присутствовавших на совещании участников дают нам возможность, хотя бы частично, реконструировать позицию военного истеблишмента в июне 1929 года.

Рукой Ворошилова, на листках формата записной книжки, размашистым почерком, записаны фамилии присутствовавших: Уншлихт, Бубнов, Берзин, Тер, Поляк, Рогачёв, Черепанов, Зенек, Корнеев, Мацейлик.

Уже сам состав участников говорит о многом. И.С. Уншлихт — заместитель Наркомвоенмора и Председателя Реввоенсовета; А.С. Бубнов — член ЦК, член Оргбюро, начальник ПУР РККА, ответственный редактор газеты «Красная звезда»; Я. К. Берзин — начальник разведуправления штаба РККА. Этих видных большевиков подробно представлять нет необходимости. А, вот, род занятий и характер предыдущего опыта работы других выявляет любопытную тенденцию.

Владимир Ефимович **Поляк**, участник Первой мировой войны, в РККА с 1918 года, участник Гражданской войны на Северном фронте, в мае— сентябре 1921 гг. являлся начальником оперативного отдела Управления войсками ВЧК. В 1919—1922 гг. обучался с перерывом и закончил Военную академию РККА. В октябре 1922—октябре 1923 гг. являлся слушателем младшего курса восточного отделения Военной академии РККА. После этого, с октября 1923 года по июнь 1925 г. находился в длительной командировке в Китае в качестве военного советника. Являлся одним из создателей Военной школы Вампу в провинции Гуандун, участвовал в боевых действиях на стороне гоминьдана. С июня 1925 по сентябрь 1926 работал сотрудником для особых поручений Секретариата РВС СССР, Управления делами Наркомвоенмора и РВС СССР. С 1926 года служил в Разведывательном Управлении, на момент совещания у Ворошилова являлся помощником начальника 1-го (войсковая разведка) отдела.[205]

Следующий участник совещания — Николай Васильевич **Корнеев** (1900—1976) — участник гражданской войны, в 1921—1924 гг. — слушатель Высшей военной школы связи, в 1926 году окончил Особые курсы при Академии РККА им. Фрунзе. В 1926—1927 гг. он находился в «спецкомандировке» в Китае, в 1927—1929 году обучался на Восточном факультете Академии, с июня 1929 был назначен начальником оперчасти 35 стрелковой дивизии.[206]

Фёдор Георгиевич **Мацейлик** (1895—?), в Первую мировую войну — поручик 42 Сибирского стрелкового полка, с августа 1918 — начальник штаба бригады Первой Латышской дивизии, в 1919—1924 — слушатель Академии РККА им. Фрунзе, в 1924—27 гг. находился на «спецзадании» Разведупра.

Иосиф Яковлевич **Зенек** (Зембровский), участник гражданской войны, в 1924 году окончил Военную академию РККА, в 1925—1927 гг.

— военный советник гуанчжоусской группы в Китае, работал в Военной школе Вампу. Участвовал в боевых операциях в провинции Гуандун и в Северном походе, являясь советником при 2-ом корпусе генерала Тань Янькая.

В.П. Рогачёв — в 1925—1926 гг. — зам. начальника Южнокитайской группы военных советников в Кантоне, в 1926—1927 гг. помощник военного атташе посольства СССР в Китае.

А.И. Черепанов (1895—1984) — в 1923—1927 гг. работал военным советником в Китае.

Тер (или Теруни), настоящее имя **Таиров** Р.А., комиссар штаба южнокитайской группы военных советников, зам. начальника группы по политчасти, с 1929г. — помощник начальника Разведупра Штаба РККА, начальник 2-го агентурного отдела.

Совершенно очевидно, что такой состав участников, во-первых, предполагал ориентацию на решение конфликтной ситуации вокруг КВЖД, прежде всего, военными и (или) разведывательно-диверсионными методами. Наличие большого количества участников, имевших опыт работы в качестве военных советников в Китае в данном случае, вряд ли, удивительно.

Интерес представлял, однако, тот факт, что некоторые из них—«бывшие китайцы» — являлись участниками недавней конспиративной операции Среднеазиатского военного округа в Афганистане. Весной—осенью 1929 «туркестано-афганское направление» советской внешней политики в значительной степени, как показывают документы, определяло характер реакции советского руководства в Кремле на действия Чжан Сюэляна в Северной Маньчжурии.

Ещё в 1920—1921 гг. большевики активно прорабатывали планы превращения Афганистана в плацдарм для боевых действий против английского влияния в Индии, посредством возможного оказания помощи одному из видных лидеров младотурецкого движения Ахмеду Джемаль-паше. Джемаль-паша пытался заинтересовать Москву перспективами военной экспедиции через Афганистан. 3 ноября 1921 года Политбюро приняло решение выделить Джемаль-паше 200 тысяч рублей золотом для финансирования его деятельности в Афганистане. Однако воспользоваться этим золотом младотурецкий лидер не успел, поскольку 21 июля 1922 года был убит дашнаками в Тбилиси.[207]

Идея активизации «туркестано-афганского направления» для ослабления британского влияния в Азии периодически возникала на повестке дне большевистской внешней политики, хотя Москва понимала, что «дразнить» Великобританию может быть небезопасно.

Весной 1929 года руководство Среднеазиатского военного округа проводило чрезвычайно законспирированную операцию в Афганистане, о которой не были поставлены в известность даже региональные представительства НКИД в советской Средней Азии. Целью этой военной операции являлось восстановление власти Амануллы-хана в Кабуле. В ноябре 1928 года в восточных областях Афганистана началось восстание пуштунских племён. Однако окончательно позиции Аммануллы-хана пошатнулись в результате переворота, осуществленного повстанческими отрядами под предводительством бывшего взводного командира эмирской гвардии Бачаи Сакао. 17 января 1929 года ими был занят Кабул и власть перешла к эмиру Хабибулле, такое имя принял Бачаи Сакао после захвата трона.

В феврале—марте 1929 года Аманулла прибыл с группой своих соратников в район Кандагара для организации сил, во главе которых он надеялся вновь войти в Кабул. Москва была сильно обеспокоена развитием ситуации в Афганистане. Кремль опасался усиления влияния Великобритании на своих среднеазиатских границах и предполагал, что именно она поддерживает повстанцев. Афганский посланник в Москве Гулам-Наби-хан вступил в контакт с НКИД и попросил военной поддержки у СССР для восстановления Амануллы-хана на троне. Афганский министр иностранных дел Гулам Сиддик-хан прибыл в Москву из Кандагара, где обсуждение вопроса было перенесено из НКИД в Политбюро. 20 марта 1929 г. на заседании Политбюро ЦК ВКП(б) был сформулирован план совместной советско-афганской операции по восстановлению статус-кво в Афганистане (решение было оформлено 21 марта). В Москве состоялась также встреча между Сталиным, Гулам Сиддиком и бывшим военным атташе в Кабуле Виталием Примаковым, находившимся в это время в командировке в Москве. На этом совещании было принято решение об организации ударной группы из бойцов Красной армии, которые под видом афганцев перебрасывались в Афганистан, чтобы воевать на стороне Амануллы-хана за восстановление его власти. План предусматривал создание в Мазар-и-Шарифе опорной базы аманулистов на севере, организацию 5-6-тысячной армии «из афганцев» и захват ею Кабула.

Советскому экспедиционному отряду под командованием советского военного атташе в Кабуле В. Примакова отводилась важная роль на начальном этапе операции. Предполагалось, что вслед за военными успехами, к нему присоединятся многочисленные афганские повстанцы.

Политическое руководство экспедиционными силами осуществлял Гулам Наби-хан. Примаков лично набирал коммандос в Москве, прежде всего — из числа лиц, знающих восточные языки. Формирование этого подразделения проводилось и в Среднеазиатском военном округе заместителем командующего округом М. Германовичем. Численность первоначального экспедиционного корпуса (без учета афганских формирований) достигала 800 человек, а отличительной чертой его экипировки была хорошая оснащенность скорострельным оружием и горными орудиями.

Поскольку Виталий Примаков в прошлом, в 1925—1926 гг. являлся военным советником в Китае, среди высшего командного состава экспедиции были соратники Примакова по работе в Китае. Так, например, заместителем Примакова был Али Афзаль Хан — под этим псевдонимом в отряде находился Александр Черепанов, в 1923—1927 гг. работавший военным советником в Гуандуне.[208]

Советско-афганская операция началась в середине апреля 1929 г. Несмотря на первоначальные успехи военная операция с участием частей РККА закончилась полным провалом — местное население враждебно отнеслось к экспедиционному отряду, а сам Аманулла-хан принял решение прекратить борьбу и 23 мая бежал в Индию. 28 мая 1929 года штаб Среднеазиатского Военного округа отдал приказ о возвращении частей в пределы СССР.

Советско-афганская операция таила в себя явную опасность серьёзного конфликта с Великобританией и для СССР имела ярко выраженную «дальневосточную составляющую». С точки зрения Политбюро, активизация советского вмешательства в Афганистане вынуждала Великобританию искать противовес усилению влияния Кремля в Азии. Им могла бы стать ставка на ослабление СССР в Северной Маньчжурии через восстановление былых союзнических договоров о взаимных действиях между Великобританией и Японией в Китае. Такая угроза тревожила умы кремлёвских внешнеполитических стратегов начиная со второй половины 1920-х годов. Для Москвы эти два очага конфликта — Афганистан и Китай, вроде бы, слабо связанные между собой по географическому положению, являлись звеньями одной цепи. Вряд ли, случайностью было и то, что военный командир экспедиции Виталий Примаков сразу же после афганской операции был назначен военным атташе в Токио.

Вернемся, однако, к военному совещанию, созванному наркомвоенмором Климом Ворошиловым 16 июня 1929 года.

Основная полемика на нем развернулась по нескольким вопросам. Нужно ли применять военную силу и в каких масштабах? В каких объёмах использовать меры саботажа, проводить диверсионные операции и разворачивать партизанское движение? Какими другими мерами, кроме военных, можно заставить китайцев восстановить статус-кво на КВЖД?

Все участники совещания сходились во мнении, что дипломатические усилия в Северной Маньчжурии не могут быть единственным методом решения проблемы КВЖД. Напомним, Политбюро к этому времени уже однозначно проголосовало против применения военной силы в Маньчжурии.

Рогачёв и Корнеев предложили осуществить немедленное военное наступление Красной Армии. Рогачёв настаивал на нанесении блитц-удара. Он процитировал слова Чан Кайши, который, по его словам, утверждал: *«Нужно бить накоротке, чтобы нас уважали».*

Корнеев считал, что китайцы очень слабы в наступлении и поэтому для успешного военного удара, который надо предпринять немедленно, достаточно будет использовать с советской стороны в четыре раза меньшие силы, чем есть в распоряжении у китайцев.

Помощник начальника Разведупра Таиров предлагал, однако, сначала принципиально решить вопрос, нужно ли, вообще, объявлять войну Китаю. По его мнению, СССР не мог воевать с Китаем по политическим соображениям. Таиров не сомневался в военном превосходстве Красной Армии, которая без труда достигла бы военной победы в Северном Китае силами всего лишь двух дивизий. Таиров — единственный на этом совещании, кто не предлагал запугивать Чжан Сюэляна военной силой или диверсионными мероприятиями. По его мнению, воздействовать на китайцев следовало, прежде всего, методами экономического давления, например, объявив бойкот на китайские товары и введя транзитные визы для китайских купцов.

Фёдор Мацейлик соглашался с Корнеевым, что в Китае надо действовать быстро и с применением военной силы. Однако эти действия, по его мнению, должны были носить скрытый характер, *«без шумихи».* Схожую позицию о необходимости немедленных действий, прежде всего, по линии диверсионных операций, без официального объявления войны, высказывал заместитель Наркомвоенмора и Председателя Реввоенсовета И.С. Уншлихт.

А.С. Бубнов, член ЦК, член Оргбюро и начальник ПУР РККА, так же, как и Уншлихт, делал упор на использовании диверсионных методов и вредительства на КВЖД. Как и большинство присутствовавших, Бубнов невысоко оценивал военную мощь китайской армии. Однако, по его мнению, ситуация являлась малоизученной и впадать в эйфорию, говоря об *«ударе накоротке»*, было бы сильным упрощением. Бубнов был уверен, что китайская сторона не применёт воспользоваться помощью белогвардейской военной эмиграции. О вредности недооценки китайской армии говорил на совещании и начальник отдела Разведупра Владимир Поляк, отмечавший, что *«нужно не увлекаться, необходимо иметь превосходство сил»*.

А.И. Черепанов тоже не разделял эйфорию своих коллег. Он считал, что в лице китайской армии СССР имеет серьёзного противника, *«китайцы умеют драться»*. Именно Черепанов стал автором идеи, материлизовавшейся в дальнейшем в создании Особой Дальневосточной армии (ОДВА). Как записал в своём конспекте Ворошилов, Черепанов предлагал: *«Организовать Красную армию во главе с Блюхером и послать несколько человек, работавших в Китае — это произведёт впечатление»*.[209]

Ворошилов записал, что во время обсуждения идеи создания ОДВА Бубнов высказал сомнения в правильности назначения Блюхера во главе такой армии.[210] Запомним этот факт, он сыграет свою роль, когда Бубнов в июле 1929 года будет назначен уполномоченным ЦК по Дальнему Востоку. Месяцем позже, в августе, туда же Политбюро командирует Василия Блюхера. Сталин не зря считался великим стратегом политики «саморегулирующихся противовесов».

На совещании поднимался вопрос об использовании методов партизанской борьбы в советско-китайском конфликте на КВЖД. С её помощью планировалось нейтрализовать белогвардейские военные формирования, если бы те выступили на стороне Чжан Сюэляна.[211] В. Поляк придерживался мнения, что *«партизанские отряды ничего сделать не смогут, во всяком случае, эффекта не дадут»*. Берзин, Черепанов, Зенек, напротив, высказывались за активное использование партизанских отрядов, созданных на территории СССР, а также в Барге и самом Китае, делая упор на привлечение национальных меньшинств — монголов и дунган. Берзин и Уншлихт предлагали прибегнуть к помощи китайских хунхузов. Интересно, что ни в какой форме не проговаривалась идея использования корейских партизан. Это предложение признавалось неприемлемым ввиду его сильной антияпонской направленности. Москва боялась дразнить Японию в Маньчжурии.

К сожалению, у нас нет возможности документально сослаться на позицию автора конспекта — самого Ворошилова. У наркомвоенмора не было необходимости фиксировать для самого же себя собственную позицию.

Однако косвенные данные легко помогают реконструировать настроения Наркомвоенмора. Совещание было созвано Ворошиловым после принятия Политбюро однозначного решения о недопустимости «военной демонстрации» и выбора в пользу установки на преимущественное использование методов дипломатического давления на КВЖД. Если же вспомнить слова Ворошилова, которые тот написал в упоминавшемся нами письме к Орджоникидзе, станет очевидно, что сам наркомвоенмор, все-таки, был убеждённым сторонником применения военной силы.

Повторное обсуждение возможности «военной демонстрации» в Китае, несмотря на запретительное решение Политбюро, отражало специфику внутрипартийной борьбы летом 1929 года, характеризовавшейся противостоянием Сталина и «правой» оппозиции. Несмотря на поражение Бухарина и его сторонников на апрельском пленуме ЦК 1929 года, Бухарин, Рыков и Томский всё ещё оставались членами Политбюро, и, как мы видим на примере цитаты из письма Ворошилова Орджоникидзе, имели возможность влиять на ход дискуссий и принятие решений. Вряд ли, без ведома генсека, верный Сталину Ворошилов повторно стал бы ставить в своём ведомстве на обсуждение вопрос о характере советского ответа в Северной Маньчжурии в такой конкретной плоскости. Концепция «мирного» решения конфликта дипломатическими мерами не могла быть для Сталина летом 1929 года единственной альтернативой, уже потому, что за неё так рьяно ратовал его противник — Бухарин.

Для понимания адекватности реакции советского руководства на события в Маньчжурии нельзя обойтись без анализа китайской позиции по поводу вопроса о советском влиянии на КВЖД в 1928–1929 гг.

Российский исследователь Василий Крюков, долгие годы работавший на Тайване и имевший доступ к документам гоминьдановского Министерства иностранных дел, личным архивам Чан Кайши и Ян Сишаня, предоставил нам такую великолепную возможность в своих публикациях. В. Крюков использовал также в своем исследовании документы из американских и английских архивов. Попробуем взглянуть на проблему КВЖД с китайского ракурса.[212]

Китайские планы национализации КВЖД, 1928-1929

Как показывают китайские документы, после заключения Мукденского соглашения в 1924 году, маршал Чжан Цзолинь довольно скоро осознал, что советская сторона переиграла его и пожалел о сделанных уступках. Маршал принимает стратегическое решение о восстановлении утраченных позиций. Несмотря на все заверения Москвы о паритетности, дорога с 1924 года, практически, полностью контролировалась СССР. В руках русского управляющего находилось решение бюджетных вопросов, документы Секретариата КВЖД составлялись на русском языке и не переводились на китайский, не наблюдалось кадрового равноправия в вопросах подбора руководящего состава.

После смерти Чжан Цзолиня, его сын — Чжан Сюэлян — принял решение довести до логического завершения намерения отца вернуть КВЖД под китайский контроль. Первый четко сформулированный китайский план по стратегии на КВЖД под углом зрения ее передачи Китаю был связан с именем начальника мукденского управления по делам образования Чжан Гочжэня. Этот план, составленный с помощью советника генерала Томашевского, включал три основных пункта.

Во-первых, Чжан Гочжэнь предлагал предъявить советской стороне решительное требование об изменении административной практики, сложившейся на дороге после 1924 года. Следовало уравнять количество китайских и советских служащих, перейти к использованию на дороге двух языков в качестве официальных и назначить конкретный срок реформы делопроизводства.

Во-вторых, план Чжан Гочжэня предусматривал и силовые меры — в случае отказа советской стороны от проведения реформ, китайцы намеревались арестовать советского управляющего и подчинить себе КВЖД.

В-третьих, китайская сторона собиралась заблаговременно подготовиться к нейтрализации ответных действий СССР в полосе отчуждения, которые могли бы помешать переходу КВЖД в китайские руки.[213]

План Чжан Гочжэня поддержали председатель правления КВЖД Люй Жунхуань и начальник Особого Харбинского района Чжан Цзинхуй.

Однако в окружении Чжан Сюэляна поддержка плана не была единодушной. Советник молодого маршала У. Дональд был убежден, что совместное владение КВЖД — это историческое недоразумение и предлагал Чжан Сюэляну национализировать дорогу. В январе 1929 года Дональд подготовил доклад для Чжан Сюэляна, призывая китайцев действовать последовательно и осторожно, не выходя, однако, за пределы рамок международного права. Первым шагом в правильном направлении, по мнению Дональда, должно было стать создание комиссии по обследованию финансового состояния дороги. Дональд, не без основания, предполагал, что комиссия найдет немало случаев нецелевого расходования средств советской стороной. Дональд привлек к осуществлению этого плана бывшего управляющего дорогой до 1924 года Б.В. Остроумова. Остроумов активно включился в сбор аргументации для осуществления плана Дональда, предупредив китайскую сторону о недопустимости силовой конфискации КВЖД.[214]

Мукденские власти первоначально с большим интересом отнеслись к плану Дональда. Дональд заручился поддержкой находившегося в то время в Мукдене ветерана китайского внешнеполитического ведомства Гу Вэйцзюня. Последний являлся близким другом Чжан Сюэляна и также советовал маршалу воздержаться от каких-либо действий, противоречавших нормам международного права. Дональд предлагал сначала найти и обнародовать факты финансовых злоупотреблений СССР на КВЖД. Китай должен был публично зафиксировать их и, апеллируя к резолюциям Вашингтонской конференции 1922 года, национализировать дорогу. Как отмечал впоследствии в своем письме государственному секретарю США сотрудник американского посольства, окружение Чжан Сюэляна разделилось на два лагеря — один из них выступал за конфискацию дороги, второй — настаивал на легитимных действиях в рамках резолюций Вашингтонской конференции.

По мнению Василия Крюкова, нападение на советское консульство свидетельствовало о том, что «молодой маршал», в конце концов, встал на сторону сторонников силового решения вопроса.

В. Крюков приводит в качестве доказательства своей позиции отрывок из телеграммы Чжан Сюэляна своим соратникам — Чжан Цзинхую и Люй Жунхуаню — в начале июня 1929 года:

«В прошлом месяце вы высказали свое мнение о необходимости принять меры на КВЖД, но я воздерживался от того, чтобы торопить вас. Но после акции в отношении советского консульства нужно действовать в соответствии с принятым нами планом... Требуется полная секретность, так, чтобы даже высокопоставленные должностные лица не были бы в курсе дела... Следует действовать уже в

духе согласованных мер, продолжая начатое и выдвигая требования к русским. Если же они будут продолжать тянуть время, необходимо будет воспользоваться моментом и прибегнуть к решительным мерам, а именно: распустить профсоюз, закрыть советские коммерческие учреждения, а также ввести контроль за корреспонденцией, ограничить права местного населения и депортировать преступный элемент».[215]

Любопытно, что информация о подготовке Чжан Сюэляна к атаке на советские учреждения на КВЖД стала доступна британскому МИДу 4 июня 1929 года. Британский генеральный консул в Мукдене Турс сообщил посланнику Лэмпсону о том, что местное правительство Трех Восточных провинций разрабатывает план вывода КВЖД из-под советского контроля.[216]

Уже задолго до конфликта 1929 года, нанкинский гоминьдан, со своей стороны, прорабатывал возможные пути осуществления национализации КВЖД. В феврале 1929 года министр путей сообщения Сунь Кэ обратился в китайский МИД с просьбой о содействии в созыве специальной комиссии по расследованию проблемы КВЖД. Позднее, в гоминьдановской прессе были опубликованы три возможных варианта плана возвращения дороги Китаю.

Первый вариант заключался в том, что китайское правительство объявляет о задолженности СССР Китаю в связи с эксплуатацией КВЖД и в одностороннем порядке аннулирует как Пекинское, так и Мукденское соглашения. После этого дорога должна была перейти под юрисдикцию Китая.

По второму варианту, национализация КВЖД могла быть осуществлена после передачи акций Азиатско-Китайского банка правительству Китая.

Третий вариант предполагал вывод КВЖД из-под советского контроля в результате переговоров с Москвой, которые должны были последовать вслед за восстановлением нормальных дипломатических отношений с СССР.

Подразумевалось, что, согласно главе 9 соглашения о КВЖД 1924 года, на будущих переговорах китайцы могли бы поставить на обсуждение вопрос о выкупе дороги или о сокращении 60-летнего срока действия Мукденского соглашения, определенного параграфом 2 главы 1.

Сунь Кэ считал, что первый вариант — задолженность СССР — давал возможность радикально решить проблему КВЖД. Второй вариант

— передача акций — хотя и отодвигал национализацию дороги во времени, но не предполагал выплаты компенсации после истечения срока действия соглашения, как это подразумевалось в рамках третьего варианта.[217]

Василий Крюков наглядно показал, что политика вытеснения СССР с КВЖД имела характер продуманного и долгосрочного плана.

Мы бы отметили еще один любопытный факт — на заднем фоне, пока легкими контурами, постоянно проступает тень США: китайцы не доверяли СССР, но они также не желали послушно идти в фарватере японской политики. Америка же представлялась Китаю в тех условиях наиболее привлекательным союзником.

Что же касается советской стороны, то она, похоже, довольно долго не догадывалась об однолинейности процесса и о стратегической установке на захват КВЖД со стороны Чжан Сюэляна, где, вряд ли, могло быть место долгосрочному компромиссу.

Желания Нанкина и Мукдена единолично распоряжаться дорогой, воспринимались Москвой персонифицированно, а не как национальная программная установка.

Москва пока верила, что источником конфликта на КВЖД явилось головотяпство местных харбинских большевиков, пренебрегающих правилами конспирации и подпольной работы.

Харбинские свидетели: перекрёстный пеленг

Из-за отсутствия доступа к архивным документам долгое время не представлялось возможным развёрнуто ответить на вопрос, действительно ли китайская сторона имела основания предполагать, что на заседании в здании консульства СССР в Харбине 27 мая обсуждался каталог подрывных мероприятий против китайского правительства. Ответы на этот вопрос предлагались лишь на уровне предположений и догадок.

Выявленные нами документы из региональных архивов, ранее не использовавшиеся историками, дают уникальную возможность реконструировать события вокруг захвата советского консульства весной—летом 1929 года сразу из нескольких ракурсов, через свидетельства их непосредственных участников. Без сомнения, любые документы нельзя рассматривать в качестве беспристрастных свидетельств. Однако доступ к «внутрихарбинской перспективе» позволяет взглянуть на происшедшее в максимальном приближении.

Известие о налёте на советское генконсульство в Харбине было получено владивостокским телеграфом в 15 часов 10 минут 27 мая 1929 года. Об инциденте сообщалось в депеше, пришедшей от товарища Председателя правления дороги Чиркина на имя секретаря Далькрайкома Перепечко и ПП ОГПУ Медведя. Чиркин сообщал, что в два часа дня консульство в Харбине было неожиданно окружено вооружённым нарядом полиции. Китайцы блокировали допуск в здание советского диппредставительства и задержали всех находившихся в нем к этому моменту для выяснения личности. Попытки советской части руководства КВЖД соединиться с генконсульством СССР по телефону не имели успеха, поскольку поднявший трубку генконсул Борис Мельников, сославшись на неожиданный приход полиции, прервал разговор. Дальнейшие сообщения очевидцев, по словам Чиркина, подтвердили наличие полицейских постов вокруг консульства, скопление полицейских автобусов, машин начальника полиции и дубаня, а также пожарной команды. Чиркин предпринял меры для встречи с дубанем и выяснения причин инцидента, однако китайский начальник отклонил просьбу о встрече с советским представителем.

Чиркин сообщал в телеграмме во Владивосток о своих дальнейших действиях: *«Тогда я поехал к главноначальствующему с требованием объяснений и немедленного прекращения незаконных действий полиции. Главноначальствующий предварительно вызвал дубаня, даоиня Цая и Чжангочена[218], прибывшего прямо из консульства, где он очевидно принимал непосредственное участие (в) событиях совместно (с) начальником полиции Мичулином. После краткого совещания к нам вышел Чжангочен [Чжан Гочэнь — М.Ф.] и от имени главноначальствующего сообщил нам, что тот поручил ему информировать нас о происшедшем».*

В интерпретации Чжан Гочэня, инцидент в генконсульстве, как сообщал в телеграмме Чиркин, сводился к следующему. Полиция, якобы, получила сведения, что в консульстве с 12 часов проходило совещание «съехавшихся отовсюду представителей Третьего Интернационала». После соответствующего рапорта главноначальствующему, полиция решила проникнуть в консульство, где, по её словам, обнаружила группу «посторонних лиц» и приняла меры для выяснения их идентичности. Полиция установила в генконсульстве факт уничтожения «каких-то документов», китайцы застали генконсула Бориса Мельникова за сжиганием бумаг в его кабинете, этим же занимались и другие дипломаты в соседней с кабинетом генконсула комнате. По свидетельству полиции, факты уничтожения документов были зафиксированы путём фотографирования. Как сообщал в телеграмме во Владивосток Чиркин, «*при обыске пока особенного не обнаружено*». Со ссылкой на слова Чжан Гочэня, Чиркин уточнял: «*Далее он [Чжан Гочэнь. — М.Ф.] от имени главн(ононачальствующе)го просил не придавать серьёзности сему инциденту, заверил, что по отношению к самому консулу ничего не было и не будет допущено, и что будет только выяснено содержание документов. А для верности, в том, что не будет дальнейших недоразумений, будут в присутствии и при участии находившихся в комнатах чинов консульства точно учтены все документы*». После этих слов Чжан Гочэня, Чиркин потребовал личной встречи с главноначальствующим, на которую было получено согласие. От имени правительства СССР Чиркин заявил протест в связи с «*вопиющим нарушением международного права*», потребовал немедленного прекращения обыска в консульстве и наказания виновных.

По мнению советского представителя на КВЖД, главноначальствующий оказался «*чрезвычайно смущён*» разговором и «*пытался представить инцидент незначительным чисто полицейским мероприятием, находящимся в компетенции полиции*». Китайский генерал отметил, что ему неизвестны все мотивы, побудившие полицию произвести обыск в консульстве. Чиркин привел контраргументы и обратил внимание главноначальствующего, как «*высшего представителя своего правительства в крае*» на то, что «*права полиции не могут быть распространяемы на дипломатическое учреждение*». Советский представитель потребовал прекращения обыска в помещении генконсульства, обеспечения безопасности его сотрудников и «*сохранности всех дипломатических документов, переписки и шифров в самом консульстве*». После того, как Чиркин пригрозил подробно проинформировать советское правительство об инциденте, главноначальствующий «*попросил убедительно не придавать особого значения инциденту и не обострять его в докладе*». Однако в ответ на требование Чиркина о допуске в консульство для ознакомления с ситуацией на месте, ему в этой просьбе было «*смущённо*» отказано. «*Сейчас снестись с Мельниковым нет возможности, обыск продолжается, еду говорить с Дубанем и Даоинем Цаем, о дальнейшем сообщу дополнительно*», — такими словами завершал свою подробную телеграмму товарищ председателя правления дороги Чиркин.[219]

Еще одна версия событий вокруг обстоятельств налёта китайской полиции на советское генконсульство 27 мая 1929 года может быть реконструирована на основании записки старшего секретаря советского землячества в Харбине Крутова. Эта записка была составлена им в Москве, практически по свежим следам, 25 июня 1929 года для Бюро Загранячеек при ЦК.

Фактическое изложение событий 27 мая, секретарь землячества предваряет характеристикой политической обстановки, сопровождавшей советско-китайские отношения накануне конфликта. Крутов обращал внимание БЗЯ на известный, по его мнению, факт, что среди маньчжурских генералов и чиновников идёт непрекращающаяся конкуренция за власть между различными фракциями. Одна из соперничающих группировок, питала, по словам Крутова, *«крайне враждебное отношение к СССР и при всяких удобных случаях старалась не только рекомендовать, но и применять агрессивные действия по отношению к Советскому Союзу»*. Руководителем этой враждебной к СССР группировки, Крутов называет Чжан Гочэня, тесно связанного со сыскной полицией. Чжан Гочэнь являлся особо доверенным лицом генерала Чжан Сюэляна и был известен своим участием в различных антисоветских акциях, в том числе, и как организатор налёта на советское посольство в Пекине в апреле 1927 года. По мнению Крутова, после признания Мукденом нанкинского правительства Чан Кайши, влияние враждебно настроенной к СССР группировки среди маньчжурских генералов резко возросло.

Ситуацию осложняли и некоторые другие обстоятельства. За несколько недель до налёта китайской полиции в Харбине обострились отношения между советской и китайской частью правления по вопросам сокращения кадров, паритета представительства с китайской и советской сторон и прав управляющего дорогой. Одновременно с этим, генконсул Мельников, проводивший переговоры о закупке зерна в Маньчжурии для советского Дальнего Востока, столкнулся с попыткой китайских властей поставить возможность продажи зерна в прямую зависимость от уступок советской стороны на КВЖД. Несмотря на сильные противоречия между сторонами, за несколько дней до налёта полиции наметились подвижки в урегулировании советско-китайских разногласий. По мнению Крутова, налёт полиции на генконсульство был организован Чжан Гочэнем, чтобы *«дать материал»* и *«сорвать намечающиеся соглашения»*, а также — *«дискредитировать на английских выборах лозунг «восстановление дипломатических отношений с Советским Союзом».*[220]

Переходя к изложению событий, имевших место 27 мая, Крутов уже изначально склонен обвинять руководство харбинского СМК в том, что в результате налёта события стали развиваться по критическому для советско-китайских отношений сценарию. Одновременно с этим, он пытается обелить самого себя и выставить в позитивном свете действия генконсула Бориса Мельникова.

Старший секретарь землячества упрекает Бюро СМК, прежде всего, в пренебрежении правилами конспирации. Документы харбинской партийной организации хранились, по свидетельству Крутова, непосредственно в здании консульства уже задолго как до того, как он сам приехал в Харбин, а Мельников был назначен генконсулом. Секретарь землячества подчеркивал, что посольская ячейка много раз безуспешно пыталась вразумить СМК.

«Бюро ячейки считало этот вопрос, т. е. место пребывания документов СМК вопросом сугубо политическим, и находящимся в компетенции консула и вышестоящих инстанций. Иногда у нас велись некоторые разговоры о неудовлетворительности конспиративной работы СМК и высказывались пожелания в большей степени оградить наши хозяйственные органы, что и нашло своё отражение в одном из постановлений Бюро ячейки и в письме секретаря в БЗЯ, но это вызвало протест Бюро СМК перед Далькрайкомом и разрешение означенного вопроса до сих пор не проведено».[221]

Этим пассажем Крутов обращает внимание вышестоящих партийных органов, что, с его точки зрения, причины обострения конфликта на КВЖД, помимо внешнеполитической составляющей, следует искать и в плоскости недостатков организации партийной работы в Северной Маньчжурии. Основной недочет — это неупорядоченность структуры политической коммуникации между институтами советского влияния в самом Харбине, а также — между ними и Далькраем. Для того чтобы понять логику и направленность этой мысли старшего секретаря советского землячества, нам придётся прокрутить киноленту событий к концу 1928 года и вспомнить некоторые факты.

21 декабря 1928 года, за день до захвата китайской стороной телефонной станции на КВЖД, замнаркома по иностранным делам Лев Карахан пишет в Москве письмо на имя Сталина и членов Коллегии НКИД. В письме замнаркома озвучивает недовольство генконсула Мельникова той ситуацией, что часть руководящих кадров советских хозяйственных организаций в Харбине, в том числе, сотрудники Дальбанка, состоят на

партийном учёте не в партийной ячейке консульства, а в местной подпольной организации ВКП(б), руководимой Бюро СМК. Уточним, что через Дальбанк проводились финансовые операции всех советских учреждений в Северной Маньчжурии. Мельников потребовал перевести коммунистов советских хозяйственных организаций на учет в консульство и мотивировал своё предложение усилением китайских репрессий. По мнению генконсула, наступление китайских властей на коммунистические организации может привести к *«провалу ряда руководящих работников-хозяйственников, входящих в местную нелегальную партийную организацию».*[222] Карахан разъяснял, что на момент декабря 1928 года в консульскую ячейку, кроме работников консульства, входили члены Правления и Ревизионного Комитета КВЖД, сотрудники Торгпредства. Являвшиеся членами ВКП(б) работники Дальбанка, включая директора и членов Правления, а также коммунисты-руководители других хозяйственных организаций, в том числе, филиалов дальневосточных краевых органов, состояли на учёте в составе местной подпольной организации.

Как можно заключить из текста, Мельников, а вслед за ним и Карахан, воспринимали факт партийной принадлежности сотрудников Дальбанка к подотчётной Далькрайкому подпольной ячейке СМК, ущемлением властных полномочий генконсульства. Дипломаты не собирались с этим мириться, поскольку, по выражению Карахана, Дальбанк не являлся «местным дальневосточным учреждением». Однако напрямую говорить о недовольстве вмешательством Далькрайкома в дипломатическую «епархию», ни генконсул, ни замнаркома не решались. Им необходимо было сформулировать менее прозаическую причину. И Карахан её с успехом находит.

Он обращает внимание Сталина и членов Коллегии НКИД, что нет никаких оснований ставить работников Дальбанка в иное положение, чем работников КВЖД. Кроме того, по мнению замнаркома, провал какого-либо сотрудника, принадлежавшего к руководящему составу Дальбанка, вызвал бы огромный скандал и неминуемое закрытие этого ключевого учреждения.

Карахан подводит итог: *«Считая нецелесообразным перевод всех коммунистов, работающих в харбинских хозяйственных учреждениях в консульскую ячейку, т.к. это вызвало бы недопустимое разбухание и проникновение туда ряда местных работников, ничем с консульством в повседневной своей работе не связанных, полагаю настоятельно необходимым прикрепление к консульской ячейке всех* *руководящих работников наших хозогранов, командированных туда из СССР. Это должно быть в первую очередь проведено в отношении Дальбанка. Одновременно следует дать указания о максимальной осторожности, которая должна проявляться в деле использования на партработе рядовых партийцев, работающих в наших хозорганизациях».*²²³

Как следует из резолюций на письме Карахана, оно было подано для дальнейшей проработки в Орграспред и Бюро Заграничных Ячеек (БЗЯ), которые, в свою очередь, запросили мнение по этому вопросу у Далькрайкома и ОГПУ. Одновременно с этим запросом, Далькрайкому было выслано Положение БЗЯ о работе с «номенклатурными заграничными кадрами». Далькрайком прислал в БЗЯ обстоятельный ответ, в котором осветил основные принципы, на которых он строил свою работу с заграницей. Интересно, что в преамбуле к ответу в БЗЯ, заведующий Отдела учёта Далькрайкома совершенно открыто посетовал на тот факт, что никаких инструкций по части работы Учраспреда с заграницей дальневосточные партийные учреждения из Центра никогда прежде не получали. Присланное же из Москвы Положение, было плохо применимо в Далькрае, поскольку в Далькрайкоме, по свидетельству дальневосточных коммунистов, *«нет номенклатурных должностей заграничных работников по линии БЗЯ».*²²⁴ Указав на эту неувязку, заведующий Отдела учёта Далькрайкома далее, просто описал практикуемую в крае систему учёта и контроля за передвижением загранкадров. Он также предложил БЗЯ конкретно выразить своё мнение по каждому пункту в случае несогласия.

Итак, по сообщению завотдела учёта Далькрайкома, за границу местные коммунисты командировались по двум линиям. Первая группа — командируемые в Госторг, в советское консульство или по линии ОГПУ. На командируемых первой группы Отдел учёта ДКК заготовлял, так называемые, «шелковки». «Шелковками» называли командировочное удостоверение, написанное на куске материи, как правило, ввиду лёгкости материала — на шёлке, подтверждавшее факт посылки данного работника Далькрайкомом и его полномочия. «Шелковка» искусно вшивалась под подкладку одежды, чтобы при обыске на заграничной территории её практически невозможно было обнаружить, если только китайская полиция не взяла бы за правило распарывать складки одежды всех въезжающих на территорию Маньчжурии иностранцев. На выдаче «шелковок» работа ДКК с отъезжающими за границу заканчивалась. По крайней мере, завотдела учёта комментировал дальнейшую процедуру в письме для БЗЯ следующим образом:

«Явки им, видимо, даёт ПП ОГПУ, а мы все партдокументы, которые от них отбираем, пересылаем Вам, причём в дальнейшем мы уже об этих работниках ничего не знаем и не учитываем их, считая, что их учитывает БЗЯ. По частным сведениям, они как будто бы состоят в консульских ячейках, хотя в том же месте имеется ячейка Северо-Маньчжурского комитета. Таких работников у нас бывает немного».[225]

Ко второй группе работников относились те, которые зачислялись в состав Северо-Маньчжурской организации ВКП(б). К ним принадлежали коммунисты с Дальнего Востока, отправлявшиеся заграницу по партийной линии, по линии Уссурийской железной дороги и КВЖД, а также представители газет, таможенной, банковской сфер и хозяйственных учреждений. Вот здесь-то, как раз, по мнению ДКК, проявлялось противоречие: *«Если исходить из того, что консула и торгработники являются официальными лицами, и поэтому посылаются от БЗЯ, состоят в специальных ячейках, то ведь банковики, таможенники тоже являются официальными представителями СССР, а они почему-то состоят в ячейках СМ организации, работающей в подполье, тут какая-то логическая неувязка, а руководствоваться нечем».*[226]

Далее в записке Далькрайкома подробно описывается система партийного учёта за передвижением кадров между Далькраем и Северной Маньчжурией.

Завотдела учёта Далькрайкома самокритично признавал, что в работе по учёту Северо-Маньчжурской организации (СМО) «нет определённой необходимой чёткости». Для учёта северо-маньчжурских коммунистов после переписи, Далькрайкомом были заведены: 1) учётная книга на членов ВКП(б), 2) учётная книга кандидатов ВКП(б), 3) учётная книга прибывших в Северо-Маньчжурскую организацию и выбывших из неё членов и кандидатов ВКП(б).

В первую книгу по мере прибытия и убытия заносились имена дальневосточных членов ВКП(б), а также коммунистов, переведённых из кандидатов в члены ВКП(б), прошедших перепись, уезжавших в полосу отчуждения КВЖД и возвращавшихся оттуда.

По второй книге аналогичные операции проводились при учёте дальневосточных кандидатов в члены ВКП(б).

В третьей книге регистрировались все коммунисты и кандидаты ВКП(б), прибывшие в Северную Маньчжурию из СССР (не только те, которые проходили через Далькрайком, как в первом и втором случаях), вставшие на учёт в СМО и выбывшие из организации. Эти данные вносились на основании сообщения СМК, учётной карточки, личного дела и партбилета. На каждого такого коммуниста, как на членов ВКП(б), так и на кандидатов, заводилась учётная карточка, хранившаяся в алфавитном порядке.[227]

Завотдела учёта также подробно разъяснил БЗЯ порядок выдачи «шелковок».

«Шелковки» не выдавались в тех случаях, когда Далькрайкому удавалось познакомить посылаемых товарищей с представителями Северо-Маньчжурского комитета. В нормативном случае «шелковка» заготовлялась, выдавалась и регистрировалась в специальной книге после принятия решения специальной комиссией ДКК по выездам в зону отчуждения КВЖД. Номер «шелковки» учитывался в особой книге, где командировочный, расписывался при ее получении. В ДКК «шелковки» получали только те коммунисты, которые отправлялись по линии Далькрайкома. Соответственно, командировочные, посылаемые окружными комитетами, получали «шелковки» в округах.

Завотделом учёта Далькрайкома подчёркивал: *«Мы считаем, что работа с заграницей должна быть строго централизована, т. е. все посылаемые на работу за границу должны проходить только через ДКК. Это не значит, что они должны приезжать из округа в Хабаровск, но это значит, что прежде, чем посылать за границу того или иного товарища, соответствующий окружком должен согласовать этот вопрос с ДКК, и командировать товарища можно по получении шелковки из ДКК ВКП(б)».*[228]

С этой целью завотделом учёта предлагал закрепить следующую процедуру.

При запросах о разрешении на выезд от ДКК ВКП(б), окружком одновременно должен был выслать в ДКК копию учётной карточки. Когда же выезд был разрешён и шелковка от ДКК получена, окружком должен был отобрать у отъезжавшего все партдокументы, переслать их в ДКК и оформить, вслед за этим, выдачу виз и заграничных паспортов через соответствующие органы.

«Подобное мероприятие, — по мнению завотдела Далькрайкома, — уточнило бы учёт, а также и упорядочило бы дело учёта шелковок».[229]

Одновременно Далькрайком прояснял для БЗЯ порядок посылки за границу членов ВКП(б) ведомствами. Предполагая послать того или иного работника-партийца, входившего в номенклатуру ДКК, ведомство согласовывало вопрос с ДКК, и, по получении согласия ДКК, оформляло по своей линии командировку. Затем уезжавший коммунист сдавал все партдокументы (а также все документы, где указана его партпринадлежность) в ДКК, и, на основании распоряжения ДКК, иностранный отдел Административного отдела Далькрайисполкома, по согласованию с Постоянным Представительством ОГПУ, выдавал заграничный паспорт и визу. Таким же образом оформлялись для работы в Северной Маньчжурии и остальные работники, не входившие в номенклатуру ДКК ВКП(б).

В записке для БЗЯ отмечалось, что учёт и перемещение не номенклатурных работников за границей с одной работы на другую внутри страны пребывания производился ведомством самостоятельно, а номенклатурных — по согласованию с ДКК.

Как свидетельствовал доклад, резерва заграничных работников у ДКК не было. Систематического изучения заграничных работников не велось, в случае надобности ДКК пользовался материалами соответствующего ведомства. Специальной номенклатуры заграничных работников в Далькрае также не существовало.

В конце докладной записки завотделом учёта Далькрайкома подводил итог: *«Таким образом из настоящего письма можно выявить те недочёты, которые в нашей работе имеются, и я бы хотел, чтобы с вашей стороны нам было дано соответствующее указание правильно ли мы ведём нашу работу, а где неправильно, сделать указания как надо таковую вести».*[230]

Как мы видим, Далькрайком не претендовал на законотворческую самостоятельность в вопросах учета заграничных кадров. Хабаровск, просто, по мере необходимости, вынужден был решать встававшие перед ним конкретные вопросы.

К 27 декабря 1928 года Бюро заграничных ячеек, которому Отдел учёта Далькрайкома выслал свои соображения в отношении организационной принадлежности посылаемых через Далькрай в Северную Маньчжурию коммунистов, составил заключительный доклад по данному вопросу для Орграспреда ЦК. Интенсивность реакции БЗЯ была явно неадекватна полученной из Далькрая информации. Московская структура была возмущена уровнем вмешательства Далькрайкома в партийную работу советских учреждений в Северной Маньчжурии. Сравнивая «просительно-сдержанный» стиль записки завотдела учёта Далькрайкома и истерично-одёргивающий тон доклада БЗЯ по этому вопросу в Орграспред, становится очевидным, насколько удивлены оказались партийные бюрократы. С точки зрения БЗЯ, дальневосточная практика никак не вписывалась в формально-нормативную концепцию зарубежной работы.

27 декабря 1928 года, под грифом «совсекретно» и «в высшей степени срочно», заведующему Орграспреда ЦК И. Москвину была послана записка «По вопросу о прикреплении членов партии, работающих в Харбине и Консульской ячейке». В записке подчёркивалось: «*Материалы, имеющиеся в распоряжении Б.З.Я. говорят вообще о НЕПРАВИЛЬНОЙ тенденции ДКК ВКП(б), который хочет руководить ЗАГРАНИЧНЫМИ ОРГАНИЗАЦИЯМИ ВКП(б), через Сев. Маньчжурский Комитет ВКП(б), находящийся сейчас в подполье в г. Харбине (см. копию отношения ДКК).*

БЮРО ЗАГРАНИЧНЫХ ЯЧЕЕК против этого решительно возражает по причинам возможности на почве этого провала подпольной организации ВКП(б) и могущих быть осложнений с Китайскими властями наших заграничных учреждений (Консульство, Торгпредство, хозяйственные организации т. п.)».

Далее БЗЯ отмечало, что оно, как и ОГПУ, поддерживает точку зрения Льва Карахана о необходимости прикрепления сотрудников Дальбанка к консульской партячейке. После такой эмоциональной преамбулы, записка переходила к перечислению предлагавшихся БЗЯ мер по урегулированию системы партийной принадлежности и учёта в Харбине. В первом пункте отмечалось: «*Твёрдое правило, что заграничным организациям ВКП(б) руководит ТОЛЬКО ЦК ВКП(б) через БЗЯ, о чём дать указания ДКК ВКП(б), который указал бы СМК, находящемуся в Харбине в подполье не вмешиваться непосредственно в работу консульской партячейки и учреждений СССР, находящихся в Харбине, на исключением отдельных поручений БЗЯ по ячейке*».[231]

Во втором пункте документ предлагал прикрепить к консульской ячейке коммунистов, посланных из СССР на заграничную работу и работавших в заграничных учреждениях СССР, находившихся под руководством центров Москвы (Дальбанк, представители хозорганов Москвы). В третьем пункте излагалось мнение, что «партийцы» из местной парторганизации, работавшие в упомянутых учреждениях, как сотрудники заграничных учреждений СССР, должны быть также откреплены от подпольных организаций ВКП(б) и состоять в консульской ячейке.

Отдельным пунктом рассматривался вопрос о возможности использования Северо-Маньчжурским Комитетом на партработе членов ВКП(б) консульской ячейки в Харбине. Отмечалось, что до окончательной выработки решения по этому вопросу, в связи с отсутствием у БЗЯ конкретных материалов, в каждом отдельном случае такое сотрудничество «консульских» коммунистов с подпольным Комитетом допускать только с разрешения Бюро консульской ячейки. Кроме того, БЗЯ призывал СМК быть *«сугубо осторожным»* во взаимоотношениях с консульской ячейкой, не допуская *«непосредственного руководства, вмешательства в работу ячейки»*. Отмечалось, что только БЗЯ имело полномочия давать консульской ячейке отдельные поручения. Но и в этом случае, даже для БЗЯ, предельно ограничивался круг таких заданий: *«информационный материал, конфликтные дела, моменты болезненных явлений»*.[232]

29 января 1929 года Секретарь БЗЯ С. Проскуряков отправляет письмо СМК ВКП(б) в Харбин, а копию этого письма — Льву Карахану. В письме излагалась позиция Центра по вопросу о взаимоотношениях между консульской ячейкой и «территориальной организацией», — так Проскуряков окрестил североманьчжурскую партийную структуру. В письме отмечалось: *«По имеющимся материалам в ЦК видно, что СМК возбуждал вопрос перед ДВКК о предоставлении СМК права организационного руководства заграничной ячейкой ВКП(б) при Генконсульстве СССР в Харбине, по мотивам воспитательного воздействия и лучшего наблюдения за моральным поведением Генконсульской ячейкой. БЗЯ НЕ МОЖЕТ согласиться с выдвигаемыми Вами положениями о руководстве СМК Генконсульской ячейки как ЗАГРАНИЧНОЙ парторганизации (таковыми руководит только ЦК через БЗЯ), и по мотивам возможности провала подпольных организаций СМК, а также могущих быть осложнений с китайскими властями наших заграничных учреждений СССР в Харбине».*[233] Далее, Проскуряков сообщал, что в связи со сложившейся ситуацией БЗЯ поставило вопрос на разрешение ЦК.

Постановление Оргбюро ЦК от 4 января 1929 года[234] определило, что все коммунисты, работавшие в заграничных учреждениях СССР в Харбине, должны были войти в состав консульской ячейки ВКП(б). Кроме того, определялось, что «общеполитическое» и «организационное» руководство консульской ячейкой ВКП(б) в Харбине должно было осуществляться непосредственно БЗЯ. Обращая внимание на тот факт, что постановление Оргбюро было доведено до сведения Далькрайкома, Проскуряков предлагал считать вопрос о характере взаимоотношений между консульской ячейкой и северноманьчжурской парторганизацией теперь «окончательно решённым». Информируя СМК о характере распоряжений, отданных Москвой руководству консульской ячейки в Харбине, руководитель БЗЯ просил СМК «*не тормозить с выводом из состава СМК и откреплением всех партийцев, работающих в заграничных учреждениях из состава СМК*». Проскуряков пытался как-то подсластить горькую пилюлю для руководства «территориальной организации», отмечая в письме возможность СМК, в некоторой степени, всё же, оказывать влияние на работу консульской ячейки.

А именно: «*БЗЯ считало бы возможным для себя в необходимых случаях договариваться с СМК по отдельным моментам в работе Консульской ячейки (регулярная информация, болезненные моменты в ячейке, конфликтные вопросы, отдельные характеристики на партийцев). Мы просим дать Ваши соображения по вопросу использования на Вашей партработе партийцев Генконсульской ячейки, в целях определения договорённости по этому вопросу, взаимоотношений СМК с консульской ячейкой и установления с БЗЯ возможной и лучшей связи*».[235] Проскуряков предлагал руководству СМК высказать своё мнение по затронутым в его письме проблемам.

Тем не менее, как показали дальнейшие события, СМК не собирался отказываться от реализации своих претензий на организационное руководство всей партработой в Северной Маньчжурии и после четких инструкций Москвы.

30 марта 1929 года Бюро землячества при генконсульстве СССР в Харбине отправило в Москву Центральному бюро землячеств жалобу, за подписью уже известного нам старшего секретаря Н. Крутова.

Крутов обвинял СМК в нежелании выполнять решения БЗЯ о передаче коммунистов, работавших в советских учреждениях в распоряжение консульской ячейки. В письме отмечалось, что после обращения в Бюро СМК с предложением об осуществлении передачи, «*секретарь СМК т. Цимбаревич реагировал самым недостойным и возмутительным образом, категорически отказавшись вести какие-либо переговоры по этому вопросу*».[236] При посредничестве генконсула Бориса Мельникова ситуацию удалось сдвинуть с мёртвой точки только самым минимальным образом. Бюро СМК хотя и рассмотрело вопрос о передаче коммунистов консульской ячейке, однако полностью сдавать свои позиции оно не собиралось. Его решение сводилось к следующим пунктам:

1. Бюро СМК посчитало достаточным, если на учёте в консульской ячейке будут находиться руководители учреждений и их заместители.

2. Бюро СМК постановило возбудить перед ЦК вопрос о пересмотре решения Оргбюро и отказать в передаче на учёт членов и кандидатов партии, работавших в Дальбанке, Нефтесиндикате и Коммерческом агентстве Уссурийской железной дороги.

Н. Крутов попытался разъяснить Москве, почему консульское землячество в Харбине считало позицию Оргбюро ЦК «совершенно правильной», а точку зрения Бюро СМК «ошибочной». Для этого он подробно остановился на анализе ситуации в Северной Маньчжурии.

Политическое положение в Китае в целом и в Северной Маньчжурии, в частности, по мнению Крутова, предопределяли необходимость осторожного курса. Нельзя было давать лишних оснований китайской стороне для обвинения представительств советских организаций в ведении коммунистической пропаганды. При условии же нахождения коммунистов, работавших в советских учреждениях, на партучёте в «территориальной организации» — в СМК — у китайской стороны появлялись веские основания для таких обвинений. Конспиративные провалы последних месяцев, в том числе, и по линии СМК подтверждали, по мнению руководителя консульского землячества, неоспоримость этого факта. Кроме того, как отмечалось в письме, нахождение советских учреждений под руководством двух партийных организаций *«затрудняло, а подчас делало совершенно невозможным, быстрое проведение работы по рационализации и улучшению аппарата... хозорганов»*. Из-за такого двоевластия, по мнению Н. Крутова, намеченные в последние дни меры по выполнению циркуляра ЦК и ЦКК в отношении аппарата советских представительств в Харбине, *«не могут быть проведены в ближайшее время»*. В связи с последним, Крутов обращался с просьбой в Центральное Бюро землячеств *«через ЦК ВКП(б) сделать СМК более категорическое предложение об исполнении постановления Оргбюро ЦК ВКП(б)»*.[237]

19 апреля 1929 года, чуть больше, чем за месяц до налёта китайской полиции на советское генконсульство, в Москве было созвано совещание под председательством секретаря БЗЯ Б. Магидова. Совещание

организовывалось по просьбе СМК и Далькрайкома, в нем приняли участие представители НКИД (Козловский), ИНО-ОГПУ (Велижов) и СМК («Юрий» — Кульпе, «Андрей» — Андрей Верховых).

В данном контексте обращает на себя внимание участие в совещании заведующего Дальневосточным Отделом НКИД Бенедикта Игнатьевича Козловского.[238] Оно уже само по себе говорило о том, что СМК был структурно включён в механизм практической советской внешней политики в Азии. Кроме того, архивные документы фиксируют Андрея Верховых, являвшегося секретарем Далькрайкома, в качестве «представителя СМК».

СМК и Далькрайком упорно настаивали на изменении решения Оргбюро ЦК от 4 января 1929 года, в котором процедура прикрепления членов партии, работавших в заграничных учреждениях СССР в Харбине, была определена не в их пользу. После обстоятельного доклада секретаря БЗЯ С. Проскурякова состоялся обмен мнениями. Представители СМК ещё раз потребовали корректировки решения Оргбюро в части *«прикрепления партийцев к Генконсульской ячейке по соображениям возможности расконспирирования организации СМК и чрезмерного разбухания консульской ячейки за счёт прикреплённых».*[239] Несмотря на позицию СМК, совещание постановило, что «решение ОБ ЦК не нуждается в изменении, как совершенно правильно разрешающее вопрос в целом». СМК и Далькрайкому было поручено представить свои соображения по данному вопросу, а в план БЗЯ было записано решение о необходимости заслушать сообщение СМК *«о работе и взаимоотношениях с генконсульской ячейкой ВКП(б) в Харбине».*[240]

Однако даже это повторное решение не сняло остроту противоречий между «центральными» и «региональными» агентами советского влияния в Маньчжурии вплоть до самого начала советско-китайского конфликта в мае 1929 года.

Упомянутая нами выше записка Н. Крутова о налёте китайской полиции на советское консульство 27 мая 1929 года, помимо выполнения чисто информационной задачи, содержала сильный обвинительный потенциал. Крутов обращал внимание ЦК, что виновника в обострении советско-китайского конфликта надо, в первую очередь, искать среди руководителей Бюро СМК и в Далькрайкоме, а не в генконсульстве. Вина генконсула Бориса Мельникова, которого Политбюро в своём постановлении о событиях 27 мая пригрозило предать военному суду, на самом деле, была не такой уж очевидной.

Н. Крутов подробно описывает налёт китайской полиции на генконсульство, подчёркивая, что события 27 мая явились для работников дипломатической миссии полной *«неожиданностью — подобно грому среди ясного неба».*

Так, 27 мая, без четверти два, в здание консульства ворвался отряд китайской полиции в количестве 15—20 человек и прямиком направился в полуподвальное помещение. С точки зрения Крутова, консульские работники, будто бы и не знали, что в это время в полуподвале проходил пленум СМК. Пленум проходил в расширенном составе, на него был приглашен партактив. На повестке дня стояли вопросы обсуждения плана работы северо-маньчжурского Бюро, а также доклад секретаря СМК Яна Кульпе (он же Юрий Кульпе, а также — Петров, Юрий, Макс) о работе 16 Всесоюзной партконференции. Когда полиция спустилась вниз и бросилась по коридору в зал, другой выход из консульства через кухню остался свободным. Через него все участники заседания СМК, за исключением 4—5 человек, сумели разбежаться по зданию консульства. Таким образом, по свидетельству Крутова, *«на месте преступления»* было захвачено 4—5 человек, но *«никаких документов как будто бы найдено не было».*[241]

Через некоторое время, Крутов затруднился определить, как долго это продолжалось, наряд полиции был усилен, и китайцы приступили к обыску генконсульства и изъятию документов дипломатической переписки. Однако все документы особо секретного характера были уже уничтожены сотрудниками диппредставительства. За время обыска в генконсульстве, в котором участвовало большое количество китайских полицейских и полицейских агентов, рекрутированных из русских белогвардейцев, было арестовано «по сведениям, опубликованным в газетах» 39 человек. Секретарю СМК «Юрию» удалось сбежать, однако был арестован весь состав СМК, председатель Совета Профсоюзов (СПС), председатель Контрольной Комиссии, ряд внештатных сотрудников консульства и переводчик-китаец. Полиция, по мнению Крутова, вела себя грубо, *«вынуждая сотрудников (консульства) присутствовать при обыске и рассказывать, кто чем занимается, но сотрудники отказывались, считая обыск незаконным нарушением экстерриториальности консульства».* Полицейские чины занимались грабежом, изымая вещи и деньги у дипломатов. Обыск закончился около 10 часов вечера, и сотрудники консульства были освобождены. В записке отмечается, что дипломаты ни в коей мере не могут нести ответственность за факт налёта китайской полиции. *«Ни консул (по его словам), ни я, не знали о собрании, а налёт не нахо-*

*дится ни в какой связи с работой [консульской. — М.Ф.] ячейки»*²⁴², — утверждал Крутов.

Подводя итог описанию череды событий 27 мая в советском генконсульстве, Н. Крутов приходит к следующим выводам.

1. Факт появления полиции в здании советского диппредставительства — *«дело рук провокатора, который близко стоял к работе СМК»*. Эту точку зрения подтверждает ряд фактов: полиция была точно информирована о месте и времени встречи актива СМК, знала, в каком месте консульства расположены эти помещения. Полиция искала людей, но *«не особенно интересовалась бумагами, ибо сейфы вскрыты не были»*.

2. Необходимо реорганизовать конспиративную работу СМК, направив для этой цели людей, хорошо знающих формы и методы подпольной работы.

3. Все советские хозяйственные органы должны быть изъяты из сферы влияния СМК. Работа *«территориальной организации»* должна ограничиваться сферой КВЖД. Все кандидаты и члены партии, работающие в советских хозяйственных организациях и все командированные на работу на КВЖД из Москвы *«должны быть незамедлительно переданы в консульскую ячейку»*.

4. Необходимо пересмотреть формы работы партийных и комсомольских организаций за границей.

5. Необходима *«строгая директива о сокращении до минимума фиксации работы и хранения весьма секретных материалов»*.²⁴³

Таким образом, в своей записке Н. Крутов пытается убедить ЦК, что вина за факт налёта на генконсульство полностью лежит на Бюро СМК, которое многие месяцы до начала конфликта пыталось играть главенствующую роль в организации всей системы партийной работы в Северной Маньчжурии. При этом лидеры «территориальной организации» уделяли вопросам конспирации недостаточное внимание. Крутов подчеркивал, что и сам генконсул Мельников, и другие сотрудники дипаппарата в Харбине неоднократно советовали Москве и Далькрайкому урезать прерогативы СМК. Прежде всего — ограничить сферу деятельности Комитета работой только среди постоянно проживавших на линии КВЖД партийцев, исключив из круга его влияния советских граждан, имевших в той или иной форме статус официальных представителей СССР.

Найденные архивные документы дают нам возможность использовать метод «перекрёстного пеленга», чтобы получить более-менее реальную картину, не сильно искажённую личными пристрастиями и артикулированием собственных интересов свидетелей. Для этого рассмотрим ещё одно свидетельство непосредственного участника событий 27 мая 1929 года.

В нашем распоряжении есть записка в Бюро Заграничных Ячеек (БЗЯ), составленная уже упоминавшимся лидером железнодорожного профсоюза в Харбине И. Степаненко. Эти воспоминания не оставляют сомнений в том, что предъявленные китайской стороной советскому консульству обвинения в поощрении подрывной работы на КВЖД, на самом деле, соответствовали действительности, а не были пропагандистским изобретением китайской полиции. Кроме того, становится ясным, что масштаб провалов советской подпольной сети партийной и профсоюзной работы в Северной Маньчжурии мог быть меньше, если бы оставшиеся на свободе члены СМК, прежде всего, думали бы о выполнении своих прямых обязанностей, а не о повышении личного статуса в условиях образовавшегося в партийной организации властного вакуума. Под этим углом зрения ещё больше укрепляется впечатление, что постоянные властные разборки внутри советской «харбинской» элиты являлись одним из важных факторов, негативно сказывавшимся на устойчивости советских позиций в Маньчжурии.

В записке Степаненко ракурс внимания смещён в плоскость внутренних проблем СМК.

И. Степаненко оставляет в стороне какие-либо комментарии по поводу действий китайцев во время налёта.

Самое важное в записке в БЗЯ — желание Степаненко проиллюстрировать факт, что и налёт полиции на консульство, и неспособность локализовать последовавшую за этим событием расконспирацию руководства СМК и СПС были вызваны халатностью конкретных лиц. И он просит Москву именно их призвать к партийной ответственности. Конечно, И. Степаненко имел личные причины для такой персональной критики, но это, ни в коем случае, не умаляет ценности данного свидетельства, позволяющего нам взглянуть на происходящие в Харбине события «изнутри».

В докладной записке в БЗЯ И. Степаненко вспоминал: «*27 мая около двух часов дня полицией сделан был налёт на Советское кон-*

*сульство в Харбине. В помещении консульства в то время действительно проходило заседание секретарей партийных ячеек линии, с участием всего состава Северо-Маньчжурского Комитета ВКП(б) за исключением меня и тов. Цюцюры — секретаря ячейки Механических мастерских. Все находящиеся там были арестованы, захвачена полицией и часть переписки».*²⁴⁴ Далее Степаненко отметил, что за два дня до налёта полиции на консульство в Харбин, для инструктажа и ознакомления с состоянием союзной работы, прибыл Уполномоченный ЦК профсоюза железнодорожников, член Далькрайкома ВКП(б) Панин. 27 мая, около 13:00, Степаненко и Панин пришли в Правление дороги к Чиркину, с которым, примерно в течение часа обсуждали вопрос о сокращении сметы КВЖД.²⁴⁵

После этого в два часа дня Степаненко и Панин вернулись в помещение Дорпрофсожа, где продолжили разговор о смете. Далее Степаненко пишет: *«Не больше, как минут через 10–20, некто Калина — сотрудник Консульства передаёт мне: "В Консульство нагрянула полиция и всех ребят арестовала". Кто такие «все ребята», я не знал тем более, что почему-то всегда извещавшиеся о заседаниях Бюро Комитета, как мне, (так) и тов. Цюцюра об этом заседании не сообщалось. Сделав предупреждение всем работникам ДК [Дорожного Комитета, видимо, имеется ввиду Дорпрофсож. — М.Ф.], я приступил к выяснению, кто арестован. Вскоре удалось мне связаться с тов. Цюцюра, который объяснил, что арестован весь состав Партийного Комитета, за исключением нас двоих членов СМК и ещё кого-то третьего, которому удалось бежать уже, будучи арестованным в Консульстве. Кто этот третий, товарищ Цюцюра также не знал, но сообщил, что секретарь СПС тов. Кириченко, с которым он мельком виделся, намекал, что бежать удалось агитпропу «Юрию», так мы называли тов. Петрова».*²⁴⁶ Далее Степаненко сообщал, что он послал Цюцюру к Кириченко узнать точно, если это возможно, кто именно из членов Бюро избежал ареста и нельзя ли немедленно связаться с ним для совещания о *«сохранении организации от немедленного разгрома».* Вечером Кириченко встретился с Цюцюрой в условленном месте. Кириченко сообщил, что убежал действительно «Юрий», которого теперь для конспирации надо называть не «Юрием», а «Максом». Далее Кириченко сообщил, что видеться с Максом нельзя, но Кириченко может передать Максу письмо и принести ответ. Степаненко пишет: *«Имея ввиду, что тов. Кириченко лишь недавно вторично принят в партию (исключался за антипар-*

тийную работу), что тов. Кириченко не вполне ещё испытанный для такого ответственного момента, мы от такой связи отказались, попросив его передать — будем называть Максом — Максу наше настоятельное желание связаться с ним хотя бы поодиночке лично. Пообещав передать это, тов. Кириченко на второй день сообщил нам то же, а именно: что с Максом он говорил, но Макс вновь передал, чтобы всё что нам нужно передать ему — передавать через т. Кириченко. Если предположить, что Максом руководила осторожность, конспирация, в том отношении, что мы как известные полиции можем навести последнюю на его след, то это предположение отпадает, так как т. Кириченко известен полиции, пожалуй, больше, чем я, и, во всяком случае, больше, чем тов. Цюцюра. Мы отказались от такой связи, продолжая настаивать на своём. Это было утром третьего дня после событий в Консульстве».[247]

Взаимное недоверие и персональные антипатии привели к тому, что в течение нескольких дней после ареста всего состава СМК в консульстве, институты просоветского влияния в Северной Маньчжурии оказались полностью парализованными и не смогли оперативно приступить к локализации провала на месте.

Степаненко далее отмечал, что переговоры с Максом через Кириченко длились ещё два дня, пока, наконец, последнему не пригрозили консульской комиссией. Два дополнительных дня понадобилось и для того, чтобы после первой связи с Максом, который прятался на квартире одного из профсоюзных лидеров, большевика Шишкина, договорится о времени встречи с целью обсуждения каталога организационных мер. То есть, более одной недели с момента инцидента с китайской полицией в консульстве местные партийцы никаких конкретных мер по локализации провала не предпринимали.

О ходе встречи оставшихся на свободе членов СМК Степаненко вспоминал следующее: «*Поговорив ещё по ряду вопросов, Макс сообщил мне, что им послана в Далькрайком информация о положении. В свою очередь я поинтересовался, как ему удалось бежать из-под ареста, и почему меня не пригласили на заседание бюро. На это т. Макс ответил, что, когда их захватили в помещении консульства и согнали, переписав фамилии, в одну комнату, часть полицейских бросилась по другим комнатам. Оставшиеся для их окарауливания полицейские начали рассматривать какую-то поднятую с пола бумажку. Воспользовавшись этим, Макс, якобы за спиной караула прошмыгнул в коридор, а оттуда вверх по лестнице на второй этаж. Там встретил его полицейский и толкнул в комнату, где были сотрудники Консульства, вместе с которыми он был вскоре освобождён. На второй мой вопрос он ответил, что не приглашали меня на заседание потому, чтобы меньше было народу тем более, что вопросов, касающихся профработы рассматривать на этой конференции не предполагалось».*[248]

Далее Степаненко упоминал, что на совещании по вопросам локализации провала, кроме трёх членов СМК, оставшихся на свободе (Степаненко, Петров («Юрий»-«Макс»), Цюцюра), присутствовали также кандидат в члены Бюро Иванащенко и товарищи Панин, Кириченко и Чухманенко[249].

«Макс» был временно выбран новым секретарём Комитета. Поскольку председатель Совета профсоюзов (СПС) был арестован, а присутствовавший на заседании Кириченко, в прошлом секретарь СПС, был снят за «неспособность» за месяц до налёта на консульства и должен был 1 июля вернуться в Хабаровск, Степаненко предложил выбрать председателем СПС инструктора Дорпрофсожа Короля. «Макс» и Кириченко отрицательно отнеслись к этой идее, и, как вспоминал Степаненко, он не стал настаивать. Позже в состав Североманьчжурского комитета партии, по предложению «Макса», был кооптирован тов. Шишкин, на квартире которого первый скрывался после инцидента в Консульстве.[250] Кириченко был вновь назначен секретарём Совета профессиональных союзов.

Ещё один архивный документ позволяет взглянуть на описываемые Степаненко события в консульстве с третьего (кроме Крутова, Степаненко) личного ракурса.

Нам удалось отыскать в архиве письмо «Юрия»—«Макса» (Яна Кульпе) Далькрайкому с «информацией о положении». Об этой записке в Хабаровск «Юрий» упомянул на совещании по вопросам локализации провала в разговоре с И. Степаненко.[251]

«Юрий» сообщал:

«Дорогие товарищи, весь наш трест сел в тюрьму. Мне удалось случайно ускользнуть. Кроме меня остались не бывшие в консульстве члены правления Володя и Иван Михайлович. За (н)ими по сведениям идёт усиленная слежка».

Далее он обращал внимание Хабаровска, что по полученной информации из «довольно надёжного источника» полиция не смогла идентифицировать личность скрывшегося из консульства лица. То есть сам

«Юрий», в отличие от оставшихся на свободе других членов СМК — Владимира Цюцюры и Ивана Степаненко, китайцами расшифрован не был. И, прежде всего, именно он достоин доверия. В шифровке уточняется: *«Живу (на) нелегальной квартире, связь со всеми организациями восстановлена, подготовлена замена (в) случае ареста нашей оставшейся тройки. Законспирированы лица, которые будут руководить (в) случае ареста теперешних руководителей профорганов. Организация знает о нашем здоровье и выполняет директивы. На линии посланы люди (с) информацией. (По) сведениям из Мукдена (харбинской полицией) получен нагоняй за обыск. Принимаются меры по освобождению и изъятию документов... Нет времени, до свидания, (в) случае ареста меня сообщат».*[252]

Атмосфера взаимного недоверия, внутри самого СМК, между членами СМК, с одной стороны, и дипломатами, советскими представителями на КВЖД, с другой, а также — между Далькрайкомом и «харбинцами», в целом, привела к пагубным последствиям, а локализация провала потребовала значительного количества времени.

Только 10 июня 1929 года, то есть, через две с лишним недели после налёта китайской полиции на генконсульство, Бюро Далькрайкома приняло развёрнутую резолюцию по событиям в Северной Маньчжурии. Резолюция была составлена в том же духе, что и постановления Политбюро, принятые непосредственно после получения Москвой телеграмм о событиях 27 мая в Харбине.

Хабаровск резко осудил практику созыва партсобраний нелегальной парторганизации в помещении генконсульства. Вина за провал была возложена на СМК и генконсула, являвшихся, по мнению Бюро, инициаторами проведения партсобрания, несмотря на многократные постановления о недопустимости такого положения со стороны ЦК, Далькрайкома и самого СМК.

Далькрайком отмечал, что, по-прежнему, сохраняется *«формальная, а временами и органическая связь работников СМК с рядом официальных советских учреждений»*[253], такими как КВЖД, Госторг. Нарекания вызвали также случаи использования аппарата и техники этих учреждений в работе нелегальной парторганизации. Подобная ситуация свидетельствовала о том, что, разработанная ранее самим СМК и одобренная Крайкомом схема перестройки работы парторганизации, *«до сих пор не осуществлена».* Бюро Далькрайкома ещё раз подтверждало свои прежние директивы в этом направлении и подчёркивало невозможность сохранения предыдущего состава СМК во главе Северо-Маньчжурской парторганизации после провала. Бюро постановило: «СМК считать ликвидированным и распустить его нынешний состав». Предлагалось образовать новый СМК в составе 5 человек, персональный состав которого Хабаровск планировал определить немного позднее. «Товарищ Юрий» (он же «Макс») и Кириченко отзывались из Харбина, вместо них в Харбин командировались два других человека «для налаживания работы».

Резолюция оставляет впечатление, что Хабаровск в первые недели после инцидента даже не понял всей серьёзности положения, когда объявлял о роспуске комитета. Большинство членов комитета — трое из пяти, так и так, находились в застенках полиции. А еще один — «товарищ Юрий» («Макс»), который лишь по счастливой случайности смог избежать заключения под стражу, скрывался на конспиративной квартире и был лишь ограниченно доступен даже для соратников по партийной работе. Имя Степаненко, второго после «Юрия» оставшегося на свободе члена СМК, в постановлении даже не упоминалось. Вместо него в постановлении фигурировал Кириченко, которого, если следовать логике этого документа, Бюро Далькрайкома считало вторым, оставшимся на свободе членом СМК.

Хабаровск отмечал, что парторганизация Северной Маньчжурии *«в некоторых своих звеньях пропитана отдельными элементами провокации»*. Эта ситуация усугублялась, по мнению дальневосточного партийного руководства, также *«наличием отдельных элементов провокации и провалов в соответствующих учреждениях»*. Последний фактор, в сочетании с осложнившейся ситуацией в самой Маньчжурии, требовал *«проведения решительной перестройки работы парторганизации и полного перехода её на нелегальное положение»*.[254]

Порядок перестройки работы в новых условиях, с точки зрения Бюро Далькрайкома, должен был осуществляться в рамках традиционной партийно-бюрократической процедуры. Не имея на месте в Харбине функционирующего партруководства, даже ещё не определив поимённо новый состав СМК, Хабаровск в своём постановлении предлагал Бюро СМК, непонятно из кого в таких условиях состоявшему, *«в срочном порядке разработать порядок перестройки организации и представить на утверждение» Бюро Далькрайкома»*.[255]

То же, существовавшее лишь в воображении ДКК, бюро СМК должно было, *«с целью очистки парторганизации от провокаторов и неустойчивых элементов»*, разработать порядок проверки всей партийной организации. Кроме того, резолюция ещё раз повторяла категорический запрет использовать помещения консульства, советских учреждений и квартир официальных работников для работы парторганизации. Предлагалось прекратить и практику *«формальной связи работников парторганизации с учреждениями»*. Это зафиксировало попытку ДКК развести, как персонально, так и функционально, нелегальную партработу с работой легальных советских учреждений в Северной Маньчжурии. Хабаровск был абсолютно растерян и не знал, как реагировать на новые вызовы. Противоречивость инструкций из Далькрая и неподготовленность к условиям конфликта усиливали сумбур в руководстве партийной организации и профсоюзов в Северной Маньчжурии.

Чего стоит хотя бы рекомендация ДКК из вышеупомянутого постановления для Харбина о задачах в области профсоюзной работы на КВЖД, составленная по известной формуле Брестского мира, сформулированной Троцким — «ни войны, ни мира». Хабаровск предлагал: *«Подтверждая ранее данные директивы об основных задачах работы профсоюзов в ОРВП, бюро Крайкома отвергает имеющиеся тенденции перевода работы исключительно на рельсы культурной работы. Вместе с тем Бюро КК указывает на необходимость строгого учёта особенностей ОРВП и приспособления работы профсоюзов к сложным имеющимся особенностям»*.[256]

Уже довольно скоро Бюро Далькрайкома было все же вынуждено отказаться от традиционных бюрократических методов партийного контроля и руководства деятельностью СМК в Северной Маньчжурии. Ситуация осложнялась тем, что в китайскую полицию для усиления борьбы с советской «коммунистической опасностью» на КВЖД было принято большое количество русских эмигрантов-белогвардейцев.

В условиях разгула полицейского террора со стороны китайских властей, Далькрайкому пришлось перевести в ручное управление и «персонализировать» всю структуру управления СМК. Этому процессу способствовал факт прежнего личного знакомства между вставшим во главе харбинского комитета «Юрием» (псевдонимы — «Юрий Петров», «Юрий», впоследствии «Макс», настоящее имя — Ян Кульпе[257]) и секретарём Далькрайкома Иваном Перепечко.

«Юрий» (Ян Кульпе) напрямую обратился с шифровкой к Ивану Перепечко, и вскоре, с конца июня до первой декады ноября 1929 их шифрованные телеграммы и письма друг другу становятся главным каналом связи Далькрая с руководством подпольного СМК.

Эта документальная подборка является уникальным свидетельством «из первых рук» и дает нам возможность наглядно представить характер советской подпольной деятельности в Северной Маньчжурии в период конфликта.

Письма и телеграммы переправлялись сначала через генконсульство в Харбине, однако очередное обострение противоречий между СМК и Борисом Мельниковым привело к тому, что позже связь стала осуществляться обходным путём — через советское консульство в южноманьчжурском Дайрене.

Письма «Юрия» Ивану Перепечко, в том виде, как они отложились в архиве — это рукописные записи на узких страничках блокнота, в некоторых местах порванные и с трудом читающиеся из-за расплывшихся чернил. Иногда в записях не хватает одной-двух страниц.

В самой первой записке «Юрий» (Ян Кульпе) пишет: *«Дорогой друг! Прежде всего, когда я пишу тебе, то нисколько не сомневаюсь, в том, что всё это делается достоянием нашего треста. Просто скажи нашему управляющему, что я это делаю потому, что такая форма связи для нас удобнее. Хотя бы потому, что ты более всего знаком с нашим жаргоном. Затем лица, которые передают, могут передать не по назначению, а тебя они все знают. Пусть извинят меня за то, что я может быть дал первое время недостаточно полную информацию. При всём моём желании я в этой обстановке никак этого сделать не мог. Так вот я постараюсь сейчас насколько могу! Первое — информировать вас и второе выдвинуть перед вами ряд вопросов».*[258]

Далее «Юрий» (Кульпе) указывает на то, что новому составу СМК нужна, во-первых, поддержка мероприятий по перестройке все системы работы подпольной организации, а, во-вторых, — *«санкция на существование»*. Под последним «Юрий» подразумевал факт признания нового руководства СМК со стороны Далькрайкома.

Он продолжает: *«Всё это нужно теперь как воздух. Понимаешь, ваша поддержка будет иметь большое моральное значение. Как я уже писал, всю вину хотят взвалить сейчас на нас. Посылаются гонцы в Москву (Крутов, Словецкий, Знаменский), которые весь этот вопрос будут освещать однобоко. Нашим дорогим соседям [имелся ввиду аппарат военной разведки под руководством советского консула Бориса Мельникова. — М.Ф.] страшно не понравилось, что я категорически отказался ехать на следующий же день в Хабаровск. Сле-*

дующим актом было предложение выехать Ив(ану) Мих(айловичу) под предлогом намечающегося ареста. Мне кажется, что это звенья одной цепи. Доказать полный разгром нашего аппарата и взять на себя руководство и тем самым хоть отчасти оправдать себя».[259]

Далее Кульпе останавливается на том, что среди советской колонии в Харбине распространяются слухи, будто среди присутствующих на собрании в генконсульстве членов Бюро СМК был провокатор. Кульпе не сомневается в том, что такой провокатор действительно был. Однако секретарь СМК склоняется к тому, что провокатор был связан с аппаратом генконсульства, а не с Бюро СМК.

Эту уверенность он подкрепляет ссылкой на то, что по свидетельствам из китайской прессы, китайцы до сих пор *«совершенно не определили ролей»* арестованных ими лиц в организации СМК. Кроме того, по его сведениям, китайская полиция, сбежавшим из здания генконсульства считала не его — Юрия Петрова (Яна Кульпе), а Кузовлёва. *«Вообще полнейшая галиматья»,* — подводит Кульпе итог уровню осведомлённости китайцев.

И продолжает: *«Если бы был наш провокатор, то я думаю он бы дал такой материал, что дальше идти некуда».* Далее Кульпе потребовал отозвать из Харбина в Хабаровск руководителей Доркома Ивана Степаненко и Иванащенко, которые, по его словам, «самостийничают вовсю» и не желают признавать верховенства СПС над профсоюзом железнодорожников.

Кульпе настоятельно просил Далькрайком утвердить вновь избранную тройку СМК и срочно передать подробные директивы для текущей работы. Он пишет: *«Связь шифром сейчас установлена. Если этой связью пользоваться нельзя, командируйте кого-нибудь. Хорошо было бы подбросить сюда одного-двух человек. Явка у моей жены. Пароль: Андрей прислал за микролампочками. Жена покажет такую двухсетчатую микролампу. После чего можно говорить о свидании с Максом (новая кличка). Адрес жены Андрей укажет».*[260]

После этого, Кульпе переходит к описанию текущего положения на КВЖД.

С его точки зрения, слишком резкая реакция Москвы на действия китайцев способствовала эскалации конфликта. Он подчёркивал: *«Если раньше была некоторая надежда ликвидировать этот вопрос на месте, то теперь после ноты Карахана вопрос перенесён в Мукден и Нанкин. Удивляет отношение со стороны китайцев к арестованным.*

Им носят из ресторана обеды, поставили в помещении три ванны и душ, разрешают передачу белья и папирос. Главноначальствующий и дубань поехали в Мукден для получения полнейших инструкций. Ждём».[261]

Кульпе, конечно, никак не может догадываться, что примирение, вряд ли, было возможно, что речь шла о долгосрочном стратегическом плане китайцев на устранение советского влияния на КВЖД. И следующий пассаж его письма фактически подтверждал это — если у китайцев проваливался силовой вариант, в ход шли предлоги ревизий финансовой деятельности советской части правления.

Кульпе сообщает, что китайцы начали ревизию коммерческой службы КВЖД, по-видимому, с целью реализовать свою давнюю мечту о взятии дороги под китайский экономический контроль. Кульпе не может удержаться, чтобы не похвастаться, что, по его сведениям, генконсульство пока не обладает информацией по этому факту. Он пишет: *«Соседи, как водится, ничего не знают. Сидят и ждут у моря погоды».*

Кульпе также информирует Далькрайком, что СМК перестроил организационную структуру в Харбине и на линии по принципу «троек». И просит телеграфировать факт согласия Хабаровска на вышеназванные организационные мероприятия.

Останавливаясь на своих взаимоотношениях с генконсулом, Кульпе подчёркивает, что Борис Мельников ведёт себя по отношению к нему «очень выдержанно».

Письмо Кульпе заканчивает на личной ноте.

Свидетельством особой близости и личного знакомства Кульпе и секретаря Далькрайкома Ивана Перепечко служат тёплые слова поздравлений с днём рождения, которые секретарь СМК просит передать жене краевого партийного лидера.

В условиях полицейской блокады и на фоне обострения советско-китайских отношений, до второй декады июня никаких ответов от Ивана Перепечко из Хабаровска на письмо Кульпе в Харбин не поступало. Хабаровск длительное время подстраховывался, не будучи уверен, а не является ли ускользнувший из рук китайской полиции «Макс» провокатором или «подсадной уткой», находившейся под наблюдением китайцев.

В следующей записке, датированной 22 июня 1929 года, Кульпе ещё раз сообщает Далькрайкому о том, что он сменил свою подпольную кличку, и теперь его шифровки будут проходить за подписью «Макс». Кульпе, который был известен в Харбине до нападения китайской полиции на советское генконсульство под именем Юрия Петрова, извещал Перепечко, что в случае переговоров от его имени по прямому телеграфному проводу с Хабаровском, доверенное лицо секретаря СМК будет использовать псевдоним «Петя». По-видимому, эта страничка рукописного текста являлась последней страницей более полного письма, которое в архиве не сохранилось. Завершая это не найденное пока письмо, Кульпе писал: *«Ну пока, всего всё равно не опишешь, когда-нибудь встретимся, расскажу подробнее о нашем теперешнем житье. Следующей оказией пришлю опять письмо...Чувствую, что отпуск в этом году, кажется, канул. Привет Андрею [секретарь ДКК Андрей Верховых. — М.Ф.], если он там».*²⁶²

Только в конце июня 1929 года Кульпе, теперь — «Максу», удалось по прямому телеграфному проводу связаться из Харбина с секретарём Далькрайкома Иваном Перепечко в Хабаровске. В последующем письме Ивану Перепечко «Макс» указывает на важность состоявшегося разговора. Он подчёркивает, что неполучение им ответов на его предыдущие письма в Далькрайком рассматривалось советской частью правления КВЖД и сотрудниками консульства в Харбине, как знак недоверия самопровозглашённому руководству СМК со стороны Хабаровска. «Макс» так описывает ситуацию Ивану Перепечко: *«До получения от вас ответа несмотря на все мои старания получить свидание с консулом или кем-нибудь из правленцев, мне под видом строжайшей конспирации и сохранения меня от ареста, любезно отказывали. Хотя возможностей встретиться было очень много. Даже больше того. Если узнавали, что со мной кто-нибудь виделся, сейчас же его терроризировали возможностью ареста. Так было с Чухманенко, которому в одну субботу достали визу и в категорической форме предложили выехать. Парень совсем уже собрался, но накануне перед отъездом встретился со мной, и я категорически запретил ему ехать. Действительно, что за глупости. Если членам правления дороги надо уезжать только потому, что их могут арестовать, то тогда в один прекрасный день можешь проснуться и не застать ни одного члена правления. Чухманенко остался и на следующий же день те, которые говорили, что ему надо было бы ехать, начали говорить, что он хорошо сделал, что не поехал....Начальнику телеграфа было запрещено передавать что бы то ни было по прямому проводу и от кого бы то ни было без визы Мельникова. В общем, создавалось положение полнейшей блокады, ты не можешь представить, как это было тяжело. Какая-нибудь баба* *больше информировалась, чем я. Тот разговор, который я вёл с вами по проводу, я вынужден был также скрыть от консула и сказал, что я получил от вас письмо. Сразу же после того, как Мельников узнал об этом, сейчас же нашёл место и время со мной встретиться. Сегодня я с ним разговаривал, причём он меня информировал о всех директивах, которые получены от правительства по вопросу о налёте на консульство, и сам выдвинул вопрос о необходимости более часто встречаться и согласовывать работу».*²⁶³

«Макс» ещё раз затрагивал вопрос об ответственности Бюро СМК за факт налёта китайской полиции на консульство. Ссылаясь на только что состоявшийся разговор с генконсулом, он отметил, что Мельников, наконец-то, согласился с точкой зрения членов СМК, считавших, что среди присутствующих на собрании провокатора искать не надо. По словам генконсула, провокатором оказалась консульская уборщица, у которой сестра была замужем за полицейским. Эта уборщица уже давно находилась под подозрением, и, по всем имеющимся у Мельникова данным, именно эта женщина и сообщила о предстоявшем собрании в полицию.

«Макс» ещё раз обращал внимание Перепечко, насколько изменилось отношение официальных советских представителей к нему, как главе СМК, после разговора по прямому проводу с Хабаровском. Он подчёркивал: *«Ваш разговор, о котором я сообщил, что это был не разговор, а письмо, лично меня, да и всю нашу тройку здорово поддержал. Расчёт был вероятно на то, что вы нас не поддержите, пришлёте сейчас же нового человека, а пока он приедет, здесь можно будет своевольничать. Вот только что получил сообщение о том, что меня хочет видеть Емшанов [управляющий КВЖД. — М.Ф.], и что он не виделся со мной до этого только потому, что не знал, что я не выявлен полицией, а то бы говорит можно было встречаться каждый день. Вот почему я тебя просил дать как можно скорее ответ на мои письма и телеграммы. А теперь прошу вот о чём. На мои телеграммы шифром через консульство отвечайте мне через консульство же».*²⁶⁴

«Макс» останавливается и на описании текущего положения на КВЖД. Он сообщает: *«Китайцы удручены теми передвижениями частей, которые происходят у нас на границе и в своей прессе начинают опускаться на тормозах. Вообще же для видимости продолжают ещё хорохориться. Есть сведения о том, что арестованных предполагают выслать и на этом закончить всю историю. По отношению к арестованным держат себя по-прежнему. Арестованные* *играют в шашки и шахматы, дуют в преферанс, обеды по-прежнему носят им из ресторана».*²⁶⁵

Отдельным абзацем Кульпе («Макс») требует у Далькрайкома больших полномочий для членов тройки в руководстве парторганизацией.

*«Теперь относительно организации. Я, прежде всего, прошу санкции на те методы, которые мы начинаем вводить. Это безоговорочное подчинение распоряжениям тройки, а иногда в экстремальных случаях, когда нельзя собраться тройке, то единоличному распоряжению секретаря тройки. Были заявки со стороны КСМ [Комсомольская организация в Северной Маньчжурии. — М.Ф.] и женотдела о введении их в тройку. Я это дело отвёл. Считаю, что сейчас на некоторое время нет надобности расширять состав бюро. А будут лучше времена, тогда будем об этом говорить. Да сколько за это время выявилось в нашей организации неустойчивого, неугодного элемента, которых надо гнать поганым помелом. Думаем таких постепенно сплавить в СССР, а вы нам помогайте их выставить из организации. Я буду в каждом отдельном случае о таких сообщать. Теперь просьба при первой же возможности пришлите кого-нибудь, а то я замотаюсь здесь в доску. На первое время пошлите хоть одного товарища. Я бы очень настаивал на кандидатуре тов. Кипарисова. Об этом надо серьёзно подумать, потому что нет никакой гарантии, что меня не засадят. А оставлять организацию на местных тоже нельзя, так как более-менее хороших ребят знают как облупленных. Вообще, надо обновить весь состав».*²⁶⁶

«Макс» предлагает, однако, при возможной замене кадров не забывать, что полиция смотрит на всех приезжающих в Харбин с советской стороны, как на «агентов Коминтерна», которые моментально попадают под пристальный контроль.

Секретарь СМК сообщал И. Перепечко, что условия конфликта вынудили руководство организации отказаться от перевыборов в бюро ячеек, решение о которых было принято на пленуме 27 мая. Более того — все ячейковые бюро заменили «тройками».

Взаимное недоверие и борьба за власть внутри советского истеблишмента в Северной Маньчжурии, боязнь за свою физическую безопасность в условиях усиления полицейского террора, ощущение оторванности от Советской России, создавали атмосферу экстремального психического давления и безысходности.

4 июля 1929 года в советской колонии в Харбине произошло чрезвычайное происшествие — член правления КВЖД Чухманенко покончил жизнь самоубийством.

6 июля 1929 года «Макс» получает через Мельникова из Хабаровска телеграмму за подписью секретаря ДКК Андрея Верховых. Далькрайком «подтверждал» свои предыдущие директивы и соглашался на предложение секретаря СМК «Макса» об отзыве профсоюзных лидеров Иванащенко и Степаненко. По-видимому, аргументы в «самостийности» оказались для Хабаровска настолько убедительными, что отзыв Иванащенко и Степаненко предлагалось реализовать в течение трёх дней. Более того, Верховых рекомендовал «при отказе» профсоюзных лидеров выехать в СССР, «действовать через консула».

Кроме того, «Максу» предлагалось создать под своим председательством комиссию по выяснению причин смерти Чухманенко. Верховых подчёркивал: *«Мы убеждены, что смерть вызвана нападками, травлей, изоляцией Чухманенко со стороны группы работников. В ближайшие дни для расследования дела пошлём члена Крайкома».*

Далькрайком информировал «Макса», что ему для помощи будет послана группа работников, и предлагал секретарю сосредоточить в своих руках всю полноту власти в СМК.

Здесь стоит вспомнить, что генконсул Мельников после налёта китайской полиции 27 мая 1929 года создал в качестве негласного руководящего органа в советской колонии, так называемую, «четвёрку». В её состав, кроме самого Мельникова, вошли также Василий Чиркин, управляющий КВЖД Александр Емшанов и председатель Дальбанка Берг. Представителям СМК генконсул отказал не только в членстве, но и в доступе на заседания «четвёрки».

Поэтому в телеграмме Далькрайкома из Хабаровска исключительно важной выглядела следующая инструкция для «Макса»: *«Возьми твёрдый курс в руководстве, независимо от занимаемых положений, подчини всех единому действию. Войди немедленно сам в состав четвёрки. Уклоняющихся, неподчиняющихся призови к порядку. Срочно переводи всю работу организации на глубокую подпольную работу. Опора должна быть (на) рабочие массы. Руководство... через доверенных и уполномоченных лиц, которые увязываются тройками. Примерно также-по линии профсоюзов».*[267]

Секретарь ДКК Андрей Верховых сообщал «Максу», что окончательное утверждение руководящей тройки СМК должно будет произойти по приезду посланной Далькрайкомом в Харбин группы подпольных работников. Довольно зловеще для конкурентов «Макса» должна была звучать следующая фраза в телеграмме, переданная через генконсула Мельникова: *«Ряд работников считаем необходимым убрать от Вас, ставим вопрос через ЦК. По нашей линии будем заменять в ближайшие дни»*.

«Максу» также предлагалось изолировать собрания по линии СМК от партийных собраний в официальных советских представительствах.

9 июля 1929 года на закрытом заседании Бюро Далькрайкома, «в связи с обысками и арестами», заслушивается доклад о состоянии Северо-Маньчжурской парторганизации. Бюро не удовлетворила представленная на обсуждение информация по событиям в Северной Маньчжурии. По докладу было принято заключение о необходимости образования специальной комиссии для «изучения и обследования» северо-маньчжурской парторганизации. В состав этой комиссии от ДКК были введены Федорук и Плакса, а от СМК — уже известный нам «товарищ Юрий» (он же «Макс»).

Кроме того, Далькрайком «задним числом» закрепил в протоколе заседания решения, о которых Верховых информировал «Макса» в телеграмме от 6 июля.

ДКК констатировал, что до окончания «обследования», вслед за которым Хабаровск планировал сформировать новый состав СМК, руководство партийной работой должно было перейти к «тройке» в составе «Юрия» («Макса»), Филипповича и Цицуры. «Юрию» («Максу»), как секретарю СМК, было предложено также войти в состав «консульской четвёрки».

Последнее решение значительным образом повышало статус секретаря СМК, однако шло вразрез с предыдущими постановлениями Москвы и собственными приказами Хабаровска о формальном разведении руководящих структур официальных советских учреждений и подпольной парторганизации. Более того, Далькрайком фактически передавал нелегальной парттройке руководящие функции по организации противодействия китайскому нажиму на КВЖД. Дословно в постановлении: *«Независимо от занимаемых положений и постов предложить парттройке подчинить всех единому действию. Восстановить партдисциплину, усилить руководство. Всю работу парторганизации перевести на более глубокое подполье. Руководство и связь с ячейками обеспечить через* *особоуполномоченных и доверенных лиц комитета, на случай арестов или провалов выделить запасных руководителей на местах».*²⁶⁸

Работу по линии профсоюзов и комсомола предлагалось *«также ...несколько свернуть, перенести всю работу в низы».* Руководству этих организаций вменялось в обязанность реорганизовать систему связи, управления, перевести всю деятельность *«на подпольные рельсы».* ДКК требовал в профсоюзах, помимо официальных руководителей, которые регистрировались в полиции, создать подпольные комитеты. Этим подпольным комитетам планировалось передать *«фактическое руководство».* Официальных же, регистрируемых в полиции руководителей профсоюзов, «втягивать в работу» запрещалось, *«во избежание провалов и излишних арестов».* Состав Дорпрофсожа утверждался в лице Филипповича, Короля и Беспалова. Хабаровск пытался локализовать провалы и потери в Харбине. При этом временно назначенный секретарь СМК «товарищ Юрий» (он же «Макс») и «партийная тройка» получили исключительные права также в области кадровых вопросов. Далькрайком отмечал: *«Срочно отстранить по всем линиям от общественной партийной, профсоюзной, комсомольской работы всех расконспирированных работников. Одновременно предложить тройке откомандировать в распоряжение Крайкома всех тех товарищей, которым не представляется возможным работать в условиях данной обстановки».*²⁶⁹

Для «усиления Комитета» ДКК командировал в Харбин двух своих представителей, уже упоминавшегося нами тов. Плаксу и Грислисса. На первого возлагалось руководство профсоюзами, и он вводился в состав подпольного профсоюзного бюро. Председатель СПС Кириченко, соратник «товарища Юрия» — ныне «Макса», всё-таки, отзывался в распоряжение Далькрайкома в Хабаровск.

Для СМК повторялся категорический запрет на организацию собраний и совещаний в официальных зданиях консульства, КВЖД и других советских хозяйственных организаций. Контроль за выполнением этого пункта отдавался *«под ответственность парттройки».* Резолюция осуждала тот факт, что взаимоотношения между руководящими работниками Северо-Маньчжурской организации носили, дословно, *«ненормальный»* характер. Решение по этому вопросу планировалось, однако, отложить до получения доклада от комиссии по обследованию деятельности нелегальной парторганизации. Но не успели высохнуть чернила подписи секретаря Далькрайкома Верховых на этой резолюции Бюро, как уже на следующий день утром — 10 июля — ситуация на КВЖД коренным образом изменилась — мирный этап конфликта закончился. События на КВЖД стали стремительно развиваться в новом направлении.

«Горячее лето» 1929 года

10 июля 1929 года Политбюро получило телеграмму от генконсула Мельникова и управляющего КВЖД Емшанова, в которой сообщалось о захвате китайскими властями центрального телеграфа КВЖД, произошедшем утром этого дня. Последующие события продемонстрировали, что китайские власти давно планировали наступление на советские права на КВЖД. Все разыгрывалось последовательно, как по нотам. Мукден принял решение закрыть отделения советских организаций — Госторга, Текстильсиндиката, Нефтесиндиката и Совторгфлота. Председатель Правления КВЖД Люй Жунхуань отстранил от должности Управляющего дорогой А.И. Емшанова и его помощника. Также были уволены советские начальники основных служб дороги, на их должности назначены русские эмигранты — специалисты из бывшего аппарата Б.В. Остроумова.[270]

Аресту подверглись более 200 служащих КВЖД, в тот же день китайцы депортировали 35 сотрудников дороги в СССР.[271]

Сознательное обострение ситуации было продуманным шагом, решение о котором было принято на совместном заседании с участием Чан Кайши, Чжан Сюэляна и шаньсийского милитариста Ян Сишаня, состоявшегося в Пекине 8—10 июля 1929 года.[272]

15 июля 1929 года Чан Кайши выступил на заседании ЦИК гоминьдана. Он сформулировал центральную задачу гоминьдана, заключавшуюся теперь, по его словам, в *«борьбе с империализмом»*. Началом этой борьбы должно было стать восстановление китайских прав на КВЖД:

«Первым шагом, который необходимо осуществить для отмены неравноправных договоров, является, прежде всего, возврат (Китаю) КВЖД...Сейчас члены гоминьдана должны иметь в виду именно эту цель. Если КВЖД не будет возвращена, а мы будем бороться с иными врагами и ставить перед собой иные цели, то наших сил может оказаться недостаточно, и мы, быть может, даже потерпим неудачу...Сейчас мы еще более отчетливо понимаем, что победить империалистов, совершающих агрессию против Китая, и отменить неравноправные договора мы можем лишь полагаясь на революционную стратегию и революционный внешнеполитический курс».[273]

По всей линии КВЖД китайская полиция производила обыски и аресты совслужащих (всего было арестовано более 200 человек); закрывала профсоюзные и кооперативные организации рабочих-железнодорожников. Китайская сторона продолжила депортации, было выслано около 60 советских граждан, в том числе, представители СССР на КВЖД Емшанов и Эйсмонт.[274] Управляющим дорогой был назначен член Правления с китайской стороны инженер Фань Цигуан.

И Москве, и Хабаровску нужно было в срочном порядке корректировать свои установки и искать новые решения. Однако, поскольку ситуация была неясна ни Москве, ни Хабаровску, и те и другие заняли сначала позицию «деятельного выжидания».

«Московская» перспектива, июль—август 1929 года

Кремлёвские стратеги в замешательстве

11 июля 1929 года Политбюро принимает очередное решение по КВЖД, в котором определялись следующие шаги:

- *Послать председателю Правления КВЖД от имени НКПС сообщение, что для выяснения положения и разрешения ряда вопросов в Харбин командируется товарищ Л. Серебряков[275].*

- *Признать необходимым сосредоточить в районе станций «Пограничная» и «Маньчжурия» достаточное количество войск для охраны границ. Предложить Наркомвоенмору приступить немедленно к передвижению войск.*

- *Поручить НКПС [Народный Комиссариат Путей Сообщения. — М.Ф.] совместно с НКТоргом и НКИД в недельный срок выработать ряд мер экономического воздействия на случай полного разрыва с китайцами, обсудить вопрос о возможности полного прекращения обмена подвижного и грузового состава.*

- *До понедельника 15 июля не давать сведений в печать.*[276]

При анализе оригинала протокола высшей партийной инстанции бросается в глаза интересное совпадение, которое определяет место

КВЖД в системе советской внешней политики. На той же странице документа можно прочесть, адресованное Карахану и Ворошилову, решение Политбюро по Афганистану, содержавшее в первом пункте любопытное предложение. А именно: *«Считать возможным взять на себя защиту германских интересов в Афганистане»*. Вспомним, что германская сторона вскоре предложит СССР своё посредничество в урегулировании конфликта по КВЖД в Северной Маньчжурии. Вряд ли, это совпадение было случайным.

13 июля 1929 года Политбюро вновь рассматривает вопрос о конфликте на КВЖД. Москва принимает решение отправить ноту китайскому правительству в духе состоявшегося обмена мнений. Редактирование документа было поручено комиссии в составе Рудзутака, Ворошилова, Сталина, Молотова, Карахана и Стомонякова. Мораторий на сведения о конфликте в печати снимался. Более того, высшее партийное руководство выступило с инициативой об организации в СССР, по всей стране, «массовых протестов». Советские информационные представительства за рубежом получили указание начать кампанию *«против насилий кит-властей»* в иностранной печати. Предпринимались и меры по охране границы. Резолюция констатировала: *«Передвинуть немедля из Сибири в район Благовещенска одну пехотную дивизию, а другую дивизию держать в состоянии готовности для возможного в случае необходимости передвижения на Дальвосток»*.[277] Политбюро явно предвидело возможность дальнейшего обострения ситуации, поскольку руководитель Наркомторга Микоян получил распоряжение о немедленном созыве совещания представителей советских хозорганов в Китае, с целью разработки мер на случай их закрытия.

Одновременно НКИД выступил с нотой протеста против действий северо-маньчжурских властей на КВЖД. В ноте отмечалось, что, в случае неполучения удовлетворительного ответа в течение трёх дней, советское правительство *«будет вынуждено прибегнуть к другим средствам защиты законных прав СССР»*.[278]

Двумя днями позже, 15 июля 1929 года, Политбюро принимает решение *«в связи с событиями на Дальнем Востоке командировать тов. Бубнова в Хабаровск в качестве уполномоченного ЦК ВКП(б) и Совнаркома СССР»*.[279]

Интересно сравнить, какую информацию по поводу происходящих в Кремле обсуждений советско-китайского конфликта получила американская разведка:

«По сообщению из Риги, на заседании в ЦК ВКП(б) обсуждался вопрос о ситуации на КВЖД.

Рудзутак заявил, что китайцы, поддерживаемые Великобританией и Японией, готовятся к войне с СССР. В соответствии с решением Политбюро, Китаю был предъявлен ультиматум. В случае, если Москва не получит удовлетворительного ответа, следует силой вернуть дорогу и нанести решающий удар китайской реакции. Военный министр призвал руководство придерживаться оборонительной тактики и ждать выступления китайского пролетариата. Калинин высказал мнение о том, что путем давления на Китай извне можно добиться цели мирными средствами. Смирнов также высказался за мирное решение проблемы, поскольку война сорвет хлебозаготовки и осложнит внутриполитическое положение в стране. Смидович и Брюханов высказались в том же духе. Микоян выразил уверенность в том, что в случае начала военных действий советское правительство в состоянии обеспечить снабжение армии и крупных городов продовольствием. Пятницкий заявил, что китайская милитаристская клика сама роет себе могилу. В Южном Китае зреет революционный взрыв. Война на Востоке станет его катализатором. Сталин был очень недоволен выступлениями Смирнова, Смидовича и Брюханова».[280]

Понятно, что подобные разведдонесения не на все сто процентов отражали реальные события. И дело не только в надежности источника и его степени приближенности к эпицентру происходящего. Потери и искажения смысла могли произойти также и при передаче информации по коммуникационной цепочке. Сразу же видны разночтения с первичными документами — материалами Политбюро из российских архивов. Тем не менее, из этого пассажа видно, что Сталин был настроен скорее наступательно, чем оборонительно. Кроме того, большие надежды Кремль связывал с революционным движением.

15 июля Чан Кайши выступил на заседании ЦИК Гоминьдана с программной речью, полностью направленной против СССР. Всю вину за ухудшение советско-китайских отношений он пытался переложить на III Интернационал. *«Цель нашей программы,* — отметил Чан Кайши, — *уничтожение неравноправных договоров»*, а *«красный империализм является более опасным, чем белый».*[281]

17 июля 1929 года Москва получила ответ от китайского правительства на ноту НКИД 13 июля. В нем содержались утверждения о нару-

шении советскими гражданами соглашений 1924 г. на КВЖД. Кроме того, Нанкин обвинял советский персонал дороги в распространении коммунистических идей на территории Китая. Действия властей в Северной Маньчжурии полностью оправдывались, причиной репрессий против советских граждан называлось активное участие последних в «красной пропаганде».[282]

На следующий день газета «Известия» опубликовала на своих страницах ноту НКИД СССР поверенному в делах Китайской республики, в которой опровергались обвинения о «красной пропаганде» на КВЖД. Кремль объявил о разрыве дипломатических отношений с нанкинским правительством. Все советские дипломатические, консульские и торговые представители, сотрудники администрации КВЖД были отозваны из Китая, а китайским дипломатам было предложено немедленно покинуть пределы Советской России. Также было принято решение прекратить железнодорожную связь между Китаем и СССР. Одновременно Москва заявляла, что оставляет за собой все права, вытекающие из Пекинского и Мукденского соглашений 1924 г.[283]

После разрыва дипломатических отношений между СССР и Китаем ряд западных государств, прежде всего США и Франция, частично, Германия и Япония, попытались использовать ситуацию для усиления собственных позиций в Северной Маньчжурии.

18 июля 1929 года американский госсекретарь Стимсон в беседе с китайским посланником предложил Китаю продемонстрировать свои мирные намерения, пригласив в качестве арбитра в советско-китайском конфликте нейтральные державы. Госсекретарь, однако, обратил внимание Китая, что США смогут выступить посредником только в том случае, если с соответствующей просьбой к ним обратятся обе стороны.

Одним из первых попыталось вмешаться в советско-китайскую борьбу за КВЖД французское правительство. К этой идее французов подтолкнул Стимсон. 19 июля 1929 г. французский министр А. Бриан предложил полпреду СССР В.С. Довгалевскому посредничество Франции для урегулирования советско-китайского конфликта. Аналогичное предложение передал Карахану 21 июля французский посол в Москве Эрбетт. Однако советское правительство было категорически против участия третьих стран в разрешении конфликта.

СССР отказался от переговоров с Китаем при посредничестве парижских дипломатов. СССР подчеркнул, что в соответствие с нотой советского правительства от 13 июля, он будет согласен на переговоры с Китаем только после восстановления китайскими властями правового статус-кво на КВЖД.²⁸⁴

Кремль видел в событиях на КВЖД «происки иностранных держав», прежде всего, Японии и Великобритании. Но в этом Москва сильно заблуждалась.

19 июля английский посланник в Китае М. Лэмпсон сообщил министру А. Гендерсону свое мнение по поводу конфликта: *«Действия, предпринятые сейчас Китаем, являются нарушением китайско-русского соглашения 1924 года, и их главной целью, несомненно является желание обладать тем, что, по всеобщему мнению, должно рассматриваться как собственность, главным образом, России».*²⁸⁵

Япония не была инициативно причастна к китайскому курсу на обострение отношений с СССР на КВЖД. Уже к началу 1929 года, когда Чжан Сюэлян перестал играть в поддавки с японцами в области железнодорожного строительства в Маньчжурии, в империи все настойчивее проговаривались мысли о неизбежной военной экспансии Японии в Китае для защиты своих интересов.

На самом деле, международная позиция Чжан Сюэляна по вопросу о национализации КВЖД была довольно неустойчивой — несмотря на желание ослабить СССР, державы неодобрительно относились к факту нарушения международных соглашений и применению военной силы со стороны маньчжурского маршала.

19 июля 1929 японский МИД сообщил, что советский и китайский послы посетили министра иностранных дел Сидэхара и провели с ним беседы по поводу событий на КВЖД.²⁸⁶

В этот же день германский МИД опроверг слухи о том, что СССР попросил Германию выступить посредником в разрешении колнфликта.²⁸⁷

20 июля 1929 года мукденские власти обратились к державам по поводу событий на КВЖД. На следующий день Мукден попытался уточнить китайскую позицию и оправдаться в применении военной силы — было заявлено, что перемены на КВЖД произошли в соответствии с главой 5 Договора девяти держав, резолюции № 13 Вашингтонской конференции и Пекинским соглашением от 31 мая 1924 года.²⁸⁸

Тем временем, 22 июля 1929 года Политбюро в Москве рассматривает вопрос о состоянии частей Красной Армии на Дальнем Востоке. Это заседание было закономерным шагом в начавшейся серьезной перестройке всей системы оборонной политики СССР. Ещё 1 и 8 июля Политбюро, на двух закрытых заседаниях «инстанция» приняла два важных постановления — «О состоянии обороны СССР» и «О военной промышленности».

Первоначально Кремль не планировал какого-либо резкого повышения численности войск и увеличения финансирования армии на дальневосточных границах.

Однако, как указывает в своей книге «Сталин и ГРУ» Евгений Горбунов[289], 12 июля 1929 года, начальник 4-го (разведывательного) управления штаба РККА Ян Берзин подготовил доклад заместителю начальника Штаба РККА Владимиру Триандафилову о возросшей военной опасности СССР со стороны китайских войск в Маньчжурии. Точных сведений о прохождении коммуникационного потока между Штабом РККА, наркомом обороны Климентом Ворошиловым и Политбюро у нас нет, однако велика вероятность, что уже к заседанию Политбюро 22 июля Ворошилов был в курсе содержания этого доклада.

Берзин настаивал, что события 10—11 июля в Маньчжурии, когда произошел захват телеграфа на станции Пограничная и в Харбине, а также выслана группа высокопоставленных советских служащих дороги, свидетельствовали о фактическом захвате КВЖД Мукденом. Начальник военной разведки делает вывод о том, что Чжан Сюэлян решил полностью ликвидировать советскую деятельность в Маньчжурии. Берзин связывал усиление антисоветских действий на КВЖД со встречей Чан Кайши и Чжан Сюэляна в начале июля в Пекине, информация о ходе которой была получена по каналам разведки.

Начальник Разведупра высказывал мнение, что в этих условиях отсутствие конкретных советских санкций по отношению к Китаю в связи с предыдущими военными инцидентами, например, после нападения на харбинское консульство и нежелание вооруженного обострения в Маньчжурии со стороны Советского Союза могут быть охарактеризованы как доказательство слабости Москвы. Чтобы предупредить последующие налеты и инциденты, Берзин предлагал сформулировать, во-первых, условия, своего рода, «точки невозврата», после которой СССР должен был ответить реальным военным контрударом по Мукдену. Во-вторых, начальник разведки предлагал руководству РККА поставить вопрос о резком наращивании военных сил в дальневосточном регионе, что позволило бы в случае необходимости перейти к решительным действиям. Берзин сделал в докладе важный вывод о том, что вновь избранные правительства Японии и Англии, пришедшие летом 1929-го года в этих странах к власти, не заинтересованы в развитии конфликта между Мукденом и СССР из-за

КВЖД. Начальник разведки указывал, что причины насильственных действий Мукдена на КВЖД обусловлены исключительно внутрикитайской логикой и не связаны с политической линии Японии, Англии или США. Такая ситуация, с его точки зрения, позволяла военному руководству СССР действовать более активно на Дальнем Востоке, не опасаясь дипломатических осложнений с державами. Берзин отмечал, что фактическое изъятие дороги у СССР и запрет деятельности советских организаций на территории Маньчжурии, требуют от Москвы принятия необходимых мер дипломатического, экономического, а главное — военного характера.[290] Оставляя за скобками своего внимания меры дипломатического и экономического характера, начальник военной разведки предлагал сконцентрироваться на демонстративном увеличении войск на границах Дальнего Востока. Кроме того, он предложил осуществить авиационные рейды над станциями Маньчжурия и Пограничная, а также немедленно провести маневры войск Сибирского Военного Округа на советско-китайской границе.[291]

Как мы уже упомянули, у нас нет документальных сведений, когда, как и в каком личностном наполнении Политбюро было ознакомлено с выводами доклада Яна Берзина. Известно только, что 17 июля 1929 года Триандафилов и Берзин отправляют «наверх» полную сводку о концентрации частей Мукденской армии у дальневосточных границ СССР. Эта, как считает Е. Горбунов, первая разведывательная сводка по Маньчжурии, поступила в копиях Сталину, Ворошилову, Бубнову, Уншлихту, Каменеву, Ягоде и начальнику Штаба РККА. Скорее всего, и доклад Берзина был разослан по тем же адресам. Все последующие разведывательные сводки по Маньчжурии, подписанные Яном Берзиным, также рассылались по этому списку.

Политбюро, учло не все замечания Берзина, однако в некоторых аспектах высший партийный орган даже сработал на опережение.

В постановлении заседания Политбюро от 22 июля 1929 года предлагалось *«признать необходимым ассигнование абсолютно необходимых средств на строительство и ремонт казарм на ДВ с расчётом удовлетворения войсковых частей, ныне расположенных на ДВ»*.[292] Вопрос о дополнительных формированиях для Дальнего Востока и Сибири, который поставили военные, был отложен до осени. Вместе с тем, Политбюро предложило РВС СССР *«принять меры к временному перемещению центра С(ибирского) В(оенного) О(круга) на ДВ, впредь, до разрешения вопроса о формировании на ДВ армии или округа»*.[293]

Политбюро прибегло к давно испытанному способу — «периферизации» системы управления. Этот подход применялся обычно в тех случаях, когда приоритетное значение какого-либо региона в глазах Кремля повышалось, а существовавший уровень развития коммуникаций не благоприятствовал осуществлению оптимального руководства из Центра («фактор пространства»).

Центр действовал в этом случае по одному из трёх сценариев.

Москва посылала «на места» своих эмиссаров с особыми полномочиями, либо создавала дополнительную институциональную структуру в соответствующем регионе, или, как в мы видим в данном случае, перемещала уже имевшийся центр управления (из Новосибирска) в новую «горячую точку» (Хабаровск). При этом, ранее действующие цепочки управления, чаще всего, не расформировывались, а продолжали свою работу в «спящем режиме». Штаты структуры управления раздувались, однако у Центра всегда была возможность, по своему усмотрению, редундантно пускать «управленческий импульс» по той или иной цепочке.

22 июля 1929 года Политбюро принимает решение о ликвидации Дальбанка и отделения Центросоюза в Китае.[294]

В эти дни в московском Центре отчётливо просматриваются несколько векторов действия.

Во-первых, подразделения НКИДа, в том числе на местах в посольствах, настойчиво ищут пути урегулирования конфликта в рамках договорного процесса. Прежде всего, они задействуют для нажима на Чжан Сюэляна посредничество разного рода «третьих сил» — китайских генералов или представителей других стран.

Во-вторых, военные не устают предлагать идею «военной демонстрации».

Но Политбюро выбирает пока иной путь. Кремль предпочитает делать упор на мирное разрешение конфликта, но, в отличие от методов НКИДа, опираясь на собственный внутрисоветский потенциал и отказываясь от всех предложений посреднических услуг со стороны иностранцев.

22 июля 1929 года Москва получает телеграмму от генконсула в Харбине Бориса Мельникова о поступившем через консульство новом предложении к СССР. Маньчжурские лидеры Чжан Сюэлян и Чжан Цзосян предлагали незамедлительно перейти к переговорам об урегулировании конфликта на КВЖД. Борис Мельников, которого Политбюро 20 июня[295] подвергло резкой критике в связи с несанкционированными

попытками вступить в переговорный процесс с маньчжурскими генералами, всё-таки, сумел добиться конкретных результатов.

22 июля 1929 г. комиссар по иностранным делам Цай Юньшэн сделал генконсулу в Харбине предложения от имени мукденского правительства о возможных путях урегулирования конфликта. Китайские предложения сводились к следующему:

1. Китай предлагал освободить всех арестованных советских рабочих и служащих;

2. СССР в качестве ответного шага должен был назначить нового Управляющего КВЖД и его помощника;

3. обе стороны должны были объявить о созыве советско-китайской конференции, в кратчайший срок обязанной урегулировать конфликт вокруг КВЖД.

Политбюро пока медлит с решением и настаивает на том, чтобы *«предложить всем послам воздержаться от выражения своих личных точек зрения по поводу событий на КВЖД, ограничиваясь при запросах ссылками на позицию правительства, выраженную в ноте».*

Принимается решение *«отложить публикацию о мукденском предложении на один, максимум два дня».*[296]

22 июля Ян Берзин составляет и отправляет Сталину, Ворошилову, Бубнову, Уншлихту, Каменеву, Ягоде и начальнику Штаба РККА подробный доклад об угрозе Внешней Монголии. Он отмечает, что помимо проблемы КВЖД, на заседании ЦИК гоминьдана Чан Кайши также заявил о необходимости разрешения в благоприятном для Китая ключе проблемы о принадлежности Внешней Монголии. Несмотря на провозглашение Монгольской народной республики в 1924 году, гоминьдан не оставлял надежд вернуть Внешнюю Монголию в состав китайской государственности.

Берзин указывал в докладе, что по агентурным каналам в Москву поступила информация о состоявшемся в Шанхае в конце марта 1929 года особом совещании. На нем обсуждались вопросы обеспечения окраин Китая от проникновения коммунистических идей, в первую очередь через границу МНР. На мероприятии присутствовали министры иностранных дел и финансов нанкинского правительства, представители штабов Нанкина и Мукдена, японские и английские офицеры разведок, а также атаман Семенов. Выступая на заседании, министр иностранных дел нанкинского правительства заявил, что Китай может быть полностью огражден от проникновения коммунистических идей СССР в том случае, если на его окраинах будет создана система буферных государств, включая и Внешнюю Монголию.

Нанкин придавал особое значение Внешней Монголии, прежде всего ввиду наличия в МНР сильного влияния СССР.

Проанализировав все возможности вооруженного нападения на Внешнюю Монголию, Берзин пришел в докладе к выводу, что *«угроза со стороны Барги в основном определится общим развитием событий в Северной Маньчжурии и в случае развития нашего конфликта с Мукденом — не исключена. Наиболее реальная угроза Внешней Монголии намечается со стороны Внутренней Монголии, где с начала 1929 года усилилась подготовительная работа со стороны нанкинцев и в основном солидаризирующихся с ними монгольских феодальных и ламаистских группировок».*

Однако Берзин подчеркивал, что летом 1929 года непосредственная агрессия китайцев против МНР, вряд ли, актуальна.[297] Тем не менее, монгольский фактор лишний раз подчеркивал важность скорейшего решения для Москвы проблемы КВЖД.

23 июля 1929 года на своём заседании Политбюро обсуждает китайские предложения, сделанные генконсулу в Харбине Б.Н. Мельникову комиссаром по иностранным делам Цай Юньшэном от имени мукденского правительства днем ранее. Китайские уступки воспринимаются как недостаточные, эйфории дипломатов Политбюро не разделяет.

Центр принимает решение послать Мельникову директиву с разъяснением причин своей сдержанности: *«После имевших место захватных действий китайских властей на КВЖД, советское правительство не может отнестись с доверием к предложениям, поступившим от Чжан Цзосяна и Чжан Сюэляна через дипкомиссара Цая».*[298] Политбюро констатировало, однако, возможность более внимательно рассмотреть этот вопрос, если нанкинское или мукденское правительство *«официально сделает внесённые Цаем предложения».* Кремль потребовал, чтобы китайцы в официальном письме более чётко сформулировали позицию о временности ныне существующего положения и зафиксировали необходимость восстановления статус-кво в соответствии с Мукденским и Пекинским соглашениями. Китайской стороне, а Москва рассматривала конфликт как совместное мероприятие нанкинских и мукденских властей, было предложено «немедленно» сделать официальные предложения СССР.²⁹⁹

Для усиления сговорчивости Чжан Сюэляна, Политбюро предложило властям Далькрая и других российских приграничных регионов *«ускорить проведение решений в отношении репрессий против китайских купцов и китайских спекулянтов, против белогвардейцев»*. Репрессивные меры должны были сопровождаться мероприятиями по усилению охраны границ.³⁰⁰

Решение о публикации в печати предложений мукденцев было отложено до 25 июля.

Москва выбрала путь «жесткого заслона» китайскому давлению. Насколько этот путь был оправдан? Сделаем небольшое отступление и обратимся вновь к анализу китайской позиции во время конфликта 1929 года, восстановленной историком Василием Крюковым на китайскоязычных архивных материалах.

26 июня 1929 года Чжан Сюэлян направил в Пекин своего представителя Чжун Юя, которому было поручено обсудить с Ван Чжэнтином план захвата КВЖД, утвержденный в Мукдене. 30 июня 1929 года Чжан Сюэлян направил Чжан Цзинхую и Люй Жунхуаню телеграмму. В ней молодой маршал писал:

«Как я уже сообщал вам, мною получена датированная 27 июня телеграмма министра иностранных дел Вана. В дополнение к этому довожу до вашего сведения, что, как докладывает посланный в Нанкин специальный представитель Чжун Юй, он встречался с министром Ваном и познакомил его с деталями харбинского плана. Изложенные в первоначальном докладе меры отнюдь не противоречат позиции министерства. В результате обсуждения этого вопроса договорились, что следует разграничить осуществление плана и переговоры.

В соответствии с 4 пунктами первоначального меморандума и тремя пунктами исходного доклада, харбинские власти должны, посредством применения силовых методов осуществить запланированные мероприятия, не вступая в переговоры с советским персоналом. В случае сопротивления следует арестовать управляющего, но вступать с ним в какие бы то ни было обсуждения недопустимо.

Вся акция осуществляется... под контролем центра, который составит перечень пунктов, включая реорганизацию на КВЖД, про-

блему Монголии и Синьцзяна, и представив его Советам, решительно и ответственно проведет переговоры...

В случае, если советская сторона по каждому из вопросов готова будет пойти нам навстречу, можно будет бросить ей кость, пообещав восстановить дипломатические отношения... Планировавшийся ранее отзыв консула относится к сфере переговоров и этим будет заниматься МИД».[301]

В. Крюков подчеркивает, что план Чжан Сюэляна хоть и не противоречил позиции гоминьдановского МИДа, однако имел, по сравнению с ней, определенные разночтения.

Согласно мукденскому плану, арест советского управляющего должен был стать завершающим звеном предстоящей акции. Глава же нанкинского МИД — Ван Чжэнтин — делал акцент на переговорах с СССР, которые планировалось осуществить после захвата КВЖД. Захват дороги позволил бы Китаю вести переговоры по широкому кругу советско-китайских проблем с позиции силы. МИД в Нанкине также был сторонником выкупа дороги у СССР.

Как мы уже упоминали, 7 июля Чжан Сюэлян посетил Пекин для окончательного обсуждения харбинской операции, где вечером этого же дня провел беседу с Чан Кайши и шансийским милитаристом Янь Сишанем. В своей телеграмме в Мукден Чжан Сюэлян писал:

«Вчера вечером в Пекине я подробно обсудил наш план с министром Ваном, и тот полностью одобрил его. Что же касается выкупа дороги, разрыва дипломатических отношений и отзыва консула, то решение всех этих вопросов берет на себя министерство».[302]

Однако ситуация стала развиваться по неожиданному для китайцев сценарию. Нанкинскому министру иностранных дел Ван Чжэнтину не удалось использовать ситуацию силового давления на КВЖД (захват телеграфа, отстранение и высылка советского менеджмента, аресты совслужащих, закрытие представительств советских организаций) для принуждения СССР к переговорам в русле китайских намерений. По мнению В. Крюкова, два человека помешали реализации этого плана.

Лев Карахан, которого Крюков персонифицированно считает автором резкой советской ноты от 13 июля 1929 года и Чан Кайши. Ноту от 13 июля, Крюков называет «ультиматумом Карахана» и говорит о том, что резкая реакция коренным образом изменила соотношение сил в конфликте. Осуществленная нами реконструкция событий на основе документов из российских архивов доказывает, что процесс принятия решений по вопросу о характере противодействий СССР на КВЖД отличался большей сложностью и нюансами. И далеко не Карахан был в нем основным дирижером.

Китайские источники свидетельствуют о том, что Чан Кайши был взбешен тоном советской ноты от 13 июля. Генералиссимус всегда воспринимал внешнюю политику как сферу своей личной ответственности. Чан Кайши принял решение отказаться от ведения переговоров с Москвой, и даже Ван Чжэнтин не смог убедить его в обратном. Ван Чжэнтин был вынужден обратиться к международному посредничеству. Упрямство Чан Кайши предопределило конец «революционной дипломатии» гоминьдана.

Посредничество не принесло заметных результатов, международное мнение, в целом, негативно отнеслось к наступательной тактике китайских властей на КВЖД.

Американский фактор в советско-китайском конфликте и державы

Американская пресса критически отреагировала на события в Северной Маньчжурии. Один из американских журналистов, посетивший Китай вскоре после захвата КВЖД писал:

«Лично мне несимпатично советское правительство, которое к тому же не признано нашей страной. Среди русских у меня нет личных друзей. Однако в свете последних событий мои симпатии на стороне России. С точки зрения общепринятых международных норм закрытие советского консульства в Харбине представляет собой позорный акт. Проблему следовало решать дипломатическими методами, а не односторонними неоправданными действиями подобно тому, как поступило китайское правительство. Кроме того, китайцы закрыли в Харбине русские газеты, что также является актом произвола. Национализация газет в мирное время есть ни что иное как нарушение свободы прессы...Когда китайские власти опечатали советское консульство в Харбине и закрыли советские газеты, мы допускали, что это делается для пресечения пропаганды экстремизма. Но теперь ясно, что это был первый шаг к овладению КВЖД».[303]

В конфиденциальной беседе с китайским посланником У Чаошу, госсекретарь США заявил, что борьба с коммунистической идеологией рассматривается многими как предлог для захвата КВЖД. Особенно, если обратить внимание, какие обоснования этой акции предлагали в своих выступлениях руководители нанкинского гоминьдана.

После встречи с госсекретарем США У Чаошу передал американские замечания китайскому МИД и посоветовал выступить с официальным заявлением следующего содержания:
1. Маньчжурские власти не покушаются на железную дорогу, являющуюся собственностью двух стран, а лишь заинтересованы в выдворении из Китая коммунистов, нарушивших соглашение о КВЖД;
2. Китай соблюдает антивоенный пакт, не прибегает к применению военной силы и хочет разрешить конфликт мирными средствами.[304]

Министр инстранных дел Ван Чжэнтин последовал совету посланника и выступил 20 июля 1929 года с соответствующим заявлением.[305]

Наше собственное знакомство с материалами из архива американского МИД дает основания дополнить эту информацию и предположить, что при организации налета на советское консульство мукденские власти сознательно искали повод для обвинения Москвы в коммунистической пропаганде. Ведь только так у Чжан Сюэляна появлялась формальная возможность упрекнуть СССР в неисполнении договоров и начать процесс национализации КВЖД. Мукден надеялся спровоцировать США к активной поддержке своих планов. Не случайно, еще 7 июня 1929 года власти ТВП сообщили американскому консулу в Харбине, что при обыске в диппредставительстве полиция обнаружила в стенах советского учреждения две искусно изготовленных консульских печати, такие же, как те, что использовались для запечатывания дипломатической корреспонденции США и Японии. Американцам предъявили доказательства, что большевики, по-видимому, имели возможность незаметно вскрывать и читать дипломатическую переписку этих двух стран. МакМюррей незамедлительно проинформировал 8 июня Госсекретаря США об этой нелицеприятной ситуации.[306] По свидетельству американского генконсула в Харбине Хэнсона, на которого ссылался в своем послании МакМюррей, печати были изготовлены исключительно профессионально. Генконсул считал, что подделку такого уровня, вряд ли, можно было выполнить в Маньчжурии. МакМюррей сообщал, что китайские власти были готовы предъявить сотрудникам советского консульства обвинение в подделке официальных печатей, а это являлось по китайским законам уголовным преступлением. Мукден, однако, не мог начать расследования без формального заявления американской стороны, поэтому Хэнсон запросил мнение американского МИДа по щекотливому вопросу.³⁰⁷ 17 июня Вашингтон посоветовал Хэнсону через МакМюррея не давать никаких официальных заявлений по данному инциденту китайским властям и не обращаться к ним с просьбами о расследовании и наказании виновных. Генконсулу предлагалось затребовать у китайской стороны печати и убедиться в их уничтожении. Американцы не захотели помогать Чжан Сюэляну в атаке на советские позиции на КВЖД.³⁰⁸

Мукдену не удалось столкнуть лбами США и СССР и заручиться активной или даже пассивной поддержкой американской внешней политики. Трудно сказать, какие мотивы превалировали в дистанцированной реакции США по отношению к действиям Чжан Сюэляна. Что это было — нежелание создавать прецедент нарушения международных договоров, без разницы, что обвиняемой стороной являлся СССР — их идеологический противник? Или осознание того факта, что ослабление Москвы на КВЖД значительно усилит позиции Японии?

Наверное, всего понемногу. Кроме того, США не могли не учитывать сведения о попытках Москвы найти консенсус с Японией о разграничении сфер в Северной Маньчжурии, периодически проскальзывающие в разведдонесениях и сообщениях информантов. Это тенденция всерьез беспокоила США.

Кроме того, Мукден делал заявку мировому сообществу на готовность к конфискации КВЖД, не имея при этом никаких военных, экономических и политических возможностей отстоять дорогу перед лицом японской экспансии в регионе.

Без сомнения, американцы старались плотно держать руку на пульсе событий в Маньчжурии — регионе, который их главный военно-политический соперник — Япония — считала центром своих жизненных интересов в Китае. Однако эффективность внешней политики США накануне полномасштабной японской агрессии снижалась разнонаправленными действиями внутри американского дипломатического истеблишмента, занимавшегося по долгу службы вопросами Китая. Госсекретарь Стимсон и министр в Китае МакМюррей по-разному интерпретировали цели американской внешней политики в Северной Маньчжурии. Не было среди американских дипломатов и единства в оценке степени вины участников конфликта на КВЖД и методов его разрешения.

Для Стимсона оптимальным вариантом являлось установление международного контроля над КВЖД, при формальном признании факта собственности Китая и СССР над дорогой. Очевидно, что первую скрипку в системе такого «нейтрального» контроля должна была сыграть Америка.

У МакМюррея, признанного в США знатока Китая и специалиста по международным отношениям, было иное видение американских задач. Он исходил из факта непреложного признания подписанных между СССР и Китаем Пекинского и Мукденского договоров 1924 года и считал, что нарушение договорных прав советской стороны на КВЖД в любой форме создает для китайцев прецедент в будущем подвергнуть сомнению правомерность всех заключенных соглашений с иностранными державами. МакМюррей был уверен, что прямое, регулятивное вмешательство третьей стороны, как это предлагал сделать Стимсон — излишне. Вина китайцев в ухудшении советско-китайских отношений не вызывала сомнений у американского посла, а перспектив военной эскалации конфликта, с его точки зрения, пока не наблюдалось. МакМюррей являлся сторонником того, что Мукден должен пойти на уступки и согласиться на устранение противоречий в договорном двустороннем порядке.

МакМюррей, однако, явно недооценивал степень вовлеченности СССР, как государства, в антисистемную деятельность на территории Северной Маньчжурии. Более того, американский посол придерживался позиции, что ответственность за коммунистическую пропаганду и действия советских представителей на КВЖД должна быть персональной, а не коллективной. В случае неоспоримой вовлеченности советских дипломатов в такую деятельность на территории ТВП, китайская сторона должна была распространить на виновных действие уголовного законодательства. По мнению МакМюррея, персональная вина конкретных функционеров не могла ставить под вопрос права собственности СССР на КВЖД. Однако МакМюррей лукавил, причина его мягкой позиции в отношении советских нарушений лежала в другой плоскости. Американский дипломат не мог не видеть, что присутствие СССР в качестве собственника КВЖД в Северной Маньчжурии, в той или иной степени, связывает и тормозит экспансионистские устремления Японии в регионе.

Помимо заметных различий в оценке конкретных событий и разногласий в определения вектора действий по вопросу о КВЖД между МакМюрреем и Стимсоном, американский посол в Китае не всегда находил общий язык со своими подчиненными — консулами США в Харбине и Мукдене. Последние считали, что их непосредственный начальник страдает излишней академичностью и жаловались на это в своих донесениях в Вашингтон.

Активным сканированием советско-китайских отношений в период конфликта занималась также военно-морская разведка США. Её представитель находился в Харбине и, по мере служебной необходимости, передвигался по Маньчжурии, встречаясь с высокопоставленными китайскими и японскими представителями. У МакМюррея издавна были тесные и доверительные отношения с представителями военно-морской разведки, позволявшей американскому министру по Китаю иметь дополнительные источники стратегической информации. Кроме того, именно представители ВМФ США, как это уже продемонстрировала история Дальневосточной республики на территории российского ДВ в начале 1920-х годов, придавали большее значение потенциальной антияпонской направленности внешней политики СССР, чем ее идеологической составляющей.

19 июля 1929 года, по просьбе США, которые не имели официальных дипломатических отношений с СССР, французское правительство обратилось к Москве с предложением о посредничестве в вопросе мирного урегулирования советско-китайского конфликта. Советское правительство без восторга встретило эту идею и проигнорировала её.

25 июля американский госсекретарь Г. Л. Стимсон отправил правительствам Англии, Франции, Италии, Японии и Германии[309] секретный меморандум, излагавший план коллективного вмешательства держав в конфликт на КВЖД. Он предложил создать согласительную комиссию из представителей 6 великих держав. На комиссию возлагалась задача изучить суть советско-китайского конфликта и выработать программу его урегулирования.

План Стимсона не обсуждался в американских дипломатических кругах, МакМюррей был проинформирован о его содержании телеграммой только на следующий день после обнародования содержания меморандума державам. Как мы увидим дальше, у МакМюррея были сильные сомнения в его эффективности. Он предвидел, что конфликтующие стороны — СССР и Китай — не одобрят такого развития событий. Более того, американский дипломат не сомневался, что Япония не намерена допустить США к рычагам регулятивных процессов в Северной Маньчжурии.

Тем временем, 25 июля Политбюро вынесло замечание послу СССР в Японии Трояновскому за грубое нарушение директивы ЦК и НКИД, выразившееся во вступлении в переговоры с японским министерством иностранных дел по вопросу об условиях ликвидации конфликта на КВЖД и посредничестве Японии в этом процессе. В постановлении отмечалось: *«Поставить на вид Трояновскому его недопустимый поступок».*[310] Москва пыталась единолично держать руку на пульсе конфликта, не допуская самовольных действий своих эмиссаров в Китае и Японии, однако это ей не всегда удавалось.

В этот же день, 25 июля, Трояновский заявил министру иностранных дел Японии Сидэхара, что Москва согласится на посредничество третьей стороны только в том случае, если будет восстановлен первоначальный статус-кво на КВЖД.

А. А. Трояновский на протяжении многих лет был представителем когорты дипломатических экспертов, от которых зависела выработка советской политики на КВЖД. В ноябре 1927 года он сменил В. Л. Коппа на посту представителя СССР в Японии и сразу же включился в активное обсуждение приоритетов большевистской дипломатии на Дальнем Востоке. Трояновский выдвинул идею о необходимости инвестиций в экономику Маньчжурии и китайские предприятия с целью восстановления советских позиций в северо-восточном Китае. По его мнению, у китайцев сложилось устойчивое негативное впечатление о советской деятельности в Маньчжурии, особенно по сравнению с линией Японии. Японцы, — отмечал Трояновский, — *«...развивают энергичную деятельность, заинтересовывают китайцев, экономически поднимают Маньчжурию, а мы же, как будто, преследуем чисто политические цели, ничего не желая давать китайцам».*[311] Исходя из этой посылки и полемизируя с Караханом, считавшим, что СССР не может *«торговать интересами Китая»*, Трояновский ставил вопрос под другим углом.

«Имеем ли мы право не вкладывать прибыли КВЖД в китайские дела? Можем ли мы держать в своих руках КВЖД и не помогать развитию местной экономической жизни? Я уж не говорю о том, что японцы в Маньчжурию вкладывают большие средства и, хотя и с империалистическими целями, но содействуют экономическому росту края».[312] Лев Карахан не соглашался с доводами советского посла в Японии и видел перспективы советской политики в Маньчжурии под другим углом.

«Все, что расширяет наши инвестиции в Северной Маньчжурии, что увеличивает сложность нашего положения и прикрепляет нас все сильнее и сильнее к Маньчжурии, является для нынешнего времени вредным. Мы должны предоставить самим китайцам укреплять

их позиции в Маньчжурии и противодействовать углублению и расширению японского влияния».³¹³ Это предложение было рассчитано на провоцирование японо-китайской напряженности, которое оказалось бы на руку Москве. Но в таком случае Москва могла бы ожидать от Японии попыток «осложнить наше положение в Маньчжурии путем провоцирования очередных выступлений против нас китайцев с целью связать нам руки именно на этом важном для японцев участке».³¹⁴

«По мере развертывания тех затруднений, с которыми Япония неизбежно встретится в Китае, натиск на нас будет ослабевать и, возможно, вновь начнет усиливаться тенденция к сближению»³¹⁵, — прогнозировал еще до возникновения советско-китайского конфликта на КВЖД Лев Карахан. Трояновский разделял позицию замнаркома о возможности совместных действий Москвы и Токио против выпадов китайского национализма и игре на межимпериалистических противоречиях. Еще в апреле 1929 года советский посол в Токио обращал внимание советского правительства на активизацию американских попыток проникнуть и закрепиться в Маньчжурии. В такой ситуации «...при наличии американской активности и напоре со стороны китайцев на японцев и ЮМЖД японское правительство не может вести враждебной политики в отношении КВЖД и настраивать китайцев против нас, потому что это означало бы, в конце концов, настраивать против самих себя». Поэтому, как считал Трояновский, «...все то, что было раньше, то, что было правильно в этом отношении, а именно все козни японцев против КВЖД, сейчас должно выглядеть несколько иначе, и я думаю, что мы должны принять это во внимание, учитывать это и следить за соответствующими фактами и данными».³¹⁶ В период обострения конфликта на КВЖД в июне 1929 года Трояновский конкретизировал задачи советской политики в Японии: «...для урегулирования наших дел с Китаем, и для обуздания наглости гоминьдановцев и Чжан Сюэляна с его присными, некоторое сближение с Японией было бы полезным».³¹⁷ Трояновский был сторонником силового решения проблемы КВЖД.Он подчеркивал: «Несмотря на большую работу, проделанную здесь китайцами, общее настроение остается благоприятным для нас. Большая часть японцев была бы рада, если бы мы побили китайцев».³¹⁸

И СССР, и Китай пока не были заинтересованы вовлекать сторонних медиаторов в процесс разрешения конфликта. Однако давление США, без сомнения, формировало направление и характер действий китайской стороны. Летом 1929 года, если какая-то из держав и имела возможность влияния на китайскую политику, то ею, без сомнения, была Америка. США удалось частично ослабить безрассудно-наступательный характер действий мукденского правительства. И Чжан Сюэлян, и нанкинский гоминьдан не рисковали сердить Америку.

25 июля 1929 года китайская печать опубликовала заявление китайского министра иностранных дел Ван Чжэнтина о том, что Китай готов начать переговоры с СССР.[319] Днем ранее, в Берлине, Ван Чжэнтин проинформировал советскую сторону о согласии на возвращение советских консульских работников в Китай и решении отправить в Москву на переговоры бывшего поверенного в делах Китая в СССР Чжу Шаояна.

Хотя в предложении американского госсекретаря Стимсона пока только выдвигалась мысль о независимом расследовании конфликта на КВЖД, американский посол МакМюррей, похоже, даже не сомневался, что Мукден играет краплёными картами. По мнению американского посла, главной задачей, которую ставили перед собой китайские власти, развязавшие конфликт на КВЖД, было получение единоличного контроля над дорогой. 25 июля 1929 года МакМюррей сообщил в телеграмме госсекретарю США о результатах встречи с китайским министром транспорта Сунь Фо (Сунь Кэ), на которой обсуждались вопросы советско-китайских отношений на КВЖД. Под давлением американского посла, в ответ на критику о неадекватности действий Мукдена и необходимости личной, а не коллективной ответственности советской стороны, Сунь Фо согласился, что ответственные лица ТВП перегнули палку. Сделали они это, будто бы, в противовес установкам из Нанкина. Американский посол посчитал, что китайцы лукавят. В отчете о состоявшейся беседе в Вашингтон МакМюррей высказал мнение, что намерение китайской стороны изначально в том и заключалось, чтобы отнять собственность СССР на КВЖД. Заявления же китайских министров — сначала министра иностранных дел, а затем и министра транспорта, о том, что действия на КВЖД были вызваны стремлением воспрепятствовать советской коммунистической пропаганде, американский посол назвал стремлением сохранить хорошую мину при плохой игре. Столкнувшись с неодобрением США и неблагоприятным мнением мировой общественности в связи с событиями на КВЖД, китайская сторона попыталась найти оправдание своим действиям, чтобы не «потерять лицо».[320]

Несмотря на правильную оценку действий Мукдена МакМюрреем, американская политика в Маньчжурии была неэффективной, страдая функциональной разрозненностью. Госсекретарь Стимсон проинформировал США в Китае о конфиденциальных переговорах с представителями держав по поводу возможного создания согласительной комиссии и назначения президента КВЖД из числа представителей нейтральных стран только постфактум, на следующий день — 26 июля.[321]

На основании доступных нам архивных документов не представляется возможным сказать, насколько точно Кремль был в курсе нюансов спектра мнений в американском МИДе в 1929 году. До Москвы сведения о меморандуме Стимсона и тайных переговорах держав дошли довольно быстро, причем, похоже, что утечка произошла не по линии Японии, а непосредственно в Вашингтоне через контакты Бориса Сквирского в высших слоях американского истеблишмента. Москва очень серьезно отнеслась к попыткам интернационализации конфликта под эгидой США, однако предпринимать действия по их нейтрализации кремлевские дипломаты начали не сразу.

26 июля 1929 года Политбюро отправило подробные инструкции генконсулу СССР в Харбине Борису Мельникову о дальнейшем переговорном процессе с Мукденом.

Генконсулу было предложено прибыть на станцию Даурия, уведомив мукденского эмиссара Цай Юньшэна о том, что именно здесь должны будут состояться дальнейшие переговоры или передача его письма. В качестве возможного рассматривался и вариант приезда Мельникова на находившуюся на китайской стороне станцию Маньчжурия. В случае получения ответа от Мукдена советский генконсул должен был немедленно[322] информировать Москву. В этот же день через НКИД в Политбюро поступил запрос от Мельникова с просьбой разрешить ему встречу с Цаем на 86 разъезде КВЖД. Политбюро санкционировало это предложение.

В течение следующих нескольких дней Мельникову, однако, так и не удалось реализовать свои намерения о переговорах с Цай Юньшэном. По крайней мере, 29 июля 1929 года Политбюро, в очередной раз, рассматривая вопрос о положении на КВЖД, в первом пункте постановления в категорическом тоне потребовало от Мельникова *немедленно прекратить поиски Цая*.[323] Советскому генконсулу вменялось в обязанность в течение суток, в случае если так и не поступит никаких новых сообщений, переехать в Читу. Политбюро ещё раз категорически выступило против посреднических услуг «третьих» стран и «третьих» лиц. НКИДу было приказано не вести в Берлине никаких переговоров с китайским представителем Чжан Сюэляна и дать через ТАСС соответствующее «категорическое опровержение».

Недовольство советского партруководства проволочками китайской стороны в восстановлении статус-кво на дороге добавляло аргументов военным, с самого начала убеждённых в неотложности применения силовых методов для разрешения конфликта. Политбюро принимает постановление о целесообразности переброски дополнительной сибирской дивизии в Далькрай.[324] Тем не менее, основной упор, по-прежнему, делался на переговорный процесс. Жёстко указывая генконсулу, что его главной задачей является неукоснительное соблюдение директив Центра, а не проявление какой-либо личной инициативы, Политбюро становится заложником своей же установки. Системы коммуникаций вносят отчётливые коррективы — не успевает Политбюро издать одно постановление, как, практически, уже в следующий момент реальная обстановка в Китае требует его ревизии и принятия нового решения.

Так получилось и в случае переговоров Бориса Мельникова с китайским эмиссаром Цай Юньшэном.

После того, как на протяжении нескольких дней Мельников не мог получить никакой информации о местонахождении Цая, Политбюро приказало Мельникову 29 июля 1929 года прекратить поиски китайского эмиссара. Однако «потерявшийся» Цай моментально нашёлся.

Политбюро издаёт новую директиву советскому генконсулу в Харбине. По крайней мере, уже вторую за этот день. Москва принимает решение послать Мельникову от имени НКИД следующую телеграмму:

«Сославшись на своё болезненное состояние, предложите Цаю прибыть (на) Даурию или 86 разъезд. Если со стороны Цая встретятся возражения, то во избежание всяких оттяжек вам следует выехать Маньчжурию [имеется ввиду станция Маньчжурия. — М.Ф.]. Ваше предложение об отложении переговоров до 31 мы отклоняем, в тех же целях избежания оттяжки. Во время вашего свидания с Цаем вы должны ограничиться только получением ответа на наши предложения и получения соответствующей информации от Цая. Ответ и информацию Цая немедленно передайте в Москву и ждите дальнейших указаний в пункте встречи с Цаем. Мы предполагаем, что Цай также будет ждать нашего ответа в пункте вашей встречи».[325]

Тем не менее, как следует из документов, Политбюро при всём старании не могло переломить собственной логики переговорного процесса. Первая встреча Мельникова и Цая состоялась, по-видимому, 30 июля.

Советский генконсул был предварительно проинформирован о содержании письма Чжан Сюэляна, официальная передача которого была запланирована на следующий день. То есть, как первоначально и предлагал Мельников Политбюро, 31 июля.

31 июля 1929 года Политбюро разрабатывает для Мельникова новый перечень указаний.[326] По мнению Кремля, приезд Цая за день до официальной передачи письменного ответа Чжан Сюеляна советскому правительству имел целью выяснить в предварительном разговоре с советским генконсулом возможные рамки манёвров. Эта рекогносцировка, по мнению Политбюро, давала возможность Чжан Сюэляну ещё успеть скорректировать свою позицию в официальном письме.

На случай, если передача письма не произойдёт в течение предстоящих двух часов, Мельникову предлагалось заявить Цаю следующее: «Обдумав тщательно Ваш предварительный ответ и сравнив его с имеющимися у меня ранее инструкциями Совпра и с нашим ответом на ваше первоначальное предложение, — я должен заявить, что ответ Китпра, *если он окажется идентичным с вашим сообщением, произведёт на* Совпра крайне неблагоприятное впечатление вследствие его неясности и двусмысленности. Ввиду этого, если не будут приняты условия Совпра, *изложенные мною в ответ на Ваше первоначальное* Харбинское предложение, я не вижу возможности урегулировать конфликт путём соглашения».[327]

Передача письма всё-таки состоялась, однако его содержимое не оставляло Москве места для оптимизма.

В переданном через Мельникова новом плане урегулирования, предлагавшемся Чжан Сюэляном, китайская сторона изменила свою прежнюю позицию и отказывалась от корректировки в духе требований СССР. Мукден не желал давать согласия на назначение Москвой нового управляющего КВЖД и его заместителя. Кроме того, Чжан Сюэляна не устроило предложенное СССР восстановление статус-кво на КВЖД в соответствии с положениями Пекинского и Мукденского соглашений 1924 года.[328]

29 июля 1929 года, в беседе с британским генеральным консулом в Шанхае Эвелингом, министр иностранных дел Китая Ван Чжэнтин заявил, что Китай не может принять предложения начать переговоры при предварительном условии восстановления первоначального статус-кво на КВЖД.[329]

Процесс урегулирования зашел в тупик.

1 августа 1929 года Политбюро рассмотрело ситуацию на КВЖД в свете отказа Чжан Сюэляна принять советские предложения. Кремль не делает пока никаких отчётливых официальных резких движений в ответ на некооперативную позицию североманьчжурского генерала. Москва обвинила Чжана в стремлении узаконить нарушение Пекинского и Мукденского соглашения и констатировала своё несогласие примириться с таким вариантом решения. Тем не менее, Чжану предлагался ещё один шанс. Политбюро отмечало: *«Повторить наше предложение, данное в ответе на первое предложение Цая, сказав, что эта уступка делается совпра исходя из его миролюбивой политики».*[330] Ответ советского правительства, оформленный как письмо замнаркома Карахана Чжан Сюэляну, было поручено отредактировать комиссии в составе Калинина, Молотова, Микояна, Карахана и Стомонякова.

Генконсулу Мельникову было приказано перебраться в Читу.

Одновременно с этим, Политбюро предлагает ещё больше усилить давление на китайскую диаспору в СССР[331], в первую очередь на Дальнем Востоке. Здесь, в приграничьи китайцы имели ярко выраженные экономические интересы не только как торговцы и предприниматели, но и как сезонная дешёвая рабочая сила в лесной, рыбной промышленности, золотодобыче, портовом и транспортном хозяйстве.

3 августа китайская пресса публикует заявление Ван Чжэнтина о том, что на станции Маньчжурия начались неофициальные предварительные встречи китайских и советских представителей. Однако газеты еще раз повторяют заявление китайского министра иностранных дел о невозможности восстановления статус — кво до начала официальных переговоров.[332]

5 августа 1929 года Политбюро в своей директиве вновь предложило генконсулу Мельникову, выступавшему за продолжение переговорного процесса с Цаем, проинформировать китайского эмиссара, что советское правительство исчерпывающе изложило свою точку зрения в письме замнаркома Карахана на имя Чжан Сюэляна.

Похоже, московское руководство не надеялось на скорые успехи переговорного процесса, поскольку на том же заседании Политбюро обсуждались меры подрывного характера против мукденского режима. Была образована комиссия под председательством Уншлихта, в которую также вошли Карахан, Пятницкий и Трилиссер. Эта комиссия получила задание доложить на Политбюро о подготовке и отправке группы студентов КУТВовцев для подпольной работы в район КВЖД.

Кремль прорабатывает возможные сценарии. Москва была не на шутку была обеспокоена перспективой вмешательства держав в советско-китайский конфликт и боялась его интернационализации.

5 августа 1929 года член коллегии НКИД Борис Стомоняков встретился в Москве с германским послом Дирксеном и выразил ему недовольство советского правительства, узнавшего об участии Германии в тайных переговорах по поводу КВЖД за спиной СССР.

В последующем отчете о беседе в НКИД Стомоняков отметил: *«В субботу на заседании правительства по другому вопросу я делал краткое информационное сообщение относительно демарша, сделанного передо мной им, Дирксеном, по поводу того, что мы вразрез с Берлинским договором, не информировали германское правительство о переговорах, ведшихся между Цаем и Мельниковым. В связи с этим правительству было доложено, с другой стороны, что 25 июля Стимсон послал письменное приглашение 5-ти великим державам, в том числе и Германии, принять на себя совместное с САСШ урегулирование советско-китайского конфликта. Стимсон предложил создать согласительную комиссию из представителей 6 великих держав с возложением на неё задачи расследования советско-китайского конфликта и выработки предложений для его урегулирования. Одновременно с этим Стимсон предложил поставить во главе КВЖД новое временное правление из 5 китайцев и председателя, облеченного особыми правами из представителей держав, не участвующих в конфликте. В настоящее время ведутся тайные переговоры между великими державами по этому вопросу».*[333]

Как бы не относиться к предложению Стимсона, в трактовке Стомонякова, оно выглядело, действительно, враждебным по отношению к СССР. По версии Стомонякова получалось, что Америка хочет полностью отстранить Москву от управления дорогой. В отличие от оригинальной конструкции Стимсона *«пять китайцев, пять русских, один председатель из нейтральной страны»*, у Стомонякова получалась формула *«пять китайцев плюс один председатель от держав»*. Не удивительно, что Дирксен стал усиленно оправдываться. В описании советского дипломата дальнейший ход беседы выглядел так: «*...он (Дирксен) прибавил, что предложение Стимсона, вообще, несерьезно, что по полученным им, Дирксеном, дополнительным сведениям, против него высказались чуть ли не все чиновники государственного департамента, без ведома которых это предложение было сделано. Эти чиновники открыто* *критикуют это предложение и заявляют, что оно является «наивным» шагом новичка в дипломатии».*³³⁴ Дирксен также поделился со Стомоняковым текущей информацией германской стороны о советско-китайском конфликте. Так, советник германской миссии в Китае (Шанхай) имел продолжительную беседу с китайским министром иностранных дел Ван Чжэнтином, в ходе которой Германия была проинформирована, что Китай не хочет посредничества третьих держав. Однако нанкинское правительство, по сообщениям Дирксена, было настроено решительно. *«Китай ни в коем случае не согласится на восстановление статус-кво на КВЖД. Дальнейшее совместное управление КВЖД вместе с русскими является исключенным вследствие невозможности обеспечить себя от пропаганды. Китай не вернет КВЖД и речь может идти только о каком-то удовлетворении финансовых интересов СССР».*³³⁵

6 августа Дирксен сообщил Стомонякову об официальном отказе Германии по вопросу о коллективном вмешательстве держав в советско-китайский конфликт на КВЖД и несогласии с предложением госсекретаря США Стимсона от 25 июля о международном арбитраже. Еще 5 августа Германия официально заявила об этом Госдепартаменту, подчеркнув, что намерена держаться в стороне от советско-китайского конфликта и выступает за прямые переговоры конфликтующих сторон.³³⁶

6 августа 1929 года Политбюро отправило распоряжение Мельникову, чтобы тот оповестил Цая и Чжу Шаояна об отсутствии у него разрешения из Москвы на проведение переговоров с китайской стороной. На случай, если китайские представители намеревались передать при встрече советскому генконсулу какие-либо письменные ответы мукденского или нанкинского правительств, Мельников должен был не соглашаться на встречу и предложить китайским дипломатам сообщить ответ по телефону или через 86 разъезд. Кроме того, Мельникову предлагалось заявить в прессе о своём отъезде в отпуск, а самому, на самом деле, выехать на курорт недалеко от Читы, где ждать распоряжений Москвы.

Кроме того, 6 августа 1929 года, *«по предложению Сталина и Ворошилова»*, Политбюро принимает решение образовать «Особую Дальневосточную Армию» (ОДВА) под командованием. В. Блюхера.³³⁷ Вспомним, что изначально эта идея была подана А.И. Черепановым на военном совещании под председательством Ворошилова в июне 1929 года. В августовский день, когда Политбюро принимает это судьбоносное решение, Сталин и Ворошилов находились в Сочи, в Москве «бюрократическим оформлением» приказа занимался Вячеслав Молотов.

11 августа 1929 года Сталин и Ворошилов получают в Сочи шифровку от Молотова из Москвы.

«Приказ о Блюхере издан 6 августа. Пока опубликованы краткие сообщения о назначении Блюхера в харьковских газетах. Опубликование в центральных газетах задержат для того, чтобы больше заинтриговать через иностранных корреспондентов заграницу харьковскими сообщениями. Видимость некоторой секретности нам казалось произведёт больший эффект. Теперь можно опубликовать и в московских газетах. Сделаем это во вторник».[338]

Получив эту шифровку, Сталин написал синим карандашом в левом верхнем углу: *«Перемудрили»*. После этого бумага была передана Ворошилову, который простым карандашом дополнил: *«Кажется, сию мудрость подсказал мой зам. Я считаю, что нужно опубликовать весь приказ полностью. Если нет возражения, следует телеграфировать Молотову. Ворошилов».* И вернул документ Сталину.

Сталин записывает в углу шифровки: *«Следует опубликовать приказ о Блюхере полностью и немедля. Ворошилов. Сталин»,* — и отправляет её Молотову.[339]

12 августа Молотов из Москвы отвечает: *«Завтра в газетах приказ будет напечатан полностью».*[340]

По мере детализации плана создания ОДВА, в её состав были переданы все войска Сибирского военного округа, расположенные на территории Дальневосточного края, Бурят-Монгольской АССР, а также два стрелковых корпуса из Иркутского округа Сибирского края — 18-й и 19-й, передислоцированные, соответственно, в Даурию и Приморье. Позднее в состав армии вошли и были передислоцированы 21 Пермская территориальная стрелковая дивизия, 35 Сибирская стрелковая дивизия и рота танков МС-1. Штаб Особой Дальневосточной располагался в городе Хабаровске, начальником штаба стал Альберт Лапин. ОДВА была выделена в самостоятельное объединение, одновременно выполнявшее функции военного округа.

Советские дипломаты, тем временем, ведут активные переговоры с германским послом Дирксеном, чтобы обезопасить СССР на международной арене и не допустить вмешательства держав единым и согласованным фронтом в советско-китайский конфликт.

8 августа в Москве состоялась очередная встреча Стомонякова с Дирксеном, на которой германский посол доверительно зачитал советскому дипломату полученную им из Вашингтона депешу с информацией о сути предложения Стимсона представителям держав. Стомоняков цитировал для НКИД своего высокопоставленного информанта:

«*Стимсон предлагает СССР и Китаю не посредничество одного или группы государств, так как этот путь представляет затруднения и может вызвать необоснованное недовольство, напротив того, Стимсон предлагает путь, на котором СССР и Китай могли бы в отправление своего собственного суверенитета создать атмосферу для примирения, и, таким образом, достигнуть окончательного урегулирования их взаимных споров*». Стимсон имеет в виду урегулирование конфликта «*только на основе длительного урегулирования именно в результате беспристрастного расследования (инвестигейшн)*». Дальше по сообщению германского поверенного в делах, в меморандуме Стимсона указывается на то, что этот путь не является новым и что он уже был принят другими государствами (намек на Боливию и Парагвай) для урегулирования конфликта между ними. Стимсон просит передать это предложение германскому правительству и будет приветствовать, если правительства всех держав, к которым он обратился, «*после тщательной проверки и возможных поправок присоединяться к САСШ, чтобы порекомендовать это предложение Китаю и России как возможный путь, на котором они могли бы собственными усилиями прийти к соглашению*». После этого в телеграмме из Вашингтона следует текстуальное изложение предложения Стимсона о создании согласительной комиссии: «*Во время расследования обе стороны обязуются не предпринимать никаких враждебных актов друг против друга или против граждан другой стороны, а также воспрепятствовать своим вооруженным силам переход границ. Во время этого расследования должно быть восстановлено регулярное движение на КВЖД. Интересы России и Китая на КВЖД должны быть ограждены путем назначения с согласия России и Китая видного (проминент) гражданина нейтрального государства полномочным президентом, а 5 назначенных русскими и 5 назначенных китайцами лиц согласно русско-китайскому договору 31 мая 1924 года — должны быть признаны в качестве директоров и потом остаться в этих должностях. Во время расследования должны остаться в полной силе и действии все лежащие на Китае и России договорные обязательства, а также обязательства, вытекающие из взаимного общения, которые обе стороны дадут друг другу на основании настоящего предложения. Запрещается на территории той или другой стороны существование и (или) деятельность каких-бы то ни было организаций или групп, которые ставят себе целью насильственную борьбу против правительства одной из договаривающихся сторон или пропаганду против политического или социального порядка одной из договаривающихся сторон. Жалобы и претензии обоих государств должны быть рассмотрены беспристрастной согласительной комиссией, о составе которой Россия и Китай должны договориться, и которая должна получить полномочия расследовать все факты, относящиеся к таким жалобам и претензиям, представить обеим сторонам свои выводы как в отношении фактов, так и в отношении предложений на будущее время и опубликовать эти выводы». Дирксен прочитав мне документ, еще раз подчеркнул его несерьезность и неудачу всей затеи Стимсона».*[341]

Германский посол в Москве Г. Дирксен также передал члену коллегии НКИД Борису Стомонякову информацию, полученную от немецкого посольства в Токио, в которой подтверждалось, что Япония готова занять выжидательную позицию. По сообщению германских дипломатов, *«японская интервенция может произойти только в том случае, если конфликт захватит те области в Маньчжурии, в которых заинтересована Япония».*

Несомненно, предложения меморандума Стимсона не устраивали не только Москву, но и Нанкин—Мукден, а также Токио. Изначально было ясно, что поддержка Москвой антисистемных движений в Китае, о масштабах которой державы, и, в первую очередь, США, могли только догадываться, реально присутствовала. Её документация согласительной комиссией создала бы, при желании держав, основание для отлучения СССР от управления дорогой по причине несоблюдения Пекинского и Мукденского договоров. Но даже для Нанкина и Мукдена такой расклад не приносил финансовых и политических дивидендов, поскольку сопровождался введением внешнего управления на КВЖД, посредством назначения на должность председателя иностранного гражданина. Для Японии ангажированность США на КВЖД, в самом центре стратегических интересов Квантунской армии, впритык к ЮМЖД, вообще, представлялась, наихудшим сценарием.

Именно поэтому Япония не только «деликатно» отвергла предложения Стимсона, но и активизировала собственные «миротворческие усилия» в качестве посредника, чтобы не допустить углубления взрывоопасной ситуации на КВЖД.

8 августа 1929 года состоялась беседа министра иностранных дел Японии с советским послом Трояновским, на котором последнему был предложен альтернативный план урегулирования конфликта. А именно: СССР не будет настаивать на восстановлении в должности бывших сотрудников КВЖД, а Китай, со своей стороны, назначит новых лиц, более приемлемых для СССР. На следующий день, 9 августа — аналогичное предложение было сделано китайскому послу в Японии.[342]

Китайская сторона не желала идти на компромисс. 10 августа 1929 года, в беседе с британским генеральным консулом в Шанхае Эвелингом, Ван Чжэнтин заявил, что Китай готов к переговорам, однако советское условие восстановления первоначального статуса-кво на КВЖД является для него неприемлимым. Китай отвергал возможность посредничества третьей стороны, настаивая на прямых переговорах. Нанкин, однако, не исключал возможности обращения в Лигу наций, если СССР допустит применение военной силы. Великобритания была проинформирована, что в случае, если усилия национального правительства в Нанкине начать двусторонние переговоры не увенчаются успехом, Мукден может пойти ва-банк и *«перейти к односторонним действиям».*[343] Под последним понималось усиление военного давления со стороны Чжан Сюэляна на советскую сторону.

Тем временем, 15 августа 1929 года, Политбюро вновь рассматривает на своём заседании вопрос о КВЖД. Льву Карахану было рекомендовано выступить в прессе с кратким интервью по поводу советско-китайского конфликта. В интервью Карахан должен был указать, что советское правительство возлагает всю вину за усиливающуюся напряжённость на КВЖД на Нанкин и Мукден. Кроме того, было принято решение *«категорически отвергнуть»* всякие попытки посредничества со стороны Германии в советско-китайском конфликте, сославшись на то, что СССР по-прежнему придерживается позиции, выраженной в ответе Карахана на письмо Чжан Сюэляна. Одновременно с этим, Политбюро рекомендовало Карахану не давать ответа на предложения, изложенные в письме Чжу Шаояна. Бывший поверенный в делах Китая в СССР Чжу Шаоян прибыл 7 августа 1929 года с полномочиями от центрального нанкинского правительства на станцию Маньчжурия на переговоры с Москвой о КВЖД.

Военные и ситуация пата

Ситуацию пата вокруг переговорного процесса по КВЖД с нанкинским правительством подробно прокомментировал зам. Наркоминдела Лев Карахан в информационном письме К. Ворошилову в Сочи 10 августа. Карахан, не без тайной надежды, что о содержании этого письма будет проинформирован Сталин, сообщал главе военного ведомства, следующее:

«...дела с Китаем в конце концов уже сейчас обернулись лучше, чем мы ожидали. Справедливое опасение, что захват дороги без эффективной реакции с нашей стороны, ударит по нашему престижу и ухудшит наше международное положение, сейчас начинает уже рассеиваться. Пока в международном отношении мы выиграли: 1) мы решительно реагировали на захват дороги и показали этим нашу силу; 2) мы оказались пацифистами; 3) мы, это признано всем миром, являемся правой стороной в конфликте; 4) китайцы проявляют малодушие, забегают, просят начать переговоры, а мы спокойно настаиваем на удовлетворении некоторых предварительных условий; 5) наконец, мы всколыхнули весь мир и привлекли всеобщее внимание к СССР, что очень неплохо.

Чжу-Шао-Ян продолжает сидеть в Маньчжурии и шлёт мне «телефонограммы» с просьбой начать переговоры, для чего он готов даже приехать в Москву. Мы его пока посылаем к чёрту и совершенно правильно, ибо, если они нас втянут в разговоры, а сами будут продолжать кушать КВЖД под наши разговоры, это имело бы вредные последствия. Только что полученные телеграммы ТАССа говорят о большом впечатлении, произведённом в Нанкине в результате нашего отказа говорить с Чжу. Опасно во всём этом то, что китайцы могут получить поддержку в своей нынешней позиции со стороны держав, а позиция у них такая: мы за немедленные переговоры, мы послали Чжу-Шао-Яна, он сидит в Маньчжурии, добивается переговоров, готов ехать в Москву, а совпра не хочет, отказывается от переговоров. Нам приходится вести контрагитацию, разоблачающую эту позицию китайцев, но трудности, как Вы сами понимаете, большие.

Я не исключаю такой ситуации, когда нам, может, будет выгоднее сойти, несколько уступить в сравнении с позицией, занятой *в нашем письме Чжан Сюэляну. Но эта ситуация ещё не наступила, сейчас нам надо держаться старого, китайцы могут не выдержать и надо различными мероприятиями, которые к сожалению здорово запоздали, заставить их принять наши условия».*³⁴⁴

Конечно, вряд ли можно было найти менее подходящего адресата для воспевания пацифизма Кремля в советско-китайском конфликте, чем Клим Ворошилов, который изначально предпочитал вариант военного давления в качестве метода решения проблем советского влияния на КВЖД. Однако Карахан был хорошим тактиком, он знал, что Сталин осторожничает в китайском вопросе, поэтому пока, до поры до времени, и у «верного Клима» были связаны руки. Более того, Карахан использует это письмо, чтобы подспудно преподнести Сталину и Ворошилову идею, когда-нибудь всё-таки «уступить» китайцам и согласиться на переговоры по КВЖД без выполнения ими предварительных условий, сформулированных советской стороной 1 августа в письме председателю мукденского правительства Чжан Сюэляну.

Ситуация напоминала уже известную — «ни войны, ни мира». Переговорный процесс явно пробуксовывал. 14 августа бывший поверенный в делах Китая в СССР Чжу Шаоян вернулся в Нанкин без каких-либо результатов.

Политбюро, тем не менее, не было пока готово поддержать постоянно проговаривавшиеся на заседаниях предложения военных о демонстрации силы на границе с Маньчжурией. В протокол «особых папок» Политбюро 12 августа 1929 года была добавлена лаконичная запись: *«Предложение о вооружённом вмешательстве на ст. Маньчжурия отклонить»*.

В этой связи в новом свете предстают события, описанные в западной исторической литературе со ссылкой на источники из американских³⁴⁵ или английских³⁴⁶ архивов. Англоязычная историческая наука датирует начало вооружённых действий на КВЖД, в результате которых советские войска первый раз осуществили переход границы на территорию Маньчжурии в период конфликта, 16–17 августа, а не 12 октября 1929 года (Сунгарийская военная операция), как это делают российские историки. В русскоязычных публикациях военные действия однозначно изображаются, как вынужденный ответ советских пограничных войск на провокации китайских пограничных кордонов или «белых» партизан. В некоторых монографиях, например, в книге «На страже границ Отечества. Пограничные войска России в войнах и вооружённых конфликтах XX века», факт перехода советских войск на китайскую территорию в ходе этих ответных операций не скрывается. А именно: «*Со второй половины июля до первой половины октября 1929 года, войска пограничной охраны Дальневосточного края выполняли задачи по разгрому баз формирований белогвардейской эмиграции, а также китайских кордонов, а в отдельных случаях и гарнизонов, частей и подразделений китайской армии, расположенных у границы СССР».*[347] Такие пограничные операции, по словам авторов книги по истории советской пограничной службы проводились, например, 4, 12, 17 и 19 августа.

Как свидетельствуют англоязычные архивные источники, 16 августа генерал Чжан Сюэлян, будто бы, обратился с сообщением к нанкинскому национальному правительству о том, что советские военные соединения атакуют китайские войска в районе Чжалайнора (Далайнора), с целью перерезать КВЖД на западном направлении между станциями Маньчжурия (Маньчжоули) и Хайлар. Нанкинское правительство предложило Чжану проявлять сдержанность и отвечать на действия советских войск, не превышая пределов необходимой «самообороны». Чжан Сюэлян ответил, что советские войска предпринимают всё новые и новые попытки вступить в военные действия вдоль КВЖД, но Мукден держит свои части под контролем и готов выполнять инструкции Нанкина. Однако 17 августа ситуация осложнилась — советские войска начали бомбардировку Маньчжоули (ст. Маньчжурия) и артиллерийский обстрел Чжалайнора. Американские дипломатические источники в Харбине зафиксировали также вооружённые стычки между китайскими и советскими частями в районе ст. Маньчжурия и на другом конце КВЖД — в районе Суйфэньхэ. По сообщениям американского консула в Мукдене, со ссылкой на официальную телеграмму для мукденского правительства из Цицикара, во второй половине дня 17 августа советские армейские соединения в количестве 10 тысяч человек с орудиями и пулемётами перешли границу и атаковали китайцев между ст. Маньчжурия и Чжалайнором. В боях было убито 50 китайских солдат. По сообщениям издателя журнала «Чайна уикли ревью» Пауэлла, посетившего 16, 18 и 20 августа места сражений («China Weekly Review» J.B. Powell), около 5 тысяч советских солдат, при поддержке танков, самолётов, артиллерии и кавалерии атаковали плохо вооружённых китайцев в количестве, примерно, 10 тысяч человек. В результате боёв советские части понесли большие потери и были отброшены обратно на советскую территорию.[348]

По официальным китайским сообщениям, в ночь на 17 августа такие же вооружённые советские рейды предпринимались в районе местечка Туннин к югу от Суйфэньхэ.³⁴⁹

Как соотносятся эти данные с фактом запрета Политбюро на проведение военной демонстрации на границе в районе станции Маньчжурия? Создаётся впечатление, что в системе передачи информации из Москвы на Дальний Восток либо опять не сработало какое-то передаточное звено, либо региональные силовые структуры в Хабаровске посчитали себя вправе относительно свободно трактовать поступающие из Центра распоряжения.

Что говорят по этому поводу открытые к настоящему времени документы российских архивов?

17 августа 1929 года Политбюро подписало постановление о КВЖД из двух пунктов.³⁵⁰ Во-первых, командованию Дальневосточной армии предписывалось *«немедленно принять меры к безусловному недопущению перехода границы частями Красной Армии»*, давая при этом *«решительный отпор попыткам белогвардейских и китайских банд»* проникнуть на территорию СССР.

Во-вторых, Трилиссеру было предложено *«немедленно приостановить проведение организационных мер, вытекавших из прежних официальных заданий»*.

В 1929 году Трилиссер являлся начальником ИНО ОГПУ, поэтому речь в данном случае, в первую очередь, шла о подрывных операциях на КВЖД. Хотя открытые на настоящий момент архивные источники пока не позволяют сделать более точные выводы, создаётся впечатление, что по вопросу о методах урегулирования конфликта Политбюро постоянно занимало более сдержанную позицию, чем силовые структуры в Москве и Хабаровске.

К новому анализу ситуации на КВЖД Политбюро возвратится только через 10 дней.

Нанкинский гоминьдан: война или переговоры

Тем временем, 20 августа 1929 года Секретариат Лиги Наций рассмотрел возможность применения санкций в соответствии с параграфом 1 статьи 11 Устава Лиги Наций.

В этот же день министр иностранных дел Японии обратился к нанкинскому правительству с двумя вопросами: будет ли Китай возражать, если державы вмешаются в советско-китайский конфликт? Считает ли Китай, что в результате действий России соглашение 1924 года утратило свою силу? Япония желала знать, каким станет возможный вектор развития конфликта, если Нанкин и Мукден будут готовы пойти на снижение уровня самостоятельности своих действий в Маньчжурии. Ван Чжэньтин, однако, посчитал, что время «игры в прятки» за спинами держав еще не наступило, и заявил, что Россия блефует. С точки зрения китайского министра, военные действия в Маньчжурии не рассматривались им пока как реальное предупреждение советской стороны о готовности применить военную силу.

23 августа 1929 года, по сообщениям американской разведки, сотрудник Генерального штаба Китая заявил, что министр иностранных дел Ван Чжэньтин склоняется к мысли о необходимости начать военные действий против СССР.[351] Тут уже, видимо, речь шла о блефе с китайской стороны.

В этой связи интересно вспомнить о существовании аналитической записки некоего Юй Цзинчжао, датированной 20 августа 1929 года, которая была передана Ван Чжэнтину. Записку обнаружил китаевед Василий Крюков в Архиве Министерства иностранных дел на Тайване. В. Крюков считает, что эта записка была положена «под сукно» и не оказала заметного влияния на практические шаги гоминьдановского правительства в конфликте. Поскольку этот документ сам по себе очень любопытный и хронологически совпадет по времени с наступательным заявлением Ван Чжэнтина, остановимся подробнее на его содержании.

Юй Цзинчжао указывал гоминьдановскому правительству, что пассивность в действиях, наступившая после неожиданно резкого для Нанкина ультиматума Карахана, противоречит принципу «революционной дипломатии». Автор записки считал, что в условиях потенциальной опасности применения военной силы Москвой для разрешения конфликта, самым разумным выходом было бы сработать на опережение и объявить СССР войну.

Юй Цзинчжао обосновывает свой план по трем аспектам: армия, экономические возможности Китая, поддержка со стороны международного сообщества.

Анализируя соотношение военных сил СССР на Дальнем Востоке и Китая в ТВП, Юй делает вывод, что китайские авиация и флот в регионе по численности не уступают советским, но хуже оснащены. Однако это восполняется численным превосходством сухопутных сил — китайская армия, расквартированная в Маньчжурии, насчитывала 200 тысяч человек. По мнению Юй Цзинчжао, она могла быть усилена за счет подразделений из внутренних районов страны. Автор записки считал возможным использовать более миллиона солдат, которые подлежат демобилизации в соответствии с программой реорганизации и сокращения численности армии. Юй предложил отправить этот контингент в Маньчжурию, отметив, что после окончания боевых действий солдат можно оставить в регионе в качестве военных поселенцев.

Рассматривая экономическое положение Китая и СССР, Юй отметил, что после революции экономика СССР пришла в упадок. НЭП не смог исправить положение, и поэтому СССР не в состоянии вести затяжную войну. С его точки зрения, Китай находится в лучшем положении. Даже в условиях затяжной войны и усиления налогового бремени, движимое чувством патриотизма население, будет готово вынести экономические тяготы противостояния.

Юй Цзинчжао отмечал, что мировое сообщество благосклонно относится к Китаю. СССР же находится в состоянии политической изоляции, абсолютное число мировых держав, за исключением Германии, не имеет дипломатических отношений с СССР. Действия китайского правительства по национализации КВЖД вызвали негативную реакцию у некоторых держав из-за боязни создания прецедента, угрожающего и их собственным позициям. Заявление о том, что национализация КВЖД направлена не на аннулирование прав собственности СССР, а вызвана стремлением устранить красную пропаганду в Китае, позволит, по мнению Юя, успокоить державы.

Суммируя свой анализ, автор записки делает вывод, что в случае объявления войны Советскому Союзу со стороны Китая, преимущество будет на китайской стороне. Победоносная война против СССР позволила бы не только национализировать КВЖД, но и решить проблему пересмотра неравноправных договоров. Нарушение границы советскими войсками дают повод Китаю для объявления войны.

При разработке плана военных действий Юй предлагал учитывать три важных момента. Первые два — это способность вести войну в зимних условиях и готовность Китая развернуть боевые действия на протяжении всей границы, включая Синьцзян и Монголию. Третий момент — учет позиции руководства Трех Восточных провинций. Они склонялись к решению проблемы мирным путем, поскольку считают, что и победа, и поражение могут быть в одинаковой степени невыгодны Маньчжурии. После победы центральное правительство могло бы попытаться использовать присланный воинский контингент для укрепления своего влияния. Юй Цзинчжао советовал Нанкину заранее объяснить Мукдену, что, в случае победы, гоминьдановские войска будут использованы в Монголии, а не расквартированы в Маньчжурии. Юй Цзинчжао отдельно упомянул о том, что Чжан Сюэлян не планировал наступательных военных действий против СССР, однако, сама записка явилась неприкрытой критикой нерешительности и практического пацифизма Чан Кайши. Глава гоминьдана неоднократно обращался к Чжан Сюэляну, требуя сохранять решительный тон в официальных заявлениях, но при этом воздерживаясь от действий на границе в ответ на военные демонстрации СССР. Весь июль и август Нанкин занимал выжидательную позицию и призывал Мукден избегать военных столкновений

Анализируя эту записку, Василий Крюков отметил, что, по его мнению, этот документ никак не был использован в планировании гоминьдановской политики и был просто положен «под сукно».

Мы должны, однако, понимать, что, реконструируя процесс принятия решений той или иной стороной конфликта, мы сталкиваемся не с объективной, а с воображаемой реальностью. Разновекторность декларативной решительности Мукдена и Нанкина и их «практического пацифизма» могли быть просто неправильно интерпретированы Москвой. Здесь играли роль многочисленные факторы — случайный комбинаторный набор фактов о противнике, добытый разведкой, намеренная дезинформация противников со стороны заинтересованных держав по различным каналам, проблемы неразвитости коммуникаций, недостаточное понимание специфики политической ситуации в Китае, неадекватность восприятия культурных кодов противника. И, наконец, склонность выдавать желаемое за действительное, культивируемая идеологическими установками сталинской России. К сожалению, закрытость ведомственных российских архивов не дает нам возможности проанализировать весь набор аргументационной базы советской внешней политики, наше знание еще очень долго будет оставаться относительным. Более того, засекреченность целого пласта документов при наличии определенного количества ведомственных историков, имеющих доступ к тем или иным источникам, но не имеющим права публично их цитировать, создали культуру бессылочного анализа. Поэтому без доступа к этим массивам документов независимому историку трудно проверить, действительно ли сталинское руководство в процессе принятия решений получило по каналам разведки одновекторную, маргинальную информацию и возвела ее значение в абсолют, либо читатель имеет дело с идеологическими заклинаниями пропагандистской направленности. Как бы то ни было, вне зависимости от того, планировал ли Чжан Сюэлян наступательную войну против СССР, или нет, вопрос стоял в другой плоскости — насколько сама Москва в июле—августе 1929 года была уверена в возможности такой пугающей для себя перспективы?.

Вернемся, однако, к реконструкции событийной ленты.

23 августа 1929 года министр иностранных дел Японии встретился с послом СССР в Токио Трояновским, а на следующий день — с китайским посланником. Япония пыталась взять на себя роль посредника в конфликте, ей не хотелось создавать прецедент вмешательства держав в железнодорожные вопросы в Маньчжурии.

Однако обе стороны — и Китай, и СССР пока не были готовы пойти навстречу друг другу.

25 августа в беседе с британским консулом Эвелингом китайский министр иностранных дел Ван Чжэнтин повторил свою прежнюю позицию. Китайская сторона настаивала, что о восстановлении предшествующего конфликту статус-кво не может быть и речи. На постах управляющего КВЖД и его заместителя должны находиться китайцы, осуществляющие полный контроль за функционированием дороги. Эвелинг сообщал, что Ван Чжэнтин был убежден в устойчивости китайской аргументации, поскольку Мукден и Нанкин преодолели свои противоречия и выступали единым фронтом. Ван был уверен, что русские не имеют желания воевать за КВЖД, а если это даже и произойдет, то войска Трех Восточных провинций сумеют противостоять Красной Армии. Эвелинг обсуждал ситуацию с германским военным атташе, который тоже поддержал мысль об абсурдности предположений о подготовке СССР к военным действиям в Маньчжурии. Однако Эвелинг считал, что оптимизм Нанкина безосновательен. Германский посол в Нанкине сообщил Эвелингу, что русские не изменят свою позицию. Эвелинг телеграфировал в Пекин, что Ван Чжэнтин в разговоре с ним высказал новое предложение китайской стороны русским: Китай согласен дать СССР возможность «сохранить лицо» и не будет возражать против назначения нового управляющего на КВЖД, но с условием, что он будет занимать должность номинально.[352]

26 августа 1929 года, в беседе с японским министром иностранных дел, посланник Китая в Токио сообщил ответы нанкинского правительства на японские вопросы от 20 августа.

Китай не будет возражать против вмешательства держав в конфликт на КВЖД, если это позволит избежать военного столкновения, однако проблема должна быть решена непосредственно Китаем и СССР, как подписантами соглашения 1924 года.

Нанкинское правительство считает, что Китай имеет право считать договор 1924 аннулированным, поскольку Москва не соблюдает его условия. Китайская сторона не ставит сейчас вопрос о денонсации договора и согласна на то, чтобы по рекомендации Совета директоров на должность управляющего КВЖД был назначен русский. Китайцы не согласны, тем не менее, обсуждать его кандидатуру с правительством СССР. Сидэхара критически отнесся к китайской позиции, заявив, что Нанкин слишком много внимания уделяет условиям назначения управляющего КВЖД.[353]

Японцам все-таки удалось повлиять на китайцев — в этот же день японский посол в Вашингтоне довел до сведения Госдепартамента США, что китайская сторона, в принципе, согласилась принять условие о восстановлении статус-кво на КВЖД.[354]

Так же, 26 августа, Ван Чжэнтин сообщил представителям прессы, что Китай будет соблюдать условия соглашения 1924 года, и что Нанкин и Мукден действуют согласованно «одной командой».[355]

28 августа британский посол в Токио, ссылаясь на информацию японского замминистра иностранных дел Ёсидзава, еще раз обратил внимание, что русские продолжают настаивать на назначении Москвой управляющего, как условии начала переговоров и не согласятся на назначение его Советом директоров.[356]

В прессе появилось сообщение, что Москва готова к официальным переговорам с Китаем, если нанкинское правительство пойдёт на назначение советского управляющего на КВЖД.[357]

Сталин твёрд, но согласен на переговоры

Вечером 28 августа 1929 года Товстуха отправил шифровку Сталину в Сочи, содержавшую предложенный нанкинским правительством текст совместной декларации по КВЖД. В шифровке отмечалось, что 27 августа германский посол Дирксен передал советскому Наркоминделу Литвинову вербальную ноту, вручённую китайской миссией в Берлине с приложением вышеупомянутой декларации.

Предложения Нанкина, изложенные в шифровке Сталину, состояли из четырёх пунктов.

В первом пункте отмечалось, что обе стороны заявляют о своей готовности урегулировать все спорные вопросы в соответствии с советско-китайским соглашением 1924 года. В том же пункте фиксировалась также готовность сторон разрешить вопрос об условиях выкупа КВЖД в соответствии с 9 статьёй Пекинского соглашения. СССР и Китай должны были немедленно определить уполномоченных представителей на конференцию, на которой были бы намечены пути решения обозначенных выше вопросов.

Второй пункт фиксировал согласие обеих сторон в том, что возникшее после конфликта положение на КВЖД должно быть изменено в соответствии с Пекинским и Мукденским соглашениями 1924 года по тому плану, как это будет предусмотрено вышеназванной конференцией.

В третьем пункте отмечалось, что *«советское правительство рекомендует нового управляющего и нового помощника управляющего на КВЖД»*, которые будут назначены Правлением КВЖД. Кроме того, подчёркивалось, что *«советское правительство проинструктирует железнодорожных служащих КВЖД советской национальности строго соблюдать условия, содержащиеся в статье 6 соглашения 1924 года».*[358]

В четвёртом пункте проговаривалось обязательство СССР и Китая «немедленно» освободить всех арестованных после 1 мая 1929 года, если этот арест был связан с инцидентом на КВЖД.

29 августа 1929 г., к двум часам дня, Сталин подготовил Молотову шифровку со своей правкой китайских предложений, которая была отправлена в 16.10. Наибольшие возражения у советского вождя вызвал третий пункт предлагаемой совместной декларации. Сталин записал: *«Третий пункт оправдывает незаконные действия дубаня, исключает восстановление «статус-кво» и взваливает на нас всю ответственность за конфликт. Поэтому декларация неприемлема».*[359]

Сталин потребовал, либо восстановить полностью старый состав Управления и Правления КВЖД, либо, если китайская сторона не желает продолжать работу с Емшановым и Эйсмонтом, Сталин рекомендовал немедленно сместить и заменить другим лицом китайского дубаня, председателя Правления, *«как главного захватчика и нарушителя статус-кво».* По его мнению, раньше всего должно быть восстановлено Правление, которое *«разгромлено китайцами и где нет больше русских».* Этот орган и должен формально утверждать все назначения. *«Если исходить из советско-китайского соглашения,* — уточнял Сталин,

— сейчас нет на КВЖД никакого правления. Без правления ничего не выйдет».

Далее Сталин записал: «*Суть дела сводится к тому, что китайцы вынуждены пойти на уступки и склоняются в пользу выкупа дороги. Но дорога не будет представлять большой ценности, если она перестанет быть транзитной. Значит, многое зависит здесь от нас и от соглашения с нами. Значит, у нас есть ещё один аргумент в пользу того, чтобы быть твёрдыми до конца и последовательными*».[360]

Последняя фраза была добавлена Сталиным, когда он переписывал начисто текст с черновика.

В черновом варианте содержался пассаж, который не вошёл в окончательный текст, переписанный начисто самим Сталиным и потом отправленный в Москву: «*Конференцию открыть лишь после прибытия наших людей на КВЖД и фактического восстановления органов КВЖД*».[361] Это произошло, по-видимому, непреднамеренно. Черновик шифровки Сталин стал писать на втором листочке телеграммы, полученной от Товстухи, и когда на этом листе ему не хватило места для второй части предложения, генсек дописал своё предложение в верхнем углу первого листа телеграммы Товстухи. Видимо поэтому, при переписке текста начисто, фраза о невозможности созыва конференции до возврата к делам советской части правления дороги, была генсеком пропущена. Запомним этот факт, он через некоторое время сыграет свою роль.

В тот же день, 29 августа 1929 года, в 19.40, Сталин получил ответную шифровку от Молотова, который информировал генсека о состоявшемся заседании Политбюро и в общих чертах о содержании документа по поводу ситуации на КВЖД, который был на нём принят.

В шифровке отмечалось, что из текста переданной Дирксеном декларации советской стороной Политбюро утвердило без изменений все пункты, кроме третьего. Третий пункт Политбюро решило принять в следующей формулировке: «*Советское правительство рекомендует управляющего и помощника управляющего на КВЖД, которые будут немедленно назначены правлением дороги. Советское правительство проинструктирует железнодорожных служащих КВЖД, являющихся гражданами СССР, а китайское правительство — свои местные власти и их органы, чтобы они строго соблюдали условия, содержащиеся в статье шестой соглашения 1924 года*».[362]

Молотов также сообщал Сталину о передаче Дирксену устного сообщения о том, что советское правительство готово согласиться на нового управляющего и нового помощника управляющего на КВЖД с советской стороны, если будет назначен новый председатель КВЖД (дубань). При этом СССР трактовал поправку о немедленном назначении управляющего и его помощника под таким углом зрения, что эти должности должны быть замещены не после подписания текста декларации, а одновременно с этим подписанием.[363] Китаю, также, через Дирксена предлагалось начать переговоры о КВЖД в Москве 15 сентября 1929 года.

Полный текст постановления Политбюро поступил к Сталину позже, через фельдъегерскую службу.

Помимо упомянутой корректировки третьего пункта декларации, Политбюро приняло ряд некоторых других решений. В частности, был определён протокол, определявший условия созыва конференции между Москвой и Нанкином. Предполагался следующий порядок обмена декларациями — один экземпляр, подписанный советским правительством в Москве, вручался германскому послу для обмена в Берлине на экземпляр, завизированный уполномоченным китайского правительства в Германии.

Кроме того, Политбюро поручило комиссии в составе Сулимова, Карахана и Кагановича в течение 2-х дней выдвинуть кандидатуры на должность управляющего КВЖД и его помощника, а также наметить кандидатов для советской части правления КВЖД. Другой комиссии, которая должна была действовать в строго конспиративном порядке и состояла из Карахана, Литвинова, Сулимова, Кубяка и Пятакова (с заменой Аркусом), было поручено начать подготовительную работу для предстоящей конференции. Кроме вышеназванных мер дипломатического порядка Политбюро, по-видимому, предполагало использовать силовое давление для достижения нужного СССР результата. Во всяком случае, один из пунктов постановления поручал комиссии, в её состав кроме замнаркоминдела Карахана входили также представители силовых структур — Уншлихт и Трилиссер, *«обсудить меры, которые необходимо провести в связи с предстоящей конференцией».*[364]

Создавалось впечатление, что Политбюро, несмотря на все оговорки, взяло курс на поддержку идеи о созыве конференции. Видимо, в связи с таким впечатлением от постановления (вспомним — Сталин требовал в черновике шифровки Молотову возврата советских представителей к выполнению своих обязанностей на КВЖД в качестве условия для согласия СССР на её проведение), у генсека сложилось мнение, что Политбюро отступило от его директив.

Молотову пришлось оправдываться.

Поскольку сталинскую шифровку из Сочи о КВЖД Молотов получил уже после состоявшегося заседания Политбюро, он отправляет генсеку 2 сентября в 20.30 вечера разъясняющее ситуацию письмо.

«Твое письмо от 29 августа получил. О КВЖД вышло не так, как ты понял, а целиком в духе твоих соображений, хотя мы принимали решения до получения твоей телеграммы от 29 августа. В письменном ответе мы не согласились менять нашего Управляющего. «Устное» согласие поставили в прямую зависимость от перемены Дубаня. Думаю, что, ознакомившись с сообщением НКИД от 30 августа согласишься, что мы поступили правильно».[365]

Сталин уже через час телеграфирует обратно: *«Ознакомился с сообщением НКИД и убедился, что ты совершенно прав. В среду получишь моё письмо на этот счёт. Недоразумение разъяснено полностью».*[366]

Разведупр и китайские военные планы

Несмотря на то, что основной вектор советской реакции на конфликт по поводу КВЖД пока формировался по линии мирного урегулирования, военная разведка РККА не упускала из виду возможности развития событий по линии военной конфронтации.

24 августа 1929 год 4 Управление Штаба РККА отправило начальнику Штаба РККА Б.М. Шапошникову доклад «Соображения об оперативном использовании китайских войск против СССР». Упоминание об этом документе содержится в книге Е. Горбунова «Сталин и ГРУ». Нам не удалось получить доступ к тексту этого доклада в архиве, чтобы прояснить возникающие в его связи вопросы. Например, не до конца понятно, не был ли этот документ в большей степени всего лишь тактическим ходом военных разведчиков, желающих улучшить свои позиции по сравнению с другими подразделениями ведомства в условиях дискуссий о распределении бюджета на 1930 год. О такой возможности упоминает и сам Горбунов. Бросается в глаза, что доклад датирован 24 августа, но в то же время речь в нем идет об августе как о месяце возможного наступления китайцев, хотя до конца месяца остается всего неделя. Как бы то ни было, но этот доку-

мент содержит важную информацию Разведупра, и поэтому на нём следует остановиться подробнее.

В разделе «Политические условия возможного военного выступления Китая против СССР» доклад отмечал, что основным условием, которое определяло вероятность вооруженных акций Китая против СССР в августе 1929 года была *«возможность контакта и согласованных действий между Мукденом и центральным правительством Китая в Нанкине, а также позиция Японии»*. По мнению Разведупра, несмотря на оформление военного и политического альянса Нанкин-Мукден Чжан Сюэлян по-прежнему считал себя независимым правителем Трех Восточных Провинций. Советская военная разведка не фиксировала каких-либо крупных передвижений мукденовских войск к границам СССР в момент создания доклада и полагала, что Чжан таким внешним миролюбием пытается обезопасить себя от возможного вторжения нанкинских войск в Маньчжурию.

Последний тезис из доклада Четвертого Управления удивительно перекликается с идеями аналитической записки Юй Цзинчжао, датированной 20 августа 1929 года, которая была передана нанкинскому министру иностранных дел Ван Чжэнтину. Вспомним, что Юй Цзинчжао упоминал в ней отсутствие у Чжан Сюэляна плана наступательных военных действий против СССР и критиковал беззубую реакцию нанкинского гоминьдана. Создаётся впечатление, что этот «неважный» китайский документ был перехвачен советской военной разведкой и послужил основой для доклада Разведупра. Тогда стали бы объяснимыми и хронологические шероховатости доклада, анализирующего вероятность будущего наступления китайцев в августе за неделю до конца этого месяца.

Вывод об отсутствии непосредственной военной угрозы со стороны Чжана, зафиксированный агентурой военной разведки, повлиял на судьбу документа.

Начальник Генштаба Шапошников, ознакомившись с «Соображениями» переадресовал этот документ начальнику Оперативного управления для сведения и учета при текущем планировании.[367]

Посредничество Германии и Японии

Пока московское политическое руководство было занято отработкой практической реализации идеи советско-китайской конференции, самоназначенные державы-посредники — Япония и Германия — пытались оказать воздействие на ситуацию конфликта по собственным каналам.

30 августа японский министр иностранных дел Сидэхара принял советского посла в Токио Трояновского и задал последнему вопрос, согласится ли Москва на открытие переговоров в случае, если Китай не будет возражать против назначения русского управляющего КВЖД. С точки зрения Сидэхара, это было достойное предложение.[368] Однако его советы не падали на благодатную почву. Сталин противился вмешательству японской стороны. Москва искренне считала, что Япония не может быть непредвзятым наблюдателем и советчиком в маньчжурских делах.

Иная ситуация складывалась в отношении возможного посредничества со стороны Германии.

31 августа 1929 года Чан Кайши обсудил с Ван Чжэнтином ситуацию вокруг конфликта на КВЖД. Нанкинское правительство поручило посланнику Китая в Берлине Чжан Цзобиню принять участие в предварительных переговорах с русскими.

2 сентября Ван Чжэнтин заявил, что советские дипломатические акции направлены на вбивание клина между Нанкином и Мукденом. Министр опроверг сообщение о том, что Китай согласен на смещение нынешнего председателя Совета директоров КВЖД.[369]

3 сентября появились слухи о том, что китайский посланник в Германии Чжан Цзобинь может встретиться в Женеве с Литвиновым.[370] Германское посредничество постепенно становится реальным фактом.

Появлялись свидетельства, что Мукден все больше начинает тяготиться затянувшейся кризисной ситуацией — дорога обеспечивала некоторые финансовые поступления правительству Трех Восточных провинций, которые теперь неуклонно сокращались.

Днем раньше, 11 сентября 1929 года германский посол в Москве высказал мнение, что Нанкин в меньшей степени заинтересован в скорейшем разрешении конфликта, чем Чжан Сюэлян.[371]

Москва это тоже понимала, однако и она не могла в полной мере контролировать действия своих эмиссаров в Северной Маньчжурии и на Дальнем Востоке. Кризис на КВЖД приобретал собственную динамику на региональном уровне.

«Харбинский рубеж»: горячее лето 1929 года

«Борьба за портфели»: Генконсульство против СМК

Несмотря на однозначную позицию Бюро Далькрайкома по вопросу о разделении властных прерогатив в области подпольной работы в Северной Маньчжурии, продемонстрированную решениями 9 июля 1929 года, личностный конфликт среди руководителей советской колонии в Харбине ослабить не удалось. Более того, он разгорелся с новой силой. По одну сторону границы, в Хабаровскве, высланные из Харбина бывшие профсоюзные лидеры Степаненко и Иванащенко, распространяли в адрес вновь избранной «тройки СМК» во главе с «Максом» обвинения в некомпетентности, моральном разложении, склочничестве, протекционизме и даже предательстве.

С другой стороны, в Харбине, генконсул Борис Мельников не желал выполнять решения Далькрайкома о передаче всех руководящих функций в области подпольной работы «тройке» СМК. Он пытался изолировать нового руководителя СМК Яна Кульпе — «Макса» от проходящих через генконсульство и правление КВЖД потоков информации. «Борьба за портфели» не благоприятствовала оптимальному решению сложных задач, которые стояли перед советской колонией в Северной Маньчжурии.

Трения во взаимоотношениях между генконсулом и СМК, не в последнюю очередь, возникали из-за того, что Бюро СМК, в отличие, например, от партячейки консульства, формально не было связано с генконсулом отношениями подотчётности. Бюро в Харбине было подчинено Далькрайкому в Хабаровске, который через СМК должен был направлять и координировать партийную работу в Северной Маньчжурии. Вмешательство Далькрайкома в те или иные процедуры партийной работы СМК вызывало недовольство генконсула, усматривавшего в этом стремление дальневосточных властей руководить внешнеполитической деятельностью в приграничной к Далькраю Северной Маньчжурии.

По поручению структур Далькрая, СМК часто выполнял и задачи информационно-разведывательного характера. Поэтому чёткой границы между «партийной» работой СМК, направленной на повышение степени советского влияния в Северной Маньчжурии и деятельностью советского консульства, учитывая специфику советской внешней политики в Китае, провести было практически невозможно.

Так же были стёрты грани между задачами «хозяйственной», «партийной» и «дипломатической» работы на КВЖД. Дорога являлась главным приоритетом СССР в Северной Маньчжурии, и вокруг неё, в значительной степени, строилась вся внешняя политика в Северном Китае. Постоянные конфликты и нестыковки интересов были неизбежны.

Разногласия в Харбине между консульством, Бюро СМК и Правлением дороги проявлялись из-за сфер влияния, характера связи, степени подчинённости и уровня отчётности и этих институтов перед вышестоящими (ЦК, Оргинстр, БЗЯ) и региональными (Далькрайком) партийными органами.

В долгосрочной перспективе такие постоянные выяснения отношений понижали эффективность советского присутствия в Маньчжурии, как в экономическом, так и политическом плане.

Во-первых, эта борьба связывала и распыляла большое количество энергии и ресурсов. Во-вторых — недостаточная артикулированность нормативных каналов политической коммуникации приводила к разорванности информационных цепочек и вносила элементы хаоса в иерархию управления. В-третьих, она сводила на нет усилия по повышению конспирации. Последнее, в условиях репрессий со стороны китайских властей и активной деятельности антибольшевистских эмигрантских организаций, приводило к катастрофическим последствиям для всей структуры институтов советского влияния в Северной Маньчжурии.

Из отдалённой по времени перспективы очень трудно отделить семена от плевел в потоке взаимных обвинений и найти правых или виноватых. В «белых перчатках» не действовал никто из участников этих событий. Так, например, как выясняется из архивных документов, секретарь СМК «Макс» даже не стал дожидаться ответа Далькрайкома на своё предложение об отзыве Степаненко и Иванащенко из Харбина, посланное в начале июня в Хабаровск, а просто проинформировал «пострадавших» о необходимости отъезда, как уже о решённом в высших инстанциях факте.

В своих воспоминаниях Иван Степаненко отмечал, что приблизительно через две с половиной недели после заседания СМК, где был учреждён новый состав Бюро, он и его заместитель Иванащенко, были проинформированы новым секретарём парторганизации «Максом» и председателем СПС Кириченко об отзыве в Хабаровск в распоряжение Далькрайкома. В период сдачи Степаненко дел по профсоюзу в Харбине произошло чрезвычайное происшествие: 4 июля член Правления Чухманенко покончил жизнь самоубийством. Правление дороги попросило Степаненко, как отозванного в СССР, сопроводить тело Чухманенко до Хабаровска, куда профсоюзный лидер прибыл 7 июля 1929 года.

В Далькрайкоме на вопрос Степаненко о причинах отзыва из Харбина, последнему было сказано, что отзыв имел *«предупредительный»* характер. Отправка в СССР должна была предотвратить возможный арест профсоюзных лидеров китайской полицией. Приехавший чуть позже из Харбина Иванащенко сообщил Степаненко, что на самом деле причины откомандирования в Хабаровск имели иную причину. Оказалось, что вновь избранный Секретарём СМК «Макс» отправил в Далькрайком ложную информацию о пьянстве профсоюзных лидеров и их неподчинении распоряжениям СМК и СПС. Степаненко объяснял наветы в свой адрес, стремлением нового секретаря СМК к полной власти в парторганизации. Бывший профсоюзный лидер писал: *«Действительная же причина нашего отзыва — желание «Макса» остаться единственным бесконтрольным представителем партии на КВЖД. Исключительно поэтому, если ещё не из худших соображений, Макс постарался избавиться от меня, как от члена Бюро партийного комитета, а от Иванащенко, как от кандидата в члены Бюро...Исполнив это, Макс взялся за последнего кроме него члена Бюро СМК т. Цюцюру. С последним пришлось ему ещё легче расстаться — тов. Цюцюра вскоре сошёл с ума, затем немного поправившись, вновь заболел тифом, и будучи арестован — умер в концентрационном лагере в Харбине».*[372]

Ссылаясь далее на информацию позже приехавших с КВЖД тов. Федоренко и Безпалова, Степаненко назвал «Макса» виновным в разгроме партийной организации в Северной Маньчжурии. Будто бы, из-за действий «Макса» во время компании «самоувольнения» весь партийный состав работников КВЖД был сразу же выявлен полицией.

11 июля 1929 года, вслед за новым витком эскалации на КВЖД, когда китайцы захватили сначала телеграф, а потом и всю железнодорожную линию, Бюро СМК издало директиву о «самоувольнении» персо-

нала дороги. По замыслу создателей эта мера должна была парализовать работу КВЖД. Директиву Бюро выполнили, прежде всего, члены партии. Таким образом, по мнению Степаненко, активные партийцы расконспирировали себя перед полицией. Уже через два дня, когда стала ясна абсурдность директивы, СМК постановил прекратить практику самоувольнений. Уволившимся было рекомендовано поступить на работу обратно, однако обратно восстанавливать их в должности правление КВЖД не торопилось. Степаненко фактически назвал «Макса» провокатором.

Он писал в этой связи: «*Большинство самоуволившихся заключено было в Сумбейском лагере, а часть выслана, более того, был пущен слух, официально подтверждённый Максом о занятии (станции) Пограничной и (станции) Маньчжурии, а через день-два и Харбина Красной армией, при этом предлагалось приготовить, у кого какое имеется спрятанным оружие, чтобы по сигналу с электростанции быть готовым к выступлению. На второй день, после дачи таких указаний, был поставлен китайцами сменный караул возле гудка на электростанции. В общем информация этих товарищей также по содержанию, какую делал тов. Федоренко на фракции ЦК железнодорожников, заставляет делать предположение — или там сидит и руководит партийной работой человек явно ненормальный, или...или...*[373] *это уже ничем не прикрытая провокация»*.[374]

По мнению Степаненко, «ненормальные отношения» в высшем руководстве советского «партийно-хозяйственного актива» в Северной Маньчжурии установились задолго до конфликта.

Добавляя аргументы возмущённым членам Политбюро, охарактеризовавшим факт заседания СМК в помещении консульства как «преступление» и грозившим в Борису Мельникову «военным судом», Степаненко подробно рассказал о взаимоотношениях сотрудников консульства с Бюро СМК и Правлением КВЖД в Харбине. Хотя подобные свидетельства вряд ли можно рассматривать как заметки бесстрастного очевидца, их ценность для историка уникальна. Они помогают взглянуть на ситуацию конфликта изнутри и «по горячим следам».

Уже из первых строчек записок Степаненко ясно, что СМК имел при Мельникове «постоянную прописку» в здании консульства. Бывший профсоюзный лидер называет СМК не больше-не меньше — «*наша осведомительная организация третьего этажа в Северной Маньчжурии*». Подразумевая под этим, что Бюро СМК в Харбине действительно имело свой кабинет, располагавшийся в здании советского консульства на третьем этаже. Степаненко употребляет в отношении СМК словосочетание «осведомительная организация», и повторяет его в записке многократно. Бывший лидер легального профсоюза на КВЖД, тем самым дает нам понять, что самой главной задачей СМК являлась информационно-разведывательная деятельность.

Степаненко останавливается на взаимоотношениях консульства с Северо-Маньчжурским комитетом ВКП(б), характеризуя их, как *«не вполне нормальные»*. И уточняет, в чем заключалась эта «ненормальность»: *«Со времени вступления тов. Мельникова на пост Генерального консула имели место факты, когда консульство в лице тов. Мельникова самым грубым образом игнорировало решения Партийного Комитета, давая в противовес решениям последнего свои распоряжения. Кроме того, со стороны тов. Мельникова наблюдались тенденции внести раскол в среду членов Комитета путём близкого приближения к себе некоторых из них, показывая другим своё явное недоброжелательство»*.[375] Эти обстоятельства, по свидетельству Степаненко, вынудили Бюро СМК специально обсудить вопрос о взаимоотношениях с генконсулом на одном из заседаний. Бюро вынесло решение, предлагавшее Оргвотделу СМК написать письмо в Москву в БЗЯ, с просьбой *«указать консулу на неправильность взятой им линии»*.[376]

Характеризуя отношения консульства с советской частью Правления и Управления КВЖД, Степаненко отмечал, что и в этом случае также преобладающую роль играли личные симпатии и антипатии генконсула. Профсоюзный лидер вспоминал: *«Были и там «хорошие» члены правления, и агенты Управления дороги, ведущие семейное знакомство с консулом и крайне отрицательные. К первым из работников Правления дороги относились тов. Чиркин, тов. Председателя правления дороги, утративший всякую самостоятельность и всецело попавший под влияние консула, и члены Ревизионного комитета дороги тов. Словецкий, Знаменский и Козюра, проводившие всё своё свободное время в семейном кругу консула и пользующиеся всецело его покровительством»*.[377]

К «пасынкам», по мнению Степаненко, относились член Правления дороги Чухманенко, управляющий дороги Емшанов, начальник службы общих дел тов. Князев, агент дороги Шуб. Особой ненавистью консула и его группы пользовались Чухманенко и Князев. В отношении этих лиц, утверждает Степаненко, *«принимались всевозможные способы ущемления, переходящие иногда в открытую травлю»*.

Он подчёркивает: *«Все имеющие своё мнение, инициативу и моральные устои, сразу же при соприкосновении с т. Мельниковым впадали в немилость. Они ставились под подозрение, за ними следили, пускали всевозможные порочащие слухи, старались так или иначе дискредитировать и наоборот — все подхалимствующие, способные лишь на склоку, подсиживание и знание хода с кухни — пользовались полным вниманием и покровительством. Все их поступки крайне безобразного характера, дискредитирующие советскую общественность, тщательно замазывались. О них чрезмерно заботились в материальном отношении путём устройства ненужных командировок, совмещая таковые с отпусками и т.д. и т. п.»*[378]

Далее Степаненко приводит многочисленные факты злоупотреблений и моральных проступков вышеназванных работников, на которых мы не будем подробно останавливаться, чтобы не перегружать картину излишними деталями.

Интересна, однако, характеристика, данная Степаненко одному из «противников» генконсула Мельникова — управляющему дорогой Емшанову. В этой характеристике отмечалось, что Емшанов *«являлся почти единственным из наших советских администраторов, который умело и твёрдо проводил советскую политику в Северной Маньчжурии, и который пользовался авторитетом как со стороны коммерческих, так и официальных кругов».*[379] Со стороны Емшанова, по отзыву Степаненко, профсоюзы КВЖД встречали всегда внимательное отношение, благодаря чему им удавалось успешно решать вопросы, связанные с охраной труда, технической безопасностью и нормированием труда. Отношения Управляющего дорогой Емшанова и генконсула Мельникова, Степаненко охарактеризовал как очень напряжённые. *«Он* [Емшанов. — М.Ф.]... *старался лавировать, быть нейтральным, но или неумение, или характер занимаемого поста, не позволили долго проводить такую линию. Даже его архиспокойный характер не выдержал, когда он столкнулся с тенденцией тов. Мельникова обезличить и его, не только в политическом, но и в чисто хозяйственно-распорядительских вопросах».*[380]

Все эти имеющие длительную историю внутрихарбинские личностные разногласия ещё больше обострились в условиях конфликта.

3 августа 1929 года секретарь СМК Кульпе, он же — «Макс», пишет драматичное письмо в Далькрайком. Содержание письма свидетельствовало о том, что произошло заметное усиление репрессий со стороны китайских властей по отношению к просоветски настроенной рос-

сийской эмиграции и советским представителям. Кроме того, Хабаровску становилось ясно, что личностная конфронтация по вопросу о лидерстве среди представителей советской верхушки в Харбине не только не ослабла, а достигла точки кипения. Это письмо написано не в товарищеско-личностном тоне, как это имело место в ранней переписке Кульпе и Перепечко, а в духе официального доклада членам Далькрайкома в Хабаровске.

«Макс» писал: *«Дорогие товарищи! Сейчас у нас такое время, что мне с Вами можно не увидеться совсем, или засев в тюрьму увидеться очень нескоро. Поэтому я хочу Вам описать некоторые события. Моё письмо согласовано со всей тройкой. Часть вопросов я уже перед Вами освещал, поэтому я не буду затрагивать того, что говорилось раньше. Все наше положение усугубляло то, что наша головка разложилась и потеряла всякую классовую сущность. Эти люди решили, что только они могут и в состоянии разрешить все вопросы, которые здесь перед нами возникали. Что только они могут дать правильную оценку происходящим событиям. Что все остальные массы, профсоюзы, партия — придаток, и придаток в здешних условиях совершенно ненужный, мешающий работать. Отсюда полный отрыв от общественности, неверие в силы рабочего, игнорирование наших больших массовых организаций. Они считали, что все эти организации разложились, распались, и весь пуп земли держится только на них. Отсюда и поведение во время конфликта. Вы меня спрашивали об инциденте с Чухманенко, я не успел Вам ввиду перерыва сообщений ответить. Да, Вы правы, Чухманенко травился самым гнуснейшим образом. Такой гнусной травли я никогда не видел».*[381]

«Макс» оправдывается, что сам был не в состоянии повлиять на ситуацию, поскольку лидеры советской колонии убеждали его, что он провален и не должен появляться в публичных местах. И продолжает: *«А в то же самое время Емшанов со Степаненко (вот кто действительно был провален) проводят ночь в «Солнце», в своих пьяных разговорах проваливают нашу линию поведения на КВЖД, их выводят оттуда под руки, усаживают в роскошные лимузины КВЖД, и они катят в самый похабный бардак «Ница», где устраивают Афинские ночи с бля.. ми. Узнав об этом я опять требую созыва «четвёрки», и наконец через 3–4 дня после этого удостаиваюсь чести быть принятым Мельниковым. Сразу же ставлю в категорической форме вопрос об отъезде Чухманенко. На что получаю ответ: «Не надо нервничать, я тоже на днях получил письмо от Чухманенко. По-моему, это сумасшедший* человек. *Вот сейчас будет четвёрка и обсудим этот вопрос.»* Но уже поздно. *Во время нашего разговора залетают Чиркин и Измайлов и говорят, что Ч(ухманенко) застрелился. Сейчас же составляется телеграмма правительству, о том, что Чухманенко был сумасшедшим, о том, что ему было разрешено уехать в Москву. Эту гнуснейшую ложь я отказался подписать».*[382]

«Макс» указывает на то, что и после такого экстренного случая ситуация в советской колонии не изменилась к лучшему. Он пишет: *«По-прежнему третируется партtroika, по-прежнему везде и всюду эти люди, которые сами разложились, говорят, что в организации и профсоюзах разложение. Несмотря на сгустившуюся атмосферу, правительство точно не информируется о надвигающихся событиях, и только в последний момент накануне захвата телеграфа, даётся более точная информация правительству о событиях и то при некотором напорстве со стороны Мельникова. Ничего не понимаю до сих пор, в чём дело».*[383]

«Макс», по-видимому, всё-таки опасался совсем открыто идти на конфронтацию с генконсулом Борисом Мельниковым. Все обвинения высказывались в несколько скрытой, латентной форме. Тем не менее, совершенно ясно, кто, по мнению автора письма в Далькрайком, несёт ответственность за неудачное развитие политической ситуации в Харбине для советской стороны. Описывая действия генконсула сразу же после событий 27 мая, «Макс» вспоминал: *«Мельников сразу после налёта организовал себе четвёрку в таком составе: он, Чиркин, Емшанов и Берг (Председатель Дальбанка). Берг, по всей вероятности был привлечён для того, чтобы обеспечить себе [Мельникову. — М.Ф.] большинство. Присутствия парткома на четвёрке почему-то все боялись, как чёрт ладана. На четвёрке присутствовали постоянно Измайлов и Кизюра*[384]. *Чухманенко не допускается на эти заседания, после того как узнают, что он имеет хорошие отношения с секретарём парттройки. Ему прямо заявляют, что он имеет связь с людьми, с которыми ему совершенно не надо знаться. С этого же времени и Емшанов, имевший раньше хорошие взаимоотношения с Чухманенко, порывает с ним. Что делает эта четвёрка, какие решения принимает — абсолютно никто не знает. Об этом узнаётся постфактум. По тем распоряжениям и действиям, которые проводят в отдельности каждым из четвёрки по своей линии».*[385]

«Макс» останавливается подробно на анализе событий кампании по «самоувольнению». Однозначно не ясно, кто был автором этой идеи. Предложения об организации массовых самоувольнений железнодорожного персонала на КВЖД в знак протеста против произвола китайских властей, стали поступать как распоряжения Далькрайкома. Они приходили в виде телеграмм в конце июля — начале августа 1929 года.[386] Идея «кадрового саботажа» должна была вынудить китайскую сторону пойти на уступки. Как показал в своих воспоминаниях Степаненко, «самоувольнения» не испугали китайцев, а дали им возможность выявить и изолировать самых активных просоветски-настроенных железнодорожников. «Макс», однако, писавший эти строки в начале кампании самоувольнений ещё не просчитывал всех катастрофических последствий. Напротив, в его письме чувствуется полная уверенность в эффективности акции. «Макс» называет Далькрайком автором идеи самоувольнений.

Макс вспоминает: *«После разрыва дипломатических отношений получается директива о проведении кампаний самоувольнений. Опять неверие в наши силы. Опять рассуждение о том, что ничего не выйдет. Наконец решаем выполнять данную директиву. Мы начинаем её проводить, пошли самоувольнения. А Измайлов, который не соглашается с этим, начинает говорить рабочим, что это провокация. Механические мастерские уволились все. Вообще же уволилось 2000 человек. Это произвело на китайцев впечатление разорвавшейся бомбы. Боясь, что остановится дорога, они сразу же стали прощупывать почву для переговоров. Для нас непонятно, почему поступила директива о прекращении самоувольнений. Имейте в виду, товарищи, что если нужно и Вас это поддержит, то уволятся все паровозные машинисты, поездная прислуга, лоцмана и машинисты Сунгарийского флота. Можем, если надо, провести всеобщую забастовку. Нами проведена к этому большая подготовка, настроение рабочих и общественное мнение на нашей стороне. Не верьте тому, что здесь всё развалилось. При переговорах учитывайте, что у нас внутри Маньчжурии есть ещё силы, которые если надо мы сможем привести в действие для того, чтобы Вас поддержать. Уволятся не только рабочие, но и технический персонал — инженеры. Я боюсь, что Мельников, желая получить реванш за прошлое, сейчас при ведении переговоров скрывает эти факторы от правительства».*[387]

По-видимому, взаимоотношения между СМК и генконсулом обострились в течение июля 1929 года до предела. Мельников не желал мириться с потерей контроля над «территориальной организацией», как от него требовали предписания Далькрайкома. Ситуация, возникшая во взаимоотношениях генконсульства и Бюро СМК после разрыва дипломатических отношений между СССР и Китаем 17 июля, подлила ещё больше масла в огонь. Несмотря на практически уже подтвержденное решение о его скором откомандировании из Харбина, Мельников желал оставить за собой последнее слово.

«Макс» сообщал, что 18 августа 1929 года, на следующий день после разрыва дипломатических отношений между СССР и Китаем, СМК были получены сведения о повальных арестах. Чтобы *«сохранить руководство»*, «Макс» и его заместитель укрылись на *«экстерриториальной квартире»*, в которой провели два дня, руководя из прикрытия деятельностью парторганизации. Однако Мельников и Чиркин за эти два дня санкционировали роспуск «тройки» СМК и организовали новую, в лице Колесникова, Виноградова и Скалкина. В соответствии с решениями Далькрайкома, с формальной точки зрения, генконсул не обладал полномочиями роспуска. Узнав о самоуправстве, «Макс» со своим заместителем явились в консульство, чем вызвали сильное недовольство Мельникова. *«Чего ты лазишь, тебя ведь арестуют!»* — такими словами приветствовал генконсул «Макса».

«Макс» — Кульпе писал в шифровке Далькрайкому: *«Новую же тройку распустила сама организация, исключив всех из бюро ячейки. У меня есть теперь большое подозрение, что история с повальными арестами была выдумана для того, чтобы сменить руководство. В этом меня убеждает и то, что я до сих пор не только не арестован, но ни разу в мою квартиру не являлась полиция. Как-то всё же странно. На каждом шагу нам говорят, что вся наша организация кишит провокаторами, а с другой стороны, как видите, мы ещё живы и надеемся жить».* И далее фраза в письме «Макса»- Кульпе, подчёркнутая жирно карандашом кем-то из руководства Далькрайкома: *«Я хочу только одного, чтобы остаться живым, чтобы возвратясь в СССР вскрыть перед партией всю эту гниль».*[388]

Распоряжение Москвы об отзыве своих дипломатических, торговых и иных официальных представителей в результате разрыва дипломатических отношений с Китаем, в Харбине и на территории Северной Маньчжурии было выполнено только частично. Однако эта ситуация ставила СМК перед необходимостью наладить новые каналы связи с «Большой землёй». В уже цитировавшемся выше письме «Макс» информировал

Хабаровск, что собирается выехать 4 августа на несколько дней в Дайрен, оставив в Харбине руководство СМК на своего заместителя. Он писал: *«В Дайрен я еду для того, чтобы связаться с Вами и получить от Вас директивы. Дайте их через Дайренское консульство».*[389]

Помимо установления новых каналов связи, СМК требовалась срочная помощь Хабаровска по вопросам финансового характера. После выполнения харбинскими коммунистами директивы Далькрайкома о самоувольнениях, китайцы стали выгонять из ведомственных квартир уволенных и самоуволившихся с КВЖД железнодорожников и отказались выплатить последним причитавшуюся зарплату. СМК попытался организовать материальную помощь этим семьям, поскольку пострадали, прежде всего, просоветски настроенные рабочие и служащие. Консульство в Харбине выделило лишь небольшую сумму на эту акцию. «Макс» запрашивал мнение Хабаровска о том, может ли СМК принять предложение некоторых харбинских фирм о предоставлении ему кредита для оказания материальной помощи уволенным. Кроме того, Кульпе интересовался, нет ли у Далькрайкома рычагов, чтобы повлиять на позицию Дальбанка, который не соглашался предоставить кредит кооперативу КВЖД.

И в заключение письма — практически, «крик о помощи»: *«Уехавшие главки бросили всё на произвол судьбы. Мельников не передал нам своих связей. Последних директив правительства не знаем. Информируйте. В полицейском отношении произвол: аресты, избиения, имеются два случая расстрела».*[390]

Информационный хаос: СМК и Далькрайком

Несмотря на утверждения «Макса» о полном контроле ситуации «тройкой» СМК в парторганизации и на КВЖД, у Далькрайкома были основания усомниться в наличии реальных фактов для такого оптимизма. Уже с начала августа в рядах северо-маньчжурской партогранизации, особенно за пределами Харбина, начали проявляться сильные нестыковки в распоряжениях, вызванные сбоями и разрывами в имевшихся ранее информационных цепочках. Так, например, описывала ситуацию на линии КВЖД в августе шифрованная телеграмма[391], присланная в Хабаровск на имя секретаря ДКК Верховых через дайренское консульство за подписью Хатчатурова.[392]

«По поручению Североманьчжурского комитета», Хатчатуров запрашивал Хабаровск о том, кто именно дал директиву о про-

ведении массового самоувольнения и вредительства, поступившую партийной организации с 86 разъезда. Эту директиву передал членам СМК приехавший 4 августа в Маньчжурию некто Гончаров, который, однако, не мог объяснить, кто персонально и какая организация являлась её автором. По причине неясности полномочий Гончарова исполнение директивы было «задержано».

5 августа 1929 года на линию приехал Кравченко и подтвердил, что директива о самоувольнении была предназначена для «Макса» и была передана от имени Далькрайкома неким Крицем. Кравченко утверждал, что директиву о самоувольнениях и вредительстве «надо проводить немедленно, так как это имеет значение при переговорах с Цаем». Поскольку кличка «Макс» на линии была известна, железнодорожники приняли план к реализации и после подготовительной фазы с 6 на 7 августа начали его осуществлять. В самый разгар кампании по самоувольнению на линию опять приехал упоминавшийся Гончаров и предал директиву теперь о прекращении самоувольнений. Представители СМК на линии отправили своего курьера Галкина на границу для выяснения ситуации, который через связного Далькрайкома в Маньчжурии получил подтверждение, что директива о прекращении самоувольнений — провокация. Следующий, посланный СМК для выяснения ситуации курьер привез, однако, на линию директиву Далькрайкома о прекращении самоувольнений за подписью Андрея Верховых. Хатчатуров запрашивал Далькрайком: «Почему такие противоречия, не понимаем?» И далее подробно описывал возникшие на КВЖД проблемы. «Наше положение. Самоуволившихся свыше четырёх тысяч, в том числе почти весь технический персонал. Это, не считая уволенных китайцами. Китайцы в тех местах, где имеются вредительства поголовно арестовывают всех. На станциях запустение. Движение замирает. Механические (мастерские) почти не работают. До начала самоувольнения китайцы сняли наш актив, более тысячи человек. На Запад, Восток, Юг посланы нами вредительные группы 3–5 человек, которые действуют (под) видом бандитов. Группы спускают (под откос) поезда, портят железнодорожную, телеграфную линию. Для этого же использовали один хунхузский отряд. Около полицейского управления на Китайской границе в 9 часов вечера угробили провокатора Шишкина. До сих пор никто из вредителей не пойман. Железнодорожников садят в концентрационные лагеря, имущество разграбляют, издеваются над семьями. Есть расстрелянные и замученные. Положение тяжёлое. Нужна помощь.

Считаем необходимым задержать Полторака в Дайрене для связи с Вами. По слухам китайцы готовят лагеря на 27 тысяч. Ваша связь на 86 разъезде последний раз на вопрос «что делать», ответила «делайте, что хотите». Что за отношение? Мы делаем не то, что нам нравится, а что принесёт СССР пользу. Отвечайте, как быть дальше. Готов передатчик, если есть возможность, пришлите телеграфиста. Передатчик строго экстерриториален. Сейчас хорошего телеграфиста не имеем, даже (если) бы имели, не можем использовать. Нужно новое лицо. Шифр и позывные: вызываем 86 разъезд. Издаём газету «Харбинская правда». Ничего не знаем о Ваших намерениях. Немедленно срочите».[393]

Ситуация полнейшей растерянности и хаоса, нестыковки распоряжений Далькрайкома и неполучения директив из Хабаровска коммунистами КВЖД продолжалась, как минимум, до конца августа 1929 года. Вспомним, Хатчатуров, описавший трагические нестыковки в проведении компании по «самоувольнению», отправил своё письмо в Дайрен 23 августа. А за пять дней до этого, 18 августа, секретарь ДКК Андрей Верховых отдал распоряжение Постоянному Представительству ОГПУ по ДВК срочно информировать «Макса», что Хабаровск со всей категоричностью подтверждает свою директиву о прекращении самоувольнений. То есть, ко времени написания письма Хатчатуровым, «категорическая директива» Далькрайкома так и не достигла линии КВЖД. Только 24 августа 1929 года, в шифровке «Максу» и Хатчатурову через Дайренское консульство, Иван Перепечко расставляет все точки над «i» и поясняет, что Далькрайком, действительно, решил прекратить практику «самоувольнений».

Перепечко телеграфировал: «*1./ В начале событий директива самоувольнений была дана. Очевидно, Вы получили с большим опозданием. О прекращении самоувольнений и начале диверсий директива передана (в) первых числах августа. Настоящее время категорически требуем прекращения самоувольнений (в) целях сохранения оставшихся кадров. Сообщите, когда она была принята (к исполнению). 2./ Диверсии и вредительство продолжайте и расширяйте. 3./ 50 тысяч переведём, сообщите, (на) какой адрес отправить. 4./ Телеграфиста подыскиваем, вместе с ним вышлем руководящего работника (под) кличкой Фриц. Сообщите наилучшие пути и методы отправки. 5./ Руководящую ориентацию будем с завтрашнего дня передавать через Хабаровскую вещательную радиостанцию с 8,5 часов вечера Хабаровского времени. 6./ Письмо от 3-го получено. 7./ Впредь все директивы крайкома, указания будут подписываться кличкой Никольский. Никаких других директив не выполняйте».*[394]

Из шифровок вырисовывается катастрофическая картина. Нарушение информационного обмена между Далькрайкомом и СМК способствовало созданию ситуации полной дезориентации среди просоветски настроенного персонала КВЖД в период конфликта. Далеко не самая благоразумная директива о начале самоувольнений, присланная из Хабаровска послужила для китайцев тестом для оценки политической ориентации того или иного рабочего или служащего КВЖД. Первую тысячу подозреваемых в активной подпольной работе на СССР китайцы уволили сразу же с началом обострения конфликта. Ещё около четырёх тысяч человек, как отмечал в своей телеграмме Хатчатуров, как бы, добровольно «приколи себе на грудь» красный бант участника акции неповиновения, и сами уволились с КВЖД, выполняя директиву о самоувольнениях. Когда же они это сделали, как выясняется с большим опозданием, оказалось, что Хабаровск уже решил переиграть ситуацию в обратную сторону и приказал остановить акцию.

Ставка Далькрайкома на усиление подрывной работы и саботажа в Северной Маньчжурии превращала этих людей в массу заложников. Причём, заложников не только политических, но и экономических. Как следует из письма «Макса» в Далькрайком, уволенных и самоуволившихся китайцы стали выгонять из служебных квартир, отказывались им выплатить остатки по зарплате. У СМК и Далькрайкома возможности материальной помощи пострадавшим были ограниченными. Положение еще больше обострилось, когда советская сторона, намереваясь увеличить степень сговорчивости китайцев на переговорах по КВЖД, стала оказывать давление на китайское население, проживавшее на территории СССР, прежде всего в Приморье. Чжан Сюэляну не надо было даже долго выискивать цель для ответного удара. Ведь «красные» русские на КВЖД по своей собственной инициативе отделились от «белых»! И Чжан Сюэлян не замедлил воспользоваться этой ситуацией.

«Харбинские заложники» советско-китайского конфликта

С середины августа 1929 года китайские власти интернируют арестованных советских граждан в, так называемый, «концентрационный лагерь» Сумбэй, недалеко от Харбина. До сих пор в историографии тема «красных заложников» в Северной Маньчжурии не нашла достаточного освещения. Англоязычные историки фокусировали своё внимание на советских карательных акциях против мирного русскоязычного населения в Маньчжурии, например, в Трёхречье. Однако в 1929 году для советской диаспоры на КВЖД название местечка Сумбэй было наполнено не менее зловещим смыслом, чем «события в Трёхречье» для «белой» эмиграции. Без сомнения, когда речь идёт о человеческих страданиях, мучениях или смерти, нет более неблагодарного занятия, чем взвешивать интенсивность этих эмоций на весах и, тем более определять большую или меньшую степень вины. Мы и не ставим перед собой такой цели. Но раз уже речь идёт об анализе механизма советского влияния на КВЖД и о том, как события конфликта 1929 года воздействовали на него, мы просто обязаны хотя бы частично попытаться осветить в этом контексте и тематику интернированных сумбэйцев.

Впервые в российской историографии эта тема была затронута в статье Марии Кротовой в 2013 году.[395] Кротова использовала публикации зарубежной и харбинской эмигрантской прессы того времени, а также архивные источники из Архива внешней политики РФ, связанные с оценкой сообщений германских дипломатов, посещавших Сумбэй.

Кротова считает, что проблематика Сумбэя возникла как зеркальный ответ китайской стороны на массовые аресты и конфискацию имущества нескольких тысяч китайских граждан в СССР в июле-сентябре 1929 года. По её мнению, условия содержания советских граждан в Сумбэе были менее жесткими, чем аналогичные примеры обращения с китайцами в советских тюрьмах. Кротова пишет, что советская сторона преувеличивала количество узников Сумбэя, оперируя цифрой в 2000 человек. В германских источниках, а именно — в вербальной ноте германского посольства в Москве от 9 сентября 1929 года, составленная на основании доклада германского консула в Харбине Г. Штоббе, посещавшего лагерь, фигурировала цифра в 948 заключенных. Официальные китайские источники насчитали чуть больше — 1190 человек. Кротова пишет, что точное количество заключенных установить не представлялось возможным. Так, на начало декабря 1929 года газета «Известия» сообщала, что в заключении в Харбине продолжали оставаться 1683 человека, из них — в Сумбэйском лагере — 1450, остальные — в городских тюрьмах.[396]

Мы пользовались для написания монографии совершенно другим комплексом документов, которые никак не пересекаются с источниками М. Кротовой.

Попробуем восстановить на их основе одну из нерадостных страниц советско-китайских отношений, каким явилось существование концентрационного лагеря Сумбэй.

Как показывают источники, интенсивные аресты русскоязычного населения в Северной Маньчжурии начались после разрыва дипломатических отношений между СССР и Китаем 17 июля 1929 года. Конфликт усилил противостояние внутри российской эмиграции, между, так называемыми, «белыми» и «красно-розовыми». Имевшиеся в нашем распоряжении документы оставляют впечатление, что ключевую роль в карательных операциях против просоветски настроенных рабочих и служащих сыграли состоявшие на службе в китайской полиции представители «белой» эмиграции. «Белые русские», сотрудничавшие с китайской полицией, выполняли функцию «мозгового треста» по организации борьбы Чжан Сюэляна с «красной опасностью». Во время первой волны арестов, начавшейся непосредственно после разрыва отношений, были схвачены и брошены в камеры при Штабе охранных войск около 1200 человек[397]. Всех их подозревали в организации «коммунистической деятельности». С первой декады августа, после начала кампании по самоувольнениям, китайская полиция арестовывала и отлавливала «самоуволившихся» и членов их семей по всей Северной Маньчжурии. Большая часть арестованных была депортирована в лагерь «Сумбэй», находившийся в 7 километрах от одноимённой пристани на реке Сунгари, недалеко от города Сунпу. По приблизительным данным, в бараках Сумбэя содержалось около 2 тысяч заключённых. Кроме этого, часть арестованных была направлена на рытьё окопов и постройку укреплений около городов Хайлар и Цицикар. Как свидетельствуют участники событий, наиболее тяжёлому «прессованию» на предмет выдачи информации подвергались заключённые советские граждане в Штабе охранных войск. Об этом мы узнаем из писем заключённых с прошением к немецкому консулу Штоббе, который взял на себя консульскую поддержку советских граждан после отъезда советских дипломатов из Северной Маньчжурии. В этих письмах речь шла, прежде всего, об ослаблении режима содержания в Штабе и обеспечении перевода в лагерь Сумбэй.[398]

Первый этап репрессий по отношению к советским гражданам начался с выселения уволившихся и уволенных с дороги из занимаемых ими служебных квартир.

Вот как описывали эти события советские граждане — служащие КВЖД, впоследствии — заключённые Сумбэя в заявлении на имя генерального консула Германии в Харбине Штоббе.

«*15 августа с.г. членами железнодорожной полиции, совместно с посёлковой, выброшены из квартир уволенные и уволившиеся граждане СССР, неполучившие расчёта от дороги. Выбрасывание носило особенный характер, то есть вещи выбрасывались на улицу, около которых собиралась толпа китайских граждан с базарчика, и хозяину, наблюдавшему за выноской, невозможно было уберечь вещи от хищений. Кроме того, благодаря отсутствию частных квартир по станциям, имущество пришлось распродать за бесценок. На просьбы хозяев о бережном обращении с вещами при выноске, отвечали насилием с нанесением побоев.*»[399]

Вслед за выселением из квартир, китайская полиция приступила к массовым арестам не только уволившихся и уволенных, но и членов их семей. Никаких официальных обвинений этим советским гражданам предъявлено не было, арестовывались также женщины, подростки и дети.

Жена служащего КВЖД на станции Маньгоу в своих записках о заключении в Сумбэе вспоминала, что через три дня после ареста её мужа, уволенного с КВЖД, к ней в дом явился отряд полиции и приказал немедленно собираться на вокзал. Поступил приказ: семьи поедут вместе с мужьями в концентрационный лагерь, как было объявлено, в г. Харбине. Арестованных — мужчин, женщин и детей, без еды и питья, в грязных вагонах с забитыми досками окнами довезли до Харбина. Затем сначала на автобусах, а потом на баржах — до пристани Сумбэй, недалеко от города Сунпу. Там женщин с детьми и мужчин разделили на отдельные группы. Жена служащего КВЖД вспоминала: «*Только что прошёл ужасный ливень. Прошло полчаса. Страх в глазах женщин — оставили одних, что хотят, то и сделают — наша участь. Мы тоже выходим из трюма. Холодно, мокро. С детьми на руках, за плечами манатки, в узелках, боязливо сходим по сходням. Берег Сунгари. Тьма китайцев. Смеются, издеваются, трогают за лица женщин и детей, дёргают за платья. Подскакивает бывший русский на службе у китайцев, вероятно служащий сыщик. Успокаивает тем, что сейчас повезут нас в Сумбэй... Гонят со второй пристани вниз к драндулеткам. Усаживаемся кое-как, еле держимся на ногах от страха, и вот повезли. Едем, едем, без конца. Мысль сверлит мозг — а где мужчины-мужья? Поздним вечером подъезжаем к каким-то строениям, огороженным высокой стеной. У ворот выбрасывают из драндулетов. По колено в грязи тащимся. Видим, наши мужчины уже загнаны в бараки, подобие жилищ, без окон, полукрыш(и). Нам дали самое хорошее помещение. Швырнули точно отчаянных уголовных преступников в помещение с покосившимися рамами оконными и дверными. Часть окон забиты чёрными досками. Остальные открыты. На земле, или, как говорят, полу - в четверть нанесён ил. Здания стояли в воде. Нам объявили — здесь будете находиться до выяснения всего случившегося. Ходя принёс в грязном ведре сырой воды с головастиками, одну булку чёрного хлеба. С большим трудом выпросили мокрой травы. Нам бросили, как собакам. Уложили детей спать, голодных, холодных. Усиленный патруль солдат, который поминутно приходит, суёт в нос лампочкой, глядит — все-ли...»*[400]

И далее:

«Пригнали новую партию. Все мы их встречаем с криком и слезами. Спать ночами нельзя. Вдруг всплываем от сильных ливней — вода и так покрыла пол, где мы валялись. Вновь прибывшим негде даже присесть. С прибавлением второй партии, женщин и мужчин, заколотили все окна и двери досками. Мы чувствуем себя точно заживо погребённые. На улицу не выпускают. И вот пошли ужасные дни жизни в Сумбее. Через неделю перешли в другой барак, там сделали нары. После одной недели пребывания в одном бараке, гонят в третий. Совершенно изолировали от мужчин. Пришёл начлагеря, прочёл и повесил на наружной стене барака объявление, в котором говорится об отношении лагерного начальства и патрулей к нам — арестованным, всё выраженно в самой деликатной форме — только на бумаге и больше нигде. Далее арестованных осматривает лагерный доктор — глядя на нас через окошечко двери и наобум присылая порошки. Указано о горячей пище — на самом деле три раза в день кипяток — принесённый чёрный хлеб, в то время находилось 71 человек — женщин и детей — 7 булок хлеба ежедневно, по головке чесноку... Всё ужасное настроение передавалось детям. Взгляд жадно-

*сти на всё. Одному ребёнку бабушка принесла сдобную сайку., он ухватился за неё — и попытки отобрать и поделиться с другими были тщетны...»*⁴⁰¹

С развёртыванием просоветских «вредительских операций» по разрушению, выводу из строя объектов КВЖД и её инфраструктуры, интенсивность которых нарастала с середины августа, усиливалась и жестокость противостояния. Китайская полиция стала применять к арестованным пытки, избиения. 24 сентября 1929 года в китайских газетах был опубликован приказ Чжан Сюэляна о расстреле за вредительство на месте, без суда и следствия. Чтобы лучше понять атмосферу, царившую в августе—сентябре 1929 года на линии КВЖД в период эскалации конфликта, обратимся к нескольким свидетельствам очевидцев. Вот ещё один документ из подборки заявлений на имя германского генконсула Штоббе.

*«Мы, нижеподписавшиеся граждане СССР, проживающие в г. Харбине, сообщаем, что являемся свидетелями следующего: В средних числах августа к нам поступили от частных лиц сообщения, что за кладбищем выброшены кем-то трупы европейцев. Заинтересовавшись этим, чтобы получить подтверждение, один из нас сделал попытку установить их местонахождение. В действительности оказалось при проезде на велосипеде, за холерным кладбищем, в помидорных плантациях выброшены трупы в количестве 9 человек,... с обезображенными лицами русской национальности, у одного из них на левой руке значится татуировка со словом «Вера». На вид все трупы погибших молодых людей в возрасте от 18 до 25 лет. Так как возле трупов находились китайские «серые» солдаты с лошадьми, на коих были, по все вероятности доставлены трупы, задержаться для опознания трупов не представилось возможным. Спустя двое суток мы решили опознать эти трупы, но трупов на месте не оказалось. При дальнейшем следовании шагах в 400 по сторонам дороги на свалку, группой китайских крестьян мотыгами закапывались трупы, завёрнутые в циновки, солому и брезент. Около них стояли вооружённые винтовками человек 6—7 китайских полицейских, кои усиленно их поторапливали с их работой. Места закопанных трупов нами могут быть указаны по первому требованию».*⁴⁰²

В другом заявлении германскому консулу в Харбине от двух советских граждан, датированном 4 сентября 1929 года, сообщалось:

«Настоящим считаем своим долгом сообщить Вам о нижеследующем возмутительном случае, имевшем место на станции Куань-

ченцзы, свидетелями которого были многие жители станции. *29.08 сего года поездом номер 3ч. привезён был на станцию Куаньченцзы чинами железнодорожной полиции русской национальности юноша лет 20—22. Он был избит, окровавлен, в полубессознательном состоянии, глухо кричал: «Спасите, спасите», хватался за ограду. Полиция била его по рукам и толкала. Он был доведён до железнодорожной полиции. Вечером того же дня поселковая полиция его доставила в больницу в бессознательном состоянии и сдала под фамилией Петухова. В больнице он не приходил в сознание и первого сентября утром умер, а (в) 3 рано утром полиция положила труп в ящик, непохожий на гроб и тайно похоронила. По словам персонала больницы Петухов был избит, кашлял кровью, у него была вывернута голова, шея и нижняя челюсть были синие. По слухам означенный гражданин является гражданином СССР, был доставлен из Харбина из сыскного отделения, где его пытали и били, били его также и по дороге чины полиции русской национальности, а также и на ст. Куаньченцзы. Сообщая об этом, просим сделать распоряжение о производстве тщательного расследования означенного печального случая, с участием представителей Вашего консульства».*[403]

Вполне возможно, что обработанные нами архивные документы, и те, на которые ссылается Мария Кротова, не противоречат, а дополняют друг друга. Если сравнить временные рамки, то можно обратить внимание, что Кротова цитирует свидетельства приезда Штоббе в Сумбэй или воспоминания, написанные вслед за эти приездом, то есть — с начала сентября 1929 года. Приводимые нами свидетельства — документы, инициировавшие визит германского консула, написаны в августе этого же года, до визита. Главный посыл у Кротовой — сравнение двух типов лагерей и тюрем — советских и китайских, с выводом, что китайские были не такими уж страшными и жесткими.

Так, например, Мария Кротова, опираясь на материалы харбинской эмигрантской газеты «Русское слово», сотрудники которой беседовали с германским консулом Штоббе 15 сентября, описывает условия существования в Сумбэе в менее мрачных и трагических тонах: «*Режим: утром и вечером прогулки по полчаса, еда — 2 фунта хлеба на человека, кипяток, чай, сахар, овощи. Во дворе — печки, на которых заключенные могут разогревать приносимые им консервы. Есть больница на 20 кроватей, 4 врача китайца и 2 русские фельдшерицы. В больнице — 17 человек, большинство с желудочными заболеваниями. Из жалоб самые частые — это вопросы «за что заключены и как долго протянется заключение», а также отсутствие книг и газет, горячей пищи, сырость в помещениях. Жалоб на истязания нет, но были жалобы на то, что низший персонал иногда толкает. 2 раза в неделю — передачи от родственников».*[404]

О более мягком варианте заключения в Сумбэе, по сравнению с советскими лагерями конца 30-х гг., свидетельствуют также цитируемые Кротовой воспоминания П.Д. Малеванного, работавшего на станции Пограничная в службе ремонта путей, арестованного китайской полицией по подозрению в причастности к крушению поезда:

«Через некоторое время в лагере появилась баня, столовая, парикмахерская, прачечная. Конечно, все это было примитивным, но все же эти места позволили общаться (баня и парикмахерская — раз в месяц). Мы мылись в тазу — один поливал из чайника. Был открыт и медпункт...В одной из камер был подпольный штаб. Его приказы мы выполняли неукоснительно. Оттуда же поступали и новости... Неоднократно мы вызывали немецкого консула доктора Стоббе. Он приезжал в Сумбэй, виделся с нашими представителями. Они вручали ему письменные протесты на жестокий режим в лагере, просили быть посредником между Советским правительством и Китаем...В лагерной кухне варили борщ из черной капусты и гнилых огурцов. Есть его почти было невозможно. Мы жили за счет передач...Новости получали от вновь арестованных. В сентябре из 1 корпуса сбежали 3 заключенных. Из-за этого побега заменили всю охрану. Режим усилился еще больше. Мы ответили дружной голодовкой. Лагерный штаб приказал поддержать голодовку...Голодовка возымела действие. Наши требования были удовлетворены. Мы стали получать передачи каждую субботу...В каждой камере сложили плиту, выдавали дрова... Долгими вечерами — рассказы, песни... В четвертой камере — 35 забастовавших со станции Ханьдаохэцзы с инструментами — так за стенкой у нас оказался струнный оркестр. ...Подпольный штаб в Харбине постоянно заботился о нас. Именно он заставил Стоббе вновь взяться за дело и поставить новые требования перед китайцами... На наше имя переводились довольно крупные суммы денег в Германское консульство. На эти средства покупалось теплое белье, одежда, продукты...Была даже достигнута договоренность с фирмой Чурин и Ко (фирма доставила в концлагерь теплое белье, ватные одеяла, теплые брюки и телогрейки). Каждую субботу — продовольствен-

ные передачи (питались три раза в день). Женщины в Харбине ходили по домам, собирали, кто что даст. Снабжали нас бельем и другими вещами. Передавали письма на волю, платили деньги (китайцу-охраннику), за каждый конверт — 50 центов. ...Он приносил ответы, за отдельную плату — белоэмигрантские газеты...К празднику октября нам подбросили продуктов. Штаб лагеря выработал и разослал по камерам программу проведения праздника. 7 ноября в каждой зоне прошли митинги».[405]

Действительно, на основании свидетельств, найденных Марией Кротовой, картина вырисовывается не такой уж безнадежной и трагической, как в найденных нами архивных документах.

Для равновесия интересно также вспомнить пассажи из документов американских архивов, связанные с тематикой советских «заключенных» периода советско-китайского конфликта. Так, 31 августа 1929 года американский посол МакМюррей составил для Госдепартамента США справку об условиях содержания заключенных в китайском лагере Сумбэй на основе донесений американского консула из Харбина. Тот, в свою очередь, цитировал сообщения другого германского генконсула, Лиллиштрома, как Штоббе, посещавшего лагерь. Условия содержания, германский генконсул называл «плохими», однако, отмечал, что в Сибири условия содержания заключенных еще хуже. Он отмечал в Сумбэе нехватку хлеба, питьевой воды, теплой одежды, медицинского обслуживания, жаловался на тесноту помещений. По отзывам американских дипломатов, Лиллиштром зафиксировал нежелание китайской администрации к сотрудничеству с ним. Германский генконсул сообщил, что ему удалось отвезти в Харбинский комитет русских женщин 100 тысяч йен, присланных из Москвы, для организации последующих передач заключенным.[406]

13 сентября 1929 года американские дипломаты еще раз возвращаются к теме о положении заключенных в Сумбэе и сообщают об их жалобах, касавшихся недостатка теплой одежды, ограничений в осуществлении гигиенических процедур, невозможности переписки с близкими, отправления религиозных обрядов и отсутствия определенности по поводу длительности заключения.[407]

17 октября МакМюррей сообщал в Вашингтон о приговоре суда 38 советским гражданам, арестованным во время налета на советское консульство в Харбине. Пять из них были приговорены к 9 годам, 21 человек — к семи, семь — к пяти и четыре (женщины) — к двум годам заключения. Американский дипломат процитировал слова иностранных корреспонден-

тов, назвавших суд фарсом. 1 ноября 1929 года МакМюррей в телеграмме в Вашингтон отмечал ухудшение условий содержания по сравнению с началом октября.[408]

Без сомнения, только дальнейшие научные исследования в архивах по этой узкой проблематике смогут позволить дать окончательную оценку феномену Сумбэя. Нас интересовал этот вопрос только как один из фрагментов общей фактологической ткани советско-китайского конфликта 1929 года. Поэтому мы не можем обойти вниманием еще один вывод Кротовой, сделанный на материале Сумбэя.

Мария Кротова считает, что советской стороне было выгодно наличие такой «страшилки», как Сумбэй, для пропагандистских целей. Описание страданий томящихся в застенках советских граждан можно было использовать в качестве оправданий военной интервенции Особой Дальневосточной Армии (ОДВА) на китайской территории.

В просмотренных нами многочисленных архивных документах не удалось обнаружить ни одного пассажа, в котором бы вопрос о военном способе решения конфликта ставился в логической связи с фактом существования Сумбэя.

Кроме того, Кротова отмечает корреляцию между содержанием советских подданных в концентрационном лагере в Сумбэе и усилением репрессий по отношению к проживавшим в СССР китайцам. Исследовавшийся нами комплекс документов, дает иной вектор взаимозависимости. Сумбэй не был ответом китайцев на жесткий курс ОГПУ. Просмотренные нами архивные источники фиксируют, что он, скорее, появился из собственной логики курса Мукдена на захват КВЖД.

Сделав выбор в пользу курса на вытеснение СССР с дороги, мукденское правительство начинает активно использовать меры физического воздействия на представителей советской диаспоры в Северной Маньчжурии с середины августа 1929 года. Москва, в ответ, также предлагает прибегнуть к дополнительному комплексу силовых мер. Маятник насилия и недружелюбия раскачивался со всё большей амплитудой.

Советская дипломатия канонерок, сентябрь - ноябрь 1929

«Взгляд из Москвы»: накануне удара

Кремль начинает терять терпение

5 сентября 1929 года Политбюро в очередной раз рассматривает вопрос о КВЖД. НКИД было поручено вручить германскому послу меморандум о зверствах и насилиях над советскими гражданами на КВЖД и в пограничной полосе, с указанием на *«совершенную недостаточность»* тех мер защиты, которые принимаются представителями германского правительства в Китае.

ОГПУ было поручено *«усилить репрессии по отношению к китайским гражданам из торговцев и спекулянтов»*, проживавших на территории СССР, *«заключив в тюрьму в ближайшие дни от 1—2 тысяч человек, главным образом, в районе Дальнего Востока, и сделав сам режим заключения более суровым, чем в настоящее время»*.[409] При этом, однако, оговаривалось, что при проведении репрессий органы ОГПУ ни в коем случае не должны обращать их против рабочих и мелких труженников-китайцев. В этой же связи Секретариату ЦК поручалось дать указание местным партийным организациям на Дальнем Востоке *«об усилении политической работы среди трудящегося китайского населения»*.

Политбюро взяло под свой непосредственный контроль задачу *«усиления политической обработки»* советской диаспоры и китайского населения в Маньчжурии. Специальная комиссия в составе вернувшегося с Дальнего Востока Андрея Бубнова, Карахана, Москвина (Трилиссера) и Пятницкого должна была в трёхдневный срок разработать план максимального развёртывания политической работы среди рабочих и служащих в Маньчжурии, в особенности — на железных дорогах, угольных копях, в армии. Этой же комиссии предлагалось обсудить вопрос о проведении «*специальных мер*».⁴¹⁰ Речь в данном случае шла, без всякого сомнения, о мерах по «*вредительству и сабботажу на КВЖД*». Политбюро посчитало, что с 17 августа 1929 года, когда Трилиссер получил приказ приостановить выполнение подрывных мероприятий в Северной Маньчжурии, ситуация ухудшилась настолько, что было решено вновь ввести «спецмеры» в арсенал советской политики.

Тем не менее, по вопросу о содержании и методах выполнения таких «спецзаданий» между Москвой и региональными властями, непосредственно находившимися в эпицентре событий, имелись существенные расхождения. 8 сентября 1929 года Политбюро было вынуждено в своём постановлении в очередной раз высказать недовольство действиями армейского и пограничного командования Далькрая. В документе отмечалось: «*Признать, что военные действия в районе станции Пограничная—Полтавская 8.09 нарушают директивы ЦК и распоряжения Реввоенсовета Союза, как выходящие за рамки элементарно — необходимой обороны. Привлечь к строгой ответственности лиц, разрешивших использовать авиацию для бомбометания, а также обстрел ст. Пограничная без разрешения высшего командования...Воздушную разведку прекратить. Другие демонстративные меры на границе свести к минимуму*».⁴¹¹

Факт превышения мер «*элементарно-необходимой обороны*», признавался только для «внутреннего пользования». Для внешнего мира перестрелка на границе подавалась как «*необходимая защитная реакция*» советской стороны. Блюхеру поручалось опубликовать приказ, в котором должны были разоблачаться «*провокационные нападения*» и обстрелы советской территории со стороны китайских войск в районе ст. Пограничная-Полтавская, с указанием фактов о характере разрушений и жертв с советской стороны.

Стремление Политбюро не допускать открытого перехода конфликта в военную стадию, было связано с определенными обстоятельствами. С начала сентября вновь возникла вероятность активного вмешательства США в советско-китайское противостояние с посредническими усилиями на стороне Нанкина.

4 сентября 1929 г. американский советник по железнодорожным делам при нанкинском правительстве Джон Мантель дал интервью корреспонденту агентства Юнайтед Пресс в Мукдене (Шэньяне). Он рассказал о результатах обследования бухгалтерских книг Правления КВЖД, произведенного им по просьбе китайского министерства железных дорог.

По подсчетам Мантеля , дорога являлась прибыльным предприятием, и должна была дать за 1925/1928 гг. 100 миллионов китайских долларов чистой прибыли. По официальным отчётным документам, выходило, что КВЖД фактически принесла, якобы, только 43 миллиона долларов дохода. Мантель обвинил советскую часть Правления КВЖД во *«взяточничестве в значительных размерах».*[412] Установив связи с изгнанными с дороги эмигрантами, в частности с Б.В. Остроумовым, Мантель привлек «белых русских» к управлению КВЖД.

Мукденские и нанкинские власти стремились доказать, что устранение советской администрации сделает дорогу высокоприбыльным предприятием. Для СССР вновь замаячила на горизонте опасность того, что предложение Стимсона о международном вмешательстве будет реализовано на практике. Ситуацию разрядило заявление германского правительства, составленное в благоприятном для Кремля тоне. Ответ Берлина на предложение Стимсона гласил, что при нынешнем положении дел непосредственные переговоры по всем спорным вопросам, в том числе, и по финансовым, должны вести СССР и Китай в двустороннем порядке. Япония также воздержалась от взятия на себя роли посредника.

6 сентября 1929 г. в Москве по поручению Политбюро с опровержением выводов Мантеля выступил заместитель товарища Председателя Правления КВЖД В.Г. Чиркин. Он сделал заявление московскому корреспонденту Юнайтед Пресс, что *«выкладки Мантеля — результат заведомо недобросовестного оперирования цифрами».* Чиркин привел данные о доходах и расходах дороги за последние 4 года. В 1924 г. дорога имела задолженность в 13 млн. зол. руб., в 1928 г. — доход в в почти 65 млн. (64 874 982 зол. руб.). Китайская сторона получила за 5 лет 48,5 млн. руб. В посоедней цифре не учитывались 20 млн. руб. потерь советской стороны на курсе, когда по распоряжению китайской администрации дороги тарифы взимались не в полноценных серебряных долларах, а в местной бумажной валюте. За 5 лет китайская сторона задолжала дороге более 20 млн. руб., которые были переданы из бюджета КВЖД на кредиты китайским правительственным учреждениям.[413]

11 сентября 1929 Сталину в Сочи была послана шифровка с текстом ответа нанкинского правительства на предложения советской стороны об условиях созыва совместной конференции для разрешения вопросов о КВЖД, переданная китайцами через германского посла в Москве. Нанкин выражал сожаление, что китайское правительство не может согласиться с предложением о назначении нового управляющего и его помощника в каче-

стве предварительного условия для подписания декларации или открытия конференции по КВЖД. Что же касается других поправок, предложенных СССР, то Нанкин настаивал на том, что любые вопросы, затрагивавшие КВЖД должны решаться в ходе конференции, без каких-либо предварительных условий, делающих возможным её созыв. Китайское правительство также отвергло предложение СССР о созыве конференции в Москве, сообщив, что считает Берлин более подходящим местом для подписания декларации и проведении конференции по КВЖД.[414] Договориться не удалось, китайская сторона отклонила все советские предложения.

Дополнительной шифровкой Товстуха сообщил Сталину 12 сентября, что обсуждение китайской ноты на Политбюро отложено до понедельника.

Однако уже на следующий день, 13 сентября в 22.45, Сталин получил шифровку из Москвы, в которой сообщалось, что китайцы всё-таки пошли на определённый компромисс, не рискнув обострять отношения до последнего предела. Через германского посла Дирксена Нанкин предложил Москве следующую формулировку спорного третьего пункта декларации: *«Советское правительство рекомендует помощника управляющего Китайско-восточной железной дороги, который будет немедленно назначен Правлением этой дороги и который совместно с китайским помощником Управляющего будет управлять дорогой до завершения переговоров между обоими правительствами».*[415]

Поскольку Москва уже не торопилась с ответом на китайское предложение от 11 сентября, Нанкин проинформировал о своих уступках по КВЖД поверенного в делах Японии в СССР Сано и попросил его известить Льва Карахана о подвижках в данном вопросе. Сано сообщил Карахану, что нанкинское правительство принимает предложение советского руководства о восстановлении статус-кво до начала работы конференции по КВЖД. Нанкин также согласился и с тем, чтобы СССР назначил нового управляющего и его помощника.[416] По словам японского дипломата, такая неустойчивая позиция Китая объяснялась боязнью вмешательства в конфликт *«со стороны империалистических государств».*

14 сентября 1929 года Политбюро принимает решение отклонить предложение китайской стороны о назначении помощника управляющего дорогой. Письменный ответ Нанкину было поручено сформулировать НКИДу и комиссии в составе Молотова, Рыкова, Ворошилова, Бухарина и Литвинова. Командование Особой Дальневосточной Армии получило приказ принять меры к усилению обороны границ и начать обустройство

«зимних квартир». Отступая от решения Политбюро от 8 сентября, Политбюро допустило *«в особо необходимых случаях»* проведение воздушной разведки. Тем не менее, в отличие от руководителей Далькрая, Москва не видела пока непосредственной военной угрозы советским границам со стороны Китая. Политбюро не поддержало предложения дальневосточных лидеров Перепечко (Далькрайком), Блюхера (ОДВА) и Медведя (ПП ГПУ) о выдаче вооружения для отрядов самообороны, предложив взамен *«усилить внимание к делу военного обучения партийцев и комсомольцев»*.[417]

Несмотря на просьбы региональных дальневосточных властей и представителей силовых структур, позицию которых поддержал Ворошилов, Политбюро отказалось увеличить финансирование на военную оборону Дальнего Востока. Ворошилову было предложено вернуться к этой теме позже, во время утверждения бюджета для его Комиссариата.[418] На заседании Политбюро от 19 сентября 1929 года было отклонено также предложение ОГПУ о возможном увеличении численности пограничных войск в Далькрае. Силовые ведомства получили распоряжение повысить эффективность обороны границы. Политбюро посоветовало им обратить внимание на улучшение контактов между РВС и ОГПУ, оптимально использовать уже имеющиеся резервы.[419]

Тем не менее, позиция военных, предлагавших применить силу в Северной Маньчжурии для решения конфликта вокруг КВЖД, завоевывала в Москве все большую поддержку. У этого решения были сторонники не только в ведомстве Наркомвоенмора, но и в НКИД. Советский полпред в Японии Трояновский в письме Льву Карахану, датированному 2 сентября 1929 года, писал:

«Китайцы постарались сделать всё для того, чтобы вызвать нас на войну..., внутреннее положение в Китае, по-видимому, сейчас таково, что ни Нанкин, ни Мукден не могут ни на что решиться. Если верны сообщения о тяжёлом положении нанкинского правительства и сговоре против него Фэн Юйсяна, Ян Сишаня и Чжан Сюэляна, Шан Шэнчжи и других, то это значит, что в Китае нет центрального правительства, которое могло бы авторитетно разрешить вопрос о советско-китайских отношениях в плоскости КВЖД. Уступки Нанкина могут дать повод для агитации против него. Неуступчивость — то же самое... Это затягивает конфликт. Можно считать бесспорным, что китайцы не рассчитывали на решительное сопротивление с нашей стороны. Возможно, они до сих пор не уверены в

том, что мы перейдём к решительным действиям... Но, несмотря на то, что китайцы не рассчитывали на то, что мы будем защищать свои права, не видно признаков их действительной склонности и уступчивости. Во всех предложениях об урегулировании конфликта, они, в сущности, не сделали ни одного действительного, имеющего значение шага в сторону отказа от захвата КВЖД. Все вопросы они хотят разрешить на единой конференции, на которой будет стоять вопрос и о выкупе КВЖД. (Я считаю, что это — стремление легализовать под видом выкупа захват КВЖД...) Признание китайцами мукденского соглашения, и то не в очень ясной форме, и согласие ими на назначение нами управляющего и помощника, в принципе, гроша медного не стоят. Всё это игра, затягивание конфликта, шаги по пути закрепления произведённого захвата...Поведение китайцев в отношении наших граждан одно даёт основание для того, чтобы двинуть войска в Маньчжурию».[420]

К сожалению, подробную картину о принятии решения по вопросу о применении военной силы в Северной Маньчжурии реконструировать пока довольно сложно. Основной комплекс документов по КВЖД продолжает оставаться нерассекреченым. Однако внимательный анализ обрывков фактологической ткани в открытых архивных документах позволяет прийти к неожиданным выводам.

Сталин только в последний момент (или даже постфактум) дал окончательное добро на проведение Сунгарийской операции в Северной Маньчжурии, начавшейся 12 октября 1929 года. Инициатором же Сунгарийской операции было командование Особой Дальневосточной Армии, и, прежде всего, её командующий Василий Блюхер.

На каких фактах базируется это предположение, абсолютно не вписывающееся в наши традиционные представления о персонально-централизованном характере принятия решений Политбюро, когда за любым решением должна была отчётливо просматриваться тень генсека Сталина?

Кем принималось решение о вводе советских войск в Маньчжурию?

2 октября 1929 года Политбюро приняла два важных решения по Китаю, которые были оформлены «особым» протоколом только 5 октября.

Во-первых, была создана комиссия в составе Пятницкого, Молотова, Ворошилова, Орджоникидзе, Кагановича, Мануильского, Бубнова и Мифа. Эта комиссия должна была в трёхдневный срок подготовить директиву для делегации ИККИ в Китае о развёртывании революционного движения, в том числе, партизанской борьбы в Маньчжурии.

Во-вторых, в «особых папках» Политбюро, в протоколе 101 (особый 99) находим запись. В пункте «О КВЖД» записано: *«Принять предложение Блюхера в отношении Сунгари... По вопросу об остальных пунктах Ворошилову снестись с Блюхером».*[421]

Сохранился рукописный текст этого пункта постановления, со всеми карандашными пометками, отобразившими обмен мнениями по этому вопросу.

2 октября некий сотрудник Особого сектора Политбюро записывает на листочке карандашом несколько предложений. Скорее всего, это был Завсектором Товстуха, фиксировавший на бумаге результат обмена мнениями. Сначала этот «некто» пишет: *«1. Разрешить меры обороны в районе устья Сунгари».* Затем эта строка зачёркивается. Первый пункт переписывается заново: *«1. Принять предложение тов. Ворошилова в отношении Сунгари».* Потом сверху добавляется *«или Блюхера».* В конце концов — *«тов. Ворошилова»* зачёркивается и *«или Блюхера»* переделывается на *«т. Блюхера».*

То есть, изначально, как и в предыдущих постановлениях, на обсуждение были предложены просто *«меры обороны».* Потом, видимо, последовало уточнение Ворошилова о своей позиции и о позиции Блюхера. Вспомним, прошлое заседание Политбюро предлагало наркомвоенмору созвониться с командиром ОДВА и выслушать его предложения. В ходе обсуждения предложения Блюхера были приняты.

То есть, изначально на обсуждение были предложены просто «меры обороны», совсем, как в предыдущих постановлениях. Потом, видимо, последовало уточнение Ворошилова о своей позиции и о позиции Блюхера. Как раз, прошлое заседание Политбюро предлагало наркомвоенмору созвониться с командиром ОДВА и выслушать его предложения. В результате предложения Блюхера были приняты.

Формулировка не уточняла, какие именно. Но вряд ли постановление давало военным разрешение на крупномасштабные военные действия, которые потом вошли в историю как Сунгарийская военная операция. Тем более что Сталин на заседании не присутствовал.

Сталин в это время всё ещё находится на отдыхе в Сочи. 7 октября он пишет Молотову письмо, отвечая на шифровку последнего от 4 октября. В этой шифровке Молотов, по-видимому, информировал генсека о тех решениях Политбюро, в том числе по вопросу о КВЖД, протокольное оформление которых должно было произойти на следующий день.

Сталин отвечает:

«*Привет Молотову! Письмо от 4.10. получил...2.) С Китаем будет возня. Кстати, мне кажется, что нам пора перейти на точку зрения организации повстанческого революционного движения в Маньчжурии. Отдельные отряды, посылаемые нами в Маньчжурию для выполнения отдельных эпизодического характера заданий — дело, конечно, хорошее, но это не то. Теперь надо пойти на большее. Нам нужно организовать две двухполковые бригады главным образом из китайцев, снабдить их всем необходимым (артиллерия, пулемёты и т.п.), поставить во главе бригад китайцев и пустить их в Маньчжурию, дав им задание: поднять восстание в маньчжурских войсках, присоединить к себе надёжных солдат из этих войск (остальных распустить по домам, обезглавив предварительно командный состав), развернуться в дивизии, занять Харбин и, набравшись сил, объявить Чансуеляна [Чжан Сюеляна. — М.Ф.] низложенным, установить революционную власть (погромить помещиков, привлечь крестьян, создать советы в городах и деревнях и т.п.). Это необходимо. Это мы можем и, по-моему, должны сделать. Никаким «международным правам» не противоречит это дело. Всем будет понятно, что мы против войны с Китаем, наши красноармейцы охраняют лишь наши границы и не имеют намерения перейти на китайскую территорию, а если внутри Маньчжурии имеется восстание, то это вполне понятная штука в обстановке того режима, который установил Чансуелян. Подумай об этом. Дело важное*».[422] А в конце приписка: «*Через несколько дней буду в Москве*».

И ни слова ни о каких полномасштабных собственных военных действиях в устье Сунгари с перспективой перехода границы Красной Армией. Более того, генсек манифестирует своё предпочтение решать проблему КВЖД путём активной поддержки китайского партизанского движения в Маньчжурии. Переход границы Красной Армией — для него вещь нежелательная, и, прежде всего, по причине международного резонанса. Из двух альтернатив решения проблем советско-китайского противостояния на КВЖД Сталин пока склоняется к варианту, когда свержение Чжан

Сюэляна было бы осуществлено как акт внутрикитайской революционной борьбы.

9 октября, в соответствии с этими предпочтениями, Политбюро принимает развёрнутую директиву делегации ИККИ в Китае, в которой в качестве одной из задач провозглашалась необходимость *«расширения»* и *«укрепления»* партизанского движения, *«в особенности в районах Мао Цзедуна, в Маньчжурии»*.[423]

Как же получилось, что *«меры обороны»* трансформировались менее чем за две недели в Сунгарийскую военную операцию? Очевидно, что, проведение такой масштабной военной акции было невозможным без предварительной детальной разработки. Вопросов в этой связи возникает много, а именно:

Какова роль Сталина в принятии решения о начале Сунгарийской военной операции? Произошло ли это с его ведома, и Ворошилову с Блюхером удалось уговорить генсека сразу же после приезда последнего из отпуска в Сочи? Или все-таки события развивались по сценарию «победителей не судят»? Как это уже не раз случалось в русской и советской истории, достаточно лишь вспомнить обстоятельства завоевания Ташкента генералом М.Г. Черняевым в июне 1865 г.[424] или десантной операции на Курильских островах в 1945 году[425]? Когда именно вернулся из отпуска в Сочи Сталин? Появился ли генсек в Москве уже до начала операции в устье Сунгари 12 октября? Была ли у Ворошилова и Сталина, вообще, потенциальная возможность обсуждать эту проблему в период с 7 до 12 октября? Как происходило планирование «мер обороны» в устье Сунгари в самой Особой Дальневосточной?

Как мы видим, возникает много вопросов, попробуем ответить, хотя бы, на некоторые из них.

Сначала реконструируем события, связанные с возвращением Сталина из Сочи.

В списке материалов, посланных Сталину 8 октября, то есть, уже после отправки им ответа Молотову 7-го, помимо «материалов о КВЖД», числится ещё и упоминавшийся нами протокол решений Политбюро за номером 101. Как открытый, так и «особый». Однако, как показывает детальная реконструкция событий по архивным документам, этот пакет добирался до Сталина очень долго.

8 октября в 14 часов Сталин телеграфирует Товстухе: *«Прекратите посылку корреспонденции. На днях выезжаю»*.[426]

8 октября в 21 час 15 минут Сталину посылается лаконичная шифровка Молотова, в которой тот выясняет у генсека дату отъезда из Сочи.⁴²⁷ А в 22 часа 20 минут Товстуха оправдывается перед Сталиным, что всё же отправил вождю бумаги, хотя генсек и просил дать ему передышку от государственных дел: *«Телеграмма получилась после отправки почты. Курьеру были даны указания о возможности встречи в пути»*.⁴²⁸

Сталин с ответом Молотову не торопится. Видимо, по мнению вождя, в ближайшее время не предполагается никаких экстренных происшествий, когда соратники должны быть досконально информированы о планах его передвижения. Лишь через два с половиной дня, 11 октября в 15 часов, Сталин сообщает шифровкой: *«Выезжаю завтра субботу, буду Москве понедельник»*.⁴²⁹ Таким образом, Сталин появился в Москве только 14 октября.

Архивные документы не содержат никаких следов того, что приказ генсека о прекращении пересылки ему корреспонденции был отменён.

Похоже, что в период с 8 октября, когда вождь попросил его «не беспокоить» присылкой бумаг и, как минимум, до встречи с курьером в пути 13 октября, Сталин никакой корреспонденции по КВЖД не читал. То есть возможностей «переубеждать» вождя по вопросу о советском военном вмешательстве в Северной Маньчжурии до начала боевых действий в устье Сунгари 12 октября у Ворошилова не было. Как и не просматривалось никакой особой активности вокруг Сталина 8—11 октября по этому, или какому-либо другому вопросу.

Значит «меры обороны» превратились в широкомасштабную военную операцию с переходом границы по инициативе местного военного командования Особой Дальневосточной? Или это была неожиданная случайность, когда военное счастье само собой пришло в руки Красной армии, которая не преминула им воспользоваться?

ОДВА и подготовка к «военной прогулке» на Харбин

В Особой Дальневосточной армии практически весь сентябрь 1929 проходил под знаком возможной военной операции на территории Маньчжурии.

1 сентября 1929 года Особый отдел ОДВА подготовил обзор «О состоянии войск Приморской, Гродековской групп и ДВ флотилии». Освещая пункт о политико-моральном состоянии армии, документ подчёркивал: *«Настроение частей, сосредоточенных на границе ДВК продолжает*

оставаться устойчивым. Опубликование в частях приказа о сформировании ОДВА расценивается преобладающей массой красногвардейцев как правительственное мероприятие к разрешению конфликта вооружённым путём. «Иначе незачем было формировать армию». Наряду с этим — суждения, выражающие недовольство на «бесцельное ожидание на границе»...имеют достаточное распространение и сводятся к настроениям на скорейшую ликвидацию конфликта в ту или иную сторону...Наблюдается рост недовольства нашим миролюбием, расцениваемым в отдельных случаях как наша слабость».[430]

Далее обзор приводит высказывания красноармейцев ОДВА о советско-китайском конфликте. Обзор отмечает, что рядовая масса была настроена на быстрое разрешение конфликта. Солдаты были уверены, что чем скорее СССР прибегнет к военной силе, тем эффективнее сможет защитить свои интересы в Маньчжурии.

«Почему долго наше правительство канителится, скорее бы к одному концу, или воевать, или ехать на Песчанку, а то уже надоело в грязи валяться!»

«Почему наши не начинают войну, скорее бы разбили, отобрали дорогу, тогда хорошо было бы стоять на границе, а то зря только согнали войска, а дорогой китайцы пользуются, они больше не пойдут захватывать, но и так польза есть, а наши войска постоят на границе, да и разойдутся, вот тогда и будут говорить — «Красная армия сильна, а на Китай идти боится».»

«Когда только кончится эта волынка, всем уже надоело, скорее бы к одному концу, а то уже и Чан Кайши говорит, что если ещё немного с войной затянут, то все красноармейцы разбегутся по домам. Что надоело нам ждать — это факт, но что касается, разбежимся по домам, то это пардон, так как навряд ли удастся ихнему ягнёнку нашего волка съесть, как бы обратное не получилось».

«Мать их..., с этим делом- то собирайся, то раскладывайся. Эти сборы хуже всего, скорей бы один конец, война, так война, а нет, так за учёбу, а то катаемся по ночам, мучаем себя только, а пользы никакой».

«Докуда же мы будем нянчиться с Чан Кайши, его надо было сразу пойти и раздавить, как гада, а то он подготовится, окопается, вооружится, а ещё чего доброго к нему подпарятся Америка и Япония и тогда с ними будет трудно бороться».

Тем не менее, рядовая масса ОКДВА предполагала, что руководство вполне может склониться и к варианту решения конфликта мирным путём.

«По словам комкора, пожалуй, воевать не придётся, потому что он говорит, что мы не променяем пятилетний план на КВЖД, если нам и не возвратят, то всё равно вооружённым путём свои права СССР защищать не будет».

«Наше правительство, наверное согласится на выкуп КВЖД китайцами, лишь бы не воевать, а если бы думали воевать, то не отправляли бы нашего комроты в академию учиться».[431]

Как мы упоминали, мысль о необходимости оказания прямого военного давления на Чжан Сюэляна уже с июля 1929 года поддерживались центральным военным руководством в Москве в лице Ворошилова, командованием ОДВА в Хабаровске и даже частью советского дипломатического истеблишмента, в лице советского посла в Японии Трояновского. Это была долгосрочная установка военных, поэтому вряд ли можно говорить о чистой случайности того, что «меры обороны» в районе Сунгари переросли в полномасштабные военные действия.

В этой связи интересно процитировать мнение командующего ОДВА о неоднозначном подходе Кремля к применению военной силы в Северной Маньчжурии. Оно было высказано Василием Блюхером уже после победного завершения военных мероприятий Красной Армии в Маньчжурии. Анализируя характер разногласий с командующим Забайкальской группировки войск С.С. Вострецовым относительно задач армии в ходе Маньчжурско-Чжалайнорской операции, Блюхер сообщал в записке в Наркомат по военным и морским делам:

«Ясности отношений, существующих между двух противников на войне — у ОКДВА не было. Не было войны, но не было и мира, а был «конфликт», крайне осложнявший каждое проявление активности армии. Каждую операцию нужно было проводить с полной внезапностью для противника. Дальний Восток насыщен японским шпионажем настолько, что для сокрытия передвижения войск требовалась целая серия мероприятий. Нужно считаться с тем, что если бы за границей узнали о наших подготовках к операциям, то вой империалистических держав и их вмешательство помешало бы нам во многом, а может быть и сорвали Маньчжурскую операцию. Умением прочно хранить военные секреты — мы ещё пока похвастать не можем. Чисто из желания хвастнуть своей осведомлённостью перед

близкими или желанием показать себя героем завтрашнего дня — выбалтываются вещи, которые надо прочно хранить в голове. Это первое, что заставляло засекречивать наши начинания».

И далее: «*Армия в течение 5 месяцев находилась в исключительно напряжённо-нервном состоянии. Операция, доведённая до сведения войск, а затем отменённая — не только увеличивала бы нервность, но и порождала бы неуверенность в свои силы и в возможность разрешить конфликт путём активного вмешательства армии. Ни одна из проведённых нами операций не давала гарантии, что в последний момент она, по соображениям наших международных отношений не будет отменена. При материальных недостатках — при полном отсутствии не только армейских, но и дивизионных тылов, при некомплекте даже по штату мирного времени, при ряде других материальных недочётов — засекречивание подготовительного периода операции, конечно, вносило осложнения в дни самой операции, мы знали это и шли на это сознательно. Отсюда всё работало на пределе, с особой яркостью оттеняя недочёты общей подготовки войск*».[432]

Значит, всё-таки, по мнению Блюхера, идея военного вмешательства была актуальной «в течение 5 месяцев». И о случайности тут никакой речи быть не может.

Получается, что идея решения проблемы укрепления советского влияния на КВЖД через стимулирование активности внутрикитайских антисистемных сил (коммунисты, партизаны, хунхузы), совершенно органично дополнилась для военных вторым элементом — желанием «ускорить» развитие революционной ситуации в Маньчжурии при помощи военного удара Красной Армии по войскам Чжан Сюэляна.

У этой концепции был план-минимум и план-максимум. Армейское командование рассчитывало военным ударом в Маньчжурии в качестве программы-минимум улучшить переговорную позицию СССР по КВЖД, а в качестве программы-максимум — успешным ходом боевых действий спровоцировать внутрикитайское восстание против режима Чжан Сюэляна под лозунгами Советов и аграрных реформ.

Военные не могли не учитывать, что именно вариант «антисистемного восстания» рассматривался Сталиным в его письме Молотову от 7 октября, как наиболее благоприятный для решения вопроса советского влияния в Маньчжурии и на КВЖД. Непосредственные широкомасштабные военные действия Красной Армии на китайской территории воспринимались генсеком без воодушевления. Прежде всего, под углом зрения практически неизбежного в таком случае обострения отношений с державами. Не случайно и решение Политбюро от 2 октября 1929 года помимо пункта о действиях в районе Сунгари, содержало требования о создании комиссии из высокопоставленных партфункционеров для выработки рекомендаций Коминтерну по вопросу о развёртывании партизанской борьбы в Маньчжурии. Этим аспектом Политбюро и партийное руководство стало заниматься сразу же с появлением первых тревожных сообщений из Харбина в начале лета 1929 года.

Комиссия Бубнова и план китайского восстания

Задачи активизации антисистемного китайского движения в Маньчжурии до октября 1929 года были связаны с деятельностью высокопоставленного большевика Андрея Бубнова, имевшего опыт работы в Китае. Бубнов и Ворошилов часто являлись представителями полярных точек зрения.

15 июля 1929 года Андрей Бубнов был командирован в Хабаровск «в связи с событиями на Дальнем Востоке» в качестве Уполномоченного ЦК и Совнаркома. Нам не удалось найти в архивах инструкцию Политбюро о комплексе задач, ставившихся перед Бубновым. Его приезд на Дальний Восток был вызван временным перемещением центра Сибирского Военного округа из Новосибирска в Хабаровск, как отмечалось в резолюции Политбюро, «впредь до разрешения вопроса о формировании на ДВ армии или округа». К сожалению, архивная база не позволяет однозначно сказать, должен ли был Андрей Бубнов подготовить почву для будущего образования «Особой Дальневосточной Армии» (ОДВА) в качестве её потенциального руководителя или уже изначально его функции трактовались как временные, до тех пор, пока Кремль не решит кадровый вопрос о командующем новой армией (или округом).

Командировка Бубнова на Дальний Восток могла быть также вызвана обострением отношений между ним и наркомвоенмором Ворошиловым. Ворошилов выговаривал Бубнову 4 июля 1929 года: «*Если мы дошли до положения полного непонимания элементарных вещей, определяющих деловые, служебные и личные отношения, то я полагаю наиболее разумным и большевистски честным разойтись в разные стороны. Навязывать же методы работы отношений* [так в тексте. — М.Ф.] *кричаще противоречащие даже здравому смыслу, как это делаете Вы за последнее время, я в дальнейшем терпеть не намерен. Об этом я и хотел поставить Вас в известность».*[433]

Москва определила свою позицию по вопросу о Командующем ОДВА в начале августа 1929, на этот пост был назначен Василий Блюхер. Пребывание Бубнова в Хабаровске и последующее назначение Блюхера командующим ОДВА — связанные между собой события. 12 августа 1929 года Политбюро приняло решение отложить выезд Бубнова в Москву до приезда Блюхера в Хабаровск.

Интересно вспомнить, как вел себя Бубнов на совещании под руководством Ворошилова 16 июня 1929 года, обсуждавшем возможность военного вмешательства Красной Армии в Маньчжурии. Когда на совещании впервые возникла идея создания на Дальнем Востоке отдельной армии, Бубнов категорически выступил против назначения Блюхера на должность её командующего. Бубнов конфликтовал с Ворошиловым, и Ворошилов в августе 1929 года настоял на утверждении кандидатуры Блюхера. Информируя командующего Сибирским военным округом Н.В. Куйбышева об этом назначении, он сообщал в шифровке: «Учитывая значение имени Блюхера для Китая, сочли необходимым на вновь образуемую ОДВА назначить т. Блюхера».[434]

Вокруг этого назначения велись жесткие баталии. Не секрет, что командующий СВО Н. Куйбышев, как и Ворошилов, вряд ли, мог питать тёплые чувства к Андрею Бубнову. Неприязнь имела давние корни. Андрей Бубнов возглавлял с февраля 1926 года специальную комиссию Политбюро (Комиссия Ивановского) в Китае, посланную для обследования деятельности советских военных советников в гоминьдановских армиях и выяснения вопроса о целесообразности «Северного похода». В ходе работы комиссии Бубнова, Н. Куйбышев был подвергнут резкой критике за вмешательство в работу политического советника М. Бородина и отозван в Москву.[435] Очевидно, что клубок личных симпатий и антипатий между ключевыми фигурами военного истеблишмента обязательно должен был сказаться и на содержательных преференциях советской военной политики на Дальнем Востоке. Сталин умело использовал разногласия в среде своих соратников, создавая конструкции кадровых противовесов и оставаясь «над схваткой». Интересно, что Троцкий считал Андрея Бубнова «человеком Сталина»[436]. Бубнов, открытый враг Наркомвоенмора, был отправлен на Дальний Восток с очень широким набором полномочий, в том числе, и по военным вопросам. И буквально через месяц там же, в качестве командующего ОДВА, появляется Василий Блюхер, ставленник Ворошилова и друг Николая Куйбышева.

Если Блюхер концентрируется на проработке решения о военном ударе силами ОДВА в Маньчжурии, то симпатии Андрея Бубнова — на стороне идеи активизации деятельности антисистемной китайской оппозиции.

В «особых папках» сохранилась лаконичная запись о том, что Политбюро 1 августа 1929 года рассматривало телеграмму т. Бубнова и секретаря Далькрайкома Перепечко и постановило «одобрить» их предложение. В чем же заключалось это предложение из Хабаровска? Такое срочное, что посылалось телеграммой, такое важное, что его одобрением должно было заниматься Политбюро? Ответ находим в комплексе подготовительных материалов к заседанию Политбюро, датированных 6 сентября 1929 года. 9 сентября Политбюро рассмотрело подготовленный комиссией Бубнова проект постановления о мерах по координации действий между партийными структурами Далькрая и компартией Китая в условиях конфликта. Под проектом постановления, который был передан Ивану Товстухе, заведующему личным секретариатом Сталина, стояли подписи членов комиссии — А. Бубнова, Л. Карахана, О. Пятницкого и зам. Заведующего Организационно-Распределительным отделом ЦК ВКП(б) В. И. Рябоконя.[437] Бубнов представлял РККА, Карахан — Наркоминдел, а Пятницкий — ОМС ИККИ. Архивные документы дают возможность проследить трансформацию проекта, изначально состоявшего из пятнадцати пунктов, на всех этапах обсуждения и увидеть нюансы позиций ответственных ведомств.

Первый пункт обязывал Коминтерн *«дать киткомпартии директиву о развитии массовой агитпропработы среди рабочего и крестьянского населения Северной Маньчжурии»*. Второй — ставил перед китайскими коммунистами задачу проведения пропагандистской работы в армиях маньчжурских генералов *«в целях ее разложения»*. Третий пункт отмечал, что центр координации этой пропагандистской работы должен: «организационно и технически базироваться на территории ДВК». Хабаровск планировалось командировать «представителя ЦК Киткомпартии».[438]

Трилиссеру и Пятницкому предлагалось отобрать до 50 человек китайских коммунистов, обучавшихся в КУТК и других ВУЗах для отправки на работу в Северную Маньчжурию. Отправку предполагалось организовывать постепенно *«по мере надобности»*. Часть *«мобилизо-*

ванных» китайских коммунистов разрешалось использовать в качестве переводчиков и для *«активной работы»* в войсках Красной армии и ОГПУ на границе. Кроме того, Далькрайкому, совместно с представителем ЦК Киткомпартии, предлагалось заняться непосредственно в Далькрае вербовкой подходящих кадров из китайских и корейских коммунистов с соответствующими языковыми навыками для *«усиления работы киткомпартии в Северной Маньчжурии»*. Об этом говорилось в четвёртом, пятом и шестом пунктах.

Далькрайком должен был оказывать помощь киткомпартии и в техническом отношении, организовав в крае китайскую типографию. Планировалось начать издание газеты на китайском и корейском языках *«для рабочего и крестьянского населения Северной Маньчжурии»*, а также солдат китайской армии.

Однако прямой координации работы между Киткомпартией и парторганизацией российских большевиков в Маньчжурии не предусматривалось, их предполагалось соединить опосредованно, через Хабаровск. Постановление подчёркивало в этой связи: *«На данной стадии работы связь между СМК и соответствующими органами Киткомпартии в Северной Маньчжурии установить через тов. Перепечко»*.[439]

Перепечко становился важной фигурой организации китайской работы, вместе с представителем ЦК Киткомпартии он должен был разработать смету средств, необходимых для усиления работы Киткомпартии в Северной Маньчжурии.

Политбюро обязывало Далькрайком усилить внимание к деятельности СМК, ускорив посылку ответственного работника в Харбин. С этой же целью и Орграспреду ЦК предлагалось отобрать группу из 2—3 человек с практикой работы на КВЖД и командировать их в Северную Маньчжурию.

Таково было содержание первых одиннадцати пунктов, не вызвавших сильных разногласий у членов комиссии Бубнова.

Первоначальный проект постановления содержал в отличие от конечного, утверждённого Политбюро варианта, ещё два дополнительных пункта, которые были вычеркнуты из текста в ходе обсуждения.

Ожесточенные дискуссии вызвал двенадцатый пункт, который был два раза переформулирован. Он касался возможности распространения вышеназванных для КВЖД пропагандистских задач на территорию ЮМЖД, контролируемую Японией.

В изначальном варианте этот пункт звучал так: «*Организационно-пропагандистские мероприятия, намеченные для КВЖД распространить на ЮМЖД*». После первого изменения он приобрёл следующий вид: «*Организационно-пропагандистские мероприятия КИТКОМПАРТИИ, намеченные для КВЖД распространить на ЮМЖД*». Во втором варианте, в новой редакции, рукой Андрея Бубнова, план действий был расписан более подробно: «*В целях перераспределения транзитно-грузового потока на КВЖД, поставить перед киткомпартией в Северной Маньчжурии задачу усиления революционной работы на Южном участке КВЖД (организация саботажа и т.д.)*»[440]

С двенадцатым пунктом во всех трёх вариантах категорически не согласился заместитель Наркома Лев Карахан. Это не удивительно — в третьем варианте Бубнов предлагал делегировать китайской компартии задачу экономического ослабления японской ЮМЖД посредством саботажа!

Тринадцатый пункт тоже был снят в ходе обсуждения членами комиссии и не вошёл в окончательную редакцию. В нём отмечалось: «*Считать специальную работу в настоящее время на ЮМЖД технически чрезвычайно трудной и политически нецелесообразной*».[441]

Последний, пятнадцатый пункт предлагал Разведупру и ИНО ОГПУ, в лице Берзина и Трилиссера, обеспечить на КВЖД функционирование коротковолновой связи для улучшения коммуникации. Вне всякого сомнения, в условиях конфликта нормативные способы коммуникации — телефон, телеграф и фельдъегерская связь — имели много узких мест.

Текст постановления комиссии Бубнова был, в целом, одобрен Политбюро. Он был должен стать основой при подготовке директивы под заголовком «Об усилении работы КП Китая в Маньчжурии», которую 13 сентября 1929 года рассмотрела и утвердила Политкомиссия Политсекретариата ИККИ.

Однако Политкомиссия ИККИ полностью перекроила концепцию комиссии Бубнова. В окончательном тексте директивы отсутствовали какие-либо ссылки на контролирующую и планирующую роль Далькрайкома. Субъектом исполнения и всех рекомендаций в этом документе называлась Компартия Китая. Довольно существенные изменения были сделаны и при формулировке других пунктов.

«*а) Поручить ЦК КП Китая принять в Северной Маньчжурии меры по усилению работы среди рабочих, крестьян и железнодорожников и особенно в армии.*

б) Предложить ЦК КП Китая усилить в Южной Маньчжурии работу среди рабочих, особенно среди тех китайских рабочих, которые работают на ЮМЖД.

в) Направить в Китай ответственного китайского товарища для того, чтобы проинструктировать ЦК КП Китая о задачах КПК в Маньчжурии.

г) Направить одного китайского товарища в Хабаровск в качестве представителя ЦК КПК.

д) Мобилизовать в различных школах Москвы до 50 китайских товарищей и направить их на Восток для усиления работы в Северной Маньчжурии. Привлечь для этой работы также китайских и корейских товарищей, проживающих на советском Дальнем Востоке.

е) Поручить ЦК КП и её представителям в Хабаровске принять срочные меры для издания и распространения в Маньчжурии китайской газеты и листовок».[442]

Без сомнения, очевидны и другие отчетливые различия в документах Политбюро и ИККИ.

В документе ИККИ были возвращены пункты о коммунистической работе в Южной Маньчжурии. Одновременно с этим — полное исключение из текста директивы каких-либо намёков на проведение с помощью китайских коммунистов «спецработы» и факта их возможного использования в частях Красной Армии и погранвойсках ОГПУ.

По-видимому, эти пункты не проговаривались в документе ИККИ по причинам конспирации.

Ещё предстоит выяснить, что пошло «не так» с этим постановлением. Но карьера самого Бубнова пошла в середине сентября «под откос».

Видимо, позиция самого Бубнова по китайскому вопросу в тех нюансах, которые касались тесного сотрудничества с китайской компартией и организации мер саботажа на японской ЮМЖД, вызвала вопросы не только у НКИД, но и у военной верхушки РККА. По крайней мере, уже через несколько дней, 16 сентября 1929 года, Клим Ворошилов посылает срочную шифровку Сталину в Сочи, в которой идет речь о смещении А. Бубнова с должности руководителя ПУРа и предложении назначить на его место И.Э. Якира, командующего войсками Украинского военного округа, или Я.Б. Гамарника, первого секретаря ЦК КП(б) Белоруссии. Причины такой спешной отставки нам не известны, видимо, они назревали уже давно. Сталин не удивляется, он просто выбирает следующего.

Генсек останавливается на кандидатуре Яна Гамарника, являвшегося в 1927—1928 гг. первым секретарем Дальневосточного крайкома партии и имевшего огромный опыт руководящей работы в этом регионе. Заняв в 1929 г. должность начальника Политуправления РККА, Гамарник вскоре, летом 1930 г., становится одновременно заместителем Председателя Реввоенсовета и заместителем наркомвоенмора. Такое совмещение должностей в руководящем составе РККА появилось впервые, Ворошилов сделал Гамарника своей «правой рукой».

Что касается Андрея Бубнова, то с середины сентября он хотя и продолжает участвовать в выполнении экспертных заданий по вопросам китайской революции и советского Дальнего Востока, но делает это не с позиций «первого уровня». В октябре 1929 года Андрей Бубнов перемещается в другую, не военную «епархию», его назначают на должность наркома просвещения.

Как бы то ни было, пребывание Андрея Бубнова на Дальнем Востоке летом 1929 года запустило маховик мероприятий Далькрайкома по разработке стратегии «антисистемного восстания» в Северной Маньчжурии.

«Антисистемное восстание» в Северной Маньчжурии и элиты Далькрая

Несмотря на то, что директива ИККИ об усилении работы КПК в Маньчжурии ни единым словом не упомянула о роли и задачах властных структур Далькрая, анализ архивных документов местного уровня позволяет сделать вывод, что основная активность большевиков разворачивается именно по «региональному» дальневосточному вектору.

Иван Перепечко и «китайский фактор»

В августе — первой половине октября 1929 года Далькрайком в очередной раз должен был решить для себя проблему о характере и формах взаимодействия между подотчётной ему парторганизацией русских большевиков в Северной Маньчжурии и маньчжурскими ячейками китайской компартии.

В преддверии планируемого Далькрайкомом в начале октября совещания китработников края, последним было поручено представить свои соображения о возможности использования «китайского потенциала» в ВКП(б) для активизации работы СССР в условиях советско-китайского конфликта в Северной Маньчжурии.

С этой целью китайцами-членами ВКП(б), к сожалению, имён составителей нам установить не удалось, был составлен ряд документов, в том числе «Ориентировочный план работы на территории Маньчжурии». План перерабатывался, как минимум два раза. В нашем распоряжении есть не только первый вариант, подготовленный в преддверии встречи китработников 4 октября 1929 года, но и второй вариант, разработанный уже после совещания. Кроме того, второй вариант плана впоследствии дорабатывался в Далькрайкоме и в руководстве «Особой Дальневосточной Армии». Правки в этих документах позволяют оценить разницу в позициях о характере использования «китайского потенциала» между средним и высшим звеном партийного руководства, между «русскими» и «китайскими» функционерами. Первый вариант был составлен средним звеном «китработников», а второй — изменён в соответствии с руководящими указаниями Далькрайкома, высказанными на совещании. В составе Далькрайкома представителей китайской национальности, просто, не было. Как не участвовали китайцы и на самых последних этапах коррекции плана, осуществлявшихся Иваном Перепечко и Первым Отделом Политуправления ОДВА в лице Скворцова. Последнее слово осталось за Блюхером, утвердившим конечный вариант Скворцова. Вспомним, что разработка концепции «китайского революционного потенциала» была инициирована противником Блюхера и Ворошилова Андреем Бубновым, который к октябрю 1929 года уже давно покинул Дальний Восток. Конечно, при анализе вариантов плана необходимо учесть временной фактор — расклад сил в Северной Маньчжурии и в советско-китайском переговорном процессе по вопросу о КВЖД постоянно менялся.

Как свидетельствует текст плана, его составители имели слабое представление о размахе подпольной активности Далькрайкома по руководству деятельностью СМК в Маньчжурии. Переход на строжайшую конспирацию во взаимоотношениях между Далькрайкомом и СМК, породил такую ситуацию, что партийные руководители среднего и низшего звена к началу октября 1929 года были уверены в полном отсутствии какого-либо большевистского движения в Северной Маньчжурии. О деятельности харбинской организации ВКП(б), которую лично курировал первый секретарь Иван Перепечко, был осведомлен только строго ограниченный круг советского регионального истеблишмента и, похоже даже не все члены Далькрайкома.

В первом параграфе чернового плана, составленного «китработниками» и носившем название «Организационный», формулировались задачи партийного строительства. В документе отмечалось: *«После захвата КВЖД в Северной Маньчжурии наступило как бы военное положение. Это привело к тому, что благодаря слабой работе нашей парторганизации в прежнее время мы потеряли всякие связи. С целью восстановления связей с североманьчжурскими и харбинскими комитетами киткомпартии, мы должны послать туда людей (по сведениям организация киткомпартии по линии КВЖД существует). Кроме того, мы должны послать туда людей, чтобы они, установив центр в районе, приступили к созданию нелегальных ячеек, создав также в удобных пунктах на восточной и западной части КВЖД и по реке Сунгари местные нелегальные комитеты. Задачей этих комитетов будет являться, прежде всего, сообщение сведений о положении района и установление связей с киткомпартией. Другой задачей является распространение листовок и ведение профессиональной работы. Вплоть до установления связи с киткомпартией эти комитеты должны будут действовать самостоятельно».*[443]

Второй параграф плана был посвящён вопросам пропаганды. В нём авторы подчёркивали, что после начала операции по захвату КВЖД в Северной Маньчжурии китайские генералы обращают особое внимание на апелляцию к национальным чувствам и желание китайцев освободиться от иностранной зависимости. Пропагандистская же работа со стороны СССР в Северной Маньчжурии замерла. По мнению авторов плана, это произошло, с одной стороны, — из-за потери связи живущих на территории Маньчжурии членов ВКП(б) и комсомольцев с СССР, с другой — из-за отсутствия контактов между членами маньчжурской организации ВКП(б) с китайской Компартией. Поэтому одной из важных задач становилось восстановление в достаточном объёме пропагандистской работы против китайских милитаристов. С этой целью план предполагал наладить распространение листовок и расклеивание плакатов, в первую очередь, на приграничной с Далькраем полосе китайской территории. Создатели документа планировали привлечь для выполнения задач пропагандистской работы китайские партизанские отряды, действующие в Маньчжурии. Китайские партизаны должны были разъяснять массам лозунг аграрной революции и агитировать простых китайцев за защиту СССР.

В третьем параграфе, названном «Крестьянское движение и партизанская борьба», составители плана проанализировали земельный вопрос в Маньчжурии и состояние крестьянского движения. Они пришли к следующему оптимистическому выводу:

«Особенно большие возможности для поднятия крестьянского восстания имеются в северо-восточной[444] *части Маньчжурии. Настоящий момент является подходящим для действия партизанских отрядов, целью которых будет толкнуть крестьянство на восстание, развить аграрную революцию, убить помещиков и джентри и создать советскую власть».* Отмечая, что схема и план действия партизанских отрядов составлен отдельно, в документе, тем не менее, подчёркивалось: *«Партизанская борьба и крестьянское движение будет иметь основной задачей защиту Советского Союза. Кроме того, партизанская борьба поднимет классовую борьбу в деревне и уничтожит национализм. В дальнейшем это приведёт к борьбе против милитаристических войн и к защите Советского Союза. Задачи этих партизанских отрядов не являются одинаковыми с задачами хунхузотрядов используемых для диверсионной работы».*[445]

В четвёртом параграфе, озаглавленном «Профдвижение», содержалось лишь две лапидарных фразы. А именно: *«Конкретных решений в этой области пока вынести нельзя впредь до установления связей с нелегальной парторганизацией и создания новых нелегальных органов. Необходимо пока найти коммунистов — уроженцев Маньчжурии с тем, чтобы послать их для работ на фабриках и заводах Маньчжурии».*

В обоих вариантах плана шла речь о создании нелегального партийного центра в Харбине и трёх местных пунктов — в Восточной и Западной части КВЖД и на реке Сунгари. Сделать это предлагалось силами группы партработников, присланных из Далькрая.

В первом варианте вновь создаваемый подпольный Харбинский центр и пункты должны были действовать самостоятельно до установления контактов с китайской компартией, а после этого организационно влиться в её структуру. Во втором варианте, откорректированном уже после совещания «китработников», проговаривалась обратно противоположная система подотчётности и подчинения. А именно: *«По установлении связи Харбинского партийного центра с одной из организаций Киткомпартии руководство его деятельностью переходит в ведение ЦК, до этого времени руководство осуществляет Краевой комитет ВКП(б)».*[446]

Конкретизации в новом варианте подвергся и второй параграф плана, посвящённый задачам пропагандистской работы. Главный упор был сделан на её антимилитаристском содержании и все задачи формулировались, прежде всего, под углом зрения укрепления позиции СССР на КВЖД в советско-китайском конфликте вокруг.

В этой области ставились следующие задачи:
- Разъяснение классовой сущности захвата КВЖД.

- Опровержение клеветы на СССР, разъяснение мирной политики Советской власти, необходимости и готовности защиты *«отечества трудящихся».*

- Раскрытие перед массами *«предательства китайской революции контрреволюционным Гоминьданом и беззастенчивой его политики белого террора в угоду международным империалистам».*

- Разъяснение сущности и причин глубоких противоречий в *«лагере милитаристов»* и как следствие этого непрекращающиеся войны между ними.

- Демонстрация на конкретных примерах *«ужасающего положения»* и угнетения рабочих и крестьян Китая при сохранении власти помещиков и буржуазии.

- *«Разоблачение обмана Гоминьдановского национализма и действительной продажности Гоминьдана международному империализму».*

- Разъяснение задач аграрной революции в Китае.

- Популяризация лозунга Советов в китайской революции.[447]

Новый вариант плана подробно расписывал содержание мероприятий по усилению работы ВКП(б) среди китайцев, проживавших на территории Далькрая. Особое внимание предлагалось обратить на следующие направления:

- Постоянная агитаторская работа и распространение листовок в тех краях и округах, где проживают китайские трудящиеся.

- Повышение качества редактирования китайскоязычной газеты «Рабочий путь», системы её распространения и доставки.

- Улучшение экономических условий жизни китайских рабочих (в том числе — своевременное снабжение продуктами питания, открытие китайских столовых и т.д.).

- Серьёзная борьба с проявлениями национальной розни и в особенности с фактами великодержавного шовинизма.

- Организация военной подготовки среди китайских рабочих.

Поясняя важность работы в этих направлениях, составители плана подчёркивали: *«Работа среди китайцев, находящихся в СССР, имеет большое влияние на работу среди населения Китая. Если работа будет вестись хорошо здесь, то её результаты облегчат работу парторганизаций за границей».*[448]

Одновременно с «Ориентировочным планом работы на территории Маньчжурии», китайскими коммунистами, членами ВКП(б), был составлен «План организации партизанских отрядов среди крестьян». Последний был передан секретарю Далькрайкома Ивану Перепечко, который внёс в него свои коррективы. По стилю «Ориентировочный план» и «План организации партизанских отрядов» явно составлены одним и тем же человеком, имя которого, к сожалению, выяснить не удалось.

План развёртывания партизанской работы определял, что центральной задачей должна являться *«организация партизанских отрядов для проведения аграрной революции в Маньчжурии».* Крестьянскую массу предполагалось призвать к восстанию под лозунгами конфискации помещичьих земель и передачи их крестьянам, уничтожения всех документов, касавшихся аренды земли. Аграрная революция должна была аннулировать все задолженности крестьянства помещикам по арендным платежам, а также ослабить власть ростовщического капитала, приостановив деятельность залоговых и ссудных лавок. Планировалось подвергнуть разоружению отряды помещичьей самообороны. С сельской верхушкой составители плана не церемонились. В тексте отмечалось: «*Свергнуть местные власти и организовать сельское самоуправление, убить помещиков и сельских господ, и чиновников, создать крестьянский комитет и временное крестьянское правительство*».[449] Основным ядром партизанских отрядов должны были стать крестьяне, рекрутировавшиеся непосредственно в сельской местности. Видимо сомневаясь, что организаторам партизанского движения удастся быстро преодолеть крестьянскую пассивность, в плане оговаривалось, что на первом этапе надо вовлекать в *«основные» отряды*, хотя бы, китайских рабочих и *«самых надёжных хунхузов»*. Целью таких «основных отрядов» и должно стать *«поднятие крестьянского восстания»*. Создатели плана, без сомнения, понимали, что использование для нужд революции хунхузов, то есть попросту бандитов, может представить всю революционную акцию в самом нелицеприятном свете. Поэтому в плане делалась оговорка: «*В отношении хунхузов решительно отказаться от помощи их самостоятельного развития, а только использовать их, как помощь для крестьянских партизанских отрядов. В использовании хунхузов нужна самая тщательная осторожность*».[450]

Командный состав крестьянских партизанских отрядов предполагалось комплектовать всецело из китайских граждан. Командный состав, по замыслу создателей плана, должен был не только осуществлять чисто военное руководство, но и выполнять агитационно-пропагандистскую функцию в организации крестьянской революционной борьбы. Поэтому в каждый отряд планировалось включить большое количество партработников, имевших к тому же опыт работы среди крестьянства. Роль СССР в организации таких партизанских отрядов предлагалось сильно закамуфлировать. В плане подчёркивалось в этой связи: *«Русские товарищи должны вести только тайное руководство и воспитательную работу, не выявляя себя, и, если не будет необходимости, не должны находиться в среде отрядов в Китае. Необходимо, чтобы со стороны эти отряды казались организованными исключительно китайцами и на китайской территории»*.[451]

Авторы плана собирались использовать многовековые традиции китайского крестьянского неповиновения и тайных обществ — партизанские отряды предлагалось назвать в духе традиционных представлений *«крестьянскими отрядами самообороны»*. Составители предлагали список мест дислокации партизанских отрядов на территории Северной Маньчжурии. Большую часть партизан планировалось завербовать среди китайских рабочих во Владивостоке, Хабаровске, Благовещенске. Кроме того, предполагалось использовать уже сложившуюся непосредственно в местах будущей дислокации партизан структуру хунхузских отрядов. По предварительным расчётам речь могла идти об организации пяти партизанских отрядов по 100 человек. В районах советско-китайской границы партизанские отряды должны были дополнить небольшие «летучие группы» из 4—5 человек. Задачей групп являлись самостоятельные диверсионные мероприятия, а также разведподдержка партизанским отрядам.

Размах партизанского движения и тактику борьбы предлагалось выработать позже, в зависимости от масштабов развёртывания крестьянского движения. В документе эта мысль объяснялась следующим образом: *«Наступление ли на уездные города, захват ли деревень, партизанские налёты, или продолжительные военные действия против войск противника, — будет зависеть от условий борьбы, то есть от степени воодушевления, положения и силы китайских партизан».*[452]

Советская сторона должна была взять на себя первоначальное оснащение вооружением и поставки продовольствия партизанам. Впоследствии предлагалось вооружаться за счёт захваченного оружия у помещичьих отрядов самообороны и войск Чжан Сюэляна. Источники продовольствия в будущем должны были изыскиваться непосредственно в местах боевых действий партизан, на территории Северной Маньчжурии.

Второй вариант плана был передан руководителю Далькрайкома Ивану Перепечко. После внесения правок Иваном Перепечко с планом было ознакомлено руководство Далькрайкома. Затем утверждённый план был отправлен на окончательную доработку командованию «Особой Дальневосточной».

В переданном Ивану Перепечко тексте плана его рукой внесены только две правки. Во-первых, Перепечко предложил уточнить пункт о системе организации власти в сельской местности после захвата её партизанами. Секретарю Далькрайкома непонятной показалась формулировка о создании *«крестьянского комитета»* и *«временного крестьянского правительства».* Второй раз его карандашные пометки встречаются на тексте документа, когда речь идёт о названии партизанских отрядов. Название *«крестьянские отряды самообороны»* показалось секретарю

Далькрайкома слишком расплывчатым. Он предлагает свой вариант — *«Рабоче-крестьянский партизанский отряд»*. В обоих случаях становится очевидным, что чисто крестьянская специфика возможного революционного движения в Северной Маньчжурии заводит Перепечко в тупик — советский опыт для таких вариантов развития революции был слабо применим. Поэтому секретарь Далькрайкома начинает размышлять по привычной аналогии и предлагает «советизированные решения».

ОДВА и программа «китайского повстанческого движения»

После ознакомления руководства Далькрайкома, план был переработан в соответствии с высказанными замечаниями в Первом отделе Политуправления ОДВА. Этот переработанный вариант был передан для ознакомления и принятия дальнейшего решения командарму ОДВА В. Блюхеру. В окончательном варианте плана для обозначения новых партизанских отрядов использовалась формулировка *«Рабоче-крестьянские повстанческие отряды»*. То есть, с одной стороны, принималась идея Перепечко, о необходимости «орабочить» партизанскую структуру. С другой же — упор делался на антисистемный характер предполагаемых действий вновь создававшихся формирований.

К уже упоминавшимся выше задачам аграрной революции добавлялись лозунги прекращения уплаты правительственных налогов и военной контрибуции, *«свержения местной власти и сельского самоуправления»*. Вспомним, в первом варианте плана аграрной революции «сельское самоуправление» планировалось организовать после устранения существующей местной власти. Новый вариант предлагал вместо этого *«создать рабоче-крестьянские комитеты советов»*. «Орабочивание» концепции партизанского движения под влиянием «некитайских» партработников Далькрая отчётливо прослеживается и в новой формулировке абзаца о принципах организации повстанческих отрядов. В нём дословно говорилось: *«Повстанческие отряды вначале организуются из сознательных рабочих. После перехода на территорию Маньчжурии они должны призвать широкие крестьянские массы для активного сознательного участия в этих отрядах, не ограничивая количество участников в них. Создать среди крестьянства отношение к отрядам как к своим отрядам. По внешности необходимо провести организацию отрядов таким образом, чтобы они создавали впечатление как сор-*

ганизовавшихся на территории Маньчжурии, всемерно обеспечивая в самих отрядах рабочее влияние и руководство».[453]

Количество «повстанцев» первой волны сокращалось ровно вдвое. Если в первоначальном варианте речь шла о 5 отрядах по 100 человек, то теперь — о 5 отрядах по 50 человек. Однако большее внимание уделялось их «качественному составу». Одну пятую часть повстанцев — 50 человек — должны были составлять коммунисты и комсомольцы. Остальные — набирались среди беспартийных рабочих. Более подробно, чем в первом варианте, проговаривались места дислокации будущих повстанцев и структура управления самими отрядами. Подчёркивалось, что перед отправлением в Северную Маньчжурию личный состав повстанческих отрядов должен будет пройти месячную военную и политическую подготовку.

К плану организации «повстанческих отрядов» была приложена подробная смета о возможной стоимости этого мероприятия, датированная 9 октября 1929 года. Интересно, что бюджетирование работы по созданию нового партийного центра в Харбине, трёх партийных пунктов на КВЖД и финансирование китайского повстанческого отряда рассматривались в рамках одной сметы. Согласно позициям бюджета, для организационной партийной работы планировалось командировать в Маньчжурию 9 человек. По-видимому, в этом случае речь шла о создании еще одного подразделения, в дополнение к уже существующим в Маньчжурии «китайской» и «советской» партийным структурам.

Бросается в глаза, что в подготовительных вариантах плана не содержалось никаких прямых ссылок на Коминтерн и на использование в какой-либо форме его институтов. Однако на последней странице «Плана по организации рабоче-крестьянских повстанческих отрядов» находим список рассылки четырёх машинописных экземпляров документа за подписью Начальника Первого Отдела Политуправления ОДВА Скворцова: первый экземпляр был передан лично командующему ОДВА Блюхеру, второй — самому Скворцову, а третий и четвёртый — «Воровскому». Под псевдонимом «Воровский» скрывался китаец с очень непростой судьбой, член делегации КПК в ИККИ Хуан Пин, близкий соратник секретаря Маньчжурского Комитета КПК Лю Шаоци. Нам еще предстоит уточнить роль Хуан Пина в разрабатывавшихся ОДВА планах «рабоче-крестьянских повстанческих отрядов».

10 октября 1929 года, поздно вечером, состоялось совещание флотских и армейских командиров соединений ОДВА под председательством

А.Я. Лапина, на котором была сформулирована боевая задача по Сунгарийской операции. Этот факт дает нам возможность предположить, что параллельная структура из «российских» китайцев, о которой речь шла выше, должна была обеспечить второй «антисистемный» этап советского военного вмешательства в Маньчжурии.

Красная армия начинает, а китайские «повстанцы» российского розлива заканчивают? А потом и настоящие китайские коммунисты подключаются к реализации идеи внутриманьчжурского восстания? Понятно, что при таком варианте, проблемы собственно российской партийной организации в Северной Маньчжурии и её взаимоотношений с китайскими коммунистами становилась очень щепетильными.

Письма Маньчжурского Окружного комитета КПК руководству Далькрая

В первой декаде октября 1929 года, когда Хабаровск занимался концептуализацией инициативы «российских» китайцев — членов ВКП(б) на Далькрайком выходят представители собственно Китайской компартии.

9 октября Перепечко получил письмо Маньчжурского Окружного комитета КПК, изначально адресованное владивостокскому Окружному Комитету ВКП(б). Китайские коммунисты выражали свою заинтересованность в установлении контактов с русскими большевиками на КВЖД в условиях конфликта. Письмо поступило в Хабаровск через сотрудников регионального Разведупра, которые также проинформировали о его содержании представителей ОМС Коминтерна в Далькрае.

В письме сообщалось:

«После того, как возник конфликт на КВЖД, немедленно создалась угроза нападения империалистических держав на КВЖД. Одновременно с этим мировой пролетариат и угнетённые народы колониальных стран усилили деятельность, направленную на защиту СССР, на превращение будущей войны империалистов против СССР в классовую борьбу пролетариата против буржуазии на защиту СССР. Маньчжурское партийное бюро, принимающее скромное участие в этом движении пролетариата, уже бросало зажигательные лозунги в необъятную массу китайского пролетариате, призывая его на защиту СССР».[454]

Маньчжурские коммунисты объяснили, почему, по их мнению, советско-китайский конфликт нельзя было рассматривать только с позиций двусторонних советско-китайских отношений.

«Мы протестуем против второй мировой бойни, затеваемой империалистами. Протестуем против японского империализма, захватывающего Северную Маньчжурию. Протестуем против Гоминьдановских милитаристов, действующих против СССР по указке империалистов».

И далее: *«Маньчжурское партийное бюро одновременно развивает усиленную агитацию в массе китайского пролетариата. Напрягает усилия, чтобы добиться самодеятельности масс по выявлению своей воли, стать на защиту СССР. Особенно направлены усилия на то, чтобы такую волю (стать на защиту СССР) активно проявили китайские рабочие КВЖД, так как проявление солидарности китайских рабочих к СССР несомненно заставит китайских милитаристов и империалистов испугаться опасной игры и отказаться от мысли нападать на СССР».*

В письме сообщалось, что Маньчжурское партийное бюро уже давно приказало Харбинскому комитету Китайской компартии активно развернуть секретную работу на КВЖД, а также усилить работу коммунистов в легальных железнодорожных профсоюзах. Задачей партийного комитета КПК в Харбине провозглашался постепенный переход от лозунгов экономического характера к лозунгам политическим. Среди них: *«На защиту СССР», «Протестуем против империалистов, готовящих нападение на СССР».* Кроме того, китайские коммунисты планировали в будущем объявить задачей дня лозунг *«Превратим империалистическую войну против СССР в революционную борьбу на защиту СССР».* Предполагалось *«усилить агитацию среди масс, созывать рабочие ячейковые собрания, подготовить и созвать конференцию /съезд/ представителей рабочих организаций всей линии КВЖД, добиваться, чтобы все рабочие КВЖД активно проявили свои симпатии к СССР и готовность стать на защиту СССР».*[455]

Китайские коммунисты сетовали, что их российские товарищи настроены зачастую шовинистически к китайским рабочим. В письме приводились конкретные факты.

Китайские коммунисты писали:

«...к нашему величайшему огорчению в Харбинском депо и железнодорожных механических мастерских имеется немало комсо-

мольцев, по своей молодости необдуманно заявляющих китайским рабочим сослуживцам: «Эту дорогу /КВЖД/ мы лучше подарим японцам, чем отдадим вам китайцам». Подобные контрреволюционные заявления создают неограниченные затруднения в деле проведения нашей работы».[456]

Бюро Маньчжурского окружного комитета подчёркивало, что китайские коммунисты испытывают *«стодвадцатипроцентные затруднения»* из-за того, что две партийные организации — китайская и русская — в своей деятельности *«ничем не связаны друг с другом»*. В связи с этим Бюро обращалось с предложением к руководству Владивостокского окружного комитета ВКП(б) *«установить живую, непосредственную связь, установить определённые отношения»*. Китайские коммунисты подчёркивали: «*Мы хорошо знаем, что помимо Коминтерна наше предложение не может быть претворено в жизнь..., но во имя осуществления стоящих перед нами задач, во имя классовых наших интересов, мы не должны, мы не можем откладывать этот вопрос и ожидать. Поэтому мы надеемся, что после прочтения этого письма (вы) немедленно прикажете вашему Харбинскому комитету связаться с нами, чтобы обменяться политическими мнениями и взглядами относительно работы..., а также договориться, как установить контакт в будущей работе. Наш партийный комитет, а также Всекитайский рабочий комитет (генеральный) имеет своих представителей в Харбине. Они в любое время могут увидиться с Вашими представителями. Если Вы принимаете (одобряете) наше предложение, вы можете немедленно, через Мишаньского товарища Чжан-и или же через конспиративный пункт связи Коминтерна в Харбине, сообщить нам место свидания, время и способ свидания».*[457]

Однако связных от российской парторганизации китайские коммунисты так и не дождались. Для руководства Далькрая на повестке дня стоял вопрос о советском военном вмешательстве в Северной Маньчжурии, и через три дня был запущен механизм Сунгарийской военной операции.. Похоже, что с отъездом Бубнова идея китайского «повстанческого движения» не очень-то и лоббировалась в структурах ОДВА. Иначе, как объяснить нестыковку между уровнями подготовки военных операций и планов создания китайских партизанских отрядов? Смета этих отрядов была едва свёрстана 9 октября 1929 года. А уже 12 октября началось проведение Сунгарийской военной операции. Планы развития китайского «повстанческого движения» остались только на бумаге.

Здесь стоит сделать небольшое отступление и попробовать реконструировать дату, когда дальневосточное региональное руководство однозначно и сплочённо стало поддерживать идею военного вмешательства в Северной Маньчжурии.

ОДВА определилось с датой военного удара

Документы дают основание предполагать, что, по-видимому, уже в середине—третьей декаде сентября 1929 года руководство ОДВА в Хабаровске не только наметило предполагаемую дату советской военной операции на приграничных китайских территориях, но и попыталось оптимизировать действия войск и советской «пятой колонны» в Маньчжурии через структуры СМК. Косвенное свидетельство об этом содержится в письмах одного из «харбинцев», некоего И. Мурзакова, переданных уже после окончания советско-китайского конфликта в Далькрайком в декабре 1929 года. В это время Далькрайком начинает собирать письменные отчёты «харбинцев» — партийно-комсомольских-профсоюзных активистов для Дальневосточной Контрольной Комиссии о характере их занятий в период конфликта в качестве материала для партийной чистки. В своих письмах И. Мурзаков подробно описывает организационный хаос, беспомощность и полнейшую техническую неподготовленность руководства СМК и всей организации перед лицом задач, которые были поставлены перед ними Москвой и Хабаровском осенью 1929 года.

И. Мурзаков вспоминает: «*Некоторые товарищи из Тройки получили задание — к 9 октября подготовиться к террористической работе. Врем(ени) было около месяца и что видим, в тот самый день, когда нужно было пойти на работу 9 числа шёл дождь, погода ужасная сырая. Собрались товарищи к известному месту. Мы встретились с товарищами, спрашиваем, всё ли готово. Оказалось, нужно было при помощи электрической искры, магнита и других приборов взрывать поезда на линии. Погода не давала провести в жизнь работу, так как шёл дождь и периксилин, шнур и др...могли отказать в работе*». На предложение Мурзакова перенести операцию, другой её участник — Зугров, от имени СМК, отложить диверсию не разрешил. В результате, как вспоминает Мурзаков, на следующий день в газете сообщалось о неудачном акте диверсии вдоль линии КВЖД и о находках пироксилина и взрывных приспособлений. *«Всё как-то странно получалось, — подводит итог Мурзаков, — вот почему наши товарищи терпели поражение и лучшие силы в первые дни конфликта гибли в китайском штабе».*⁴⁵⁸ Мурзаков также отмечает тот факт, что многие члены партийной организации вовсе не желали *«героически»* сложить свои головы по приказу партии в период обострения конфликта. *«Были такие случаи: с первых дней конфликта члены партии забились по квартирам и не показывались лишь только потому, что боялись работы, боялись ареста и ждали окончания конфликта за чужими плечами».*⁴⁵⁹

Косвенные свидетельства дают основания предполагать, что к концу первой декады октября Хабаровск задумал провести некие действия в Северной Маньчжурии для поддержки и успеха которых потребовалось синхронно парализовать функционирование КВЖД.

Вполне возможно, что необходимость поторопиться с применением военной силы была вызвана и определенными обстоятельствами международной политики.

7 октября 1929 года политический советник мукденского правительства У. Дональд посетил британского консула и передал по поручению Чжан Сюэляна просьбу британскому правительству выступить посредником в решении КВЖД. Лондону предлагалось уведомить Кремль о возможности проведения переговоров по КВЖД между СССР и Мукденом, без участия центрального китайского правительства. Дональд пояснил, что Чан Кайши передал Чжан Сюэляну право самостоятельно урегулировать конфликт, поскольку Нанкин не в состоянии это сделать. Лидер нанкинского гоминьдана обратился к Чжан Сюэляну напрямую, не информируя китайского министра иностранных дел Ван Чжэнтина. Чан Кайши заявил, что готов нести личную ответственность за любые действия Чжан Сюэляна.⁴⁶⁰

Трудно сказать однозначно, имела ли Москва доступ к этой информации. Однако возможное подключение к посредничеству английской стороны не предвещало для защиты интересов СССР на КВЖД ничего хорошего. Как мы уже отмечали выше, за несколько месяцев до начала конфликта на КВЖД, СССР был вынужден смириться в мае 1929 года с неудачей своей тайной военной операции в Афганистане, считавшегося сферой влияния Великобритании. Перед Кремлем также постоянно маячила угроза возобновления союзнических отношений между Великобританией и Японией по примеру договора 1902 года, который был формально заменен, но не прекращен, пактом четырех держав на Вашингтонской конференции в 1921 году. Поэтому оснований для беспокойства для вмешательства держав, в самой неблагоприятной для себя констелляции, у Кремля было более, чем достаточно.

Как бы то ни было, Москва решила разрубить гордиев узел упреждающим военным ударом.

Разгром группировки маньчжурских войск был осуществлён Особой Дальневосточной армией в период с 12 октября по 20 ноября 1929 г. в трех последовательных наступательных операциях: Сунгарийской (12 октября — 2 ноября), Мишаньфуской (17—18 ноября) и Маньчжуро-Чжалайнорской (17—20 ноября).

Вечером 10 октября 1929 года в Хабаровске под председательством А.Я. Лапина[461], руководившего Сунгарийской операцией, состоялось совещание флотских и армейских командиров, возглавлявших соединения, привлекавшиеся к выполнению боевой задачи.[462] «Count-down» был запущен. В ночь на 12 октября приказ о предстоящей операции был доведён до личного состава Сунгарийской военной флотилии и 2-й Приамурской дивизии. В 5 часов 50 минут советские суда вошли в китайские воды. В 6 часов 15 минут на китайский берег с канонерской лодки «Бурят» был высажен передовой отряд советского десанта. 12 октября 1929 года к 13 часам в ходе проведённой военной операции город Лахасусу — крепость у впадения Сунгари в Амур — был полностью в руках советских войск. В результате этой операции китайская сторона потеряла убитыми, по одним сведениям, 250[463], по другим 500[464] солдат и офицеров (в том числе и воевавших на стороне Чжан Сюэляна русских белогвардейцев). В плен было взято советской стороной около 150 человек, захвачено большое количество трофейного военного снаряжения. Значительная часть китайской Сунгарийской речной флотилии была потоплена в ходе десантной операции. Советские потери составили 5 человек убитыми и 24 ранеными.[465]

Очевидно, что эта военная операция носила с одной стороны «демонстрационный», с другой — «стимулирующий» характер. Длительная оккупация Северной Маньчжурии в планы советского политического руководства и военного командования не входила. Советский десант пробыл в Лахасусу лишь немногим более суток. Только через 7 дней после начала активных военных действий на границе, хабаровская газета «Тихоокеанская звезда», со ссылкой на сообщение ТАСС из Москвы, сообщила о Сунгарийской операции Красной Армии. Газета подчёркивала вынужденный, оборонительный и краткосрочный характер операции. *«Проведя эту операцию, наши части в тот же день вернулись на советский берег».*[466]

Державы не предвидели военного удара

Военная операция в Лахасусу не принесла СССР ожидавшегося однозначного перелома в конфликте вокруг КВЖД. Китайцы не оставили попыток заручиться поддержкой держав для разрешения конфликта на КВЖД в свою пользу.

Однако и дипломатический корпус держав был в затруднительном положении. Как свидетельствуют изученные нами документы по внешней политике США, даже в американском дипломатическом корпусе не было единства в подходе к советско-китайскому конфликту. Свидетельством противоречий может служить, например, текст телеграммы, отправленный американским послом, министром по Китаю МакМюрреем госсекретарю Стимсону 18 октября 1929 года.

МакМюррей переслал госсекретарю текст сообщения, который он накануне получил от американского консула из Харбина, сопроводив его своими комментариями. *«16.10, вечер. Недавние события в Трёхречье и Лахасусу глубоко потрясли местных жителей. Похоже, что такие события продолжатся, если не будут произведены мероприятия Нанкином и (или) Мукденом для решения ж/д спора. Моё предложение: полностью снять нынешний совет директоров и ревизионный комитет на том основании, что нынешние члены, включая русских, показывают полную неспособность решить возникающие проблемы, что и продемонстрировал конфликт. Нейтральные державы плюс Япония должны стать делегатами на конференции, которая немедленно выберет нового управляющего и назначит его. Менеджеров пусть назначают обе стороны, как и должно быть по Мукденскому договору с СССР. Эта процедура сохранит лицо обеих сторон. Новое правление может собраться впервые на станции Маньчжурия. Русские, похоже, склоняются восстановить свои права силой, а китайцы, похоже, не хотят отдавать контроль над дорогой. Если из этого тупика не выйти, это приведёт к серьёзным потерям человеческих жизней и собственности. Решение, какими методами довести мысль о конференции до обеих сторон, пусть решает представительство (США), если представительство сочтёт конференцию* осуществимой. *Может быть, японское правительство лучше всего сможет выполнить эту задачу, хотя движение в этом направлении для Германии, похоже, большого интереса не представляет. Представительству предлагается передать мое предложение по радио в Госдепартамент».*

Очевидно, что американский генконсул в Харбине возвращается к мысли, выдвинутой Стимсоном в меморандуме державам 25 июля и явно рассчитывает на поддержку Госдепартамента. В тексте депеши генконсула содержалось, однако, одно, абсолютно революционное для американской дипломатии предложение — инициативно обратиться за помощью к японскому правительству. Естественно, МакМюррей, сохранявший тесные связи с руководством американского флота, еще с начала 1920-х годов считавшего именно Японию наиболее вероятным противником Америки в будущих войнах, не мог позитивно отнестись к этой идее. МакМюррей приписывает своё замечание к тексту предложения харбинского генконсула, отметая идею о конференции: *«Я не питаю надежд, что принятием этого предложения можно получить какие-нибудь хорошие результаты».*[467]

МакМюррей считает правильным не ослаблять давления на Китай и дождаться согласия Нанкина на проведение прямых переговоров с СССР.

На следующий день, 19 октября он телеграфирует в Вашингтон Стимсону:

«Чжан Сюэлян получил неделю назад распоряжение от Чан Кайши немедленно приступить к переговорам с русскими. Решение получилось неожиданным для мукденского правительства. По конфиденциальной информации, местное правительство уже предприняло шаги для переговоров с русскими».[468]

22 октября советник мукденского правительства Дональд обратился по поручению Чжан Сюэляна к Карахану с предложением продолжить прерванные между Москвой и Мукденом переговоры.[469]

23 октября 1929 года сотрудник китайского МИД посетил британского дипломатического представителя в Нанкине Лэмпсона и попросил поддержки Великобритании. Он сообщил, что центральное китайское правительство оказалось перед лицом серьезного кризиса в отношениях с региональными военачальниками, и возможный успех генерала Фэн Юйсяна на северо-западе страны будет означать дальнейшее усиление русских в регионе. Лэмпсон, однако, сообщил в Лондон, что не склонен

серьезно рассматривать это предложение, поскольку оно исходит не от министра Ван Чжэнтина. Кроме того, британскому посланнику стало известно, что Чжан Сюэлян уже направил письмо через своего представителя в советский НКИД с предложением о начале переговоров. Лэмпсон отмечал, что позиции китайского министра иностранных дел Ван Чжэнтина серьезно ослаблены в связи с неспособностью держать решение проблемы КВЖД под своим контролем, что вызовет самостоятельные действия Мукдена.[470]

25 октября Нанкин обратился к мировому общественному мнению в специальной Декларации.

Декларация подчёркивала: *«Так как Национальное правительство не в состоянии убедить Советское правительство прийти к дружественному урегулированию конфликта, оно вынуждено обратить внимание всего мира на многочисленные нападения, произведённые Советским правительством на китайской территории. Формального объявления войны не было, и нападения учинялись в то время, когда ответственные представители обеих сторон совещались с третьей стороной, стремясь достигнуть соглашения. Вопреки сообщениям в противоположном смысле, сфабрикованным советскими пропагандистами, никакие китайские солдаты, самолёты или военные суда не преступали границы и не вторгались на советскую территорию. Наступление было начато, наоборот, именно со стороны советской, причём военные действия происходили всегда на китайской территории. Если с китайской стороны производился когда-либо выстрел, то это был выстрел с целью самообороны»*.[471]

28 октября британский посланник Лэмпсон телеграфировал в Лондон, что советник мукденского правительства Дональд получил ответ от Льва Карахана. Карахан сообщал, что любое вмешательство третьей стороны недопустимо. Он заявил, что советское правительство сможет согласиться на возобновление переговоров только на условиях, сформулированных в ноте от 29 августа, переданной нанкинскому и мукденскому правительствам через германского посла в Москве.[472]

29 октября Дональд телеграфирует ответ Льву Карахану.

«Карахану, комиссару по иностранным делам, Москва.

Ответ на телеграмму от 25 октября. Она была показана властям в Мукдене. Маршал Чжан сказал, что подход Маньчжурии не изменился по сравнению с тем, что было им высказано ранее. Он добавил, что, если Москва искренне хочет вести переговоры с Мук-

деном, он столь же искренне намерен вести переговоры с Москвой на основе Соглашения между Мукденом и Россией 1924 года. Я уверен, что Вы понимаете, почему дружественное решение вопроса до сих пор не было достигнуто. Маршал Чжан не получил ни прямо, ни через посредников условий, которые, по Вашим словам, были посланы мукденским властям 29 августа. Поэтому соблаговолите как можно скорее переслать ему по телеграфу точную копию условий, переданных германскому послу. Дональд».[473]

Советский Союз, тем не менее, подбодренный нейтрально-благожелательной позицией Японии и Германии в советско-китайском конфликте и собственными военными успехами, настаивал на немедленном удовлетворении своих требований по вопросу о КВЖД. Москве надоело препираться по мелочам с Нанкином и Мукденом. Дипломатия фраков окончательно уступила место дипломатии канонерок.

Второй успешный военный удар в ходе Сунгарийской операции был нанесён ОДВА 30 октября в районе Фугдина (Фунциня), находящегося на реке Сунгари в 70 км севернее Лахасусу. Эта операция привела к уничтожению китайских береговых укреплений и остатков речной Сунгарийской флотилии.

1 ноября 1929 года британский генеральный консул в Шанхае Эвелинг встретился с министром Ван Чжэнтином, который пожаловался, что ситуация на КВЖД зашла в тупик. С точки зрения китайского МИД, центральное китайское правительство пошло на максимум уступок. Дальнейшие шаги в пользу русских означали бы, по мнению Вана, что действия китайских властей по смещению русской администрации на КВЖД были необоснованны, а это, в свою очередь, было бы признанием полного поражения. В ответ на замечание Эвелинга, что в прессе были сообщения о разрешении Чжан Сюэляну вести переговоры самостоятельно, Ван Чжэнтин опроверг эти слухи, назвав их *«японской выдумкой»*.[474]

7 ноября, так и не получив ответа от Карахана, Мукден отправил в Москву еще одну телеграмму с просьбой сообщить, будет ли направлена Чжан Сюэляну копия советской ответной ноты от 29 августа с разъяснением условий Москвы по поводу проведения переговоров.[475]

14 ноября 1929 года Нанкин опять попытался привлечь внимание международного общественного мнения к военным действиям в Северной Маньчжурии. В китайской декларации вновь повторялось:

«..Советское правительство отправило на китайско-русскую границу значительные военные силы, которые, применяя танки,

артиллерию и аэропланы бомбоносы, периодически и с широким размахом производили нападения на китайские гарнизонные отряды и неоднократно вторгались на китайскую территорию, причиняя ничем неоправданные разрушения китайских городов и селений с огромными потерями жизней и собственности; в то время как китайские гарнизонные отряды никогда не ответили ни одной контратакой, и даже после отражения вторгшихся, никогда не ступали ногой на территорию по ту сторону границы».[476]

Китайская сторона выступила с инициативой сформировать смешанную комиссию по расследованию инцидента из граждан нейтральных стран. Для предотвращения дальнейшей эскалации конфликта Нанкин предложил обеим сторонам немедленно и одновременно отвести свои войска на расстояние 30 миль от границы. Аппеляция к созданию комиссии по расследованию действий советских войск на территории Китая хотя и означали призыв к международному арбитражу, но она шла недостаточно далеко в русле американских предложений, настаивавших на введении элементов международного управления на КВЖД.

Китай, фактически, просил помощи у держав в защите отобранных у СССР прав на управление дорогой, с чем державы категорически не были готовы согласиться.

Не считаясь с реальным раскладом сил в Маньчжурии, Нанкин и Мукден всеми силами стремились единолично управлять КВЖД. События приняли трагический оборот. Конфликту было суждено развиваться по другому, неблагоприятному для Китая силовому сценарию.

СССР продолжил решительный курс на скорейшее решение конфликта военными методами.

«Московский ракурс»: завершающие операции

11 ноября 1929 года командование Красной Армии заручилось поддержкой Политбюро. По мнению военных, силовой фактор, как способ давления на китайскую сторону по вопросу о КВЖД, ещё не только не исчерпал своих возможностей, но и позволял, наконец, сдвинуться с мертвой точки.

В этот день члены Политбюро поставили *«в круговую»* свои подписи на небольшом клочке бумаги — записке, написанной рукой Ворошилова. Этому документу было суждено определить дальнейшее направление развития советско-китайского конфликта. Ворошилов предлагал разрешить командующему ОДВА В. Блюхеру «*произвести короткий удар*» по китайским и белогвардейским группировкам одновременно в районах Чжалайнор-станция Маньчжурия на северо-западе и в районе города Мишаньфу, вблизи озера Ханка в северо-восточной части Маньчжурии. Наркомвоенмор сообщил членам Политбюро: «*Обе операции объединены и живой и материальной силой. Тов. Блюхер гарантирует успех. Обе операции могут быть начаты 16. -17.11 и будут окончены с выводом наших частей на нашу территорию в 3—4 дня. О ходе операций буду держать Политбюро в курсе событий»*.[477]

Эта записка легла сначала на стол Сталину, который сделал в конце текста Ворошилова пометку: «*Операция близ озера Ханка мне кажется несомненной. Что такое другая операция не представляю, но доверяя Ворошилову не возражаю и против её*». После этого генсек в спешном порядке — записка не была даже перепечатана — передал этот обрывок бумаги на подпись членам Политбюро, которые поставили свои согласительные резолюции. Единогласие было полным — операции должны состояться.

Москва не планировала оккупации Маньчжурии, после осуществления военных рейдов ОДВА должна была, по замыслу Центра, покинуть пределы Маньчжурии в течение нескольких дней.

К этому времени военные приготовления в Хабаровске шли полным ходом, по-видимому, уже к 9 ноября 1929 года командование ОДВА получило от наркомвоенмора приказ о проведении операций. Первая операция предполагала наступление вглубь китайской территории в районе населённых пунктов Маньчжурия — Чжалайнор с дальнейшим продвижением на крупную железнодорожную станцию Цаган на КВЖД и город Хайлар. Одновременно, в ходе второй операции, с ударом по забайкальскому направлению, предполагалось осуществить наступление и в Приморье, в районе Мишаньфу (17—18 ноября). Мишаньфусская операция в трактовке советского военного командования тоже характеризовалась как «*упреждающая*», что дало основания впоследствии некоторым российским историкам характеризовать предлог для её проведения с советской стороны «*вымышленным*». Причиной наступления в Приморье были, будто бы, раскрытые советской разведкой военные планы маньчжурских генералов. По этим сведениям, маршал Чжан Сюэляна, используя войска, расположенных северо-западнее озера Ханка, в ближайшие дни захватить приграничный город Иман (теперь—Дальнереченск), блокировать железную дорогу между Хабаровском и Владивостоком и отрезать, таким образом, южную часть Приморья от остальных районов советского Дальнего Востока. Для *«упреждения»* планов противника Красная Армия, начав боевые действия 17 ноября, к вечеру этого же дня заняла город Мишань (Мишаньфу).[478]

Планирование операции в районе станции Маньчжурия — Чжалайнор (Далайнор) шло в ОДВА ускоренными темпами уже со второй половины октября.

В результате боевых действий Красная армия полностью разгромила китайскую маньчжурскую группировку Северо-Западного фронта, была потоплена Сунгарийская речная флотилия, практически уничтожена вся мукденская армия. С китайской стороны боевые потери составили несколько тысяч человек, несколько десятков тысяч солдат и офицеров армии Чжан Сюэляна были разоружены, часть взята в плен.

По мнению Василия Блюхера, военный успех определялся, прежде всего, решительностью наступления Красной Армии, которая создала у Китая и у Японии иллюзию, что СССР решил оккупировать Маньчжурию.

Блюхер подчёркивал в этой связи: *«Убеждён и сейчас, что если мы не имели контратак Маньчжурского гарнизона на восток по линии железной дороги, то только потому, что создали у противника твёрдое убеждение, что здесь наши войска не только сковывают, но и наступают с решительной задачей занять Маньчжурию. Это подтверждается и оценкой японского консульства наших действий, данной телеграммой в Токио 20. 11...»*[479]

Как показывают документы из российских архивов, и Маньчжурско-Чжалайнорская, и Мишаньфусская операция проводились в условиях, когда китайская сторона была уже полностью деморализована и не способна противостоять ОДВА военными средствами. Нанкин лавировал, пытаясь привлечь на свою сторону международное общественное мнение. Мукден занял неоднозначную позицию. С одной стороны, маньчжурские должностные лица распространяли по дипломатическим каналам информацию о желании начать договариваться об урегулировании конфликта на КВЖД мирными средствами. С другой — в первые две недели ноября полиция ОРТВП развернула беспрецедентную по жестокости кампанию подавления и запугивания советской диаспоры.

Дальневосточное партийное и военное руководство, а через них и нарком Ворошилов в Москве, были информированы о мирных потугах

Чжан Сюэляна уже в самом начале операций. Но не восприняли их всерьёз. Москва и Хабаровск опасались давать Мукдену передышку. Политбюро и Сталин полностью переложили задачу военного планирования на Ворошилова и руководство ОДВА, в первую очередь Блюхера. Ноябрьские военные операции продемонстрировали, что армейское командование предпочло пойти «ва-банк», надеясь не только раз и навсегда решить проблему укрепления советского влияния на КВЖД, но и по возможности подтолкнуть антисистемное восстание в Маньчжурии.

21 ноября 1929 года врид Зам. начальника Особого Отдела ОДВА в Хабаровске сообщал в Оперативной сводке за номером 23 по забайкальской группе войск следующее:

«20.11 в 9 часов утра на 86 разъезд прибыли три сотрудника японского консульства в Маньчжурии и сообщили, что генерал Лян прибыл в японское консульство и просил посредничества для сдачи гарнизона Маньчжурии в силу отказа китайских войск сопротивляться натиску Красной Армии. Секретарю японского консульства в 10 часов этого же дня было предложено выехать обратно в Маньчжурию и передать Ляну: «Немедленно поднять в Маньчжурии белые флаги, прибыть на 86 разъезд для переговоров, до момента поднятия флагов обстрел прекращён не будет». (Переговоры с японским правительством вело командование 21 дивизии) Генерал Лян принял эти условия и сдался со всеми войсками, находившимися в городе. Город Маньчжурия был занят нашими войсками в 15 часов этого же числа. Пленных насчитывалось до 4 тысяч человек, из них 360 офицеров. Взято богатое трофейное имущество. (Подробностей нет, учитываются) Наши потери значительно меньше потерь, понесённых под Далайнором».[480]

21 ноября Цай Юньшэн, дипломатический комиссар мукденского правительства в Харбине, заявил советскому представителю, что он уполномочен своим правительством вести переговоры с Москвой, и передал просьбу о назначении представителей с советской стороны. Его известили, что советское правительство стремиться к мирному разрешению конфликта, однако переговоры могут начаться только в том случае, если китайская сторона примет советские условия, сформулированные 29 августа.[481]

22 ноября 1929 года ответственный дежурный Отделения дорожно-транспортного отдела ОГПУ из Владивостока передал в Хабаровск в Постоянное Представительство ОГПУ Далькрая, в Далькрайком, а также

в Москву Ворошилову докладную записку. Она была составлена сотрудниками Харбинского Совконсульства дипломатом Кокориным и переводчиком Нечаевым, прибывшими из Маньчжурии.

Хотя советское консульство в Харбине было закрыто, при германском консульстве работал советский дипломат Иван Кокорин, отвечавший за решение проблем, связанных с советскими гражданами в Маньчжурии.

Содержание сведений, переданных Кокориным, было настолько важным, что их содержание пошло как в Хабаровск, так и в Москву «по прямому проводу».

В телеграмме, текст которой составил Иван Кокорин, отмечалось: *«16.11 ко мне обратился с личной просьбой Даоиня [полковник китайской полиции] Ван [и предложил] найти драгомана Фёдора Нечаева. Ван предложил [переговоры] согласно полномочия по вопросу мирной ликвидации конфликта на КВЖД. Нечаев через Цая [Цай Юньшэн] предложил выехать в Дайрен для информации дайренского консула СССР, но ввиду задержки выдачи визы японским консульством поездка не состоялась. Генерал Чжан Цзосян при свидании с Нечаевым высказал, что он с начала конфликта и до сего времени стоит на точке зрения мирного разрешения конфликта, причём отметил, что третья заинтересованная сторона Япония не желает скорейшего разрешения и настаивает на своём посредничестве перед Нанкином. По предложению Цая Нечаев прибыл в Харбин 19.11. Посоветовавшись со мной, Кокориным, передал просьбу Цая встретиться половина седьмого вечером на квартире Ли Шао Гена [член правления КВЖД]. Цай просил найти способы передать советскому правительству следующее:*

1. Мукденские власти пришли к заключению о скорейшей ликвидации конфликта мирным путём.

2. Иметь одну неофициальную встречу с тов. Мельниковым, где выяснить вопросы, скопившиеся за период конфликта.

3. Цай имеет широкие полномочия по вопросу о ликвидации конфликта от лиц не только Мукдена, но и Нанкина.

Все эти три пункта Цай просил передать совправительству. Нами было предложено три способа:

1.) Послать одного бывшего сотрудника Совконсульстве Дайрен для информации консула.

2.) *Пройти через фронт и обо всём доложить совправительству.*

3.) *Послать телеграмму через германского консула в Харбине.*

Первый и третий пункты были отвергнуты Цаем по причине продолжительности времени и боязни непосредственных сношениях узнают японцы. 19.11 ночью за подписью Цая была послана телеграмма агенту НКИД в Хабаровск и Владивосток. По просьбе Цая ночью 19.11 решили идти через фронт.

20.11 мы, Нечаев, Кокорин Иван, [китайский] полковник-работник полиции, данный нам для охраны и содействия перехода через фронт, двинулись на Пограничную. 21.11 2 часа мы вышли из Пограничной через фронт и через полтора часа прибыли в нашу первую заставу. Когда проходили китайские окопы, то договорились с киткомандованием о том, что мы пойдём обратно через фронт 22.11 или 23.11 между 12 и 4 часами пополудни. Я, Кокорин, без ведома германского консула по просьбе Цая выехал за выполнением этого поручения. Ещё раз обращаю внимание, что Цай просил обязательного свидания с Мельниковым в пограничном пункте по его указанию, и мы должны как просил Цай представить ему ответ совправительства».[482]

Уже на следующий день 23 ноября агент НКИД в Хабаровске А. Симановский передал через Ивана Кокорина письменный ответ мукденскому эмиссару Цай Юаньшэну.

В тексте отмечалось:

«Советское правительство стоит за мирное разрешение конфликта, но не считает возможным вступить в переговоры до выполнения китайской стороной предварительных условий, сообщённых Китаю через германское правительство 29 августа. Эти условия сводятся в основном к следующему:

1. Официальное согласие китайской стороны на восстановление положения на КВЖД, существовавшего до конфликта, на основе Пекинского и Мукденского договоров 1924 года.

2. Немедленное восстановление в правах Управляющего и помощника Управляющего дорогой, рекомендованных советской стороной согласно Пекинскому и Мукденскому договорам 1924 г.

3. Немедленное освобождение всех арестованных в связи с конфликтом граждан.

Советская сторона заявляла, что как только будут выполнены китайской стороной эти условия и Советское правительство будет об этом официально извещено в письменной форме, то оно со своей стороны также освободит всех арестованных в связи с конфликтом китайцев и примет участие в совместной советско-китайской конференции с целью урегулирования всех вопросов вокруг КВЖД».[483]

Официальная резолюция Политбюро по поводу китайского обращения была принята только 25 ноября. Москва и не думала торопиться.

Военные операции Красной Армии в Маньчжурии при этом продолжались в соответствии с намеченным раньше планом.

23 ноября 1929 года передовые отряды ОДВА подошли к железнодорожной станции Цаган. После перегруппировки и короткой организационной паузы Красная армия приступила к следующему этапу Маньчжуро-Чжалайнорской операции — наступлению на город Хайлар. 26 ноября ОДВА не встречая никакого сопротивления вошла в Хайлар.

Державы и неудачи китайской дипломатии

На фоне советских военных успехов, за это время в американской дипломатии происходит серьезная кадровая перезагрузка. 21 ноября 1929 года американский посол и министр в Китае МакМюррей в последний раз отправил телеграмму госсекретарю Стимсону из Пекина.

22 ноября 1929 года последовала его отставка.

С 23 ноября телеграммы в Госдепартамент идут в Вашингтон уже за подписью временно исполняющего обязанности посланника М.Ф. Перкинса. (Mahlon Fay Perkins)

Неспособность предотвратить применение военной силы со стороны СССР в Маньчжурии и убедить Китай пойти на компромисс по вопросу о КВЖД, противодействие планам Стимсона по международному арбитражу в конфликте временно поставили крест на дипломатической карьере МакМюррея. Он был отозван со своего поста и вернулся в США. Длительное время блестящий американский дипломат и знаток Китая будет заниматься сугубо академической деятельностью, преподавая историю международных отношений на университетской кафедре.

23 ноября 1929 года британский генеральный консул в Шанхае Эвелинг сообщил в британский МИД о состоявшейся по просьбе министра иностранных дел Китая Ван Чжэнтина конфиденциальной беседе.

Ван Чжэнтин обратился в Форин Офис со следующей просьбой:

Британское правительство должно заверить германский МИД, что он может рассчитывать на поддержку Великобритании в его стремлении выступить посредником в разрешении конфликта на КВЖД. С другой стороны, британское правительство должно предложить Москве пойти на уступки.

Эвелинг заметил, что хотя британское правительство искренне заинтересовано в мирном разрешении конфликта, оно не хотело бы вмешиваться, раз уж обе стороны предпочитают использовать Германию в качестве посредника. Ван заверил британского консула, что Нанкин готов пойти на уступки СССР по всем пунктам, в том числе, и на немедленное назначение русского управляющего и заместителя. Однако китайская сторона настаивала на том, чтобы их компетенции были ограничены и разделены с китайским заместителем управляющего. Кроме того, китайский заместитель, по мнению Вана, должен иметь право утверждения всех принимаемых решений.

Ван Чжэнтин отметил, что Нанкин и Мукден готовы перенести обсуждение вопроса в Лигу наций. Однако Китай не уверен, захочет ли она рассматривать этот вопрос и будет ли в состоянии его решить. Ван попросил совета Форин Офис по этому вопросу.

Затрагивая вопрос о ходе военных действий, Ван Чжэнтин заявил, что китайцы смогут успешно оборонять район между Синанлином и Мулином, однако участки на западе и востоке не готовы к противостоянию советским войскам.

Эвелинг заканчивал отчет следующими словами: *«По моему мнению, Великобритании следует избегать активного участия в конфликте»*. Эвелинг обратил внимание Форин Офис, что германские дипломаты неоднократно жаловались на то, что их правительство оказывалось часто в неудобном положении, поскольку Ван Чжэнтин произвольно искажал факты.[484]

В этот же день Чжан Сюэлян обратился к правительствам в Лондоне, Токио, Париже и Вашингтоне с заявлением, что СССР совершил акт агрессии. Чжан не исключал обращения Китая с заявлением в Лигу наций.[485]

25 ноября, за день до того, как советские войска вошли в Хайлар, Нанкин обратился в Лигу наций. Представитель нанкинского правительства попытался поставить вопрос о необходимости квалифицировать действия СССР в отношении Китая как агрессию. Однако предложение о

вынесении этого вопроса на заседание Лиги наций не было поддержано другими государствами.

27 ноября 1929 года НКИД получил из Мукдена телеграмму от Чжан Сюэляна. В ней отмечалось:

«Мною только что получена телеграмма, переданная Кокориным Дипломатическому комиссару Цаю, с содержанием коей я ознакомился. Ввиду того, что обе стороны желают в равной мере выполнять русско-китайское и Мукденское соглашения 1924 года, я выражаю свою принципиальное согласие с выдвинутыми Вами 29 августа тремя пунктами предварительных условий и с дополнительным заявлением, к ним относящимся. Прошу уважаемое Правительство по 2-му пункту условий немедленно назначить Управляющего и помощника Управляющего. Что касается пунктов 1 и 3, то, принимая во внимание, что они в одинаковой степени относятся к обеим сторонам, необходимо назначить ответственных лиц от каждой стороны для обсуждения порядка их выполнения и проведения в жизнь. Прошу телеграфировать ответ».[486]

НКИД ответил на эту телеграмму в тот же день. СССР повторил свои требования, состоявшие из трёх пунктов. Кроме того, Москва подчёркивала, что *«союзное правительство рекомендует восстановить в правах Управляющего КВЖД г. Емшанова и помощника Управляющего г. Эйсмонта».* После официального извещения китайской стороной о выполнении этого пункта, СССР предлагал Мукдену прислать своего эмиссара с официальным письменным полномочием в Хабаровск для обсуждения организационной стороны созыва совместной китайско-советской конференции по вопросам КВЖД. С советской стороны полномочия для ведения этих предварительных консультаций были даны агенту НКИД в Хабаровске Симановскому.

В этот же день 27 ноября посол США в Лондоне передал Гендерсону текст меморандума, в котором Китаю и СССР рекомендовалось воздерживаться от применения военной силы в связи с их обязательствами, взятыми при подписании пакта Кэллога. Американский посол официально предложил Великобритании присоединиться к этому меморандуму. Гендерсон ответил согласием, но обратил внимание, что правительство США должно привлечь к участию в подписании меморандума и Японию.

Но Стимсон уже сделал это днём ранее. Аналогичные предложения с просьбой о возможном присоединении к меморандуму правительств

Японии, Франции, Италии и Германии были посланы через американских послов в соответствующих странах.[487]

Однако обедню портят два фактора. Япония, как и в начале конфликта, придерживалась мнения, что внешнее давление со стороны держав не сможет способствовать урегулированию ситуации. Об этой принципиальной позиции Токио американский посол в Японии сообщил в Вашингтон уже 29 ноября.[488] Германия колебалась и не давала окончательного решения. Италия настаивала на том, что с миротворческой инициативой должно выступить правительство Франции, имеющее дипломатические отношения с СССР. Стимсону опять, как и в июле 1929 года, не удалось инициировать совместные действия держав.

Выработка единой позиции держав осложнялась и тем, что Нанкин и Мукден постепенно перестают координировать свои взаимные действия на дипломатическом паркете.

27 ноября британский генеральный консул в Шанхае Эвелинг передал в Лондон просьбу Ван Чжэнтина поддержать Китай в Лиге наций. Ван Чжэнтин опроверг слухи о том, что Чжан Сюэлян намерен вести переговоры с Москвой самостоятельно. Китайский министр иностранных дел утверждал, что Чжан Сюэлян, якобы, неоднократно высказывался за то, чтобы переговоры велись центральным нанкинским правительством.[489] Тем не менее, уже в этот же день агентство Рейтер передало из Москвы, что Чжан Сюэлян заявил Литвинову о согласии принять советские предложения.[490]

Мукденские власти, столкнувшиеся с полной неспособностью и нежеланием своих войск противостоять наступлению Красной Армии, были заинтересованы как можно быстрее сесть за стол переговоров. Каждый лишний день означал для них дополнительные военные и территориальные потери, бремя которых сказалось бы потом не только на выяснении отношений по поводу КВЖД с СССР, но и на степени самостоятельности от центрального правительства в Нанкине. Нанкинское правительство не торопилось пойти на уступки СССР. Оно попыталось привлечь международное общественное мнение для воздействия на Кремль.

29 ноября 1929 года и.о. наркома Литвинов встретился с германским послом, который передал Москве ноту нанкинского правительства от 14 ноября. В ноте было высказано предложение сформировать «смешанную комиссию» по расследованию обстоятельств конфликта и одновременно отвести советские и китайские войска на 30 миль по обе стороны границы. Литвинов довёл до сведения германского посла, что советское

правительство уже получило официальное уведомление от Чжан Сюэляна о принятии Мукденом советских предварительных условий и о желании последнего решить вопрос о КВЖД путём непосредственных переговоров. Поэтому предложения Нанкина были охарактеризованы Москвой как «беспредметные» и направленные на затягивание конфликта.[491]

30 ноября Чжан Сюэлян в телеграмме Литвинову подтвердил согласие с советскими условиями и сообщил, что отдал распоряжение представителям мукденского правительства выехать в Хабаровск.[492]

На следующий день китайская пресса, комментируя сообщения о принятии Мукденом советских условий, отмечала, что данный факт означает капитуляцию Мукдена и потерю международного престижа центральным китайским правительством в Нанкине.[493]

Канонерки на время смолкли. Мукдену не удалось конфисковать КВЖД и выгнать СССР с дороги. Однако и Москва ожидала от своих действий гораздо большего эффекта, чем тот, который она получила. Революционный подъём в Северной Маньчжурии СССР спровоцировать не удалось. Для решения проблем советско-китайских отношений в связи с КВЖД опять наступило время переговорной политики «во фраке».

Прежде чем перейти к фактологической реконструкции хода переговорного процесса между Москвой и Мукденом с учётом ранее неизвестных архивных документов, нам хотелось бы ретроспективно проанализировать, каким образом ситуация военного противостояния в сентябре—декабре 1929 года отразилась на положении СМК. Ведь по большому счёту, после того, как проявилась недостаточная зрелость китайского революционного движения в Северном Китае, неспособность его перейти к каким-либо активным антисистемным действиям даже в условиях полного сковывания и разгрома войск Чжан Сюэляна Красной Армией, более надёжной «пятой колонны», кроме российской парторганизации в Северной Маньчжурии, в это время у Москвы не было.

Далькрайком и Северо-Маньчжурский Комитет, сентябрь-декабрь 1929

3 сентября 1929 года в советском консульстве в Дайрене была расшифрована телеграмма, посланная секретарём Далькрайкома Иваном Перепечко — «Никольским» для передачи Яну Кульпе — «Максу» в Харбин.

Краткими, рублеными фразами Хабаровск намечал программу действий для СМК на ближайшую перспективу.

Выполняя просьбу «Макса», Хабаровск сообщал о том, что затребованные радиотелеграфист и *руководящий работник* для СМК будут отправлены в Харбин в ближайшее время. Перепечко вновь подтвердил директиву прекращения самоувольнений на КВЖД и потребовал её неукоснительного выполнения. Далькрайком просил СМК провести в Северной Маньчжурии *«ряд быстрых чувствительных и эффектных мероприятий в нескольких пунктах».* Такие диверсионные операции с целью саботажа, по мнению ДКК, должны были послужить средством нажима на китайскую сторону в переговорном процессе по вопросу о КВЖД. Перепечко пишет: *«Об обмене декларациями с Китаем Вам уже вероятно известно. На наш проект декларации ответа пока нет. Не исключена возможность сознательной затяжки, проволочки китайцами. Вот почему особенно необходимо сейчас проведение быстрых эффектных актов».*[494]

Если вспомнить, что Политбюро утвердило новый, с поправками, текст совместной советско-китайской декларации 29 августа, а Сталин и Молотов сняли основные вопросы по новому варианту ответа СССР нанкинскому правительству по поводу КВЖД только 2 сентября, то вряд ли Перепечко имел в виду в телеграмме этот этап переговорного процесса. Даже если допустить, что Далькрайком был в течение 4 дней подробно проинформирован Москвой, то уж исходить из посылки, что СМК в условиях подполья знал подробности о ходе переговорного процесса, у Перепечко не было оснований. Кроме того, Перепечко сообщает, что китайская сторона ответа на декларацию ещё не дала и *«затягивает»* ответ. Москва получила китайские предложения только 28 августа. Соответственно,

Перепечко, посылая директивы СМК, владел устаревшей информацией о состоянии обмена декларациями между Китаем и СССР.

Отвечая на запрос СМК о возможности использовать структуру русских эмигрантских организаций для антикитайских операций в Харбине, секретарь Далькрайкома кратко, но однозначно приказывал в телеграмме: *«Не входите ни в какую-либо связь с сетью, работающую у белых».*

Чего в этом приказе было больше — вполне объяснимой боязни возможной расконспирации просоветской «пятой колонны» в белогвардейских организациях в Харбине? Или всё-таки нежелания Хабаровска, а скорее — Москвы — дать лишний повод внешнему миру в очередной раз убедиться, что красный флаг большевиков в Северной Маньчжурии, по сути, перекрашенный имперский российский триколор?

Оснований для ассоциаций такого рода было больше, чем достаточно.

Уже в период советско-китайского конфликта 1926 года, в среде русской эмиграции в Харбине отчётливо проявились предпосылки объединения усилий «красных» и «белых» организаций на основе великодержавного шовинизма в борьбе за усиление «русского» влияния на КВЖД и в Маньчжурии. Лидеры белых военных организаций предложили тогда СССР свою поддержку в случае, если большевики оказались бы готовы к удержанию КВЖД военной силой. Москва категорически запретила своим эмиссарам в Северной Маньчжурии в какой-либо форме инструментализировать «русский шовинизм» по нескольким причинам.

Козырной картой Москвы в борьбе за усиление своего влияния в Китае были надежды на развитие китайского революционного движения. Логика поддержки национально-освободительной борьбы требовала от советской внешней политики ревизии имперского наследства в Северной Маньчжурии. Однако это с трудом получалось. Большевики едва справлялись с задачей контроля собственной протяженной территории. Недостаток властных и экономических ресурсов, наличие огромных серых зон влияния и неразвитость средств связи вынуждали к постоянной ситуативной импровизации. Фактор пространства диктовал особые преференции. КВЖД становилась единственным зарубежным анклавом, позволявшим зарабатывать реальную валюту, необходимую для поддержания власти большевиков и развития экономики на территории СССР. Поэтому идея поддержки национально-освободительной борьбы на территории приграничной Северной Маньчжурии приобретала собственную динамику. Подержка оказывалась условной, а иногда и ограничивалась только зоной риторики. В ситуации, когда напрямую затрагивались политические или экономические интересы СССР, большевики внезапно возвращались к имперским лекалам.

Даже такие признанные флагманы советской внешней политики на Востоке, как Лев Карахан и Георгий Чичерин, постоянно лавировали между двумя идейно противоположными принципами. В лучшем случае им удавалось «сесть на шпагат» и синтезировать великодержавные имперские установки с принципом пролетарского интернационализма. Однако публично в этом никогда и никто не хотел признаваться. Даже временное сплочение с белым движением под лозунгом защиты завоеваний Российской империи, сводило на «нет» возможную мимикрию и уменьшало простор для будущих маневров.

С другой стороны, Москва категорически воспрепятствовала союзу с белыми и по другой более прозаической причине. Североманьчжурские большевики, вряд ли, смогли бы удержать под своим политическим руководством и контролем масштабное антикитайское движение на КВЖД, инициированное с российских великодержавных позиций. И Москва отчётливо понимала это. Центр испытывал постоянную боязнь, «идейного перерождения» собственных кадров, находившихся на дальневосточной периферии, будь то Далькрай или Северная Маньчжурия. Ведь, степень политико-экономической интегрированности дальневосточных окраин в СССР вплоть до середины 1930-х годов была очень невысокой. До конца Великой Отечественной войны Москва рассматривала угрозу отторжения Далькрая как вполне реальную опасность. Что же тут говорить о позициях СССР в Северной Маньчжурии! Это было «игровое поле», не больше и не меньше.

В 1926 году большевики не были готовы пойти «ва-банк» и применить военную силу. Во-первых, Москва боялась выбить из своей пропагандистской конструкции такой важный и опоронесущий кубик, каким был «пролетарский интернационализм». В 1926 году Кремль еще мог питать надежды, что руководимая гоминьданом Национально-Революционная Армия (НРА), при поддержке СССР, сможет в ходе «Северного похода» коренным образом изменить всю ситуацию вокруг советско-китайских отношений. Москва надеялась, что Гоминьдан, уже укрепившийся на юге, с использованием опыта советских военных советников, сделает если уж не «красным», то хотя бы «розовым», весь Китай. Укрепление позиций СССР в Маньчжурии рассматривалось тогда в Политбюро лишь как подчинённая задача. Кроме того, в период конфликта 1926 г. Красная Армия была слаба, идея «военной прогулки» до Харбина, в отличие от ситуации 1929 года, не вызывала однозначной эйфории у военных.

В конфликте 1929 года расклад сил был абсолютно иным. Как мы показали, теперь силовые структуры и в Центре, и в Далькрае были уверены в необходимости применения военной силы в Северной Маньчжурии. Однако и в случае потенциального военного удара против Чжан Сюэляна, длительная дислокация армии или даже оккупация Северной Маньчжурии не предусматривалась. Хотя личные преференции подобного плана у некоторых задействованных в этой истории актеров, несомненно, существовали.

Международная реакция в значительной степени предопределила параметры коридора советских действий в краткосрочной и среднесрочной перспективе. Нейтральная позиция Японии и Германии в конфликте облегчила военному и партийному истеблишменту в Москве принятие окончательного решения о «военной прогулке» в Маньчжурии. Попытки держав, прежде всего США, использовать советско-китайский конфликт для введения внешнего управления на дороге, также послужили толчком к решительным действиям. Москва не планировала оккупации Маньчжурии и оправдывала военную операцию стремлением к восстановлению статус-кво на КВЖД. Кроме того, и в 1926, и в 1929 гг. масштабы советской активности в Северо-Восточном Китае определялись тем, как СССР трактовал локализацию сферы японских интересов в Поднебесной. Кремль осознавал заинтересованность Японии в маньчжурском анклаве и был информирован о тесном сотрудничестве японской разведки с «белым движением».

Ещё одним моментом, определяющим параметры действий СССР на КВЖД, являлась внутриэкономическая и внутриполитическая ситуация в Далькрае. В долгосрочной перспективе, как с точки зрения внешнеполитической реакции мирового сообщества, так и по причине нехватки у СССР необходимых ресурсов, только «клиентелистский» подход мог отвечать интересам Москвы и Хабаровска в Северной Маньчжурии.

Не случайно Сталин в письме Молотову от 7 октября 1929 года назвал развитие «повстанческого революционного движения» оптимальным вариантом решения долгосрочных проблем вокруг КВЖД. Собственно-китайское эндогенное восстание смогло бы наилучшим образом нейтрализовать внешнеполитическую реакцию держав. Но эти планы, без сомнения, плохо сочетались с возможностью сближения между «белым» и «красным» крылом российской эмиграции в Маньчжурии на основе идей великодержавного шовинизма!

Вернемся, однако, к телеграмме Перепечко, в которой Далькрайком излагал новые инструкции для СМК в сентябре 1929 года. В ней содержится один очень знаковый и необычный форме изложения, пассаж. А именно: *«Германскому консулу Наркоминделом дана директива оказывать помощь а) арестованным, также находящимся в концлагерях б) семьям арестованных в) высылаемым г) оставшимся без работы, для которых работа на дороге являлась единственным средством существования и пенсионные средства коих задержаны.»*[495]

Далькрайком очень своеобразно понимал систему взаимоотношений между НКИД СССР и германским консульским учреждением, когда НКИД, по представлениям Хабаровска, вполне мог *«дать директиву»* германскому консулу. Хотя эта фраза вызывает улыбку, сам параграф был по смыслу трагическим. СМК в Харбине ставился в известность, что напрямую никакой поддержки «красным заложникам» в Северной Маньчжурии Москва и Хабаровск оказать не могут. «Спасение утопающих — дело рук самих утопающих», — вот какой был лозунг момента.

Хабаровск также сообщал, что Далькрайком собирается выслать для СМК на счёт Харбинского отделения Центросоюза в Интернейшнл Банк 50 тысяч иен. Однако уже через два дня эта сумма была уменьшена. Перевод был осуществлен почему-то только пятую часть обещанной суммы.[496]

Следующая шифровка «Дайрен, совконсулу, для Макса» от Перепечко, имеющаяся в нашей коллекции, датирована 19 сентября 1929 года. Далькрайком опять просит руководителя СМК прислать подтверждение о получении денег через Центросоюз и назвать наиболее удобные варианты переправки финансовых средств из Хабаровска в Харбин. Кроме того, упоминалось, что Далькрайком пытается наладить радиосвязь с Харбином. Уточнялись направления диверсионной и саботажной деятельности. Любопытно, что объектом диверсий становились не только оборонные и военные объекты. В телеграмме предлагалось: *«Если есть возможность, проведите акты по южной линии и цицикарской дороге целях срыва экспортной бобовой операции».* Политика шла рука об руку с экономикой.

Кроме того, шифровка предлагала СМК фиксировать все случаи *«зверств», «издевательств», «материального ущерба»*, наносимого советским гражданам и советской собственности в Северной Маньчжурии.

Как тут не вспомнить замечание Сталина в его переписке с Молотовым, что ценность КВЖД для Чжан Сюэляна сохраняется только до тех пор, пока дорога может служить транзитным путём для экономических потоков в Северном Китае! По логике поступивших распоряжений, задачей СМК в условиях конфликта становилась дезорганизация хозяйственной жизни региона и противодействие укреплению позиций Японии в экономике Маньчжурии. Несмотря на то, что Япония своей нейтральной позицией значительно облегчила борьбу СССР с Чжан Сюэляном, Кремль не сомневался, что именно Токио, а не Мукден является важнейшим соперником и угрозой безопасности СССР на Дальнем Востоке и в Восточной Азии.

Далькрайком интересовался конкретными сведениями о состоянии маньчжурской парторганизации ВКП(б), под углом зрения, *«на что она* [эта организация. — М.Ф.] *способна».*[497]

Предлагалось подробно информировать Хабаровск об экономическом и политическом состоянии Маньчжурии. В конце телеграммы Перепечко спрашивал: *«Имеете ли какую-либо связь или сведения (о) работе киткомпартии (в) Харбине? Имеете ли сведения, где Лозовский*[498]*? Если связи нет, ни (в) коем случае устанавливать её не следует».*[499]

Последний пассаж свидетельствовал о том, что различные звенья советского влияния в Маньчжурии в период конфликта действовали более-менее автономно. В отношении контактов СМК с китайскими коммунистами в Маньчжурии, Хабаровск сделал сознательную установку на то, чтобы эти организации общались между собой по минимуму. Далькрайком предпочитал играть роль «распасовывающего центра». Между двумя этими элементами советского влияния в Северной Маньчжурии — китайскими коммунистами и СМК — чёткой концепции взаимодействия явно не просматривалось. Идеологически сознаваемая необходимость взаимодействия, координации и стыковки, блокировалась на практическом уровне соображениями конспирации. Кроме того, региональный дальневосточный политический истеблишмент демонстрировал отчетливую ксенофобию к «азиатскому элементу». В этом смысле Москва была больше настроена на кооперацию и синхронизацию усилий по ослаблению режима Чжан Сюэляна с КПК на практическом уровне, чем дальневосточное руководство в Хабаровске.

21 сентября 1929 года Перепечко вновь посылает шифровку через советское консульство в Дайрене, в которой информирует «Макса», что Хабаровск не может *поймать* радиограммы СМК из Харбина и просит передавать на *точно определённой длине волны или на волне от 20 до 40 метров*».[500]

3 октября советское консульство в Дайрене передало агенту НКИД во Владивостоке Гейцману целую подборку материалов, «подтверждавших насилие китайских властей над согражданами в Северной Маньчжурии», собранных в Харбине.[501] Гейцман переслал материал Ивану Перепечко в Далькрайком с просьбой «немедленно после ознакомления передать в НКИД г. Москва».[502]

11 октября 1929 года Перепечко, видимо, отвечая на просьбу СМК о нехватке финансовых средств, обещает в шифровке через Дайрен выслать деньги в ближайшее время.[503]

Днём позже, 12 октября советское консульство в Дайрене отправило агенту НКИД во Владивосток для передачи Ивану Перепечко в Хабаровск шифровку посланного в своё время для укрепления СМК руководящего работника по кличке «Фриц». «Фриц» сообщал в Хабаровск, что на банкете в Дайрене, данном в честь Полторака управляющим ЮМЖД Усами, японский чиновник заявил советскому представителю о необходимости тесного сотрудничества между Японией и СССР. Усами выразил уверенность, что *«если бы советские представители нашли общий язык с японцами, последние ликвидировали бы советско-китайский конфликт в несколько дней»*. «Фриц», однако, затруднялся сообщить, что могло бы подразумеваться японской стороной под *«общим языком»*.[504]

17 октября 1929 года в шифровке, отправленной Далькрайкомом через дайренское консульство, Хабаровск проинформировал руководителя СМК «Макса» (Яна Кульпе) о получении письма от китайских коммунистов. В письме содержалась просьба об установления связи и координации работы региональной ячейки КПК с парторганизацией ВКП(б) в Маньчжурии. Иван Перепечко сообщал: *«Мы получили письмо от Маньчжурского окружкома киткоммунистов, в котором сообщают, что они ведут уже работу среди рабочих под лозунгами защиты СССР, усилению симпатий и т. д. и просят установить связь с вами. Мы отказываем им в этом и предлагаем держать связь через нас. Жалуются они на то, что среди комсомольцев Харбинского депо сильны шовинистические настроения, необходимо исправить это, так как это сильно затрудняет их работу»*.[505]

Связных от российской парторганизации в Маньчжурии китайские коммунисты так и не дождались. Уже полным ходом шла Сунгарийская военная операция. В очередной раз дальневосточные партийные лидеры не посчитали необходимым скоординировать между собой усилия китайской и российской парторганизаций. Главной причиной являлась боязнь возможных провалов и расконспирации в СМК после контактов с китайцами, будь они хоть трижды коммунистами. Доверия явно не хватало.

22 октября 1929 года «Максу» была передана шифровка из тяньцзиньского совконсульства о том, что ожидаемый в Северной Маньчжурии для укрепления СМК опытный подпольщик по кличке «Фриц», доставит новые директивы для харбинских большевиков.

26 октября в Хабаровске расшифровывается доставленное из Харбина письмо «Макса».[506] Одновременно с этим дайренское консульство сообщает в телеграмме Перепечко, что оно уже две недели, судя по времени, как раз с начала Сунгарийской военной операции, не имеет связи с СМК.[507]

По-видимому, последнее письмо «Макса»[508], поступившее в Дайрен, было написано еще 2 октября 1929 года. Расшифрованная информация стала известна Далькрайкому с более, чем трёхнедельной задержкой.

Приведём полностью текст этого любопытного письма, являющегося уникальным свидетельством жизни советской колонии в Харбине в период советско-китайского конфликта.

«Вы просите сообщить политположение. Мы ведь очень подробно его всё время освещаем через [агента] ТАСС. Только вероятно часть нашей информации задерживается в НКИД и не попадает Вам в печать. Сделайте так, чтобы принимающая Токио советская станция, кажется «Владивосток» давала Вам полностью тот материал, который мы посылаем. Кстати, несколько слов о Вашей радиостанции. Когда даёте информацию о Китае, не надо говорить: «Из Харбина сообщают». Благодаря этому полиция последнее время усиленно разыскивает ТАСС. Говорите лучше: «Из Мукдена сообщают» или что-нибудь другое. Политическое положение вообще сводится к следующему. Китайцы усиленно проводят китаизацию КВЖД. По-видимому, в этом отношении взята достаточно твёрдая линия. Продолжаются увольнения совграждан. Особенно в службе пути и тяги. Совгражданам под угрозой увольнения предлагается принять китподданство. Сегодня начался процесс 39-ти. Причём от Чжан Сюеляна получена телеграмма о том, чтобы процесс закончить в 2

недели и осудить главарей до 10 лет, а остальных до году. В концлагерях режим ухудшился. Я Вам писал, что мы прошлый раз не санкционировали голодовку. Третьего дня нами вынесено новое решение. Объявить трёхдневную голодовку протеста, предъявив требования:

1. Предъявление обвинений и освобождение невиновных.

2. Установление не тюремного, а лагерного режима.

3. Горячая пища.

4. Свидания и передачи.

5. Прекращение издевательств.

Все камеры уже подготовились к голодовке. Требования предъявлены. Консул мечется колбасой. Ездит каждый день в лагерь. Сегодня вероятно начнётся голодовка. Штаб также требует объявления голодовки. (В) Штабе неслыханные издевательства. Все документы, снимки этим вопросам Вам посылаем.

Сегодня уходит вторая почта. Получаете ли Вы? Настроение массы как сидящих, так и находящихся на воле чертовски бодрое о чём Вы можете судить из писем, получаемых из Штаба, Сумбэя и т. д. Уже недели три как мы не наблюдаем массовых арестов. По-видимому, на этот счёт есть какие-то директивы. Потому что сыщики во главе с Шишкиным сейчас занимаются угрозами, вымогательством, но не арестовывают. Китайцами по городу устраиваются антисоветские демонстрации с разбрасыванием погромных листовок. (Листовки посылаем) Однако эти демонстрации отнюдь не носят массового характера и не встречают сочувствия в среде китнаселения. Экономическом положении дороги собираем конкретные данные. К 12 числу обещают представить подробный материал. Сейчас ничего определённого дать не могу. Сообщите Ваше отношение к вопросу выезде сограждан из Китая. Наблюдается тяга в СССР. Мы сдерживаем и отправляем только тех, кому грозит тюрьма и т.п. прелести. Правильно ли мы поступаем?».

Далее «Макс» — Кульпе вновь поднимает вопрос о своём возможном отзыве из Харбина.

«Вы меня простите, что я в письмах прыгаю как блоха. Я сам чувствую, что Вас вероятно не удовлетворяет моя писанина, но я не в состоянии в такой обстановке сосредоточится и спокойно рабо-

тать. Как хорошо было бы хоть день-два отдохнуть. Неужели Вы не можете никого прислать сюда?»

Отвечая на запрос Хабаровска о состоянии северомаьчжурской партогранизации, руководитель СМК подчёркивает её боевой характер, однако тут же упрекает Далькрайком в противоречивости директив. Кульпе сокрушается, что директивы о запрете контактов СМК как с «белыми», так и с китайскими коммунистами, с целью возможной кооперации в проведении диверсионной работы против войск Чжан Сюэляна, сильно снижают эффективность борьбы за советские интересы на КВЖД. «Макс» — Кульпе вновь пытается заинтересовать Хабаровск возможным использованием «белых» для нужд СССР в Северной Маньчжурии.

«Теперь Вы спрашиваете о качественном составе и способности нашей организации. На что она способна? На что вообще может быть способна организация, скованная железной дисциплиной и не имеющая в своих рядах провокаторов. Да это товарищи так. Возможности у такой организации могут быть большие. И вся наша беда в том, что мы технически слабы, что мы в прошлом не обращали на это внимание, а надеялись на дядю. Когда нам нужен пудами динамит — мы его не имеем, а иногда и не знаем, как с ним обращаться. А против техники с голыми руками не попрёшь. От этого получается только бесцельная гибель хороших товарищей и никакого эффекта. Связываться с белыми и китайцами Вы нам категорически запрещаете, людей для этой работы не даёте. Если нам этого делать нельзя, то присылайте тогда людей, которые вели бы эту работу. А она нужна и необходима, так как живя в Китае нельзя вариться в собственном соку, и не знать, что делается, как у китайцев, так и у белых. Особенно теперь, когда мы являемся единственными Вашими представителями на территории Китая. Может быть мы не правы, и мы подчинимся в этом отношении всем вашим директивам, но ещё раз предупреждаю, что возможности у нас имеются. О настроениях белых я должен сказать следующее: За исключением группы так называемых активистов, большинство эмиграции придерживается сейчас выжидательной политики. Что же касается группы бывших каппелевцев, так эта, по нашим сведениям ищет возможности выслужиться перед СССР».

«Макс» — Кульпе пытается продемонстрировать Хабаровску, какие потенциалы для советской разведки скрываются в использовании структур белой эмиграции в Харбине.

«*Проверьте такую вещь. Советник при штабе китвойск в Имяньпо сообщает. В Красной Армии имеется организация, передающая сведения китайскому командованию о всех передвижениях и составе наших частей. Советник говорит, что работал когда-то с Сахалянским консулом Тороповым. Ищет связей. Может передать шифры, которыми сообщается положение наших частей. Надо сказать, что в китайской прессе иногда проскальзывают довольно правдивые заметки о наших частях, оперирующих на границе с указанием фамилий командиров частей. Прошу высказать Ваше отношение ещё к таким вещам. Мы имеем у себя небольшую разведывательную сеть для обслуживания нашей организации. Какая польза от этого? Мы связаны хорошо с Сумбеем, Штабом, тюрьмой, имеем возможность переписываться с ребятами. Знаем, кто и где сидит, оказываем помощь деньгами, передачами. Можем достать за обычную плату китпаспорт «эмигрантский, китподданный». Учтите это и, если имеете возможность переправить нужных Вам людей за границу, легче всего это сделать через Пограничную, так как там имеется наша связь. Тогда пришлите их карточки, и мы им достанем эмигрантские или китподданные паспорта и перешлём в Пограничную. Мы можем через нашу сеть перевести людей, обречённых на смерть из Штаба в Сумбей. Да, сообщите, кто это от вас переходил границу, т.к. в списках Сумбейского лагеря, полученных нами значится: Наумов — крестьянин села Гродеково. Если это наш парень, мы его выдадим за бежавшего от вас, достанем эмигрантский паспорт и отправим через Г(Ч?)ензан во Владивосток. Так вот выскажите своё мнение по всем вопросам. Мы считаем, что такая сеть нам необходима. Если бы её не было у нас, давно бы уже пропало много хороших товарищей. В Штабе сидит какой-то кореец из Приморья, бьют его смертным боем. Кто это?*»

Подробно останавливается «Макс» — Кульпе и на возможностях североманьчжурских большевиков влиять на формирование общественного мнения в среде русской эмиграции в Харбине и за пределами Китая через контролируемую СМК прессу.

«*Теперь несколько слов о печати. Это большая и важная отрасль нашей работы. Наша печать представлена следующими органами — (1) «Харбинская правда» и её бюллетени, (2) Ангаста (английское телеграфное агентство), (3) ТАСС и (4) журнал «Театр и искусство». «Харбинская правда» выходит раз в неделю как печатная* газета и через день выпускаем Бюллетени, печатные на ротаторе. Газета имеет тираж *1000*, а Бюллетени *500*. Эта газета за *3 месяца* существования переменила трёх редакторов. Двух Левк. [сокращение фамилии. — М.Ф.] и *Краузе* мы сняли за неправильное направление. В особенности Краузе, который однажды выпустил «Правду» с передовицей «Момент отчаяния близок». Так вот чтобы он не отчаивался, мы его послали к вам. Теперь ответственным редактором член тройки Шишкин. Мы считаем это необходимым, так как я по условиям конспирации не в состоянии просматривать весь материал. А член тройки всегда в курсе политики. «Правда» была однажды конфискована во время печатания, но аппарат её не завалился. Завалилась типография и её хозяйчик, который сбежал в СССР. Теперь уже *2 месяца*, как печатаем у корейцев. Налаживаем ещё несколько мест про запас. «Ангаста» и «Театр и искусство» работают под английским флагом. Подписчиками Ангасты, которая выходит ежедневно, являются и рабочие массы. Расходится она в количестве *400 экземпляров*. В Ангасте печатаем всё. Хабаровское радио идёт почти полностью, поэтому просим вас увеличить количество и качество информационного материала. Ангаста имеет широкое распространение в заграничной печати. Мы держим ещё одно отделение в Тяньцзине. Ангаста имеет важное значение в смысле освещения вопросов в иностранной печати в нужном нам освещении. Ангасту печатают такие большие газеты, как North China Daily Mail, Peking and Tientsin Times. Посылаю Вам вырезки. Если нужны какие-нибудь инспирации и т.д. для помещения в иностранной прессе, сообщайте (через) Дайрен. Мы будем помещать. Через Ангасту мы поднимаем вой, когда нас здорово жмут. Помогает. Китайцы несколько раз пытались закрыть её, но ничего из этого не получается. Между прочим, большую роль в отношении дальнейшего существования Ангасты сыграла «Правда». Типография «Правды» помещалась в том же доме, где Ангаста. Когда открыли «Правду», то китайцы обвинили англичанина Флита в издательстве «Правды». На самом деле он не имел никакого отношения к этому делу. Сначала английский консул рассердился на Флита. Но мы приняли меры, чтобы на 2-ой день вышла «Правда» и послали её английскому консулу. Получив этот номер, консул решил, что завалившийся номер был специально подготовлен полицией для того, чтобы спровоцировать Флита и в таком духе дал информацию в Пекин в посольство, а Флиту сказал, что мы ни в коем случае не должны закрывать

Ангасту. Тогда китайцы начали арестовывать разносчиков и садить их в тюрьму. Теперь у нас разносчики-ученики японских школ. Этих не посадишь и Ангаста здравствует».

Харбинские большевики были довольно изобретательны, и у СМК находились неплохие возможности использовать структуры различных иностранных представительств для целей своей подпольной работы. «Макс» отмечал в этой связи: «Агента ТАСС устроили в экстерриториальном помещении, там же передатчик. Почему его вы не слышите? Работает он как-будто достаточно устойчиво.»

Из шифровки можно узнать и специфику организации коммуникационных цепочек в период конфликта. Руководитель СМК подробно описывает путь, по которому им отправлялись информационные сообщения для Далькрайкома.

«Теперь, как идут мои телеграммы вам. Они направляются до Чанчуня в портфеле Объединённого Бюро, написанные таким же способом, как я пишу все письма. Идут до Чанчуня через Токарева за японскими печатями в адрес начальника контрольного пункта Чаньчунь(партиец). А оттуда диппочтой до Дайрена. Вот путь до Чанчуня меня несколько смущает. Пока всё в этом отношении обстояло благополучно, но во всяком случае может быть плохо. И я лучше пользую оказию. Вот это письмо идёт, например, таким путём. Ваксман едет с англичанином Райт(ом) в Дайрен как бы для выяснения с Разумовским вопросов ликвидации Центросоюза и провозит это письмо и документы».[509]

Далее Кульпе останавливается подробно на ходе процесса «ликвидации» советских хозяйственных учреждений в полосе отчуждения КВЖД в связи с разрывом советско-китайских отношений.

«Вообще же о наших руководителях хозучреждений, я, когда приеду (если не повесят), буду ставить вопрос серьёзно. Посмотрите, что делается. Оставили везде беспартийных ликвидировать имущество и теперь идёт полнейшее расхищение, пьянство, бардаки, бляди. Так дело обстоит с Текстилём, с Нефтесиндикатом. Не лучше и с Центросоюзом. На угольных (партиец), присланный из Москвы, беспробудно пьёт. На кой чёрт его вообще посылали. В обстановке, условиях рынка понимает столько, сколько свинья в апельсинах. Надо дать директиву через Центросоюз немедленно ликвидировать ему дела и выехать. Ещё несколько слов об организации, которая до сих пор сохранилась и дышит на ладан. Это кооператив. Кое-как мы всё *время его поддерживали. Но на днях он лопнет, т.к. дорога должна свыше 200 тысяч и не выплачивает. Китайцы его не забирали, так как им выгоднее, если кооператив лопнет сам. На днях председателя кооператива посадили в Штаб...».*[510]

Обычно цикл обмена информацией завершался в более короткие сроки, чем в случае одного из писем «Макса», доставленного в Хабаровск только через 3 недели после отправления. В связи с долгим нахождением этого письма в пути, Перепечко отправляет 30 октября 1929 года сердитую телеграмму в Дайрен совконсулу. Секретарь Далькрайкома требует объяснить причины задержки письма Макса и почему сообщение было «проявлено» — расшифровано ещё в Дайрене. Видимо, Ян Кульпе писал донесение в Хабаровск симпатическими чернилами — текст на листочках выполнен в своеобразной буро-коричневой цветовой гамме, как будто он подвергался химической обработке.

Возмущённая телеграмма Перепечко доходит в Дайрен только через два дня. Однако и совконсул в Дайрене Иван Журба понял, что со связью происходит что-то неладное.

Журба (наст. фамилия — Шебеко) являлся резидентом ИНО ОГПУ и работал под консульским прикрытием. Одновременно с Перепечко, 30 октября он посылает встречное сообщение в Хабаровск через агента НКИД.[511] Телеграммы для первого секретаря шли под кодовым заголовком «агенту НКИД в Хабаровске, Никольскому».

В шифровке Журбы, принятой Хабаровском 31 октября, сообщалось:

«Сведения от СМК не поступают. Сообщите, нужно ли принимать меры к восстановлению связи или Вы имеете связь непосредственную.

«Ангаста» сообщает, что первая голодовка прошла весьма организованно, улучшения заключённым не принесла, поэтому они собираются объявить в ближайшем будущем бессрочную голодовку. Вся пресса пишет, что (в) стремлении мукденцев взяла вверх точка зрения Чжан-Цао-Сяна[512]*, стоящего за скорейшее разрешение конфликта мирным путём. Представители Нанкина в связи с событиями в Южном Китае начинают терять своё значение в глазах мукденцев».*[513]

Причины задержки передачи письма «Кульпе» совконсул Журба смог объяснить Перепечко только 31 октября. В Хабаровске эта шифровка из Дайрена была получена и расшифрована 1 ноября. В ней сообщалось:

«Совершенно- секретно. (Из) Дайрена Агенту НКИД Хабаровск, Никольскому.

...Все письма Макса проявляются лично мною для последующей передачи телеграфом. Размер последнего письма оказался такой, что передать по телеграфу у меня не хватило средств и за ним по моей просьбе были присланы специальные дипкурьеры из Токио. Все действия полностью согласовывались с Фрицем».[514]

Нехватка денежных средств для оплаты срочных почтовых коммуникаций, вносившая свои коррективы в механизм советской внешней политики на Дальнем Востоке, была нередким явлением.

На следующий день после отправки предыдущей шифровки в Хабаровск, 1 ноября 1929 года, Дайрену всё-таки удаётся установить связь с «Максом» в Харбине. Журба передаёт явно неутешительные для Хабаровска новости, полученные от «Макса»-Кульпе. Сначала совконсул, он же резидент ИНО ОГПУ, цитирует шифровку «Макса» для Далькрайкома.

«Из Дайрена. Совершенно секретно. Хабаровск Агенту НКИД, копия Москва, Токио.

Макс передаёт. «Фриц арестован. Вообще произведён большой разгром и пока трудно ориентировать, но основной надо отнести за счёт тех ужасных нечеловеческих пыток, которым подвергают каждого арестованного, независимо от того виноват он или нет. Пыток некоторые не выдерживают. Последние дни попалось несколько слабых, знающих, что мы в Харбине, боимся, что выдадут. Ждём со дня на день ареста, (при)чём сыск поставлена на ноги вся белая молодёжь. Газеты открыто призывают к террору, за трёх-пять человек. Такие действия Хабаровска, как сообщение через радиовещательную станцию, о том, что Устерский[515]*-комсомолец, что у нас предполагается издание стенографического отчёта «тридцати восьми»*[516]*, отпечатка полностью меморандума Лилиенстрома в «Красном Знамени» со ссылкой на автора, окончательно срывают нашу работу и раскрывают сеть. Просим строго просматривать перед выпуском в печать телеграммы ТАСС. Действия в Лахасусу имели хорошие результаты. Наше мнение — надо повторять почаще. Особенно это надо было в момент Мукденского совещания. Арестованные сотрудники консульства никакого отношения к нашей работе не имели».*[517]

Затем, опять, видимо, по причине экономии средств на передачу телеграфом шифровки из Дайрена в Хабаровск, часть сообщения «Макса»

Журба пересказывает сокращённо. Он просит у Далькрайкома срочного ответа «Максу» с директивами, в связи с ожидающейся в ближайшее время оказии для передачи письма Хабаровска руководителю СМК.

«Макс просит отозвать его в СССР. Мотив: 1. Расконспирация. 2. Утомлённость, дошедшая до неспособности соображать. 3. Необходимость лично информировать о положении... Сообщите, слышите ли Вы радио?»[518]

2 ноября Перепечко, как обычно за подписью «Никольский», через Дайрен информирует «Макса» в Харбине.

«Передать Максу: Отзыв Вас сейчас (в) СССР считаем невозможным. Приняли меры посылки Вам замену. Необходимо немедленно принять все меры обеспечить преемственность (на) случай ареста. Связь с нами ни в коем случае не должна быть прервана. Обещанный шифр Вашего радиопередатчика нами не получен. Радиосообщения не можем расшифровать. (По) полученным нами сведениям провокатор ареста актива (-) молодой рабочий Кузнецов, живёт (в) старом Харбине. Провокатором дела 38 (является) драгоман Фын.»[519]

Однако «преемственности» связи Далькрайкому добиться не удалось. Контакт с «Максом» прерывается по крайней мере до 19 ноября 1929 года, то есть почти на три недели.

Если обратить внимание на график военных операций Красной армии в Маньчжурии, бросается в глаза, что со 2 до 17 ноября — с разгрома китайских войск под Лахасусу и Фугдином до начала двух одновременных операций в Приморье (Мишаньфу) и Забайкалье (ст. Маньчжурия—Хайлар), активных действий ОДВА не велось. Когда Иван Журба сообщил в Хабаровск 31 октября о том, что в военно-политических кругах Северной Маньчжурии наметилась тенденция к урегулированию конфликта с СССР мирным путём, Чжан Сюэлян будто бы получил «передышку» на раздумье. Однако Чжан не думал сдаваться. Первые две с половиной недели ноября ознаменовались для представителей советской колонии в Северной Маньчжурии небывалыми по жестокости и масштабам преследованиями, арестами и пытками. Больше всего пострадали те, кто, по мнению китайской полиции, мог иметь отношение к красной пропаганде и был связан с партийно-комсомольской деятельностью. Как мы помним, об этой группе риска сообщал «Макс»-Кульпе в донесениях в Хабаровск. Из архивных документов создаётся впечатление, что такое обострение возникло по линии «белая»-«красная» эмиграция. Именно «белые» русские, служившие в китайской полиции, спровоцировали новую волну антисоветской истерии. Это не было случайностью. Кому как не им было знать, что в случае новых военных успехов Красной Армии, и, не дай бог, советской оккупации Северной Маньчжурии, правило «глаз за глаз, око за око...» начнёт срабатывать в первую очередь против них. Даже временное примирение между СССР и Китаем по поводу КВЖД, в лучшем случае, грозило «белым русским» потерей рабочего места и социального статуса.

Полицейские преследования не прошли бесследно: руководство СМК вынуждено сократило свои контакты с внешним миром, связь с Хабаровском и Дайреном обрывается до 18 ноября.

Далькрайком ищет виноватых в расконспирации деятельности североманьчжурской парторганизации. Реагируя на обвинения СМК в адрес агентства ТАСС, публикации которого о событиях на советско-китайской границе будто бы раскрыли секретные источники информации, Перепечко требует от НКИД в Москве принять соответствующие меры.

6 ноября 1929 года Далькрайком получает ответную телеграмму Льва Карахана через агента НКИД в Хабаровске. Замнаркома выражает резкое несогласие с обвинениями в том, что действия его подопечных в какой-либо форме «подставили» харбинских большевиков.

Карахан указывал на то, что информация ТАСС о положении в Северной Маньчжурии составлялась на основании телеграмм, полученных в Токио от нелегального сотрудника этого агентства из Харбина, и передавалась Наркомату Иностранных Дел. Наркомат, в свою очередь, представлял в распоряжение прессы только часть сведений, которые, по мнению Карахана, никого не могли расконспирировать. Карахан предлагал искать виновных в харбинских провалах на территории самого Далькрая. Он советовал обратить внимание на краевую прессу и передачи Хабаровской радиовещательной станции. Именно они, по мнению замнаркома, передавали *«сплошь и рядом информацию, не санкционированную центром».*[520]

13 ноября 1929 года совконсул в Дайрене, резидент ИНО ОГПУ Иван Журба докладывает Перепечко о получении денег для передачи «Максу» в Харбин.

16 ноября Перепечко запрашивает Журбу, есть ли связь с СМК в Харбине.

Совконсул отвечает на следующий день шифротелеграммой в Хабаровск:

«Последнее письмо от Макса передал Вам 1 ноября. Одновременно передал ему через адрес Лёни Ваши директивы. Ответа нет,

хотя письмо моё Лёня получил. По-видимому, свирепствующие за последнее время аресты создали в Харбине чрезвычайно тяжёлую обстановку». Далее совконсул просит указаний Далькрайкома о том, как поступить с полученными для СМК деньгами.[521]

Однако уже через два дня, 18 ноября Дайрен информирует Хабаровск о восстановлении связи с «Максом». Копия сообщения, как обычно, отправляется в Москву и Токио.

Журба цитирует Перепечко шифровку «Макса»: *«Макс сообщает: «В городе военное положение. (На) окраинах окопы, нас громят аппаратцев. Арестовано 3011 (человек). Преимущественно молодёжь, профсоюзники. В штабе требуют яд. Телеграмма о выезде Фрица опоздала. Никто не встречал. (Фриц) остановился в Хокуман отеле, чего делать нельзя. Арестован при переезде на квартиру. При нём было 1225 амдолларов. Нельзя посылать с советскими паспортами и амвалютой».*

Текст поражает своей безысходностью. Массовые аресты; заключённые, содержавшиеся в Штабе китайских войск (а туда помещали тех, кто, по мнению китайской полиции, принадлежал к руководящей верхушке), не выдерживают пыток и требуют передать им яд. И как будто этого мало — следует прокол Хабаровска! Телеграмма о приезде агента в Харбин запоздала, подпольщика не снабдили заместительными инструкциями и отправили с советским паспортом и большой суммой в валюте! Видимо поэтому, чтобы указать Перепечко на непростительность конспиративных промахов, Журба цитирует эту часть сообщения «Макса», остальную же передаёт своими словами.

Дайренский консул получил от «Макса» шифр, которым кодировались радиосообщения СМК. Поскольку в Далькрае не слышали харбинского передатчика, «Макс» предлагал Перепечко самому назначить длину волны, на которой Хабаровск хотел бы «работать» с Харбином. Секретарь СМК просил снизить скорость передаваемых по радиопередатчику сообщений из Хабаровска, для облегчения их приёма в Северной Маньчжурии. Журба добавлял от себя: *«Шифр негромоздкий и в крайнем случае может быть переслан телеграфно».*[522]

Совконсул информировал Перепечко о передаче 5 тысяч американских долларов для СМК по адресу, указанному «Максом». Журба объяснял в телеграмме, что временный перерыв связи между Харбином и Дайреном был вызван необходимостью конспирации. Курьер Токарев, через которого передавались сообщения СМК, стал вызывать у «Макса» подозрения.⁵²³

Тем временем в Северной Маньчжурии вовсю идут военные действия, которые оказываются на удивление успешными. 18 ноября 1929 года был занят Чжалайнор, 20 ноября — город Маньчжурия, войска Чжан Сюэляна несли сокрушительные потери.

20 ноября Перепечко посылает телеграмму в Дайрен: *«Передайте Максу. В дальнейшей работе необходимо принять все меры, чтобы сохранить организацию и те силы, какие есть. Работу необходимо свернуть до минимума. (В) случае крайней необходимости Максу разрешить выехать (в) Хабаровск, захватив с собой все явки и связи»*.⁵²⁴

24 ноября 1929 года Журба телеграфировал Перепечко: *«Введённое в Харбине военное положение и произведённый разгром организаций затрудняет передачу Ваших директив Максу. В целях сохранения репутации консульства дальнейшую связь с Харбином считаю опасной»*. Далее дайренский генконсул сообщил, что высылает в Хабаровск шифр для непосредственной связи с Харбином по радио и спрашивал, как поступить с непереданными СМК деньгами от Далькрайкома.⁵²⁵

В ответ на эту шифровку, которая оставляла неясным вопрос, получил ли «Макс» последние директивы Хабаровска или нет, Перепечко потребовал от совконсула в Дайрене отправить телеграммой СМК информацию о частотах и времени возможного обмена радиограммами. Хабаровск сообщал свои позывные: *«Вас вызывает «Икс-Эн-семь». 15 минут даёте, 15 минут слушаете. Если слышимость Вашей станции хорошая или плохая, будем сообщать через широковещательную станцию следующим оповещением: «Экспедиция Степанова, Алдан, слышим вас плохо»*.⁵²⁶

30 ноября 1929 года «Макс» передал через Дайрен в Хабаровск письмо, начинавшееся подробным описанием нового шифра и частот для радиосообщений с Далькраем. О политическом положении в Харбине сообщалось следующее: *«Живём, работаем. Настроение бодрое. Считаем, что, если китайцы будут фокусничать, гвоздите опять. Замечательно действует. Боимся, как бы японцы не сорвали переговоры. (В) нашей организации пока провокаторов нет. Среди молодёжи выявлено человек 10. Перевели ли деньги в Дайрен?»*. Часть текста этой шифрограммы, в которой сообщались частоты харбинского радиопередатчика, была отпечатана на пишущей машинке уже в Далькрае. Она содер-

жит пометку о времени её расшифровки в Хабаровске — 4 декабря 1929 года.[527]

В этот же день Перепечко опять повторяет через совконсула в Дайрене директиву «Максу» — немедленно выехать в Хабаровск, захватив все явки и связи.[528]

«Макс» ответил на телеграмму Перепечко 10 декабря. В среднем, в это время шифровки доходят от одного адресата к другому, из Хабаровска до Харбина или наоборот за 4-6 дней.

«Макс» сообщал: *«Телеграмму Вашу получил. Принимаю меры (к) выезду. Возможно (в) Хабаровске буду не раньше 2-х недель. Если японцы не дадут визу через Кобэ, могу застрять в Дайрене. Поезда на юг забиты уезжающими белыми и китайскими коммерсантами. Билеты надо доставать за неделю. Есть ещё два пути! 1.) На японской машине до Чанчуня или нелегально на паровозе. Прощупываю эти пути. Послал Журбе телеграмму насчёт визы».*[529]

«Макс» явно не хочет и не торопится уезжать. Что и понятно. Советские войска к этому времени нанесли сокрушительное поражение армии Чжан Сюэляна, войска Забайкальской группы после завершения Маньчжуро-Чжалайнорской операции оставались на китайской территории. 1 декабря 1929 года в Никольск-Уссурийский прибыли представители мукденского правительства для подписания мирного протокола. С начала декабря 1929 года вовсю шли переговоры между представителем НКИД в Хабаровске Симановским и комиссаром мукденского правительства по иностранным делам Цай Юньшэном о порядке восстановления прав СССР на КВЖД. В шифровке, отправленной Перепечко, «Макс» оттягивает время отъезда из Харбина под всякими разными предлогами. *«Виза, которую я имел на выезд, просрочена, выбрать другую сейчас невозможно. Так как Ваша телеграмма предлагает срочно выехать, то если срок, указанный в письме не устраивает, дайте по радиовещательной станции ответ корреспонденту из Харбина. Это будет сигнал оставаться. Всё зависит от японцев, они могут меня придержать в Дайрене с месяц не выдавая визы, а то и больше. Виза же в Дайрен японская у меня имеется сроком на один год. Повторяю, дайте телеграмму Журбе принять все меры к отправке меня из Дайрена во Владивосток. Только при этом условии есть смысл выезда. Выехать же и болтаться в Дайрене нет никакого смысла».*[530]

Однако, как раз непосредственно в период урегулирования конфликта, Далькрайком желал иметь информацию о ситуации в Маньчжурии непосредственно из первых рук. И «Макс», смог бы, наконец, ответить на все вопросы, накопившиеся за последние полгода, в период обострения конфликта. 24 декабря 1929 года в телеграмме через Дайрен Перепечко вновь требует немедленного выезда «Макса»-Кульпе в Хабаровск.[531]

На этом подборка найденных нами писем обрывается. Известно, что после возвращения в Хабаровск «Макс», он же — Ян Кульпе, с декабря 1929 по декабрь 1931 года занимал пост председателя Контрольной Комиссии и Рабоче-крестьянской инспекции Далькрая, являлся членом Президиума и Зам. Председателя Далькрайисполкома. На 16 съезде ВКП(б) в июле 1930 года Кульпе был избран членом Центральной Контрольной Комиссии.

От Никольско-Уссурийского до Хабаровского протокола, декабрь 1929 года

29 ноября 1929 года и.о. наркома иностранных дел Максим Литвинов информировал германского посла о том, что советское правительство и Чжан Сюэлян приняли решение начать сепаратный переговорный процесс. Стороны решили попытаться найти мирный вариант решения проблемы вокруг КВЖД без участия Нанкина.

США, тем временем, пытаются разыграть свою собственную партитуру. 30 ноября 1929 года госсекретарь США Стимсон сообщил американскому послу во Франции, что США решило в единоличном порядке обратиться к китайскому правительству с изложением предложений по урегулированию конфликта. Американский посол в Париже должен был обеспечить информацию Москвы об этой инициативе через французские дипломатические каналы.[532]

Кремль обеспокоен и всеми пытается избежать интернационализации конфликта, вошедшего в завершающую фазу.

1 декабря 1929 года Политбюро сформировало комиссию в составе Литвинова, Карахана, Сталина, Ворошилова и Рыкова для обсуждения всех вопросов, касающихся советско-китайского конфликта.[533] Сталин решает использовать для урегулирования конфликта «фактор Литвинова». Ведь именно Литвинов, как сообщал в своих воспоминаниях[534] бывший советский дипломат, перебежчик Беседовский[535], связывался в международных кругах с политикой противодействия карахановской «дипломатической распутинщине» и «донкихотского авантюризма» в Китае в 1926 году.

Несмотря на полное военное ослабление Чжан Сюэляна в Северной Маньчжурии, Москва не могла сбрасывать со счетов неблагоприятное для СССР международное общественное мнение по вопросу о КВЖД. Сталин в очередной раз демонстрировал чуткую осторожность.

Этого нельзя было в полной мере сказать о других непосредственных участниках переговорного процесса с советской стороны, пребывавших в эйфории и считавших себя победителями.

На первом этапе переговоров, во время подготовки встречи официальных советских и мукденских представителей в Никольско-Уссурийске, состоявшейся 3 декабря 1929 года, в механизм принятия решений были активно подключены «виновники торжества» — руководство «Особой Дальневосточной» во главе с командующим.

1 декабря Блюхеру была передана информация о переговорах по прямому проводу между агентом НКИД Симановским и начальником штаба Лапиным.

Как видно из текста документа, сначала Симановский доложил Лапину о ходе своих бесед с эмиссаром мукденского правительства Цаем.

Симановский сообщал, что Цай просит советское правительство не настаивать на восстановлении Емшанова и Эйсмонта на прежних руководящих должностях на КВЖД, оставляя, однако, за Москвой право единолично определить кандидатуры на эти посты. В принципе, мукденское правительство не возражало против того, чтобы Емшанов и Эйсмонт остались работать на КВЖД. Однако Чжан Сюэлян хотел вынести этот вопрос за пределы официальной процедуры переговоров.

Маньчжурские власти просили советское правительство официально подтвердить приверженность статье Мукденского соглашения 1924 года о «пропаганде» — то есть о недопустимости поддержки сил, выступающих с антиправительственными лозунгами. Без сомнения, под этим имелось в виду прекращение поддержки китайских коммунистов со стороны СССР. Симановский сообщал Лапину, что эту просьбу он попросил Чжан Сюэляна *«сформулировать... в письменном виде»*. Кроме того, Симановский информировал начальника штаба «Особой Дальневосточной», что Цай попытался «шантажировать» СССР возможностью вмешательства «третьих держав», прежде всего Японии, в процесс урегулирования конфликта по КВЖД. Симановский сообщал по этому поводу: *«Телеграмма, полученная Мукденом от советского правительства, встревожила Японию. В Харбине появилось много японских офицеров в штатской одежде. Самоубийство посла Японии в Китае Собуро, Цай объясняет неудачей последнего убедить Чжан Сюеляна в необходимости вооружённого посредничества Японии в конфликте»*.[536] Получалось, что Кремль не зря беспокоился и не доверял японским предложениям о посредничестве. Цай фактически подтвердил, что СССР стоял перед реальной опасностью, всё-таки, спровоцировать вооружённое вмешательство Японии на стороне Мукдена при продолжении дальнейших наступательных военных операций в Северной Маньчжурии. Симановский уверял Лапина, что Цай вёл с ним переговоры пока в доверительном, неофициальном порядке. Официальный мандат на ведение переговоров

Цай должен был получить после передачи Чжан Сюэляну ответа Москвы на поставленные им в беседе с Симановским вопросы. Следующий раунд переговоров с Цаем Симановский намеревался провести в этот же день — 1 декабря 1929 года в 21 час.

Информация была передана Лапиным командованию ОДВА в Хабаровск через 10 минут после завершения телефонного разговора по проводу с Симановским. Как свидетельствовали протоколы телефонных разговоров по прямому проводу, вопрос о том, какой именно объём информации о переговорах должен был передаваться дальше в Москву, решало руководство ОДВА.[537] Блюхер посчитал информацию о возможной военной угрозе со стороны Японии исключительно важной. Очень оперативно, ещё в этот же день, как раз накануне переговоров с Цаем, Симановский получил возможность связаться по прямому проводу с Львом Караханом. Эта обстоятельная беседа длилась почти целый час, с 19.50 до 20.40 по московскому времени.

Текст документа показывает, что Москва явно нервничает. В Кремле недовольны активностью Симановского. Чувствуется, что Лев Карахан находится во взвинченном состоянии.

Карахан предлагает Симановскому заявить на предстоящих переговорах мукденскому эмиссару Цаю следующее:

«Советское правительство не может вступать ни в какие переговоры до получения официального извещения от Чжан Сюэляна нам от Цая о состоявшемся выполнении пункта касательно назначения управляющего дорогой и его помощника. Вы уполномочены лишь разъяснить Цаю позицию советского правительства в этом вопросе, которая сводится к тому, что советское правительство не видит никаких оснований для снятия Емшанова и Эйсмонта ни в чём не провинившихся».[538]

Карахан приказал Симановскому напомнить Цаю предложение, высказанное Литвиновым Нанкину в ответе о подписании соглашения, при передаче его через германского посла Дирксена 29 августа 1929 года. Тогда и.о. наркома Литвинов заявил, что сможет предложить советскому правительству в Москве осуществить новые назначения, только лишь при условии отстранения от должности председателя правления КВЖД Лю Жунхуаня, издавшего незаконный приказ об увольнении Емшанова

«Заявите Цаю, — подчёркивал Карахан в разговоре с Симановским, — *что совправительство готово и теперь держаться этого обещания в интересах мирного разрешения конфликта. Если Цай*

может дать Вам письменное извещение за своей подписью о том, что председатель правления Люй Жунхуань⁵³⁹ уже получил или немедленно получит отставку, то Вы готовы будете после такого извещения назвать ему имена наших новых кандидатов, причем, однако мы оставляем за собой право назначения Емшанова и Эсмонта на другие должности на КВЖД, согласно предложениям Цая».⁵⁴⁰

По мнению Карахана, такими новыми кандидатурами могли бы стать, на должность Управляющего — Рудой, помощника Управляющего — Денисов.

Если Мукден устраивало это предложение, Москва хотела бы получить немедленное телеграфное извещение Чжан Сюэляна о состоявшемся назначении предложенных кандидатов. СССР настаивал в таком случае на их немедленном вступлении в должность в Харбине ещё до начала конференции, которая бы подробно обсудила все спорные вопросы по КВЖД. Карахан успокаивал Мукден в пункте о «пропаганде». Симановскому предлагалось передать Цаю: «*Что касается строгого соблюдения Мукденского и Пекинского соглашения как в целом, так и отдельных статей, заявление Цая всецело совпадает с позицией совправительства*».⁵⁴¹

И далее, по поводу шантажа СССР возможным японским военным вмешательством в конфликт на стороне Китая, Карахан шел ва-банк:

«*Скажите Цаю, что никакого вмешательства третьих держав мы не потерпим, и что разговоры о вмешательстве на нас никакого впечатления не производят и с твёрдо занятых позиций не собьют нас*».⁵⁴²

Карахан предложил Симановскому известить Цая, что на советско-китайской границе в районе озера Ханка происходит вновь оживление деятельности «*белогвардейских шаек и китайских банд*». Надо было дать понять Мукдену, что если такая активизация военной активности с китайской стороны продолжится, то СССР будет вынужден «*принять контрмеры*».

Замнаркома предлагал Симановскому занять в переговорах самую жёсткую позицию. «*Добивайтесь от Цая изложения всех его заявлений и запросов в письменном виде, передавая нам их по телеграфу текстуально..Говорите с Цаем твёрдым языком, давая ему понять, что если наши предложения им не будут приняты, то ему оставаться незачем. Если Цай действительно пошлёт телеграмму Чжан Сюэляну в указанном выше духе, то он может оставаться в Никольске* *и Хабаровске до получения ответа из Мукдена. Позаботьтесь о его удобствах..На мандате Цая не настаивайте, но требуйте, чтобы он все бумаги подписывал в качестве дипломатического комиссара».*⁵⁴³

Ответ Симановского на подробную директиву Карахана был на удивление краток.

Симановский настаивал на том, что все высказанные Караханом предложения китайской стороне необходимо доводить до сведения Цая не в письменной, а в устной форме. Кроме того, он сообщал, что не может довести все доводы Кремля до мукденского комиссара немедленно по причине ночного времени. Симановский обещал, однако, что после окончания беседы с Цаем, которая состоится 2 декабря в 7—8 часов утра по московскому времени, Карахан будет обстоятельно проинформирован. Интересно, что копии протокола разговора по прямому проводу между Караханом и Симановским были переданы всем руководителям Далькрая — председателю Далькрайисполкома Я. В. Полуяну, секретарю Далькрайкома И. Н. Перепечко, ПП ОГПУ по Далькраю и начальнику Особого отдела ОДВА Ф. Д. Медведю, и две копии — в Первый Отдел Штаба ОДВА.

Из текста обмена мнениями по прямому поводу создается впечатление, что советское правительство, по сути, «капитулировало» перед Мукденом. Достаточно только представить себе ситуацию: Красная Армия занимала на 1 декабря 1929 года несколько важных населённых пунктов Северной Маньчжурии, войска Чжан Сюэляна фактически разгромлены, захвачено в плен несколько тысяч вражеских солдат и офицеров, ОДВА досталось большое количество трофейного оружия. И в такой момент, фактическим признанием приверженности Москвы статьям Мукденского и Пекинского протоколов 1924 года, в том числе и пункта о неподдержке коммунистической пропаганды, Кремль просто-напросто соглашается на восстановление статус-кво, существовавшего до начала конфликта сторон. Видимо несмотря на заявление Карахана Симановскому, Москва была сильно озабочена известиями о потенциальной возможности вмешательства Квантунской армии в военный конфликт на стороне Китая. Настолько серьёзно, что в короткий промежуток времени Сталин полностью забывает о своих предыдущих намерениях спровоцировать в Северной Маньчжурии внутренний антисистемный конфликт через поддержку китайских коммунистов и партизан.

Любопытно, что подобная история полной корректировки курса в отношении уровня наступательности советской политики в Маньчжурии уже прослеживалась в период конфликта на КВЖД в 1926 г. Тогда СССР поддержал противника Чжан Цзолиня мятежного генерала Го Сунлина. Наиболее ярым приверженцем курса на оказание военной помощи Го Сунлину был зампред наркома иностранных дел Лев Карахан. Стремясь выполнить обязательства перед мятежным китайским генералом, Карахан настаивал перед Политбюро на введении советских войск в Северную Маньчжурию, в район Барги и Цицикара, чтобы обойти с тыла противника Го Сунлина генерала У Цзюншэна. Опасаясь конфликта, Кремль воздержался от вооруженного вмешательства и Го Сунлин потерпел поражение, заплатив за противостояние своей собственной жизнью и жизнью своей жены. Чжан Цзолинь, воодушевленный колебаниями большевиков, усилил курс на вытеснение СССР с КВЖД и арестовал управляющего дороги Иванова.

Ворошилов, при поддержке Льва Карахана и Николая Кубяка, был уже готов применить военную силу для защиты интересов СССР, однако наркоминдел Чичерин убедил Политбюро воздержаться от наступления РККА на Харбин до полной уверенности, что эта атака не вызовет ответных действий Японии. Посол в Японии Виктор Копп, получивший запрос от Москвина на выяснение границ японской толерантности в отношении советской политики, известил Москву, что появление советских войск в районе Харбина будет рассмотрено Японией как casus belli и вызовет ответные военные действия империи. В этом случае, сообщал Копп, Квантунская армия оккупирует Чанчунь и направит одну дивизию к Харбину. Подобные перспективы заставили Кремль резко изменить свою тактику, Красная Армия была отведена от границы, «военная прогулка» до Харбина тогда не состоялась. Как писал в своей книге бывший советский дипломат, перебежчик Беседовский, ссылаясь на найденный им в посольстве и уничтоженный архив Коппа, у Японии не было подобных намерений.

Копп специально дезинформировал Москву по договоренности с Максимом Литвиновым, считая, что бряцание оружием в Китае — губительный курс не только для политики СССР в Азии, но и для самого существования большевистского государства. Кремль, убежденный в правдивости информации, сообщенной Коппом, стал выходить на Японию с предложением о смене Чжан Цзолиня, которого Москва назвала серьезным препятствием для стабилизации советско-японских отношений. Среди подходящих преемников Чжан Цзолиня Кремль называл его сына Чжан Сюэляна, начальника штаба его войск Ян Юйтина, его брата Чжан Цзосяна или гражданского губернатора Гирина Мо Дэху.[544]

У Коппа была своя система взглядов на будущее японо-советских отношений, которым он отдавал приоритет перед отношениями с Китаем. В отличие от советского посла Льва Карахана, Копп рассматривал Китай в 1925—1926 году как объект для торга с Японией. Карахан же видел Китай в более активной роли, обращая внимание на его пробуждающийся революционный потенциал, предлагая строить отношения СССР с Японией, Великобританией и Внешней Монголией, исходя из этой посылки.

Карахана лоббировал нарком иностранных дел Георгий Чичерин, поддержку взглядам Коппа оказывал заместитель Чичерина Максим Литвинов. Чичерин и Литвинов ненавидели друг друга лютой ненавистью, что не было в Кремле ни для кого секретом.

Особенности позиции Виктора Коппа относительно советской политики по отношению к Японии и маньчжурскому вопросу проанализировал в своей блестящей статье на материале Архива внешней политики России омский историк Кирилл Черепанов.[545]

Еще в январе 1925 года Копп заявлял в письме Чичерину, что *«маньчжурский вопрос является центральным узлом наших взаимоотношений с Японией»*. Сердцевиной маньчжурского вопроса, как замечал советский посол в Японии, была проблема взаимоотношений КВЖД и японской ЮМЖД. Оценивая характер советской политики по отношению к Чжан Цзолиню, советский посол в Токио подчеркивал, что *«ключ к охране наших железнодорожных интересов в Северной Маньчжурии лежит не столько в Мукдене, сколько в Токио»*.[546] Копп призывал советское правительство отойти от упрощенных формулировок, рассматривая фэнтяньского милитариста в качестве *«простой игрушки в руках японцев»*.[547] По мнению Коппа, политические цели Чжан Цзолиня *«в данный момент сводятся к укреплению маньчжурской государственности, балансированию между японцами и нами, при использовании для своих целей тех и других»*.

Копп считал политику Чжана *«успешной и ... ничуть не противоречащей нашим государственным интересам»*. Советский посол в Токио предостерегал Кремль от *«низвержения чжановского режима в самой Маньчжурии»*.[548] 16 мая 1925 года, в переломный для Китая момент, Копп отправил Сталину письмо, в котором произвел подробный анализ ситуации в Китае. Копп указывал на реальные стратегические позиции Японии в Маньчжурии. С точки зрения дипломата, именно наличие серьезной заинтересованности в Маньчжурии, особенно Южной, позволило бы достигнуть соглашения с Японией и перенаправить остриё японской экспансии с дальневосточных рубежей СССР на центральный и южный Китай.

Основным путем к подписанию советско-японского соглашения Копп считал использование американо-японских противоречий. В центре соглашения с Японией стоял вопрос о маньчжурских железных дорогах, эта проблема была напрямую связана с персоной самого Чжан Цзолиня. Копп подчеркивал, что «*хозяина Маньчжурии*», как он называл китайского маршала, «*отнюдь нельзя рассматривать исключительно как экспонента японского империализма*». Все гораздо сложнее. «*В данный момент*, — указывал посол, — *он наш противник не только в силу японского влияния, но, прежде всего, потому, что не имея от нас никаких реальных выгод, он вынужден делить с нами КВЖД и терпеть нас в Северной Маньчжурии. Его вражда против нас окрашена не только в японский, но, прежде всего, в китайский национальный цвет*».

Копп считал, что соглашение с Чжаном невозможно. Большевики не могли ничего предложить хозяину Маньчжурии ни в экономическом, ни в политическом, ни в военном плане. Более того, они оказывали поддержку его соперникам на юге Китая. Поддерживая мятеж Го Сунлина, Москва подтвердила на деле все опасения Чжан Цзолиня.

Сталинская директива по вопросу о политическом и военном положении в Китае от 3 декабря 1925 года, в которой была определена стратегия советских действий в Китае, опиралась на анализ Виктора Коппа. Однако выводы директивы прямо противоречили позиции советского посла в Токио. Если Копп предлагал не раздувать американо-японские противоречия, то Москва, напротив, видела своей задачей углубление взаимного недоверия между этими двумя странами. Директива провозглашала: «*Вести линию на то, чтобы вбить клин между Японией, с одной стороны, и Англо-Америкой — с другой, стараясь не портить отношений с Японией, и вести переговоры с Японией в том смысле, что ей выгодно примириться с тем, что есть в Китае....Эту политику ни в коем случае нельзя смешивать с политикой сфер влияния*». Директива предлагала дать Льву Карахану в печать информацию в том разрезе, что «*Чжан Цзолинь падает, между прочим, потому, что играл все время на обострении отношений между СССР и Японией, что в Маньчжурии может удержаться лишь такое командование, которое будет руководствоваться политикой сближения СССР и Японии*».[549]

С точки зрения Коппа, ситуация была на практике гораздо сложнее. «*Конкретные разговоры с Японией мыслимы сейчас лишь по Маньчжурскому вопросу. Разговоры же по всем остальным вопросам наталкиваются на китайскую проблему, в разрешении которой мы не только не нужны Японии и Япония не нужна нам, а наоборот, мы можем только мешать друг другу*».⁵⁵⁰ Комментируя недоуменный вопрос Чичерина, «*что означает столь странная политика Японии по отношению к нам*», Копп отмечал: «*Отношение к нам со стороны Японии является производным от китайских событий. Япония видит в нас силу, работающую против её интересов, как в Южном Китае, так и в Маньчжурии и, соответственно с этим определяет свое отношение к нам*».⁵⁵¹

Интересы Японии в Маньчжурии определялись Коппом преимущественно, как стратегическо-политические. Советский посол отмечал: «*Уход Японии из Маньчжурии или потеря ею там командного влияния означал бы потерю её нынешнего мирового положения и возврат к позициям 80-х годов*». Основная предпосылка политики Японии на континенте, рассматривалась Коппом в «*недопустимости установления в Маньчжурии прямого или косвенного влияния какой-либо третьей державы, соперничающей с Японией*».⁵⁵²

По мнению Коппа, советское правительство играло в Китае с огнем.

Тогда, в 1926 году Коппу и Литвинову информационной уловкой, через дезинформацию Москвы, удалось охладить пыл и остановить безрассудные головы в кремлевском руководстве.

Эта ретроспектива показывает, что в конце ноября 1929 года в Северной Маньчжурии возникла ситуация, напоминавшая расклад событий конфликта на КВЖД 1926 года. Трудно сказать, была ли информация о возможности японского вмешательства в 1929 году блефом китайского эмиссара или нет. Она могла быть, наконец, дезинформацией дипломатической связки Симановский—Литвинов. Литвинов резко отрицательно относился к идее активной советской политики в Китае. Наркоминдел считал, что у СССР нет никаких базовых экономических возможностей для такой экспансии. Он разумно предполагал, что дальнейшее увязание в маньчжурском вопросе вызовет активизацию Японии и заставит её отказаться от нейтрального статуса. Кроме того, к этому времени уже стало ясно, что надежды Кремля на внутрикитайское восстание абсолютно не оправдали себя.

Как бы то ни было, решение о свертывании военных активностей принималось в Москве на очень высоком уровне и не без душевной боли. Мы почти уверены, что где-нибудь в архивных хранилищах ещё лежат нерассекреченные документы о дискуссии с участием Ворошилова, Блюхера и Сталина о дальнейшей стратегии и тактике в Северной Маньчжурии, состоявшейся в конце ноября 1929 года. В условиях существовавшего активного противодействия держав политике СССР на КВЖД, в ситуации, когда руководство ОДВА, неоднократно заявляло, что армия действует в Северной Маньчжурии на пределах своих организационно-технических способностей, — Кремль очень впечатлительно относился к потенциальной японской угрозе. Москва опасалась спровоцировать новую иностранную интервенцию на Дальнем Востоке. Именно поэтому победа СССР в конфликте 1929 года на КВЖД оказалась пирровой.

Хотя Чжан Сюэлян надеялся на вмешательство держав в конфликт, однако фактор времени заставлял его идти на уступки СССР уже сейчас и сегодня. Для сохранения своей автономной базы в Северной Маньчжурии по отношению к нанкинскому правительству Чжан Сюэлян не мог допустить дальнейшего ослабления своей армии. И Мукден, и Москва, скрепя сердце, были вынуждены договариваться друг с другом. Поэтому так нервозен тон Карахана в его сообщениях Симановскому. Хотя Карахан предлагал Агенту НКИД не ослаблять давления на мукденского комиссара, однако в глубине души он четко осознавал ограниченность поля манёвра для советской внешней политики, несмотря на все блестящие военные победы.

Как и надеялся Чжан Сюэлян, державы не преминули четко обозначить Москве предел допустимых действий.

2 декабря 1929 года китайский посланник в Лондоне посетил Форин Офис, где ему был передан текст меморандума, обращенный к правительствам Китая и СССР с рекомендациями воздержаться от применения военной силы для разрешения конфликта на КВЖД.[553] В этот же день китайский посланник в Лондоне информировал Ван Чжэнтина о том, что Великобритания советует не выносить вопрос о КВЖД на обсуждение Лиги наций, и что Лондон вступил в контакт с некой державой по поводу поиска средств для прекращения конфликта. Ван Чжэнтин немедленно попросил посольство в Лондоне уточнить, о какой державе идет речь, отметив, что участие Японии в процессе урегулирования конфликта было бы нежелательным.[554]

Москва и Мукден ведут тем временем непрекращающиеся консультации.

Утром 2 декабря 1929 года, с 7 часов 25 минут до 8 часов 40 минут, Симановский передал в Москву итоги своих переговоров с мукденским эмиссаром.

Мукден соглашался сместить с должности китайского председателя правления при условии замены бывшего советского управляющего дорогой и его помощника. Эмиссар Цай настаивал на неопубликовании в печати известий о кадровых перестановках. Цай заявил Симановскому, что *вполне разделяет* советскую позицию о недопустимости вмешательства третьих держав в советско-китайский конфликт. Именно поэтому «*он и спешил приехать в Никольск, чтобы предупредить это вмешательство, которое могло произойти помимо воли Мукдена*».[555] Цай с благодарностью отклонил предложение Карахана дожидаться ответа Чжан Сюэляна на советской территории, заявив, что намерен лично доложить маршалу о результатах переговоров. Мукденский комиссар запланировал свое возвращение на 7 декабря, запросив разрешение «сомкнуть путь», чтобы иметь возможность проследовать на территорию СССР в своём вагоне. Цай попросил предпринять усилия для восстановления телеграфной связи. Китайская сторона предложила проводить переговоры в помещении советского консульства на станции Пограничная. Симановский настаивал на Хабаровске, пообещав лично встретить вагон Цая при пересечении границы в Гродеково. Цай не согласился с хабаровским вариантом. И объяснил свою позицию — из Хабаровска телеграфная связь с Мукденом была бы возможна только по датскому кабелю через Дайрен, находившийся в подконтрольной японцам зоне ЮМЖД. Памятуя о желании советского правительства вести переговоры только в Хабаровске, Симановский запросил Карахана о возможности разрешить Цаю вести из Хабаровска зашифрованную переписку с Мукденом. Пять копий этого сообщения на имя Карахану были посланы опять же всему руководству Далькрая, а именно по одной — Полуяну, Медведю, Перепечко и две — в штаб ОДВА.

Карахан передал ответную директиву Симановскому в этот же день, 2 декабря 1929 года, с 13 часов 15 минут до 14 часов 40 минут по московскому времени.

Агенту НКИД предлагалось подписать с Цаем протокол из двух пунктов. Протокол, по мнению Карахана, должен был быть скреплен подписями Симановского и Цая в следующей дословной редакции:

«1) От имени мукденского правительства дипломатический комиссар господин Цай заявляет, что председатель правления КВЖД Люй[556] смещается с должности председателя правления. От имени правительства СССР агент НКИД в Хабаровске Симановский заявляет, что после того, как председатель правления Люй будет смещён с должности председателя правления, правительство Союза в согласии с заявлением Замнарком Индел Литвинова Германскому консулу в Москве 29 августа, готово будет выставить на должность Управляющего КВЖД и его помощника вместо Емшанова и Эйсмонта новых лиц. В этом последнем случае правительство Союза оставляет за собой право назначить господ Емшанова и Эйсмонта на другие должности на КВЖД, относительно чего господин Цай в устной беседе с госп. Симановским дал согласие.

2) Дипломатический комиссар господин Цай заявил от имени мукденского правительства, что последнее, желая всемерно содействовать улаживанию конфликта между Китаем и СССР, и устранить все поводы к дальнейшему осложнению, будет строго соблюдать мукденское и пекинское соглашение 1924 года как в целом, так и в его отдельных частях. Агент НКИД в Хабаровске Симановский с удовлетворением принял к сведению заявление комиссара Цая, что мукденское правительство будет строго соблюдать соглашение 1924 года и со своей стороны заявил, что правительство СССР, стоявшее всегда на почве существующих между Китаем и СССР соглашений само собой понятно будет строго соблюдать их в целом, так и в отдельных частях. Вышеозначенное заявление, заключающееся в первом и втором пункте настоящего протокола, считается принятыми обеими сторонами».[557]

Карахан также просил Симановского информировать Цая, что во время повторного приезда китайскому эмиссару будет разрешено сноситься шифром с Мукденом и для этой цели будет восстановлена временная связь. Москва, кроме того, настаивала на опубликовании протоколов переговоров в прессе. Копии сообщения Карахана были разослан по уже известному нам списку, за тем лишь исключением, что первая копия из шести изготовленных была передана для ознакомления командующему ОДВА Василию Блюхеру.

3 декабря в 2 часа 30 минут по местному времени Симановский самостоятельно связывается с партийно-советским руководством Далькрая (Полуян, Перепечко), чтобы лично и подробно проинформировать их

о состоянии переговоров с мукденским эмиссаром. В начале телеграммы Симановский указывал на то, что он изначально просил начальника Штаба ОДВА Лапина, который технически организовывал связь агента НКИД с Москвой, передавать копии его сообщений секретарю Далькрайкома Ивану Перепечко, председателю Далькрайисполкома Яну Полуяну и начальнику ПП ОГПУ по Далькраю Медведю[558]. Как мы видим, руководство ОДВА имело «право первой ночи» в отношении поступаемой от Симановского информации по принципу «ex oficio». В период конфликта региональный военный истеблишмент был неотъемлемой частью механизма советской внешней политики.

Симановский сообщал в Хабаровск о содержании требований советского правительства в уже известных нам двух пунктах и комментировал: *«Предварительное согласие уже получено в письменной форме и мы настаиваем на совместном подписании протокола по этим двум пунктам в нашей формулировке. Пока что расходимся из-за нескольких слов и одной фразы, которая им не нравится. Завтра отправляем их обратно. В случае неподписания протокола, возьмём обратно своё обещание заменить Емшанова, Эйсмонта другими лицами при смещении Люя с должности. Все другие вопросы по ликвидации конфликта будут обсуждаться, если Мукден телеграфирует Москве подтверждение о смещении Люя, назначении предложенных нами лиц на должности управляющего и помощника»*.[559]

3 декабря, с 10 час. до 11.30 по московскому времени, Симановский известил также и Льва Карахана о подписании протокола эмиссаром Цаем *«без изменений в предварительном порядке с последующим утверждением»* Чжан Сюэляном. Симановский подробно описал процедуру обсуждения текста предложенного СССР протокола с китайской стороной. Директива Карахана с текстом протокола была получена агентом НКИД в вагоне поезда на ст. Никольск-Уссурийский во время обсуждения вопроса с Цаем. После того, как текст, предложенный Москвой, был зачитан и в копии передан китайскому эмиссару, Цай сначала категорически отказался подписывать его и отдал приказ об отправке поезда в Мукден. Во время продвижения поезда в сторону пограничного пункта Гродеково, китайская сторона пыталась убедить оставшегося в отдельном купе Симановского изменить некоторые положения текста, предложенного Караханом. Симановский категорически отказался, предоставив Цаю время, до прибытия поезда к границе *«для самостоятельного решения вопроса»*. Цай пришёл в купе к Симановскому и попросил дать ему несколько дней

срока, чтобы согласовать протокол с мукденским правительством и получить его санкции на подписание документа. Агент НКИД предложил остановить поезд и немедленно запросить Мукден по телеграфу, дожидаясь ответа на советской территории. Симановский напомнил Цаю, что *«неподписание протокола будет означать нежелание разрешить конфликт мирным путём»*[560] и повлечёт за собой отказ советского правительства от всех уступок, сделанных Китаю.

Страсти накалялись. За несколько минут до переезда поездом через границу в купе Симановского был принесён подписанный Цаем текст протокола с китайским переводом с уведомлением о необходимости последующего утверждения этого текста мукденским правительством.

Симановскому было также предложено подписать документ, с оговоркой, что этот акт носит предварительный характер. Несмотря на уговоры Симановского, Цай не соглашался дожидаться решения мукденского правительства, оставаясь в пределах советской территории, и принял твёрдое решение выехать в Мукден. Цай пообещал, что после обсуждения протокола в Мукдене, Чжан Сюэлян в течение 2—3 дней отправит телеграмму в Москву, в которой сообщит о ратификации документа, назначит нового председателя правления КВЖД, утвердит предложенные СССР кандидатуры на должности управляющего дорогой и его заместителя, а также назначит своего уполномоченного для ведения дальнейших переговоров с советской стороной.

По-видимому, Цай был изначально убеждён, что именно ему придётся готовить и проводить дальнейшие переговоры с СССР. Он попросил Симановского обеспечить вновь «сведение пути» на границе для обратного пропуска его двух вагонов через пять—семь дней. Симановский телеграфировал Карахану еще две другие просьбы мукденского эмиссара. Во-первых, Цай просил обратиться к высшему командованию Красной Армии не предпринимать в эти дни, выражаясь его словами, *«никаких, как это у вас называется, манёвров»*, чтобы не создавать новых конфликтных ситуаций и не затруднять подготовку переговоров. Кроме того, Цай попросил по приезду в Хабаровск познакомить его с Блюхером, «знатоком Китая», прославившегося там под именем генерала Галина в качестве организатора Северного похода гоминьдановской армии. Мукденский эмиссар остался очень недоволен намерениями советского правительства опубликовать результаты переговоров в Никольско-Уссурийске, заявив, что это подорвёт престиж Китая. Поняв, что опубликования документов избежать не удастся, он попросил сделать это лишь после ратификации протокола Чжан Сюэляном.[561]

Международный фон для ведения переговоров становился тем временем все более жестким в отношении СССР.

Президент США Гувер активизировал усилия по мобилизации общественного мнения международной общественности против нарушения пакта Келлога Советским Союзом.

3 декабря 1929 года французский посол Эрбетт вручил наркому по иностранным делам Максиму Литвинову ноты французского и американского правительств. В них Москве было сделано напоминание о статье II пакта Бриана — Келлога, которая гласила, что *«договаривающиеся стороны не будут искать никаких средств, кроме мирных для разрешения или ликвидации конфликтов любого характера и происхождения».*[562] В тот же день СССР сделал правительству США заявление, в котором выразил недоумение по поводу того, что Америка, не находясь в состоянии официальных дипломатических отношений с Советским Союзом, позволяет себе *«обращаться к нему с советами и указаниями».* Москва оценила действия ОДВА как необходимые и вызванные *«китайскими провокациями».* Действия же держав, в тот период, когда Москва и Мукден уже продвинулись вперед в достижении соглашения на переговорах, Кремль назвал *«ничем не оправдываемым давлением».*[563]

Свое заявление правительство США предложило подписать всем участникам пакта Бриана — Келлога, однако из 42 стран его поддержали только 10. Остальные же заняли либо неопределенные, либо нейтральные позиции. Попытка США вмешаться в разрешение советско-китайского конфликта, как и 25 июля, в случае с меморандумом госсекретаря Стимсона, оказалась неуспешной. Президент Гувер предпочёл сразу же вычислить виновных и назвал её *«неудачей Стимсона».* Эта неудача, помимо последующих кадровых перестановок в дипломатическом аппарате США и перезагрузки американской внешней политики, имела далеко идущие последствия. Япония смогла на конкретном примере убедиться, что Америка не в состоянии мобилизовать державы на совместные действия в Китае. Это знание сыграет свою роль через полтора года, когда руководство Квантунской армии будет решать вопрос о японской экспансии в Маньчжурии.

Несмотря на все вербальные атаки по поводу *«внешнего вмешательства»,* СССР не мог себе позволить совсем сбрасывать со счетов мнение международной общественности. Несмотря на все свои убедительные военные победы Москва была вынуждена, сжав зубы, пытаться договариваться с Чжан Сюэляном за столом переговоров. Дипломаты опять вернулись на передний край конфликта.

5 декабря 1929 года Чжан Сюэлян в телеграмме на имя НКИД, наконец-то, выразил своё согласие с содержанием подписанного в Никольск-Уссурийском протокола. Цай Юньшэн получал полномочия вести дальнейшие переговоры с представителями СССР по урегулированию советско-китайских проблем вокруг КВЖД.

Совершенно очевидно, что объём затраченных советской стороной ресурсов для сохранения своих позиций на КВЖД и размер уступок китайской стороны отличались на несколько порядков. Поэтому Москва вступила на путь своеобразной мелкой мести представителям мукденского правительства на переговорах.

10 декабря 1929 года в преддверии приезда Цай Юньшэна агент НКИД Симановский передал наркому Литвинову по прямому проводу обеспокоенную записку следующего содержания.

«Прибыл (в) часов утра московского времени в Никольск. Здесь получена военкомандованием директива Ворошилова не пропускать вагонов Цая на нашу территорию. Считаю это большой нелюбезностью Цаю, лишающую его удобств вагон-салона, китайской кухни, повара, китайских продуктов, следующих с ним в его вагоне-ресторане. Это ставит нам значительные затруднения по предоставлению Цаю удобств, размещению, обслуживанию, питанию Цая, его людей. В наших поездах вагоны-рестораны отсутствуют, китайской кухни не устроить. Для восстановления пути на нашей стороне потребуется всего 30 минут. По пропуске вагонов Цая рельсы можно вновь разобрать. Убедительно прошу пересмотреть директиву и не осложнять переговоров столь поздним отказом (в) пропуске вагонов. Второе, во избежание повторных сюрпризов, прошу повторного распоряжения центра местному командованию Управления связи о восстановлении также телеграфных проводов для сношений Цая и моих с Харбином».[564]

Через три часа Симановский получил лаконичный ответ от Литвинова из Москвы. *«Вопрос о непропуске вагонов Цая на нашу территорию согласован (с) НКИД. Организуйте необходимые удобства без пропуска вагонов».*[565]

Несмотря на это первоначальное решение о непропуске вагонов Цая, которое поддержали Ворошилов и Литвинов, в тот же день растерянная шифровка Симановского стала предметом обсуждения на Политбюро. На тексте шифровки Симановского Сталин написал размашистым почерком: «*Я за то, чтобы пропустить вагоны Цая и больше никаких других вагонов не пропускать*». Потом генсек зачеркнул последнее слово «пропускать» и продолжил: «*.. а также за то, чтобы восстановить телеграфных проводов исключительно для сношений Цая с Харбином*».[566] Свои подписи о согласии с предложением Сталина таким же простым карандашом проставили В. Куйбышев, Л. Каганович, Я. Рудзутак, А. Рыков, М. Томский. Наркомвоенмор Ворошилов продолжал, однако, настаивать на своей позиции. На шифровке Симановского он написал: «*Мною приказано предоставить наши вагоны для Цая и его людей, поэтому считаю нецелесообразным восстанавливать ж.д. пути из-за одного вагона Цая, в отношении восстановления связи-За*».[567]

Окончательное решение Политбюро, как и следовало ожидать при такой расстановке сил выглядело следующим образом: «*Разрешить пропустить на нашу территорию только вагоны Цая и восстановить телеграфные провода исключительно для сношений Цая с Харбином*».[568]

13 декабря Цай Юньшэн прибыл на территорию СССР в качестве полномочного представителя мукденского и нанкинского правительств. К сожалению, нам не удалось получить доступ к материалам переговорного процесса последующих девяти дней, результатом которых стал подписанный 22 декабря 1929 года Хабаровский протокол. Дипломатический событийный срез этих дней кратко изложен в монографии В.М. и М. В. Крюковых «КВЖД 1929. Взрыв и эхо». Однако, как нам кажется, и здесь рано ставить точку. Основная масса архивных документов по всей проблематике конфликта находится в Архиве президента РФ в тематической папке, озаглавленной «Захват КВЖД китайцами в 1929 году», которая в настоящее время недоступна для историков без специальной формы допуска.

Содержание Хабаровского протокола много раз подробно изучалось. Остановимся вкратце на его анализе для полноты исторической картины.

Основные положения протокола сводились к восстановлению статус-кво на КВЖД в соответствии с положениями соглашений между СССР и Китаем, заключённых в Пекине и Мукдене в 1924 году. Тем не менее, предполагалось, что все спорные вопросы последних лет должны быть обсуждены на совместной конференции, созыв которой СССР и Китай запланировали в ближайшем будущем. Однако уже до созыва такой конференции, на переговорах в Хабаровске был намечен круг вопросов, к решению которых предполагалось приступить немедленно. К кругу таких неотложных задач были отнесены следующие:

1. *Восстановить на прежних договорных основах деятельность правления КВЖД. Советским членам правления приступить к выполнению своих обязанностей. Китайскому председателю и советскому заместителю председателя правления предписывалось решать все вопросы по управлению дорогой только совместно.*

2. *Упорядочить на паритетной основе соотношение служб, возглавляемых советскими и китайскими гражданами. Восстановить на своих должностях советских граждан — начальников служб и их помощников.*

3. *Все приказы и распоряжения по дороге, отданные от имени администрации КВЖД с 10 июля 1929 года, объявить недействительными, если они не будут подтверждены законным правлением дороги.*

4. *Осуществить немедленное освобождение всех без исключения советских граждан, арестованных китайскими властями после 1 мая 1929 года, в том числе арестованных во время обыска в харбинском консульстве 27 мая 1929 года. Советская сторона обязалась освободить всех арестованных в связи с конфликтом китайских граждан, а также интернированных китайских военнослужащих.*

5. *Все рабочие и служащие КВЖД — граждане СССР, потерявшие работу во время конфликта, получали право вернуться на занимаемые ими прежде должности. За период вынужденного прогула им должна была быть выплачена материальная компенсация.*

6. *Китайские власти обязались немедленно разоружить русские белогвардейские отряды и выслать за пределы Маньчжурии их руководителей.*

7. *Немедленное восстановление советских консульств на территории Маньчжурии и китайских консульств в соответству-*

ющих пунктах Дальнего Востока. Мукденское правительство брало на себя обязательства гарантировать советским дипломатическим представителям дипломатическую неприкосновенность и привилегии в соответствии с нормами международного права.

8. *С восстановлением работы консульских учреждений предоставлялась возможность нормального функционирования всем советским хозяйственным организациям, работавшим на территории Маньчжурии до начала конфликта. Равным образом, возможность возобновления хозяйственной деятельности получали китайские коммерческие организации на территории СССР.*

9. *Немедленное восстановление мирного положения на советско-китайской границе с последующим отводом войск обеих сторон вглубь своей территории.*[569]

Хабаровский протокол вступал в силу с момента его подписания. Ряд вопросов, остававшихся спорными, в первую очередь — о возобновлении в полном объёме дипломатических и консульских отношений, о советско-китайских торговле, о системе обеспечения гарантий — планировалось окончательно решить на конференции в Москве, созыв которой был запланирован на 25 января 1930 года.

23 декабря 1929 года советское правительство известило японское посольство в Москве о том, что все советские войска покинули территорию Маньчжурии. Госдепартамент США был проинформирован о том же послом в Китае Перкинсом 28 декабря.[570]

Заключение

С формальной точки зрения, после подписания Хабаровского протокола СССР вернул себе права на КВЖД, гарантировавшиеся ему Пекинским и Мукденским договорами 1924 года. Однако за такое восстановление статус-кво была заплачена немалая цена. Победа оказалась для СССР «пирровой» по многим причинам.

Начав использовать для решения советско-китайских отношений военную силу, Москва рассчитывала активизировать внутрикитайское антисистемное движение на территории Маньчжурии и использовать его в своих интересах для устранения с политической арены маршала Чжан Сюэляна, чтобы способствовать созданию на границах СССР дружественного или хотя бы нейтрального большевикам режима.

Чжан Сюэлян воспринимался Москвой как угроза экономическим и политическим интересам СССР. Все три варианта возможного развития политических амбиций молодого маршала — сотрудничество с нанкинским Гоминьданом, клиентелистские отношения с Японией и, наконец, установка на автохтонное развитие ТВП — содержали потенциал углубления противоречий с Москвой. Чжан Сюэлян выбрал, с точки зрения Кремля, путь «двойного противоречия» — он заключил политический союз с нанкинским Гоминьданом и сделал установку на укрепление собственных экономических позиций провинциальных властей в Маньчжурии.

Оказавшись у власти, молодой маршал продолжил осуществление Программы реконструкции Маньчжурии, начатой ещё его отцом Чжан Цзолинем. Главной задачей программы Чжан Цзолиня было возвращение в руки провинциальной казны наиболее доходных отраслей местной экономики с целью усиления собственной финансовой самостоятельности и повышения военного потенциала для удачного противостояния центральному китайскому правительству.

Движимый антияпонскими настроениями, Чжан Сюэлян признал над собой высшую власть нанкинского правительства и поднял над ТВП флаг Гоминьдана. Молодой маршал был убеждён, что именно японцы организовали покушение на его отца и понимал, что ему нужны союзники. С местного бюджета было снято бремя расходов на внутрикитайское противостояние. Теперь молодой маршал смог сосредоточиться на борьбе с иностранным влиянием. Противников было два — Япония и СССР, однако вытеснение СССР с КВЖД представлялось Мукдену наиболее лёгкой задачей.

По ряду причин большевики воспринимались молодым маршалом как прямые конкуренты в его борьбе за расширение собственной сферы влияния. Исторически сложившиеся особые права СССР в зоне отчуждения КВЖД предопределяли претензии Кремля на право совместной эксплуатации дороги, закреплённые международным правом. Антисистемная активность Москвы через местную организацию РКП (б) в Маньчжурии и поддержка антиправительственных внутрикитайских сил не являлись для Чжана тайной за семью печатями.

Неприятие было больше прагматическим, нежели идеологическим. Железные дороги являлись центром экономики ТВП. В китайской традиции таможенные сборы на перемещение товаров из одного политического локуса в другой, так называемый налог «лицзинь», на протяжении многих веков составлял важную статью поступлений местной бюрократии. Уровень влияния провинциальных властей на хозяйственную жизнь Северной Маньчжурии не в последнюю очередь, как исторически, так и экономически, определялся и ставился в зависимость от степени контроля над системой железнодорожных коммуникаций.

Чжан рассчитывал, что международное общественное мнение будет на его стороне, если властям ТВП удастся представить доказательства неоспоримого нарушения Москвой договорных обязательств по управлению КВЖД в рамках Пекинского и Мукденского договоров 1924 года. Ключевыми пунктами нарушения должны были стать обвинения СССР в коммунистической антисистемной пропаганде на территории Северной Маньчжурии, неисполнение принципов двустороннего паритета в управлении дорогой и распределении доходов.

Однако, по ряду причин, международное общественное мнение не поддержало попытки Мукдена конфисковать КВЖД. Наибольшей критике подверглись силовые методы давления на дипломатическое представительство СССР в Харбине и советскую диаспору. В политике Чжан Сюэляна совершенно отчётливо просматривались программные установки на пересмотр всей системы договоров с державами, к чему два самых крупных и заинтересованных игрока в регионе — США и Япония абсолютно не были готовы. В китайской политике США в период советско-китайского конфликта не было единства. Она осуществлялась под знаком соперничества мнений министра по Китаю, посла Джона ван Антверпа МакМюррея и госсекретаря Генри Льюиса Стимсона. Глубокий знаток Китая МакМюррей считал недопустимым поощрять силовые методы нарушения договорных обязательств, использовавшихся для разрешения проблем на КВЖД Чжан Сюэляном. Стимсон придерживался линии на интернационализацию конфликта, которая бы позволила ввести на дороге международное управление. Предложения Стимсона, хотя и ослабляли позиции СССР, не давали на КВЖД никаких преимуществ Мукдену и шли вразрез с интересами Японии, не желавшей появления в Маньчжурии международных контрольных структур. Различия в позициях МакМюррея и Стимсона создавали патовую ситуацию в способности США серьезно вмешаться в конфликт. Благожелательный нейтралитет Японии и Германии по отношению к требованиям СССР о восстановлении своих договорных прав на КВЖД окончательно свёл на нет надежды Китая на возможность изоляции Москвы. Все задействованные в конфликте актеры были убеждены в неспособности и неготовности СССР использовать для решения проблем КВЖД военную силу.

На первый взгляд создавалось впечатление, что СССР сумел переиграть всех. Джокером в игре стало решение Москвы о применении военной силы. Оно было принято с подачи военных и ассоциировалось в советском истеблишменте, прежде всего, с именами командующего Особой Дальневосточной армии Василия Блюхера и наркома обороны Клима Ворошилова. Сталин фактически предоставил когорте военных карт-бланш в решении столь щекотливого и важного вопроса. Более того, как свидетельствуют документы, похоже, что этот карт-бланш был дан или сильно заблаговременно или, вообще, постфактум. На момент принятия решения о переходе РККА границы с Китаем и о начале военной операции, сам генсек находился в пути из отпуска в Москву. В это время он доказательно не получал никакой корреспонденции от своих соратников, а, тем более, не имел возможности лично обсудить отдаваемый ими приказ.

Сохранение советских позиций в Северной Маньчжурии было для большевиков не только делом международного престижа. Оно определялось вопросами внутренней безопасности. Участвуя в геополитической игре в Маньчжурии и в Китае, СССР оставался в «высшей лиге» держав, несмотря на все издержки своего особого статуса «идеологического изгоя». Маньчжурия с её зоной отчуждения при КВЖД и традиционной многочисленной русскоязычной диаспорой воспринималась как буферная зона между Далькраем и сферой влияния Японии в Восточной Азии. Наличие этой зоны могло помочь выиграть время в случае возможного обострения ситуации на Дальнем Востоке. Пограничный статус Маньчжурии давал удобную возможность использовать эти территории в качестве потенциального плацдарма для усиления поддержки антигоминдановских революционных сил в Китае.

Особый интерес Москвы к Особому району Трех Восточных провинций (ОРТВП) определялся также рядом экономических факторов. До конца 1920-х годов экономика восточной окраины СССР была полностью завязана на сопредельные приграничные маньчжурские территории и зависела от товарных потоков в Восточной Азии. Как утверждали кремлевские аналитики, удержать социально и экономически дальневосточные окраины в сфере влияния СССР без наличия «Желтороссии» в конце 1920-х — начале 1930-х гг. представлялось крайне затруднительной задачей.

Кроме того, Кремль еще пребывал в плену иллюзий об экономической рентабельности КВЖД и возможности её использования в качестве источника валютных поступлений для задыхающейся советской экономики. Однако все факторы важности Маньчжурии для СССР заслонялись одним самым главным вопросом, а именно — как поведет себя Япония в условиях расширения советского влияния в Северном Китае. Москву пугала опасность новой интервенции на Дальнем Востоке, поэтому Кремль пытался отслеживать все нюансы японских преференций в китайской политике и, прежде всего, в приграничной с Далькраем Маньчжурии.

Военная победа СССР в конфликте 1929 года оказалась в среднесрочной перспективе геополитическим фиаско для советского влияния.

Москве не удалось по целому ряду причин спровоцировать антисистемное восстание под руководством китайских коммунистов в Северной Маньчжурии.

Этому препятствовала традиционная дальневосточная ксенофобия и подозрительность в отношении «китайского элемента», непонимание партийными руководителями Далькрая социальной специфики китайского общества, разомкнутость структур управления зарубежной работой Коминтерна и Далькрайкома в Северной Маньчжурии.

Москве и Хабаровску так и не удалось объединить антисистемную деятельность КПК и подпольных большевистских ячеек на КВЖД.

Важную роль сыграл фактор непримиримого политического соперничества между Андреем Бубновым, начальником Политического Управления Красной Армии и наркомом обороны Климом Ворошиловым.

Не случайно, что уже на первом этапе военной операции в Маньчжурии Бубнов, который не одобрял назначения Блюхера командующим армии на Дальнем Востоке, был вдруг перемещен на должность наркома просвещения.

Полицейский террор со стороны Мукдена, усилившийся вслед за обострением советско-китайских противоречий, привел к разгрому и параличу просоветских большевистских структур российской диаспоры, формировавшихся вокруг Северо-Маньчжурского Комитета ВКП(б) в Харбине.

Москва сама невольно спровоцировала жесткие действия Чжан Сюэляна уже на начальном этапе конфликта, снизив наступательность советской дипломатии в отношении КВЖД.

Замедленная реакция Кремля и ослабление традиционной наступательности советской политики в Северной Маньчжурии в апреле-мае 1929 года обуславливались, как это ни странно звучит, временным смещением внешнеполитических приоритетов Кремля в пользу «туркестано-афганского направления».

Идея активизации «туркестано-афганского направления» для ослабления британского влияния в Азии периодически возникала на повестке дне большевистской внешней политики, хотя Москве и было ясно, насколько опасно дразнить британского льва. Япония имела долголетний опыт союзнических отношений с Великобританией в Китае в начале века и перспектива возобновления этого сотрудничества тревожила Кремль.

Ещё в 1920—1921 гг. большевистское руководство активно прорабатывало планы превращения Афганистана в плацдарм для боевых действий против английского влияния в Индии. Уже тогда СССР планировало поддержать одного из видных лидеров младотурецкого движения Ахмеда Джемаль-пашу, пытавшегося заинтересовать Москву перспективами военной экспедиции через Афганистан. 3 ноября 1921 года Политбюро приняло решение выделить Джемаль-паше 200 тысяч рублей золотом для финансирования его деятельности в Афганистане. Однако воспользоваться этим золотом младотурецкий лидер не успел, поскольку 21 июля 1922 года был убит дашнаками в Тбилиси.

В апреле—мае 1929 года сценарий повторился — Москва осуществляла в Афганистане военную операцию с целью восстановления власти Амануллы-хана в Кабуле. Поскольку эти действия таили в себе явную опасность серьёзного конфликта с Великобританией, операция проводилась с соблюдением мер строжайшей секретности — о ней не были поставлены в известность даже региональные представительства НКИДа в советской Средней Азии.

Афганская акция сопровождалась временным параллельным снижением наступательности советской политики на КВЖД. Москва видела в этом способ ослабить накал советско-японских противоречий в Северной Маньчжурии и не допустить нового англо-японского сближения.

Осторожность в действиях СССР в Северной Маньчжурии дала возможность главе «трёх восточных провинций» Чжан Сюэляну, не встречавшему активного сопротивления, провести целую серию «антикоммунистических» мероприятий в зоне КВЖД. В течение нескольких месяцев Чжан сумел нейтрализовать, обезглавить и нанести серьёзный удар по структуре советского, точнее даже русского, политического и культурного влияния в Северной Маньчжурии, создававшейся десятилетиями.

Внезапный переход Москвы от словесного фехтования к военным действиям не смог компенсировать эти потери. Военная победа не принесла ожидаемых результатов: китайского восстания в Маньчжурии не случилось, Мукден стал нехотя и с проволочками восстанавливать доконфликтный статус-кво, а все дальнейшие события вокруг КВЖД стали развиваться по неблагоприятному сценарию.

Явным бенефициаром советской «военной прогулки» в Северной Маньчжурии, как в экономическом, так и в военно-политическом плане, стала Япония.

Появление гоминьдановских знамен над территорией ТВП и присоединение Чжан Сюэляна к нанкинскому гоминьдану в 1928 году обозначили фиаско клиентелистских методов японской внешней политики в Китае. Руками Москвы и Особой Дальневосточной армии Япония наказала обидчика, в результате успешных советских военных операций, армия молодого маршала оказалась на грани полного разгрома.

Был поставлен крест на программах китайского железнодорожного строительства в обход японской ЮМЖД, военные действия привели к переводу значительной части товарных потоков с КВЖД и провинциальных китайских дорог на японские рельсы.

Репрессии в отношении китайских рабочих, занятых на разгрузочно-погрузочных работах в порту Владивостока, способствовали возникновению дефицита дешевой рабочей силы в Далькрае, повышению логистических расценок и еще больше ослабили позиции КВЖД. КВЖД, ставшая убыточной еще до конфликта, переставала выполнять предначертанную ей роль источника валютных поступлений для советской экономики.

Военная победа СССР продемонстрировала японской империи болевые точки мукденского режима и расчистила плацдарм для будущих наступательных действий в Китае.

Командование японской Квантунской армии убедилось в полной недееспособности войск Чжан Сюэляна во время советско-китайского военного противостояния.

Исход конфликта на КВЖД добавил козырей противникам клиентелистского подхода в японском внешнеполитическом и военном истеблишменте. Неудивительно, что совсем скоро японские военные не преминут воспользоваться растерянностью Мукдена после разгрома китайской армии и попытаются заполнить вакуум военной власти, возникший вслед за выводом советских войск из Северной Маньчжурии. Военное ослабление Чжан Сюэляна в ходе советской военной операции спровоцировало активизацию действий Японии в Маньчжурии с начала 1930 года, завершившуюся оккупацией Северо-Восточного Китая в 1931 году.

1929 год вывел на поверхность серьезные проблемы во внешней политике США по отношению к Китаю. Негативное отношение американцев к «революционной дипломатии» Нанкина и Мукдена, предпринявших попытку силовыми методами инициативно перекроить систему договорных отношений на КВЖД, с одной стороны, и отсутствие официальных дипломатических отношений с СССР, с другой, затрудняли создание эффективных примирительных механизмов.

Москва боялась активного международного вмешательства. Любая мало-мальски серьезная экспертиза деятельности СССР в Северной Маньчжурии обнаружила бы, что Москва нацелена на насильственную смену и ослабление недружественных ей режимов в Нанкине и Мукдене. Формально, предъявляя претензии к СССР на КВЖД по пункту нарушения Пекинского и Мукденского договоров в части поддержки коммунистического движения, Чжан Сюэлян был абсолютно прав. Более того, он даже и не догадывался, насколько велики были масштабы подпольной «военной работы» СССР против его режима. Правомерным было и недовольство китайцев по поводу отсутствия паритета в управлении дорогой, предусматривавшегося договорными соглашениями. Документы российских архивов отчетливо фиксируют сдвинутый баланс в механизме принятия управленческих решений на КВЖД в пользу СССР. Неудачными для Китая оказались силовые методы реагирования на эти нарушения со стороны молодого маршала Чжан Сюэляна и его генералов, которые в результате спровоцировали военный ответ Москвы.

Заключение

Советское военное вмешательство в Маньчжурии вызвало сильный резонанс в США, Великобритании и Франции, однако позиции нейтралитета и невмешательства в конфликт со стороны Японии и Германии сводили на нет перспективы возможных скоординированных совместных усилий держав.

Хотя Москва ожидала наибольшей поддержки от Германии, на самом деле, именно благожелательный нейтралитет Японии противодействовал интернационализации двустороннего конфликта и введению механизмов международного регулирования на КВЖД, которые означали бы устранение СССР от управления дорогой уже в 1929 году. Как покажут события 1930-1931 гг., такая же замедленная реакция Москвы и показной нейтралитет на расширение японской экспансии — «долг платежом красен» — сорвут предохранитель международных договоренностей и дадут возможность Квантунской армии пойти «ва-банк» в Маньчжурии. На полтора десятилетия Москва и Токио будут приговорены к постоянному ежеминутному считыванию сильных и слабых сторон друг друга. Вот тогда и окажется, что единственным позитивным итогом конфликта 1929 года на КВЖД для советской стороны явилось создание ОДВА и сопутствующих мобилизационных программ по развитию военно-экономического потенциала дальневосточной окраины, знания о которых остановят японскую экспансию в сторону СССР с началом второй мировой войны.

Советско-китайский конфликт 1929 года и, прежде всего, его форма разрешения военным путем, дали отсчет полной перезагрузке всей системы международных взаимоотношений в регионе. У разбитого корыта, в прямом смысле, оказались все задействованные в противостоянии актеры.

США не справились с внешнеполитическими вызовами в Восточной Азии и столкнулись, в результате, с совершенно новым, неблагоприятным раскладом сил. Не случайно, что один из лучших американских дипломатов, министр по Китаю Джон ван Антверп МакМюррей ушел в отставку с дипломатической службы именно в ноябре 1929 года — в то время, когда Красная Армия перешла границу Китая и развернула наступление на войска Чжан Сюэляна. И державы, и Китай ни при каких вариантах не рассчитывали, что СССР пойдет «ва-банк».

СССР растратил всю колоду потенциальных козырей и одержав военную победу, по сути был вынужден свертывать свое присутствие в сопредельной с дальневосточными границами Северной Маньчжурии.

Даже приобретения Японии оставались таковыми только в краткосрочной и среднесрочной перспективе.

Империя потеряла возможность реализовать свое влияние через скрытую дистанционную экспансию, действуя через опосредованные клиентелистские структуры и внутрикитайские группировки. В долгосрочной перспективе эта ситуация предопределила столкновение с крупнейшей мировой державой — США и привела к истощению значительной части ресурсов «страны восходящего солнца» в японо-американском противостоянии в период тихоокеанской войны.

Без сомнения, форма разрешения и итоги советско-китайского конфликта 1929 года заложили предпосылки для обострения противоречий в Восточной Азии, приведшие к началу второй мировой войны. Однако отчетливо это проявится только 19 сентября 1931 года, когда на Мукденом взовьется японский флаг.

Помимо международной составляющей у советско-китайского конфликта 1929 года был и, собственно-советский, внутриполитический аспект.

Нападение китайской полиции на советское консульство, ставшее началом конфликта, было спровоцировано ситуацией тесной увязки работы подпольного Северо-Маньчжурского Комитета ВКП(б) с деятельностью советских дипломатических и хозяйственных структур в Трех Восточных Провинциях. Собрания руководящего состава СМК проводились в помещении генерального консульства в Харбине, там же хранился и архив организации. При этом сам комитет, несмотря на все призывы к усилению конспирации, претендовал на то, чтобы не только большевики российской диаспоры Маньчжурии, но и члены партии, прибывшие из СССР для представительской работы в различных учреждениях ТВП, состояли на учете в его ячейках. ЦК безуспешно пытался решить вопрос о параллелизме подчиненности СМК Далькрайкому в Хабаровске и Бюро Заграничных Ячеек в Москве.

Система непосредственной подчиненности СМК партийному руководству Далькрая сложилась в условиях, когда на Дальнем Востоке работали особо доверенные Кремлю большевистские эмиссары Николай Кубяк и Ян Гамарник. Кубяк, личный друг Молотова, был переведен в Москву в конце 1926 года, вслед за окончанием противостояния с Чжан Цзолинем по поводу КВЖД, чуть было не поставившим Советскую Россию на грань войны в Северном Китае. Ян Гамарник, доверенное лицо Николая Кубяка, заменил последнего на посту первого секретаря Дальневосточного Крайкома. На этой должности он проработал вплоть до августа 1928 года, когда было принято решение о создании Особой Дальневосточной Армии во главе с Василием Блюхером. Гамарник был откомандирован руководить партийной организацией Белоруссии, а на его место первого секретаря Далькрайкома, уже из Белоруссии, приехал Иван Перепечко, до этого являвшийся главой белорусских профсоюзов. Кадровая ротация Гамарник-Перепечко была вызвана тем, что Кремль хотел расчистить властное поле деятельности для нового командующего Блюхера, уже имевшего, в отличие от Перепечко, серьезный опыт работы в Китае и на Дальнем Востоке.

К моменту советско-китайского конфликта первый секретарь Далькрайкома Иван Перепечко, являвшийся фигурой менее значимого уровня влияния в Москве, чем его именитые предшественники Кубяк и Гамарник, получил «по должности» бразды правления и координации подпольным Северо-Маньчжурским Комитетом в Харбине. Конечно, у украинца Перепечко, долгое время работавшего в Киеве и Одессе, имевшего военный опыт на посту члена Реввоенсовета в Сибири в 1923—1924 гг., были точки соприкосновения с местной дальневосточной элитой. На Дальнем Востоке проживало большое количество этнических украинцев. Ян Гамарник, хотя сам и не был украинцем, не только взял долгосрочный курс на политику «украинизации», но и способствовал ротации большого количества своих бывших соратников по работе на Украине в Далькрай. Руководители тянули за собой своих бывших друзей и подчиненных, что способствовало возникновению неформальных землячеств и «воинских братств». Социометрия большевистской власти — это отдельная тема исследования, для нас же, в контексте изучения истории советско-китайского конфликта 1929 года, интересен факт, как земляческие и корпоративные связи помогали Яну Гамарнику и Ивану Перепечко в процессе работы на Дальнем Востоке. В конце 1920-х - первой половине 1930-х гг. представительство большевиков, в той или иной степени связанных с Украиной, было наиболее заметно в органах регионального дальневосточного постоянного представительства ОГПУ. Не случайно, когда Гамарник впоследствии уедет в Москву и займет должность замнаркома обороны, именно он будет отвечать за координацию деятельности между военными и чекистами.

Высокая статусность в уровне подчинения СМК — непосредственно первому секретарю Далькрайкома — сыграла злую шутку в период развертывания советско-китайского конфликта 1929 года. Харбинские большевики — руководители СМК, не желали координировать свои действия с советским консулом Борисом Мельниковым, не понимая, что Мельников — это фигура достаточно высокого уровня прерогатив и компетенций на дипломатическом и разведывательном фронте. Сам же Мельников был вынужден активно использовать помощь дальневосточных властных структур. В первую очередь — Далькрайкома партии под руководством Ивана Перепечко, от которого шли завязки на ПП ОГПУ ДВК и руководство ОДВА.

В условиях неимоверной удаленности от Москвы, генконсульство в Харбине, уже по соображениям технической невозможности передачи больших блоков информации, особенно, если это требовалось сделать срочно и скрытно, было вынужденно прибегать к поддержке со стороны властных структур Далькрая. Не последнюю роль играл также и вопрос кадровой и материальной подпитки, которая поступала через приграничные районы советского Дальнего Востока. Взаимозависимости между Харбином и Хабаровском создавали большое количество серых зон. Их устранение и постоянная координация осложнялись быстрым развитием событий в Северной Маньчжурии, когда централизованный механизм принятия решений постоянно запаздывал и поэтому демонстрировал свою недостаточную эффективность.

Как бы то ни было, разгильдяйство руководства СМК облегчило китайскому генералу Чжан Сюэляну возможность спровоцировать захват «заседания Третьего Интернационала» в помещении советского консульства в Харбине. Сами того не подозревая, китайцы обезглавили подпольную большевистскую организацию в Трех Восточных Провинциях, ускользнуть удалось лишь Яну Кульпе — «товарищу Юрию» (он же — «Макс»). Поэтому в период развертывания конфликта СМК потерял нити управления ситуацией и сыграл исключительно информативную роль, сообщая через письма Кульпе Ивану Перепечко о ситуации в Харбине. Более того, непродуманное решение о самоувольнении рабочих и сотрудников на КВЖД, предложенное хабаровским Далькрайкомом в самом начале конфликта, позволило китайской полиции выделить и изолировать активных сторонников СССР — представителей российской диаспоры. Идея самоувольнения была абсолютно губительной в условиях жесткого силового противостояния сторон.

В результате советско-китайского конфликта 1929 года была полностью подорвана советская система влияния в российской диаспоре, создававшаяся до этого годами. Культурное поле российской диаспоры получило серьезные повреждения. Переписка Кульпе и Перепечко свидетельствует о том, насколько поверхностным в Хабаровске было представление об уровне провала советской работы в ТВП, который по размаху являлся настоящей катастрофой. Еще менее детальным было понимание местной конфликтной проблематики и условий советско-китайского противостояния в Москве.

Несомненно, что информация Яна Кульпе для региональных партийных структур в лице Ивана Перепечко, откуда она передавалась дальше в ОДВА и ОГПУ, была исключительно ценной. Эти сообщения представляли собой альтернативный взгляд источникам генконсула Бориса Мельникова, придерживавшегося иных от руководства Далькрая взглядов на способы урегулирования конфликта с китайцами. Мельников рассчитывал задушить конфликт в зародыше и не допустить его разгорания. В то время, как командующий ОДВА Василий Блюхер, поддерживаемый руководством РККА в Москве, был, напротив, готов «преподать китайцам урок» и выступал за силовое восстановление статус-кво на КВЖД.

Нам удалось изучить уникальную коллекцию писем из переписки Кульпе и Перепечко, а также узнать ранее неизвестные историкам подробности личных мнений высшего военного начальства в Москве на события советско-китайского конфликта 1929 года. Это позволило восстановить ранее неизвестные важные звенья фактологической цепочки и показать многоуровневый характер механизма советской внешней политики на Дальнем Востоке.

Уже сейчас очевидно, что неправомерно утверждать, будто в Москве в 1929 году существовала одна и единственная четкая линия по вопросу оценки и возможных методов решения вопросе советско-китайского конфликта. Особенно явственным становится различие в понимании проблемы по разлому профессиональной деятельности — дипломаты против военных. Мельников, Карахан, Литвинов — уповали на возможность договориться с Мукденом без применения военной силы. Блюхер и Ворошилов, в этом их поддерживал первый секретарь Далькрайкома Иван Перепечко, считали, что только военный удар позволит охладить горячие китайские головы в Северной Маньчжурии. Хотя и здесь было все не так однозначно — посол СССР в Японии Трояновский поддерживал военных и разделял мнение о необходимости жесткого ответа на КВЖД.

Фактор Японии сыграл двоякую роль в советско-китайском противостоянии 1929 года. Нейтралитет Японии сначала укрепил позиции СССР, а потом всё же вынудил Кремль, несмотря на победоносные военные операции, приостановить продвижение своих войск в Северной Маньчжурии.

Имевшиеся в нашем распоряжении документы дали нам возможность глубже исследовать вопрос, откуда у Сталина и Молотова возникла уверенность в возможности революционного взрыва в Маньчжурии в 1929 году. Источник этой идеи следует искать в Далькрае. Заметную роль в пропаганде идеи китайского восстания в Маньчжурии, озвученную позже Сталиным, сыграл секретарь Далькрайкома Иван Перепечко и уполномоченный Политбюро на Дальнем Востоке Андрей Бубнов. Как показывают документы, изначальными авторами идеи являлись дальневосточные большевики китайской национальности, пытавшиеся наладить сотрудничество между Далькрайкомом и маньчжурскими структурами КПК. В планах подготовки «китайских повстанческих отрядов» при помощи Особой Дальневосточной Армии в качестве получателя одной из копий проекта всплывает имя Хуан Пина — человека непростой судьбы, представителя КПК в Коминтерне и соратника Лю Шаоци. Анализ документов о проработке идеи китайского восстания в Маньчжурии продемонстрировал, что секретарь хабаровского Далькрайкома Иван Перепечко, лично вносивший коррективы в резолюции, слабо разбирался в специфике социальных противоречий в Китае. Его представления о болевых точках в сопредельной Маньчжурии не соответствовали действительности и, вряд ли, были способны привести к успеху даже и при благоприятном раскладе. Более того, когда сама проблема и задача планирования китайского социального взрыва в Северном Китае была передана в Москву структурам Коминтерна, реализация намеченных в черновиках Далькрайкома мер практически приостановилась. Партийное руководство Далькрая не доверяло китайским коммунистам и опасалось налаживать сотрудничество между подпольным Северо-Маньчжурским комитетом ВКП(б) в Харбине и структурами КПК. Решение о применении военной силы было принято командованием Особой Дальневосточной, практически, без учета фактора возможности внутрикитайского социального взрыва.

Низкая эффективность структур харбинского СМК ВКП(б) в период конфликта была также вызвана и внутренними причинами.

Склоки в среде харбинских большевиков и властные разборки между генконсулом Борисом Мельниковым и руководителем СМК Яном Кульпе — «Максом» — создавали ситуацию неуправляемости и отнимали у Москвы и Хабаровска последние возможности держать руку на пульсе событий на КВЖД. Осуществление военной операции ОДВА в

Маньчжурии происходило практически в условиях «нулевой видимости». И Москва, и Хабаровск слабо представляли себе, что именно происходит в ТВП. Трагизм ситуации станет понятен Политбюро лишь в первой половине 1930 года, что вызовет переоценку и полную перезагрузку всей системы советского влияния в Маньчжурии и на КВЖД.

Анализ этого следующего важного этапа, хронологически охватившего период от Хабаровского протокола 1929 года до оккупации Квантунской армией Маньчжурии в сентябре 1931 года — тема второй части нашей монографии.

Ссылки и примечания

1 Цит. По А. И. Картунова. Вопрос КВЖД в письмах Г.В. Чичерина Л.М. Карахану (1925—1926 гг.). — В: Проблемы и потенциал устойчивого развития Китая и России в XXI веке. Тезисы докладов. Москва: Институт Дальнего Востока РАН, ч. 2, с. 159.

2 ВКП(б), Коминтерн и Китай: документы/ РЦХИДНИ, РАН, ИДВ, Свободный университет Берлина. - Москва: Буклет, 1994. Том 1-2.

3 Впервые краткая и недостаточно точная информация об этой структуре, без ссылок на архивные документы, появилась в книге Петра Балакшина. Финал в Китае. Возникновение, развитие и исчезновение белой эмиграции на дальнем Востоке. - Сан Франциско, Париж, Нью Йорк: Сириус, 1958, том 1, с. 138—139. Чуть подробнее, со ссылкой на документы Государственного архива Хабаровского края, но все равно только крупными мазками, вопрос о структуре большевистских организаций на КВЖД поднимался в статье С.Ю. Яхимовича «Большевистская партийная организация внутри советской колонии в Северной Маньчжурии (1924—1931)». — Ученые записки Комсомольского на Амуре государственного технического университета, 2012, № III-2 (11), с. 21-26. Также см.: Яхимович С. Ю. Колония советских граждан в Северной Маньчжурии: социально-политический аспект (1924—1935 гг.). Автореферат на соискание учёной степени к.и.н., Хабаровск, 2012. Некоторую общую информацию об СМК можно также почерпнуть в книге Н. И. Дубининой «Дальний Восток Яна Гамарника», изданной в Хабаровске в 2011 г. Дубинина ссылается на несколько дел, хранящихся в ГАХК из фонда П-2, опись 1. Тем не менее, никто из этих историков не использовал профильный фонд Северо-Маньчжурской парторганизации ВКП(б) в РГАСПИ, ф. 17, оп.38.

4 Писарев А. А. Советско-китайский конфликт 1929 года: причины и последствия.- В: Архив российской китаистики. Институт востоковедения РАН, 2013, том II, Москва: Наука, Восточная литература, 2013, с. 188-208.

5 Аблова Н. Е. КВЖД и российская эмиграция в Китае. Международные и политические аспекты истории (первая половина XX века).- Москва: Русская панорама, 2005.

6   Сон До Чжин. Советско-китайский дипломатический конфликт вокруг КВЖД (1917-1931). Диссертация на соискание ученой степени к.и.н., Российский институт востоковедения.- Москва, 1996. Сон До Чжин, использовавший помощь российских историков, имел возможность работать с несколькими делами фонда Северо-Маньжурской парторганизации ВКП(б), приписанного к архиву РГАСПИ, фонд 17, опись 38.

7   Кротова М. В. СССР и российская эмиграция в Маньчжурии (1920-е -1950-е гг.). Диссертация на соискание ученой степени д. и. н., Санкт-Петербург, 2015.

8   Молодяков В. Э. Россия и Япония: Рельсы гудят. - Москва: АСТ, 2006.

9   Крюков В. М., Крюков М. В. КВЖД 1929: взрыв и эхо.- Москва : Институт востоковедения РАН, 2017.

10 Кротова М.В. Советское присутствие на КВЖД в 1924—1935 гг. — Проблемы Дальнего Востока, 2013, № 1, с. 139-150 ; Конфликт на КВЖД 1929 г.: информационная война и политические настроения русских в Маньчжурии. — Вестник РГГУ. 2013, № 10, с. 85 — 97; Советская колония в Маньчжурии в 1920-х –1930-х гг. — Актуальные проблемы исследования истории КВЖД и российской эмиграции в Китае: сб. научных трудов. Хабаровск: ДВГГУ, 2008, с. 99-104; СССР и российская эмиграция в Маньчжурии (1920-е —1950-е гг.): автореф. диссертации на соискание ученой степени д. и. н., Санкт-Петербург, 2014.

11 Среди наиболее важных публикаций В.Э. Молодякова см. также: Кацура Таро, Гото Симпэй и Россия. Сборник документов, 1907—1929, Москва: АИРО XXI, 2005; Россия и Япония в поисках согласия 1905-1945. Геополитика. Дипломатия. Люди и идеи. — Москва: АИРО XXI, 2012; Гото Симпэй и русско-японские отношения. — Москва: АИРО XXI, 2006.

12 К. В. Черепанов, диссертация к.и.н. «Японо-советское соперничество на Дальнем Востоке в 1925-1941 гг.», Омск, 2005.

13 Например: Дацышэн В.Г. «Конфликт на КВЖД 1926 г.» и «Конфликт на КВЖД 1929 г.» Сравнительно-исторический анализ советской политики. - Сравнительная политика. 2018; № 9(4), с. 67-82. URL: https://doi.org/10.24411/2221-3279-2018-10005

14   Yoshihisa Tak Matsusaka. The Making of Japanese Manchuria, 1904-32.- Cambridge-London: Harvard Univ. Press, 2001.

15   Например, РГАСПИ, фонд 17, опись 38, дело 27, с.63-63 об.

16   Ризома - как часть продолговатого клубня растений типа ириса, когда в зависимости от внешних условий самостоятельные побеги вырастают в той или иной части клубня.

17   Подробнее см.: Фукс М. В. Роль региональных властных структур во внешней политике Советской России на Дальнем Востоке в первой половине 1920-х годов.- Русский исторический журнал, Москва, 1998, том 1, № 2, с. 131-177; Особенности развития советско-американских отношений в контексте усиления военно-политического соперничества на Дальнем Востоке между США и Японией, 1917-1923.- Русский исторический журнал, Москва, 1998, том 1, № 3, с. 261-310.

18   Ремнев А. В. Региональные параметры имперской «географии власти» (Сибирь и Дальний Восток). - Ab Imperio, 2000, № 3-4.

19   Впоследствии председатель Дальбюро Николай Кубяк, председатели Дальревкома — сначала Кобозев, а потом Ян Гамарник явились теми ключевыми фигурами дальневосточной политики, которые сумели убедить Кремль в экономическом потенциале и интегративной важности этого региона для СССР.

20   С. Королев. Края пространства.- Отечественные записки, Москва, 2002, № 6. Статус 16.07.2019 http://www.strana-oz.ru/2002/6/kraya-prostranstva

21   Например, А.В. Ремнев. Региональные параметры имперской «географии власти» (Сибирь и Дальний Восток). — Ab Imperio, 2000, № 3-4.

22   Easter G. M. Reconstructing the State: Personal Networks and Elite Identity in Soviet Russia.- Cambridge: Cambridge Studies in Comparative Politics, 2000.

23   Harris J.R. The Great Urals.Regionalism and the Evolution of Soviet System.- Ithaca: Cornell University Press, 1999.

24   Easter G. M. Reconstructing the State: Personal Networks and Elite Identity in Soviet Russia.- Cambridge: Cambridge Studies in Comparative Politics, 2000, p. 557.

25   Altrichter H. Rußland 1917: Ein Land auf der Suche nach sich selbst.- Schöningh Paderborn, 1997.

26   РГАСПИ, ф. 17, оп. 3, дело 986, с. 16-17

27   Altrichter H. Rußland 1917: Ein Land auf der Suche nach sich selbst. — Schöningh Paderborn, 1997.

28   Stephan J. J. The Russian Far East: A History.- Stanford, Calif.: Stanford University Press, 1996.

29   РГАСПИ, ф. 17, оп. 38, д. 41, с. 98.

30   РГАСПИ, ф. 17, оп. 38, д. 41, с. 98 об.

31   РГАСПИ, ф. 17, оп. 38, д. 41, с. 98 об.

32   РГАСПИ, ф. 159, оп. 2, д. 54, с.60.

33   РГАСПИ, ф. 159, оп. 2, д. 54, с.63-64.

34   РГАСПИ, ф. 159, оп. 2, д. 54, с.64.

35   РГАСПИ, ф. 159, оп. 2, д. 54, с.67-68.

36   Погодин В. Л., первый особоуполномоченный РСФСР в Харбине, декабрь 1922— сентябрь 1923. Подробнее о нем: Орнацкая Т. А., Ципкин Ю. Н. Отношения Дальневосточной республики с Китаем (1920−1922 гг.). // Россия и АТР, 2007, № 3. URL: http://encycl.chita.ru/encycl/concepts/?id=8581

37   Озорнин Э. К. (Кистер), представитель ДВР в Харбине.

38   РГАСПИ, ф. 17, оп. 38, д. 41, с. 97.

39   РГАСПИ, ф. 17, оп. 38, д. 41, с. 101.

40   ГАХК, ф. П-2, оп. 1, д. 29, с. 8-10.

41   А. А. Краковецкий — советский консул в Мукдене, Л. А. Саврасов — заместитель Председателя Правления КВЖД (Товарищ председателя

Правления), Л. П. Серебряков — представитель Наркомата Путей сообщения СССР на КВЖД.

42   ГАХК, ф. 1228, оп. 1, д.105, с. 17.

43   Б. Старков. О тех, кто сражался и после смерти. Из истории советской военной разведки. — Знание-сила, 1989, N 5, с. 42.

44   ГАХК, ф. 1228, оп. 1, д.105, с.68-70.

45   ГАХК, ф. 1228, оп. 1, д.105, с. 69.

46   ГАХК, ф. 1228, оп. 1, д.105, с. 63-65.

47   ГАХК, ф. 1228, оп. 1, д.105, с.175.

48   Сон До Чжин. Советско-китайский дипломатический конфликт вокруг КВЖД (1917-1931). Диссертация на соискание ученой степени к.и.н., Российский институт востоковедения. — Москва, 1996. стр. 261; ссылка на: Документы внешней политики, том 11, М., 1966, с. 638.

49   РГАСПИ, ф. 17, оп. 163, д. 761, с. 10.

50   РГАСПИ, ф. 17, оп. 162, д. 7, с. 22.

51   Там же.

52   Обсуждение подробностей захвата телефонной станции 22 декабря 1928 года мы продолжим в главе 4.

53   Авторство А. Бубнова реконструировано по формальным и содержательным признакам. По формальным- путем сравнения почерка и подписи на документах из фондов РГАСПИ ф. 17, оп. 38, д. 211, с. 1-7 (письма из Харбина за подписью «Андрей») и материалами комиссии Бубнова по КВЖД от 9 сентября 1929 года, содержащими рукописные записки А. Бубнова. РГАСПИ, ф. 17, оп. 163, д. 802, с. 40-42, 58. Письма из Харбина 1928 года свидетельствуют о принадлежности автора к «инстанции», возможности осуществлять контрольные функции как в отношении советской части правления КВЖД, так и к генсонсулу Аболтину. Автор письма был «вхож» в кабинеты высшего регионального партийного руководства Далькрая. Белогвардейская пресса Харбина упоминала о появлении на КВЖД не идентифицированного ею по имени «высокопоставленного партийного чиновника из Москвы».

54 Лашевич Михаил Михайлович (1884 — 30.08.1928) — военный, партийный и государственный деятель. Родился в Одессе. Член РСДРП с 1901 г. В 1917 г. — член Петроградского комитета РСДРП(б), член Петроградского ВРК. В 1918 г. — член Петроградского бюро ЦК РКП(б). В 1918—1919 гг. — член ЦК РКП(б). В 1918—1919 гг. — командующий 3-й армией Восточного фронта, член РВС Восточного фронта. В 1919—1920 гг. — член РВС Южного фронта, член РВС 7-й армии Западного фронта, командующий 7-й армией Западного фронта, член РВС 15-й армии Западного фронта, член РВС Западно-Сибирского военного округа. В 1920—1922 гг. — командующий войсками Сибирского военного округа. В 1921—1923 гг. — член РВС Штаба войск Сибири. В 1922—1925 гг. — председатель Сибирского революционного комитета. В 1923—1925 гг. — член ЦК РКП(б). В 1924—1927 гг. — член РВС СССР. В 1925—1927 гг. — заместитель председателя РВС СССР и заместитель наркома по военным и морским делам СССР. В 1925—1926 гг. — кандидат в члены ЦК ВКП(б). В 1926—1928 гг. — заместитель председателя Правления Китайской Восточной железной дороги. В декабре 1927 г. был исключен из ВКП(б), в 1928 г. вновь восстановлен. Умер в Харбине при невыясненных обстоятельствах — по одним сведениям он попал в автомобильную катастрофу, по другим — совершил самоубийство. По первой версии: «Заболел грудной жабой и закупоркой вен, попал в автомобильную аварию, получил тяжелые увечья в г. Харбин; была ампутирована нога, умер в Харбине; похоронен в Ленинграде». Официально было объявлено в печати, что Лашевич умер в Харбине 28.08.28 от «после тяжелой операции». В газете «Советская Сибирь» (№ 207, 8.09.28, с. 2) указано, что Лашевич скончался 31.08.1928. В письме руководителя ПУРа и эмиссара Политбюро в Харбине весной 1928 года Андрея Бубнова Виктору Абрамовичу от 30.05.1928 упоминается автомобильная авария, в которой Лашевич получил серьезные повреждения ребер. (РГАСПИ, ф. 17, оп. 38, д. 211) Версии самоубийства придерживался Лев Троцкий. Например, в одном из писем Л.Д. Троцкий в 1929 году утверждал, что М.М. Лашевич застрелился». URL: http://krasnoznamenci.ru/index.php/stati-okavalerakh/118-biografiya-lashevicha-m-m/94-lashevich-m-m (Дата обращения: 20.04.2018). «Тогда он вел подпольную работу <...>. Он поехал, по его легенде, «на отдых в Монголию». На самом деле он ехал поднимать монголов на восстание против китайцев. В пути Лашевич, за которым была организована слежка, попал в засаду. Ему удалось вырваться из нее жестоко раненным. По данным белогвардейцев, «советские объяснения были неуклюжи и разноголосы: автокатастрофа, нападение бандитов, провокация белых. В итоге Лашевича привезли в Харбин, где он долго и тяжело умирал» (Балмасов С.С. Белоэмигранты на военной службе в Китае. — Москва: Центрполиграф, 2007. С. 310.

URL: http:// militera.lib.ru/research/balmasov_ss01/index.html (Дата обращения: 13.06.2018).

Подробнее URL: https://alexanderyakovlev.org/almanah/almanah-dictbio/1012736/10, а также URL: http://expositions.nlr.ru/ex_print/army/lashevich.php

55   Дубань — это китайский председатель Правления КВЖД. «Главноначальствующий» — это губернатор Особого Района Трёх Восточных провинций/ ОРТВП.

56   Эйсмонт А.А.— помощник управляющего КВЖД.

57   Калина А. Х. — начальник службы тяги КВЖД.

58   Видимо, под китайцем То имеется ввиду Ту Вэйцзэн- начальник службы пути и сооружений КВЖД

59   РГАСПИ, ф. 17, оп. 38, д. 211, с. 1-3.

60   РГАСПИ, ф. 17, оп. 38, д. 209, с. 22-26.

61   По другим сведениям, курс золотого рубля к харбинскому даяну составлял в январе-феврале 1929 года — 1,55, в апреле 1929 — 1,60, в мае 1929 — 1,62. РГАСПИ, ф. 17, оп. 38, д. 237, с. 1-26

62   РГАСПИ, ф. 17, оп. 38, д. 209, с. 22-26.

63   Имеется в виду Зам. Председателя правления КВЖД Михаил Лашевич

64   РГАСПИ, ф. 17, оп. 166, д. 245, с. 3.

65   РГАСПИ, ф. 17, оп. 166, д. 245, с. 4.

66   Лю Цзэжун, он же Лю Шаочжу. В возрасте пяти лет уехал с отцом, известным китайским специалистом по выращиванию чая, в Россию. Окончил физико-математический факультет Петербургского университета, женился на русской девушке. Преподавал математику в реальном училище. В декабре 1918 в Петрограде на совещании китайских и корейских рабочих организаций в России, в ходе которого все китайские организации в Советской России были объединены в «Союз китайских рабочих в России» (СКР), Лю Цзежун был избран его председателем. Задачами СКР были устройство китайских

рабочих, пропаганда среди них коммунизма и возвращение китайских рабочих на родину. Являлся делегатом Первого и Второго конгрессов Коминтерна. На Первом конгрессе 5 марта 1919 сделал доклад по событиям в Китае. Летом 1920 года направил Сунь Ятсену телеграмму, в которой от лица советского правительства предлагал помощь Южному Китаю по выходу из международной изоляции. После Второго конгресса предполагался к отправке на работу в Китай по линии Коминтерна. Партийное руководство Сибири, куда он был прикомандирован перед переброской в Китай, противодействовало этому, посчитав, что он «не обладает достаточной политической подготовкой». В конце 1920 Лю подал в отставку с должности Председателя Союза китайских граждан и вернулся в Китай, где получил назначение на КВЖД. В 1933—1940 гг. работал во французской школе и в Пекинском университете. В июне 1940 года стал советником гоминьдановского правительства в Советском Союзе. После победы коммунистов в Гражданской войне в 1949 приступил к дипломатической работе. В 1956 году вступил в Коммунистическую партию Китая, был советником министра иностранных дел. 18 июля 1970 умер в Пекине. Подробнее см. Википедия, а также URL: https://a-malyavin.livejournal. com/85337.html

67   Данилевский Сергей Иванович (1871 —?). выпускник Института путей сообщения в Санкт-Петербурге. Член комиссии Временного правительства на Дальнем Востоке, с 1917 г. — в Харбине. С 1918— начальник технического отдела КВЖД, с 1924 г. — товарищ председателя Правления КВЖД. Во время конфликта 1929 года подал в отставку и уехал в Далянь (1929), затем вернулся в Харбин. Позже переехал в Шанхай.

68   Измайлов Сергей Маркович (1886—1937) наст. фамилия Гуревич — советский партийный деятель, член правления КВЖД.

69   РГАСПИ, ф. 17, оп. 38, д. 209, с. 1.

70   РГАСПИ, ф. 17, оп. 38, д. 209, с. 5.

71   РГАСПИ, ф. 17, оп. 38, д. 209, с. 8.

72   РГАСПИ, ф. 17, оп. 38, д. 209, с. 16

73   РГАСПИ, ф. 17, оп. 38, д. 209, с. 17

74   РГАСПИ, ф. 17, оп. 38, д. 237, с. 1-26.

75   РГАСПИ, ф. 17, оп. 38, д. 209, с. 21.

76   РГАСПИ, ф. 17, оп. 38, д. 237, с.1-26.

77   Чжан Хуаньсян — главноначальствующий Особого района Трех Восточных провинций.

78   РГАСПИ, ф. 17, оп. 38, д. 211, с. 7.

79   РГАСПИ, ф. 17, оп. 38, д. 250, с. 90.

80   Чиркин Василий Гаврилович (1879-1954) — деятель рабочего и профсоюзного движения. В сентябре 1928 г. назначен заместителем товарища Председателя Правления КВЖД. Репрессирован. О нем подробнее см. далее.

81   РГАСПИ, ф. 17, оп. 38, д. 250, с. 91.

82   Емшанов Александр Иванович (1891—1937), в 1920-1921 гг. — нарком путей сообщения, в 1921-1922 гг. — заместитель наркома путей сообщения РСФСР. В 1924-1926 гг. руководил Пермской железной дорогой. В 1926-1929 гг. А. И. Емшанов работал управляющим КВЖД в Харбине. В период советско-китайского конфликта 1929 г. А. И. Емшанов был арестован и выслан из Харбина в СССР. В начале 1930 г. вновь вернулся в Харбин в качестве товарища (заместителя) председателя правления КВЖД. С июня 1931 г. — член Президиума Госплана СССР по транспорту, принимал активное участие в подготовке строительства железной дороги Москва—Донбасс. Заместитель начальника строительства дороги и начальник эксплуатации готовых участков. В 1934 г. — руководитель этой магистрали. 7 сентября 1936 года снят как не справившийся с обязанностями с должности начальника дороги и отправлен в резерв Наркомата путей сообщения СССР. Арестован 14 января 1937 года, осуждён Военной коллегией Верховного суда СССР. Приговорен к расстрелу 25 ноября 1937 года, приговор приведён в исполнение 26 ноября 1937 года. Реабилитирован 11 апреля 1956 года, определением Военной коллегии Верховного суда СССР. Подробности ареста Емшанова на основании личного дела в архиве ФСБ, см. URL: https://dedushka-stepan.livejournal.com/66478.html (Дата обращения 16.07.2019)

83   РГАСПИ, ф. 17, оп. 38, д. 250, с. 92.

84   РГАСПИ, ф. 17, оп. 38, д. 250, с. 93-94.

85   Прохоров Д. П. «Литерное дело» маршала Чжан Цзолиня.- Независимое военное обозрение, 01.08.2003, URL: http://nvo.ng.ru/history/2003-06-27/5_prigovor.html

86 Прохоров Д. П. «Литерное дело» маршала Чжан Цзолиня.- Независимое военное обозрение, 01.08.2003, URL: http://nvo.ng.ru/history/2003-06-27/5_prigovor.html

87 Яхимович С. Ю. Большевистская партийная организация внутри советской колонии в Северной Маньчжурии (1924-1931).- Ученые записки Комсомольского на Амуре государственного технического университета, 2012, № III-2 (11), с. 21-26. При кратком описании структуры СМК Яхимович ссылается на документы Государственного Архива Хабаровского края, фонд П-2, опись 1.

88 Молодяков В.Э. Доктор Гото едет в Россию. — Родина, 2005, №9.

89 Википедия URL: http://en.wikipedia.org/wiki/South_Manchurian_Railway

90 Кирилл Новиков. Настоящее железнодорожное Эльдорадо.— Власть, 2007, 24.12, N 50.

91 Так называемая стефенсоновская колея имела ширину полотна в 1435 мм и была впервые применена в 1825 году Джорджем Стефенсоном на его первой железной дороге. Ширина колеи была сделана равной стандартному расстоянию между колёсами повозки— 4 фута 8,5 дюйма. Эта длина оси повозки была в Англии строго зафиксирована. За столетия грунтовые дороги были разбиты настолько, что повозка с другим расстоянием между колёсами по дороге просто не смогла бы проехать, поскольку движение было возможно только по уже накатанной колее. Ширина «русского» полотна составляла 5 футов— 1520 мм. Подробнее см.: Тарасевич Г., Андреева О. Войти в колею. — Русский репортёр, Москва, 2008, 24.04— 1.05, № 15, с. 68— 69.

92 Строительство КВЖД также обошлось России намного дороже (152 тыс. руб. за версту), чем строительство Уссурийской (64,5 тыс. руб. за версту) или Забайкальской (77,1 тыс. руб. за версту) железных дорог. Подробнее см.: Кирилл Новиков. Настоящее железнодорожное Эльдорадао. — Власть, 2007, 24.12, № 50.

93 Yoshihisa Tak Matsusaka. The Making of Japanese Manchuria, 1904-32. — Cambridge-London: Harvard Univ. Press, 2001, chapter 2-3.

94 URL: http://www.japantoday.ru/japanaz/d11.shtml

95   Matsusaka, p. 200.

96   Дуань Цижуй — военный министр в правительстве Юань Шикая с 1912 г., в 1916—1918 гг. — премьер-министр. После смерти Юань Шикая возглавил Аньхуйскую военную группировку. Из-за своей прояпонской позиции, под давлением западных держав, был вынужден уйти в отставку в конце 1918 г. Бежал в японскую концессию в Тяньцзине. В 1924 году после переворота в Пекине снова возглавил правительство. Летом 1926 года отошёл от политической деятельности. Бежал в Тяньцзинь, а затем в Шанхай. Умер в Шанхае в 1936 году.

97   Matsusaka, p. 207.

98   Matsusaka, p. 209

99   URL: http://www.peoples.ru/state/king/usa/taft/index.html

100   Коисо известен как один из ведущих «экспериментаторов» на территории созданного японцами марионеточного государства Маньчжоу-го. В годы Второй мировой войны Коисо являлся премьер-министром Японии. В своей книге «Ресурсы национальной безопасности империи» (Teikoku kokubo shigen) Коисо, не будучи специалистом по Европе и основываясь на переводных материалах, подготовленных его братом— офицером Генштаба, проанализировал опыт военной мобилизации Германии в период первой мировой войны. См. также Jin Sato. Formation of the resource concept in Japan: pre-war and post-war efforts in knowledge integration. — Sustainability Science, 2007, №2, p. 154.

101   Matsusaka, p. 245.

102   Фэнтяньская группировка (Фэнтянь — старое название г. Шэньян) получила свое обозначение от имени провинции Фэнтянь, образованной в 1907 г. Группировка имела своей территориальной базой три Северо-Восточные провинции в Китае. После смерти Чжан Цзолиня в июне 1928 г. признала власть гоминьдановского правительства в Нанкине.

103   Чжан Цзолинь (1876 - 4.06.1928)— китайский генерал, глава фэнтяньской клики милитаристов. Во время русско-японской войны 1904—1905 гг. был главарём банды хунхузов. В 1906 г. вместе со своим вооруженным формированием включен в состав китайской армии и вскоре назначен командиром дивизии. В период Синьхайской революции 1911—1913 гг. стал фактическим правителем, а после смерти Юань Шикая (1916) — самым влиятельным генера-

лом в Маньчжурии. Опирался на поддержку Японии. В 1926—1927 гг. был главнокомандующим армии, объединявшей войска милитаристов Центрального и Северного Китая и боровшейся с революционной армией Национального (Гуанчжоуского, а потом Уханьского) правительства. В апреле 1927 г. по приказу Чжан Цзолиня был совершён полицейский налёт на советское посольство в Пекине, а также арестованы и казнены 25 китайских коммунистов во главе с Ли Дачжао. Погиб при взрыве поезда в июне 1928 года, обстоятельства которого до сих пор вызывают многочисленные споры.

104 Чжилийская группировка — одна из группировок северных бэйянских милитаристов в Китае, образовавшаяся после смерти Юань Шикая в 1916 г. Название получила от имени провинции Чжили, откуда происходили её лидеры У Пэйфу, Цао Кунь и др. Имела своей основной территориальной базой провинции Чжили, Хэнань, Хубэй и Хунань. В период Северного похода 1926—1927 гг. Национально-революционная армия разгромила войска У Пэйфу, после чего чжилийская клика сошла с политической арены.

105 Аньхуйская группировка — одна из группировок северных бэйянских милитаристов, образовавшаяся в Китае в 1916 г. после смерти Юань Шикая. Название получила от имени провинции Аньхуй, уроженцами которой был лидер клики Дуань Цижуй и её другие руководители. Военные силы анхуйской клики размещались в провинции Хэнань, Чахар, Чжили, Шаньдун и во Внешней Монголии. Известна также под именем «клуб Аньфу». Политический клуб Аньфу был создан лидерами военной группировки в марте 1916 г. В 1916—1920 гг. лидеры анхуйской клики неоднократно возглавляли пекинское правительство. Летом 1920 г., после поражения в войне с чжилийской кликой, аньхуйская группировка прекратила своё существование, её клуб был распущен.

106 Matsusaka, p. 258—263.

107 Системная история международных отношений, 1918-1991. Под ред. А.Д. Богатурова. Москва: Московский рабочий, 2000. Том 1, глава 5 (А.Д. Воскресенский). URL: http://www.obraforum.ru/lib/book1/chapter5_7.htm

108 Надежда Аблова. Политическая ситуация на КВЖД после крушения Российской империи.- Белорусский журнал международного права и международных отношений, Минск, 1998, № 4. URL: http://www.cenunst.unibel.by/journal/1998.4/ablova.shtml

109   Matsusaka, p. 270.

110   Matsusaka, p. 272.

111   Три Восточных провинции (ТВП) состояли из провинций Ляонин (ранее Фэнтянь), Цзилинь и Хэйлунцзян.

112   Matsusaka, p. 275.

113   Matsusaka, p. 284—292.

114   В книге британского историка Э. Х. Карра (Русская революция от Ленина до Сталина. 1917-1929. — Москва: Интер-Версо, 1990, глава 10) утверждается, что действия Фэн Юйсяна были спровоцированы подкупом со стороны Советской России. Это не первый случай в историографии проблематики КВЖД, когда организация тех или иных «подрывных» мероприятий разными историками приписывается или СССР или Японии. (URL: http://www.krotov.info/lib_sec/11_k/karr/karr25ogl.html) Ещё одно такое знаковое событие — покушение на Чжан Цзолиня в 1928 году, о чём мы расскажем позже.

115   Matsusaka, p. 300—304.

116   URL: http://www.chinaportal.ru/memories/history/14afterthewar/5/

117   Matsusaka, p. 315.

118   Matsusaka, p. 320—328.

119   Matsusaka, p. 331.

120   Matsusaka, p. 338.

121   Молодяков В. Э. Россия и Япония в поисках согласия 1905—1945. Геополитика. Дипломатия. Люди и идеи. — Москва: АИРО XXI, 2012, глава 12, со стр. 315.

122   Молодяков В. Э. Россия и Япония в поисках согласия 1905—1945. Геополитика. Дипломатия. Люди и идеи. — Москва: АИРО XXI, 2012, с. 330—331.

123   Молодяков В. Э. Россия и Япония в поисках согласия 1905—1945. Геополитика. Дипломатия. Люди и идеи. — Москва: АИРО XXI, 2012, с. 335—336.

124 Молодяков В. Э. Россия и Япония в поисках согласия 1905—1945. Геополитика. Дипломатия. Люди и идеи. — Москва: АИРО XXI, 2012, с. 337.

125 Молодяков В. Э. Россия и Япония в поисках согласия 1905—1945. Геополитика. Дипломатия. Люди и идеи. — Москва: АИРО XXI, 2012, с. 353.

126 Молодяков В. Э. Россия и Япония в поисках согласия 1905—1945. Геополитика. Дипломатия. Люди и идеи. — Москва: АИРО XXI, 2012, с. 357—358.

127 Дацышэн В.Г. Советско-японские отношения во время конфликта на КВЖД 1929 г. —В: Японские исследования, 2016, № 1, с.9

128 Nimmo, William F.. Stars and Stripes across the Pacific: The United States, Japan and Asia/Pacific Region, 1895-1945. — Greenwood Publishing Group, 2001, chapter 6.

129 Соединив станцию Дуньхуа с корейской границей в сторону Хверёна.

130 По материалам фотовыставки американского дипломата, выпускника Принстона, американского дипломата Джона ван Антверпа МакМюррея в Принстонском университете (США) с 5.10.2007 до 18.02.2008 подробнее см.: URL: http://blogs.princeton.edu/mudd/2007/11/exhibition_features_diplomats.html

131 URL: http://www.agentura.ru/library/lander/china/20/

132 Веспа А. Тайный агент Японии. — М.: Госвоениздат, 1939. Vespa A., Secret Agent of Japan. A Handbook to Japanese Imperialism. — London: Gollancz 1938 URL: http://militera.lib.ru/memo/other/vespa_a/01.html

133 William F. Nimmo. Stars and Stripes across the Pacific: The United States, Japan and Asia/Pacific Region, 1895-1945. — Greenwood Publishing Group, 2001, с.129.

134 Matsusaka, p.344—346.

135 William F. Nimmo. Stars and Stripes across the Pacific: The United States, Japan and Asia/Pacific Region, 1895—1945. — Greenwood Publishing Group, 2001, с.129.

136   Крюков В.М., Крюков М.В. КВЖД 1929. Взрыв и эхо, с. 106-107. Ссылка на Карахан—Сталину, 23 декабря 1928 года, АВПР, ф. 0100, оп. 13, п. 157, д.19, л. 28.

137   Информация к партийным документам Н.К.Кузнецова, РГАСПИ.

138   Информация к партийным документам В. Г. Чиркина, РГАСПИ. 3 апреля 1938 г. Чиркин был осужден на 8 лет поселений по обвинению в «контрреволюционной деятельности». В 1954 году, находясь на поселении, умер. В феврале 1956 г. был реабилитирован.

139   Крюков В.М., Крюков М.В. КВЖД 1929. Взрыв и эхо, с. 110-111. Ссылка на Карахан—Сталину, 23 декабря 1928 года, АВПР, ф. 0100, оп. 13, п. 157, д.19, л. 29-30

140   Содержание протеста Чиркина взято из: Крюков В.М., Крюков М.В. КВЖД 1929. Взрыв и эхо, с. 113. Ссылка на Чиркин – Лю Жунхуаню, 26 декабря 1928 года, АВПР, ф. 0100, оп. 13, п. 157, д.19, л. 24—27

141   Цитируется по: Крюков В.М., Крюков М.В. КВЖД 1929. Взрыв и эхо, с. 112—113. Ссылка на Карахан-Сталину, 31 декабря 1928 года, АВПР, ф. 0100, оп. 13, п. 156, д.5, л. 1.

142   РГАСПИ, ф. 17, оп. 3, д.720, с. 8.

143   Хотя в монографии Крюковых цитируется постановление Политбюро, авторы не видят совершенно очевидной трансформации позиции Кремля по сравнению с предложениями Карахана, озвученной несколькими днями раньше и никак не комментируют состав комиссии Политбюро.

144   Цитируется по: Крюков В.М., Крюков М.В. КВЖД 1929. Взрыв и эхо, с. 109—110. Ссылка на: Мельников- Козловскому, без даты, АВПР, ф. 0100, оп. 13, п. 156, д. 2, л. 13—15.

145   Цитируется по: Крюков В.М., Крюков М.В. КВЖД 1929. Взрыв и эхо, с. 115. Ссылка на: Мельников- Карахану, без даты, АВПР, ф. 0100, оп. 13, п. 156, д. 5, л. 7. Как правило, на архивном документе официального характера, даже если сам документ не содержит даты написания, обычно содержится отметка о дате доставки адресату (рукописная или штамп) или времени поступления в канцелярию, как это требовали правила советского делопроизводства. При цитировании документов Крюковы не предоставляют такой информации

и не учитывают длительности коммуникационного оборота между отправкой письма и его поступлением к адресату. Это очень важный фактор, поскольку адресат мог очень долго оставаться в неведении о содержании письма, находившегося в пути иногда несколько недель.

146   Транслитерация по системе Палладия.

147   China. Foreign relations 1929, vol. 2, p. 125, 893.04417 Chinese Eastern /5, The Consul at Mukden (Myers) to the Minister in China (MacMurray), 5 January 14, 1929. No. 173.

148   China. Foreign relations 1929, vol. 2, p. 133, 893.00 Chinese Eastern /10293, The Consul at Mukden (Myers) to the Minister in China (MacMurray) 21, No. 178, Mukden, January 22, 1929..

149   Крюков В.М., Крюков М.В. КВЖД 1929. Взрыв и эхо, с. 115. Ссылка на документ отсутствует.

150   Подписывавшийся инициалами Л.Р. Можно предположить, что такими инициалами мог подписываться Роман Лонгва.

151   Этого документа в нашем распоряжении нет.

152   Каретина Г.С. Военно-политические группировки Северного Китая. Эволюция китайского милитаризма в 20-30-е гг. — Владивосток: Дальнаука, 2001, с. 106.

153   РГАСПИ, ф. 17, оп. 38, д. 232, с. 24—25.

154   РГАСПИ, ф. 17, оп. 38, д. 232, с. 24—25.

155   РГАСПИ, ф. 17, оп. 38, д. 232, с. 26.

156   РГАСПИ, ф. 17, оп. 38, д. 232, с. 26.

157   Лота В.И. За гранью возможного: Военная разведка России на Дальнем Востоке, 1918-1945 гг. — Москва: Кучково поле, 2008, с. 137.

158   РГАСПИ, ф. 17, оп. 38, д. 232, с. 27.

159   Так в тексте.

160   РГАСПИ, ф. 17, оп. 38, д. 232, с. 27.

161   РГАСПИ, ф. 17, оп. 38, д. 232, с. 27.

162	Подчёркнуто в тексте документа. РГАСПИ, ф. 17, оп. 38, д. 232, с. 28.

163	Подчёркнуто в тексте документа. РГАСПИ, ф. 17, оп. 38, д. 232, с. 28.

164	ВКП(б), Коминтерн и Китай, том 3, с. 383-384, Усов В. Советская разведка в Китае. 20-е гг. XX века. — Москва: ОЛМА-Пресс, 2002, с. 185.

165	Там же, с. 194-195.

166	Усов В. Советская разведка в Китае. 20-е гг. XX века. — Москва: ОЛМА-Пресс, 2002, с. 331.

167	РГАСПИ, ф.17, оп. 162, д. 7, с. 98.

168	Усов В. Советская разведка в Китае. 20-е гг. XX века. — Москва: ОЛМА-Пресс, 2002, с. 331

169	Прохоров Д. П. «Литерное дело» маршала Чжан Цзолиня. — Независимое военное обозрение, 27 июня, 2003 г.

170	Там же, РГАСПИ, ф. 17, оп. 38, д. 250, с. 33.

171	РГАСПИ, ф. 17, оп. 38, д. 222, с. 5.

172	РГАСПИ, ф. 17, оп. 38, д. 250, с. 33 об.

173	Там же, РГАСПИ, ф. 17, оп. 38, д. 250, с. 33 об.

174	РГАСПИ, ф. 17, оп. 38, д. 250, с. 34. Записка датирована 22.11.— 12.01.1929 года.

175	Там же, РГАСПИ, ф. 17, оп. 38, д. 250, с. 34

176	РГАСПИ, ф. 17, оп. 38, д. 250, с. 34.

177	Так официально называлась должность заместителя.

178	РГАСПИ, ф. 17, оп. 38, д. 250, с. 34.

179	РГАСПИ, ф. 17, оп. 38, д. 250, с. 34 об.

180	Там же, РГАСПИ, ф. 17, оп. 38, д. 250, с. 34 об.

181   В письменном виде зафиксировано в протоколе Политбюро от 14 марта 1929 года. РГАСПИ, ф. 17, оп. 162, дело 7, с. 49.

182   Цитируя этот пункт постановления, Сон До Чжин, например, оставил лишь часть предложения о недопущении русских белогвардейцев с китайскими паспортами к замещению «китайских должностей».

183   В связи с этим вызывает сомнения оценка советской политики в Маньчжурии, которую предлагает в своей диссертациии Сон До Чжин: «Таким образом, накануне трагических для СССР и Китая на КВЖД событий позиция советского правительства в отношении китайских предложений о КВЖД сводилась к следующему: «никакого ограничения фактических прав» не допускать, «пойти на внешнюю уступку», «при продолжении нынешних методов со стороны китайцев» отстаивать силой свои права и договоры. (Сон До Чжин, с. 262) По крайней мере, тот документ, который Сон До Чжин цитирует с купюрами, на самом деле, как нам кажется, вовсе не свидетельствовал о неготовности СССР к каким-либо компромиссам по вопросу о КВЖД.

184   Цитируется по: Крюков В.М., Крюков М.В. КВЖД 1929. Взрыв и эхо, с. 121. Ссылка на : Мельников-Козловскому, 21 февраля 1929 года.— АВПР, ф. 0100, оп. 13, п. 156, д. 5, с. 11-12.

185   Подробнее о ходе переговоров: Крюков В.М., Крюков М.В. КВЖД 1929. Взрыв и эхо, с. 115—129. Крюковы называют ключевым документом Политбюро по этому вопросу решение Политбюро от 14 марта 1929 года. (РГАСПИ, ф. 17, оп. 162, д.7, с. 49) Однако, на самом деле 14 марта было лишь письменно зафиксировано в протоколе решение, которое Политбюро приняло уже 21 февраля 1929 года.

186   China. Foreign relations, 1929, vol. 2, p. 189, 761.93 Chinese Eastern /647, The Consul at Mukden (Myers) to the Minister in China (MacMurray) 69, No. 201, Mukden, March 27, 1929.

187   Цитируется по: Крюков В.М., Крюков М.В. КВЖД 1929. Взрыв и эхо, с. 131-132. Ссылка на: Разговор Мельникова с Чжан Сюэляном, 26 марта 1929 года. — АВПР, ф. 0100, оп. 13, п. 156, д. 2, с. 17-18.

188   Там же.

189   Видимо, имелось в виду совместное заседание руководства партийной (СМК) и комсомольской (КСМ) организаций.

190   РГАСПИ, ф. 17, оп. 38, д. 244, с. 87.

191   РГАСПИ, ф. 17, оп. 38, д. 244, с. 88.

192   РГАСПИ, ф. 17, оп. 38, д. 250, с. 34 об.

193   Капица М.С. Советско-китайские отношения. — М., 1958, с. 193.

194   Советско-китайский конфликт. 1929 год. Сборник документов. — Москва, 1930, с.21-22.

195   Документ датирован 2 июля 1929 года. Цитируется по книге: Лота В.И. За гранью возможного: Военная разведка России на Дальнем Востоке, 1918—1945 гг. — Москва: Кучково поле, 2008, с. 143. Автор не дает ссылки на архивные данные.

196   Сотрудники разведки Иностранного Отдела ГПУ

197   Крюков В.М., Крюков М.В. КВЖД 1929. Взрыв и эхо, стр. 147: Крюковы утверждают: «Из сообщений Мельникова следовало, что никакого заседания III Интернационала в помещении консульства в тот день вообще не было. Но Политбюро не согласилось с этой версией и приняло постановление, сформулированное под горячую руку». Далее Крюковы «извиняют» Политбюро и сообщают, что в официальной ноте НКИД постарался всячески откреститься от возможности «заседания III Интернационала», объявив его «очевидным нелепым вымыслом, притом явно безграмотным». Собранные нами архивные документы, которые мы подробно процитируем покажут, что Крюковы поторопились с выводами в этом случае. Все было ровно наоборот.

198   Крюков В.М., Крюков М.В. КВЖД 1929. Взрыв и эхо, с. 146, ссылка на: АВПР, Выписка из протокола № 56 заседания Коллегии НКИД, 5 июня 1929 г. — АВПР, ф. 0100, оп.13, п.156, д. 9, л.56.

199   Результаты фиксируются в протоколе заседаний («особые папки») от 6 июня 1929 года. РГАСПИ, ф. 17, оп. 162, д. 7, с. 87.

200   РГАСПИ, ф. 17, оп. 162, д. 7, с. 87.

201   Имеется в виду заседание Политбюро от 6 июня 1929 года, на котором было письменно закреплено решение о нежелательности «военной демонстрации».

202   Письма И. В. Сталина к В. М. Молотову, 1925-1936.- Москва: Россия молодая, 1995, с. 123—124. Ссылка на РГАСПИ, ф. 85, оп. 1, д. 110, с. 1—2 об.

203   РГАСПИ, ф. 17, оп. 162, д. 7, с. 89.

204   РГАСПИ, ф. 17, оп. 162, д. 7, с. 90.

205   Подробнее см. URL: https://www.abirus.ru/content/564/623/626/11670/12560/12842.html, а также URL: http://hrono.ru/biograf/bio_p/poljakve.php

206   После образования ОДВА в августе 1929 г. отвечал за диверсионную спецработу в разведотделе штаба Особой Дальневосточной.

207   Подробнее см.: «Ключ к мировой революции находится в Индии». Меморандум А. Джемаль-паши Советскому правительству. 1921. — Исторический архив, Москва, 2002, N 5, с. 74—92.

208   Бойко Владимир. «Власть и оппозиция в Афганистане: особенности политической борьбы в 1919-1953 гг.» Диссертация на соискание ученой степени к.и.н. — Москва, 2012; Павел Аптекарь. Специальные операции Красной Армии в Афганистане в 20-е годы.- на сайте http://www.rkka.ru/oper/afg/afg.htm, по псевдониму Александра Черепанова — ссылка П. Аптекаря на документ РГВА, ф.25895, оп.1, д.349, л.261.

209   РГАСПИ, ф. 74, оп. 2, д.140, с. 142—146.

210   «Назначение Блюхера будет не совсем правильно», — считал Андрей Бубнов.

211   «Белобанд» в формулировке конспекта.

212   В. М. Крюков. 1929 год: китайский план национализации КВЖД. — В сб.: Неутомимый червь познанья. Избранные мысли об истории и культуре Китая и России. — Москва : Памятники исторической мысли, 2009, с. 441—454. Эта тема также рассматривается в более поздней монографии отца и сына Крюковых, написанной М.В. Крюковым на основе материалов Василия Крюкова, но в виду определенных трагических обстоятельств уже без его непосредственного личного участия.

213   В. М. Крюков. 1929 год: китайский план национализации КВЖД. —В сб.: Неутомимый червь познанья. Избранные мысли об истории и

культуре Китая и России.- Москва : Памятники исторической мысли, 2009, с. 443. Крюков ссылается на : Ван Цзячжэнь. 1929 нянь чжун дун телу шицзянь пяньдуань. (Некоторые эпизоды конфликта на КВЖД 1929 г.). — В: Чжан Сюелян юй Дунбэй цзюнь (Чжан Сюелян и дунбэйская армия). — Пекин, 1986, с. 172-173.

214 В. М. Крюков. 1929 год: китайский план национализации КВЖД. — В сб.: Неутомимый червь познанья. Избранные мысли об истории и культуре Китая и России. — Москва : Памятники исторической мысли, 2009, с. 443. Крюков ссылается на документ из Национального Архива США: Powell to the American Minister, July, 1929. - USDS 761.93/894, p.1.

215 В. М. Крюков. 1929 год: китайский план национализации КВЖД.— В сб.: Неутомимый червь познанья. Избранные мысли об истории и культуре Китая и России. — Москва : Памятники исторической мысли, 2009, с. 443. Крюков ссылается на : Чжан Сюэлян- Чжан Цзинхую и Лю Жунхуаню, 6 июня 1929 года.- Чжан вэньцзи (Сборник документов Чжан Сюэляна), том 1, Пекин, 1992, с. 191.

216 В. М. Крюков. Хроника событий на КВЖД 1929 г. Глазами дипломатов США и Великобритании..— В сб.: Неутомимый червь познанья. Избранные мысли об истории и культуре Китая и России.— Москва : Памятники исторической мысли, 2009, с. 478. Ссылка на British documents on foreign affairs: Reports and papers from the Foreign Office Confidential print, part 2. From the First to the Second World War: Series E, vol. 36, (далее FO), FO, 42.

217 В. М. Крюков. 1929 год: китайский план национализации КВЖД.— В сб.: Неутомимый червь познанья. Избранные мысли об истории и культуре Китая и России.— Москва : Памятники исторической мысли, 2009, с. 451. Крюков ссылается на: Шэньбао, 20.07.1929.

218 Имеется в виду Чжан Гочэнь, стратег передачи Китаю КВЖД, начальник мукденского управления по делам образования, советник Чжан Сюэляна.

219 РГАСПИ, ф. 17, оп. 38, д. 240, с. 98—102.

220 РГАСПИ, ф. 17, оп. 38, д. 226, с.1—1 об.

221 РГАСПИ, ф. 17, оп. 38, д. 226, с.1 об.

222 РГАСПИ, ф. 17, оп. 38, д. 211, с. 14.

223 Там же. РГАСПИ, ф. 17, оп. 38, д. 211, с. 14.

224 РГАСПИ, ф. 17, оп. 38, д. 211, с.8.

225 Там же. РГАСПИ, ф. 17, оп. 38, д. 211, с.8.

226 Там же. РГАСПИ, ф. 17, оп. 38, д. 211, с.8.

227 РГАСПИ, ф. 17, оп. 38, д. 211, с. 8.

228 РГАСПИ, ф. 17, оп. 38, д. 211, с. 9—9 об.

229 Там же. РГАСПИ, ф. 17, оп. 38, д. 211, с. 9—9 об.

230 Там же. РГАСПИ, ф. 17, оп. 38, д. 211, с. 9—9 об.

231 РГАСПИ, ф. 17, оп. 38, д. 211, с. 16.

232 Там же. РГАСПИ, ф. 17, оп. 38, д. 211, с. 16.

233 РГАСПИ, ф. 17, оп. 38, д. 240, с. 3.

234 В документе ошибочно проставлен 1928 год. Сравни: РГАСПИ, ф. 17, оп. 38, д. 240, с. 5—6.

235 РГАСПИ, ф. 17, оп. 38, д. 240, с. 3.

236 РГАСПИ, ф. 17, оп. 38, д. 240, с.4.

237 РГАСПИ, ф. 17, оп. 38, д. 240, с.4.

238 Козловский Бенедикт Игнатьевич (Бенициан Израйлевич), 1899-1975. В 1924-1927 гг. — сначала вице-консул, а затем управляющий генконсульством СССР в Харбине, с апреля по декабрь 1927 г. — генконсул СССР в Шанхае, с 1928 по 1933 г. — заведующий дальневосточным Отделом НКИД. В 1933-1935 гг. — член советской делегации на переговорах о продаже КВЖД в Токио. В 1935-1938 гг. — заведующий 2-м Восточным Отделом НКИД. В 1938 г. Козловский был назначен послом СССР в Японию. Агреман был уже получен, когда вдруг японская сторона попросила СССР не назначать Козловского послом в связи с тем, что японцы не могут гарантировать его безопасность, поскольку «правые» готовят на него покушение. НКИД отменил назначение, а Козловский покинул НКИД и ушел работать заведующим отделом в ВГБИЛ им. Ленина. (Очерки истории МИД России 1802-2002, в 3 т., т. 2, с. 213) С Козловским связано еще одно необычное событие, которое позволяет предполо-

жить, что он выполнял некие функции для ИНО ОГПУ и лично для Л. Берия. Возможно, ему покровительствовал сам генсек. Так, Козловский указывал в своей биографии, что он участвовал в троцкистской оппозиции в 1928 г. В 1939 г. ОГПУ арестовало Козловского, уже в ходе первого допроса последний дал признательные показания о, будто бы, выполнении указаний Троцкого в ходе переговоров по продаже КВЖД Японии. Еще в октябре 1937 г. против Козловского в русле принадлежности к «троцкистскому заговору» свидетельствовал бывший посол в Японии К. К. Юренев, в 1938 г. — консул СССР в Маньчжурии В.В. Смирнов, секретарь Куйбышевского обкома П.П. Постышев. Арестован Козловский был только в 1939 г. Протокол допроса Козловского был передан Б.З. Кобулову, работавшему тогда в качестве заместителя начальника ГУГБ НКВД СССР. Неизвестно, что именно сказал Козловский, но Берия лично ещё раз провёл его допрос. И потом происходит «странное» событие — дальнейшее следствие по делу прекращается, Козловский освобождается уже через четыре дня после ареста. По распоряжению Кобулова постановление об освобождении Козловского из-под ареста было сформулировано следующим образом: «10 июня 1939 года был арестован однофамилец Козловского Б. И. — Козловский Бенедикт Игнатьевич, не подлежащий аресту, быв[ший] заведующий отделом национальной литературы Всесоюзной библиотеки им. Ленина. Козловского Бенедикта Игнатьевича, бывшего заведущего отделом национальной литературы Всесоюзной библиотеки им. Ленина, как ошибочно арестованного из-под стражи немедленно освободить». При сдаче в архив из следственного дела по обвинению Козловского были изъяты постановление на арест, все документы, на основании которых выносилось постановление на арест, и его собственноручные показания. (См. «Доклад министра внутренних дел СССР С. Н. Круглов об обстоятельствах освобождения из-под стражи Б. И. Козловского, бывшего сотрудника НКИД СССР. 21 августа 1953 года». - Ссылка: РГАСПИ. Ф. 17. Оп. 171. Д. 467. Л. 17-19. Опубликовано в: Политбюро и дело Берия. Сборник документов — М., 2012. С. 303-305. Известно, что Козловский с 1933 по 1937 гг. несколько раз был на приеме у Сталина. Бенедикт Козловский умер естественной смертью только в 1975 году. Вместе с ним ушла в небытие и тайна, за какие заслуги ему удалось избежать той же участи, что и большинству его соратников по НКИД.

239   РГАСПИ, ф. 17, оп. 38, д. 240, с. 15.

240   РГАСПИ, ф. 17, оп. 38, д. 240, с. 15.

241   РГАСПИ, ф. 17, оп. 38, д. 226, с. 1 об.

242   РГАСПИ, ф. 17, оп. 38, д. 226, с.2.

243   РГАСПИ, ф. 17, оп. 38, д. 226, с.2—2 об.

244   РГАСПИ, ф. 17, оп. 38, д. 250, с. 35.

245   Вспомним, что Чиркин как раз и был автором посланной через Владивосток для Далькрайкома и ЦК официальной телеграммы с сообщением о налёте китайской полиции, текст которой мы разбирали ранее.

246   РГАСПИ, ф. 17, оп. 38, д. 250, с. 35.

247   Там же. РГАСПИ, ф. 17, оп. 38, д. 250, с. 35.

248   Там же. РГАСПИ, ф. 17, оп. 38, д. 250, с. 35.

249   Член ЦК профсоюза железнодорожников (Дорпрофсож), член Правления КВЖД.

250   РГАСПИ, ф. 17, оп. 38, д. 250, с. 36.

251   Этот документ представляет собой, по-видимому, расшифрованную записку, переписанную рукой какого-то другого человека, почерк записки без сомнения отличен от почерка «Макса»—«Юрия». Это визуальное сравнение стало возможным, поскольку нам удалось в архиве найти целую серию рукописных писем «Макса»—«Юрия», адресованных секретарю Далькрайкома И. Перепечко. В некоторых словах буквы написаны раздельно, как если бы их по отдельности и расшифровывали.

252   РГАСПИ, ф. 17, оп. 38, д. 226, с. 38.

253   ГАХК, ф. п 2, оп. 1, д. 143, с. 34—34 об.

254   ГАХК, ф. п 2, оп. 1, д. 143, с. 34—34 об.

255   ГАХК, ф. п 2, оп. 1, д. 143, с. 34—34 об.

256   Там же. ГАХК, ф. п 2, оп. 1, д. 143, с. 34—34 об.

257   Ян Карлович Кульпе, родился в 1888 году в латвийском городе Либава (Лиепая), с 1904 года член Латвийской социал-демократической партии, с 1905 года руководитель нелегального кружка Атслега, член боевой организации. С лета 1906 года — член районного комитета парторганизации Старо-Либавского района. Подготовка в качестве взрывника в лаборатории ЦК РСДРП в

Куоккола (Финляндия). Арестован, сослан на каторгу. Освобожден в результате Февральской революции. Переехал в Кострому, где проживали его земляки из Латвии, где посупил на металлический завод и продолжил партийную работу. С июня 1917 г. член Костромского совета рабочих депутатов. В апреле 1918 — политком 1-го Костромского партизанского отряда, в этом же году стал членом коллегии Губчека. С 1923 года — на Дальнем Востоке. Секретарь Забайкальского губкома ВКП(б). С начала 1926 года Ян Кульпе (товарищ Андрей), по рекомендации Яна Гамарника и Николая Кубяка, был послан в район КВЖД на нелегальную партийную работу секретарем Североманьчжурского партийного комитета ВКП(б) в Харбине, сменил на этой должности Е. И. Накорякова. На КВЖД работал с перерывами, некоторое время являлся секретарем Хабаровского окружкома партии. Первоначально приехал на КВЖД с паспортом на имя латыша Адама Остеля, советского кооператора. Близкий друг Григория Салныня, боевика из группы Винарова, по совместной работе в боевой организации Латышской социал-демократической партии. Подробнее см. Е. Голубев. Миссия «товарища Андрея». — Ленинская гвардия на Дальнем Востоке, Хабаровск, 1970, с. 415-433.

258 РГАСПИ, ф. 17, оп. 38, д. 226, с. 36.

259 РГАСПИ, ф. 17, оп. 38, д. 226, с. 36 об.

260 Видимо, имеется в виду Андрей Верховых. Необходимо помнить, что и сам Кульпе некоторое время, в 1926-1928 гг. работал в Харбине под псевдонимом «товарищ Андрей».

261 РГАСПИ, ф. 17, оп. 38, д. 226, с. 37 об.

262 РГАСПИ, ф. 17, оп. 38, д. 240, с. 67.

263 РГАСПИ, ф. 17, оп. 38, д. 226, с. 34 об.

264 РГАСПИ, ф. 17, оп. 38, д. 226, с. 34 об.

265 РГАСПИ, ф. 17, оп. 38, д. 226, с. 35.

266 РГАСПИ, ф. 17, оп. 38, д. 226, с. 35 об.

267 РГАСПИ, ф. 17, оп. 38, д. 240, с.40.

268 ГАХК, ф. П-2, оп. 1, д. 143, с.51.

269 Там же.

270 Аблова Н.Е. История КВЖД и российской эмиграции в Китае (первая половина XX в.). — Минск: БГУ, 1999.

271 В. М. Крюков. Хроника событий на КВЖД 1929 г. Глазами дипломатов США и Великобритании. — В сб.: Неутомимый червь познанья. Избранные мысли об истории и культуре Китая и России. — Москва : Памятники исторической мысли, 2009, с. 478. Ссылка на Национальный архив США (USDS), 761.93.656.

272 Ли Син. 1929 нянь Чжундун телу шицзянь инсян цяньси. (К анализу последствий событий 1929 года на КВЖД) — Сулянь лиши вэньти, Пекин, 1992, № 1, с. 12—14.

273 В. М. Крюков. 1929 год: китайский план национализации КВЖД. — В сб.: Неутомимый червь познанья. Избранные мысли об истории и культуре Китая и России. — Москва: Памятники исторической мысли, 2009, с. 447. Крюков ссылается на Шэньбао, 16.07.1929.

274 ДВП СССР. т.XII, с. 380—382.

275 Серебряков Леонид Петрович, (1888-1937). В 1926 году — на ответственной работе в полосе отчуждения на КВЖД. Представлял СССР на советско-мукденских переговорах 26.05.1926 года. В 1929 году — член коллегии Народного комиссариата путей сообщения.

276 РГАСПИ, ф. 17, оп. 162, д. 7, с. 95.

277 РГАСПИ, ф. 17, оп. 162, д. 7, с. 98.

278 Советско-китайские отношения 1917-1957. Сборник документов.— Москва, 1959, с. 130—132.

279 РГАСПИ, ф. 17, оп. 162, д. 7, с. 98.

280 В. М. Крюков. Хроника событий на КВЖД 1929 г. Глазами дипломатов США и Великобритании.. — В сб.: Неутомимый червь познанья. Избранные мысли об истории и культуре Китая и России. — Москва : Памятники исторической мысли, 2009, с. 479. Ссылка на Национальный архив США (USDS), 761.93.734.

281 Аблова Н.Е. Советско-китайский конфликт на КВЖД 1929 г. и его последствия. URL: http://asiapacific.narod.ru/countries/china/n_e_ablova/3.3.1_1.htm, ссылка на: Амурская правда, 1928, 30.07.

282   Советско-китайские отношения 1917—1957. Сборник документов.- Москва, 1959, с. 130—132.

283   ДВП, т.12, с. 390.

284   Аблова Н.Е. Советско-китайский конфликт на КВЖД 1929 г. и его последствия. URL: http://asiapacific.narod.ru/countries/china/n_e_ablova/3.3.1_1.htm, ссылка на : ДВП, т.12, с.410-411.

285   Крюков В. М. Хроника событий на КВЖД 1929 г. Глазами дипломатов США и Великобритании. — В сб.: Неутомимый червь познанья. Избранные мысли об истории и культуре Китая и России.— Москва : Памятники исторической мысли, 2009, с. 479. Ссылка на FO, 145.

286   Крюков В. М. Хроника событий на КВЖД 1929 г. Глазами дипломатов США и Великобритании.— В сб.: Неутомимый червь познанья. Избранные мысли об истории и культуре Китая и России. — Москва : Памятники исторической мысли, 2009, с. 479. Ссылка на Национальный архив США (USDS), 761.93.703.

287   В. М. Крюков. Хроника событий на КВЖД 1929 г. Глазами дипломатов США и Великобритании. — В сб.: Неутомимый червь познанья. Избранные мысли об истории и культуре Китая и России. — Москва : Памятники исторической мысли, 2009, с. 479. Ссылка на Национальный архив США (USDS), 761.93.689.

288   Там же, с. 480, ссылка на USDS, 761.93.684.

289   Горбунов Е. А. Сталин и ГРУ, 1918-1941. — Москва: Родина, 2018, глава «Конфликт на КВЖД».

290   В данном контексте стоит отметить, что усиление военного давления со стороны РККА на Маньчжурию и укрепление военных структур на Дальнем Востоке имело собственную динамику. Оно не было напрямую связано с дихотомией «антисистемное восстание» в Северо-Восточном Китае, с мыслью о желательности которого поигрывал Сталин, или «военное вмешательство» СССР в Маньчжурии. В.М. и М. В. Крюковы в своей монографии отмечали: «В августе 1929 года маньчжурская провинциальная организация КПК оказалась разгромленной и не смогла выполнить роль, предназначенную ей Сталиным. О развертывании партизанского движения в Маньчжурии и, тем более, о свержении Чжан Сюэляна в этих условиях не могло быть и речи. Поскольку сталин-

ский план был сорван, на первый план вновь вышла Особая Дальневосточная армия». Цитата из: КВЖД 1929, с. 383. Архивные документы показывают, и мы расскажем об этом дальше, что такое противопоставление этих двух вариантов развития событий неправомерно. Как и ошибочно фиксировать отход от идеи восстания в Маньчжурии уже в конце августа 1929 года, связав этот «конец» с арестами руководства маньчжурской организации китайских коммунистов.

Активная работа по концептуализации и уточнению планов возможного внутрикитайского восстания продолжилась в Далькрае вплоть до начала Сунгарийской операции и связана с именами Бубнова, Перепечко, Блюхера. . Несмотря на титаническую работу одного из авторов монографии «КВЖД 1929» синолога Василия Крюкова по сбору материалов по тематике КВЖД в зарубежных архивах и активное использование периодики периода конфликта, подборка документов из российский архивов в монографии Крюковых страдает сильными лакунами. Василий Крюков сумел найти интересные документы в Архиве внешней политики в Москве. Однако ключевые документы из других федеральных российских архивов по тематике конфликта представлены слабо. Даже фонды РГАСПИ, на которые Крюковы ссылаются, задействованы в их книге очень условно, только «по касательной». Они не знакомы с важными фондами региональных архивов, об этом упоминали рецензенты монографии. Недостаток архивной базы приводит к тому, что их представление о механизме и взаимозависимостях советской внешней политики в Китае страдают сильным упрощением, характерным для периода историографии до начала «архивной революции» в 1990-е годы. Неоспоримая экспертиза Крюковых в области китайской историографии не оказалась подкреплена знакомством с международными теоретическими разработками по советской истории. Как нам кажется, после архивной революции и связанного с ней историографического прорыва 1990-ых годов, недостаточно просто поменять знак оценок с плюса на минус при анализе большевистского режима или продвинуться в степени детализации событийной линии. Надо пытаться дать и новые мыслительные конструкции для интерпретации фактов. Не всегда это можно выполнить в рамках одной работы, поэтому, в идеале, в наш век компьютерных технологий, стоит подумать о написании коллективной интерактивной монографии, позволяющей при необходимости проследить все детали по гиперссылкам, не теряя из виду задачу четко структурированной интерпретации.

Составляющая китайских документов в монографии Крюковых внушительна, и это достойный вклад. Однако информация о возможных причинах действий китайских политиков на КВЖД не дает ответа на вопрос о том, в какой степени эта информация была известна большевикам в момент принятия Москвой тех или иных решений. Была ли корреляция между фактами китайской истории и процессом принятия решений большевистских структурах. Мы должны понимать, что, реконструируя процесс принятия решений большевиками в период советско-китайского конфликта, мы сталкиваемся не с объективной, а с воображаемой реальностью. В процессе принятия решения в конкретный момент играют роль многочисленные факторы — случайный комбинаторный набор сведений о противнике, добытый разведкой; намеренная дезинформация противников со стороны заинтересованных держав по различным каналам; проблемы неразвитости коммуникаций, недостаточное понимание специфики политической ситуации в Китае, неадекватность восприятия культурных кодов противника, личностные концептуальные предпочтения. И, наконец, склонность выдавать желаемое за действительное, культивируемая идеологическими установками сталинской России.

Кроме того, как мы уже отмечали, Крюковы не учитывают момент «коммуникационного запаздывания» в условиях оборота информации на дальние расстояния и при недостаточном развитии технических средств связи. По большому счету, этой теме надо посвятить отдельное исследование. Отсутствие у Крюковых документальной информации о деятельности Северо-Маньчжурского комитета ВКП(б) в ОРТВП и о сильной структурной (Далькрайком, ОДВА, ПП ОГПУ по Далькраю) и персональной (Бубнов, Перепечко, Гамарник, Кубяк, Блюхер) вовлеченности большевистского истеблишмента советского Дальнего Востока в механизм внешней политики на КВЖД, приводит к сильному упрощению концептуальных выводов. Как, например, в случае с цитатой, приведенной выше — обозначение прямой взаимозависимости между арестами китайских коммунистов и установкой Москвы на укрепление ОДВА. Из архивных материалов, использующихся в нашей книге, видно, что степень доверия подразделений «инстанции» к китайским коммунистам в Маньчжурии была недостаточно высокой. Особенно этим недугом страдала «дальневосточная когорта» большевиков, сторонники которой занимали важные позиции и в Москве, и в Хабаровске. Создание партизанских отрядов из этнических китайцев, как мы увидим, курировали, прежде всего, региональные силовые структуры — РККА и ОГПУ. Элементы взаимодействия с Компартией Китая и Коминтерном наблюдались лишь ситуативно и были окрашены в тона «личностных предпочтений».

Кроме того, Сталин доверял своим военным эмиссарам — Ворошилову, Бубнову, Гамарнику и Блюхеру часто гораздо больше, чем дипломатам. Многие решения принимались «в ручном режиме», вне линий нормативной юридической кодификации и были ситуативными. Поэтому недостаток архивной базы на этом участке взаимоотношений внутри советского политического истеблишмента может до неузнаваемости сместить оценочные характеристики по тематике конфликта.

291 Горбунов Е. А. Сталин и ГРУ, 1918-1941. — Москва: Родина, 2018, глава «Конфликт на КВЖД».

292 РГАСПИ, ф. 17, оп. 162, д. 7, с. 123.

293 РГАСПИ, ф. 17, оп. 162, д. 7, с. 123. В диссертации Сон До Чжина это событие ошибочно датируется 25 июля, и ссылка ошибочно даётся на страницу 173. Южнокорейский исследователь периодически забывает учитывать тот факт, что многие постановления принимались раньше, чем фиксировались в протоколах. В каждом подобном случае в протоколе есть ссылка на этот факт.

294 РГАСПИ, ф. 17, оп. 162, д. 7, с. 123.

295 РГАСПИ, ф. 17, оп. 162, д. 7, с. 90. В диссертации Сон До Чжина утверждается, что Политбюро поручило Мельникову вести поиски дипломатического решения в Северной Маньчжурии. Автор не обратил внимание на высказанное Мельникову и НКИД 20 июня внушение со стороны Политбюро.

296 РГАСПИ, ф. 17, оп. 162, д. 7, с. 122.

297 Горбунов Е. А. Сталин и ГРУ, 1918-1941. — Москва: Родина, 2018, глава «Конфликт на КВЖД».

298 Цай Юньшэн (Cai Yunsheng) — эмиссар Мукдена по иностранным делам в Харбине.

299 РГАСПИ, ф. 17, оп. 162, д. 7, с. 123—124.

300 Там же.

301 В. М. Крюков. 1929 год: китайский план национализации КВЖД. — В сб.: Неутомимый червь познанья. Избранные мысли об истории и культуре Китая и России. — Москва : Памятники исторической мысли, 2009, с. 451-452. Крюков ссылается на: Чжан Сюэлян — Чжан Цзинхую и Лю Жунхуаню. - Чжан Сюэлян вэньцзи, том 1, с. 186.

302   В. М. Крюков. 1929 год: китайский план национализации КВЖД. — В сб.: Неутомимый червь познанья. Избранные мысли об истории и культуре Китая и России.— Москва : Памятники исторической мысли, 2009, с. 451-452. Крюков ссылается на: Чжан Сюэлян- Чжан Цзинхую и Лю Жунхуаню.- Чжан Сюэлян вэньцзи, том 1, с. 203.

303   В. М. Крюков. Еще раз о том, планировали ли Чан Кайши и Чжан Сюэлян войну против СССР. — В сб.: Неутомимый червь познанья. Избранные мысли об истории и культуре Китая и России. — Москва : Памятники исторической мысли, 2009, с. 475. Крюков ссылается на : Шибао, 15.08.1929.

304   Там же, с. 475. Крюков ссылается на: У Чаошу – в МИД КР, 20.07.1929, Архив МИД (АМИД), Комитет по изучению отечественной истории (Тайвань), л. 1845.

305   Там же, с. 475. Крюков ссылается на: Lampson to Henderson, 22.07.1929, FO, 3679/3568/10.

306   China. Foreign relations, 1929, vol. 2, p. 195, 125.4612 Chinese Eastern /168, The Minister in China (MacMurray) to the Secretary of State, No. 485, Peking, June 8, 1929.

307   China. Foreign relations, 1929, vol. 2, p. 191, 125.4612 Chinese Eastern /169, The Minister in China (MacMurray) to the Secretary of State, No. 457, Peking, June 17, 1929.

308   China. Foreign relations, 1929, vol. 2, p. 196. 125.4612 Chinese Eastern /170, The Secretary of State to the Minister in China (MacMurrey), No 216, Peking, June 25, 1929.

309   Аблова Н.Е. КВЖД и российская эмиграция в Китае. Международные и политические аспекты истории (первая половина XX века). — Москва: Русская панорама, 2005, с. 206. Ссылка на Документы внешней политики СССР (ДВП), т. 12, с. 449—450. Также см.: Аблова Н.Е. Советско-китайский конфликт на КВЖД 1929 г. и его последствия, URL: http://asiapacific.narod.ru/countries/china/n_e_ablova/3.3.1_1.htm

310   РГАСПИ, ф. 17, оп. 162, д. 7, с. 122.

311   Черепанов К.В. КВЖД в истории японо-советского соперничества. —Вестник Омского университета, серия Исторические науки, 2014, № 2 (2), с. 43, цит. по: АВП РФ, фонд 0146, опись 11, папка 132, дело 4, л.36

312   Черепанов К.В. КВЖД в истории японо-советского соперничества. — Вестник Омского университета, серия Исторические науки, 2014, № 2 (2), с. 43, цит. по: АВП РФ, фонд 0146, опись 11, папка 138, дело 2, л.61

313   Черепанов К.В. КВЖД в истории японо-советского соперничества. — Вестник Омского университета, серия Исторические науки, 2014, № 2 (2), с. 43, цит. по: АВП РФ, фонд 0146, опись 11, папка 138, дело 2, л.22.

314   Черепанов К.В. КВЖД в истории японо-советского соперничества. — Вестник Омского университета, серия Исторические науки, 2014, № 2 (2), с. 44, цит. по: АВП РФ, фонд 0146, опись 11, папка 138, дело 2, л. 51.

315   Черепанов К.В. КВЖД в истории японо-советского соперничества. — Вестник Омского университета, серия Исторические науки, 2014, № 2 (2), с. 44, цит. по: АВП РФ, фонд 0146, опись 11, папка 138, дело 2, л. 51.

316   Черепанов К.В. КВЖД в истории японо-советского соперничества. — Вестник Омского университета, серия Исторические науки, 2014, № 2 (2), с. 44, цит. по: АВП РФ, фонд 0146, опись 11, папка 138, дело 2, л. 14.

317   Черепанов К.В. КВЖД в истории японо-советского соперничества. — Вестник Омского университета, серия Исторические науки, 2014, № 2 (2), с. 43, цит. по: АВП РФ, фонд 0146, опись 11, папка 138, дело 2, л. 74.

318   Черепанов К.В. КВЖД в истории японо-советского соперничества. — Вестник Омского университета, серия Исторические науки, 2014, № 2 (2), с. 43, цит. по: АВП РФ, фонд 0146, опись 11, папка 138, дело 2, л. 85.

319   В. М. Крюков. Хроника событий на КВЖД 1929 г. Глазами дипломатов США и Великобритании. — В сб.: Неутомимый червь познанья. Избранные мысли об истории и культуре Китая и России. — Москва : Памятники исторической мысли, 2009, с. 480. Ссылка на USDS, 761.93. 754.

320   China. Foreign relations, 1929, vol. 2, p. 245, 861.77. Chinese Eastern /113, The Minister in China (MacMurray) to the Secretary of State, No. 633, Peking, July 25, 1929.

321   Foreign relations, 1929, vol. 2, p. 246, Национальный архив США, USDS 861.77.140, The Minister in China (MacMurray) to the Secretary of State, No. 248, Peking, July 26, 1929.

322   РГАСПИ, ф. 17, оп. 162, д. 7, с.125.

323   РГАСПИ, ф. 17, оп. 162, д. 7, с.126.

324   РГАСПИ, ф. 17, оп. 162, д. 7, с.126.

325   РГАСПИ, ф. 17, оп. 162, д. 7, с.128.

326   РГАСПИ, ф. 17, оп. 162, д. 7, с.127.

327   Там же. Одновременно с этим Политбюро одобрило некое недетализированное в «Особых папках» предложение Ягоды по КВЖД, «поручив тт. Молотову, Ягоде, Микояну и Уншлихту редактирование соответствующей директивы». К сожалению, до тех пор, пока из Архива Президента РФ не будут переданы в РГАСПИ материалы к постановлениям Политбюро расшифровать содержание предложений Ягоды не представляется возможным.

328   Patrikeeff Felix. Russian politics in exile — The Northeast Asian Balance of power, 1924-1931 — Oxford:Palgrave Macmillan, 2002, p.3. Патрикеефф ссылается на информацию из газетных и журнальных вырезок, в ГАРФе, ф. 5869, оп. 1, д. 9, стр. 13, 16.

329   В. М. Крюков. Хроника событий на КВЖД 1929 г. Глазами дипломатов США и Великобритании. — В сб.: Неутомимый червь познанья. Избранные мысли об истории и культуре Китая и России. — Москва : Памятники исторической мысли, 2009, с. 480. Ссылка на FO, 73.

330   РГАСПИ, ф. 17, оп. 162, д. 7, с.130.

331   «Развернуть максимально все средства нажима и репрессии». РГАСПИ, ф. 17, оп. 162, д. 7, с.130.

332   В. М. Крюков. Хроника событий на КВЖД 1929 г. Глазами дипломатов США и Великобритании. — В сб.: Неутомимый червь познанья. Избранные мысли об истории и культуре Китая и России. — Москва : Памятники исторической мысли, 2009, с. 480. Ссылка на USDS, 761.93. 792.

333   Документы внешней политики СССР (ДВП), Москва, 1967, том 12, с. 438.

334   Документы внешней политики СССР (ДВП), Москва, 1967, том 12, с. 441.

335   Документы внешней политики СССР (ДВП), Москва, 1967, том 12, с. 443.

336   В. М. Крюков. Хроника событий на КВЖД 1929 г. Глазами дипломатов США и Великобритании. — В сб.: Неутомимый червь познанья. Избранные мысли об истории и культуре Китая и России. — Москва : Памятники исторической мысли, 2009, с. 480. Ссылка на USDS, 761.93. 797.

337   РГАСПИ, ф. 17, оп. 162, д. 7, с. 131.

338   РГАСПИ, ф. 558, оп.11, д. 73, с. 38.

339   РГАСПИ, ф. 558, оп.11, д. 73, с. 38.

340   РГАСПИ, ф. 558, оп.11, д. 73, с. 40.

341   Документы внешней политики СССР (ДВП), Москва, 1967, том 12, с. 449.

342   В. М. Крюков. Хроника событий на КВЖД 1929 г. Глазами дипломатов США и Великобритании. — В сб.: Неутомимый червь познанья. Избранные мысли об истории и культуре Китая и России. — Москва : Памятники исторической мысли, 2009, с. 481. Ссылка на FO, 94.

343   В. М. Крюков. Хроника событий на КВЖД 1929 г. Глазами дипломатов США и Великобритании. — В сб.: Неутомимый червь познанья. Избранные мысли об истории и культуре Китая и России. — Москва : Памятники исторической мысли, 2009, с. 480. Ссылка на FO, 93.

344   Советское руководство. Переписка. 1928-1941. — Москва: РОССПЭН, 1999, с. 87-88.

345   Peter S.H. Tang. Russian and Soviet policy in Manchuria and Outer Mongolia, 1911-1931. — Durham, North Carolina: Duke Univ. Press, 1959, p. 221-222.

346   Patrikeeff Felix. Russian Politics in exile. The Northeast Asian Balance of power, 1924-1931. — Oxford: Palgrave Macmillan, 2002, p. 83-84.

347   На страже границ Отечества. Пограничные войска России в войнах и вооружённых конфликтах XX века. — Москва: Граница, 2000, с. 145.

348   Tang даёт ссылку на J.B. Powell. A visit to the Manchuli and Chalainor 'Battlefields'(статья написана для Chicago Tribune). — China Weekly Review, Shanghai, London, Oct. 5.1929.

349   Peter S.H. Tang. Russian and Soviet policy in Manchuria and Outer Mongolia, 1911-1931. —Durham, North Carolina: Duke Univ. Press, 1959, p.223.

350   РГАСПИ, ф. 17, оп. 162, д. 7, с. 138.

351   В. М. Крюков. Хроника событий на КВЖД 1929 г. Глазами дипломатов США и Великобритании. — В сб.: Неутомимый червь познанья. Избранные мысли об истории и культуре Китая и России. — Москва : Памятники исторической мысли, 2009, с. 482. Ссылка на: USDS, 761.93.867.

352   В. М. Крюков. Хроника событий на КВЖД 1929 г. Глазами дипломатов США и Великобритании. — В сб.: Неутомимый червь познанья. Избранные мысли об истории и культуре Китая и России. — Москва : Памятники исторической мысли, 2009, с. 483. Ссылка на: FO, 116.

353   В. М. Крюков. Хроника событий на КВЖД 1929 г. Глазами дипломатов США и Великобритании. — В сб.: Неутомимый червь познанья. Избранные мысли об истории и культуре Китая и России. — Москва : Памятники исторической мысли, 2009, с. 483. Ссылка на USDS, 761.93.872.

354   В. М. Крюков. Хроника событий на КВЖД 1929 г. Глазами дипломатов США и Великобритании. — В сб.: Неутомимый червь познанья. Избранные мысли об истории и культуре Китая и России. — Москва : Памятники исторической мысли, 2009, с. 483. Ссылка на USDS, 761.93.877 879 484- ФО 119 881

355   В. М. Крюков. Хроника событий на КВЖД 1929 г. Глазами дипломатов США и Великобритании. — В сб.: Неутомимый червь познанья. Избранные мысли об истории и культуре Китая и России. — Москва : Памятники исторической мысли, 2009, с. 483. Ссылка на USDS, 761.93.879

356   В. М. Крюков. Хроника событий на КВЖД 1929 г. Глазами дипломатов США и Великобритании. — В сб.: Неутомимый червь познанья. Избранные мысли об истории и культуре Китая и России. — Москва : Памятники исторической мысли, 2009, с. 484. Ссылка на FO, 119.

357   В. М. Крюков. Хроника событий на КВЖД 1929 г. Глазами дипломатов США и Великобритании. — В сб.: Неутомимый червь познанья. Избранные мысли об истории и культуре Китая и России. — Москва : Памятники исторической мысли, 2009, с. 484. Ссылка на USDS, 761.93.881.

358   РГАСПИ, ф. 558, оп. 11, д. 73, с. 55.

359   РГАСПИ, ф. 558, оп. 11, д. 73, с. 56 об.

360   РГАСПИ, ф. 558, оп. 11, д. 73, с. 58 об.

361   РГАСПИ, ф. 558, оп. 11, д. 73, с. 56.

362   РГАСПИ, ф. 558, оп. 11, д. 73, с. 57.

363   РГАСПИ, ф. 558, оп. 11, д. 73, с. 57.

364   РГАСПИ, ф. 17, оп. 162, д. 7, с. 139.

365   РГАСПИ, ф. 558, оп. 11, д. 73, с. 61.

366   РГАСПИ, ф. 558, оп. 11, д. 73, с. 61.

367   Горбунов Е. А. Сталин и ГРУ, 1918-1941. — Москва: Родина, 2018, глава «Конфликт на КВЖД».

368   В. М. Крюков. Хроника событий на КВЖД 1929 г. Глазами дипломатов США и Великобритании. — В сб.: Неутомимый червь познанья. Избранные мысли об истории и культуре Китая и России. — Москва : Памятники исторической мысли, 2009, с. 484. Ссылка на FO, 124.

369   В. М. Крюков. Хроника событий на КВЖД 1929 г. Глазами дипломатов США и Великобритании. — В сб.: Неутомимый червь познанья. Избранные мысли об истории и культуре Китая и России. — Москва : Памятники исторической мысли, 2009, с. 484. Ссылка на USDS, 761.93.901.

370   Там же, ссылка на USDS, 761.93.916.

371   Там же, ссылка на USDS, 761.93.912.

372   РГАСПИ, ф. 17, оп. 38, д. 250, с. 36.

373   Так в тексте.

374   РГАСПИ, ф. 17, оп. 38, д. 250, с. 36.

375　РГАСПИ, ф. 17, оп. 38, д. 250, с. 36 об.

376　Там же. РГАСПИ, ф. 17, оп. 38, д. 250, с. 36 об.

377　Там же. РГАСПИ, ф. 17, оп. 38, д. 250, с. 36 об.

378　Там же. РГАСПИ, ф. 17, оп. 38, д. 250, с. 36 об.

379　Там же. РГАСПИ, ф. 17, оп. 38, д. 250, с. 36 об.

380　Степаненко конкретизирует: «Мелочность в этом тов. Мельникова доходила до смешного, например — он предлагал такой-то машинистке увеличить оклад жалования, запрашивал о причинах увольнения такого-то, предлагал перенести из помещения железнодорожного собрания в помещение консульства один из бильярдов и т. п.» РГАСПИ, ф. 17, оп. 38, д. 250, с. 36 об.

381　РГАСПИ, ф. 17, оп. 38, д. 240, с.38.

382　РГАСПИ, ф. 17, оп. 38, д. 240, с.38.

383　РГАСПИ, ф. 17, оп. 38, д. 240, с.38.

384　Видимо ошибка машинистки или шифровальщика Далькрайкома. Скорее всего- Цюцюра.

385　РГАСПИ, ф. 17, оп. 38, д. 240, с.38.

386　«Макс» писал о том, что эти директивы стали поступать «после разрыва дипломатических отношений», то есть после 17 июля 1929 года.

387　РГАСПИ, ф. 17, оп. 38, д. 240, с.38 об.

388　РГАСПИ, ф. 17, оп. 38, д. 240, с.38 об.

389　РГАСПИ, ф. 17, оп. 38, д. 240, с.38 об.

390　РГАСПИ, ф. 17, оп. 38, д. 240, с.38 об.

391　Датирована 23 августа 1929 года, копия посылалась в НКИД. Имеющийся в нашем распоряжении текст содержит много опечаток. Нами была проведена орфографическая корректировка при цитировании текста.

392　РГАСПИ, ф. 17, оп. 38, д. 240, с.41—41 об.

393　РГАСПИ, ф. 17, оп. 38, д. 240, с.41—41 об.

394   РГАСПИ, ф. 17, оп. 38, д. 240, с. 35, 36, 37.

395   Кротова М. В. Из истории конфликта на КВЖД: Китайский концентрационный лагерь для советских граждан. - В : Новый исторический вестник, 2013, № 35, с.33-47.

396   Кротова М. В. Из истории конфликта на КВЖД: Китайский концентрационный лагерь для советских граждан, там же.

397   РГАСПИ, ф. 17, оп. 38, д. 229, подсчёты по стр. 1-12.

398   РГАСПИ, ф. 17, оп. 38, д. 229, с. 66.

399   РГАСПИ, ф. 17, оп. 38, д. 229, с. 66

400   РГАСПИ, ф. 17, оп. 38, д. 229, с.41.

401   РГАСПИ, ф. 17, оп. 38, д. 229, с.41.

402   РГАСПИ, ф. 17, оп. 38, д. 229, с. 28.

403   РГАСПИ, ф. 17, оп. 38, д. 229, с.39.

404   Кротова М. В. Из истории конфликта на КВЖД: Китайский концентрационный лагерь для советских граждан. — В : Новый исторический вестник, 2013, № 35, с.33—47.

405   Там же.

406   China. Foreign relations, 1929, vol. 2, p. 296, 861.77 Chinese Eastern/242: Telegram. The Minister in China (MacMurray) to the Secretary of State, Beiping, August 22, 1929, № 794.

407   China. Foreign relations, 1929, vol. 2, p. 318, 861.77 Chinese Eastern/328: Telegram. The Minister in China (MacMurray) to the Secretary of State, Beiping, September 13, 1929, № 825.

408   China. Foreign relations, 1929, vol. 2, p. 318, 861.77 Chinese Eastern/431: Telegram. The Minister in China (MacMurray) to the Secretary of State, Beiping, November 1, 1929, № 943.

409   РГАСПИ, ф. 17, оп. 162, д. 7, с. 142.

410   РГАСПИ, ф. 17, оп. 162, д. 7, с. 142.

411 РГАСПИ, ф. 17, оп. 162, д. 7, с. 154.

412 Аблова Н.Е. Советско-китайский конфликт на КВЖД 1929 г. и его последствия. URL: http://asiapacific.narod.ru/countries/china/n_e_ablova/3.3.1_1.htm, ссылка на: ДВП, т.12, с.404.

413 Аблова Н.Е. Советско-китайский конфликт на КВЖД 1929 г. и его последствия. URL: http://asiapacific.narod.ru/countries/china/n_e_ablova/3.3.1_1.htm, ссылка на: ДВП, т.12, с.491-492.

414 РГАСПИ, ф. 558, оп. 11, д. 73, с. 88.

415 РГАСПИ, ф. 558, оп. 11, д. 73, с. 97.

416 Сон До Чжин. Советско-китайский дипломатический конфликт вокруг КВЖД, с. 271. Даётся ссылка на: АВПРФ, ф. 0100, оп. 13, д. 23, п. 157, л. 40—41.

417 РГАСПИ, ф. 17, оп. 162, д. 7, с. 156.

418 РГАСПИ, ф. 17, оп. 162, д. 7, с. 169.

419 РГАСПИ, ф. 17, оп. 162, д. 7, с. 157.

420 Цит. по: Сон До Чжин. Советско-китайский дипломатический конфликт вокруг КВЖД, с. 272. Даётся ссылка на: АВПРФ, ф. 0100, оп. 13, д. 23, п. 157, л. 47-50.

421 РГАСПИ, ф. 17, оп. 162, д. 7, с. 169.

422 Письма И. В. Сталина В. М. Молотову. 1925-1936 гг. Сборник документов. — Москва: Россия молодая, 1995, с. 167-168.

423 РГАСПИ, ф. 17, оп. 162, д. 7., с. 167, 178—181.

424 Н.С. Киняпина. Дипломаты и военные. Генерал Д.А. Милютин и присоединение Средней Азии.-В: Российская дипломатия в портретах. — Москва: Международные отношения, 1992, с. 230-231.

425 Б. Славинский. Советский десант на Хоккайдо и Южные Курилы. Мифы и действительность. — Известия, 1992, 12.05, с. 6.

426 РГАСПИ, ф. 558, оп. 11, д. 74, с. 58.

427 РГАСПИ, ф. 558, оп. 11, д. 74, с. 62.

428   РГАСПИ, ф. 558, оп. 11, д. 74, с. 60.

429   РГАСПИ, ф. 558, оп. 11, д. 74, с. 64.

430   ГАХК, ф. П2, оп.1, д. 166, с. 1.

431   ГАХК, ф. П2, оп.1, д. 166, с. 1—1 об.

432   РГВА, ф. 33879, оп.1, д. 4, с. 13-14.

433   Советское руководство. Переписка. 1928-1941. — Москва: Росспэн, 1999, с. 82.

434   РГВА, ф. 33987, оп.3, д.288, с. 4.

435   Интересная цитата о возражениях Бубнова по поводу возможного назначения Блюхера приведена в воспоминаниях одного из участников этой встречи А. И Черепанова: «Утром у Берзина собрались несколько бывших военных советников в Китае: Зильберт, Рогачев, Поляк и еще кто-то, теперь уже всех и не припомню.

— В одиннадцать часов будем у наркома, — сказал Павел Иванович, так мы назвали Берзина.

— Ворошилов решил послушать ваше мнение по вопросу о конфликте на КВЖД. Подумайте, что можете предложить.

В кабинете, в конце длинного стола, предназначенного для небольших заседаний, сидел в обычной своей гимнастерке с кавалерийскими петличками Народный комиссар обороны, председатель РВС СССР. Справа от него — заместитель председателя РВС СССР И.С. Уншлихт, слева — начальник Политического управления РККА А.С. Бубнов. Чуть привстав, Климент Ефремович жестом пригласил нас садиться за стол. Первым рядом с Уншлихтом сел Я.К. Берзин, а следом за ним и мы.

— Я слышал, — сказал нарком, что бывшие военные советники в Китае подбирают ключ к разрешению конфликта на КВЖД. Кто желает высказаться?

— У товарища Черепанова, — сказал Берзин, — имеется сформулированное предложение. Потом встал берзин и доложил военно-политическую обстановку в Маньчжурии...

— Мнение товарища Черепанова заслуживает внимание, — заговорил после Берзина Бубнов.

— Но нет надобности назначать Блюхера командующим. Николай Владимирович Куйбышев тоже работал в Китае. В Забайкалье командиром стрелкового корпуса Альберт Янович Лапин, также из бывших работников в Китае. Можно и товарища Черепанова направить командовать дивизией не в Среднюю Азию, а на Дальний Восток.

— В отношении Черепанова уже есть решение: направить его не в Термез, а во Владивосток командиром Первой Тихоокеанской дивизии, — объявил Ворошилов.

— А что касается Блюхера, то у него легкая рука: отлично справляется с любым делом.

Выслушав всех, кто пожелал высказаться, К.Е. Ворошилов поблагодарил за предложения и сказал: «Решать, что делать, будет правительство. А пока наш разговор держать в секрете». — Цитируется по: Черепанов А. И. Поле ратное мое.— Москва, 1984, с. 178.

436 Александров М.В. Внешнеполитическая доктрина Сталина. — Canberra: Australian National University, 1995, с. 58.

437 РГАСПИ, ф. 17, оп. 163, д. 802, с. 41—42. Рябоконь В. И. работал Зав. Орграспреда ЦК ВКП(б) до января 1930 года.

438 РГАСПИ, ф. 17, оп. 163, д. 802, с. 41.

439 РГАСПИ, ф. 17, оп. 163, д. 802, с. 41.

440 РГАСПИ, ф. 17, оп. 163, д. 802, с. 42.

441 РГАСПИ, ф. 17, оп. 163, д. 802, с. 42.

442 ВКП(б), Коминтерн и Китай. Документы, Москва, 1999, т. 3, часть 1, с. 595.

443 РГАСПИ, ф. 17, оп. 38, д. 232, с. 9.

444 В тексте плана дословно «восточно-северной части», это калька из китайского языка, «северо-восток» по- китайски будет «дунбэй»- то есть при буквальном переводе «восток-север».

445   РГАСПИ, ф. 17, оп. 38, д. 232, с. 10.

446   РГАСПИ, ф. 17, оп. 38, д. 232, с. 2.

447   РГАСПИ, ф. 17, оп. 38, д. 232, с. 3.

448   РГАСПИ, ф. 17, оп. 38, д. 232, с. 5.

449   РГАСПИ, ф. 17, оп. 38, д. 232, с. 1.

450   РГАСПИ, ф. 17, оп. 38, д. 232, с. 1.

451   РГАСПИ, ф. 17, оп. 38, д. 232, с. 1.

452   РГАСПИ, ф. 17, оп. 38, д. 232, с. 1 об.

453   РГАСПИ, ф. 17, оп. 38, д. 232, с. 6.

454   РГАСПИ, ф. 17, оп. 38, д. 226, с. 4.

455   РГАСПИ, ф. 17, оп. 38, д. 226, с. 4.

456   РГАСПИ, ф. 17, оп. 38, д. 226, с. 4.

457   РГАСПИ, ф. 17, оп. 38, д. 226, с. 4.

458   РГАСПИ, ф. 17, оп. 38, д. 240, с. 95.

459   РГАСПИ, ф. 17, оп. 38, д. 240, с. 96.

460   В. М. Крюков. Хроника событий на КВЖД 1929 г. Глазами дипломатов США и Великобритании.. — В сб.: Неутомимый червь познанья. Избранные мысли об истории и культуре Китая и России. — Москва : Памятники исторической мысли, 2009, с. 485. Ссылка на FO, 185

461   Альберт Янович Лапин (Лапыньш). В период гражданской войны — комиссар Разведуправления и Политуправления штаба 5 Армии. С 1921 г. работал под руководством Блюхера в качестве начальника войск обороны и охраны железных дорог Дальневосточной республики. Затем возглавлял Амурскую дивизию, командовал войсками Прамурского и Забайкальского военного округов. Работал в качестве военного советника в Китае. (Подробнее см.: Конфликт на КВЖД. — Хабаровск: Хабаровское книжное издательство, 1989, с. 58.

462   Конфликт на КВЖД. — Хабаровск: Хабаровское книжное издательство, 1989, с. 74.

463   Славинский Д. Б. СССР и Китай. История дипломатических отношений, 19117-1937. — Москва: ЗАО «Япония сегодня», 2003, с. 178. Автор даёт ссылку: РГВА, ф. 1372, оп. 3, д. 3, с. 178, ф. 32126,, оп. 1, д. 26, с. 191-192.

464   URL: http://www.soldat.ru/doc/casualties/book/chapter4_2.html Машинописная копия публикации есть в архиве автора.

465   Славинский Д. Б. СССР и Китай. История дипломатических отношений, 1917—1937. — Москва: ЗАО «Япония сегодня», 2003, с. 178. Автор даёт ссылку: РГВА, ф. 1372, оп. 3, д. 3, с. 178, ф. 32126,, оп. 1, д. 26, с. 191—192.

466   Тихоокеанская звезда, Хабаровск, 19.10.1929.

467   China. Foreign relations, 1929, vol. 2, p. 329, 861.77. Chinese Eastern /401, The Minister in China (MacMurray) to the Secretary of State, No. 902, Peking, October 18, 1929.

468   China/ Foreign relations, 1929, vol. 2, p. 329, 861.77. Chinese Eastern /402, The Minister in China (MacMurray) to the Secretary of State, No. 911, Peking, October 19, 1929.

469   В. М. Крюков. Хроника событий на КВЖД 1929 г. Глазами дипломатов США и Великобритании. — В сб.: Неутомимый червь познанья. Избранные мысли об истории и культуре Китая и России. — Москва: Памятники исторической мысли, 2009, с. 486. Ссылка на FO, 224.

470   Там же, ссылка на FO, 225-226.

471   Советско-китайский конфликт 1929 года. Сборник документов. — Москва, 1930, с. 71-73, также Славинский Д. Б. СССР и Китай. История дипломатических отношений, 117-1937. — Москва: ЗАО «Япония сегодня», 2003, с. 179.

472   В. М. Крюков. Хроника событий на КВЖД 1929 г. Глазами дипломатов США и Великобритании. — В сб.: Неутомимый червь познанья. Избранные мысли об истории и культуре Китая и России. — Москва : Памятники исторической мысли, 2009, с. 486. Ссылка на FO, 233.

473 В. М. Крюков. Хроника событий на КВЖД 1929 г. Глазами дипломатов США и Великобритании. — В сб.: Неутомимый червь познанья. Избранные мысли об истории и культуре Китая и России. — Москва : Памятники исторической мысли, 2009, с. 486. Ссылка на FO, 237.

474 Там же, ссылка на FO, 248.

475 В. М. Крюков. Хроника событий на КВЖД 1929 г. Глазами дипломатов США и Великобритании. — В сб.: Неутомимый червь познанья. Избранные мысли об истории и культуре Китая и России. — Москва : Памятники исторической мысли, 2009, с. 487. Ссылка на FO, 272.

476 Советско-китайский конфликт 1929 года. Сборник документов. — Москва, 1930, с. 72-73.

477 РГАСПИ, ф. 17, оп. 166, д. 337, с. 13—14 об.

478 Славинский Д. Б. СССР и Китай. История дипломатических отношений, 1917-1937. — Москва: ЗАО «Япония сегодня», 2003, с. 180-181.

479 РГВА, ф. 33879, оп.1, д. 4, с.5.

480 ГАХК, ф. П-2, оп. 1, д.167, с. 42.

481 В. М. Крюков. Хроника событий на КВЖД 1929 г. Глазами дипломатов США и Великобритании. — В сб.: Неутомимый червь познанья. Избранные мысли об истории и культуре Китая и России. — Москва : Памятники исторической мысли, 2009, с. 487. Ссылка на FO, 321.

482 ГАХК, ф. П-2, оп. 1, д.167, с.4.

483 Славинский Д. Б. СССР и Китай. История дипломатических отношений, 1917—1937. — Москва: ЗАО «Япония сегодня», 2003, с. 181-182; ДВП, том 12, 1929 год, с.594—595.

484 В. М. Крюков. Хроника событий на КВЖД 1929 г. Глазами дипломатов США и Великобритании. — В сб.: Неутомимый червь познанья. Избранные мысли об истории и культуре Китая и России. — Москва : Памятники исторической мысли, 2009, с. 487. Ссылка на FO, 305.

485 Там же. Ссылка на FO, 308.

486 Славинский Д. Б. СССР и Китай. История дипломатических отношений, 1917—1937. — Москва: ЗАО «Япония сегодня», 2003, с.182, ДВП, том 12, 1929 год, с.596.

487 China. Foreign relations, 1929, vol. 2, p. 361, 861.77.Chinese Eastern /485. The Charge in Japan (Neville) to the Secretary of Stae, Tokyo, November 29, 1929. No. 112.

488 China. Foreign relations, 1929, vol. 2, p. 350, 861.77. Chinese Eastern /473. The Secretary of State to the Charge in Japan (Neville), Washington, November 26, 1929. No 117.

489 В. М. Крюков. Хроника событий на КВЖД 1929 г. Глазами дипломатов США и Великобритании. — В сб.: Неутомимый червь познанья. Избранные мысли об истории и культуре Китая и России. — Москва : Памятники исторической мысли, 2009, с. 488. Ссылка на FO, 225.

490 В. М. Крюков. Хроника событий на КВЖД 1929 г. Глазами дипломатов США и Великобритании. — В сб.: Неутомимый червь познанья. Избранные мысли об истории и культуре Китая и России. — Москва : Памятники исторической мысли, 2009, с. 488. Ссылка на FO, 317.

491 Славинский Д. Б. СССР и Китай. История дипломатических отношений, 1917-1937. — Москва: ЗАО «Япония сегодня», 2003, с.182—183, ДВП, том 12, 1929 год, с.596—597

492 В. М. Крюков. Хроника событий на КВЖД 1929 г. Глазами дипломатов США и Великобритании. — В сб.: Неутомимый червь познанья. Избранные мысли об истории и культуре Китая и России. — Москва : Памятники исторической мысли, 2009, с. 488. Ссылка на USDS, 761.93.1140.

493 В. М. Крюков. Хроника событий на КВЖД 1929 г. Глазами дипломатов США и Великобритании. — В сб.: Неутомимый червь познанья. Избранные мысли об истории и культуре Китая и России. — Москва : Памятники исторической мысли, 2009, с. 488. Ссылка на USDS, 761.93.1137.

494 РГАСПИ, ф. 17, оп. 38, д. 240, с. 29.

495 РГАСПИ, ф. 17, оп. 38, д. 240, с. 30.

496 РГАСПИ, ф. 17, оп. 38, д. 240, с. 25.

497 РГАСПИ, ф. 17, оп. 38, д. 240, с.31—31 об.

498 Лозовский С. А. Настоящая фамилия Дридзо, псевдонимы-Александр, Папаша. С 1927г. — кандидат, с 1937 г. — член ЦК партии. В 1921-1937 гг. — генеральный секретарь Профинтерна, член ИККИ, в 1926-1935 — член Президиума ИККИ.

499 РГАСПИ, ф. 17, оп. 38, д. 240, с. 31—31 об.

500 РГАСПИ, ф. 17, оп. 38, д. 240, с. 35 а.

501 РГАСПИ, ф. 17, оп. 38, д. 240, с. 55.

502 РГАСПИ, ф. 17, оп. 38, д. 240, с. 58.

503 РГАСПИ, ф. 17, оп. 38, д. 240, с. 93.

504 РГАСПИ, ф. 17, оп. 38, д. 240, с. 91.

505 РГАСПИ, ф. 17, оп. 38, д. 240, с. 83.

506 РГАСПИ, ф. 17, оп. 38, д. 240, с. 59.

507 РГАСПИ, ф. 17, оп. 38, д. 240, с. 60.

508 Рукописный вариант: РГАСПИ, ф. 17, оп. 38, д. 240, с. 85-89 об. Дата написания реконструируется из двух высказываний «Макса». Он сообщает, с одной стороны, о том, что СМК посылает в Далькрай снимки и документы об издевательствах китайцев над заключёнными в Северной Маньчжурии советскими гражданами. А о получении этих снимков агент НКИД Гейцман сообщал Перепечко 3 октября. В письме косвенно указана точная дата написания его «Максом» - начало «Процесса 39-ти» в Харбине. Этот процесс над арестованными 27 мая китайской полицией при нападении на советское консульство советскими гражданами был назначен на 2 октября, однако первое заседание суда состоялось лишь 6-го. Поэтому не остаётся никаких сомнений, что руководитель СМК писал эти строки 2 октября 1929 года.

509 РГАСПИ, ф. 17, оп. 38, д. 240, с. 88 об.

510 РГАСПИ, ф. 17, оп. 38, д. 240, с. 89 об.

511 Копию в Москву и Токио (видимо в советское посольство).

512 Чжан Цзосян?

513 РГАСПИ, ф. 17, оп. 38, д. 240, с.69.

514   РГАСПИ, ф. 17, оп. 38, д. 240, с. 70.

515   Устерский Александр Иванович, «ликвидатор молодежной коммунистической организации на КВЖД». Участвовал в покушении на Н. М. Гиацинтова, надзирателя уголовно-розыскного отделения, отвечавшего за расследование политических дел в Харбине. Устерский был выслежен белогвардейской контрразведкой и замучен в сопках, в заброшенной фанзе. Ему выкололи глаза, выдернули ногти, всего изрезали. По свидетельству его родственников, в Маньчжурии осталась его могила. URL: http://chel-portal.ru/?site=encyclopedia&t=Giacintov&id=5628 (Дата обращения 22.07.2019).

516   Процесс 38 — процесс над захваченными китайской полицией в помещении советского консульства в Харбине членами руководства СМК и профсоюзов.

517   РГАСПИ, ф. 17, оп. 38, д. 240, с. 73.

518   РГАСПИ, ф. 17, оп. 38, д. 240, с. 73.

519   РГАСПИ, ф. 17, оп. 38, д. 240, с. 71.

520   РГАСПИ, ф. 17, оп. 38, д. 240, с. 74.

521   РГАСПИ, ф. 17, оп. 38, д. 240, с. 75.

522   РГАСПИ, ф. 17, оп. 38, д. 240, с. 79.

523   Там же.

524   РГАСПИ, ф. 17, оп. 38, д. 240, с. 80.

525   РГАСПИ, ф. 17, оп. 38, д. 240, с. 81.

526   РГАСПИ, ф. 17, оп. 38, д. 240, с. 82.

527   РГАСПИ, ф. 17, оп. 38, д. 240, с. 44.

528   РГАСПИ, ф. 17, оп. 38, д. 240, с. 45.

529   РГАСПИ, ф. 17, оп. 38, д. 240, с. 46

530   Там же.

531   РГАСПИ, ф. 17, оп. 38, д. 240, с. 47.

532   China. Foreign relations, 1929, vol. 2, p. 329, 861.77. Chinese Eastern /513, The Secretary of State to the Charge in France (Armour), No. 392, Washington, November 30, 1929.

533   РГАСПИ, ф. 17, оп. 163, д. 813, с. 115. 5 января 1930 года в эту комиссию был включен также глава ОМС КИ О. Пятницкий. РГАСПИ, ф. 17, оп. 163, д. 817, с. 8.

534   Григорий Беседовский. На путях к термидору. — Москва: Современник, 1997, с. 180—193.

535   Этот факт подтверждается и в ставшей в недавнее время доступной переписке между Сталиным и Караханом в 1926 году.

536   РГВА, ф. 33987, оп. 1, д. 677, с. 99.

537   РГВА, ф. 33987, оп. 1, д. 677, с. 99.

538   ГАХК, ф. П-2, оп.1, д. 183, с. 255-256.

539   Лю Жунхуань

540   ГАХК, ф. П-2, оп.1, д. 183, с. 255-256.

541   ГАХК, ф. П-2, оп.1, д. 183, с. 255-256.

542   ГАХК, ф. П-2, оп.1, д. 183, с. 255-256.

543   ГАХК, ф. П-2, оп.1, д. 183, с. 255-256.

544   Беседовский Г. На путях к термидору. — Москва: Современник, 1997, с. 180; Черевко К.Е. Серп и молот против самурайского меча, Москва: Вече, 2003, с.66-67. Черевко ссылается на дневник и письма Беседовского, хранящиеся в АВПР: ф. 0146, оп. 9, папка 117, д. 8, с. 1-93; оп. 10, папка 126, д. 6, с. 1-8, папка 39, д.288, с. 1-72, д. 289, с. 1-96, папка 40, д. 2794, с. 1-52.

545   Черепанов К. В. КВЖД в истории японо-советского соперничества. — В: Вестник Омского университета. Серия «Исторические науки», Омск, 2014, № 2 (2), с. 37-49.

546   Черепанов К. В. КВЖД в истории японо-советского соперничества. — В: Вестник Омского университета. Серия «Исторические науки», Омск, 2014, № 2 (2), с. 39. Цитируется по : АВП РФ, фонд 0146, опись 8, папка 110, дело 3, л. 9.

547   Черепанов К. В. КВЖД в истории японо-советского соперничества. — В: Вестник Омского университета. Серия «Исторические науки», Омск, 2014, № 2 (2), с. 39. Цитируется по: АВП РФ, фонд 0146, опись 8, папка 110, дело 3, л. 7.

548   Черепанов К. В. КВЖД в истории японо-советского соперничества. — В: Вестник Омского университета. Серия «Исторические науки», Омск, 2014, № 2 (2), с. 39. Цитируется по : АВП РФ, фонд 0146, опись 8, папка 110, дело 3, л. 8.

549   Черепанов К. В. КВЖД в истории японо-советского соперничества. — В: Вестник Омского университета. Серия «Исторические науки», Омск, 2014, № 2 (2), с. 40. Цитируется по: ВКП(б), Коминтерн и Япония, 1917-1941 гг.- Москва: Российская политическая энциклопедия, 2001, с. 27.

550   Черепанов К. В. КВЖД в истории японо-советского соперничества. — В: Вестник Омского университета. Серия «Исторические науки», Омск, 2014, № 2 (2), с. 41. Цитируется по : АВП РФ, фонд 0146, опись 8, папка 110, дело 3, л. 347.

551   Черепанов К. В. КВЖД в истории японо-советского соперничества. — В: Вестник Омского университета. Серия «Исторические науки», Омск, 2014, № 2 (2), с. 41. Цитируется по : АВП РФ, фонд 0146, опись 8, папка 110, дело 3, л. 367.

552   Черепанов К. В. КВЖД в истории японо-советского соперничества. — В: Вестник Омского университета. Серия «Исторические науки», Омск, 2014, № 2 (2), с. 41. Цитируется по: АВП РФ, фонд 0146, опись 8, папка 110, дело 3, л. 367.

553   В. М. Крюков. Хроника событий на КВЖД 1929 г. Глазами дипломатов США и Великобритании. — В сб.: Неутомимый червь познанья. Избранные мысли об истории и культуре Китая и России. — Москва: Памятники исторической мысли, 2009, с. 488. Ссылка на FO, 337.

554   В. М. Крюков. Хроника событий на КВЖД 1929 г. Глазами дипломатов США и Великобритании. — В сб.: Неутомимый червь познанья. Избранные мысли об истории и культуре Китая и России. — Москва: Памятники исторической мысли, 2009, с. 489. Ссылка на FO, 332.

555   ГАХК, ф. П-2, оп.1, д. 183, с. 259.

556   Люй Жунхуань — председатель правления КВЖД.

557   ГАХК, ф. П-2, оп.1, д. 183, с. 257-258.

558   Биография Медведя Филиппа Демьяновича, подробнее см. URL: http://alya-aleksej.narod.ru/index/0-186 (Дата обращения 23.09.2019)

559   ГАХК, ф. п-2, оп.1, д. 183, с. 263-263 (об).

560   ГАХК, ф. П-2, оп.1, д. 183, с. 266-267.

561   ГАХК, ф. П-2, оп.1, д. 183, с. 266-267.

562   Подробнее см. Аблова Н.Е. КВЖД и российская эмиграция в Китае. Международные и политические аспекты истории (первая половина XX века). — Москва: Русская панорама, 2005, с. 214-215. Ссылки автора на: ДВП СССР, том 12, с. 603-605, 639.

563   Там же.

564   ГАХК, ф. П-2, оп.1, д. 183, с. 269.

565   ГАХК, ф. П-2, оп.1, д. 183, с. 270.

566   РГАСПИ, ф. 17, оп. 166, д. 339, с. 41.

567   РГАСПИ, ф. 17, оп. 166, д. 339, с. 41.

568   РГАСПИ, ф. 17, оп. 166, д. 339, с. 40.

569   ДВП. Том XII. 1929 год, с. 673-676; Д. Славинский. СССР и Китай. История дипломатических отношений. 1917—1937. —М.: ЗАО Япония сегодня, 2003, с. 183—185.

570   China. Foreign relations, 1929, vol. 2, p. 431, 861.77. Chinese Eastern /755: Telegram. The Charge in China (Perkins) to the Secretary of State, Peiping, December 28, 1929. No. 1196.

www.ingramcontent.com/pod-product-compliance
Lightning Source LLC
Chambersburg PA
CBHW061702300426
44115CB00014B/2531